滄海叢刊

結網編

黃清連 編

東大圖書公司

國家圖書館出版品預行編目資料

結網編／黃清連編.--初版.--臺北市
：東大，民87
參考書目：面
面；　公分.--(滄海叢刊)
ISBN 957-19-2237-4(精裝)
ISBN 957-19-2238-2(平裝)

1史學-中國-論文.講詞等　2.中國
-歷史-論文.講詞等

617　　87010256

網際網路位址　http://www.sanmin.com.tw

編　者　黃清連
發行人　劉仲文
著作財產權人　東大圖書股份有限公司
臺北市復興北路三八六號
發行所　東大圖書股份有限公司
地　址／臺北市復興北路三八六號
電　話／二五〇〇六六〇〇
郵　撥／〇一〇七一七五——〇號
印刷所　東大圖書股份有限公司
總經銷　三民書局股份有限公司
門市部　復北店／臺北市復興北路三八六號
重南店／臺北市重慶南路一段六十一號
初　版　中華民國八十七年八月
編　號　E 61028
基本定價　捌元肆角
行政院新聞局登記證局版臺業字第〇一九七號

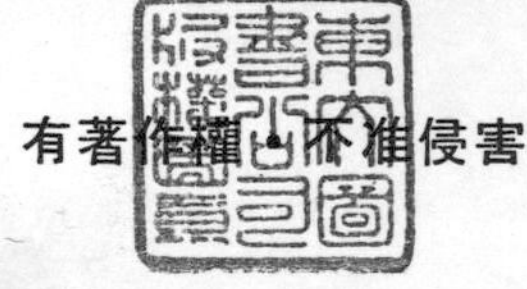

SBN 957-19-2238-2（平裝）

逯老師和他的學生們

（前坐：逯老師和師母。後排由左至右：邵台新、陳識仁、黃清連、謝振賢、李廣健、范家偉、陳以愛）

逯耀東教授攝於臺大歷史系舉辦之榮退演講會

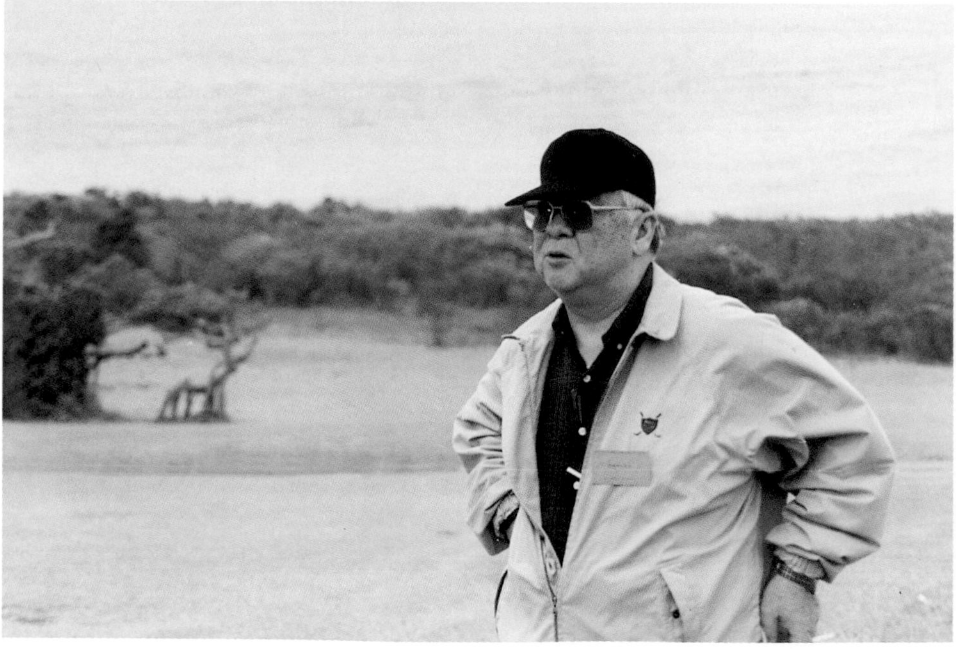

逯耀東教授在墾丁東眺太平洋

臨淵羨魚，不如退而結網
——代序

黃清連

曾經偶然闖入歷史研究的蹊徑，探索陽關以西、長城以北草原與農耕文化的激盪，追尋秦漢與隋唐之間、五四與六四之際史學思潮遞嬗的軌跡，調和秋風與醇酒而融「飲和食德」於文化的大、小傳統。也曾經在「初來的時候」漫步椰林大道，把酒瓶擲向青天；伏案望月小樓，「勒馬長城」而想望「城裡城外」；佇足香江海濱「且做神州袖手人」、寄居文山市井，終能隱於「糊塗齋」而自逐於紛紜之外。這就是「那漢子」，那曾在史學領域「拾荒」、在散文苗圃耕耘都長達三十餘年的漢子。

這個漢子走過這樣漫長的蹊徑，自會留下一些足跡。

這個漢子走過這樣不平坦的蹊徑，自需披荊斬棘，開闢一條自己的路。

但是，那些本屬於這個漢子自己的路和足跡，卻成了引導別人前進方向的指標。

這個漢子就是逯耀東老師。

過去三十餘年來，逯師在各個不同時期引導這本集子的每一位作者，走向他們自己的目的地。為了感念他春風化雨、呵護照顧的辛勞，為了祝福他從講壇引退走進「糊塗齋」後能再闢新路，這本《結網編》的十二位受業者，從各自的研究領域提出一篇論文，作為「逯耀東教授退休紀念史學論文集」。

這本論集取名《結網編》，出於紀念逯師對學生的期望和鼓勵。他常引用古人的話對學生說：「臨淵羨魚，不如退而結網。」是的，史學淵海浩瀚，空言稱羨無益，退而不斷結網，才可能有所收獲。

結網是為了收獲，結網同時也在結緣。《結網編》的作者，都和逯師在三個階段的教學生涯中，分別結下不同的緣：

逯師教學生涯的第一個階段自1966年至1977年，分別在臺大和輔大歷史系開課。在這個階段中，《結網編》的作者鄧淑蘋、周樑楷、邵台新和我，與逯師結下超過四分之一世紀的緣。

現任故宮博物院器物處研究員的鄧淑蘋，是1966年逯師首次在臺大開課時，《結網編》作者中第一個選修的學生。她當時是大一生，讀農經系，逯師「中國近代史」的上課的內容現在雖已印象模糊，但深具啟發性的教學及引發對歷史的興趣，至今仍記憶猶新。升大二時轉歷史系，當初帶她到文學院的就是逯師。淑蘋回憶32年來，雖因工作關係，少有機會與逯師暢談，總覺得與逯師和師母都很投緣。

現任中興大學歷史系副教授的周樑楷，1967年在輔大歷史系讀大三時選修逯師的「魏晉南北朝史」，成為《結網編》作者中第二個選修逯師課程的學生。逯師當時正在撰寫有關魏晉史學的博士論文，課上常講述最新的史學史觀念和心得，這對醉心於史學史和史學思想的樑楷來說，真有無上的啟發。樑楷後來雖轉做西方史學史，且多年遊學國外，現又住於臺中，與逯師暢談機會不多，但每次見面，總會向逯師請教史學史方面的問題。近年來，逯師又鼓勵樑楷多注意中國近代史學史，樑楷因而撰作有關傅斯年的研究，本集所收的這篇論文，也是在逯師關心之下完成的。

我目前為中央研究院歷史語言研究所研究員，是《結網編》作者中第三個選修逯師課程的學生。1968年，我在輔大歷史系讀大三，選修逯師當時深受學生歡迎的「魏晉南北朝史」。在一個偶然的機會中，逯師因抽煙而認識我，我也竟因此而受他「薰陶」迄今30年。逯師和師母對我的照顧，無微不至。尤其在臺大讀研究所三年，因為宿舍距他們長興街的住處很近，經常探訪他們，他們也從日常瑣事關心到我的學業和未來。在工作上，逯師為我費心安排：在學時，幫我找兼差，解決生活問題；畢業後，又推薦我到輔大及史語所任職。在學術上，他常把構思中的一些觀念告訴我，使我受益不淺。他為人豪邁，不拘細節，但為學則細膩深邃，這是1978年幫他整理出版《從平城到洛陽》一書時，頗為深刻的體會。他在學生面前並不擺架子，有接受「諍言」的雅量。最令我難忘的事是，1983 年我從普林斯頓返臺寫論文，轉達在美與周一良先生「月旦」臺灣魏晉史學界人物時，周先生對老師的評語與期許：「逯先生才氣縱橫，他人莫及，可惜近來魏晉著作較少。」逯師聽罷，久久不語。但自此他的魏晉論著明顯增加，並與周先生即多所往來。

現任輔仁大學歷史系教授的邵台新，是《結網編》作者中第四個選修逯師課程的學生。台新和逯師也因在輔大選課而認識，算來也超過四分之一個世紀了。他受到逯師和師母的照顧很多，最令他感念的是，當年他在臺大寫博士論文時，選擇《漢代河西四郡的拓展》做為博士論文的題目，其實是受到逯師很多啟發的。當時逯師在香港教書，每回到機場接機回臺北的路上，一定是逯師對他的論文做階段性驗收的時候。逯師往往從材料、方法、概念到論文架構，一一垂詢，也一一批評和建議。

逯師教學生涯的第二個階段是1977年至1991年，在香港中文大學歷史系任教。在這個階段中，《結網編》的作者陳榮開、黎明釗、李廣健、胡志偉和范家偉，分別和逯師結下自二十年至十年不等的緣。

現任香港科技大學助教授的陳榮開，1977年進入中大歷史系，選過逯師的通識課程。大三時負責編寫部分系內師資簡介，榮開因為對逯師的學問和性情最感興趣，就讀遍逯師的學術著作和散文作品，撰文介紹逯師，並得到逯師的讚賞。此文後來因故失落，但榮開卻依然記得文中所述逯師講求學術人品和知識分子的尊嚴，並成為他在國外求學時最大的精神支柱。大學畢業後，至日本留學，曾寫信向系上師長請安，竟得到逯師回信，信中充滿關懷與鼓勵，使榮開興奮萬分。後來榮開又回中大讀研究院，成為逯師第一位在中大指導的研究生。與逯師相隨兩年，是榮開有生以來讀書最為用功和忙碌的時刻，並因而奠下學術根基。離開中大，再度到國外遊學，逯師也常書電問候，榮開說：「逯師像慈父般的關懷，始終不輟。」

現任香港中文大學歷史系副教授的黎明釗，回憶八〇年代初期在香港中文大學歷史系本科就讀時，由於同學口耳相傳逯老師才華橫溢，使他不敢高攀，竟未選修逯師的「中國史學史」。直到唸研究所時才選修「中國近三百年學術思想史」，對逯師的為學、治史和做人才有真正的認識。明釗說他當時「對晚漢儒學衰退、魏晉玄學抬頭興趣甚濃。老師的《勒馬長城》收了幾篇魏晉玄學、史學及人物評論的文章，成了必讀的參考資料。逯師又指點我可從穎川荀氏家族入手，用以探索一代學術風氣的轉變。最令我印象深刻的是，老師常說他從不收學生，都是培養學生，再交由別人訓練。就是這樣，他把我送到北美唸博士學位。兩地雖然相隔萬里，但他一點也不放鬆對我在做人和治學方面的批評和鍼砭。因此，老師自言糊塗，其實不然。」

現任臺南師範學院副教授的李廣健，就讀香港中文大學歷史系時認識逯師。但他在大學時只上過逯師「中國史學史」的課；真正與逯師有深入的接觸，是在考上碩士班之後。他本以魏晉南北朝為研究範圍，隨蘇慶彬先生習史。後來蘇先生屢次說，應多向逯師請益。從此，他和逯師的接觸漸多。從最初的報告、請示，逐漸轉變為向逯師問學。對他碩士及博士論文的選題與大綱的擬定，逯師都給了許多提示。那幾年，逯師每週總有兩三天到研究室，廣健也因此與逯師常常見面，時時閒聊。完成碩士論文之後，蘇先生與逯師決定聯合指導廣健寫博士論文。但這時逯師卻突然回臺任教，他當時感覺，和逯師的關係，似乎是「有緣無分」。但逯師離開前，卻把一些帶不走的、儲藏多年的書籍、雜誌、資料卡、影印資料等，留給廣健。他在完成博士論文的那一年，申請到「中國學人交流計劃」，至臺灣做三個月的交流訪問。這段時間，再次獲得和逯師暢談的機會。有好幾天住在逯師家中，師生乃復得深夜長談之樂。同年，臺南師院聘他任教，就在臺灣居下來了。來臺五年間，無論到臺北，或逯師至南部，或是在電話中，廣健和逯師，更從知識學問到柴米油鹽，無所不談。逯師和師母常提醒他為人處事該注意的事，使廣健深感從逯師身上所學的，已非學問所能限了。

目前在香港的中學任教，並擔任中文大學通識課程部兼任講師的胡志偉，本在中文大學哲學系就讀，後來轉入歷史系。碩士班隨逯師研究清代學術思想史，專研阮元，並擔任逯師「三百年學術思想史」一課的助教。逯師返臺後，志偉繼續在中大完成博士學位，論文的內容是劉師培的生平及其學術思想。

現任清華大學歷史研究所助教授的范家偉，1988–1992年間，在中文大學歷史系大學本科就讀，選修過逯師「中國史學史」、「三國志」等課。隨後入同校研究所就讀，亦隨蘇慶彬先生研究魏晉南北朝史。因為蘇先生的關係，家偉也兼向逯師請益。雖然家偉進研究所時，逯師已返臺任教；但每回逯師重遊舊地，即使是短短數天，總會與家偉見面，詢問論文寫作的情形，並加以指點。蘇先生退休後，家偉在許倬雲先生指導下，寫成一篇以中古醫療史為題的論文。畢業後，因逯師及許先生之介，進入清華大學歷史研究所任教。這幾年來，家偉雖然以醫療史為研究範圍，但他說：「當初我是在逯師啟蒙下開始讀《三國志》的，所以願以《三國志》為題撰一文，刊入《結網編》中，表達對逯師的感謝之意。」

逯師教學生涯的第三個階段是1991年以後至今，逯師自香江返臺，任教於臺大、政大。《結網編》的作者陳以愛、蔡瑄瑾和陳識仁，與逯師結緣。

現就讀政大歷史研究所博士班的陳以愛，與逯師的緣分跨越前述第二和第三階段。她1987年在香港中文大學就選修逯師「中國史學史」的課，對逯師上課縱論古今，十分心折；之後，舉凡逯師在中大開的課，像「史記」、「三國志」、「三百年學術思想史」，從不缺席。以愛回憶說：「那幾年，李廣健、謝振賢、范家偉等幾位學長、同學，都是老師的『忠實聽眾』。我們最愛聽老師談各種學林掌故；嚮往那些前輩學者為人治學的風範。逯師講課的一大特色，是極富啟發性，能言人所不能言。印像最深刻的，是一次聽老師講《史記》，精采的程度，使我得抑制內心的激動，才沒有站起來熱烈鼓掌。幾位同學常私下議論說，像「史學史」這種專題，本來相當枯燥，但逯師的講法，卻顯得十分生動有趣。我在逯師的啟發下，從此對學術史產生濃厚的興趣。不過，同學間傳言，逯師的門檻很高，且從不收女弟子。所以，雖然我大四畢業論文由逯師指導，但絕不敢自認為逯師的「入室弟子」。沒有想到，畢業三年後，外子廣健應聘到臺南教書，逯師瞭解我們兩地分隔的情形，有一次他到香港，鼓勵我到臺灣考研究所。同年，我考上政治大學歷史研究所，逯師也成了我的論文指導教授。從進政大至今四年，我由碩士而博士，因為宿舍與逯師居處距離不遠，常到老師家，逐漸對老師有比較深入的了解。在老師、師母無微不至的關懷和教導裏，我深深體會到，老師是以待自家子姪般來待他的弟子，這種帶徒弟的方式，如今大概只存於少數幾位有『古風』的學者之中了。」

現任教於崇光女中的蔡瑄瑾，碩士論文由逯師指導。她回憶起和老師讀書的日子時，心中有著非常多的感謝：「每個星期一早上，老師上中國近代史學史，下午上研究實習。有一段時間，研究實習的課，往往是師徒相對。老師常沈默抽著煙，我也安靜想著沒有想通的觀念。對話總是斷斷續續。午後的文學院，老師在研究室抽煙的側影、窗外天井的大榕樹、稀疏的光影和麻雀的吵雜，成了研究所三年最深刻的記憶。畢業後，我到中學教書。有時以愛和廣健到老師那裡後再來找我，身上總還留有老師的煙味。在課堂上，與學生談到逯老師，我說：『每回一聞到這個味道，眼淚就想流下來。』也許只有當自己面對學生時，才能體會老師的寬容吧。」

現就讀臺大歷史研究所博士班的陳識仁，是逯師最近在臺大指導的學生，他回憶學藝的經過說：「對老師的第一次印象，停留在青澀高中生時期的『那漢子』。沒想到多年後，竟然成為他的學生。活像個傻呼呼的小徒弟，提把自以為俐落的劍，拜師學藝。學藝的日子中，有時天南地北地聊，有時隔桌而坐，各忙各的，半天說不上一句話。除了嚴肅的學術話題外，聽老師談掌故、說飲食，是一種別處得不到的享受。雖說『拜師學藝』，但不論學藝、文藝或『食藝』，卻一項也沒學著。特別是食藝，即使經常隨師東征西討，但胃口養大了、嘴也變刁了，還是得不到真傳。至於『學藝』，老師從不要求學生走那條路。他只建議我繼續朝碩士論文所做的歷史地理方向努力。或許這正是他常提到剛伯先生的那句話『量才適性』吧！」

結緣之後，退而結網，結網是為了收獲。在作者們努力恪遵逯師的教誨，初步結出十二個小小的網罟；也在師母撥冗精刻封面印章及整理本編書首所附逯師著作目錄之後，《結網編》終於集結成編。但是，在我編集的過程中，如果沒有逯師的指導、師母的關心、三民書局暨東大圖書公司董事長劉振強先生的慨然相助、廣健和識仁的同心協力，這個匯集的網是難以編成的。對於他們，我由衷感謝。

「臨淵羨魚，不如退而結網。」結網是為了收獲，結網同時也在結緣。《結網編》的作者在紀念與逯師結緣、紀念逯師自講壇退休，更祝賀逯師六十五歲誕辰的同時，其實也正在細細體會「羨魚」不如「退而結網」的道理，並鞭策自己：要努力編織屬於自己的網罟，要努力編織必須終身不斷編織的網罟。

1998年8月15日農曆戊寅年六月廿四日

黃清連寫於逯師六十五歲生日前二日

逯耀東教授簡傳

李廣健、陳識仁編

對一個史學工作者而言，1933年生於江蘇豐縣的逯耀東教授，少年時代經歷了兩次離亂，一是八年抗戰，一是抗日戰爭勝利後，幾年的內戰。他隨家遷徙，萍蹤無寄，從西南飄流到東南，最後倉皇渡臺，初定居嘉義，稍得喘息。因此他內心深處，縈繞深沈的離亂情緒。這種離亂情緒影響了日後對歷史的考察，反映在他文學寫作裡的滄桑之感。

1949年9月，考入省立嘉義中學，因為一封「致前方將士書」的作文出了問題，被捕下獄，並解送臺北受審，三個月後出獄，時年十六歲。這時寧鄉魯實先先生也繫留嘉義，在嘉義中學教國文，前後從先生讀《左傳》、《史記》、《史通》若干篇，奠下日後習史的基礎。此後二十餘年，與實先先生維持「有緣無分」的深厚師生情誼。

1953年考入臺大歷史系，1957年畢業，畢業論文由勞榦先生指導，題目為「北魏與西域的關係」，初窺魏晉南北朝史門徑。其後於1961年考入錢穆先生創辦的香港新亞研究所，繼續研究魏晉南北朝史。斯時，新亞研究所錢穆、牟潤孫、嚴耕望諸先生都是魏晉史的大家，得親聆教言，受益匪淺。碩士論文《拓跋氏與中原士族的婚姻關係》，由牟潤孫先生指導，畢業後留任助理研究員，繼續研究拓跋氏與中原文化的接觸與轉變，日後集結成為《從平城到洛陽——拓跋氏文化轉變的歷程》一書。其間，又因初接觸中國大陸史學著作，對另一種正在形成的歷史解釋體系竟全無了解，於是對這種歷史解釋體系進行系統研究，三十年餘年雖有間歇，但從未間斷。

1966年返母校臺灣大學歷史系任講師，講授「中國近代史」，並與許倬雲先生合開「史料舉隅」，同時在輔仁大學歷史系講授「魏晉南北朝史」。

1968年，臺大歷史系設博士班課程，考入第一屆博士班就讀。得親近沈剛伯、李玄伯、姚從吾諸先生，論文由三位先生指導，研究範圍為裴松之《三國志注》。學科考試通過後，撰寫論文期間赴日本搜集相關材料，入京都大學人文研究所平岡武夫先生研究室，前後近一年返臺。因資料關係，論文範圍轉為魏晉雜傳方面的研究，旋赴香港新亞研究所任副研究員，並撰寫論文。完成博士論文《魏晉史學的特色——以雜傳為範圍所作的分析》後，隨即返臺通過教育部口試，獲國家文學博士，仍在臺大歷史系任教。

1977年，受香港中文大學之聘，入新亞書院歷史系任教，新亞書院是逯耀東教授的另一母校。時牟潤孫、嚴耕望先生甫退休，逯耀東教授在新亞歷史系前後講授「中國近三百年學術思想史」、「中國史學史」、《史記》、《漢書》、《三國志》等「史學名著」及「中古史料」等課程。在港十四年，除潛研傳統學術與史學外，又面對中國大陸轉變的新情勢，時有論著發表，後結集為《史學危機的呼聲》一書。

1991年辭聘香江，返臺大歷史系任教，講授「中國飲食史」、「中國大陸史學」及「傳統史學序論」等課，課餘之暇，撰寫司馬遷與漢武帝時代相關論文發表，積數十年的研究與思考，多前人所未發。1998年夏，自臺大歷史系退休，將其新舊史學論稿與文稿輯為《糊塗齋史學論稿》與《糊塗齋文稿》，陸續出版，目前史學論稿已出版《魏晉史學及其他》、《胡適與當代史學》，正在整理的《司馬遷與漢武帝時代》、《裴松之與魏晉史學變遷》二書，將於年底出版。文稿則已出版《窗外有棵相思》、《出門訪古早》。

逯耀東教授在史學領域踽踽獨行四十年，在其《魏晉史學及其他》的序言中說：「作為一個史學工作者，從開始就學習對歷史獨立與尊嚴的堅持。同時也學會對個人獨立思考與判斷的堅持，以及個人尊嚴的維護與自我肯定。這種尊嚴的維護與自我肯定，使我踽踽獨行在史學的道路上，並不孤獨與寂寞。因此在舉世滔滔之中，我並沒有隨波逐流，一如陳寅恪先生所說，沒有『曲學阿世』」。

逯耀東教授著作目錄

一、史學論文

〈北魏與西域的關係〉，《幼獅學報》，2卷2期（臺北：幼獅文化公司，1960：6）。

〈關於三本張季直的傳記〉，《民主評論》，15卷9、10期（香港：民主評論社，1964：5）。

〈辛亥革命前後張謇的轉變〉，《中國現代史叢刊五》（臺北：文星雜誌社，1964）。

〈對中共「歷史解釋」的分析〉，《民主評論》，15卷21期（香港：民主評論社，1964：11）。

〈拓跋氏與中原士族的婚姻關係〉，《新亞學報》，7卷1期（香港：新亞研究所，1965：2）。

〈中共上古史的分期問題〉，《民主評論》，16卷13、14期（臺北：民主評論社，1965：8）。

〈試釋漢匈間之甌脫〉，《大陸雜誌》，32卷1期（臺北：大陸雜誌社，1966：1）。

〈無產階級文化大革命風暴中的史學與史家〉，《現代雜誌》，2卷1、2期（香港：現代雜誌社，1966：8.9）。

〈北魏前期的文化與政治形態〉，《新亞學報》，7卷2期（香港：新亞研究所，1966：8)。

〈北魏與南朝對峙期間的外交關係〉，《新亞學術年刊》，8期（香港：新亞書院，1966：9)。

〈北魏平城對洛陽規建的影響〉，《思與言》，5卷5期（臺北：思與言雜誌社，1968：1)。

〈北魏孝文帝遷都與其家庭悲劇〉，《新亞學報》，8卷2期（香港：新亞研究所)。

〈日本「中世史」研究的方向〉，《史原》，創刊號（臺北：國立臺灣大學歷史系，1970：7)。

〈魏晉雜傳與中正品狀的關係〉，《中國學人》，2期（香港：新亞研究所，1970：7)。

〈《隋書・經籍志・史部・雜傳》類的分析〉，《人文學報》，1期（臺北：輔仁大學歷史系，1970：9)。

〈魏晉玄學與個人意識覺醒的關係〉，《史原》，2期（臺北：國立臺灣大學歷史系，1973：4)。

〈魏晉對歷史人物評論標準的轉變〉，《食貨月刊》，復刊3卷1期（臺北：食貨月刊社，1971，10)。

〈《隋書・經籍志・史部》的形成〉，《中國歷史學會史學集刊》，5期(臺北：中國歷史學會，1973：5)。

〈裴松之與《三國志注》研究〉，《國立編譯館館刊》，3卷1期（臺北：國立編譯館，1974：5)。

〈對清帝退位詔書幾點蠡測〉，《中國歷史學會史學集刊》，1期（臺北：國立臺灣大學歷史學系，1974：5)。

〈裴松之《三國志注》引雜傳集釋〉，《臺灣大學歷史學報》，1期（臺北：國立臺灣大學歷史學系，1974：5)。

〈別傳在魏晉史學中的地位〉，《幼獅學誌》，12卷1期（臺北：幼獅月刊社，1974：6)。

〈中共史學的形成與發展〉，《中華文化復興月刊》，7卷7期（臺北：中華文化復興委員會，1974：7)。

〈「量才適性」的沈剛伯先生〉，《中華文化復興月刊》，9卷12期（臺北：中華文化復興委員會，1976：12)。

〈長城與中國文學——一個史學工作者的外行話〉，《中外文學》，4卷1期（臺北：中外文學社，1975：12)。

〈魏晉史學的思想與社會基礎〉，《中華文化復興月刊》，8卷6期（臺北：中華文化復興委員會，1975：6)。

〈崔浩世族政治理想〉，《沈剛伯先生八秩榮慶論文集》（臺北：聯經出版公司，1976)。

〈《世說新語》與魏晉史學的關係〉，《陶希聖先生八秩榮慶論文集》（臺北：食貨出版社，1979)。

〈批孔：中共史學的革命樣板戲〉，《中國人月刊》，8期（香港：中國人月刊社，1979：5)。

〈從五四到中國社會史大論戰〉，《中國人月刊》，4期（香港：中國人月刊社，1979：5)。

〈從《隋書・經籍志・史部》的形成論魏晉史學轉變的歷程〉，《食貨月刊》，復刊10卷4期（臺北：食貨月刊社，1980：7)。

〈魏晉別傳的時代性格〉，《國際漢學會議論文集》（臺北：中央研究院，1981)。

〈中共對「辛亥革命」的研究〉，《國立臺灣大學歷史學系學報》，8期(臺北：國立臺灣大學歷史系，1981：12)。

〈魏晉志怪小說與史學的關係〉，《食貨月刊》，復刊12卷4、5期（臺北：食貨月刊社，1982：8)。

〈郭沫若中國古史研究的歷程〉，《明報月刊》，205期（香港：明報月刊社，1983：1）。

〈「儒法鬥爭」解釋體系的批評與史學領域裡的「第二春」〉，《明報月刊》，217、218期（香港：明報月刊社，1984：1.2）。

〈把胡適當成個箭垛〉，《明報月刊》，222、223期（香港：明報月刊社，1984：6.7）。

〈「素書樓」主人的著作環境〉，《明報月刊》，225期（香港：明報月刊社，1984：9）。

〈經史分途與史學評論的萌芽〉，《大陸雜誌》，71卷6期（臺北：大陸雜誌社，1985：12）。

〈裴松之與魏晉史學評論〉，《食貨月刊》，復刊15卷3、4期（臺北：食貨月刊社，1985）。

〈《三國志注》與裴松之三國志自注〉，《勞貞一先生八秩榮慶論文集》（臺北，1985）。

〈劉知幾與魏晉史學——從史通撰寫過程所作的討論〉，《第二屆國際漢學會議論文集》（臺北：中央研究院，1986：6）。

〈《史通》〈疑古〉〈惑經〉篇形成背景〉，《當代》，10期（臺北：當代雜誌社，1987：2）。

〈史學危機的呼聲〉，《當代》（臺北：當代雜誌社）。

〈中國近代史研究的線索問題〉，《近代中國史研究通訊》（臺北：中央研究院近代史研究所，1986：9）。

〈郭沫若吻了胡適之後〉，《中國時報人間副刊》（臺北：中國時報社，1987：5.4）。

〈胡適逛公園〉，《聯合報副刊》（臺北：聯合報社，1987：10.17–19）。

〈清算胡適的「幽靈」〉，《聯合報副刊》（臺北：聯合報社，1987：10.17–19）。

〈胡適溯江河而行〉，《歷史月刊》，4期（臺北：歷史月刊社，1988：5）。

〈史傳論贊形成與《左傳》「君子曰」〉，《王任光教授七秩嵩慶論文集》

(臺北，1988：4)。

〈晉會要〉，《國立臺灣大學歷史系學報》，14期（臺北：臺灣大學歷史系，1989：7)。

〈北魏崔氏食經的歷史與文化意義〉，第一屆中國飲食文化學術研討會宣讀論文（臺北，1989：9）

〈宋代資本主義萌芽問題〉，中國近古社會經濟史研討會發表論文（臺北，1990：8）

〈漢武帝封禪與《史記・封禪書》〉，《第三屆史學史國際研討會論文集》（臺中，中興大學歷史系，1991：2）

〈「漢民族形成問題」的問題〉，《民國以來國史研究的回顧與展望研討會論文集》（臺北，國立臺灣大學歷史系，1992：6）

〈食譜和中國歷史與社會〉，中國歷史學會年會發表論文（臺北，輔仁大學，1992：7）

〈史傳論贊與《史記》「太史公曰」〉，《新史學》，3卷2期（臺北：新史學雜誌社，1992：6）

〈論司馬遷「成一家之言」的兩個層次——〈太史公自序的拾遺補藝〉〉，《國立臺灣大學歷史系學報》第17期（臺北：臺灣大學歷史系，1992：12）

〈「寒夜客來茶當酒」——魏晉隋唐間茶文化轉變的歷程〉，《茶藝文化學術研討會專刊》（臺北，1993：6）

〈司馬遷「通古今之變」的「今」之開端〉，《輔仁歷史學報》第5期(臺北：輔仁大學歷史系，1993：12）

〈「巫蠱之禍」與《史記》的成書〉，《國立臺灣大學歷史系學報》第18期（臺北：臺灣大學歷史系，1994：12）

〈茶香滿紙——論《紅樓夢》裡的茶〉，《中國烹飪》（北京，1994：12）

〈司馬遷對匈奴問題處理的限制〉，《輔仁歷史學報》第6期（臺北：輔仁

大學歷史系，1994：12）

〈《史記》〈匈奴列傳〉的次第問題〉，《中國歷史學會集刊》第27期（臺北：中國歷史學會，1995：9）

〈胡適身在此山中〉，《中副》（臺北：中央日報社，1997：5）

〈司馬光《通鑑考異》與裴松之《三國志注》〉，《國立臺灣大學歷史系學報》第21期（臺北：臺灣大學歷史系，1997：12）

〈剛伯先生論「變」與司馬遷的「通古今之變」〉，《「史學：傳承與變遷」學術研討會論文集》（臺北，臺灣大學歷史系，1998：6）

二、史學論集

《何處是桃源——習史論稿》（臺北：幼獅月刊社，1974）。

《勒馬長城》（臺北：時報文化出版公司，1977）。

《從平城到洛陽——拓跋魏文化轉變的歷程》（臺北：聯經出版事業公司，1979）。

《中共史學發展與演變》（臺北：中國時報出版公司，1979）。

《史學危機的呼聲》（臺北：聯經出版事業公司，1987）。

《且作神州袖手人（中國現代史學論稿）》（臺北：允晨文化公司，1987）。

《魏晉史學及其他》（臺北：東大圖書公司，1998）。

《胡適與當代史學》（臺北：東大圖書公司，1998）。

《司馬遷與漢武帝時代》（臺北：東大圖書公司，1998）。

《裴松之與魏晉史學變遷》（臺北：東大圖書公司，1998）。

三、散文集

《又來的時候》(臺北：華欣文化事業中心，1968.6)。

《丈夫有淚不輕彈》(臺北：皇冠出版社，1977.4)。

《異鄉人手記》(臺北：皇冠出版社，1977.4)。

《劍梅筆談》(臺北：時報出版社，1983.3)。

《那漢子》(臺北：圓神出版社，1986.3)。

《那年初一》(臺北：圓神出版社，1987.7)。

《祇剩下蛋炒飯》(臺北：圓神出版社，1987)。

《已非舊時味》(臺北：圓神出版社，1992)。

《窗外有棵相思》(臺北：東大圖書公司，1998)。

《出門訪古早》(臺北：東大圖書公司，1998)。

結網編

目　次

「玉器時代」論辯平議

鄧淑蘋

一、論辯的內容

近年來，中國考古學界頗熱衷於「玉器時代」的討論，正反兩面的意見都有。

早在1948年，郭寶鈞曾譬喻玉器乃石器的弱弟而非嗣子，可算是此一觀念的萌芽。（郭1948）張光直先生是提倡「玉器時代」一說的主要學者。1959年，他即主張將石器時代分為二期：普通石器時代和加入玉器的時代。（張1959）隨著近十年來考古出土玉器資料的增加，他更於1986年正式提出「玉器時代」一辭。（張1986，高、鄧、陳1987）爾後得到不少學者的響應。在此之前，孫守道先生曾於1983年為文，提出在中國史上應加入「玉兵時代」。1990年以後，有關討論逐漸增加，牟永抗、吳汝祚（牟、吳1990，1997）、筆者（鄧1990a，頁124、125，1993a）、曲石（曲1991、1992）等人，均由不同的角度研究，主張在新石器時代晚期，曾存在一段「玉器時代」。中國古史的爭議，也引起西方學術界的興趣，1996年春，美國洛杉磯自然史博物館主辦的「中國古代玉器」研討會，就以中國古代是否存在「玉器時代」為會議的主要論題。（會議論文集尚在編印中）

支持這一說法的證據，除了考古發掘品外，最常為學者徵引的文獻為成書於漢代的《越絕書》，在其〈外傳記寶劍〉篇中記載了東周時風胡子與楚王的對話：

> 軒轅神農赫胥之時，以石為兵，斷樹木為宮室，死而龍藏，夫神聖主使然。至黃帝之時，以玉為兵，以伐樹木為宮室，鑿地，夫玉亦神物也，又遇聖主使然，死而龍藏。禹穴之時，以銅為兵，以鑿伊闕通龍門，決江導河，東注于東海，天下通平，治為宮室，豈非聖主之力哉。當此之時，作鐵兵，威服三軍，天下聞之，莫敢不服，此亦鐵兵之神。

所以，早在兩千年前，我們的祖先已將古人製作「兵」也就是工具與武器的歷史，按其質地分為：以石為兵、以玉為兵、以銅為兵、以鐵為兵的四個階段。根據這一史料，再配合豐富的考古資料，「玉器時代」一說，乃成為目前甚受重視的議題。

但也有學者持相反的意見，如張明華(1991)，谷飛(1993)，謝仲禮(1994)等。所持的理由主要為二。其一是：玉器主要用作裝飾品與禮器，玉製的工具、武器（本文中簡稱為「玉兵」）數量不多，主要限於華東地區。且玉兵的製作多薄脆精美，不能實際用以砍伐切割，而西方考古學的三分期說的核心，就是以工具與武器這種生產工具為分期的標準。反對的第二個理由為：被大陸學者舉證討論的，出土大量玉器的文化，在地理分佈上有相當的侷限性。主要是紅山、龍山、良渚等幾個華東新石器時代晚期的文化。而其文化的整體內涵，並未超過新石器時代考古學的定義。

近來，陳星燦先生對此一論爭，提出了頗具建設性的看法。在其1996年的〈青銅時代與玉器時代〉一文中，他由學術界中對「青銅器時代」一詞的定義切入討論。由於實物資料證明，在中國的青銅時代時青銅也不是生產工具——農具的主要質材，而是用以製作祭祀用的禮器與戰爭用的兵器。所以，正如張光直先生所指：在當時主要仍是使用石質的工具，「生產技術基本上是個恆數，那麼唯一的可能變化是資源的重新分配，使它們易於進入若干人的掌握。」（張1983頁18）而能使資源進入若干人掌握的東西便是權力，權力則是通過對青銅的壟斷造成的。「換言之，青銅便是政治上的權力。」因為青銅兵器「可以保證既有勞動力的持續剝削，青銅也可以說是一種間接的，可以也是真正的，在生產技術上的一次突破。」（張1983頁21–22）總之，正如張光直先生的結論：中國不存在西方典型意義上的青銅時代。這一觀念的提出，向我們揭示了一個中國歷史發展的特殊性。她並不一定完全合乎人類歷史發展的一般性。

對於「玉器時代」是否存在？陳星燦先生並未做明確的正面或負面的結論。但是，他對於有大量玉器出土的諸文化，與少見或不見玉器的新石器時代文化，作了廣面的，社會發展的觀察。認為在新石器時代晚期的所謂「龍山時代」，不論該文化中是否有大量而重要的玉器，都普遍出現了一些相似的變化，包括：城和大型聚落中心的出現、主要由墓葬表現的禮制的出現、以及青銅器與文字等的發生。所以，龍山時代是中國文明形成的一個重要時期。

多年來，筆者致力於新石器時代玉器的通盤性研究。筆者曾於1990年論文中，統計考古出土新石器時代玉質工具、武器及相關的禮器，（鄧1990b）並於1992年增補資料，得知至少有十八個文化區，出土玉質工具武器（玉兵），其分布範圍廣及黃河流域、長江流域，並奄及東北的燕遼地區和西南的青藏高原。（鄧1992a，頁11–17）在廣面地檢視了國立故宮博物院的藏品並出版圖錄後（鄧1992b），筆者更於1993年春，對「玉器時代」的論點，提出輔證。（鄧1993a）

該文中提出的主要看法為：因為玉質工具武器多為光素厚實的片狀

物，後世常將之當作玉料改製它物，但由於出土與傳世實物的相互印證可知，玉兵的確廣存於新石器時代晚期，有的實用，有的只用作禮器，但也有的一器兼有實用和禮制二種功能。後者的最佳例證為故宮所藏的鷹紋圭，在器表琢飾了精美的花紋，刃部卻有明顯的使用崩傷痕。但考量新石器時代晚期，是否可稱為「玉器時代」，並不只是依據這些劫後殘餘的玉兵，玉的神化，玉質禮器系統的建立，形而上意義的發展，才是我們將這段中國文明成形的重要時期，稱作「玉器時代」的主要原因。

筆者以為，「玉器時代」這一概念的能否成立，除了要擴大考古資料的搜尋，諸如確認華西地區也有獨立起源、連續發展、大量製作玉器的傳統外，更要在學術界中釐清「玉器」以及「玉禮器」的定義；並要由文獻的考察，考古與傳世實物資料的研究，作綜合而全面性的考量。

二、有關「五帝時代」的文獻考察

在考古學的急速成長下，中國史前史和上古史的分期，亦隨之調整。嚴文明先生綜合大量考古資料，提出下列新的分期：西元前10000年至3500年為新石器時代，其間又可分早、中、晚期。西元前3500年至2000年為銅石併用期，又以西元前2600年為界，分為早、晚二期。(嚴1992)因此，將原本廣義範圍內的新石器時代晚期的後半段，獨立為銅石併用時代。此一新分期已為中國考古學界採用。(蘇1994)

在此新的考古學架構下，中國歷史上，早於夏代的五帝時代，將如何定位？可有二種思考方向：一種為將五帝——黃帝、顓頊、帝嚳、帝堯、帝舜，視為五位聖君，依據傳統的三統曆的繫年，五帝時代的起迄為西元前2698年至2206年，共約492年，約當於前述銅石併用時代的晚期。另一種更合理的解釋為，五帝不是個人的直接繼承關係，而是不同部落禪遞掌權。如此五帝時代的上限，不會早於仰韶時代後期，即西元前3500年，而其下限應是龍山時代。（蘇1994，序，頁19）若是採信第二種說法，則五帝時代即佔有銅石併用時代的早晚二期（西元前3500年至2000年）共約1500年。

由《尚書》、《史記》、《越絕書》等文獻，可將有關五帝時代用銅和用玉的記錄條列，並依據各代注疏摘要其內涵如下：

⑴黃帝時已會鑄銅鼎。

「黃帝採首山銅，鑄鼎於荊山之下。」（見《史記・封禪書》）

⑵黃帝時已會用玉製作工具武器，並視之為神物。

「黃帝之時，以玉為兵以伐樹木，為宮室鑿地，夫玉亦神物也，又遇聖主使然，死而龍藏。」（見《越絕書・外傳》）

⑶黃帝向東南西北征伐各方不順從的諸侯後，曾經「合符釜山」，即在釜山舉行頒發核查玉製瑞器的典禮。

「天下有不順者，黃帝從而征之，平者去之。披山通道，未嘗寧居。東至於海，登丸山，及岱宗。西至於空桐，登雞頭。南至於江，登熊湘。北逐葷粥，合符釜山。」（見《史記・五帝本紀》）

⑷當黃帝將萬國治理和順後，曾舉行封禪大典，以祭祀鬼神。並得到寶鼎和神策（蓍），可推算節氣日辰之將來。

「萬國和，而鬼神山川封禪，與為多焉。獲寶鼎，迎日推筴。」（見《史記・五帝本紀》）

⑸黃帝治績好，於是自然界也很調和，天不異災，土無別害，水少波浪，山出珍寶，有金（銅）有玉。

「時播百穀草木，淳化鳥獸蟲蛾。旁羅日月星辰，水波土石金玉。」（見《史記・五帝本紀》）

⑹在帝舜代替帝堯攝行天子之政時，曾以璿璣玉衡觀察天文。

「舜乃在璿璣玉衡，以齊七政。」（見《史記・五帝本紀》）

⑺帝舜曾與四方諸侯舉行盟會，典禮中有收回象徵身份的瑞玉，再

度頒發給諸侯，以確定君臣關係的儀式。

「揖五瑞，擇吉月日，見四嶽諸牧，班瑞。」(見《史記・五帝本紀》)

(8)帝舜向東巡狩，在泰山會見東方君長，訂定了四時節氣與度量衡制度後，還制定五種典禮。典禮中各級諸侯貢獻五種瑞玉，三種絲帛，羔、雁二種牲物和死雉，作為貢品，其中五種瑞玉是在典禮後，班還給原執有者。

「……修五禮。五玉、三帛、二生、一死為摯，如五器，卒乃復。」(見《史記・五帝本紀》)

類似的記載還可在《史記・封禪書》《尚書・堯典》中見到。根據這些記錄，可以歸納自先秦流傳至漢代的史料中記錄，黃帝時已會鑄銅琢玉；五帝時代的玉器至少有三種性質：一為工具武器，即所謂的「玉兵」，二為象徵身份的「瑞」，第三種為觀察天文的儀器，即所謂的「璿璣玉衡」。在當時氏族林立，號稱「萬國」，在治理和順各政治實體後，也要向鬼神（神祇祖先）的世界，打好交道。所以要舉行「封禪」典禮，至於黃帝行封禪大典時，所用的是何種禮器，《史記・封禪書》中並未明載，僅言及五帝以來，「其禮損益世殊，不可勝記。」而只記錄秦漢時用「珪幣」。

總之，由文獻與考古資料的相互印證，暫可得結論如下：五帝時代（約西元前3500–2000年）第一個階段的共主，即為有名的黃帝。黃帝，可能是在黃河中游勢力最強的氏族領袖的名號，前後可以傳承數代，而不是一個特定的聖人。此一氏族強盛，作為發號施令的共主，約相當於考古學上的仰韶文化後期至龍山文化早期。當時，自普及的石器手工業中，逐漸分離出玉器製造業。由於玉經琢磨後，不但堅韌耐用，且美麗光潤。瑩秀的光澤有如和煦的陽光，堅韌的玉兵，助人們渡過許多難關，因此人們視玉為「神物」。在黃帝至帝舜的五帝時代，社會逐漸階層化，統治者壟斷了玉料的獲取和琢玉的技術，玉兵和各種玉飾乃成統治者身份地位的表徵。這種象徵身份的玉器，統稱為「瑞」。是由君主頒賜給部屬，有如信物。朝享會盟時，君主要將部屬的「瑞」收回，此即所謂的「揖瑞」，檢驗正確後，再頒回部屬，此即所謂的「班瑞」。這種驗合瑞玉的程序，即是「合符」。在《史記・五帝本紀》中，曾多次提及。

在那以神權統治的時代，君臣會盟時，肯定要舉行對自然神祇的祭儀。在史書中稱這種祭儀為「封禪」。典禮中所用的玉器，是墊（又稱做「薦」）於絲帛上的。故不但〈五帝本紀〉中，稱帝舜時用「五玉」、「三帛」為禮器，《左傳・哀公七年》也明載：「禹合諸侯於塗山，執玉帛者萬國。」玉帛，既象徵人間的政權，又是通神的禮器。二者共有的特徵是具瑩秀溫潤的光澤，這或與先民的太陽崇拜有關。（牟1995）由「化干戈為玉帛」的俗諺可知，在中國文化中，「玉帛」一詞象徵人神之間與人際之間的融洽和平。「珪幣」、「玉幣」等，就是「玉帛」的對等詞。

三、「傳播論」與「文化底層論」

既然由文獻可以證明五帝時代，人們已知鑄銅琢玉，正合今日考古學者所稱的「銅石併用時代」，那麼「玉器時代」一辭，何以尚未得到考古學界普遍接受呢？前文已曾述及，由於過去數十年，大陸考古學者從事的發掘與玉器資料的公布，比較偏重于華東地區。因此，導致學術界普遍相信琢玉工藝萌芽於華東地區，尤以燕山南北和長江流域二地，最為先進。前者有興隆窪、查海、紅山等文化；後者有河姆渡、馬家濱、良渚等文化。至遲在西元前三、四千年之交的紅山文化，和西元前三千年中期開始的良渚文化，分別出現以豬龍和以琮、璧為中心的玉禮器系統。由於掌握在大陸學者的考古資料顯示，玉文化發展相當不平衡，所以學者們多認為，其它地區的玉作工藝是受到前述兩大玉文化中心影響所致。對於其它地區是否產生過獨立的玉匠，多持懷疑態度。（蘇1994，序，頁12–13）

大陸學者發掘所得新石器時代玉器的不平衡性，可由臺北的故宮博物院所編輯的《中華五千年文物集刊·玉器篇》知其梗概。由筆者所編的玉器篇一，出版較早，是以文化遺址為單元地搜羅各類玉器，在31個黑白圖版中，只有 6 個圖版是華西地區的資料（註：本文中所稱的華東與華西是以所謂「中國本部」(China Proper) 為考量範圍，不包括新疆、青康藏高原廣大的非漢族地區）包括了仰韶、大溪、龍山、齊家諸文化。（鄧1985）由楊美莉女士所編的玉器篇二，則以環形器為主，在新石器時代的182件中，屬華西的仰韶、大溪、龍山、齊家諸文化的只佔25件。（楊1993a）

由於筆者從事博物館工作，接觸大量的傳世器與流散品。更在歐美等地的旅行中，見到本世紀早期被洛佛(Berthold Laufer)與安特生(J. G. Andersson) 等外籍學者在華北採集發掘的許多玉器。(Laufer 1912, 1927, Andersson 1943) 將這些沒有出土證明的傳世器、流散品與考古出土的資料核對，就會發現在廣大的範圍，包括以晉、陝、甘、川為主，外圍擴及豫西、內蒙、青海的華西地區，有它自身的玉作傳統。無論玉料色澤、器形類別、切璞遺痕以及雕紋風格等，都與華東地區明顯不同。

筆者更自1987年起，從事一系列的故宮院藏玉器的整理研究，將這批過去籠統地被稱為「周玉」「漢玉」的清宮舊藏，以及一部份購自古董市場的古玉，依最新的考古資料，重新斷代。發現其中有許多屬新石器時代晚期（也就是本文所稱的銅石並用期）華西系統的風格。（鄧1987頁26，1988b頁42–43，1990a頁64，1991頁38，1992b頁26、92、199）並於1993年正式以「華西系統玉器」為題，提出一系列討論。（鄧1993–94）1994年春，於「歷史與考古整合之研究國際會議」所提出的論文中，論證由新石器時代晚期（銅石並用期）玉器的區域風格，正可印證古史傳說中的華夏、東夷、苗蠻三大族系的分佈。（鄧1997a）這一論點也於1995年的專書，以及同年在倫敦大學主辦的「中國古玉研討會」所提的論文中，再加以申論。（鄧1995a,b、1996a）除了筆者多年來，致力於呼籲學界當重視華西玉器的研究外，楊美莉女士對陝、甘、青的玉石器，也發表了一系列的論著，對臺北故宮院藏的實物，作了很細緻的分析。（楊1994a–e，1996a,b）

近年來資訊的交流，配合了陝甘地區陸續公布的資料，（馬1993，葉 1996）終於引發了大陸學者對華西玉器研究的重視。最近，楊伯達、聞廣、牟永抗等諸位先生在考察了海外流散的中國古玉後，分別前往陝、甘等地，考察該地區出土的玉器，也都分別有了好收穫。對於該地區古玉的質地、礦源、器類、玉器製作的起始時代、發展情況，都有了進一步的認識，後文中，筆者還將論及。

但在已知的出土玉器資料中，華西地區的玉器最早可溯自仰韶（約西元前4800至2700年）、馬家窯（西元前3100至2000年）等文化，比燕遼地區的查海、興隆窪等文化（約西元前6000至5000年）、和江南的河姆渡文化（約西元前5100至4000年）的開始的時代晚些，所以學者們在分析了部份實物後，多傾向於以「傳播論」來解釋東、西玉器器類的相似性。（楊1994a，頁79，Rawson 1995，p.111。黃1996。主張傳播論的學者甚多，此處不一一列舉）

但是我們若將眼光擴大，不侷限於少數器類的單項檢視，就會發現，在銅石併用的五帝時代，考古資料顯示了各地區間，很多文化因素都具有相似性。以玉器論，無論在質地、類別、作工各方面，華西地區都顯示它有獨立發展的傳統，未必一定要借助外力的單向傳播。除了玉器外，各區域間相似的文化成分，還包括了紅銅、陶輪、夯土建築、占卜、祭儀等。為了解釋這種在不同的文化中，存在相似的文化成分，而又未必導因於彼此間傳播的現象，張光直先生提出了「原始文明底層」的觀念：他認為在悠久的史前歲月，原始文明發展到某種階段，必然產生文化間的相互作用。某些玉器如琮、璧在東西兩區的出現，應是代表以這種宇宙觀為特徵的文明底層，在全作用圈訊息交通下的一種表現。（張1989a，頁19）

四、「玉器」與「玉禮器」定義之釐清

隨著考古資料的累積，已知在銅石並用時期大部分的區域性文化，都有玉器的製作，而此時也正是中國古代崇玉文化形成的重要時期。細探崇玉文化的本質，實根植於古人特有的「精氣觀」與「感應觀」。

前文曾論及古人在崇拜太陽的心理下，特別喜愛發光的物質，（牟1995）更因玉兵的堅韌鋒利，是先民生活奮鬥中不可或缺的法寶。在觀察大部份物質都會腐敗無存，而美玉卻能經久不朽，象徵「永恒」的意境，人們自然產生崇玉的心理，視之為富含「精氣」的「神物」。稱「玉」為「神物」，語出《越絕書》，前文已有徵引。而文獻中有關玉為含精特多之物的記載甚豐，裘錫圭先生曾作了很詳盡的研究。他引了《國語・楚語下》：「聖王……帥其群臣，精物以臨監享祀，……玉、帛為二精。」以及《淮南子・俶真》、《呂氏春秋・盡數》、鄭玄注《周禮・天官・玉府》「食玉」等，證明古人相信玉是「精物」，所以經常用作祭品，或用玉製作祭祀的禮器。（裘1992）

「禮」字由「豐」字發展而來，甲骨文的「豐」為象形字，描繪在盛物的盤子「豆」之上，盛放兩串玉。就文字的本意可知，「豐」為行禮之器，「禮」為事神之事。（李1965，一，頁49）古書中有關玉禮器的資料，以成書於戰國時代的《周禮》最豐，成書於漢代的《儀禮》、《禮記》等亦有記述。其內容多為玉器的器名、尺寸、功能，政府中典管玉

禮器之官吏的職守，在祭祀時或朝覲時，各類玉器的分配，及其在禮制上的運作，資料相當細瑣。由近年來考古發掘資料證明，三禮所記載的，雖常與其成書時代的禮制不合，但所述內容，卻可能是遠古的習俗，自新石器時代傳承積澱，再經儒生加以整齊化、理想化而成。

《周禮・春官・大宗伯》中記錄了「六瑞」和「六器」兩組玉禮器。前者是四種不同尺寸的圭，和兩種不同花紋的璧，作為六種身份不同的貴族地位的表徵。原文為：「以玉作六瑞，以等邦國。王執鎮圭，公執桓圭，侯執信圭，伯執躬圭，子執穀璧，男執蒲璧。」後者是用六種不同的玉器，作祭祀天地及四方的法器。原文為：「以玉作六器，以禮天地四方。以蒼璧禮天，以黃琮禮地，以青圭禮東方，以赤璋禮南方，以白琥禮西方，以玄璜禮北方。」綜合這兩段記載，共有六種禮器：璧、琮、圭、璋、琥、璜。

根據《周禮》及其它文獻，林巳奈夫先生於1969年即撰文討論中國古代的「祭玉」與「瑞玉」，更於1991年編匯專書時，以及1997年出版中文譯本時，都陸續增補新的考古資料。這是一篇有關玉禮器的綜述性的著作。多年來，筆者對新石器時代的玉禮器，持續著高度的研究興趣。通過文獻與實物的綜合考察，對玉製的「祭器」與「瑞器」也曾提出一些看法。

玉質的祭器可簡稱為「祭玉」，主要是古人在祭祀神祇祖先時，豎立於祭壇上，作為依附神祖之靈的實體。由於古人深信物件的質地、形狀、紋飾、以及上面所刻的符號或文字，都可以產生溝通感應的法力，令神祖明白人們的祈求。所以，古人用富含「精氣」的美玉，琢出與他們樸實的宇宙觀和宗教信仰有關的造形，雕飾花紋，刻上符號，在以玉事神時，用之為「祭玉」。典禮後，有的祭玉會以瘞埋、燎燒或沉於水的方式奉獻給神明，有的祭玉則可收回以備下次重複使用。

玉質的瑞器可簡稱為「瑞玉」，主要是氏族成員佩戴或執拿，用以象徵個人身份地位的。雖然祭玉與瑞玉的內涵不同，但仔細考量，二者間有著密切的關係。因為在以巫教維繫的社會秩序中，個人地位的高下，端視人與神祖關係的親疏而定。事神之「禮」，建立了人神之間的溝通管道，也維繫了人際間的和諧關係。祭玉與瑞玉兩種玉禮器，在事神和事人的制度中，充份發揮了形而上的功能。

銅石並用期時，玉器是重要的禮器，它們在禮制上的功能，亦延續至商周時期，用作依附神祖之靈的祭器，及象徵身份的瑞器，玉禮器在禮制上的地位應不低於供盛放犧牲，或供盥洗、奏樂用的銅禮器。但是，由於玉禮器上少有銘文，不似銅禮器，因鑄刻了銘文而受到宋代以來金石學者的重視，有著長達九百年左右的研究歷史。所以，學界對銅禮器器類與功能的認識，遠甚於玉禮器。

長久以來，學界對玉禮器的認知非常模糊。一般多以前述《周禮》中所提到的六種：璧、琮、圭、璋、琥、璜，作為玉禮器的全部類別。至於它們的形狀，也不是毫無爭議的。其中以璋、琥兩種，爭議最多，迄今，還無法取得共識。至於「璧」，也還有一些學者，擺脫不了對其「肉」「好」的比例之爭（即是器之實體部分與孔洞部分的比例）。夏鼐先生曾著文，以為琥、璜二者只是裝飾品，而主張將之排除於玉禮器的行列之外。（夏1983）致使原本模糊的面貌，更加不清了。一般考古報告與玉器專著中，對玉禮器的定義也非常偏狹。常見鉞、戚歸入儀仗類，精美刻銘的玉戈歸入兵器類，柄形器以及凡是琢有花紋，帶有圓穿或凸榫的，全歸入裝飾品。如此一來，玉禮器只剩下極少的數種，銅禮器卻有食、酒、水、樂數大類幾十種之多。事實上，在商、周古墓中，玉禮器與銅禮器所放置的部位是不同的，前者多在棺內，墓主人的頭上、胸前或身旁；而後者多置於棺槨之間，許多盜墓者，只盜走體積小價值高的玉器，而置銅器、陶器於不顧。所以，若不瞭解玉、銅禮器的基本功能不同，分類的模糊，而根據已盜擾的墓葬資料加以比較，就易導致偏

差的結論。(鄧1997a，頁804)

總之，由於玉器的研究歷史太短，迄今，連對於何謂「玉禮器」都還沒有一個為學術界共同接受的定義。《尚書・堯典》《史記・五帝本紀》《越絕書》中，只言及:「瑞」「五瑞」「五玉」「五器」「合符」「玉兵」「璿璣玉衡」等，並未提到三禮中的玉器器名，如：璧、琮、圭、璋、琥、璜等。似乎綜合考古出土器，對銅石並用時期，也就是五帝時代的玉禮器，作全面的總考察，是刻不容緩的事了。

因此，筆者曾綜覽新石器時代晚期以來，在今日所稱「中國」的範圍內，出土玉器的情況。經過較全面的資料整理，可知在廣袤的疆域上，生態環境不同，政治實體叢立，經過兼併融合，到了銅石併用時代，已形成了幾大氏族集團，不同的氏族集團，製作不同造形，不同花紋的玉器，反映各氏族集團特有的禮儀精華，因而呈現不同的區域風格。

我們經由考古資料所歸納的玉器區域風格，正與由傳說史料和文獻記載的氏族集團的分布，大致相合。據此，筆者曾提出中國古代玉器文化有：東夷、苗蠻、華夏三大源頭的理論。(鄧1994、1995a、1995b、1996a)它們分別分布於華東北部、華東南部至華中，以及華西。在民族學上，他們主要為夷、越、羌三大族系。而任何兩大族系間，都有重疊交融的現象。

但是有的學者認為，由考古資料看，古代氏族應分為華夏、東夷、吳越、荊楚四系。(蘇1994，頁291)即是將長江流域中游的荊楚，與下游的吳越，分而視之。然而細審長江中游的大溪、屈家嶺文化的玉器，十分素樸，而石家河文化的玉器卻豐富精彩，顯然沒有先後傳承的關係。(鄭1994)近年來，兩湖地區的石家河文化玉器出土甚多，風格上明顯的受到東夷玉器的影響，有學者以為是蚩尤族群自山東移民而來，所留下的遺存。(楊1992)或許在日後的發掘，可對於此期玉器文化的分域研究，提供更多的新資料。

不論玉器文化的源頭，可分為三系、四系，或日後因考古資料的增多，而可區分得更多更細，目前值得思考的問題是，在銅石並用期，或說是五帝時代，是不是每個使用玉器的氏族集團，都如《史記・五帝本紀》所載，有玉兵、玉瑞、璿璣玉衡等玉器？都舉行對自然神祇宣誓性的大型祭祀，也就是《史記・封禪書》中所載的「封禪」？換言之，〈五帝本紀〉與〈堯典〉等文獻所記，是銅石並用時代各文化的通則？還是有其侷限性？若屬前者，那麼前述的各氏族集團所製作的玉器中，究竟哪些是祭玉？哪些是瑞玉呢？筆者曾綜覽出土器、傳世器與近年流散的史前玉器，於1996年洛杉磯自然史博物館召開的會議上，曾以「玉器時代的祭玉與瑞玉」為題，提出初步的看法。（鄧1996b）

要進一步討論玉禮器，還需要先澄清一個非常基本，卻十分混淆的觀念，因為目前在學術界中，甚至連什麼是「玉器」都有爭議。部分學者認為，質地不屬於真玉，而為似玉之美石所製作的，就不算是玉器。也有學者認為，用真玉製作的工具，為先民實際用於砍伐切割的，只是玉質石器，也不能算玉器。筆者認為這類觀念過於偏狹，若據之，則將無法瞭解古代玉器文化的全貌。

目前，學術界所公認的真玉，主要指閃玉(nephrite)與輝玉(jadeite)兩種。（過去，通稱為軟玉與硬玉）關於其成分、結晶構造，以及它們的礦物學名稱，本文不擬多加敘述。目前的資料顯示，在中國的銅石並用時代，主要使用的是閃玉。但不同的區域，有不同的閃玉礦源，各有不同的顏色、透明度與質感。作為一名博物館員，接觸的古物種類龐雜，所以筆者數年前，即分析上古時期玉料的龐雜性，提出「多元性的玉料，成就了多元性的玉文化」的說法。（鄧1992b頁91–92，1993a頁18–23）

由實物可知，不少用閃玉製作的斧、錛、鑿、刀，雖然表面拋光細緻，但器身仍相當厚實，且刃部有因使用而造成的崩缺。這些或屬較早的玉兵，仍可實際用來砍伐；《越絕書》中就明言，黃帝之時，玉兵是用來伐樹和鑿地的。先民不正是因使用這樣的玉兵，才逐漸瞭解玉既漂亮、鋒利、又經久耐用，因而相信美麗溫潤、堅韌不朽的玉，是含精之神物的呢？當先民在與禽獸搏鬥時，或許會將隨身使用的玉兵充當「祭器」，祈求神力相助吧！在當時，這類美玉當為統治者所壟斷，所以這類玉兵不正是持有者身份地位的表徵，即所謂的「瑞玉」嗎？前文已提及臺北故宮典藏一件有名的鷹紋圭，雖因曾屬清宮舊藏，表面多少經過盤摩，但刃部仍留有使用傷缺，這就說明了在那遠古的時代，曾有一段為時不短的歲月裏，玉兵是兼具實用與禮制雙重功能的。

除了閃玉外，還有一些外觀似玉的其它礦物，也為銅石並用期的先民所選用。例如各種蛇紋石以及玉髓、大理石等。它們也都合乎東漢時許慎在《說文》中，對「玉」所下的廣義的定義：「玉，石之美有五德者。」即或在今日，一般未受過礦物學基礎訓練的人，也不易用目測的方法分辨它們，何況遠在早於東漢兩、三千年的銅石並用時期的居民，即或在琢磨它們時，可體會出各種的「玉」，分別具有不太一樣的硬度與韌性，但對它們的選擇標準，應該是差別不大的。

至於，還有一些用普通石料製作，但其形制花紋屬玉器所特有的器類，如：璧、琮、璜等，也應一併視為「玉器」。這應是在取不到真玉或似玉之美石的時候，為了仍須執行某種必須用玉器才能達到的任務，如溝通人神或等分身份時，不得不採取的方法。而這些石質玉器，有可能屬社會地位較低的氏族成員所用；也有可能屬於某類禮器需大量製作，而材料實在不敷使用時，所做的權宜之計。銅石並用期的文化遺址中，常見大量的石璧或石鉞，這一現象就值得我們深思，為什麼古人獨鍾情於某一、二種器形，而大量琢製它們，究竟這種器形具有什麼法力呢？

總之，無論用真玉、似玉之美石，或普通石料製作的器物，只要它們的造形與花紋，是專屬玉器才應有的，都應一併視作「玉器」。而通過研究，在銅石並用時期，大部分的玉器，都具有禮制的意義，應屬廣義定義下的「玉禮器」。論及玉禮器，在一般人的觀念中，最沒有爭議的就是璧與琮。帶刃的工具與武器，如斧、鏟、戈、刀等，兼有實用與禮制兩層涵義。這些玉兵經過規整化、大型化或裝飾化，發展為圭、鉞、戚或大刀，禮制的意義就勝於實用了。

往昔，一般體積小而且加琢了精美紋飾，又鑽鑿了小圓穿，或具小凸榫的，就常被視為裝飾品而被排除在玉禮器的範圍之外。事實上，這些所謂裝飾品，正是氏族領袖集團特有的行頭，因為他們壟斷了玉料的獲取與琢玉的技術，玉飾也就是他們身份地位的表徵。這些玉飾多雕琢了動物花紋，有寫實的動物，如鳥、魚、蟬、龜等，也有想像的神靈動物。因為在古人純樸的思維中，常相信某些動物具有特殊的法力，是人神之間的媒介；雕有動物紋的玉件，也就等於接合了玉的精氣與動物的法力，是當時重要的禮器。集政教大權於一身的氏族領袖，在祭祀時(當時的身份就是「巫」)，若穿上綴有許多玉飾的「寶玉衣」，必然法力大增，順利地與神靈交往。

除了單件的，可配掛的玉飾外，有凸榫的玉飾應是插嵌於長杆上，用作招降依附神祖之靈的禮器，有如《漢書・禮樂志》中所稱之「玉梢」。良渚文化遺址中，還見一些零碎的小玉片，經過復原可知它們原來鑲嵌於某種易朽的物件上，這也應屬「玉禮器」的範疇。

總之，必先瞭解古人心目中的「玉」，以及古代文化中的「玉禮器」，才能洞悉崇玉文化的真諦。

五、各氏族集團玉器的梗概

在此節中，筆者擬先簡述銅石並用期，各氏族集團所製作及使用玉器的一般情形，在下節中，再選擇重要的器類分項考察。

史學家們多以為「東夷」一詞所指的，是今日山東地區的古文明。

但筆者依據《尚書・顧命》《說文》《爾雅》中有關「夷玉」產於醫無閭山的紀錄，並參考《漢書・地理志》《後漢書・東夷傳》，以及《周禮・秋官・司寇》鄭玄注分別提到「東北夷」與「東夷」等資料，論證上古時期夷人的大本營，應在遼河流域。(鄧1997a，注5，頁799–800）而後向其周邊擴散發展，分佈甚廣。諸如分佈於遼西、內蒙古的各種先紅山文化（查海、興隆窪等)，紅山以及相關諸文化（富河、趙寶溝等)，夏家店下層文化；分佈於遼東的小珠山文化；分佈於山東半島的大汶口文化、山東龍山文化等，應都屬夷文化的範圍。

醫無閭山一名，古今通用而未改，正位於遼寧省阜新縣的東邊。阜新縣內已發掘了重要的查海文化（約西元前6000至5000年）與紅山文化（約西元前5000至3000年）遺址。由目前的資料可知，分佈於遼西至內蒙古一帶，與紅山文化有關的數個文化遺址，所出土的玉器，常具有某些相似性，形成了一種獨特的風格，與其它地區玉器有著明顯的不同。某些玉器，尚無法明確的分辨出它們的文化類別，今日可暫通稱為「紅山玉」，應是古文獻中所稱的「夷玉」的主要成分。

紅山玉，無論在質地、作工和器類上，都極具特色。經研究其玉質主要為閃玉(nephrite)與葉蛇紋石(antigorite)（聞1993）前者的本色多為淺黃綠、青白或碧綠色，但也有的深沁作不透明的乳白色；後者則多沁為牙白色，若用手盤摩，會逐漸轉為赭褐色。雕琢技法除了陰線刻琢、立雕、鏤空外，還見流暢的凸弦紋和優美的淺斜槽。

紅山玉的種類甚多。有的為幾何造形，如：耳飾玦、匕形器、勾形器、方圓形璧、圓璧、二連或三連璧、箍形器（過去多稱作馬蹄形器或筒形器）等。更有大量琢動物母題的玉器，有的較為寫實，如鳥、魚、蟬、蠶、龜、鱉等；有的為非寫實的動物造形，如C形龍、豬龍（或稱熊龍)、 帶齒動物面飾、人獸合體、琢有動物面的丫形器或牌飾等；至於勾雲形佩，很可能是飛鳥與捲雲意念綜合的抽象表現。雖然有些動物造形，還不能完全了解其真實涵義，但值得注意的是，紅山居民喜愛描述昆蟲在幼蟲期（蛹）的模樣，如蟬蛹、蠶蛹等，或某種哺乳動物在胚胎期的形狀，如豬龍。應是強調羽化或蛻變的生命力，也就是「元氣」。大部份的動物造形玉器，都在背面鑽有隧孔，可縫綴於巫師所穿的法衣上。豬龍等則鑿有小孔，可供懸飾胸前。在原始巫教中，動物被視為巫師通靈時的助理，以玉雕之，更是盼結合玉的精氣與動物的法力，導引巫師上天下地，溝通人神。

由傳說史料和考古發掘兩大研究方向，都可尋覓有關華夏集團和苗蠻集團之間，遷徙交流與相互融和的蹤跡。前者主要分布於黃河中游，奄及四川境內，即本文中所稱的華西地區。後者則散居於長江中下游。《史記》的〈夏本紀〉、〈楚世家〉、〈越王勾踐世家〉諸篇，都是學者們經常徵引，以證明楚、越民族源自中原華夏的資料。（董1988、何1988）限於篇幅，筆者只擬以玉禮器為焦點，討論此兩大氏族集團，擁有何種相似的宇宙觀與宗教信仰。西元前3500至2000年的銅石併用時代裏，分布於前述疆域上的考古學文化中，多發展了高水準的玉器文化。

以江浙太湖流域為中心的良渚文化為例，她承續了自河姆渡、馬家濱、崧澤等文化以來的雕玉傳統，迄今雖未有冶銅遺存出現，但卻成就了極高超的玉雕藝術。

良渚玉器的選料，除少數尚稱勻淨外，大多屬班雜結構，透明度低的閃玉。可能取材自太湖附近如江蘇溧陽等地。（聞1993）或因所埋藏環境的土質潮濕且鹼性甚強，多深沁為乳白色。良渚玉器的形制多樣，以璧、琮、冠狀器，及斧鉞類最為重要，鉞即為較寬大的斧，二者有時不易區分。此外，還見飾有冠狀器的耘田器，應是由農具發展的重要的禮器。（鄧1997b）良渚文化中有許多可供佩戴的玉器，如：鐲、璜、三叉形器、錐形器、及鳥、魚、蟬、龜等動物形墜飾。

良渚居民不似紅山居民那般喜愛雕琢造形優雅的玉器，但卻極擅長在固定的空間上，發揮高度精細的刻工，創造神祕猙獰的肅穆感。反山琮王上，在僅約三乘四公分的小面積上，刻繪極為精細的神徽（圖一），

圖一：
良渚文化神徽　寬4，高3公分　刻於反山出土玉琮王上（《文物》1988,1）

以神徽為基礎所發展的小眼與大眼紋飾，又廣見於各類玉器上，足見神徽的重要性。許多學者企圖解開神徽含義之迷，說法甚多。較為大家接受的，是將神徽的上半部，稱作「神人」（浙江1988），其內涵實為「神祇祖先的共像」，（鄧1988a）或釋之為「巫」；（張1988）而將神徽的下半截釋作「動物」，（浙江1988）包含一般所稱的獸與鳥，（鄧1988a）也就是協助巫師上天下地的「蹻」。（張 1988）前文所提及的飾有冠狀器的耘田器，（圖二）其造形相似於神徽的輪廓，這一發現，提供我們新的思考方向，或許良渚神徽的創形，正是為了紀念因發明耘田器，從事農業革命，而被神化的祖先。（鄧1997c）晚近在流散品中，發現兩件造形為「神鳥立於長杆上」的小件玉器（圖三），已入藏臺北故宮；而考古

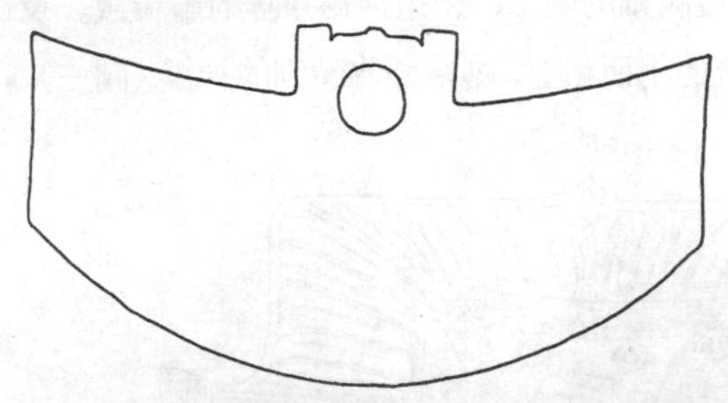

圖二：
良渚文化　玉耘田器　寬15.5公分
國立故宮博物院藏

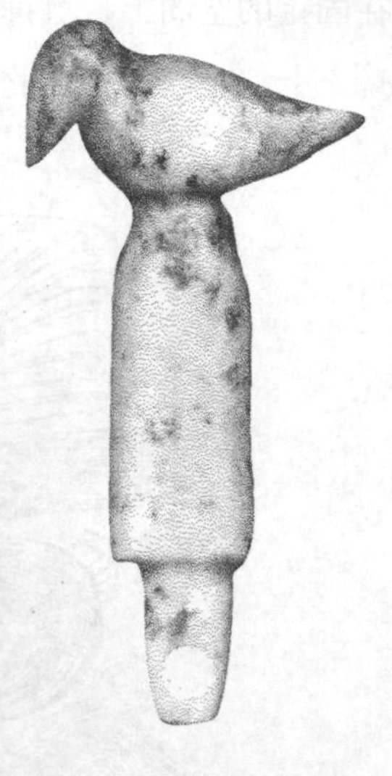

圖三：
良渚文化
鳥立高柱形玉飾
高 2.7公分
國立故宮博物院藏

圖四：
良渚文化　祭壇形玉飾（中國文物報1997,10,19.）

學家又在遂昌的良渚晚期遺址中，找到以「多階祭壇」為造形的小玉片（圖四）；（中國文物報 1997,10,19）若接合這兩種小玉器，正形成了「鳥立祭壇」的實物。而此一造形，在過去只發現以極淺的細陰線刻繪於良渚的玉器上，如圖八左所繪璧面上的刻符。有關其涵義，學者們多有論述，下節還將討論。

山東正處於北方的東夷文化和南方的苗蠻文化（越文化屬其中的一支）的交會地帶。學者們雖多據古文獻，認為山東地區屬典型的東夷文化，但事實上，由出土的及經風格斷定的傳世玉器可知，山東地區玉器

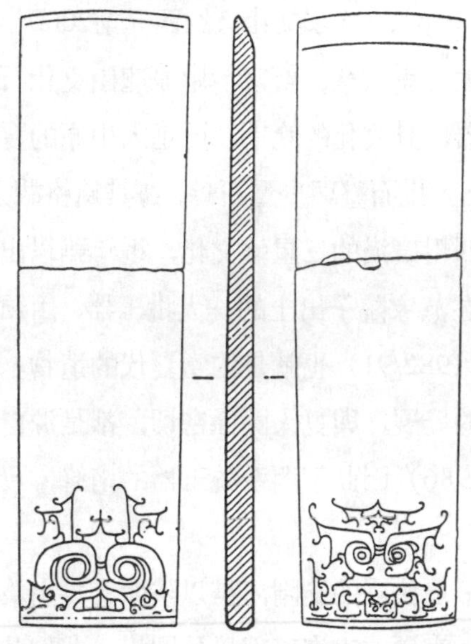

圖五：
山東龍山文化
玉圭（兩面的線繪圖） 高18公分
山東日照兩城鎮出土 （《考古》1972,4）

呈現複雜的多元面貌。既有來自北方的連璧、牙璧，也有來自南方的「介」字形冠帽的神像，至於源自斧鏟等的長方形玉圭，則為典型的本土玉器，其中以日照兩城鎮出土的一件，刻有神祖面紋的玉圭，（圖五）最受矚目；由之聯繫了許多傳世及流散的雕有同類或相關花紋的有刃玉器。至於近年來發現的少量玉牙璋，或可能為華西氏族向東征伐勝利，舉行祭祀後所留下的。後文還將討論。

由良渚文化向西，北陰陽營文化（約西元前4000至3000年）薛家崗文化（約西元前3000年左右）、含山文化（約西元前2500年左右）石家河文化（約西元前2600至2000年），各文化的玉器都有可觀之處。如含山的玉龜夾著刻紋玉板，顯然是古人天圓地方宇宙觀的重要物證。（陳、張1989）石家河文化出土甚多玉雕神祖頭像，其造形與山東龍山文化玉圭上的神祖面紋，頗相近似。前文亦論及石家河玉器與山東龍山文化玉器的相似性，說明可能為蚩尤族群的大遷移。而該文化的陶器，也呈現與中原龍山、山東龍山文化的密切關係。（王1997）但因有關資料尚不充份，有待未來深入的研究了。

銅石併用時代黃河中游的考古學文化先有仰韶文化後期（約西元前3500至2600年）、馬家窯文化（約西元前3100至2000年）、後有中原龍山文化諸類型（約西元前2800至2000年）、齊家文化（約西元前2000年前後）。早期出土玉器不多，但晚期的馬家窯、齊家、中原龍山文化石峁類型、陶寺類型都出土豐富的玉器，其文化的晚期，已進入中原的夏王朝。晚近在山西芮城清涼寺也出土大批石璧與少量石琮，據其風格觀之，應屬華西系統玉器的東緣；位於四川廣漢的三星堆文化，近年雖以出土商代遺物而聞名，但其在1929年在燕家院子出土的一大批玉器，由風格觀之，的確屬二里頭文化期，（林1982/91）也就是約當夏代的遺物。有學者考證，蜀地的人種與古文明的發展，與夏人關係密切，都是源自青康藏高原遷移而來的羌人。（任1986）因此華西系統玉器的南緣，可擴大至蜀地。

總之，由玉器的分佈觀之，華夏集團的範圍，是以陝西、甘肅為中心，外圍括及於山西、內蒙西部、寧夏、青海東部以及四川。在如此廣大的疆域裡，所採用的玉料，甚為複雜。陝、甘地區所用的玉料，除了蛇紋石類（類似今日所稱的酒泉玉）外，還常見兩種閃玉類：其一頗相似於崑崙山蘊藏的閃玉，以青白夾赭色或灰黑色為主，即俗稱的和闐玉。有學者據其色澤特徵分析，以為部分可能來自新疆的且末縣，部分來自和闐、于闐等地。（楊1997，頁17–18）另一種則為一種帶灰調的綠色不透明，有時呈現赭褐色，有時近於墨黑色的閃玉。本世紀初，洛佛在華北採集的玉璧，部份藏於芝加哥費氏博物館 (Field Museum of Natural History, Chicago)，公布於其 1912 年的書中的，即屬此類。石峁一帶出土的牙璋、大刀等，玉質亦甚相似，清末時大量流散海外。這種特殊質感的玉料，主要使用於龍山時期，黃河中上游諸考古學文化中，商至西周的遺物中，還可見到這類玉料，東周以後就幾乎消失了。

數年前，聞廣先生曾分析三件徵集自石峁的玉器，確定其為產於鎂質大理岩中的閃玉。（聞1994）。最近，聞先生考察了早年流散於海外的華西系統玉器。承蒙見告，在經過排比研究，確定這種灰綠、墨綠、赭褐等色，堅實不透明，有時出現「布丁石」紋理，有時出現韻律條紋的玉料，雖然顏色深淺變化大，但可由淺到深地，依序排出其漸進過渡的模式，可知它們應出於相同的礦源。在詳細檢驗了海外的華西玉器後，聞先生還親自前往甘肅考察玉礦，並在臨洮縣附近的洮河，找到了相似的玉料。

四川廣漢三星堆文化玉器，經地質鑑定確知主要為透閃石(tremolite)與陽起石(actinolite)，換言之，廣漢的玉器主要屬閃玉。除了少數色淺者外，多係藍、灰、黑等深濃雜然，不透明的玉料。分析者疑其或可能取自汶川，更疑其黑色是人為沁染所致。（蘇1996）但是，據聞廣先生的分析，仰韶文化大地灣遺址的玉器中，也有黑色閃玉的作品。而據筆者的經驗，傳世器中也有不少新石器晚期至商代的，灰黑至漆黑的閃玉作品；筆者懷疑這些灰黑至漆黑色的玉器，都取自相同的玉礦，製成器用後，因埋藏環境不同，導致表面色澤稍有差異。至於晚近始公布的清涼寺出土璧、琮，及斧類工具，據筆者觀察實物，只是普通常見的灰黑色石料。

華西玉器分佈的面積甚廣，類別多樣。年代較早的有大地灣遺址第二至第四期（西元前4500年至3000年）出土的十五件玉器，計有：鑿、錛、笄、鐲、墜飾等。（楊1997頁12）換言之，只有大地灣的四期，才進入本文所討論的所謂「五帝時代」。而在五帝時代時，華西地區出土玉器的遺址甚多，有的器類較普及，有的器類則具有地域性，但必須強調的是，在當時，各氏族間的和平交流與武力征伐十分頻繁，所以如果有一、二件，依其風格應出現於甲地的，卻在乙地出現，我們就應該考慮，這或許是爭伐掠奪所致。大致而言，如刃線在窄端的斧、鏟、鑿、錛，及由之發展的圭，以及刃線在長邊的刀，分佈較廣。而造形似戈，卻在「援」的前端形成分叉形刃線的奇特玉器，目前學界多稱之為「牙璋」，則大量出現於陝北石峁及四川廣漢（燕家院子出土者，年代較早約當龍山晚期至夏代），應屬華夏氏族集團特有的玉器器類。

值得注意的是，在山東境內有四個地點出土少量牙璋，也有學者據之以為牙璋起源於山東，這是未做周全考量的誤解。距報導這些牙璋多為農民整地時挖得的。其中相關資料較齊全的兩處：五蓮與沂南，牙璋都埋于群山環抱的凹谷中，且其埋洞之上還壓有大石塊。因既無人骨也無生活用品伴隨出土，據推測應屬祭祀坑性質。（楊1994，頁46，于1998）由於在龍山晚期，華夏與東夷兩大氏族間，征戰不已，出土於山東境內祭祀坑的牙璋，極有可能就是華夏族群征討東夷勝利時，舉行祭典後埋入的。而禮經中，也多記述牙璋是發兵打戰及祭山的禮器。由這個觀點看，這種似戈又具雙叉形刃，顯然不能實際殺人，只能起象徵意義的玉瑞，雖然在定名上，一直有些爭議，但綜合造形與出土情況考量，的確有可能即是文獻中的「牙璋」。

值得注意的是，璧與琮兩類玉器的出土，尤其是二者的伴隨出土現象，在華西玉器的研究，甚至整個中國玉器的研究上，都具有重要的意義。如果僅從近年大陸公布的考古資料著手，所得的將是非常偏頗的印象。所以長久以來，考古學家多只知甘肅齊家文化與四川廣漢燕家院子，曾出土大批厚重粗放的大石璧。陝西延安蘆山峁、山西襄汾陶寺、四川廣漢等地，曾出土光素直璧或刻有簡單弦紋或圓圈紋的琮。事實上，採集與傳世的資料中，透露許多華西地區出土精美的玉璧與玉琮的資訊。

1987年，筆者參考早年被安特生自甘肅寧定半山瓦罐嘴，馬家窯文化遺址採集的，器表留有直條切璞痕的玉璧，論證臺北故宮所藏三件直徑近四十公分，器表留有直條切割痕的大璧，可能屬華西系統玉器。（鄧1987，頁23–26）近年來，兩岸交流頻繁，據曾前往參觀的蔡錦雲女士告知，在寧夏隆德縣文化局以及附近的文物典藏單位中，就藏有類似的大璧。

事實上，在傳世器與流散品中，存有大量的光素無紋，直徑約十餘公分的中型玉璧，其色澤質感屬前述兩大類華西地區所採用之閃玉。這些玉璧常厚薄不勻，器表留有直條切痕，中孔多單面鑽鑿，或因鑽孔的管狀工具質地不夠硬，在鑽磨的過程中耗損太快，所以孔壁多頃斜，孔徑上大下小，在下端的孔緣上，常留有截斷的毛邊。在筆者所典藏的臺北故宮藏品中，這類玉璧甚多，部分已發表。（楊1995）據筆者在平日整理庫藏文物時，還發現一些表面加雕了明晚期仿古雲紋、穀紋的玉璧，若仔細檢視，仍可看出其厚薄不勻，甚至隱然保留了直條切割痕，很可能即是用華西風格的素璧改琢的。

傳世器與流散品中華西玉璧數量已很龐大，近來大陸學者前往考察者甚眾。具稱由考古學者發掘與徵集的，為數亦不少。由此可知在銅石並用時期，璧是華西諸文化中，十分重要的器類。但迄今深入的探討尚不多，除了少數學者曾在傳世器中，試圖確認齊家、陶寺、石峁等類型文化的環形玉器風格外，（楊1994a,b）似乎還未有如何辨識馬家窯文化以及其它各文化玉器的相關討論。

同樣的情形也存在於玉琮這類玉器中。傳世器中，光素直壁，或器表僅琢簡單弦紋、圓圈紋的玉琮為數甚豐，幾乎各博物館典藏素琮的數量，都超過良渚式刻紋玉琮的數量。而其色澤也明顯的屬於華西玉質。筆者還在傳世器中發現許多用華西式玉琮，於明清時代改琢它物的情形（鄧1997d)。在過去的出版品中，都將這類素琮定為西周。近日始逐漸確認它們為齊家文化的遺物。

1993年，戴應新先生公布他在長安上泉村徵集的大玉琮，並記錄該玉琮與一大玉璧共出。(戴1993/94㈠）同年，筆者公布了美國聖路易博物館所藏一對，一同捐入該館，而質色做工極其相配的璧與琮。(鄧1993–4㈠)此為兩則較早公布的有關華西地區玉璧與玉琮的組配資料。1996年，劉雲輝先生公布出土于扶風城關案板坪村的一對璧與琮，二者幾乎可以扣接在一起。（劉1996圖264,265）雖然作者將之歸屬於西周，但由風格觀之，可能為銅石並用期的遺物。同年，葉茂林先生報導在甘肅天水師趙村一座齊家文化二次葬的墓中，只隨葬一璧一琮，應具宗教涵義。（葉1996,頁259）最近，楊伯達先生調查得知，靜寧縣治平鄉後柳河村山脊上出土了三璧四琮，出土時坑上還蓋了一塊石板，據此現象可推測此坑可能是祭祀坑。（楊1997）相信日後還將發現更多的資料。

六、重要器類的分項考察

大致綜覽了銅石並用期各氏族集團製作及使用玉器的情況後，可再將數種重要的禮器，分項討論於下：

㈠

圓形璧主要出現於華夏集團與苗蠻集團的地域範圍內。

在甘肅的齊家文化、江浙的良渚文化、以及山西芮城、四川廣漢等遺址中，玉石璧常大量且集中地出土於墓葬或窖藏中。

早年被安特生等外籍學者收集的馬家窯文化玉器，多藏於海外，近日中國學者對華西系統玉器的研究，主要集中於齊家文化（其中也可能夾雜一些馬家窯文化遺物）。一般而言，齊家文化的玉石璧，做工多較粗放，堆放在墓主的身旁，如圖六所示，雖然以直徑約十餘公分的中型璧為最常見，但也有直徑在三、四十公分的大璧。承聞廣先生告知，美國的弗利爾博物館，還藏有直徑達45.8公分的齊家文化大玉璧。有的齊家文化玉璧尚稱圓正；但有的就在其外緣上，或多或少呈現一小段直條邊。據聞廣與王正書兩位近日才前往考察的學者告知，這是由於當初是以開方截角成圓的技法，製作圓璧之故。但筆者懷疑，這種「先方後圓」的製作法，或許是齊家文化早期的製璧方式，因為也有不少齊家風格的玉璧，外緣相當圓正。

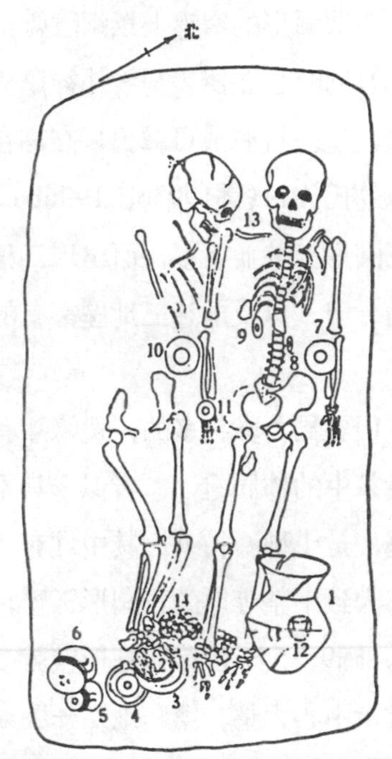

圖六：
甘肅武威皇娘娘台齊家文化
第三十八號墓平面圖

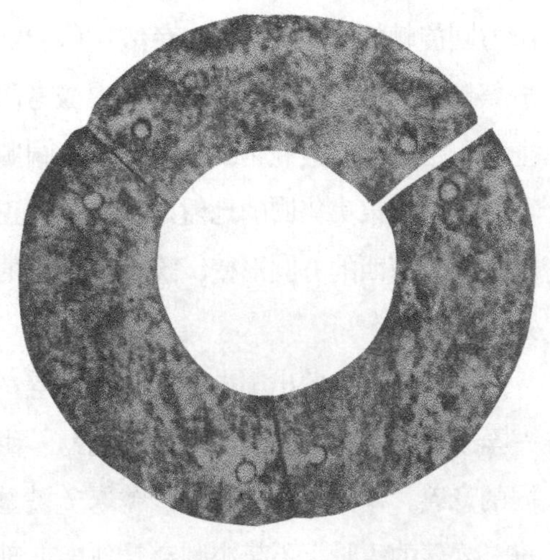

圖七：
馬家窯文化　三聯璧　徑13.5公分
甘肅半山瓦罐嘴出土
(*Bulletin of the Museum of Far Eastern Antiquities* No.15)

此外，齊家文化遺物中，還有一種以數個（以三個為最普遍）扇形璜，聯成的聯璧（圖七），這或許是因應玉料不夠時，就用小玉料，製成一件厚玉璜，再橫剖為數片，接合成一圓璧。但鬥合後，外型多相當圓正。可見在此文化中，居民很重視璧的造形必須盡量正圓，或許在早期技法尚較原始時，無法有效地畫出圓形，而曾採用過先方後圓的作法。

而良渚玉璧的外輪廓，則多較圓。良渚玉器的器表常留有圓弧形切璞痕，有時數個圓弧痕呈平行關係，似為線切割的遺痕。（牟1989）但有些玉器上留有不平行等徑圓弧痕，則可能為砣鋸的遺痕。（郝1996）是否這兩種技法，分別流行在良渚的早晚階段？是值得注意的。良渚晚期的玉璧的窄邊，有時琢成凹弧形，甚至在凹弧形的窄邊上以細陰線刻繪方回旋轉的雲紋、鳥紋、魚紋；（圖八a）同時也在器表刻繪「神鳥立於祭壇」的神秘符號，（圖八b）根據考證，這一符號或可釋為：高高在上的天帝（神鳥）庇佑以「陽鳥」為圖騰的氏族。（鄧1993b、1996b）

但是在東夷集團的地盤內，典型的正圓形玉璧並不多，而出現三種異形璧：遼西的方圓形璧、遼東至山東的牙璧、以及前述三地區都有的連璧。

紅山文化中曾出土少量的正圓形璧，但更見為數甚多的，邊緣鑽有一至三個小圓穿的方圓形璧（圖九）。由墓中的佈局看，二者似乎具不同的意義。牛河梁第二地點一號冢 7 號墓，是小型石棺墓，其中埋有三堆二次葬的人骨，不帶小圓穿且「肉」部大致平整等厚的正圓形玉璧，與玉環放置於成堆的人骨上。（遼寧1997，圖9、54）但是方圓形璧就多出自等級較高的墓葬中，如第五地點一號冢中心大墓、第二地點一號冢21號墓，出土多件邊緣鑽有小穿，外緣及內孔緣磨薄的方圓形璧。且常對稱地，以小穿在上的方向，放置於墓主的頭、臂、手、腿的兩側。（文物1997,8）由於方圓形璧的造形並不同于圓璧，有時輪廓十分方正，不帶圓角，且邊緣磨薄似刃，具殺伐氣，在墓葬中似乎有著不同的涵義，所以筆者懷疑它或許並不是「璧」? 而是所謂的「璧式鉞」。這一疑點尚待研究。

連璧，是二個或三、四個小璧相連成串（圖十）。牙璧則是在璧的外緣，凸出三或四個同向的尖牙，有時在牙與牙之間的器緣，還雕琢出有規律的細齒（圖十一），有學者稱之為「鉏牙」，以為是表達「氣」的觀念。（林1991）連璧或具裝飾性，而牙璧可能具較強的形上意義。在過去，古器物學者曾稱牙璧為「璇璣」，以為是觀天象的器用，後來此說曾受到強烈的質疑。（夏1984）

總之，璧是發生早，分佈廣，流傳時間最長，歷史上遺留下來的數

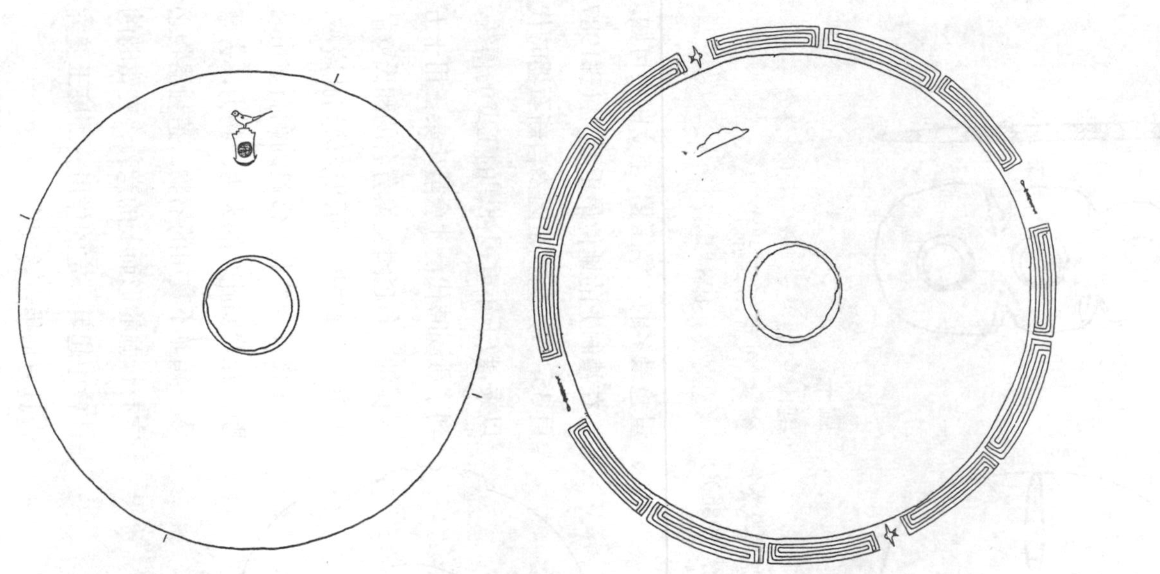

圖八：弗利爾美術館藏良渚文化玉璧兩面的線繪圖

左圖係綜合林巳奈夫先生1990年論文而成；右圖係綜合林先生的繪圖，與筆者的觀察所做的復原圖。圓周上的符號，刻繪於璧之寬約1.2公分的窄邊上，應是與璧面成垂直關係，為使讀者瞭解各符號之間的組合關係，特將之依所在位置，圍成平面圓圈，此圖中的十二個雲紋，是將林先生所繪的一個單元，重複連接而成；並不完全符合原件，特此申明。

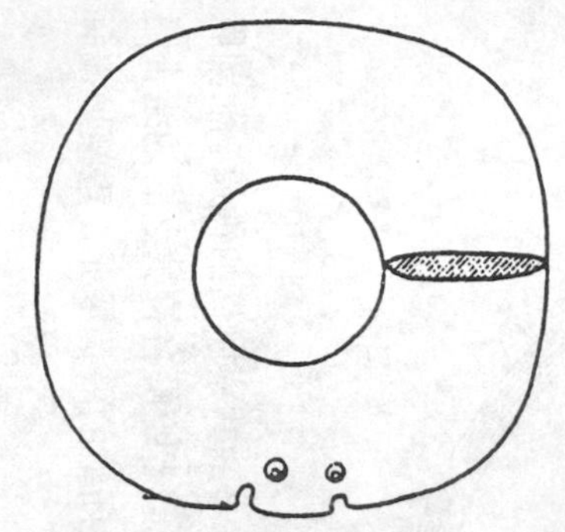

圖九：
紅山文化　方圓形璧　寬12.9公分
遼寧牛河梁出土（《文物》1986,8）

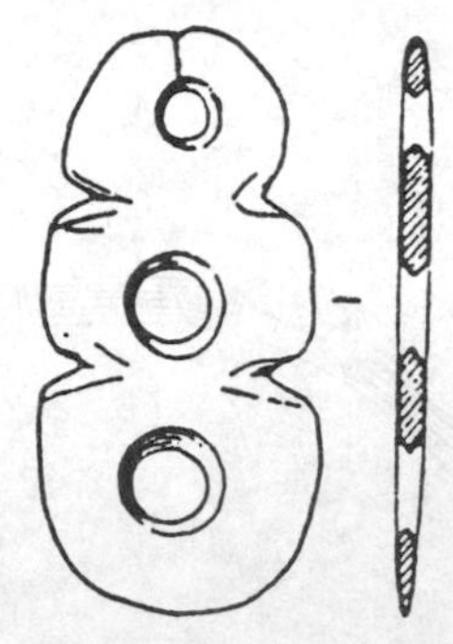

圖十：
紅山文化　三連璧　長6.4公分
遼寧阜新胡頭溝出土
（《文物》1984,6）

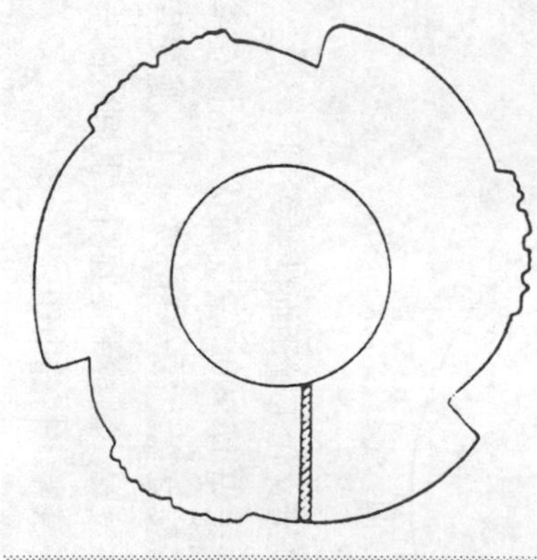

圖十一：
山東龍山文化　牙璧　徑8公分
山東滕縣出土
（《考古學報》1984,4）

量也最多的一類玉器。由文獻中可知，它在禮制上的地位最重要。（鄧1987頁35–39）也就是因為自新石器時代以來，數千年重視神聖的玉璧的傳統，到了戰國時代，才會發生秦王用十五座城池，向趙國交換有名的和氏璧的史事。一種造形，可以流傳如此廣被，且在物質條件並不優越的銅石並用時期，耗費如此多的人力、物力，去雕琢一類並不實用的器物，這種器物必定有極強的形而上的意義，在當時的社會中起著一定的作用。那麼玉璧究竟具有何種意義呢？

有學者以為璧的造形象徵日或月，實體部分代表日或月的暈。（林1989）但筆者根據《周髀》等天文資料，及《易經》等文獻綜合考量，

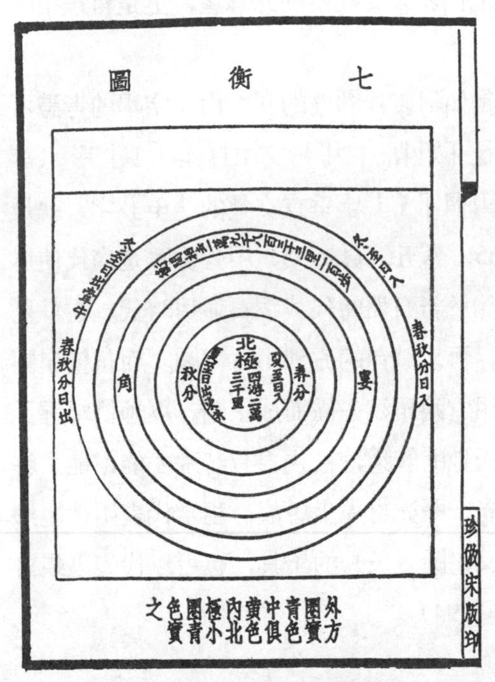

圖十二:《周髀算經》中的「七衡圖」

推測璧的形制源自古人觀察太陽在天空中行移的軌跡。由於四季中太陽升空高度的不同，故有「七衡圖」(圖十二)。依《周髀》的記載:「外方圈實青色，中具黃色，內北極小圈青色實之。」將七衡圖塗以黃色和青色，所得的黃色部分正是玉璧的形狀。依據《周髀》的解釋，黃圖畫就是「黃道」，是一幅以北極星為中心的星圖，青圖畫就表示觀者目力所及的範圍，內外都是天。所以當玉璧豎直於眼前時，觀者正是坐北朝南，左手邊是東方，右手邊是西方。由已發表的三件周緣窄邊刻有雲紋、鳥紋的良渚玉璧（分別屬於弗利爾美術館、藍田山房、維多利亞博物館）上，器表及窄邊上刻繪符號的佈局，更可證明在當時人們的觀念中，鳥可代表太陽，無論一件璧的窄緣上，有二或三隻飛鳥，它們都是依順時鐘方向飛行，正合七衡圖坐北朝南，太陽自東方（左）向西方（右）行移的軌跡。也就是因為璧的造形，源自古人觀察太陽在天空中行移的軌跡，所以在禮制上，璧是最重要的祭天與祭日的禮器。（鄧 1996c）而在這種「天旋」的宇宙觀中，北極是不移動的固定點，也正是圓孔的中心。有學者由文獻及占卜實物等資料考證，古代天文學上的「北極」，也正是古代哲學中的「太一」、「道」、「太極」。(葛1990)

若然，圓璧中孔的中心點，不但代表天文觀察的北極星，更是哲理中的「太一」、「道」、「太極」了。

璧的造形如此重要，古人是如何製作圓璧的呢？由文字學的考證可知，古人畫圓與畫方的工具就是「矩」，在甲骨文中寫作「Ｉ」形。（李1965，卷五，頁1593–1594）兩個「Ｉ」字垂直交疊的「±」字，就是甲骨文中的「巫」字。（李1965，卷五，頁1595）甲骨文雖是商代使用的文字，但其造字的溯源可能始於新石器時代或銅石並用時代。在華夏集團的巫師，可能先用矩作方，再以鎖角的方法由方取圓。而苗蠻集團的巫師，可能固定矩的一端，用它端環繞一周而成正圓。巫師們掌握了琢璧的技術，也就壟斷了溝通天地的管道，被視為有特殊才能，能了解天道，達於天人合一之境的智者。張光直先生曾說，巫字代表兩件矩形器，由於矩形器是畫方（地）又畫圓（天）的工具，也可以代表巫覡自身之內天地或陰陽的結合。（張1994）

㈡

琮也主要出現在華夏集團與苗蠻集團的地域範圍內，且由某些跡象可知，璧與琮確為可以組配的禮器。

近年來江浙的良渚文化曾出土大量的，雕有精美花紋的玉琮（圖十三），有關的論述很多，已成為學界的熱門課題。前文已介紹華夏集團的地域範圍中，出土少量玉琮。但由公私收藏的傳世器可知，華西系統的素琮，數量很多，相信未來可由田野考古，得到第一手的證據，證明齊家等華西諸文化，也曾大量製作玉石琮。

玉璧與玉琮在華夏集團與苗蠻集團中都大量出土。在華西地區分別在陝西長安縣上泉村（圖十四）、甘肅天水師趙村、以及甘肅靜寧縣治平鄉柳河村，都有璧琮相伴出土的例證，在柳河村的埋坑上，還蓋有石板。在華東的良渚文化中，「神鳥立於祭壇上」的神秘符號，只加刻在

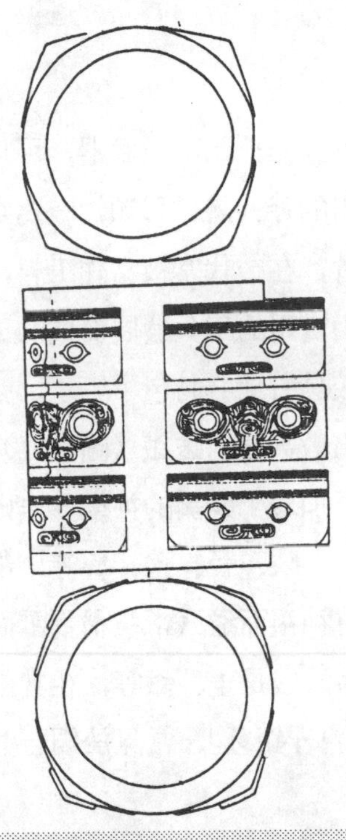

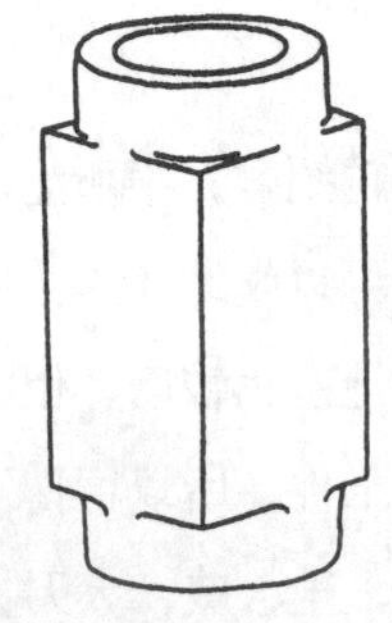

圖十四：
齊家文化或龍山文化？　玉琮
高 20.7 公分　陝西長安上泉村出土
（《故宮文物月刊》125期）

璧與琮兩種玉禮器上。（鄧1993b）這些現象都說明了，在古人心目中，兩者必有組配的關係。《周禮・春官・大宗伯》記載：「以蒼璧禮天，以黃琮禮地。」《淮南子・天文訓》記載：「天道曰圓，地道曰方。」文獻的紀錄雖晚，但很可能是追述傳承積澱自遠古時期的觀念。凡此種種，都說明了「天圓地方」的蓋天宇宙觀，盛行於上古時期，而玉璧與玉琮，可能就是在這種廣泛分布的宇宙觀下，多元地發生於中國各地的。

圖十三：
良渚文化　玉琮　高10公分
浙江餘杭瑤山出土
（《文物》1988,1）

至於東夷集團的地盤上，只在河北灤平（文物1994,3頁72）、山東五蓮丹土（楊1996）各出土一件帶射口的玉琮外，一些較早公布的，出土於山東境內的（尚莊、莒縣、臨沂）所謂琮形器，以及最近新公布，出土於牛河梁的紅山文化的所謂「玉琮形器」（遼寧1997,圖43），由造形觀之，都不應稱作琮。

㈢

正如《越絕書》中所記，用玉琢成的「兵」——工具與武器，可以伐樹木，也可以鑿地。玉兵中，以基本且實用的斧、鏟、刀類，較為常見，分佈的地區也較廣。但因其為光素的厚片，在後代常被當作玉料，改琢成其它玉件，所以留傳下來的並不多。由實用的玉兵發展而成的玉禮器有，鉞、圭、戚、大刀、牙璋等，就比較具有地方特色了。

鉞是寬大的斧。江南的良渚文化中，有為數甚豐的玉鉞（圖十五），多體大扁薄，圓弧刃，刃部多無使用痕，甚至加琢了精美的神徽。圭則多呈長梯形，平直正刃，流行於整個華北，甘、陝、晉、豫、魯等，都有出土。但以山東日照兩城鎮所出土的，雕有神祖面紋（常被稱為獸面紋）的玉圭，最受矚目（圖三）。（考古1972,4）戚是圭、鉞等，在其兩側加雕了齒稜的玉器（圖十六）。齒稜也可稱為「鉏牙」，常見於銅石並

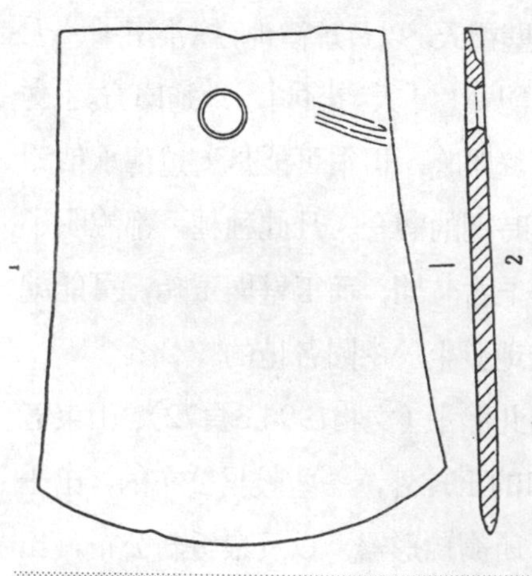

圖十五：
良渚文化　玉鉞　高16.3公分
浙江餘杭反山出土（《文物》1988,1）

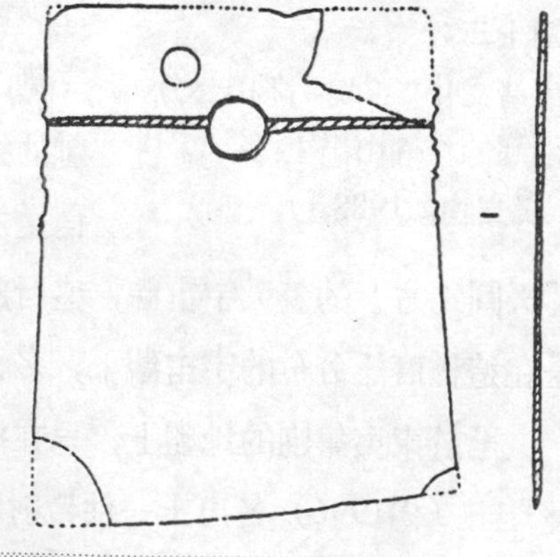

圖十六：
山東龍山文化　玉戚　高16.7公分
山東五蓮丹土出土
（《故宮文物月刊》158期）

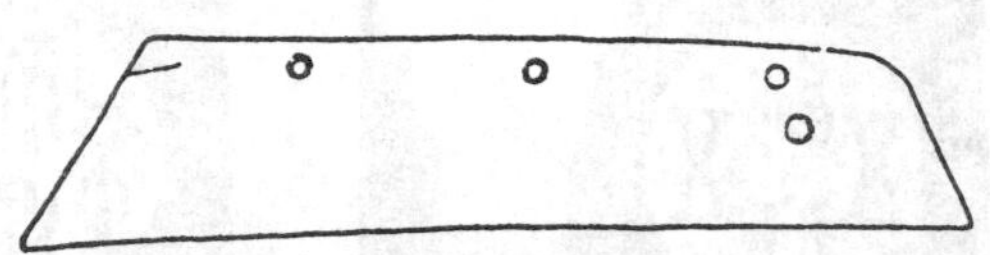

圖十七：陝西龍山文化　玉刀　長38.7公分　陝西神木石峁出土
（《故宮文物月刊》127期）

圖十八：
陝西龍山文化
牙璋　高30.6公分
陝西神木石峁出土
（《故宮文物刊》126期）

用期至三代華北地區的玉器上，前文曾提及牙璧的外緣也飾有齒稜，已有學者分析齒稜發展演變的脈絡，並推論它象徵古人觀念中的「氣」。（林1991）大刀（圖十七）主要流行於黃河中游，以石峁等地最多，但山東、安徽境內也見出土，早期較光素，晚期（約當夏代）則多加飾齒稜，有關大玉刀在古代禮制中的名稱，頗多爭議，此處不多徵引，而直接稱之為「大刀」。牙璋（圖十八）以陝北石峁一帶出土的最多，雖稱新石器時代晚期遺址，但年代的下限，已進入夏代。四川廣漢也為一處牙璋的製作中心，約始於夏而盛於商。陝北神木石峁一帶，在文革期間出土的大刀與牙璋，較厚實的，多被當作玉料上繳，改製成小件配飾外銷。據徵集報導石峁玉器的戴應新先生，查訪當初負責的人員可知，十年內約上繳了一千五百件左右。若加上清末民初流散至歐美的，以及被學者徵收，現藏於陝西歷史博物館的百餘件大刀牙璋等，（戴1993–94）可以證明在龍山晚期至夏代時，陝北曾有一強盛的，使用許多玉禮器的方國。

值得注意的是，由日照兩城鎮玉圭可聯繫出土及傳世的，雕有神祖

圖十九：山東龍山文化　鷹紋圭（拓片）高30.5公分　國立故宮博物院藏

面紋及相關紋飾的玉圭、玉戚、玉刀等，已知多達二十餘件，其中尚有改刀加琢的情形。圖十九就是典藏在臺北故宮的鷹紋圭。通過對其玉質、色澤、形制、紋飾等的研究，筆者以為不但可瞭解在銅石並用期的晚期至夏代，也就是西元前2600至1600年間，這類有刃器形制紋飾的演變，更可以瞭解當時秦晉、海岱、江漢等地，氏族間劇烈的征伐與遷徙的情形。（鄧1998c）

㈣

由上述三點可知，周漢文獻所記載的玉禮器，如：璧、琮、圭（可包括戚鉞類）、 璋、璜（圖二十）等都已出現在銅石並用期，也就是五帝時期的華夏集團與苗蠻集團中，且已用作重要的禮器了。

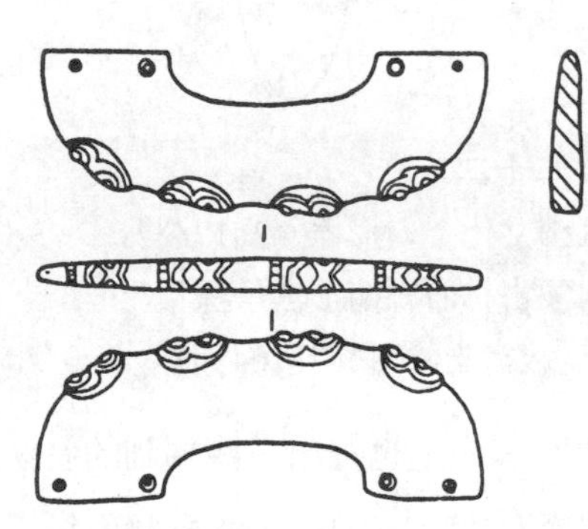

圖二十：良渚文化　玉璜　寬7.9公分
浙江餘杭瑤山出土
（《文物》1988,1）

至於當時的東夷集團，情況就複雜得多。或因遼河流域的玉器具有非常獨特的，原創性的風貌，所以在古代文獻中，常提及醫無閭山出有「夷玉」。而原本學術界認定屬典型東夷文化的山東半島，由玉器的風貌觀之，卻呈現多方匯雜的面貌，前文已有論述。

近年來在遼河流域出土了豐富的玉器，其中以遼西地區的所謂「紅山諸文化」（紅山、趙寶溝、富河）的玉器，呈現相近的風格。郭大順先生歸納墓葬內隨葬品的組合，及它們與墓葬等級的關係，提出一些重要的看法。由於在紅山文化的墓中，除了玉器外，不見其它器類，證明在此文化的居民對玉是情有獨鍾「唯玉為葬」。（郭1997a）而對於

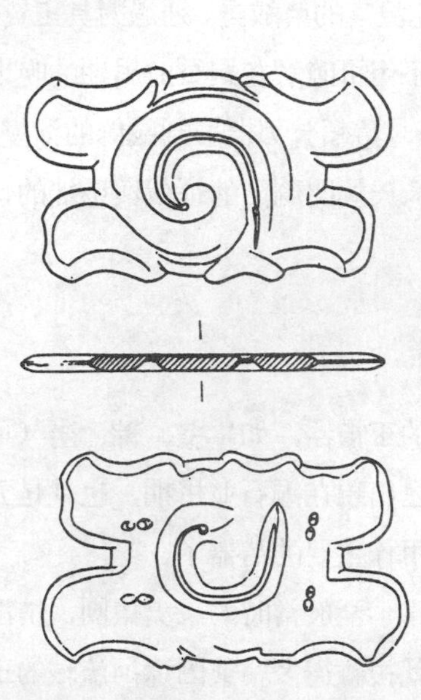

圖二十一：
紅山文化　勾雲形珮（兩面）
寬20.9公分　遼寧牛河梁出土

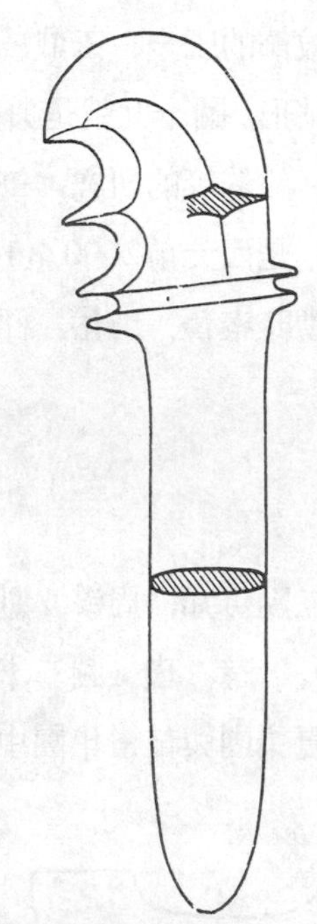

圖二十二：
紅山文化　勾形器　高17公分
內蒙古林西縣南沙窩子採集
（《故宮文物月刊》164期）

該文化中，哪些玉器具有禮器的意義？郭先生也提出一些獨到的看法。他認為勾雲形珮（圖二十一）、勾形器（圖二十二）、帶齒動物面紋玉飾（圖二十三，郭先生稱之為雙勾式勾雲形珮），都可能是用作類似的斧鉞或權杖。（郭1996,1997b,頁27）所持的理由包括：牛河梁第五地點一號墓出土的一件勾雲形珮在墓中是正面向下置放的，且由其後面的隧孔方向可知該佩不是橫著，而是直著佩戴，勾雲形珮與勾形器都具有彎勾，且磨薄邊緣有如利刃。除此之外，他還統計，勾雲形珮與玉雕龍（即一般所稱的豬龍或熊龍）尚未見於共出於一墓，但可共出於同一塚。（郭1996, 頁 65）玉雕龍與玉龜成對出現，且大而厚重，應為一種神器。（郭

圖二十三：紅山文化　帶齒動物面紋玉飾　寬28.6公分
遼寧牛河梁出土（《牛河梁紅山文化遺址與玉器精粹》1997）

1997b,頁26）

所以，根據郭先生的分析，勾雲形珮與勾形器應是象徵身份的瑞器。筆者也曾仔細觀察各種勾雲形珮，它們的上端中央部分，有一至數個圓穿，如果用它們穿繫繩索來綁縛於木柄上，則木柄常會壓到圓穿左右兩側凸出的勾雲；而如果是將木柄橫綁於帶齒動物面紋玉飾（即雙勾式勾雲形珮）之上，再以手握木柄，該玉飾就由橫變直，一排長牙也就豎起來了，據郭先生告知，這類帶齒動物面紋玉飾出土時，也正是豎直於墓主手臂旁的。所以，郭先生釋勾雲形珮與帶齒動物面紋玉飾兩種重要的玉器為紅山文化中的「斧鉞」，還要解決如何安柄的問題。不過筆者倒以為，紅山文化的方圓形璧（圖九），在造形上，比較適合綁縛繩索，用作璧式鉞，且由部分流傳的實物上，留下的長期經繩索綁縛造成的凹痕觀察，筆者的推測應是合理的。

但如果我們將傳世器與流散品也加入討論的行列，或許會得到更多的啟示。在臺北的養德堂收藏中，有一件高達24.9公分的鳥紋權杖，基

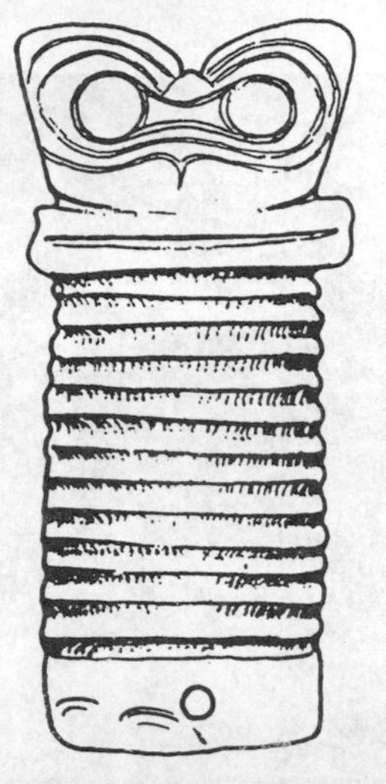

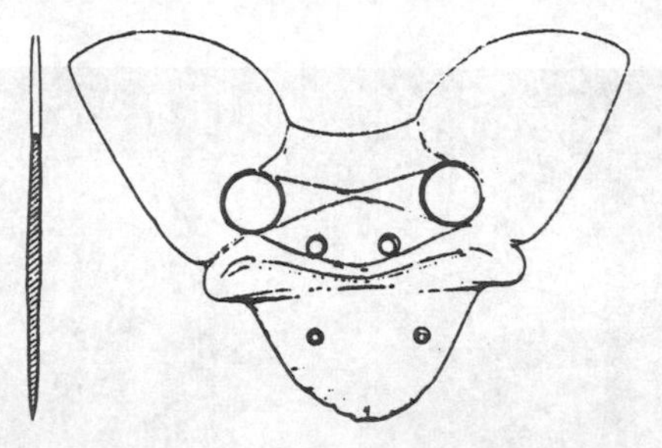

圖二十五：
紅山文化　動物面形玉牌飾　寬14.7公分
遼寧牛河梁出土（《文物》1997,8）

圖二十四：
紅山文化　動物面紋丫形器
高12.1公分　遼寧阜新出土
（《故宮文物月刊》164期）

圖二十六：良渚文化　玉冠狀器　寬7.2公分
江蘇江寧縣出土（《考古》1981,3）

本造形相似于帶柄的勾形器，但其上端琢作抽象的相似於勾雲形珮的側身鳥紋。（鄧1995c,圖4）在文物商店曾徵集到的動物面紋丫形器（圖二十四，原報告稱為「獸面紋長方形玉牌飾」）動物面的下方，有一長條玉柱。近來又公布牛河梁第二地點一號冢21號墓出土的，置於墓主腹部的動物面形玉牌飾（圖二十五，原報告稱為「獸面形玉牌飾」），筆者曾於1997年中國文物精華展中，仔細觀察實物，確知在其大嘴的下方的三角形部分，拋光較差，應是用以嵌插在某種易朽物質（木?）的長杆上端，形成與圖二十四動物面紋丫形器相似的「權杖」。這種長杆上方，嵌插動物面紋玉片的權杖，令我們憶及良渚文化中雕有動物面紋的玉質冠狀器（圖二十六），後者也是供嵌插於木（?）杆上端，用作權杖的。

所以紅山諸文化雖少見中原的的圭、鉞、戚、刀，但仍有象徵身份的瑞器。它們可能是勾雲形珮、勾形器，帶齒動物面紋玉飾，或是上端雕作鳥紋、動物面紋的長條形權杖類玉器，如果可以再由新的資料，確認方圓形璧實為一種鈍刃的玉鉞，則對紅山居民的精神文化，多一份瞭解。

七、小結

本文採用了學者依據傳說史料，所歸納的三大氏族集團的觀點，(徐1960）來審視作為先民精神文化表徵的玉器的區域風格。事實上，在每一個大區內，又可分為幾個小的亞區。譬如東夷集團可分為遼西、遼東、山東。華夏集團可分為甘青、陝晉、四川。苗蠻集團可分為江浙、皖贛、兩湖。各大小區域裡的玉器，有其獨特性，也有與周邊其它亞區或大區不同程度的共通性。有待日後從事更細緻的分域研究。但經過這樣的粗略檢視，已可確定在銅石並用的時代，或說五帝時代裡，各地區都有琢玉的傳統。由目前的資料看，或許遼西的玉作萌芽較早，陝甘地區開始較遲；但華西地區玉器所呈現的獨特風格，令吾等相信該處的玉作，應具原創性。

由前文的分析可知，銅石並用時期的各氏族集團，所製作的玉器，大部分都已發展了形而上的意義。在器類上，華夏集團與苗蠻集團比較相近。主要有：璧、琮以及由帶刃器發展的圭、鉞等。這也是日後中國歷史上玉禮器的主要內涵。

東夷集團玉禮器的面貌如何？尚待日後深入研究。但值得注意的是，東夷集團與苗蠻集團的玉器，在紋飾母題上常有相通之處。在此，僅舉二例說明如下：

第一例為，以繞有多層圓圈紋的大眼為主要特徵的面紋，出現在遼西的紅山文化、山東龍山文化與良渚文化中。讀者可分別由圖二十三、

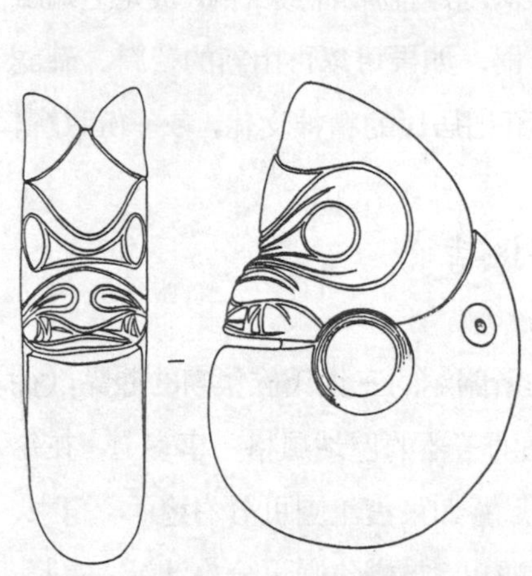

圖二十七：
紅山文化　玉豬龍　高15公分
遼寧建平縣採集
（《文物》1984,6）

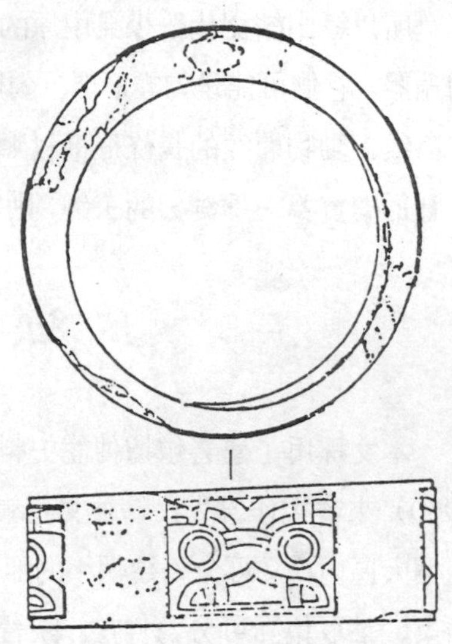

圖二十八：
良渚文化　玉琮　高3.4公分
張陵山出土（《文物資料叢刊》6期）

圖二十四以及圖二十七的紅山文化豬龍（或稱為熊龍），圖五的玉圭、以及圖二十八的良渚文化玉琮，知其梗概。前文也提及，圖二十五紅山文化的動物面紋玉牌飾，也與圖二十六良渚文化玉冠狀器的大眼面紋頗相近似，二者都是嵌插于長柱上端，用作權杖的。

第二例為，戴「介」字形頂之冠帽的神祖面紋（過去常稱為人紋），常與具象或抽象的鷹鳥紋伴隨出現。如本文的圖三兩城鎮玉圭、圖二十九故宮神祖面紋玉圭、以及圖十九鷹紋圭，相關的資料甚多，筆者另有專文討論。（鄧1998）這一類紋飾似乎以山東為中心，可在其週緣地區分別找到相似的母題。如兩湖地區的石家河文化中，也出現戴「介」字形頂之冠帽的神祖面紋玉飾（圖三十）與玉鷹（圖三十一），江浙地區本是「介」形頂之冠帽神像的起源地區，圖三十二就是五、六千年前，

圖二十九：
國立故宮博物院藏，山東龍山文化神祖面紋圭上所琢花紋線繪圖

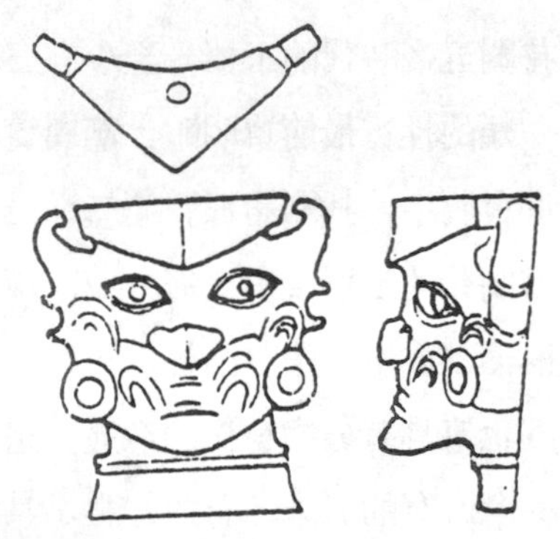

圖三十：
石家河文化　神祖面紋玉飾
高 3.7 公分　湖北天門石河鎮出土
（《江漢考古》1992,1）

圖三十一：
石家河文化　玉鷹　高4公分
湖北天門石河鎮出土
（《江漢考古》1992,1）

圖三十二：
河姆渡文化陶缽上的戴「介」形頂冠帽神祖紋飾（《中國原始文化論集》）

河姆渡文化陶缽上的神像。鷹一向是東北地區居民心目中的神鳥，有學者論證勾雲形珮是鷹鳥的抽象表現，（楊1993b ）具象的紅山文化鷹鳥紋玉器，也已被確認，但圖片尚未公布。

最後，我們要回到原本討論的主題：中國古代是否曾存在過一段「玉器時代」?

本文第二節中，分析了文獻所載有關五帝時代的玉器，至少有三種性質：「玉兵」「瑞」「璇璣玉衡」。第一類的性質最簡單明瞭，應屬實用的斧、鏟、鑿、刀等，可由出土或傳世實物中，找到證據。第二類是用以象徵身份的，除了各種由實用器經禮制化的玉器，圭、鉞、戚、璋、大刀外，前文所討論的勾雲形珮，勾形器、或下方帶有凸榫，可插嵌在長木桿上端的「牌飾」「冠狀器」等，也應具有象徵身份的意義。這兩類「玉瑞」，都可以裝柄或直接用手執拿，有的光素，有的加雕了具象或抽象的神祖像，在當時有刃的與不帶刃的玉瑞的功能，究竟有何不同?還有待進一步的研究。

至於璧和琮兩類，是不宜用手執拿，而是放置於祭壇上用以依附神祖之靈的祭器。琮的造形適合直立，良渚多節玉琮直放時，還略呈上大下小，或是為了使膜拜者自下方仰觀時，容易看清玉琮上端花紋，而特別設計的。璧是扁平的，若尺寸適中，平日固可懸掛佩戴以表尊貴，祭祀時，卻是豎立在壇臺上的。《尚書・金縢》中就明白記載了祭祀時要「植璧秉圭」，也就是在祭壇上豎立著璧，主祭者手中捧持著圭。

前文已分析，璧之造形源自古人觀察太陽在天空行移的軌跡，良渚居民甚至在璧之邊緣，刻畫飛鳥與游魚來表達太陽與月亮的東昇西落。那麼，圓渾的玉璧，總是令人們聯想到天上日、月的運行吧！這就令我們聯想到《史記・五帝本紀》與《尚書・堯典》中，帝舜用「璇璣玉衡」觀察天象的記載。圓璧與所謂的「璇璣玉衡」究竟有無關係呢？牙璧是由圓璧發展的器類，它所流行的山東地區，也正是帝舜所居之處，難道牙璧或圓璧就是所謂的「璇璣玉衡」嗎？這或許也是值得深入研究的問題。

青銅時代時，人們主要仍是使用石質的生產工具，統治者通過對青銅的壟斷，把持住政治的權力。所以，正如陳星燦先生所指出：中國歷史上的青銅時代，並不合乎人類歷史發展的一般性。

由這個角度看，早於青銅時代的銅石並用期，人們所使用的主要為石質的生產工具，最堅實美麗的石料，人們給了它一個漂亮的名字「玉」。玉是非常強韌耐用的物質，以玉為兵，固可用以伐木鑿地，它特有的溫潤色澤，以及美而不朽的特性，更被人們神化為富含「精氣」的「神物」。由工具、武器，以及裝飾品發展的禮器，其質地、造形、花紋、符號，都被視為可以產生「感應」法力的媒體。統治者通過對玉料以及雕琢玉器技術的壟斷，壟斷了溝通神祇祖先的管道。歷史是傳承的，考古資料證明，大部分記載在禮經的玉禮器，都已出現在銅石並用期。而許多佩飾器、嵌飾器，甚至以許多小玉片嵌飾在易朽物質而成的容器，也都應屬廣義的玉禮器。在銅石並用時代裡，崇玉文化萌芽，玉器發展了它的形而上的意義，玉禮器系統已漸發展完備，且一脈相承，中國人崇玉、愛玉的情懷，乃成為數千年中國文化一項重要的特質。

中國歷史的發展，有她的特殊性。早在漢代時，《越絕書》中已將「玉」與石、銅、鐵三者並列，成為中國歷史發展的指標之一。那麼，我們又何必要固執於西方學者的分類，而放棄用「玉器時代」一詞，來說明中國歷史上，一段特殊且影響深遠的文化發展期呢?

書目

于1998

于秋偉，〈山東沂南新發現的牙璋和玉器〉，《故宮文物月刊》第十五卷第十一期，總號179。

王1994

王永波，〈關於刀形端刃器的幾個問題〉，《故宮文物月刊》第12卷第3期，總號135。

王1997

王紀潮，〈湖北地區古代文明的形成與發展〉，《湖北省博物館藏品精華展》，鴻禧美術館等。

任1986

任乃強，《四川上古史新探》，四川人民出版社。

曲1991

曲石，《中國玉器時代》，山西人民出版社。

曲1992

曲石，〈中國玉器時代及社會性質的考古學觀察〉，《江漢考古》1992：1。

牟1989

牟永抗，〈良渚玉器三題〉，《文物》1989：5。

牟1995

牟永抗,〈東方史前時期太陽崇拜的考古學觀察〉,《故宮學術季刊》第12卷第3期。

牟、吳1990

牟永抗、吳汝祚,〈試談玉器時代——中華文明起源的探索〉,《中國文物報》1990,11,1。

牟、吳1997

牟永抗、吳汝祚,〈試論玉器時代——中國文明時代產生的一個重要標誌〉,《考古學文化論集4》,蘇秉琦主編,文物出版社。

李1965

李孝定,《甲骨文字集釋》,中央研究院歷史語言研究所。

何1988

何光岳,《楚源流史》,湖南省人民出版社。

谷1993

谷飛,〈評《中國玉器時代》〉,《考古》1993:6。

林1969/91/97

林巳奈夫,〈中國古代的祭玉・瑞玉〉,原載於《東方學報》京都第40冊,增訂後收入日文版《中國古玉研究》,該書由楊美莉翻譯成中文版,藝術圖書公司發行。

林1982/91/97

林巳奈夫,〈中國古代的石刀形玉器和骨鏟形玉器〉,原載於《東方學報》第54冊,增訂後收入日文版《中國古玉研究》,該書由楊美莉翻譯成中文版,藝術圖書公司發行。

林1990

林巳奈夫,〈良渚文化と大汶口文化の圖像記號〉,《史林》73卷5號。

林1989/91/97

林巳奈夫,〈中國古代遺物上所表示的「氣」之圖像性表現〉,原載於

《東方學報》第61冊，後收入日文版《中國古玉研究》，該書由楊美莉翻譯成中文版，藝術圖書公司發行。

林1991/97

林巳奈夫，《中國古玉的鉏牙》，原載於吉川弘文館發行的日文版《中國古玉研究》，該書由楊美莉翻譯成中文版，藝術圖書公司發行。

高、鄧、陳1987

高友德、鄧淑蘋、陳其南，〈玉器裡的文化——再訪張光直〉，《當代》第17期。

徐1960

徐旭生，〈我國古代部族三集團考〉，《中國古史的傳說時代》，科學出版社。

郝1996

郝明華，〈良渚文化玉器探析〉，《東方文明之光——良渚文化發現60週年紀念文集》，徐湖平主編，海南國際新聞出版中心。

孫1983

孫守道，〈論中國史上「玉兵時代」的提出〉，《遼寧文物》總第5期。

浙江1988

浙江文物考古研究所反山考古隊，〈浙江餘杭反山良渚墓地發掘簡報〉，《文物》1988：1。

馬1993

馬志平，〈甘肅出土玉器拾零〉，《文博》玉器研究專刊。

夏1983

夏鼐，〈商代玉器的分類、定名和用途〉，《考古》1983：5。

夏1984

夏鼐，〈所謂玉璇璣不會是天文儀器〉，《考古學報》1984：4。

郭1996

郭大順，〈紅山文化勾雲形玉佩研究〉，《故宮文物月刊》總號164。

郭1997a

郭大順，〈紅山文化的「唯玉為葬」與遼河文明起源特徵再認識〉，《文物》1997：8。

郭1997b

郭大順，〈中華五千年文明的象徵——牛河梁紅山文化壇廟塚〉，《牛河梁紅山文化遺址與玉器精粹》，文物出版社。

郭1948

郭寶鈞，〈古玉新詮〉，《中央研究院歷史語言研究所集刊》第20本下。

陳、張1989

陳久金、張敬國，〈含山出土玉片圖形試考〉，《文物》1989：4。

陳1996

陳星燦，〈青銅時代與玉器時代——再論中國文明的起源〉，《考古求知集》中國社會科學院考古研究所編著。

裘1992

裘錫圭，〈稷下道家精氣說的研究〉，《道家文化研究》第2集，陳鼓應主編，上海古籍出版社。

張1959

張光直，〈中國新石器時代文化斷代〉，《中央研究院歷史語言研究所集刊》第30本。收入張光直《中國考古學論文集》，聯經出版公司，1995。

張1983

張光直，《中國青銅時代》，三聯書局。

張1986

張光直，〈談「琮」在中國古史上的意義〉，《文物與考古論集——文物出版社成立三十週年紀念》，文物出版社。收入張光直《中國青銅時代・第二集》，聯經出版公司，1990。

張1988

張光直,〈濮陽三蹻與中國美術上的人獸母題〉,《文物》1988：11。

張1989a

張光直,〈中國相互作用圈與文明的形成〉,《慶祝蘇秉琦考古五十五年論文集》,文物出版社。

張1989b

張光直,〈中國古代文明的環太平洋的底層〉,《遼海文物學刊》1989：2。收入張光直《中國考古學論文集》,聯經出版公司,1995。

張1994

張光直,〈仰韶文化的巫覡資料〉,《中央研究院歷史語言研究所集刊》第64本。

張1991

張明華,〈玉器時代之我見〉,《中國文物報》1991,10,27。

黃1996

黃翠梅,〈傳承與變異——論新石器時代晚期玉琮形制與角色之發展〉,《藝術家》第19期,藝術家雜誌社。

董1988

董楚平,《吳越文化新探》,浙江人民出版社。

楊1992

楊建芳,〈石家河文化玉器及其相關問題〉,《中華民國建國八十年中國藝術文物討論會論文集》,國立故宮博物院。

楊1994

楊伯達,〈牙璋述要〉,《故宮博物院院刊》,總第65期。

楊1997

楊伯達,〈甘肅齊家玉文化初探——記鑑定全國一級文物所見甘肅玉〉,《隴右文博》1997,1。

楊1996

楊波，〈山東五蓮丹土遺址出土玉器〉，《故宮文物月刊》總號158。

楊1993a

楊美莉，《中華五千年文物集刊 · 玉器篇二》，中華五千年文物集刊編輯委員會。

楊1993b

楊美莉，〈卷雲山巁巁，翠石水磷磷，新石器時代北方系環形玉器系列之一——勾雲形器〉，《故宮文物月刊》總號126。

楊1994a

楊美莉，〈大漠孤煙直，長河落日圓——古代西北地區的環形玉、石器系列之一——齊家文化風格的環形器〉，《故宮文物月刊》，總號131。

楊1994b

楊美莉，〈黑雲壓城城欲催，甲光向日金鱗開——古代西北地區的環形玉、石器系列之二——陶寺、石峁類型文化的環形器〉，《故宮文物月刊》，總號132。

楊1994c

楊美莉，〈周原膴膴，堇荼如飴——古代西北地區的環形玉、石器系列之三——聯環形玉器與西北地區的玉器切割〉，《故宮文物月刊》，總號134。

楊1994d

楊美莉，〈宣子有環，其一在鄭商（上）——古代西北地區的環形玉、石器系列之四——聯環形玉器與西北地區的玉器切割〉，《故宮文物月刊》，總號137。

楊1994e

楊美莉，〈宣子有環，其一在鄭商（下）——古代西北地區的環形玉、石器系列之四——聯環形玉器與西北地區的玉器切割〉，《故宮文物月刊》，總號138。

楊1995

楊美莉，《故宮環形玉器特展圖錄》，國立故宮博物院。

楊1996a

楊美莉，〈黃河中上游的多孔石、玉刀——多孔刀形玉兵系列之二〉，《故宮文物月刊》，總號160。

楊1996b

楊美莉，〈中國古代的「玉兵」——多孔刀形玉兵系列〉，《故宮文物月刊》，總號162。

聞1993

聞廣，〈中國古玉地質考古學研究的續進展〉，《故宮學術季刊》第11卷第1期。

聞1994

聞廣，〈古玉叢談㈤——介紹三件石峁玉器〉，《故宮文物月刊》總號126。

葛1990

葛兆光，〈眾妙之門——北極與太一、道、太極〉，《中國文化》3。

劉1996

劉雲輝，《周原玉器》，中華文物學會出版。

葉1996

葉茂林，〈齊家文化的玉石器〉，《考古求知集》，中國社會科學出版社。

鄭1994

鄭志，〈江漢地區原始文化和商文化時期的玉器〉，《楚文化研究論集》，湖北人民出版社。

鄧1985

鄧淑蘋，《中華五千年文物集刊・玉器篇一》，中華五千年文物集刊編輯委員會。

鄧1987

鄧淑蘋,〈故宮博物院所藏新石器時代玉器研究之一——璧與牙璧〉,《故宮學術季刊》第5卷第1期。

鄧1988a

鄧淑蘋,〈考古出土新石器時代玉石琮〉,《故宮學術季刊》第6卷第1期。

鄧1988b

鄧淑蘋,〈故宮博物院所藏新石器時代玉器研究之二——琮與琮類玉器〉,《故宮學術季刊》第6卷第2期。

鄧1990a

鄧淑蘋,〈故宮博物院所藏新石器時代玉器研究之三——工具、武器及相關的禮器〉,《故宮學術季刊》第8卷第1期。

鄧1990b

鄧淑蘋,〈古玉新詮㈠——百年來古玉研究的回顧〉,《故宮文物月刊》總號85。

鄧1991

鄧淑蘋,〈故宮博物院所藏新石器時代玉器研究之四——裝飾品類〉,《故宮學術季刊》第8卷第4期。

鄧1992a

鄧淑蘋,〈試論中國新石器時代的玉器文化〉,《中華民國建國八十年中國藝術文物討論會論文集》,國立故宮博物院。

鄧1992b

鄧淑蘋,《國立故宮博物院藏新石器時代玉器圖錄》,國立故宮博物院。

鄧1992c

鄧淑蘋,〈唐宋玉冊及其相關問題〉,《故宮文物月刊》總號第106期。

鄧1993a

鄧淑蘋,〈我們比乾隆皇帝還得意——寫在院藏新石器時代玉器圖錄出版時〉,《故宮文物月刊》總號121。

鄧1993b

鄧淑蘋,〈中國新石器時代玉器上的神秘符號〉,《故宮學術季刊》第10卷第3期。

鄧1993–94

鄧淑蘋,〈也談華西系統的玉器㈠㈡㈢㈣㈤㈥〉《故宮文物月刊》總號第125–130期。

鄧1994

鄧淑蘋,〈古玉的認識與賞析——由高雄市立美術館展覽談起〉,《故宮文物月刊》總號第141期。

鄧1995a

鄧淑蘋,《藍田山房藏玉百選》,年喜文教基金會。

鄧1995b

鄧淑蘋,〈中國古代玉器文化三源論〉,《中華文物學會1995年刊》

鄧1995c

鄧淑蘋,《群玉別藏特展圖錄》,國立故宮博物院。

鄧1996a

鄧淑蘋,A Theory of the Three Origins of Jade Culture in Ancient China, *Percival David Foundation Colloquies on Art & Archaeology in Asia.* London University.

鄧1996b

鄧淑蘋,A Discussion of Worship Jades and Emblematic Jades from the Chinese Jade Age, Paper for the Symposium of Ancient Chinese Jade, held by Natural History Museum, Los Angeles, March, 24, 1996. (in printing)

鄧1996c

鄧淑蘋，〈由良渚文化刻符玉璧論璧之原始意義〉，中文將刊於慶祝良渚文化六十週年論文集中，英譯將刊於慶祝張光直先生六十五歲論文集中。

鄧1997a

鄧淑蘋，〈由考古實例論中國崇玉文化的形成與演變〉，《歷史與考古整合之研究》，中央研究院歷史語言研究所。

鄧1997b

鄧淑蘋，〈論臺北故宮所藏玉耘田器的意義〉，《東南文化》1997：4。

鄧1997c

鄧淑蘋，〈良渚神徽與玉耘田器〉，《故宮文物月刊》總號174。

鄧1997d

鄧淑蘋，〈古玉後雕的新認知〉，《故宮文物月刊》總號175。

鄧1998a

鄧淑蘋，〈雕有神祖面紋與相關紋飾的有刃玉器〉，《紀念劉敦愿教授論文集》，山東大學。

鄧1998b

鄧淑蘋，〈再論神祖面紋玉器〉，南中國及鄰近地區古文化研究會議論文，香港中文大學。

遼寧1997

遼寧省文物考古研究所，〈遼寧牛河梁第二地點一號冢21號墓發掘簡報〉，《文物》1997：8。

謝1994

謝仲禮，〈「玉器時代」——一個新概念的分析〉，《考古》1994：9。

戴1993

戴應新，〈神木石峁龍山文化探索(1)〉，《故宮文物月刊》總號125期。

蘇1994

蘇秉琦主編，《中國通史》，上海人民出版社。

蘇1996

蘇永江，〈廣漢三星堆出土玉器考古地質學研究〉，《四川考古論文集》，四川省文物考古研究所編，文物出版社。

嚴1992

嚴文明，〈略論中國文明的起源〉，《文物》1992：1。

Andersson 1943

Andersson, J. G. ,"Researches into the Prehistory of the Chinese." Bulletin of the Museum of Far Eastern Antiquities, No.15.

Laufer 1912

Laufer, Berthold, *Jade; A Study in Chinese Archaeology and Relgion,* Field Museum of Natural History.

Laufer 1927

Laufer, Berthold, *Archaic Chinese Jades, Collected in China by A. W. Bahr, Now in Field Museum of Natural History,* Field Museum of History.

Rawson 1995

Rawson, Jessica, *Chinese Jade from the Neolithic to the Qing,* the British Museum.

漢代的養老制度
——以《王杖十簡》與《王杖詔書令》冊為中心的討論

邵台新

一、前言

漢代的養老制度可以說是始於高祖二年（西元前205年）的詔令：

> 擇鄉三老一人為縣三老，與縣令丞尉以事相教，復勿繇戍，以十月賜酒肉。❶

此時優遇的範圍不大，僅為縣的「三老」。然而到了惠帝時期，規定七十歲以上的百姓，若有犯法者皆予寬恕，較高祖寬厚許多。以後的皇帝對於養老制度各有不同的定制，對於年齡的限定也不相同，直至宣帝立了王杖的制度以優禮高年，成帝將授予王杖的年齡降至七十歲，從此養老制度確立規則，一直實行至東漢。

史書上屢見尊禮高年與撫恤長者的事例，然而對於養老制度的記載不多。在《後漢書・禮儀志》上：

> 仲秋之月，縣道皆案戶比民，年始七十者，授之以玉杖，餔之糜粥，八十、九十禮有加賜。王杖長尺，端以鳩鳥為飾。鳩者不噎

❶ 《漢書》（臺北，明倫書局，民國61年）卷一，〈高帝紀〉第一，頁33。

之鳥也，欲老人不噎。❷

這是關於東漢養老制度較為清楚的敘述，但是缺乏實際執行的說明。1959年在武威磨嘴子挖出東漢墓群，其中18號墓有兩根木竿，上面鑲有一木鳩；其中一根長1.94米，圓徑4厘米；一根已殘，長40厘米；另有木簡10枚纏在鳩杖上。❸這些出土文物，糾正《後漢書・禮儀志》上兩個地方的錯誤，一是鳩杖為木杖而非「玉杖」；一是鳩杖長2公尺左右而非漢代一「尺」。至於10根簡牘，後來被稱為《王杖十簡》，是研究漢代養老制度的第一手史料，可惜資料太少，難窺養老制度的全貌。

1981年在武威地區又有26根與《王杖十簡》內容相關的木簡出現，被稱為《王杖詔書令》。在這批簡文之中，有皇帝回覆對王杖主不敬的鄉吏，處以棄市重刑的例子，因此得知此為新制，否則地方官吏無須往上請示，直待皇帝才做裁示。又有簡文記載皇帝下詔處死毆辱王杖主的吏民。簡文記載的這些例子多在宣帝至成帝之時，因此可知王杖制度在此時才建立，而養老制度至此才趨完備。

《王杖詔書令》與《王杖十簡》的內容多有重覆。至於為何不同墓葬的簡牘，會記相同的詔令？可能王杖及養老相關的詔令不多，民間抄寫的範圍受限。因此，在史書與簡牘資料都不足以單獨作為漢代養老制度的佐證之下，以簡牘記載的詔令為中心來探討，或許是目前可以試探之路。本文基本上就以《王杖十簡》與《王杖詔書令》為主，探討二者本身的問題與漢代的養老制度。

---

❷ 《後漢書》（臺北，世界書局，民國62年）志第五，〈禮儀中〉，頁3124。

❸ 甘肅博物館，〈甘肅武威磨嘴子漢墓發掘〉，收入《考古》第9期，（北京：科學出版社，1960年11月），頁15–19。

二、《王杖十簡》的內容與相關問題

1959年在甘肅省武威市新華鄉纏山村磨嘴子18號漢墓，出土十枚木簡。這座漢墓的年代，應是東漢章帝至和帝時期；至於木簡與木質鳩杖一起位於棺蓋上，其中有幾枚纏繞在鳩杖桿上面。木簡保存良好，10根木簡正好是完整冊書，內容記載西漢宣帝、成帝二朝，關於高年賜王杖的兩份詔書和受杖老人受辱之後裁決犯罪者的案例，以及墓主受王杖的行文等，分為三個部份。❹一般而言，對這批漢簡稱為「王杖十簡」。

考古研究所將這十枚漢簡編列順序。其順序為：❺

⑴制　詔御史曰：年七十受王杖者，比六百石，入宮廷不趨；犯罪耐以上，毋二尺告劾；有敢征召侵辱

⑵者，比大逆不道。建二年九月甲辰下。

⑶制　詔丞相、御史：高皇帝以來，至本二年，朕甚哀老小。高年受王杖，上有鳩，使百姓望見之。

⑷比於節。有敢妄罵詈毆之者，比逆不道。得出　入官府郎第，行馳道旁。市賣復毋所與。

⑸如山東復有旁人養謹者，常養扶持，復　除之。明在蘭臺石室之中。王杖不鮮明。

⑹得更繕治之。河平元年,汝南西陵縣昌里　先年七十，受王杖，部游徼吳賞從者。

---

❹ 李均明、何雙全編〈甘肅武威磨嘴子18號漢墓王杖10簡〉，收入《散見簡牘合輯》，(北京，文物出版社，1990年7月)，頁3–4。

❺ 考古研究所編輯室，〈武威磨嘴子漢墓出土王杖十簡釋文〉，收入《考古》第6期，頁29–30。

(7)毆擊先，用訴地太守上讞。廷尉報：罪名。

(8)明白，賞當棄市。

(9)孝平皇帝元始五年幼伯生，永平十五年受王杖。

(10)蘭臺令第卅三、御史令第卅三、尚書　令滅受在金。

考古研究所編輯室又對這十枚簡的內容予以解釋，並且略加考證，認為其中(1)(2)兩杖簡組成一完整的詔書，下詔書的時間是在成帝建始二年（西元前31年）。其文的意思：

> 民年七十，授之以王杖，比六百石的官職，得出入宮廷而不趨俯，犯了「罪耐」以上的罪，不得以二尺告劾。有敢征召或侵辱此受王杖的老人，比之于「大逆不道」之罪。

至於(3)(4)(5)與第(6)簡「得更繕治之」似係一個詔書。其中第(3)簡原有「勝甚哀老小」的「勝」字應為「朕」字的誤寫；「本二年」的「二年」為「建始二年」，因為(6)簡有「河平元年」（西元前28年），與(2)簡的「建始二年」（西元前31年）僅差3年，所以(3)簡的「二年」為「建始二年」（西元前31年）。這幾杖簡的內容與(1)(2)簡相似，為前面詔書的覆述。

(6)(7)(8)簡記載的意思是指「先」受杖後，為鄉官吳賞的從者所毆辱，先訴之太守，太守上所議應得之罪，而廷尉報可，以為其罪名明白，吳賞應當棄市。

(9)簡的「幼伯」依其生年與受王杖之年計算，他是68歲受王杖。(10)簡的「滅」曾試於蘭臺列為第三十三名，也曾試尚書為四十三名，故為尚書令，他也受王杖，地點是「金」——可能是在「金城郡」。

考古研究所對這十枚簡作了結論：

1.10簡之中共記三人受杖，即先（河平元年猶存）、幼伯（永平十五年猶存）及滅。此三人當是一家，故將有關連的簡書附繫在杖頭入葬。

2.河平元年（西元前28年），「先」已年七十歲，而「幼伯」生於元始五年（西元5年），則「幼伯」可能是「先」的曾孫。假設「滅」為「幼伯」的兒子，應出生於「幼伯」十五歲之時，到章帝章和元年（西元87年）為68歲，而這一年在《漢書・章帝紀》的記載是「養老受鳩杖」。

照上面的推測，這座編號18的漢墓，應當屬於東漢時期，而在章帝與和帝之間。

但是禮堂所寫〈王杖十簡補釋〉提出幾個論點：❻

1.第3簡至第8簡是一文件，4、5兩簡文義連貫，不能分割，中記河平元年（西元前28年）之事，此件自在成帝河平元年以後。

2.東漢已無丞相御史之稱，第3簡：「制詔丞相、御史：高皇帝以來，至本二年朕甚哀之。」其中的「本二年」決非東漢明帝「永平二年」（西元後59年），如非「建始二年」（西元前31年），則當在成帝與哀帝之間。

3.第9簡的幼伯是此杖的主人，其人或是本地三老，故可提前受杖。

4.第10簡「尚書令滅受在金」則不可解。

由考古所與禮堂的不同認知可以發現王杖主已有二人或三人不同的看法，或此墓是「幼伯」或「幼伯」之子「滅」的問題。

陳直〈甘肅武威磨嘴子漢墓出土王杖十簡通考〉提出一些意見：❼

1.第1枚簡中考古研究所譯文「入宮廷不趨」應當為「入官廷不趨」。〈蕭何傳〉云：「賜帶劍履上殿，入朝不趨」，與此簡的內容相同，但是王仗者不過比六百石，不能驟至宮廷。官廷的意思是

❻ 禮堂，〈王杖十簡補釋〉，收入《考古》第5期，1960年5月，頁259–260。

❼ 陳直，〈甘肅武威磨嘴子漢墓出土王杖十簡通考〉，收入《考古》第3期，1960年3月，頁160，161，162，165。

官府。

2. 第 3 枚簡的「高皇帝以來，至本二年」其中「本二年」是河平二年（西元前27年）而言，因下文所引之事為河平元年所發生，所以不是指建始二年（西元前31年）。

3. 簡文「蘭臺令第卅三，御史令第卌十三，尚書令滅受在金」，其中「尚書令滅受在金」的意思，為尚書令「滅」接受金布令篇中所載之詔令也。至於「蘭臺令第卅三，御史令第卌十三」是指金布令中之章數而言。《漢書・蕭望之傳》的顏師古注：「金布者令篇名也，其上有府庫金錢布帛之事，因以名篇。」而西漢養老之禮，賞賜皆用布帛，故本簡的兩詔令，所記雖為受王杖之事，然與養老之賜布帛有關，可能亦附在金布令篇目之中。

4. 考古所編輯室編排十簡的次第大部份正確，惟第10簡須改為第九簡，正好作為前面第二個詔令的結尾。

5. 墓主人應為「幼伯」，受王杖者，亦僅「幼伯」一人。隨葬時重鈔錄兩舊詔令，以為受王杖者之尊榮，其榮身與「幼伯」有關，其事實與「幼伯無涉。考古所編輯室解釋為「先」、「滅」、「幼伯」三人先後皆受王杖，年代固屬相去太遠，前後亦不倫類，因而分前八簡為西漢河平時物，後二簡為東漢永平時物，其說殊屬失之牽強。

6. 東漢無蘭臺令之名，只有蘭臺令史之名。而蘭臺令史員六人屬於御史中丞，不能省稱為「蘭臺令」，更不能稱為御史令，亦不能由令史一躍為尚書令。

陳直認為受王杖者只有「幼伯」一人，而且與其他二人無關，至於「蘭臺令第卅三、御史令第卌十三、尚書令滅受在金」，陳直譯為：

（此兩道詔令）在蘭臺令的第三十三章，在御史令的第四十三章，尚書令滅接受此兩詔令，載在金布令總篇之中。

另外，武伯綸在〈關於馬鐙問題及武威漢代鳩杖詔令木簡〉一文提出於此墓中有兩根王杖，所以(9)(10)兩根簡不能如考古所誌為是各自一單簡，應是(1)(2)(10)為一詔書，(3)—(9)為一詔書。至於「先」若是汝南西陵縣昌里人，而此墓在武威，若與其家族「幼伯」、「滅」一起葬於客地，更屬不通。「先」不必是人名，漢代把先生稱先或生之例甚多，不把「先」從此家人之中除去，否則有矛盾而無法解釋。❽

由於《王杖十簡》在(3)簡中的「本二年」引起各種推測，以致與此相關記載詔令的木簡，其順序便產生問題，成為學者們注意的重點。日籍學者大庭脩主張「本二年」是河平二年（西元前27年），而十簡的順序(3)，(4)—(7)，(1)(2)，(10)(8)，內容是關於一項判決記錄。因為成帝建始二年（西元前 31 年）下令不得侵辱王杖主，三年之後的河平元年（西元前28年）就發生有王杖主告狀，而太守將情況上報廷尉。由於這是第一次發生，廷尉不敢決行，由皇帝定罪，所以執行應在第二年，即河平二年（西元前27年）。❾

《王杖十簡》的內容並不多，但是它是皇帝有關王杖的詔令，為史書記載所缺，因此深具價值，也引起各種不同的意見。過了二十二年，在武威又發現了數量較多的木簡，內容恰好與《王杖十簡》有關，補充了許多養老詔令上的資料，使得漢代養老制度的研究，可以更進一步。

❽ 武伯綸，〈關於馬鐙問題及武威漢代鳩杖詔令木簡〉，收入《考古》第3期，p.163–165。

❾ 大庭脩著，林劍鳴等譯，《秦漢法制史研究》，（上海人民出版社，1991年3月），p.280–281。

三、《王杖詔書令》冊的內容與意義

1981年武威市新華鄉纏山大隊社員挖土時，發現26枚木簡，每根簡的背面都有「第一」、「第二」至「第廿七」的編號，然而「第十五」已遺失，可見原來應有27根簡。簡文內容記載尊敬長老、撫恤鰥寡孤獨殘疾者、高年賜杖、處決毆辱受杖主者等五份詔書。在最後一簡署有「右王杖詔書令」，因此一般稱此為《王杖詔書令》冊。❿這一批簡與「王杖十簡」同出一墓地，因而具有補充「王杖十簡」的功能。簡文內容如後：⓫

1. 制詔御史：年七十以上，人所尊敬也，非首、殺傷人，毋告劾，它無所坐。年八十以上，生日久乎?
2. 年六十以上毋子男為鯤，女子年六十以上毋子男為寡，賈市毋租，比山東復。復。
3. 人有養謹者扶持，明著令。蘭臺令第卌十二。
4. 孤、獨、盲、珠、孺。不屬律人，吏毋得擅徵召，獄訟毋得擊。布告天下，使明知朕意。
5. 夫妻俱毋子男為獨寡，田毋租，市毋賦，與歸義同；沽酒醪列肆。尚書令
6. 臣咸再拜受詔。建始元年九月甲辰下。
7. 汝南太守　廷尉，吏有毆辱受王杖主者，罪名明白。
8. 制曰：　何，應論棄市。雲陽白水亭長張熬，坐毆拽受王杖，

❿ 李均明・何雙全編，〈甘肅武威磨嘴子漢墓「王杖詔書令」冊〉，收入《散見簡牘合輯》，頁15–18。

⓫ 本文標點採用武威縣博物館，〈武威新出王杖詔令冊〉，收入《漢簡研究文集》（甘肅人民出版社，1984年9月），頁35–37。

主使治，道男子王湯

9.告之，即棄市。高皇帝以來至本始二年，朕甚哀憐耆老。高年賜王杖。

10.上有鳩，使百姓望見之，比于節，吏民有敢罵詈毆辱者，逆不道。

11.得出入官府節第，行馳道中，列肆賈市，毋租，比山東復。

12.長安敬上里公乘臣廣昧死上書

13.皇帝陛下：臣廣知陛下神零，覆蓋萬民，哀憐老小，受王杖、承詔。臣廣未

14.常有罪耐司寇以上。廣對鄉吏趣未辨，廣對質，衣疆吏前。鄉吏

16.下，不敬重父母所致也，郡國易然。臣廣愿歸王杖，沒入為官奴。

17.臣廣昧死再拜以聞

18.皇帝陛下。

19.制曰：問何鄉吏，論棄市，毋須時；廣受王杖如故。

20.元延三年正月壬申下

21.制詔御史：年七十以上杖王杖，比六百石，入官府不趨，吏民有敢毆辱者，逆不道，

22.棄市。令在蘭臺第卌十三。

23.汝南郡男子王安世，坐桀黠、畫鳩杖，折傷其杖，棄市、南郡亭長

24.司馬　，坐擅召鳩杖主，擊留，棄市。長安東鄉嗇夫田宣，坐擊

25.鳩杖主，男子金里告之，棄市。隴西男子張湯，坐桀黠，毆擊王杖主，折傷

26.其杖，棄市。亭長二人，鄉嗇二人，白衣民三人，皆坐毆辱王杖功，棄市、

27.右王杖詔書令在蘭臺第卌十三

這些簡的內容，大庭脩作了白話文的譯文：[12]

天子下詔給御史：年歲在七十以上的是被尊敬的人，除殺傷人之首犯外，皆不「告劾」（即不起訴），對其他罪則不予追究。年歲在八十以上，難道還能活很長久嗎？（以上第一簡）。年六十以上無子男者稱為鯤（鰥），女子年六十以上無子男者稱為寡。這些鯤、寡之人在市場上經常不收租稅，與「山東」的免除租稅一樣。（第二簡）凡能謹善扶養老人和鰥寡者，也給以免除賦役的待遇。這一規定已著為詔令，編入《蘭臺令》篇目的第卌二之中。（第三簡）孤、獨、盲、珠（侏）孺等，（不屬「律人」）不屬於刑律所及之人，吏不得擅自徵召，打官司時不得捆綁，將此旨意布告天下，使人民盡知朕的用意。（第四簡）夫妻俱存但無兒子者，稱為獨寡，免除租賦，與「歸義」（歸順于中國的四邊民族）之民享有同樣待遇，可以列肆開店舖，做酒或濁酒的生意。尚書令。（第五簡）臣咸受詔再拜，建始元年（公元前32年）九月甲辰日下達。（第六簡）汝南太守向廷尉請示如何判決。吏有毆辱受王杖主的，該當何罪。（第七簡）制曰：回答如何判決的問題，應以棄市論罪。雲陽縣白水亭長張敖，毆打，拉扯受王杖主本人使之修路，被男子（無爵位者）王湯。（第八簡）告發，即處以棄市之罪。自高皇帝（漢高祖劉邦）以後，至本始二年，朕對高齡的老人甚為憐憫，年高者賜以裝有鳩首的王杖。（第九簡）一般人從遠處見到就明白，其待遇與持節者相同。吏民若有

[12] 大庭脩著，林劍鳴等譯，《秦漢法制史研究》，頁552–554。

毆打、辱罵受杖者行為的，為「逆不道」罪。（第十簡）可出入官府節第、可乘車在馳道邊的旁道馳行，在市內開店做買賣不征收租稅，同山東免稅的「復」一樣。（第十一簡）長安敬上里的公乘臣廣（「公乘」是爵名，「廣」是人名）向皇帝陛下呈上文書：（第十二簡）我——臣廣知道陛下具有傑出的本領，不可思議的神靈覆蓋在萬民之上，對老人和小孩給比垂憐，賜給王杖。蒙受詔書。臣廣未（第十三簡）曾受過耐罪或是司寇等二歲以上的刑罰。廣對鄉里的吏役交辦的某事沒有及時處理，回答吏的質問，在吏的面前強（第十四簡）……（中缺一簡，即第十五簡）……下。是在心中不敬重父母的結果，鄉里的示範郡國大概也是如此。如果是這樣的風潮，臣廣請求歸還王杖，沒身為官府的奴隸（第十六簡）臣廣值得萬死再拜，向皇帝稟告。（第十七、十八簡）制曰：問何，鄉吏處以棄市，執行不必拘於時間。廣受王杖如平時一樣（第十九簡）元延三年（公元前90年）正月壬申下。（第二十簡）制詔御史：年七十以上杖王杖者，待遇與六百石的官吏一樣，入官府時不必傾身小步走，吏民有毆辱者，應以「不道」論罪。（第廿一簡）處以棄市之刑，此令在蘭臺第四十三號中（第廿二簡）汝南郡男子王安世，既凶惡又與賢人為敵，擊被賜予鳩杖的老人，又將其杖折斷，應處以棄市，南郡之亭長。（第廿三簡）司馬護由於犯隨意將被賜予鳩杖的老人召示並擊而留置之罪，處以棄市。長安、東鄉嗇夫田宣，擊被賜予鳩杖的老人（第廿四簡）被男子金里告發，其罪應棄市。隴西郡男子張湯，凶惡惡賢，毆擊被賜予鳩杖的老人，折其杖，罪（第廿五簡）應棄市。亭長二人，鄉嗇夫二人，普通百姓三人，皆直接毆辱被賜予王杖的老人，處以棄市（第廿六簡）右面是王杖詔書令，為蘭臺第四十三號（第廿七簡）。

這一批簡的內容，補充了以前《王杖十簡》的內容，並且解決了一些問題，例如：

1.第9、10簡：

> 高皇帝以來至本始二年，朕甚哀憐耆老。高年賜王杖，上有鳩，使百姓望見之，比于節，吏民有敢罵毆詈辱者，逆不道……

與《王杖十簡》之中：

> 高皇帝以來至本二年，朕甚哀老小。高年受王杖，上有鳩，使百姓望見之，比于節，有敢妄罵詈毆之者，比逆不道……

兩者顯然記載同一詔令，因此《王杖十簡》之中的「本二年」為「本始二年」，也就是宣帝本始二年（西元前72年）。如此一來，高年賜王杖之事，應在成帝建始二年（西元前31年）之前。

2.第二件與《王杖十簡》有關的問題，也就是許多學者爭議的十根木簡的排列問題。此處《王杖詔書令》既然將成帝建始元年（西元前33年）詔令放在宣帝本始二年（西元前72年）詔令之前，可知並非一定按照年代排列，那末《王杖十簡》依考古研究所編輯室的排列，大致上沒有什麼問題，解決了學者們爭論簡文排列順序的問題。

3.在《王杖詔書令》第22簡記載「令在蘭臺第卌十三」是指前面第21簡的詔令，凡是吏民毆辱王杖者都棄市；而第27簡「右王杖詔書令，在蘭臺第卌十三」所記之事也是侮辱王杖者遭到棄市之事。至於第5、6二簡有「尚書令臣咸再拜受詔。建始元年（西元前32年）九月甲辰下」的記載。由此三部份的簡文對照《王杖十簡》最後一根簡：

> 蘭臺令第卅三，御史令第卌十三。尚書　令滅受在金。

於是武威縣博物館在〈武威新出王杖詔令冊〉一文作了考證⓭，認為「本始令」即為本始二年（西元前72年）之令，而「建始令」有建始元年（西元前32年）與建始二年（西元前31年）之令；這些與養老相關的律令，應該編入何處，原本不甚清楚，但是由於《王杖詔書令》冊的出現，補充了許多養老與王杖的資料，平息了關於《王杖十簡》的爭議。根據《王杖詔書令》第3簡在建始元年（西元前32年）前已將扶養老人的詔令編在蘭臺令第卌十二，此後所編律令應當在卌十二之後才對，所以與養老相關的「本始令」、「建始令」同屬一類，因此編入「蘭臺令第卌十三」，但又編入「御史令第卌十三」。至於「受在金」的「金」為「金匱石室」，與《王杖十簡》之中的「明在蘭臺石室之中」的用語可相通。

因此，學者頗有議論及不明白的《王杖十簡》之中最後一簡「尚書令滅受在金」的正確含義為：

> 尚書令滅，再拜受詔藏在蘭臺金匱石室之中

四、符合養老的年齡

文帝二年（西元前178年）立皇后，皇帝下令養老，於是：

> 有司請令縣道，年八十已上，賜米人月一石，肉二十斤，酒五斗。其九十已上，又賜帛人二疋，絮三斤。賜物及當稟鬻米者，長吏閱視，丞若尉致。不滿九十，嗇夫、令史致。二千石遣都吏循行，不稱者督之。刑者及有罪耐以上，不用此令。⓮

在此處撫恤老者是因文帝的旨意，而且「具為令」。至於被撫恤的長者，

⓭ 武威縣博物館，〈武威新出王杖詔令冊〉，收入《漢簡研究文集》，頁51–53。

⓮ 《漢書》卷四，〈文帝紀〉第四，頁113。

至少年紀八十歲以上，已受刑或尚未定罪而罪刑二年以上者，則不得接受賜物。

另外，從文帝時賈山上奏的內容，也可明瞭所謂「禮高年」的高年標準。他說：⓯

> 陛下即位，親自勉以厚天下，損食膳，不聽樂，減外徭衛卒，止歲貢；省廄馬以賦縣傳，去諸苑以賦農夫，出帛十萬餘匹以振貧民；禮高年，九十者一子不事，八十者二算不事……

顏師古注曰：

> 一子不事，蠲其賦役。二算不事，免二口之算賦也。

以文帝之仁厚，對於敬老的門檻設的相當高。

到了景帝時期，養老的標準仍未降低，於後三年所下的詔書曰：

> 高年老長，人所尊敬也，鰥寡不屬逮者，人所哀憐也。其著令：年八十以上，八歲以下，及孕者未乳，師、朱儒當鞠繫者。頌繫之。⓰

是將年老的標準定於八十歲，才能被帝王寬容，並且頒為律令——「著令」。

武帝建元元年春二月，赦天下，賜民爵一級。其中尚且：⓱

> 年八十復二算，九十復甲卒。

張宴注曰：

⓯ 《漢書》卷五一，〈賈山傳〉第二一，頁2335。

⓰ 《漢書》卷二三，〈刑法志〉第三，頁1106。

⓱ 《漢書》卷六，〈武帝紀〉第六，頁156。

二算，復二口之算也。復甲卒，不豫革車之賦也。

夏四月，武帝又下詔：

民年九十以上，已有受鬻法，為復子若孫，令得身帥妻妾遂其供養之事。

顏師古注曰：

有子即復子，無子即復孫也。

顯示漢武帝實際上仍對八十歲以上的人民，才有實質上的優待。而且在元狩二年（西元前121年）四月立皇太子，下詔賜與地方上的縣三老、鄉三老、孝順與力田者帛匹，另外對於：

年九十以上及鰥寡獨帛，人二匹，絮三斤；八十以上米，人三石。⓲

仍然以八十歲為老者標準。

然而到了元封元年（西元前110年），武帝登封泰山，行所巡至的博、奉高、蛇丘、歷城、梁父等地，除了免除當地人民田租、算賦之外，還予「七十以上孤寡帛，人二匹」⓳。顯示區域範圍縮小，對於撫恤老者的年齡就下降。宣帝地節三年（西元前67年），下詔：

鰥寡孤獨高年貧困之民，朕所憐也。前下詔假公田，貸種、食。其加賜寡孤獨高年帛。二千石嚴教吏謹視遇，毋令失職。⓴

⓲ 《漢書》卷六，〈武帝紀〉第六，頁174。

⓳ 《漢書》卷六，〈武帝紀〉第六，頁191。

⓴ 《漢書》卷八，〈宣帝紀〉第八，頁248。

宣帝承襲武帝以來的觀念，將高年視為弱勢的一群，與鰥、寡、孤、獨同列。因此在元康二年（西元前64年）、神爵元年（西元前61年）、神爵四年（西元前58年）、五鳳三年（西元前55年）、甘露二年（西元前53年）都有賜「鰥寡孤獨高年帛」的措施。㉑但是在元康四年（西元前 62 年）特別下詔對於耆老之人，髮齒墮落，若犯法而不終天命，甚為可憐，因此：

自今以來，諸年八十以上，非誣告殺傷人，佗皆勿坐。㉒

這指誣告人及殺傷人皆如舊法辦理，其餘則不論。對於法律方面的優待仍是八十歲。

元帝初元四年（西元前45年）、永光元年（西元前43年）、永光二年（西元前 42 年）曾經賜「鰥寡孤獨高年帛」㉓。平帝元始四年（西元4年），下詔：

……婦女非身犯法，及男子年八十以上七歲以下，家非坐不道，詔所名捕，它皆無得繫。其當驗者，即驗問。定著令。㉔

因為八十歲據顏師古注：「八十曰眊，……，眊者老稱，言其昏暗也。」所以刑罰不加，除非犯了「不道」之罪，或皇帝下詔所特捕，否則不得拘捕，如果要審問，就其居所而問。

此時較宣帝時期，「諸年八十非誣告殺傷人，它皆勿坐」寬容許多。然而在《王杖十簡》之中，成帝建始二年（西元前31年）的詔書，已定為七十歲受王杖，表示養老的的年紀降低了。再據《王杖詔書令》建始

㉑ 《漢書》卷八，〈宣帝紀〉第八，頁255，259，263，267，269。

㉒ 《漢書》卷八，〈宣帝紀〉第八，頁258。

㉓ 《漢書》卷九，〈元帝紀〉第九，頁285，287，288。

㉔ 《漢書》卷十二，〈平帝紀〉十二，頁356。

元年（西元前32年）的簡文：

> 年七十以上，人所尊敬也，非首殺傷人，毋告劾，它毋所坐。年八十以上，生日久乎？

既然認為八十歲以上，所能生活的日子不長，因此以七十歲為準，為養老的開始。雖然成帝即位，是七十歲養老，而《王杖十簡》之中有記載「高皇帝以來至本二年」的文字，對於「本二年」的解釋有認為漢成帝河平二年（西元前27年）、漢哀帝建平二年（西元前5年）、漢明帝永平二年（西元59年）等看法。主張應為成帝河平二年者，其理由為成帝在建始二年（西元前31年）下令「年七十受王杖」；而四年之後的河平二年又下令「高年受王杖」，並未限制年歲，因此比建始二年的命令寬厚，有再下令的必要。主張為明帝永平二年者理由，是因《後漢書・明帝紀》記載永平二年「初行養老」。然而等到《王杖詔書令》出土，其中宣帝本始二年（西元前72年）令的內容與《王杖十簡》之中「本二年」相似，僅為增補而已，可以斷定「本二年」為「本始二年」。

「本始二年」（西元前72年）在「建始二年」（西元前31年）之前，而「高年受王杖」的年齡應比建始二年更為嚴格才對。因為根據史書記載，「高年」的年齡在西漢時期，多次定為八十歲，因此，《王杖十簡》的成帝建始二年詔令，年七十受王杖，並不能表示在宣帝本始二年，也就是在四十一年前，以七十歲受王杖。

《王杖十簡》的第9根簡文：

> 孝平皇帝元始五年幼伯生，永平十五年受王杖。

孝平皇帝元始五年（西元5年）至明帝永平十五年（西元72年）共有六十七年，則為六十八歲已受王杖。

東漢順帝陽嘉三年（西元134年），在各地都發生災害的情況下，除了救濟災民外，還能夠：

> 賜民八十歲以上人一斛米，二十斤肉，五斗酒；九十歲以上人加賜帛一匹，二斤絮；大赦天下。㉕

桓帝建和二年（西元148年），也是在災害連年之下，大赦天下，然後賜米、酒、肉予年紀八十以上；九十歲以上加帛二匹，綿三斤。㉖

綜合而言，漢代養老情形在年齡方面並不是固定，甚至有年紀六十八歲受王杖的記錄。但是能夠得到政府實質上在物質方面的撫恤，史書上的記載卻往往在八十歲以上。

五、高年在刑罰上的優待

文帝之時，對於「刑者及罪耐以上」的高年長者，排除在賞賜物品之外㉗；景帝時，年滿八十歲以上，僅能「當鞠繫者，頌繫之」，只是不必綑繫而已㉘。宣帝元康四年（西元前62年）特別下詔，對八十歲以上的長者，除了誣告人與殺傷人必須依照法令處理之外，其他的錯失都不論罪㉙。平帝元始四年（西元4年），下詔八十歲以上百姓，除了犯「不道」的罪名，或是為詔令指名逮捕者，其餘不必綑繫；若需審訊，就在其住所審訊即可㉚。這些史書上對高年長者在律令方面的優待，除了宣帝時期之外，多為不加綑繫而已。

㉕ 《後漢書》卷六，〈順帝紀〉第六，頁264。

㉖ 《後漢書》卷七，〈桓帝紀〉第七，頁292。

㉗ 《漢書》卷四，〈文帝紀〉第四，頁113。

㉘ 《漢書》卷二三，〈刑法志〉第三，頁1106。

㉙ 《漢書》卷八，〈宣帝紀〉第八，頁258。

㉚ 《漢書》卷十二，〈平帝紀〉第十二，頁356。

至於《王杖十簡》在成帝建始二年有關刑罰的簡文為：

> 年七十受王杖者，比六百石，入宮廷不趨；犯罪耐以上，毋二尺告劾；有敢征召侵辱者，比大逆不道。

其中「耐」的刑罰，見諸漢代，在《漢書・高帝記》㉛：

> 令郎中有罪耐以上，請之。

應劭注曰：

> 罪輕不至於髡，完其耏鬢，故曰耏。古耏字從彡，髮膚之意也。

關於「耐」刑的看法分為兩種：一種認為「耐」是保存了頭髮，就是不要「髡」，同時又保存了鬚；一種認為是保存了頭髮，剃除了胡鬚。應劭的注，指的是保存頭髮與胡鬚，應當指的是「完」，而非剃去胡鬚的「耐」刑。㉜

到了漢文帝改革刑罰之後，「髡」、「耐」等刑名逐漸消失，于是對「耐」做另一種解釋。根據《史記・淮南王安傳》的蘇林注：

> 二歲刑已上為耐。耐，能任其罪。

即把較長期的勞役徒刑稱為「耐罪」㉝。

因此，簡文中「犯罪耐以上，毋二尺告劾；有敢征召侵辱者，比大逆不道」的解釋，出現一些問題。有兩種解釋㉞：

1.雖已構成耐罪以上，若無人告劾，並不能隨意侮辱，若有敢征召

㉛ 《漢書》卷一，〈高帝紀〉第一，頁63–64。

㉜ 粟勁，《秦律通論》，（山東人民出版社，1985年5月），頁255–256。

㉝ 孔慶明，《秦漢法律史》，（陝西人民出版社，1992年3月），頁271。

㉞ 武威博物館，〈武威新出王杖詔令冊〉，頁55–56。

他做力役之事，及侵犯他的，皆應得有大逆不道之罪。

2.受王杖者，既然比于六百石，其犯罪耐以上時，特別享受先請之權利，不得以二尺告劾他。

但是《王杖詔書令》第13簡與14簡有：

……，臣廣未嘗有罪耐司寇以上，……

簡文為向皇帝申訴，未犯「耐司寇」的罪以上，而遭鄉吏毆辱。關於司寇的罪名，在睡虎地出土的秦墓竹簡已經出現，是屬於輕罪[35]。然而在《漢舊儀》記載：

罪為司寇，司寇男備守，女為作如司寇，皆作二歲[36]。

可知「司寇」是二年的刑罰。

由此得知犯了兩年以上的罪，雖然是受王杖者仍要被告受罰，在此之下則免之。文帝二年（西元前178年）下令養老，也排除「刑者及有罪耐以上」而不賞賜。因此，若將簡文「犯罪耐以上，毋二尺告劾」，變成「非罪耐以上，毋二尺告劾」，是較恰當的[37]。何況，《王杖詔書令》第一根簡有「非首殺傷人，毋告劾」；宣帝元康四年，下詔：「諸年八十以上，非誣告殺傷人，佗皆勿坐」，顯然有「非首殺」、「非誣告」的用非字起首的語法。

但是，《王杖詔書令》成帝建始元年（西元前32年）的簡文：

年七十以上，人所尊敬也，非首、殺傷人，毋告劾，它毋所坐。

---

[35] 粟勁，《秦律通論》，頁274–275。

[36] 〈漢舊儀〉，收入《漢官六種》（臺北，中華書局，民國62年），卷下，頁七。

[37] 武威縣博物館，〈武威新出王杖詔令冊〉，頁56。

較前述建始二年（西元前31年）詔令「犯罪耐以上，毋二尺告劾」,要寬容太多。若將成帝建始元年（西元前32年）詔令與宣帝元康四年（西元前62年）詔令「八十歲以上長者，除了誣告人與殺傷人之外，其他並不論罪」相比，兩者相差不遠。於此可作一推論，從宣帝元康四年（西元前62年）至成帝建始元年（西元前32年）之間，高年百姓在律令方面享有相當高的優待，只不過在宣帝時期的年齡下限為八十歲，成帝即位之始的年齡放寬為七十歲。到了成帝建始二年（西元前31年），將優待的範圍縮小，年齡仍為七十歲，而罪刑在兩年之內者，方可不再處罰。一直到了成帝元延三年（西元前10年），有百姓上告皇帝，自謂未犯二年以上刑罰而受辱，請求皇帝處置。可見元延三年（西元前10年），仍未改變建始二年（西元前31年）的規定。

至於平帝元始四年（西元４年）詔書規定，除了犯「不道」與詔令指名逮捕之外，不必對八十歲以上的老者綑繫。其中，「不道」是指「大逆不道」，或是稱為「逆不道」。漢代犯「不道」罪者多是謀反，或是對國家秩序有所危害，或是對皇帝神聖性的侵犯等等。例如諸呂之亂、七國之亂、淮南王安案等與謀反相連，以致得到「不道」的罪名；至於武帝時期的郭解，其本身並未殺人，然而他樹立了另一種權威，有人肯為他殺人，所以也遭「不道」的罪名；其他有損天子威信，諸如非議詔書，祝詛天子等，都能劾以大逆不道。㊳

漢代犯「不道」者，所受的刑罰有梟首、要斬、棄市三種，而且家屬連坐㊴。因此，平帝對長者的法律優待不夠寬厚。倒是《王杖十簡》與《王杖詔書令》之中的記載，對於王杖持有者有侵辱行為，算是犯了「不道」之罪，而加以棄市。這種處分十分嚴重，因而樹立王杖的權威，

㊳ 王健文，〈西漢律令與國家正當性——以律令中的「不道」為中心〉,《新史學》3卷3期，頁8–22。

㊴ 王健文，〈西漢律令與國家正當性——以律令中的「不道」為中心〉，頁26–27。

促使吏民尊重長者。

六、高年的賦役

《史記・項羽本記》記載劉邦與項羽相爭，居下風之時❹❶：

蕭何亦發關中老弱未傅悉詣滎陽。

孟康注曰：

古者二十而傅，三年耕有一年儲，故二十三年而後役之。

如淳注：

未二十三為弱，過五十六為老。

又注引《漢儀注》：

年五十六衰老，乃得免為庶民，就田里。

同樣的記載在《漢書・高帝紀》為❹❶：

蕭何發關中老弱未傅者悉詣軍。

顏師古注曰：

傅，著也，言著名籍，給公家徭役。

從前述的敘述得知，漢朝開國之初就有「傅」的制度，做為兵役與徭役的根據。

---

❹⓪ 《史記》卷七，〈項羽本紀〉第七，頁324。

❹❶ 《漢書》卷一，〈高帝紀〉第一，頁37。

「傅」的制度在戰國時代的秦國就已具備，在睡虎地秦墓出土的竹簡，記載墓主「喜」在十五歲就「傅」，而非後世所認為二十三歲才開始服役。至於免除兵役與傜役的年齡，依據睡虎地的秦簡《傅律》：

> 百姓不當老，至老時不用請，敢有作偽者，貲二甲，典，老弗告，貲各一甲，伍人、戶一盾，皆遷之㊷。

這一條文是免老的人先提出申請，再由里典、伍老徵求同伍人的意見，向鄉政府提出，經由批准才可，但是法律對於作偽者有嚴厲的處罰㊸。然而衛宏《漢舊儀》的記載：

> 秦制二十爵，男子賜爵一級以上，有罪以減，年五十六免。無爵為士伍，年六十乃免老㊹。

說明有爵位者五十六歲才免兵役，無爵位者至六十歲才免。由於漢承秦制，應當沒有太大改變，何況居延地區出土漢簡中的戍卒，年齡在五十六歲以上者不少，證明到漢武帝時期仍可能六十歲才免老㊺。

昭帝始元六年（西元前81年）召開會議討論國政，據《鹽鐵論・未通篇》所說㊻：

> 今陛下哀憐百姓，寬力役之政，二十三始傅，五十六而免，所以

㊷ 睡虎地秦墓竹簡整理小組，〈秦律雜抄釋文註釋〉，收入《睡虎地秦墓竹簡》，（北京，文物出版社，1990年9月），頁87。

㊸ 粟勁，《秦律通論》，頁390。

㊹ 衛宏，《漢舊儀》卷下，頁6。

㊺ 高敏，〈關於秦時服役者年齡問題的探討——讀《雲夢秦簡》札記兼批「四人幫」〉，收入《雲夢秦簡初探》，頁25。

㊻ 桓寬，《鹽鐵論》，〈未通〉十五，（臺北，世界書局，民國56年12月），頁7。

輔者壯而息老艾也。

而文學反駁御史：

今五十已上至六十，與子孫挽輸，井給徭役，非養老之意也。

這是昭帝「寬力役之政」，才有五十六歲免徭役，顯然以往服力役不少於此年歲。再據班昭〈為兄超求代疏〉：

妾聞古者十五受兵，六十還之㊼。

或許可以作為以往服役的年齡是十五以上至六十歲的輔證。

然而，高祖開國之時，蕭何將未「傅」的老弱送至軍中，以及《鹽鐵論》文學所言五十至六十歲者「與子孫服挽輸」，可能年紀大者在軍中擔任徭役為主的工作。

服役之外，另有「更賦」與「算賦」。漢代每人每年必須戍邊三日，可以用錢替代，稱為「更賦」。至於「算賦」是在高祖五年（西元前202年）八月，才開始㊽：

初為算賦。

如淳注曰：

漢儀注民年十五以上至五十六出賦錢，人百二十為一算，為治庫兵車馬。

百姓出賦錢的負擔相當重，而免賦錢的年齡為五十六歲，約與服役結束

㊼ 嚴可均校輯，〈全後漢文〉卷九六，收入《全上古三代秦漢三國六朝文》（北京，中華書局，1985年12月），頁988。

㊽ 《漢書》卷一，〈高帝紀〉第一，頁46。

的年齡相同。

六十歲以上的百姓，除了免徭役、免算賦之外，似乎沒有其他賦稅方面的優待。對於弱勢年長族群的認定，若根據光武帝建武六年，因為水旱蝗蟲為災，導致穀價騰躍，下詔曰[49]：

其命郡國有穀者，給稟高年、鰥、寡、孤、獨及篤癃、無家屬，貧不能自存者，如律。

注引《大戴禮》曰：

六十無妻曰鰥，五十無夫曰寡。

《禮記》曰：

篤，困也。

《蒼頡篇》曰：

癃，病也。

由於漢律沒有留傳下來，因此這裡所引的律法都不是漢代的律法。根據《王杖詔書令》第2簡：

年六十以上毋子男為鯤，女子年六十以上毋子男為寡，賈市毋租，比山東復。復

第5簡：

夫妻俱毋子男為獨寡，田毋租，市毋賦，與歸義同，沽酒醪列肆。尚書令。

[49] 《後漢書》卷一，〈光武帝紀〉第一，頁47。

顯然此處的漢律要比以往的《大戴禮》與《禮記》所規範的鰥、寡、孤、獨的條件要嚴苛。第2簡的「鯤」即為「鰥」，要六十歲以上，「沒有子男」；「寡」的條件除了無夫，也要六十以上，沒有子男；如此才免除作生意的「市租」。第5簡的條件更嚴格，夫妻都沒有孩子，稱為「獨寡」，才免田租與市租。依此看來，一般六十歲以上的人，有田者仍交田租，從事商業買賣者，要交市租。直到領了王杖，買賣物品才免除稅收，至少已在七十歲以上。以文帝的仁厚，百姓需八十歲，家中才能免二口的算賦，九十歲才免一個兒子的賦役。但是《王杖十簡》有：

> 有旁人養謹者，常養扶持，復除之

對於旁人扶養老人，也可以得到復除賦役，這是惟恐老者沒有親屬而乏人照料所定之法，算是特別照顧孤苦的高年。

七、王杖主的特別訴訟

《王杖十簡》的成帝建始二年（西元前31年）詔令有：

> 年七十受王杖者……有敢征召侵辱者，比大逆不道。

又另外第3至第4支簡為宣帝本始二年（西元前72年）詔令，也記載：

> ……高年受王杖，上有鳩，使百姓望見之，比於節。有敢妄篤詈毆之者，比逆不道。

這是說明官吏或一般民眾對高年受王杖有侵辱或妄罵詈毆，比照犯下大逆不道的罪行，也就是死刑。

漢代審訊罪犯是否用刑，並未留下律令作為根據，然而睡虎地秦墓竹簡的〈封診式〉留下審訊的方式：

> 訊獄必先盡聽其言而書之，各展其辭，雖（知）其訑，勿庸輒詰。其辭已盡書而毋（無）解，乃以詰者詰之。詰之有（又）盡聽書其解辭，有（又）視其它毋（無）解者以復詰之。詰之極而數訑，更言不服，其律當治（笞）諒（掠）者，乃治（笞）諒（掠）。治（笞）諒（掠）之必書曰：爰書；以某數更言，毋（無）解辭，治（笞）訊某㊿。

其大意為審訊案件，必須先聽口供，使受訊者自行陳述。當供詞已記錄完畢，對於應加以詰問的問題加以詰問，再將其辯解之詞記錄下來。詰問到犯人辭窮，又多次欺騙，還改變口供，更不服罪，依照法律應當拷打者，就加以拷打。拷打之後必須記在犯罪文書上，因某多次改變口供，無法辯解，對某拷打訊問。

以此推論漢代審訊的過程，不會缺乏拷打的行為。雖然領有王杖的老者，詔書一再命令不得毆辱，但是官吏仍會有犯令者。例如成帝河平元年（西元前28年）：

> 汝南西湊縣昌里，先年七十，受王杖，　部游徼吳賞使從者毆擊先，用訴地太守上讞。廷尉報，罪名明白，賞當棄市。

大意為汝南郡西陵縣昌里有名叫先者，年已七十而受王杖，受到當地鄉游徼吳賞的使者毆辱，先於是上訴於太守，太守將此罪行上報朝廷，廷尉以為罪名明白，吳賞應當棄市。

再據《王杖詔書令》第7、8、9簡：

> 汝南太守讞廷尉，吏有毆辱受王杖主者，罪名明白。
> 制曰：讞何，應論棄市。雲陽白水亭長張熬，坐毆抴受王杖主，

㊿ 睡虎地秦墓竹簡整理小組，〈封診式釋文註釋〉，收入《睡虎地秦墓竹簡》，頁147–148。

使治道，男子王湯。

告之，即棄市……。

此次為汝南太守上讞廷尉，問吏有王杖主者應當何罪。廷尉奏聞皇帝，結果是當棄市。接著有白水亭長毆辱王杖主王湯，即棄市。

《王杖詔書令》第13、14、17、18、19簡為長安敬上里公乘廣，向皇帝告狀，受到鄉吏對他有所不佳（缺15簡因而不知詳情）， 由成帝於元延三年（西元前10年）下詔，將鄉吏立即棄市。

這些簡文中的例子，王杖主受辱的案子都直上廷尉或皇帝，這種情形並非常制，可以說是特別的訴訟。通常在地方上的案件都由郡守做決定即可，有大問題才送廷尉。漢朝廷尉是掌理司法最重要的官員，根據《漢書・刑法志》高祖七年（西元前202年）制詔御史：

自今以來，縣、道官獄疑者，各讞所屬二千石，二千石官以其罪名當報之。所不能決者，皆移廷尉，廷尉亦當報之。廷尉所不能決，謹具為奏。傅所當比律令以聞51。

說明廷尉是皇帝之下，負責司法的裁決。

文帝時，有一回在中渭橋被一人從橋下走，乘輿馬驚，於是捕捉此人而下廷尉審理；以後又有人盜高廟座前玉環，也是交由廷尉張釋之處理52。武帝時江都王建有罪，事下廷尉。後來江都王造反，有詔宗正、廷尉審問53。這些例子可證明，廷尉也處理中央的案子。

據《漢書・杜周傳》記載在武帝時54：

---

51 《漢書》卷二三，〈刑法志〉第三，頁1106。

52 《漢書》卷五十，〈張釋之傳〉第二十，頁2310–2311。

53 《漢書》卷五三，〈景十三傳〉第二三，頁2414，2417。

54 《漢書》卷六十，〈杜周傳〉第三十，頁2660–2661。

> 至（杜）周為廷尉，詔獄亦多矣。二千石繫者新故相因，不減百餘人。郡吏大府舉之廷尉，一歲至千餘章。章大者連逮證案數百，小者數十人，遠者數千里，近者數百里。

顏師古注「郡吏大府舉之廷尉」：

> 舉，皆也。言郡吏大府獄事皆歸廷尉也。大府，丞相、御史之府也。

可見廷尉處理的事是重要官員之事，所以才「二千石繫者新故相因」，而且多以「不道」罪名相告[55]。

廷尉與帝王有密切的關係，杜周就善觀天子的意願而定罪名或釋放，因此有人問他[56]：

> 君為天下決平，不循三尺法，專以人主意指為獄，獄者固如是乎？

杜周回答：

> 三尺安出哉？前主所是著為律，後主所是疏為令，當時為是，何古之法乎？

這些言辭只是見證廷尉為皇帝的工具而已。

張湯任廷尉，除了更定法律之外[57]，又因：

> ……是時，上方鄉文學，湯決大獄，欲傅古義，乃請博士弟子治尚書、春秋，補廷尉史，平亭疑法。……所治即上意所欲。[58]

---

[55] 《漢書》卷六十，〈杜周傳〉第三十，頁2660。

[56] 《漢書》卷六十，〈杜周傳〉第三十，頁2659。

[57] 《漢書》卷五十，〈汲黯傳〉第二十，頁2318。

[58] 《漢書》卷五九，〈張湯傳〉第二九，頁2639。

說明廷尉治獄，不能違背上意。

廷尉決大獄，諸如張湯治淮南、衡山、江都王造反之事，以及二千石大吏之事；而少及小民之事。[59]

王杖主受毆辱，不論吏民都罪比「大逆不道」而論棄市。在皇帝特別關懷而多次下詔之下，王杖主控告受辱的案子，當然不會停止於二千石的太守，至少也至廷尉的層級，更甚者有直至皇帝。因此，王杖主受辱之事的訴訟，一定不會與一般案件的程序相同，而是受到特別的處理。至於被告者，似乎一律處以死刑，這也是很嚴酷的處罰，屬特別案例。在《王杖詔書令》記載汝南郡男子王世安以及隴西男子張湯凶惡而且毆打鳩杖主，折斷鳩杖而棄市。這原是庶民侵侮老者之事，因與鳩杖有關而成重案。另外，南郡亭長擅自傳召鳩杖主，並且毆打與拘留，棄市；長安東鄉嗇夫縛執鳩杖主，棄市；其他還有「亭長二人，鄉嗇二人，白衣民三人」，曾經直接動手毆辱王杖主而罰棄市。

因此，王杖主受辱的訴訟已非一般層級的法律行為，是受特別保護的訴訟。

八、結論

在《王杖十簡》的詔令之中，成帝建始二年（西元前31年）詔令於首端有「制詔御史」的字句；另一本始令則以「制詔丞相御史」為首。《王杖詔書令》的第1簡，起首為「制詔御史」；第21簡也是以「制詔御史」為開始。「制詔」是天子所下的命令[60]，「御史」則為御史大夫的簡

[59] 《漢書》卷五九，〈張湯傳〉第二九，頁2640。

[60] 《史記》卷六，〈秦始皇本紀〉第六，頁236，有「命為制，令為詔」。陳直，〈甘肅武威磨嘴子漢墓出土王杖十簡通考〉，《考古》第3期，頁160，「詔丞相御史與制詔御史，皆為兩漢詔書起句最習見之語」。

稱。然而詔令的下達有多種格式，以「制詔御史」表示，有其特別意義。

御史大夫有二丞，其中的御史中丞在殿中率領侍御史，監察朝中官員與武帝時期新設的刺史，所以御史大夫也有了監察的任務。[61]但是御史在戰國時期就是處理文書的官員，因此《漢舊儀》記載漢代御史的定員有四十五人，其中十五人任侍御史，由御史中丞率領；其餘三十人由御史丞率領，在御史府工作，原則上是處理公文；皇帝的詔書與大臣的奏摺都需經過御史大夫。[62]但是漢代的御史大夫成為皇帝的親信，介入許多重大事件擔任法律上的工作，甚至御史的僚屬例如御史丞，也加入治獄的工作。因此，簡文中的詔令是下達御史大夫，顯示皇帝對養老的重視，以及皇帝個人強烈的意志。也因為如此，王杖者受辱而上告，由太守轉至廷尉處理，甚至有皇帝親自下令之舉，一律皆處以死刑。

《王杖十簡》與《王杖詔書令》上所記載的詔令，都是在宣帝與成帝期間所頒布，根據《王杖詔書令》第3簡的「明著令　蘭臺令第卌二」可說明這是新的法令，所以要編入蘭臺所藏的律令第卌二。因此推論，西漢中葉皇室對養老制度極為重視，宣帝規定八十歲以上老者，如果不是犯了誣告與殺傷人的罪行，都免除刑責。宣帝還立了王杖的制度，給予八十歲以上的老者王杖，讓他們享有一些特別的待遇。成帝時期將授予王杖的年齡，降低至七十歲，即可獲得王杖。甚至對於新開發的河西地區，也命地方官尊禮長者，並且賞賜酒肉予高年，如居延漢簡記載：

> 月存視具最賜肉卅斤，酒二石，長尊寵，郡太守，諸侯相內史所明智也。不奉詔當以不敬論，不智

由於簡文之中有王國的「內史」，所以此簡應在成帝之前，尚未省卻內史之時，[63]換言之，可能與《王杖十簡》及《王杖詔書令》頒布的時間

[61] 大庭脩著，林劍鳴等譯，《秦漢法制史研究》，頁35。

[62] 大庭脩著，林劍鳴等譯，《秦漢法制史研究》，頁36。

相差不遠。

一九九三年於江蘇省連雲港市東海縣溫泉鎮尹灣村附近，發現了漢墓群，其中編號M6的墓主生前擔任東海郡功曹史，而其墓中所出簡牘記有「永始」和「元延」年號，得知為西漢成帝時期的物品，所以墓葬應當不會晚於成帝末年。[64]出土的木牘之中，有標題為「集簿」者，所記為東海郡的行政建置、吏員設置、戶口、墾田和錢穀出入等方面的年度統計數字，應當是東海郡上計所用集簿的底稿或副本，其中有記載：

> 年八十以上三萬三千八百七十一，六歲以下廿六萬二千五百八十八，凡廿九萬六千四百五十九。
>
> 年九十以上萬一千六百七十人，年七十以上受杖二千八百廿三人。凡萬四千四百九十三，多前七百一十八。[65]

這是東海郡在成帝後期某一年的統計數字，而當年滿七十歲領王杖者有2823人。若是依照年齡八十歲以上有33871人，九十歲以上有11670人來估算，正好達到七十歲的人數應當不只2823人，否則低於八十至九十歲之間33871人的平均值，何況七十歲者應比平均值高。然而王杖發放的標準是否另外設限，迄今無法明瞭。尹灣出土的成帝晚期集簿，提供了七十歲可領王杖的佐證，但是其數字也提供了領取資格的問題。無論如何，領取王杖是件榮耀之事，否則不必限制。至於集簿之中特別列出年八十與九十以上的人口數，正好可作皇帝們偶爾賜米、酒、肉與高年長者的依據，印證了史書與簡牘的記載。

東漢永平二年（西元59年），明帝開始行養老禮，以「三老」、「五

[63] 勞榦《居延漢簡》(史語所專刊之四十，民國75年5月)，〈考釋之部〉頁12–13。

[64] 連雲港市博物館等編，《尹灣漢墓簡牘》，(北京，中華書局，1997年9月)，頁1–2。

[65] 連雲港市博物館等編，《尹灣漢墓簡牘》，頁78。

更」代表老者受禮，並且賜「天下三老酒人一石，肉四十斤」。⑯而且《後漢書・禮儀志》記載，東漢的地方政府每年仲秋之月，都要察閱人民，凡是年至七十，即授以王杖，八十歲與九十歲以上，另有賞賜。⑰由此觀之，漢武帝獨尊儒術之後，儒家的敬老觀念已在朝廷中廣被接受；加以宣帝、成帝、明帝都處於平和之世，因而特重社會教化，注意長者的卹養問題。因此，甘肅武威磨咀子出土《王杖十簡》的漢墓，其年代似在明帝與章帝之時，顯然是因家族中有受王杖者，而以王杖與詔令冊陪葬。這也表示明帝與章帝時期，家有王杖是代表榮耀。

至於養老的詔令簡牘出於邊陲的武威，而不見於內郡漢墓，似乎一則武威地區氣候乾燥可以保存簡牘，一則對西陲地區有特殊的意義。武威郡的設立在昭帝元鳳三年（西元前78年）至宣帝地節三年（西元前67年）之間，為河西四郡之中設置最晚的一郡，⑱而此地為西陲戰略要地，可能受到特別照顧，例如《王杖十簡》第5枚簡文：

> 如山東復有旁人養謹者，常養扶持，復　除之。……

在《王杖詔書令》第11簡有：

> ……列肆賈市，毋租，比山東復。

其中「如山東復」則表示此詔令是頒於山東以外地區。而且在宣帝本始二年（西元前72年），正好為武威郡設立的時期，因此，《王杖十簡》之中的記載有為西陲特立詔令的可能，也因而為武威百姓所珍視，特別陪葬於墓中。由於昭帝與宣帝多次撫卹受到災害的百姓，減免田租與免除歸還政府所賑貸的物品，以致昭宣時期《王杖十簡》之中的「山東」是

---

⑯ 《後漢書》卷二，〈明帝紀〉第二，頁102–103。

⑰ 《後漢書》志第五，〈禮儀中〉，頁3124。

⑱ 邵台新，《漢代河西四郡的拓展》，（臺北，商務印書館，民國77年），頁78。

廣義地指稱河西地區以外的東邊地區，還是漢代一般所指崤山以東的「山東」地區，不免有商議的餘地。若解釋《王杖十簡》第5簡與《王杖詔書令》第11簡的內容為特別頒布於西陲地區，而河西四郡以東的內郡，泛稱為「山東」；並且將「山東」的養老制度之中，所實行的規則與違犯者的處罰列入詔令，以告誡西陲的官民，似亦可通。又因為王杖獲得不易，於是西陲地區的百姓，家中藏有鳩杖者，引以為榮，並重抄詔令於簡牘上，作為陪葬。如此一來，《王杖十簡》與《王杖詔書令》出現於武威的理由，以及簡牘的內容，或許可以提出一個解釋。

總而言之，漢代對於高年長者，在政策上不失尊重與保護，然而在頒賜物品以撫卹長者，卻是缺乏明確的規則，而且往往限齡八十歲以上。這種嚴格的物質補助，或許是長者數目太多，而國家財政不足以擔負的結果。

東漢郡功曹及五官掾之職掌

黎明釗

一、引言

1993年江蘇省連雲市東海縣的尹灣村發掘了六座漢墓（編號為M1–M6），出土了木牘二十四方和竹簡133枚，其中一方出於M2，其餘均出於M6。由於一些簡牘記有永始和元延的年號❶，因此推知此等簡牘為兩漢晚期文物。據有關此批簡牘之史料價值已有學者作了研究。❷本

❶ 例如：〈武庫永始四年兵車器集簿〉、〈元延三年五月曆譜〉和〈元延二年日記〉等，均見於新出連雲港市博物館、中國社會科學院簡帛研究中心、東海縣博物館、中國文物研究所編：《尹灣漢墓簡牘》（北京：中華書局，1997年），頁103–118，頁128–128及頁138–145。

❷ 自1996年8月，《文物》發表了簡報、釋文和概述（1996年第8期）後，陸續有研究的論文出版，主要包括武可榮，〈試析東海尹灣漢墓繒繡的內容與工藝〉（《文物》，1996年第10期）；連雲港市博物館、中國社會科學院簡帛研究中心、東海縣博物館、中國文物研究所，〈尹灣漢墓簡牘初探〉（《文物》，1996年第10期）；謝桂華，〈尹灣漢墓簡牘和西漢地方行政制度〉；李學勤，〈《博局占》與規矩紋〉；裘錫圭，〈《神烏賦》初探〉；劉樂賢、王志平，〈尹灣漢簡《神烏賦》與禽鳥奪巢故事〉（以上皆見於《文

文想探討何以墓主獲得這些竹簡。回答此問題的重要線索是：出土之10枚木名謁曾提及墓主之職位——功曹、五官掾，而出土的簿籍，包括：〈集簿〉、〈東海郡吏員簿〉、〈東海郡下轄長吏名籍〉、〈東海郡下轄長吏不在署、未到官者名籍〉、〈東海郡屬吏設置簿〉、〈武庫永始四年兵車器集簿〉等，這大概都是墓主任職功曹和五官掾時期所掌之物，也許功曹、五官掾兩職是他任職最高之位，所以特意攜其所掌陪葬。

據〈君兄衣物疏〉和〈君兄繒方緹中物疏、君兄節司小物疏〉之內容，出土木名謁和遣策應當屬於一位曾在東海郡任職卒史、五官掾、功曹史的掾吏名叫師饒所有。按名謁：乃名刺之謂。類似今日之名片。《釋名・釋書契》說：「謁，詣也，詣，告也，書其姓名於上以告所至詣者也」。❸《說文・言部》亦云謁是「白也」，段玉裁注云：「按謁者，若後人書刺自言爵里姓名，並列所白事」。❹《史記・高祖本紀》云：「高

物》，1997年第1期）；周振鶴，〈西漢地方行政制度的典型實例——讀尹灣六號漢墓出土木牘〉（文載《學術月刊》，1997年第5期）；高敏，〈試論尹灣漢墓出土《東海郡屬縣鄉吏員定簿》的史料價值——讀尹灣漢簡札記之一〉（文載《鄭州大學學報》，1997年第3期）；高敏，〈《集簿》的釋讀、質疑與意義探討——讀尹灣漢簡札記之二〉（文載《史學月刊》，1997年第5期）；高偉、高海燕，〈從尹灣漢墓出土的木質文物談古人的樹木觀〉（《史學月刊》，1997年第5期）；劉樂賢，〈尹灣漢簡《行道吉凶》初探〉（《中國史研究》，1997年第4期）；臺灣的《大陸雜誌》也出專號探討尹灣漢簡，包括有邢義田，〈尹灣漢墓木牘文書的名稱和性質——江蘇東海縣尹灣漢墓出土簡牘讀記之一〉；廖伯源，〈尹灣漢墓簡牘與漢代郡縣屬吏制度〉；紀安諾，〈尹灣新出土行政文書的性質與漢代地方行政〉（以上三篇皆見於第95卷第3期）。

❸ 據《爾雅・廣雅・方言・釋名：清疏四種合刊》（上海：上海古籍出版社，1989年），頁1077a。

❹ 許慎撰、段玉裁注，《說文解字注》（影印經韻樓本，上海：上海古籍出版

祖為亭長，素易諸吏，乃紿為謁曰『賀錢萬』，實不持一錢」，司馬貞《索隱》：「謁，謂以札書姓名，若今之通刺」。❺漢王充《論衡・骨相篇》云：「韓生謝遣相工，通刺倪寬，結膠漆之交」，❻然則，名謁有簡單的書寫自己名字，述拜謁求見之意，或者稍為長些，以簡述事情之類。〈尹灣漢墓發掘報告〉認為這十枚名謁是西漢晚期名謁制度的遺存。❼尹灣此十片木名謁的內容如下：

進卒史　師　卿　（一四正）

東海大守級謹遣功曹史奉謁為侍謁者徐中孫中郎王
中賓丞相史后中子再拜
請
君兄馬足下　（一四反）

進東海大守功曹
師　卿　（一五正）

沛郡大守長熹謹遣吏奉謁再拜
問
君兄起居　南陽謝長平　（一五反）

奏東海大守功曹
師　卿　（一六正）

社，1988年），頁90a。

❺ 《史記》（北京：中華書局，1959年），卷8，頁344–345。

❻ 《論衡》，卷第3，〈骨相篇〉（新編諸子集成第一輯，北京：中華書局，1990年），頁119。

❼ 《尹灣漢墓簡牘》，頁165–166。

琅邪大守賢迫秉職不得離國謹遣吏奉謁再拜

請

君兄馬足下　　　南陽楊平卿　　　　　　　　　（一六反）

進東海大守功曹

師　卿　　　　　　　　　　　　　　　　　　　（一七正）

楚相延謹遣吏奉謁再拜

請

君兄足下　鄭長伯　　　　　　　　　　　　　　（一七反）

奏主吏師卿

親　　　　　　　　　　　　　　　　　　　　　（一八正）

五官掾副謹遣書吏奉謁再拜

謁　趙君孫　　　　　　　　　　　　　　　　　（一八反）

進主吏

師　卿　　　　　　　　　　　　　　　　　　　（一九正）

弟子　迫疾謹遣吏奉謁再拜

問

君兄起居　卒史憲丘驕孺　　　　　　　　　　　（一九反）

進

師君兄　　　　　　　　　　　　　　　　　　　（二零正）

容丘侯謹使吏奉謁再拜

問

疾　　　　　　　　　　　　　　　　　　　　　（二零反）

進

師君兄　(二一正)

良成侯願謹使吏奉謁再拜

問

疾　(二一反)

東海大守功曹史饒再拜

謁・奉府君記一封饒叩頭叩頭　(二二)

進長安令

兒　君　(二三正)

東海大守功曹史饒謹請吏奉謁再拜

請

威卿足下　師君兄　(二三反)

以上10件木謁之中，除兩件（YM6D22反和YM6D23正及YM6D23反）是師饒自用外，其餘六件是「東海太守級」、「沛郡太守長熹」、「琅邪太守賢」、「容丘侯」、「良城侯願」和「楚相延」遣吏奉謁問候之物，而受謁者為「師君兄」、「東海太守功曹師卿」、「卒史師卿」，即是墓主師饒。木名謁 YM6D14 正及 YM6D14 反是東海郡太守級下屬功曹史奉謁見卒史師卿，可能是為謁者徐中孫、中郎王中賓、丞相史后中子三人有所請；「容丘侯」和「良城侯願」都是東海郡治下的侯國，與身任功曹史的師饒有公事上的來往，所以師饒有他們的謁，也是正常的；至於木名謁YM6D15正及YM6D15反是「沛郡大守長熹謹遣吏奉謁再拜　問　君兄起居」，YM6D16正及YM6D16反是「琅邪太守賢不得離國」，派使者奉謁問候師饒，和YM6D17正及YM6D17反是「楚相延」派南陽楊平卿「奉謁再拜請」東海郡功曹師卿（即饒）之物，奉謁而來之三人都是職守別的郡國，並非隸屬東海郡，師饒收有這些謁，也許是因公事的接觸，建立了關係；又或者他們都出身於東海郡，與師饒曾同事郡府，那些名謁以「足下」自稱，似屬此類，又由於他們在任職上比師饒高，師饒有感於殊榮，遂以此等名謁陪葬。

本文試圖根據師饒所任五官掾和功曹史之職掌，推論師饒與出土簡牘的關係，筆者以為出土簡牘是墓主在任五官掾和功曹時所職掌的範圍，死後以他抄錄之文件作陪葬。為證此說，以下先考功曹職掌，看上說是否成立。

二、功曹

文獻顯示功曹處於「郡之極位」，相等於中央政府的宰相，如王充《論衡》斥變復家時說「功曹眾吏之率」，又說：「功曹之官，相國是也」，❽《後漢書・馬武傳》可為佐證：光武與諸臣讌語說，如不遭際會，各人自度可至何爵祿？鄧禹自言可任郡文學博士，光武謂其太謙：「卿鄧氏之子，志行修整，何為不掾功曹」，可見功曹在郡必在尊顯的地位。❾〈□臨為父作封記〉載□臨的父親治白孟丁君章句、師事上黨鮑公牧，仕郡掾史，特別顯出其任功曹和主簿之職，此兩者都是郡守之左右手。❿況且在郡之有才幹、有操守的人才被優署為五官掾、功曹，例如〈圉令趙君碑〉謂趙君溫良恭儉、敦詩悅禮，「郡仍優署五官掾」。⓫又如建寧

---

❽ 《論衡》，卷第16，〈遭虎篇〉，頁707及頁709。

❾ 《後漢書》，卷22，〈馬武傳〉，頁785。

❿ 永田英正編，《漢代石刻集成・圖版・釋文篇》（京都大學人文科學研究所研究報告，京都：同朋舍，1994年），頁144。

⓫ 《漢代石刻集成・圖版・釋文篇》，頁256–257。

三年〈夏承碑〉記夏承受性淵懿、含和覆仁，治《詩》《書》，「為主簿、督郵、五官掾、功曹、上計掾、守令，冀州從事。」 夏承也不負所望，「所在執憲，彈繩糾枉，忠絜清肅，進退以禮」。⓬大體言，功曹負責官吏選署、考績功勞，有通盤掌握一郡大小事情的責任。嚴耕望先生就認為功曹秩雖百石，然於郡太守自辟屬吏的府之中，它「職統諸曹」， 特為守相所重，權力超乎丞和長史之上。⓭《後漢書・黨錮傳序》云：

> 汝南太守宗資任功曹范滂，南陽太守成縉亦委功曹岑晊。二郡又為謠曰：汝南太守范孟博，南陽宗資主畫諾；南陽太守岑公孝，弘農成縉但坐嘯。⓮

范滂、岑晊其實只是郡功曹，但由於職掌郡內大小事情，成了實際的太守，真正的太守就無事可做，僅是「主畫諾」、「但坐嘯」而已。

《後漢書・百官志》州郡守條載：

> 置諸曹掾史。本注曰：諸曹略如公府曹，無東西曹。有功曹史，主選署功勞。有五官掾，署功曹及諸曹事。其監屬縣，有五部督郵，曹掾一人。正門有亭長一人。主記室史，主錄記書，……閤下及諸曹各有書佐，幹主文書。⓯

按丞相府有東西曹，西曹主府史署用，東曹主二千石長史遷除及軍吏，⓰

⓬ 《漢代石刻集成・圖版・釋文篇》，頁184。

⓭ 嚴耕望，《中國地方行政制度史：卷上──秦漢地方行政制度》（臺北：中央研究院歷史語言研究所，1974年再版；以下簡稱《秦漢地方行政制度》），頁119–122。

⓮ 《後漢書》，卷67，〈黨錮傳序〉，頁2186。

⓯ 《後漢書・百官志》，頁3621。

⓰ 《後漢書・百官志》，頁3559。

郡縣官署各曹略如丞相府之組織，功曹就是公府的東、西曹的縮影，規模較小，是專管一郡的人事行政，最顯明者郡縣合東西曹為一。⓱但功曹下有二府，《五行大義》引翼奉述五官和功曹六府：

> 肝之官尉曹。尉曹主士卒。尉曹以獄司空為府，主士卒牢獄逋亡。
>
> 心之官戶曹。戶曹主婚慶之禮。戶曹以傳舍為府，主名籍。戶曹主民利戶口。
>
> 肺之官金曹。主銅錢。金曹以兵丁啬夫為府，主市租。
>
> 腎之官倉曹。倉曹以收民租。倉曹以廚為府、主饟廪。廚主受付。
>
> 脾之官功曹。出稟四方，功曹事君，以信教授四方也。功曹以小府為府，與四曹計議，小府亦與四府籌用。
>
> 功曹有二府，所以為五官六府。⓲

⓱ 楊鴻年，〈郡功曹〉條，見氏著《漢魏制度叢考》(武漢：武漢出版社，1985年)，頁312。

⓲ 以上出自嚴耕望，《秦漢地方行政制度》，乃嚴先生綜合蕭吉之說（頁109–110)，今並列《五行大義》，卷5，〈論諸官〉條之原文如下：「肝之官尉曹，木性仁，尉曹主士卒，宜得仁。心之官戶曹，火性陽，戶曹主婚道之禮。肺之官金曹，金性堅，主銅鐵。腎之官倉曹，水性陰，凝藏物，倉曹冬收也，先王以冬至閉關，不通商旅，慎陰無也。脾之官功曹，土性信，出稟四方，功曹事君以信，授教四方也。尉曹以獄司空為府，主士卒獄閉逋亡，與之姦則螟蟲生。木性靜，與百姓通，則魚食於民，從類故。虫(疑衍字)。 戶曹以傳舍為府，主名籍，傳舍主賓客，與之奸則民去鄉里，戶曹主民利戶口，奪民利故悉去之。倉曹以廚為府，主廪假。廚主受付，與之奸則賊盜起，倉曹收以民租，侵尅百姓窮故。功曹以小府為府，與四曹計議，小府亦與四府則用，故小府倉出納，主餉種。功曹有二府，所以為五官六府。游徼，亭長，外部吏，皆屬功曹，與之奸則虎狼食人。功曹職在刑罰，內為奸，故虎狼盜賊殺奪於民，上姦下亂也。金曹以兵賊嗇夫為

然則五官即尉曹、戶曹、金曹、倉曹和功曹，前四曹皆郡縣主要曹職；六府即五官之府外，再加小府也。小府為守相私藏內庫。「功曹有二府」乃指功曹以小府為府，除本曹居外，兼錄守相小府事。功曹「與四曹計議」郡事，這樣功曹對四曹之職：「士卒牢獄逋亡」、「婚慶」、「名籍」、「市租」、守相私藏皆瞭若指掌，以佐守相。五官六府之名在簡牘材料亦尋得：

五官六府吏為盜會聚百姓誠（敦1111）⑲

此簡所言「五官六府吏」可能是泛指尉曹、戶曹、金曹、倉曹和功曹之掾吏，不一定指某一人。功曹又被稱為「主吏」，據《史記・蕭相國世家》云：「〔蕭何〕為沛縣主吏掾」，《索隱》云：「主吏，功曹也」，⑳而其中一片木名謁YM6D18正和YM6D19正分別云：「奏主吏師卿」「進主吏師卿」，顯示「主吏」，「功曹」為並用之詞。

但云云職掌之中，功曹史主選署賞罰似乎是最主要的。《通典・職官》云：「功曹書佐一人，主選用，漢制也」。㉑《張表碑》譽其「貢真絀偽」，嚴耕望先生引韋昭《辯釋名》云：「功曹，吏所群聚」。㉒功曹主選署賞

府，主討捕，與之姦則城墎盜賊起，兩偏施。金曹主市租侵奪，故上下相承，故市賈不平。此並從五行，以五藏配六府也。」據1981年臺北商務印書館影印《宛委別藏》，冊70，頁289–290。

⑲ 甘肅省文物考古研究所編，《敦煌漢簡》（北京：中華書局，1991年），頁262上；原釋文把「誠」字釋讀為「城」，但圖版清楚顯示「言」字偏旁，故改。

⑳ 《史記》，卷53，頁2013，又《史記・高祖本紀》引孟康語亦云主吏即是功曹（頁345）。

㉑ 杜佑，《通典》（北京：中華書局，1988年），卷32，頁980。

㉒ 上引書，頁120。

罰之例，《後漢書・朱博傳》：

> 朱博字子元，杜陵人也。……以高第入守左馮翊，滿歲為真。……長陵大姓尚方禁嘗盜人妻，見斫，創著其頰。府功曹受賂，白除禁調守尉。……㉓

又〈陳寔傳〉云：

> 陳寔字仲弓，潁川許人也。……家貧，復為郡西門亭長，尋轉功曹。時中常侍侯覽託太守高倫用吏，倫教署為文學掾。寔知非其人，懷檄請見。言曰：「此人不宜用，而侯常侍不可違。寔乞從外署，不足以塵明德。」倫從之。於是鄉論怪其非舉，寔終無所言。倫後被徵為尚書，郡中士大夫送至輪氏傳舍。倫謂眾人言曰：「吾前為侯常侍用吏，陳君密持教還，而於外白署。此聞議者以此少之，此咎由故人畏憚強禦，陳君可謂善則稱君，過則稱己者也。」寔固自引愆，聞者方歎息，由是天下服其德。㉔

《後漢書・樂恢傳》云功曹有舉孝廉之權：

> 為功曹，選舉不阿，請托無所容。同郡楊政數眾毀恢，後舉政子為孝廉，由是鄉里歸之。㉕

《風俗通義・過譽篇》云：

> 〔趙仲讓〕為郡功曹，所選頗有不用，因稱狂，亂首走出府門。㉖

㉓ 《後漢書・朱博傳》，頁3402。

㉔ 《後漢書》，卷62，頁2064。

㉕ 《後漢書》，卷43，頁1477。

《蜀志・許靖傳》云：

〔許靖弟〕劭為郡功曹，排擯靖不得齒敘，以馬磨自給。㉗

謝承《後漢書》云：

許劭仕為功曹，抗忠舉義，進善黜惡，正機執衡，允齊風俗，所稱如龍之升，所貶如墮於淵，清論風行，高唱偃草，為眾所服。多所賞識，拔樊子昭於未聞，天下咸稱許劭為知人。㉘

上引皆功曹職主選用及貢舉之例，樂恢為郡功曹，選舉不阿，趙仲讓為郡功曹，所選不為太守用，遂稱狂而去，許劭仕為功曹，進善黜惡拔幽隱於未聞，可見功曹之主選舉。「進善黜惡，正機執衡，允齊風俗」一語，反映功曹亦主貶絀穢濁，有功勞者則進，反之則貶黜。《漢書・韓延壽傳》記延壽為東郡太守，嘗出，臨上車，騎吏一人後至，延壽敕功曹議罰白。㉙《後漢書・史弼傳》注引《謝承書》曰：

史弼年二十，為郡功曹，承前太守宋訢穢濁之後，悉條諸生聚斂姦吏百餘人，皆白太守，掃跡還縣，高名由此而興。㉚

「悉條諸生聚斂姦吏百餘人」則功曹可能掌有下屬善惡功勞之簿籍。〈范滂傳〉亦顯示功曹嚴整疾惡，顯薦異節，抽拔幽陋，其云：

㉖ 應劭撰、吳樹平校釋，《風俗通義校釋》（天津：天津人民出版社，1980年），頁159。

㉗ 《三國志》，卷37，頁963。

㉘ 汪文台輯，《七家後漢書》（周天游校，石家莊：河北人民出版社，1987年），頁74。

㉙ 《漢書》，卷76，頁3212。

㉚ 《七家後漢書》，頁62。

> 范滂字孟博，汝南征羌人也。……太守宗資先聞其名，請署功曹，委任政事。滂在職，嚴整疾惡。其有行違孝悌，不軌仁義者，皆埽跡斥逐，不與共朝。顯薦異節，抽拔幽陋。滂外甥西平李頌，公族子孫，而為鄉曲所棄，中常侍唐衡以頌請資，資用為吏。滂以非其人，寢而不召。資遷怒，捶書佐朱零。零仰曰：「范滂清裁，猶以利刃齒腐朽。今日寧受笞死，而滂不可違。」 資乃止。郡中中人以下，莫不歸怨，乃指滂之所用以為「范黨」。㉛

太守固然有用人之權，對功曹之主選署十分尊重，范滂一例見太守用人要與功曹商議，功曹不同意，亦可駁回太守之請。《太平御覽》卷264功曹參軍引《東觀漢記》曰：

> 趙勤南陽人，太守桓虞召為功曹，委以郡事。嘗有重客過，欲托一士，令為曹吏。虞曰，我有賢功曹趙勤，當與議之。潛於內中聽，虞乃問勤。勤對曰，恐未合眾。客曰，止止，勿復道。㉜

《太平御覽》卷262良太守下引鍾岏《良吏傳》曰：

> 王堂……為汝南太守，……以陳蕃為功曹，……教曰「簡覈眾職委功曹，……太守不敢妄有符教」。㉝

功曹被委以「簡覈眾職」， 即負責選拔人才、審覈舉薦下屬，功曹除總揆眾務以外，太守亦垂詢其對群吏選署進退的意見，且不干其絀涉之權，甚者太守不敢妄有符教，范滂在職，嚴整疾惡，埽斥不軌仁義者，不與

㉛ 《後漢書》，卷67，頁2205。

㉜ 李昉等撰，《太平御覽》(北京中華書局據上海涵芬樓影印宋本複製本，1963年，全四冊)，頁1234。

㉝ 《太平御覽》，頁1228。

共朝，又顯薦異節，抽拔幽陋，這都是功曹職責。不單如此，郡之功曹有時隨郡守尉出巡轄地，建武初年，東郡郡吏王青之父王隆曾任尉功曹，隨都尉行縣，顯然是參與考核下級官吏。㉞又如上面從史弼「悉條諸生聚斂姦吏百餘人」推測功曹或有下屬之善惡功勞簿籍作依據和參考，因此尹灣漢簡的各類文書簿藉，包括《集簿》、《吏員定簿》、《考績簿》可能都是功曹的職掌範圍，至少功曹有機會掌握此等簿籍。這裏可舉一些居延漢簡作佐證：其一云「☐守移大守府功曹」(131.20)，㉟這是在地灣，即肩水侯官所在地出土，由於此竹簡殘斷，所移「大守」之文件未知為何，居延上隸張掖郡，「大守府功曹」就是張掖郡太守府之功曹，此簡文疑是肩水侯官上呈張掖郡功曹之簿籍；其二云「一事一封　正月丙辰功曹☐」(238.16)，㊱此簡疑是功曹，在批閱文件後，回覆其下屬的部分公文；其三出土於破城子，編號E.P.T. 51:320之簡牘，與此近似，其云「☐七月己未功曹佐同封」，㊲這是居延甲渠侯官接獲張掖郡功曹佐的文書。㊳

其四是居延破城子出土之成帝永始三年(18 B.C.)漢簡，張宗欠趙宣馬債一案，簡文反映肩水都尉府功曹曾審理與及監督已判決案件的執行情況：

㉞ 《後漢書・張酺傳》，頁1530。

㉟ 中國社會科學院考古研究所編，《居延漢簡甲乙編》(北京：中華書局，1980年)，頁91。

㊱ 見《居延漢簡甲乙編》，頁202。

㊲ 見甘肅省文物考古研究所、甘肅省博物館、中國文物研究所，中國社會科學院歷史研究所編，《居延新簡》(北京：中華書局，1994年)，頁199。

㊳ 居延甲渠侯官出土另一簡E.P.T. 49:72：「功叩頭死罪敢言之□□禹功曹叩頭」也提及功曹上奏疏的片言，由於顯示不清其職責，故不論，見《居延新簡》，頁148。

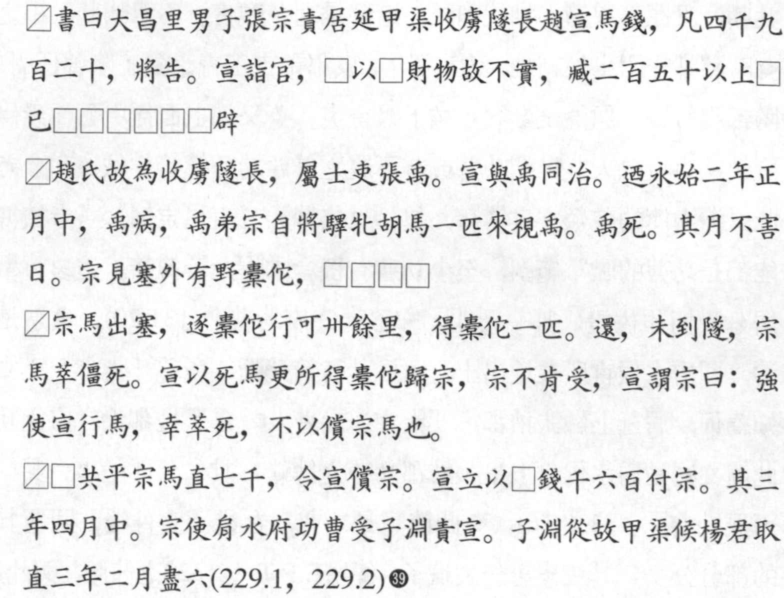

⧄書曰大昌里男子張宗責居延甲渠收虜隧長趙宣馬錢，凡四千九百二十，將告。宣詣官，□以□財物故不實，臧二百五十以上□已□□□□□□□辟

⧄趙氏故為收虜隧長，屬士吏張禹。宣與禹同治。迺永始二年正月中，禹病，禹弟宗自將驛牝胡馬一匹來視禹。禹死。其月不害日。宗見塞外有野橐佗，□□□□

⧄宗馬出塞，逐橐佗行可卅餘里，得橐佗一匹。還，未到隧，宗馬萃僵死。宣以死馬更所得橐佗歸宗，宗不肯受，宣謂宗曰：強使宣行馬，幸萃死，不以償宗馬也。

⧄□共平宗馬直七千，令宣償宗。宣立以□錢千六百付宗。其三年四月中。宗使肩水府功曹受子淵責宣。子淵從故甲渠候楊君取直三年二月盡六(229.1，229.2)[39]

按「……□財物故不實，臧二百五十以上，□已□□□□□□□」一句是法律用語，高恒考謂這是審判官在問案時首先向被告人宣讀與案情有關的法律條文，[40]此簡文所闕文字應該是：「……證財物故不實，臧二百五十以上，辭已定。」 此段簡文雖有殘闕，但簡文大體交代了整件案件的概況：案件謂大昌里男子張宗欠居延甲渠收虜隧長趙宣馬錢。張宗為士吏張禹之弟，禹病，宗自乘驛牝馬一匹來探望禹病，禹死，某日張宗見塞外有橐佗一匹，「強使趙宣行馬」逐橐佗。雖捕得橐佗，但驛牝馬萃僵死。事後，宣欲以死馬代所得橐佗歸還給張宗，張宗不肯接受。事情鬧至肩水都尉府，結果官府認為張宗之馬值七千錢，命令趙宣以錢償

[39] 見《居延漢簡甲乙編》，頁158。陳直〈居延漢簡繫年〉繫此簡於永始三年，見《居延漢簡研究》（天津：天津古籍出版社，1986年），頁849。

[40] 見高恒，〈漢簡中所見漢律考〉，（收入李學勤主編《簡帛研究》，第二輯，北京：法律出版社，1996年），頁226–227。

還張宗。趙宣立即以「□錢千六百」還付宗。在永始三年四月中，張宗要求肩水府功曹受權其子張淵向趙宣收取債款。此案未知是否由肩水府功曹主理，即使不是，也是他的下屬審理，作為各曹之率，功曹有調查案件真相和執行判決的責任。趙宣被判歸還馬錢給張宗，但未能全數付清，於是張宗要求肩水府功曹受權其子張淵向趙宣所屬甲渠候楊君取其餘款。何以要向趙宣所屬甲渠候楊君收取債款，簡文未有交待，但功曹曾參與和執行案件的判決是可以相信的。在另一出土於金關簡牘有云：

肩水左後候長樊褒詣府對功曹　二月戊午平旦入(15.25)㊶

肩水左候長應隸屬肩水府功曹，故此樊褒「二月戊午平旦入」、詣府所「對」之功曹，就是肩水都尉府功曹，而討論的內容無疑是涉及邊區事務。㊷

功曹在郡縣府廷的統治網絡發揮總揆眾務的作用，是管理百石以下掾史執行工作的關鍵人物。1952年及1971年分別出土於河北望都和蒙古自治區和林格爾的東漢墓壁畫，給予我們一個好例子，以了解功曹在郡府掾吏間的位置，也提供研究郡府縣廷屬吏組織的線索。先說河北望都漢墓壁畫，此墓屬東漢時代，㊸壁畫描繪一系列旁邊題有屬吏名稱的人

㊶ 《居延漢簡甲乙編》，頁10。

㊷ 參考陳夢家，〈漢簡所見太守、都尉二府屬吏〉（見其《漢簡綴述》，北京：中華書局，1980年），頁120。

㊸ 主此說者，包括姚鑒，〈河北望都縣漢墓的墓室結構和壁畫〉（文載《文物參考資料》，1964年第12期），頁56；北京歷史博物館、河北省文物管理委員會編輯，《望都漢墓壁畫》（北京：中國古典藝術出版社，1955年），頁14；林樹中，〈望都漢墓壁畫的年代〉（文載《考古通訊》，1958年第4期），主張為東漢晚期（頁71）；何直剛，〈望都漢墓年代及墓主人考訂〉（文載《考古》，1959年第4期）暫定其為明帝永平5年到永平12年（即公元62–69

物，例如有「門下功曹」、「門下游徼」、「門下賊曹」。這些掾吏之名都是兩漢州郡縣屬吏，而且被畫成在自己的職位上為死者（墓主）效勞的情景。對這位「由河南內調三公，或相當於公位」的墓主來說，這些掾吏如實反映他們在府謹慎勉力的工作的態度，按這些掾史面向北面後室，即發現人腿骨之處，其順序分別是：

西壁掾史：小史，勉□謝史，主簿，門下功曹，門下游徼，門下賊曹，門下史，追鼓掾，□□掾，門亭長
東壁掾史：侍閤，白事吏，主記史，門下小史，辟車伍佰八人，伍佰，伍佰，賊曹，仁恕掾，寺門卒

按上述排列，從職務上看，主簿、主記史、門下功曹、門下游徼、門下賊曹、賊曹、仁恕掾，皆有掌有實務，畫像都在主室的位置，顯示他們是墓主的主要屬吏，或者是墓主得力的助手。一般郡府有眾多的掾史，這裏僅上面約十位掌重要事務的曹掾，反映這些郡府掾吏的地位、權力與及和墓主的親近程度。以下分別列出壁畫內各掾史之職守如下：

小史：如陳直所言，兩漢向丞相至縣令長官署，皆有小史，[44]筆者以為小史就像《漢官》記河南尹員吏及雒陽令屬下員吏的脩行，幹小史一樣是掾吏之中最末的小史。[45]

年)；陳直，〈望都漢墓壁畫題字通釋〉（見陳氏《文史考古論叢》，天津：天津古籍出版社，1988年），主望都漢墓屬東漢後期（頁471）。

[44] 參考陳直，〈望都漢墓壁畫題字通釋〉，頁468。

[45] 按《後漢書・百官志》注引《漢官》云：「河南尹員吏九百二十七人，十二人百石。諸縣有秩三十五人，官屬掾史五人，四部督郵吏部掾二十六人，案獄仁恕三人，監津渠漕水掾二十五人，百石卒吏二百五十人，文學守助掾六十人，書佐五十人，脩行二百三十人，幹小史二百三十一人。」（頁3622）同書又云：「雒陽令秩千石，丞三人四百石，孝廉左尉四百石，孝

勉□謝史：此吏名不見於漢志，是否如下面「仁恕掾」一樣負責實務，則不得而知。

主簿：郡縣組織基本上是仿丞相府分曹治事，上引《後漢書・百官志》云：「諸曹略如公府曹」，丞相府亦有主簿，《漢官舊儀》「(丞相)掾有事當見者，主簿至曹請，不傳召」，㊻負責簿書文件，衛尉、大鴻臚、太常、光祿勳、以至諸公主皆設有主簿，㊼而郡縣府廷則普遍設有主簿。主簿是門下五吏之一，但此處卻不冠「門下」字樣。

門下功曹：(職守見下)

門下游徼：(職守見下)

門下賊曹：(職守見下)

門下史：《後漢書・祭遵傳》：「(光武) 過潁陽，遵以縣吏數進見，光武愛其容儀，署為門下史」，㊽史為郡縣屬吏，「門下史」為親近之屬吏。

追鼓掾：《漢官舊儀》云：「鼓吏，赤幘大冠，行縢，帶劍佩刀，持盾被甲，設矛戟，習射」。㊾從一些壁畫上所見，在郡府門前往繪有建

廉右尉四百石。員吏七百九十六人，十三人四百石。鄉有秩、獄史五十六人，佐史、鄉佐七十七人，斗食、令史、嗇夫、假五十人，官掾史、幹小史二百五十人，書佐九十人，脩行二百六十人。鄉戶五千，則置有秩。」(頁2623–3624)

㊻ 見《漢官六種》，頁36。

㊼ 參考《漢官》、《漢官儀》，《漢官舊儀》，皆見《漢官六種》，頁5，頁129，及頁185。

㊽ 《後漢書》，卷20，頁738。

㊾ 《漢官舊儀》，見《漢官六種》，頁49；又《漢舊儀》及《漢官儀》同，見同上書，頁81及頁513。

鼓，旁有鼓吏，例如和林格爾漢墓壁畫的府東門兩旁豎有建鼓，而功曹府舍亦有建鼓，在墓之中室至後室甬道南北壁所畫鼓吏、建鼓旁題「大鼓、宮中□（鼓）吏」，推測即這裏的「追鼓掾」。[50]〈張景碑〉有宛令「追□〔鼓〕賊曹掾」，永田英正推測其為縣屬吏之一種，未知其與追鼓掾有關否。[51]

□□掾：題字殘缺不全，不可考。

門亭長：《後漢書・百官志》謂郡正門有亭長一人。

侍閤：《後漢書・輿服志》云：「……亭長，設右騑，駕兩。璅弩車前伍伯，文官辟車。鈴下、侍閤、門蘭、部署、街里走卒皆有程品，多少隨所典領……」，[52]閤為門旁之戶，是府寺正門旁邊之小門，侍閤為守侍門閤的僕役。

白事吏：陳直謂此吏不見於《後漢書・百官志》，但「白事」多見於魏晉六面印。[53]

主記史：《後漢書・百官志》記郡有主記室史，主錄記書，催會期。

門下小史：如上「小吏」一樣，前冠「門下」表示是官署長官的親近小吏。

---

[50] 內蒙古自治區博物館文物工作隊編，《和林格爾漢墓壁畫》（北京：文物出版社。1978年），頁16、18、35。

[51] 永田英正編，《漢代石刻集成——本文篇》（京都大學人文科學研究所研究報告，京都：同朋舍，1994年），頁105。鄭傑祥，〈南陽新出土的東漢張景造土牛碑〉，據望都一號墓之追鼓掾與同墓室的賊曹圖像，位置兩兩相對，推測二者官職相類似，主案察奸宄之事，惜作者並無具体證據（文載《文物》，1963年第11期），頁3。

[52] 《後漢書》，志卷29，頁3651。《漢官儀》記太常、衛尉，下有侍閤等員，見《漢官六種》，頁185。

[53] 參考陳直，〈望都漢墓壁畫題字通釋〉，頁468。

辟車伍佰八人：伍佰是漢代官員出行時在前面導行開路的人。《通志・職官略》引《宋志》云官府州郡都各置五百，韋曜云：五百字本為伍伯，伍當也，伯道也，使之導引當道陌中以驅除也。今州縣官有雜職者，掌行鞭撻，每官出則執楚導引，呵闢行路，殆其職也。(54)辟車，與伍佰的工作性質相近，但一些壁畫上顯示，辟車與伍佰所穿服飾是有分別的。例如安平安東漢墓的辟車是身穿黑幘黑衣手執梃杖和便面，而伍佰則有赤幘黃衣手執棨戟和手執弓弩兩種。(55)

伍佰，伍佰：見上。

賊曹：《漢官儀》云：「賊曹，主盜賊事」。(56)

仁恕掾：東漢河南尹屬下仁恕掾三人，主獄。(57)

寺門卒：《後漢書・張湛傳》云：「(張湛）後告歸平陵，望寺門而步」，顏師古注云：「寺門，即平陵縣門也」，寺門當指官署之門，《漢書・韓延壽傳》記延壽為東郡太守，府門有「門卒」，寺門卒大概指守寺閤之卒。

壁畫內所涉之掾吏有冠以門下者，如門下功曹，門下游徼，門下賊曹，門下史等，陳直〈望都漢墓壁畫題字通釋〉以為兩漢州郡縣屬吏有門下之名，約見於西漢中期。(58)例如門下掾見於《漢書・韓延壽傳》，(59)而

(54) 鄭樵撰、王樹民點校，《通志二十略》(北京：中華書局，1995年)，〈職官略〉，第六，頁1204。又參考嚴耕望先生《秦漢地方行政制度》，頁115；Hans Bielenstein, *The Bureaucracy of Han Times* (Cambridge: Cambridge University Press, 1980), p79 and p32 n323.

(55) 河北省文物研究所，《安平東漢壁畫墓》(北京：文物出版社，1990年)，頁14–15。

(56) 《漢官儀》云：「賊曹，主盜賊事」，見《漢官六種》，頁123。

(57) 《漢官儀》，頁149。

門下督始見於《漢書・游俠傳》。[60]但門下之職守是甚麼似乎未有定論。上面所引壁畫有冠門下者，有不冠門下者，筆者相信創作者並非任意省略，功曹有門下和非門下之分，在一些碑銘之中，例如〈武氏前石室畫像題字〉就有功曹和門下功曹同時出現。《續漢書・輿服志》有云：

> 公卿以下至縣三百石長導從，置門下五吏、賊曹、督盜賊，功曹，皆帶劍，三車導，主簿、主記、兩車為從，縣令以上，加導斧車。[61]

中華書局排版《後漢書・輿服志》本之句讀原為「賊曹、督盜賊功曹」，嚴耕望先生的《中國地方行政制度史》於「督盜賊」和「功曹」之間加句讀，[62]至為正確，門下賊曹及門下督盜賊屢見於碑刻，是郡國並置掾吏，而以門下賊曹地位稍下於門下督盜賊，縣之游徼即郡之門下督盜賊。[63]所以〈輿服志〉的門下五吏是指賊曹，督盜賊，功曹，主簿和主記，各稱謂皆未刻意加「門下」在前面，但它們屬於一系列門下掾吏，當無疑問，《輿服志》所言此門下五吏只就其為長官出行時的從車而言。[64]按這裏的門下並不是日後三省制主封駁的官員，安作璋、熊鐵基認為門下又稱為閤下，漢代官府正門不輕易開啟，府內人員日常都走旁門、小門，閤就是小門，故有閤下或門下之稱，表示親近的意思。[65]《漢

---

[58] 見陳氏《文史考古論叢》，頁464–465。

[59] 《漢書・韓延壽傳》，頁3211。

[60] 《漢書・游俠傳》，頁3705。

[61] 《續漢書》，志29，頁3651。

[62] 見嚴耕望前引書，頁128；陳直，〈望都漢墓壁畫題字通釋〉，頁464。

[63] 見嚴耕望前引書，頁128。

[64] 按功曹為長官引車之例見〈韓延壽傳〉，頁3214。

[65] 安作璋、熊鐵基，《秦漢官制史稿》下冊（濟南：齊魯書社，1985年），頁

書・韓延壽傳》記延壽出巡左馮翊見有昆弟相爭訟，有傷風化，遂「閉閤思過」，後昆弟自誨謝罪，延壽始「開閤延見」，則太守平常辦事，僅開閤門而已。(66)

比較都漢墓壁畫所提及之門下五吏，其間相近者為賊曹和督盜賊皆主兵衛及治安之事；功曹如上言是主考績綱紀之掾吏；主簿為群主諸簿書，為郡守近臣；主記掌紀錄和書簿事。(67)此門下五吏在《隸續》卷第八〈碑圖中〉有相同之掾吏名稱：「功曹史」、「門下督」、「□（門）下賊曹」，「曹史」，《隸續》此圖為守相出行圖，其隊列如下面和林格爾壁畫圖像者相彷彿。(68)〈武氏前石室畫像題字〉一系列的畫像，如次序顯示其重要性，則門下五吏之中，門下功曹排於最前，地位也是最高，其

112。

(66) 《漢書》，頁3213。

(67) 參考嚴耕望《秦漢地方行政制度》，頁124。

(68) 洪適《隸續》云其隊列如下：「右功曹史殘畫像，為旁行者四，第一行凡五車，中車而坐者一人，御者亦一人。自第二車，復有一人踵其後，右執杖，左執一物，如扇之狀。最後別有一人，石闕不能盡見。第二行，導者二人，左執管而吹之，其右側石闕凡三車，車後不復有人，最後又一車，纔見其馬之半。第三行導行者四人，右持鐃，左執管，凡兩車，最後又一車，則見其人之半面，第四行一人，乘馬在前，次二車，其前車亦有一人隨其後，又一車亦見馬之半，車各一馬，有蓋，左方通下三行為一可見者，二大車後有二馬、奴隸凡六人，其前則闕矣。」（頁389下）此描繪守相出行與和林格爾漢墓繪畫「西河長史」、「行上郡屬國都尉」、「繁陽令」和「護烏桓校尉」出行圖及就任之車騎行列情景有近似，當然後者極其鋪張。在「護烏桓校尉」出行圖的畫面上，主車之前就有導車和「功曹從事」和「別駕從事」在前引路。參考《和林格爾漢墓壁畫》（內蒙古自治區博物館文物工作隊編，北京：文物出版社。1978年），頁15，及頁13之圖30〈前室北壁出行圖〉。

次分別為門下游徼、主簿、門下賊曹和主記。[69]郡縣諸事首重治安、檔案及人事安排，郡守縣令最為倚重輯拿盜賊的賊曹和督盜賊；而主簿和主記隨時在側作為諮諏；功曹則為郡之極位，宜為郡守縣令之親信，所以在云云府廷屬吏之中他們五者地位尤其重要。

陳直認為以門下冠於五吏名稱之前，除表示該等官員特別受重視之外，他更進一步推斷：「門下等於吏屬中之內廷，諸曹等於吏屬中之外廷」，門下五吏在屬吏中應成為另一系統之政權組織，出則導車從，入則參機要，為最親信之僚屬。[70]陳直考證《續漢書・輿服志》之門下五吏僅則東漢中期的制度，到了後期則變化很大。主要為門下功曹、門下游徼、門下賊曹三吏，次序有條不紊，其他配以主簿，或門下史、主記史，成為五吏或六吏。並謂隨時需要，更可以增加門下某吏之名。[71]惟陳直所舉碑刻之門下吏，不分郡或縣，亦不管同職異名，例如「門下游徼」為縣之門下掾吏，而「門下督盜賊」為郡之門下掾吏。嚴耕望先生並不視門下官吏為另一系統，在其《秦漢地方行政制度》敘述郡府縣廷掾史時，分別就組織體系和職掌性質分為四類：綱紀（如郡的功曹、五官掾）、門下（如郡的主簿、主記室、錄事、奏曹、少府、門下督盜賊、門下賊曹、府門亭長、門下掾、史、書佐、循行、幹、小史、門下議曹）、列曹和監察。[72]他並未以別一系統視之，筆者以為在處理一郡一縣之事

---

[69] 《漢碑集釋》，頁145–146。

[70] 陳直，〈望都漢墓壁畫題字通釋〉，頁464–465。

[71] 嚴耕望在郡縣屬吏組織中列出門下屬吏約十多種，郡府門下包括：主簿、主記室、錄事、奏曹少府，門下督盜賊、門下賊曹、府門亭長、門下掾、史、書佐、循行、幹、小史、門下議曹；而縣廷門下包括：主簿、主記室、錄事、少府，門下游徼、門下賊曹、門下掾、史、書佐、循行、幹、小史、門下祭酒、議曹。見《秦漢地方行政制度》，頁124–128及頁226–228。

[72] 見嚴耕望前引書，頁118–146。

務上，綱紀及門下之掾史與列曹之掾史，其職責當有區別，前者應是通盤的決策，列曹則是實際執行事務之掾史，這樣郡內職責可分三大部分：1.決策：太守府之官員及門下掾史；2.執行：秉承府之決策，掾史負責執行；3.監察：如督郵之監察縣。太守是一郡之首，縣令長為一縣之長，他們視通盤決策的掾史（門下之掾史）為親近的幕僚。

1971年(A.D.176)在河北省安平縣出土一座東漢熹平五年壁畫墓。分析車馬出行圖所示，墓主大約是相當於二千石的官吏，在王國中應是傅、相，在郡應為太守，屬於地方最高的行政長官。河北省文物研究所的報告考析，四層的出行圖，比望都的壁畫更見規模，但可惜步行儀仗、騎吏、車輛都沒有題上文字，所以沒法具體指出穿著官服的屬吏之相對官階及身分。撰寫報告的學者已盡力考證出辟車和伍佰一些騎吏的類別。[73]上引《後漢書・輿服志》提及之門下五吏，在同書之中也講及他們在導從行列時之次序：其云：

> ……大使車、立乘、駕駟、赤帷。持節者，重導從：賊曹車、斧車、督車、功曹車皆兩。[74]

這即是說縣令以上有資格使用斧車的高級官員在斧車之前的隊列：賊曹先行，其後為督車（即督盜賊車），主車之前的是功曹。主車之後則是主簿及主記兩車。河北安平東漢壁畫，各屬吏及車騎沒有題字說明，撰文者的意見乃據引史料作出推測，但〈輿服志〉所列功曹乃在主車之前，處於十分顯赫的位置，多少也顯示功曹是「眾吏之率」的地位。[75]還有該墓前室右側室的壁畫繪有十位官吏在治事的情景，[76]撰寫報告的學者

---

[73] 《安平東漢壁畫墓》，頁13–32。

[74] 《後漢書》，志29，頁3650。

[75] 《安平東漢壁畫墓》，頁18。

[76] 見上引書，頁26，圖39。

推測，門下五吏就在其中，而其他則是門下小吏之類。[77]

和林格爾的墓（約公元二世紀60至70年代）的壁畫給予我們一個好例子來瞭解功曹的權力。此壁畫描繪了一位「使持節護烏桓校尉」的生平事跡，壁畫的一個主要內容，繪畫了墓主任烏桓校尉時的「幕府」，功曹就在云云幕僚的顯著地方，據報告說府的情況如下：東壁上為「幕府東門」，門扇上畫著青龍、白虎，兩旁豎建鼓，武士執戟守衛。府門的台階，有人正匍伏等候參見，而下面畫有「右賊曹」、「左賊曹」等曹府舍，南壁有一座與幕府東門對稱的大型府舍，榜題「功曹」，其下分別有三曹府舍：「尉曹」「右倉曹」和「左倉曹」。按此圖上方還有三間府舍，分別是「金曹」、「閣曹」、「塞曹」，另外在對稱的建築物有題「兵弩庫」者。[78]史書對以上各曹之職能有明確的規範，《後漢書・百官志》說：「戶曹主民戶、祠祀、農桑。奏曹主奏議事。辭曹主辭訟事。法曹主郵驛科程事。尉曹主卒徒轉運事。賊曹主盜賊事。決曹主罪法事。兵曹主兵事。金曹主貨幣、鹽、鐵事。倉曹主倉穀事」。[79]此等掾史是在功曹管理的範圍之內，對此嚴耕望先生亦有考證。功曹管轄兵曹之事，在和林格爾的壁畫也有一證，「兵弩庫」畫於該墓前室東壁甬道門南側，傍邊題有「兵弩庫、左賊曹、右賊曹」，[80]此與諸曹（位於前室南壁甬道門東側）處於對稱的位置，當屬於功曹轄下的範圍。這次尹灣簡牘有〈武庫永始四年兵車器集簿〉，也出於M6墓內，可以視作為功曹管轄範圍的旁證。此外，《五行大義》引翼奉云：游徼，亭長，外部吏，皆屬功曹，游徼為縣職，是分部於各鄉的，其上統於功曹。[81]

---

[77] 見上引書，頁24–25。

[78] 參考《和林格爾漢墓壁畫》，頁18及107。

[79] 《後漢書・百官志》，頁3559。

[80] 《和林格爾漢墓壁畫》，頁32。

[81] 見《宛委別藏》，冊70，頁290。第冊70，頁290。

最後，功曹是列曹之首，正如王充《論衡》所言，功曹：「眾吏之率」，各碑刻畫像排列次序也有此顯示，例如，《兩漢金石記》卷15嘉祥武宅山第一幅畫像以主簿先行，其下則為門下功曹、門下游徼、門下賊曹，[82]大體言，門下之掾吏，以功曹為首。其職責則正如《五行大義》卷五〈論諸官〉云「共除吏」，「事君以信，授教四方」，「職在刑罰」，與負責外部治安的游徼和亭長成內外呼應，如游徼、亭長、功曹作奸惡，便如「虎狼盜賊殺奪於民，上姦下亂」耳。[83]

三、五官掾

承前所言，M6墓主也曾在東海郡中任五官掾，按五官掾地位僅次於功曹，無一定職掌，據《後漢書・百官志》云：

> 五官掾，署功曹及諸曹事。

何以說五官掾職無定掌？嚴耕望先生考證認為五官之名蓋起晚周五行學說興盛之後。覈其所指，或泛稱眾職，義同百官，或指五種官守，亦有

[82] 翁方剛，《兩漢金石記》（據新文豐出版公司編輯部《石刻史料新編》影印乾隆14年己酉之南昌使院本，臺北：新文豐出版公司），頁7421。

[83] 見《宛委別藏》，冊70，頁288-290。〈張壽碑〉記張壽任竹邑侯相時，功曹周憐「前將放濫，君（指張壽）微澄清，憐願愆悔過」，此例證明功曹亦有敗類（引文見《漢碑集釋》，頁311），《論衡・遭虎篇》憂慮功曹為姦如虎食人，不無根據，頁 707。而新出居延簡牘也有功曹私僕作惡之事，其云：「功曹私僕使民及客子田，茭不給公士，上事者，案致如法」(E.P.T.58:38) 茭是乾芻，用作草料來餵馬，邊區士兵每人每日需伐茭若干束，這裏是當地的功曹與其私僕收藏茭，不交茭與公家，此簡文說要如法審理。上引簡見《居延新簡》，頁153。

單指一職而言。[84]安作璋及熊鐵基認為《後漢書》以「署功曹及諸曹事」來敘述五官掾之職，其實「署」者「署理」也。凡有官員出缺或離任，以他暫理其職務，謂之「署理」；例如沒有功曹，五官掾就署理功曹事。[85]五官掾可署功曹及諸曹事的同時也可署理比他更高職務的郡府幕僚，例如：永壽元年的〈孔君墓碣〉記孔子十九世孫「孔君」仕官，曾以五官掾守長史兼行相事，碣云：

> □〔永壽〕元年乙未、青龍□□、□□□□、□□□□、孔子十九世孫□□、君□□好學、□□□□□□□、履方約身、□□□□□□□、德施州里、朝廷□□、□□□五官掾守長史兼行相事、所在□行□□□□□□、於戲哀□、□□□□□□□吉、安者□□□芬、刊可建□、□示後□、□□字□□□□此□□□[86]

按〈孔君墓碣〉在清乾隆年間出土於孔子墓林，王昶《金石萃編》按語云「孔子十九世孫」當為孔麟、孔宙之兄弟輩，[87]其任官由五官掾假守為長史，並兼行相事，孔君原任為五掾官，長史之職為暫時代任，又以假守之職兼行相事，原來實職仍則五官掾。孔君所事何王，於此無可考。他是以五官掾→假守長史，又以暫任之長史，兼行相事，所提升之地位，可謂高矣。嚴耕望先生以碑刻的史料為證，認為五官掾與功曹之地位是

[84] 《秦漢地方行政制度》，頁122。

[85] 《秦漢官制史稿》，下冊，頁103–104。

[86] 見〈金石萃編〉，卷9，葉1，又參考永田英正《漢代石刻集成・圖版・釋文篇》，頁122。

[87] 〈金石萃編〉，卷9，葉1。

有分別的。就碑陰的題名例子，其先後一般以功曹、五官掾、督郵、主簿居首段。在漢代謂此四者為右曹，以其總攬內外眾務之職也。至於此四者之升遷，例由主簿→督郵→五官掾→功曹→守令長或州從事。[88]「孔君」仕官可謂在此經歷之內。

漢制郡太守、都尉之下為丞、長史，他們是中央任命的佐官，為六百石官員，而功曹、主簿、督郵等掾史為屬吏，守相自行辟任。《漢官儀》云：「丞者承也，長史眾史之長」[89]，同是守相府中地位最高的人，嚴耕望先生謂丞與長史於平時助守相，有行事之權，於守相缺時，亦代其視事，不過，因丞和長史是中央任命，守相對其親信程度，實際不如功曹和主簿一系自辟掾吏。[90]〈孔君墓碣〉蓋亦反映此點，而孔君以五官掾而署長史並兼行相事，是守相系統假守中央任命之系統，五官掾不但可署理功曹之事，又可以暫守比功曹更高的官吏。

《漢書・王尊傳》記五官掾張輔，貪污不軌，一郡之錢盡入其家，若五官掾不是郡之顯要，何以有能力吞去一郡之錢。另一例子，顯示五官掾為郡主祭，郡守之股肱，有薦賢退惡之責。《後漢書・諒輔傳》云：

---

[88] 《秦漢地方行政制度》，頁117。

[89] 見《漢官六種》，頁151。按丞和長可以監察太守、都尉之類之官吏。《漢官舊議》說：「(五鳳三年) 敕上計丞、長史曰：『詔書數下，布告郡國，臣下承宣無狀，多不究，百姓蒙恩被化，守、丞、長史與二千石為民興利除害，務有以安之，稱詔書。有郡國茂材不顯者言上殘民貪污煩擾之吏，百姓所苦，務勿任用。方察不稱者也。』」(《漢官六種》，頁41)。丞、長史既從中央任命，所舉察之事，《漢舊儀》云：「刑罰務於得中，惡惡止其身。選舉民侈過度，務有以化之。問今歲善惡孰與往年，對上。問今年盜賊孰與往年，得無有群輩大賊，對上。」(《漢官六種》，頁74)，如郡守並不敬業樂業，對於丞、長史上言其非，自然不滿，不親信他們也可以理解。

[90] 《秦漢地方行政制度》，頁102–105。

諒輔字漢儒，廣漢新都人也。仕郡為五官掾。時夏大旱，太守自出祈禱山川，連日而無所降。輔乃自暴庭中，慷慨咒曰：「輔為股肱，不能進諫納忠，薦賢退惡，和調陰陽，承順天意，至令天地否隔，萬物焦枯，百姓喁喁，無所訴告，咎盡在輔。今郡太守改服責己，為民祈福，精誠懇到，未有感徹。輔今敢自祈請，若至〔日〕中不雨，乞以身塞無狀。」於是積薪聚茭茅以自環，搆火其傍，將自焚焉。未及日中時，而天雲晦合，須臾澍雨，一郡沾潤。世以此稱其至誠。[91]

從上引可見『五官掾』之職責如下：

1. 為太守之股肱，輔其「和調陰陽、承順天意」。
2. 進諫納忠、薦賢退惡。
3. 郡有出缺，五官掾需要暫時署理其職。

五官掾為太守之股肱，寓意其為太守之左右手，[92]而和調陰陽、承順天意的主祭事件也許是特例，但五官掾有負責主祭之例也見於延熹六年的〈桐柏淮源廟碑〉：所謂：「春，侍祠官屬：五官掾章陵劉訢，功曹史安眾劉瑗，主簿蔡陽樂茂，戶曹史宛任巽。秋五官掾新……梁懿，功曹史酈周謙，主簿安眾鄧嶷，主記史宛趙旻，戶曹史宛謝綜」。[93]負責祭祠的掾史排名順序，五官掾排在功曹史之上。〈祀三公山碑〉記東漢安帝元初四年五官掾參與禱祀卜雨，其排名在郡長史之後：

〔元〕初四年，常山相隴西馮君到官。承饑衰之後，〔深〕[94]〔惟〕

[91] 《後漢書》，卷81，頁2694。

[92] 五官掾為太守的左右手的主張亦可參考卜憲群，〈吏與秦漢官僚行政管理〉（文載《中國史研究》，1996年第2期），頁48。

[93] 《金石萃編》，卷10，葉5下–6上。

三公御語山，三條別神，迴在領西。吏民禱祀，興雲膚寸，遍雨四維，遭離羌寇，蝗旱鬲我，民流道荒，醮祀希罕，〔敬〕(95)〔奠〕不行，由是之來，和氣不臻，乃求(96)道要、本〔視〕其原。以三公德廣，其靈尤神，處幽道艱、存之者難，卜擇吉土治東，就衡山〔起〕堂立壇，雙闕夾門，薦牲納禮，以寧其神。神熹其位、甘雨屢降、報如景響。國界大豐，穀十三錢，民無疾苦、永保其年、長史魯國顏、五官掾閻祐、戶曹史紀受，將作掾王冊，元氏令茅崖、丞吳音、廷掾郭洪、戶曹史翟福、工宋高等刊石紀焉。(97)

安帝元初四年，常山國相鑒於經過永初年間羌禍擾亂後，發生「蝗旱鬲我，民流道荒，醮祀希罕，〔敬〕〔奠〕不行，和氣不臻」的事情，遂聚集吏民禱祀，盼天上神靈，以降甘雨，而領導這次祀雨的是長史，其下就是五官掾。另一石刻碑銘亦見五官掾排名在功曹之上，東漢建寧元年之〈史晨饗孔廟後碑〉云：「五官掾魯孔暢，功曹史孔淮，戶曹掾薛東……」。(98)據此，五官掾在東漢時代的地位可能有所提升，故〈蒼頡廟碑〉碑陰，五官掾排名列曹之上，而碑之右側記衙縣出錢千百者：門下功曹列於門下游徼、門下賊曹之上。(99)顯然，五官掾排名在功曹之上，則地

(94) 《金石萃編》闕此字，《漢代石刻集成・圖版・釋文篇》識讀為「深」字，今從，頁1。

(95) 《金石萃編》闕此字，《漢代石刻集成・圖版・釋文篇》識讀為「敬」字，今從，頁1。

(96) 《金石萃編》識此字為「來」，《漢代石刻集成・圖版・釋文篇》識讀為「求」字，今從，頁1。關於此字，高文《漢碑集釋》(開封：河南大學出版社，1985年)有考論，頁35。

(97) 據《金石萃編》，卷6，葉1下。

(98) 見《金石萃編》，卷13，葉12下。

位較之功曹為高。

不過，五官掾地位是否真的超越功曹仍得進一步分析。就部分東漢碑銘所示，功曹地位似仍不變，例如延熹五年的〈鄭固碑〉記鄭固「弱冠仕郡、吏諸曹掾史：主簿、督郵、五官掾、〔功曹〕」[100]。又如延熹八年的〈鮮于璜碑・碑陰〉記鮮于黼任職由卑而尊：「郡五官掾、功曹、守令、幽州別駕……」，從上排列功曹之地位似仍在五官掾之上。[101]永康元年的〈武榮碑〉記榮學而優則仕，為「郡曹史、主簿、督郵、五官掾、功曹」。[102]建寧三年〈夏承碑〉記承受性淵懿、含和履仁，治《詩》《尚書》，任主簿、督郵、五官掾、功曹、上計掾、守令。[103]建寧七年的〈楊著碑〉記楊著仕郡歷五官掾、功曹、司隸從事。[104]與〈夏承碑〉相仿者還有熹平六年的〈尹宙碑〉，內容記尹宙博通經傳，仕郡歷主簿、督郵、五官掾、功曹、守昆陽令、州辟從事。官職亦由卑而尊，五官掾之位列於功曹之後。[105]可見從一些碑銘文字所見，五官掾職位仍是不及功曹之高。建寧四年〈博陵太守孔彪碑・碑陰〉記孔彪曾任博陵太守，由於博陵群山阻隔，多饑饉，易生盜賊，孔彪在任期間，便曾發生盜賊為患之事：「斯多草竊，罔不〔寇〕賊，〔劉〕曼、張丙等白日攻剽」，而孔彪到任以文治禮教，加以武力平息事件：「醜類已殄，路不拾遺」，「百姓樂政，而歸於德」，然則彪甚得博陵人望。在其府人才濟濟，碑陰有十三位故吏，先後次序為司徒掾一人，乘氏令一人，司空掾一人，外黃令

[99] 《金石萃編》，卷10，葉3–4。

[100] 《漢代石刻集成・圖版・釋文篇》，頁130。

[101] 《漢代石刻集成・圖版・釋文篇》，頁158。

[102] 《漢代石刻集成・圖版・釋文篇》，頁160。

[103] 《漢代石刻集成・圖版・釋文篇》，頁184。

[104] 《漢代石刻集成・圖版・釋文篇》，頁172。

[105] 《漢代石刻集成・圖版・釋文篇》，頁224。

一人，白馬尉一人，五官掾七人，另外一人職位漫漶不可辨，惟無一人為功曹？彪任博陵太守的時間不詳，但他其後轉任下邳相，河東太守，死時僅得四十九歲，在博陵之任期恐不會超過十年，但其故吏之中亦當包括功曹，惜不見於碑陰，也許是碑刻漫漶之故，云云故吏，五官掾列於最後，且都是籍貫博陵，孔彪以博陵人治博陵人的可能性甚大。[106]

五官掾之所以被認為地位高於功曹可能是一種錯覺，上引的文獻和碑刻文字，載五官掾負責主祭與及諒輔求雨之例，透露五官掾與太守之關係，就像丞相之佐天子，協調陰陽一樣，以此角度觀察五官掾排列在功曹之上的例子多與祠祀有關，這樣看來，功曹負責各曹之事，五官掾另有陰陽之責。[107]〈白石神君碑〉云：「蓋聞經國序民，莫急於禮，禮有五經，莫重於祭，祭有二義，或祈或報，報以章德，祈以弭害」，[108]五官掾理陰陽之事，著重為太守「經國序民」，為民祈福弭害。按郡府亦有專門負責祠祀之掾，〈白石神君碑〉記常山郡人為白石神建殿堂，於光和六年勒石紀功，識款題名之人即有「祠祀掾吳宜」，[109]可見郡五官掾理陰陽之事外，尚有專司祠祀之人，五官掾無疑地位高於祠祀掾，所理為一郡之事，而祠祀掾僅理一寺一廟而已，由此觀之，五官掾仍不失為太守之股肱。〈邛都安斯鄉石表〉其實最能顯示五官掾在功曹之下，其云：

領方右戶曹張湛白：前換蘇示有秩馮佑轉為安斯有秩，庚子詔書

[106] 《漢代石刻集成・圖版・釋文篇》，頁192–194。

[107] 此點或與五官之名蓋起於晚周五行學說有關，《秦漢地方行政制度史》，頁122–123。

[108] 《漢代石刻集成・圖版・釋文篇》，頁238。

[109] 古代掌管祭祠、祠廟的官掾，秦併天下，曾祠官按時奉天地名山大川鬼神，祭祀祠祀掾也許是祠祀長屬下的掾，《後漢書・百官志》記諸侯王國有祠祀長，秩比四百石，主祠祀（頁3629），此碑所示，郡亦似有專司祠祀之掾屬。

> 聽轉示部，為安斯鄉有秩，如書，與五官掾司馬蔿議，請屬功曹，定入應書時簿，下督郵李仁、邛都奉行，……。[110]

按此云越巂郡蘇示有秩馮佑轉任為越巂郡邛都縣安斯鄉有秩。光和三年十一月六日庚子所云：「庚子詔書」下達安斯鄉，其內容謂有秩馮佑轉任為安斯鄉有秩，馮佑到任後，與五官掾司馬蔿商議，「請屬功曹」，並「定入應書時簿，下督郵李仁，邛都奉行」，[111]新任有秩與郡五官掾商議，並「請屬功曹」，定期呈上簿籍。這表示功曹有定期考察下級的「時簿」責任，[112]而五官掾從旁協助。漢代官員每年按時間編定簿籍，用作記錄及送呈上級之報告。此等紀錄內容或許涉及M6墓出土之集簿內容及考績紀錄。[113]

---

[110] 《漢代石刻集成・圖版・釋文篇》，頁228。

[111] 參考吉末布初、關榮華，〈四川昭覺縣發現東漢石表和石闕殘石〉(《考古》1987年第5期)。此刻石記馮佑被任命為安斯鄉之有秩，並把光和三年十一月六日庚子日所下詔書刻於石上。這詔書內容涉越巂郡上諸及安斯二鄉復除之事，所以此地「十四里丁眾受詔」後，立表為記。參考《漢代石刻集成・圖版・釋文篇》，頁228。

[112] 關於簿籍之名及性質，參考邢義田，〈尹灣漢墓木牘文書的名稱和性質——江蘇東海縣尹灣漢墓出土簡牘讀記之一〉，頁1–3。

[113] 按〈邛都安斯鄉石表〉提及「庚子詔書」，《漢代石刻集成・本文篇》認為即是「五曹詔書」(頁231)。《後漢書・應劭傳》記劭曾撰《五曹詔書》，李賢注釋五曹云：「成帝初置尚書五人，《漢舊儀》有常侍曹、二千石曹、戶曹、主客曹、三公曹也。」(《後漢書》，頁1613) 孫星衍等輯《漢官六種》所收《漢舊儀》云：「尚書四人，為四曹。常侍曹尚書，主丞相、御史事；二千石曹尚書，主刺史事；民曹尚書(案此當為「戶曹」)，主庶民上書事；主客曹尚書，主外國四夷事。成帝初置尚書，員五人，有三公曹，主斷獄事。」此五曹即李賢注之五曹也。《太平御覽》，卷593，〈文部〉引《風俗

縣一級並無五官掾職稱之掾吏，但有實際上亦有署理陰陽之事的掾吏，即所謂「廷掾」也。[114]按《後漢書・百官志》於縣下本注云：

> 諸曹略如郡員，五官為廷掾，監鄉五部，春夏為勸農掾，秋冬為制度掾。[115]

按〈三公山神碑〉云：

> 甲申□建□□山，遣廷掾□□具酒脯詣山，請雨計得雨。[116]

此廷掾詣山請雨有如元初四年的〈祀三公山碑〉之五官掾連同長史到三公山求降甘雨一樣。〈薌他君石祠堂題記〉亦提及廷掾，其云：

通》曰：「光武中興以來五曹詔書題鄉亭壁，歲輔（疑為「補」字之誤）正，多有闕謬，（順帝）永建中，兗州刺史過翔箋撰卷別，改著板上，一勞而九逸。」（北京：中華書局 1960 年上海涵芬樓影印宋本，頁 2670–2671。）〈邛都安斯縣鄉石表〉內容提及之「詔書」、「庚子詔書」和「受詔」，應指《太平御覽》所言的《五曹詔書》也。

[114] 參考《秦漢地方行政制度史》，嚴先生認為縣廷掾實兼郡五官掾、郵督、勸農等職，並且從《隸續》的〈建平郫縣碑〉：「建平五年六月，郫五官掾范功平……。」及《東觀記・王阜傳》的重泉縣五官掾長沙疊，推論此五官掾乃廷掾之異稱，頁225–226。

[115] 《後漢書・百官志》，頁3623。按〈李孟初神祠碑〉有「……部勸農賊捕掾」（見高文《漢碑集釋》，頁181），但正史不見勸農賊捕掾，高文引俞樾《俞樓雜纂》認為五官為廷掾，監鄉部，春夏為勸農掾，秋冬為制度掾，由於秋冬時民間皆有蓋藏，盜賊竊發，故以勸農掾為賊捕掾，事相因也。「賊捕之名不美，居是職者，因有制度之號，相沿既久，遂以入史。非得此碑，則賊捕之名遂亡矣。」（見高文，《漢碑集釋》，頁183），然則，廷掾亦是制度掾，亦是賊捕掾，有監督、輯捕盜賊之責。

[116] 《漢代石刻集成・圖版・釋文篇》，頁96。

〔薌生吏〕夙性忠孝、少失父母、喪服如禮，脩身仕官縣諸曹：掾⓱、主簿、廷掾、功曹召府。⓲

職位由低而高，縣廷掾與功曹比較，功曹權力在廷掾之上。《三國志》記廣漢太守夏侯纂「請五官掾秦宓為師友祭酒，領五官掾，稱曰仲父」，⓳按祭酒雖云尊敬之稱，然以「仲父」稱之，則透露五官掾之尊顯，春秋時代，齊桓公尊管仲為仲父，此後仲父是帝王重臣及宰相之稱謂，五官掾也許不及功曹之尊顯，其地位也很重要的。⓴

四、結語

郡之功曹、五官掾與尹灣東海郡文書關係的線索在於其職掌與及位尊。前文已述功曹負責官吏選署、考績功勞，有通盤掌握一郡大小事情的責任，它「職統諸曹」，某程度上，權力超乎丞和長史之上。嚴耕望先生認為郡縣行政機構之中，太守和縣令並不倚重丞和長史，㉑反而對功曹和五官掾卻十分看重，其原因是郡掾屬是太守自辟的本地人，㉒他們瞭解本地的民情，又是太守、縣令一手提拔，所以功曹和五官掾成了

⓱ 永田英正前引書無「掾」字，證之其影印拓本亦不見「掾」字，陳直〈漢薌他君石祠堂題字通考〉則識為「市掾」，似誤，見《文史考古論叢》，頁413。

⓲ 《漢代石刻集成・圖版・釋文篇》，頁118。

⓳ 見《三國志》，卷38，頁974。

⓴ 居延簡牘中也有提及五官掾的地方，例如簡455.17：「……府五官掾」（見《居延漢簡甲乙編》，頁242）和簡E.P.T. 52.98：「建昭六年三月庚午朔五官掾光」（見《居延新簡》，頁234），但內容過陋，無法指出其所提及之五官掾在行政網絡的功用，故暫不討論。

㉑ 嚴先生對於丞和長史之不為郡國守相所親信有考論，見上引書，頁102–107。

㉒ 卜憲群，〈吏與秦漢官僚行政管理〉亦有此主張，頁48。

他們重要統治工具。又因功曹有通盤掌握一郡大小事情的責任，因此他們手上握掌一郡的資料，例如其所管治地區的簿籍，內容包括太守府、都尉府之員吏，郡內各縣的吏員、戶口、賦役男女、墾田、出入錢穀的資料；同時，正因功曹負責官吏選署、考績功勞，因此掌握有東海郡的吏員考績簿，內容包括輸錢都內、輸錢齊服官、誰押領罰戍、誰上邑計、誰送衛士、誰送徙民、誰告病、誰服喪告寧、誰死、誰免、誰被劾等等。至於五官掾地位僅次於功曹，在功曹出缺時，他往往會暫時署理其職，因此五官掾很多機會接解到郡內簿籍，諸如上面的吏員簿、考績簿等，又因為五官掾是職無定掌，郡內很多職位都有可能暫署，所以對郡府各曹也需全面認識，接觸到東海郡的重要簿籍是絕不意外的。M6墓主既曾經出任此兩職位，在其任何一個任期，他都可能獲得一份東海郡文書。五官掾是位尊之職，洽如功曹之郡相國，雖然地位稍遜於功曹，但乃郡之股肱，郡有祭祀時他是主祭。我們不知道M6墓主何時任功曹，何時任五官掾，也許這兩職位就是M6墓主生前最高的官職，所以他攜此等資料陪葬。

上文僅提供尹灣漢代文書與漢代功曹及五官掾兩職位之關係的外緣觀點。就制度本身言，關於門下五吏在地方行政制度中是否另成系統，筆者持保留態度，並認為包括門下功曹等的門下五吏是郡太守、縣令長親近的決策幕僚。至於一些漢碑把五官掾的排名列於功曹之上，是否表示五官掾的地位有所提升，筆者以為僅是錯覺，五官掾除在功曹出缺時可暫時署理其職外，其職也有陰陽之責，所以碑刻內容涉及祠祀有關之事務時，五官掾便排在功曹之上，此乃特殊的例子。

附表：漢碑掾吏排名次序表

石刻名稱	年份	掾吏排名次序	出處
〈開母廟石闕銘〉	安帝延光元年(A.D.123)	1.太守京兆朱寵 2.丞零陰泉陵薛政 3.五官掾陰林 4.戶曹史夏效 5.監掾陳脩 6.長西河圜陽馮寶 7.丞漢陽冀秘俊 8.廷掾趙穆 9.戶曹史張詩 10.將作掾嚴壽 11.佐左福	《金石萃編》卷6，葉4下
〈嵩嶽少室石闕銘〉	延光二年(A.D. 124)	1.……君 2.丞零陵泉陵薛政 3.五官掾陰林 4.戶曹史夏效 5.監廟掾辛述 6.長西河圜陽馮寶 7.丞漢陽冀秘俊 8.廷掾趙穆 9.戶曹史張詩 10.將作掾嚴壽 11.廟佐向猛、趙始	《金石萃編》卷6，葉2上

〈蒼頡廟碑・碑陰〉	延熹四年(A.D. 162)	1.衙守丞 2.守左尉 3.衙縣三老 4.衙鄉三老 5.衙主記掾 6.衙門下功曹 7.衙門下游徼 8.衙門下賊曹 9.功曹史 10.錄曹史 11.倉曹掾 12.故功曹	《金石萃編》卷10，葉3下–葉4上
〈桐柏淮源廟碑〉	延熹六年(A.D. 163)	春秋兩祠，官吏排列： 1.五官掾 2.功曹史 3.主簿 4.户曹	《金石萃編》卷10，葉5下–葉6上
〈史晨饗孔廟後碑〉	建寧二年(A.D. 169)	長史： 1.五官掾 2.功曹史 3.户曹掾 4.史 5.守廟百石 6.副掾	《金石萃編》卷13，葉12下
〈李翕西狹頌〉	建寧四年(A.D. 171)	1.丞 2.門下掾 3.議曹掾 4.主簿 5.五官掾 6.功曹 7.尉曹史 8.衡官有秩	《金石萃編》卷14，葉1下

〈博陵太守孔彪碑・碑陰〉	建寧四年(A.D. 171)	1.司徒掾 2.乘氏令 3.司空掾 4.外黃令 5.白馬尉 6.五官掾	《金石萃編》卷14，葉3下
〈曹全碑〉	中平二年(A.D. 185)	1.門下掾 2.錄事掾 3.主簿 4.戶曹 5.功曹史	《漢代石刻集成・圖版・釋文篇》，頁246
〈曹全碑・碑陰〉	中平二年(A.D. 185)	1.縣三老 2.鄉三老 3.徵博士 4.故門下祭酒 5.故門下掾 6.故門下議掾 7.故督郵 8.故將軍令史 9.故郡曹史守丞 10.故鄉嗇夫 11.故功曹(以上第一排) 12.故郵書掾 13.故市掾 14.故主簿 15.門下賊曹（以上第二排） 16.故門下史 17.故賊曹 18.故金曹 19.故集曹 20.故法曹 21.故塞曹(以上第三排)	《漢代石刻集成・圖版・釋文篇》，頁248
〈圉令趙君碑〉	初平元年(A.D. 190)	1.五官掾 2.功曹 3.州從事 4.長、令	《漢代石刻集成・圖版・釋文篇》，頁256

〈劉熊碑・碑陰殘石〉	年代不明	1.故兗州書佐 2.故雍丘守尉 3.故外黃守尉 4.故功曹	《漢代石刻集成・圖版・釋文篇》，頁278
〈朝仗侯小子殘碑〉	年代不明	1.郡主簿 2.督郵 3.五官掾	《漢代石刻集成・圖版・釋文篇》，頁282
〈夏承碑〉	建寧六年(A.D. 170)	1.主簿 2.督郵 3.五官掾 4.功曹 5.上計掾 6.守令 7.冀州從事	《漢碑集釋》，頁358
〈尹宙碑〉	熹平六年(A.D. 177)	1.主簿 2.督郵 3.五官掾 4.功曹 5.昆陽令 6.州從事	《漢碑集釋》，頁437
〈武氏前石室畫像題字〉		各幅畫像有顯示掾吏名稱之次序： 丞卿車 門下功曹(以上見第二石) 門下功曹 門下游徼(以上見第三石) 1.主簿車 2.令車 3.門下功曹 4.門下游徼 5.門下賊曹（以上見第四石） 6.亭長 7.主記車 8.主簿車（以上見第五石） 9.功曹車	《漢碑集釋》，頁145–147

		10.尉卿車 11.游徼車 12.賊曹車 13.功曹車 14.主簿車 15.主記車（以上見第六石） 16.郎中 17.五官掾車 18.市掾(以上見第八石) 19.主簿 20.督郵 21.行亭車（以上見第九石） 22.行亭車（見第十石） 23.主簿車(見第十一石) 24.賊曹車(見第十二石)		

三國正統論與陳壽對天文星占材料的處理

——兼論壽書無〈志〉

范家偉

一、引言

陳壽《三國志》，與《史記》、《漢書》、《後漢書》合稱前四史，為歷代所重視。陳壽因《三國志》而受到的讚譽，可謂次於班馬之後。《晉書・陳壽傳》傳論說：「丘明既沒，班馬迭興，奮鴻筆於西京，騁直詞於東觀。自斯已降，分明競爽，可以繼明先典者，陳壽得之乎。」《三國志》記述建安以來，三國鼎立局面，並分成《魏書》、《蜀書》、《吳書》。

東漢末年，天下分崩離析，經歷長久戰亂，最後演變成魏蜀吳三國鼎立的局面。天下三分，群雄角力，在軍事上，相互拼鬥，基本上處於敵對位置。魏蜀吳三國在當時來說，是各自獨立的政權，內政外交，互不相干，自成一國。建安時代，曹魏挾持漢獻帝，控制漢室，終曹操之世仍未廢漢自立，蜀吳兩國亦尊奉漢室，不過漢室卻早已名存實亡。

直至建安二十五年，魏文帝曹丕代漢立魏，正式易代。當然，三國君主割地稱雄，皆有稱帝之心，由魏文帝廢漢，立即在吳蜀之間引起了極大的迴響。劉備自稱為漢景帝子中山靖王勝之後，以劉氏後裔自居，在建安二十五年之前，仍奉獻帝年號。當魏文帝受禪漢室，群臣立即勸進，稱帝於蜀。孫權初附於魏，後亦於黃龍元年稱帝。

在亂世之中，魏蜀吳三國相繼稱雄，形成鼎立局面。漢季末，桓靈之世，政事廢頹，被視為衰亡之象。到魏蜀吳三國鼎立，吳蜀雖曾有合作關係，但三國基本上在相互競爭。三國的競爭，並非單純在軍事上角力，為了解釋自己政權統治的合法性，在許多方面都在爭奪所謂「正統」。三國皆提出理據出來，認為自己是合符天命，才是順天應人的統治者，並每每以漢家國統已絕，而新政權當繼漢或代漢。所謂正統，指的是統治政權或王朝對前代王朝正當的繼承，既可是自居的，也可是後世認可的。❶但是，正統理據是已取得統治地位的統治者，或是希望取得統治地位者，又或是奉承統治者的人提出來，藉此製造輿論，以服信人心❷，漢以後每以五德終始說為憑。究其實，每代統治者都採取多方面理據，只要合符本身立場便足夠了。解釋「正統」往往就是解釋天意，利用各種學說，證明本身政權成立與存在，是合符天意，順應民心的。

所謂「正統」或者「政權合法性」，在古代而言，天是最高權威，也即是最後權力來源，統治者必須得到天命，其統治才是合法的。❸只要合符天命，就是順天應人的統治者。合符天命即是獲得上天的意旨，得到上天的同意。如何獲知上天的意旨？此要依靠一些上天所發出來的訊

❶ 參陳學霖，〈歐陽修正統論新釋〉，載氏著《宋史論集》（臺北：東大圖書公司，1993），頁129–140；Hok-Lam Chan, *Legitimization in Imperial China Discussions under Jurchen-Chin Dynasty* [1115–1234], Seattle: University of Washington Press, 1984, "1 Perface" & pp. 1–18.

❷ 例如《隋書・律曆志》記載說：「時高祖作輔，方行禪代之事，欲以符命曜于天下。道士張宗揣知上意，自云玄相，洞曉星曆，因盛言有代謝之徵。又稱上儀表非人臣相，由是大知遇，恒在幕府」，符命之事對於奪取政權者來說，只不過找尋一些理據而已。

❸ 有關正統與天命的問題，詳細可參王健文，《奉天承運——古代中國「國家」概念及其當性基礎》第一、二章（臺北：東大圖書公司，1995）。

息，透過對這些訊息的解讀，便可測知其意。然而，那些訊息才被視為上天所發出來？又誰人可以解讀這些訊息？

殷商時代，崇信鬼神，每事皆求神問卜。商人透過巫覡所作的占卜活動，從而知道鬼神意思及天意，巫覡被視為「溝通天地」的中介人物，並且有權解讀占辭的內容。西周初建，武王以一小邦竟能打敗大殷商，成為共主，在反省這段歷史的時候，提出了天命說，以「天命無常，唯德是依」來解釋，認為上天眷顧周人，是因周人有德，而殷人失德，故失天下。上天不單單是自然的天，也是有意志的，會因應人的種種行為，作出反應，此是天人感應說的基礎。

「天命說」最終來說都是不具體的，究竟透過甚麼事情可以測知天意，仍然是不知道的。在戰國時期，天人感應說已出現，《呂氏春秋・應同篇》記載帝王將興之際，上天必然出現一些預兆，而預兆甚至與五德所對應的事物相配。西漢中期，經漢儒大力提倡天人感應說，符瑞、災異、讖諱思想也開始氾濫，當時思想家想利用這些學說，勸進皇帝修德治民。然而，符瑞、災異、讖諱等思想從王莽篡漢始，便大派用場。❹再加上在戰國時期鄒衍學派推演的五德終始學說，以及在西漢中葉改進了的三統說。當易代之際，新王朝為求證明本身得自天意，便揉雜各種說法，甚至偽作揑做，總之務求令人相信政權本身是天與人歸的。此時，解釋天意或者預測天意也成為專門學問，所謂能人異士，明災異術數、懂觀天望氣者，成為解讀天意的專家。

漢末時期，群雄割據，稱霸一方者都想統一河山，在這個時候，真的相信也好，作為號召也好，五花八門的說法都被推出來，希望從而證明天命所在。當魏文帝受禪漢室，蜀漢群臣立即勸進劉備，稱帝於蜀。在魏和蜀的立場來看，對於稱帝之後政權的合法性，比較容易自圓其說。

---

❹ 漢代讖緯的研究，可參安居香山，《緯書と中國の神秘思想》（東京：平河出版社，1988）。

魏文帝提出漢室火德已終，代之為魏的土德，漢祚已終，漢獻帝禪位於魏，而非魏篡奪漢朝；蜀國則以遠紹漢室自居，劉備為劉氏苗裔，因獻帝被廢，稱帝於蜀，實中興漢室。至於孫吳，卻遭遇到較大的難題，既無獻帝在手，可以稱受禪於漢，與漢朝宗室皇裔又扯不上半點關係，可以以中興漢室為號召。

陳壽《三國志》是研究三國時代歷史的最重要資料，也是歷來極受重視的史著。自東晉習鑿齒著《漢晉春秋》，對魏蜀正統誰屬，晉朝當如何承繼前朝問題，引發討論。後世對於陳壽紀魏而傳吳蜀，以魏為正統，多所論爭。在此問題上，涉及到兩個方面：第一，在三國鼎立之際，魏蜀吳三國如何證明本身政權是合法的，順從天意，由此可以以正統自居。第二，當陳壽撰《三國志》時，面對著三國政權證明本身正統的資料，他是如何處理？儘管陳壽可以將三國證明本身正統的各種說法，不予採信，但始終卻不能漠視、不加理會。不能忽略的是，陳壽撰《三國志》時，司馬氏西晉王朝已建立，晉室天下是在曹魏手中取過來，晉室對於三國政權，以曹魏為正，才能合理解釋晉朝繼承的合法性。陳壽身處當世，在政治壓力下，撰寫《三國志》時如何自處？本文將陳壽及《三國志》放回漢晉時代，來理解陳壽對三國正統的看法，最後由此而探討何以壽書無〈志〉體。

二、前人對《三國志》正統論之說法

清・趙翼批評《三國志》帝魏而傳吳蜀，更謂因此陳壽創迴護之法，以崇魏抑吳蜀。《廿二史箚記・三國志書法》說：

> 曹魏則立本紀，蜀吳二主則但立傳，以魏為正統，二國皆僭竊也。《魏志》稱操曰太祖，封武平侯後稱公，封魏王後稱王，曹

丕受禪後稱帝，而於蜀吳二主則直書曰劉備，曰孫權，不以鄰國待之也。《蜀》《吳》二志，凡與曹魏相涉者，必曰曹公，曰魏文帝，曰魏明帝，以見魏非其與國也。《魏書》於蜀吳二主之死與襲皆不書，如黃初二年不書劉備稱帝，四年不書備薨子禪即位。太和三年不書孫權稱帝也。《蜀》《吳》二志則彼此互書，如《吳志》黃武二年書劉備薨於白帝城，《蜀志》延熙十五年，吳王孫權薨。其於魏帝之死與襲雖亦不書，而於本國之君之即位，必記明魏之年號，如蜀後主即位，書是歲魏黃初四年也；吳孫亮之即位，書是歲魏嘉平四年也。此亦何與於魏而必係以魏年，更欲以見正統之在魏也。❺

趙翼提出的論點，說明陳壽以魏為正統。班固撰《漢書》開以〈紀〉序帝王之例，紀魏而傳吳蜀，實令後人視壽書以魏為正統。《四庫全書總目提要》卷四十五〈三國志提要〉說：

其書以魏為正統，至習鑿齒作《漢晉春秋》始立異議。自朱子以來，無不是鑿齒而非壽。然以理而論，壽之謬萬萬無辭；以勢而論，則鑿齒帝漢順而易，壽欲帝漢逆而難。蓋鑿齒時，晉已南渡，其事有類乎蜀，為偏安者爭正統，此孚於當代之論者也。壽則身為晉武之臣，而晉武承魏之統，偽魏是偽晉矣，其能行於當代哉？

西晉之世，以晉帝曾為魏臣，承魏基業，表明晉承魏統。《三國志》成於晉初，不能不以魏為正統，其理易明。到東晉習鑿齒欲抑桓溫，撰《漢晉春秋》，始提異議，以三國時蜀為正統。近人論《三國志》，亦如趙翼一樣，都從《三國志》體例筆法加以解釋。雖承認帝魏而紀吳蜀，但不

❺ 趙翼著、杜維運校證，《廿二史劄記（校證補編）》（臺北：華世出版社，1997），頁119。

能因此而證明陳壽有貶抑吳蜀之心。❻劉咸炘《三國志知意》說：

> 史之有紀，乃一書之綱領，非帝者之上儀。……然紀必取一時之主。三方鼎峙，莫適為主，而書又不可無紀，則奈何乎。承祚則仍守舊法，以一方為紀，而餘二方為傳；然二方主傳，又為彼二方之綱，故不得不仍用紀體，此寔向來未有之例，固不可以為有心貶吳蜀。❼

陳壽撰《三國志》，可遵循體例其實不多，僅司馬遷《史記》、班固《漢書》、以及《東觀漢記》，三書的記載與陳壽論列三個分立政權全然不同，故無例可從。根據劉咸炘的說法，在體例上，陳壽既無成例可隨，帝魏而傳吳蜀乃不得已。

對《三國志》正統問題，都習以後人對史書體例筆法的認識，加以闡釋。魏蜀吳三國就本身政權的合法性證明，是多方面的，在陳壽撰作《三國志》時，面對三國政權論證正統的資料如何處理，是理解陳壽對三國正統的看法，頗為重要的。下一節先交代魏蜀吳三國如何證明其政權的合法性。

三、三國正統之爭

東漢自桓靈以後，政權的統治已轉移，相繼為董卓、袁紹、曹操操縱，漢室只是有名無實的統治者。在三國時代，漢室國統已絕之說，甚囂塵上。雖然說東漢皇朝腐敗，桓靈政衰，但是從西漢開始計算，漢家

❻ 如《廿五史導讀辭典》〈三國志導讀〉(北京：華齡出版社，1991)，頁209–210；饒宗頤，《中國史學上之正統論》(香港：龍門書局，1977)，頁299–300；雷家驥，《中古史學觀念史》(臺北：學生書局，1990)，頁299、303–304。

❼ 劉咸炘，《四史知意・三國志知意》(臺北：鼎文書局，1976)，頁768–769。

已有約四百年天下，以漢家為統治的觀念很牢固，人心仍然思漢。曹操迎獻帝，荀彧謂「扶義征伐，誰敢不從。」(《三國志・魏書・荀彧傳》)郭嘉比較曹袁十勝十敗，其中「紹以逆動，公奉順以率天下，此義勝二也。」(《三國志・魏書・郭嘉傳》裴注引《傳子》)終曹操之世，仍未敢取而代之，只是打著漢室旗號，袁紹亦悔恨不迎獻帝。在人心思漢情況下，稱帝者要說服天下人心，必須製造輿論，漢室氣數已盡，將有新王朝取而代之。故此，當時爭天下者固然偽做證據，證明天命所歸；另方面，亦強調各類災異，證明上天棄漢，捨舊就新。

四、漢運已終

從黃巾亂起，已打著「蒼天已死，黃天當立」口號。《三國志・魏書・武帝紀》裴注引《魏書》，記曹操與黃巾會戰，黃巾致書曹操說：

> 漢行已盡，黃家當立。天之大運，非君才力所能存也。❽

❽ 學者對黃巾起事時提出「黃天」，有不同的解釋。胡守為認為「黃天」即是當時讖語，以土德代漢火德，故出現以「黃」為口號，「黃天」即應土德而生新的統治者。劉昭瑞則認為「黃天」是黃帝，此說稍欠理據。筆者以胡氏說法較合，理由如下。《三國志・魏書・武帝紀》裴注引《魏書》記黃巾致曹操書說：「漢行已盡，黃家當立。」又《三國志・魏書・武帝紀》裴注引《魏略》記孫權上書稱臣：「是以桓靈之間，諸明圖緯者，皆言『漢行氣盡，黃家當興』。」顯然「漢行氣盡，黃家當興」並不是道教專門所用，當時言圖緯者都會提到。此話正與「蒼天已死，黃天當立」意思一樣。因而，「黃天」、「黃家」應該都是指土德的新統治者。胡守為，〈黃巾起義口號中的「黃天」涵意〉，載《中國史研究》1988年第1期，頁141–144；劉昭瑞，〈論「黃神越章」──兼談黃巾口號的意義及相關問題〉，載《歷史研究》1996年第1期，頁125–132。這方面的討論，還有方詩銘，〈黃巾起

《三國志・魏書・袁紹傳》記耿苞對袁紹說：

> 赤德衰盡，袁為黃胤，宜順天意。

漢室以漢承堯後，及漢光武劉秀受赤伏符而起，故行火德。五行相生說中，火生土，土屬黃，繼漢者皆言土德而色尚黃，故「赤德衰盡」則「黃家當立」。

漢室受天命大運，已經到盡頭，當有新政權取而代之。《魏略》記建安二十四年冬，孫權上書曹操稱臣，並說天命。侍中陳群、尚書桓階上奏說：

> 漢自安帝已來，政去公室，國統數絕，至於今者，唯有名號，尺土一民，皆非漢有，期運久已盡，曆數久已終，非適今日是也。是以桓靈之間，諸明圖緯者，皆言『漢行氣盡，黃家當興』。殿下應期，十分天下而有其九，以服事漢，群生注望，遐邇怨歎，是故孫權在遠稱臣，此天人之應，異氣齊聲。臣愚以為虞、夏不以謙辭，殷、周不吝誅放，畏天知命，無所與讓也。

由於政去公室，漢室統治，有其名而無其實，就算國土國民，皆非漢有，正是「期運久已盡，曆數久已終」。尤須注意者，在桓靈之際，通圖讖者四出言「漢行氣盡，黃家當興」，即漢家國統之數已絕，可見漢末以來，漢家氣數已盡之說，盛行不衰。在魏文帝以魏代漢時，群臣皆上言魏繼漢而立，乃天命所就。《三國志・魏志・文帝紀》引裴注《獻帝傳》記辛毗、劉曄、傅巽、衛臻、桓階、陳矯、陳群、蘇林、董巴等上言說：

義先驅與巫及原始道教的關係——兼論「黃巾」與「黃神越章」〉，載《歷史研究》1993年第3期、〈黃巾起義的一個道教史的考察〉，載《史林》1997年第2期。

> 今漢室衰替，帝綱墮墜，天子之詔，歇滅無聞，皇天將捨舊而命新，百姓既去漢而為魏，昭然著明，是可知也。

又記司馬懿、鄭渾、羊秘、鮑勛、武周上言，說：

> 今漢室衰，自安、和、沖、質以來，國統屢絕，桓靈荒淫，祿去公室，此乃天命去就，非一朝一夕，其所由來久矣。殿下踐祚，至德廣被，格於上下，天人感應，符瑞並臻，考之舊史，未有若今日之盛。

兩條資料記載一樣，都在於指明漢末以來，漢室衰微，天命已去，「帝綱墮墜」、「國統屢絕」，上天捨舊而命新，魏將代漢而立。當然，此兩條資料是群臣上言勸魏文帝代漢，帶有諂媚成分，但是卻也反映出部分人的心態，以漢室氣數已盡。夏侯惇甚至說：「天下咸知漢祚已盡，異代方起。」(《三國志・魏書・武帝紀》引《魏氏春秋》)，漢祚已盡確是當時的一種想法。

既然漢室國統已絕，天下便無受命的君主統治，魏蜀稱帝亦以天下無主為藉口。在《三國志・魏書・文帝紀》裴注引《獻帝傳》載曹丕受禪文說：

> 天命不可以辭拒，神器不可以久曠，群臣不可以無主，萬幾不可以無統。

曹丕受禪，獻帝猶在，根本不能說「群臣無主」。當獻帝被廢，蜀吳又即以天下無主為藉口。《三國志・蜀書・先主傳》載劉備即位為文說：

> 天命不可以不答，祖業不可以久替，四海不可以無主。

劉備與曹丕口吻同出一轍。《三國志・吳書・吳主傳》裴注引《吳錄》

載孫權即皇帝位，告天之文說：

> 皇帝臣權敢用玄牡昭告于皇皇后帝：漢享國二十有四世，歷年四百三十有四，行氣數終，祿祚運盡，普天弛絕，率土分崩。孽臣曹丕遂奪神器，丕子叡繼世作慝，淫名亂制。權生於東南，遭值期運，承乾秉戎，志在平世，奉辭行罰，舉足為民。群臣將相，州郡百城，執事之人，咸以為天意已去於漢，漢氏已絕祀於天，皇帝位虛，郊祀無主。

孫權以漢室「行氣數終」、「天意去漢」、「漢氏絕祀於天」等等為口實，因而「皇帝位虛」。漢室氣數已盡，天下無主，為時人取而代之的絕佳理據。

不論如何，既然漢室國統已絕，新政權的出現就顯得非常合理。魏蜀吳三國對立相峙，維持敵對狀態，各自都為正統地位而提出解釋。從上文討論，可以知道當時論證正統的兩個要點：第一，證明漢自安帝以來，政去公室，漢運已終，國統已絕，既然漢家天命已去，天下無主，則新王朝可起而代之，新君亦應運而生。第二，在論證漢運已終時，及新政權當起，都站在五德終始說上，以五行相勝，漢家火德衰微，而新的「黃家」當立，當時欲代漢者皆宣稱自己就是代漢的「黃家」。

五、應東南之運

其次，除了證明漢統已絕之外，還要提出本身政權應運而生，故有「應東南之運」的說法。望氣候是一門發展較早的占驗方法，在春秋時代已經開始，主要是與戰爭軍事有關。歷代兵書的內容，望雲氣候是非常重要的部分。《史記・天官書》所載望氣事占驗，多是軍事上占驗。望氣之事，歷兩漢仍然興盛。《後漢書・方術列傳》說：「望雲省氣，推處祥妖，時亦有以效于事也。」 望雲氣候是根據雲氣形狀、顏色及其變化，來占驗及預言事情。❾除了在軍事上應用，還用來預言貴人出現。在書史中，《史記・高祖本紀》記載劉邦微時，出沒處常有彩雲在頭上，故呂后往往很容易找到他，可說是這方面的濫觴。《三國志・魏書・文帝紀》裴注引《魏書》說：

> 帝生時，有雲氣青色而圜如車蓋當其上，終日，望氣者以為至貴之證，非人臣之氣。

《三國志・吳書・孫破虜討逆傳》裴注引《吳書》說：

> 堅世仕吳，家於富春，葬於城東。冢上數有光怪，雲氣五色，上屬于天，曼延數里。眾皆往觀視。父老相謂曰：「是非凡氣，孫氏其興矣。」

史書記載望氣者的說法，以證明兩人均非凡品，反映望氣在占驗上的重要性。不過，這些很可能都是後來捏造出來。《三國志・蜀書・先主傳》記：

> 先主少孤，與母販履織席為業。舍東南角籬上有桑樹生高五丈餘，遙望見童童如小車蓋，往來者皆怪此樹非凡，或謂當出貴人。先主少時，與宗中諸小兒於樹下戲，言：「吾必當乘此羽葆蓋車。」叔父子敬曰：「汝勿妄語，滅吾門也！」

劉備說的話相比上引望氣者及吳中父老之言，已很含蓄，猶會有滅門之災，如在漢室仍未衰敗時，「非人臣之氣」、「孫氏其興」一類話，沒有

❾ 有關占雲氣候的一般討論，參何冠彪，〈先秦兩漢占候雲氣之著作述略〉，載《中國史研究》1988年第1期、〈三國至隋唐占候雲氣之著作考略〉，載《漢學研究》第7卷2期。

可能公然講論。望氣之說雖不必視為真確，卻不能忽略其重要性。《三國志・吳書・三嗣主傳》裴注引《漢晉春秋》記：

> 初望氣者云荊州有王氣破揚州而建業宮不利，故皓徙武昌，遣使者發民掘荊州界大臣名家冢與山岡連者以厭之。既聞（施）但反，自以為徙土得計也。使數百人鼓譟入建業，殺但妻子，云天子使荊州兵來破揚州賊，以厭前氣。

古代遷都是一等大事，孫皓遷徙武昌或者有其他因素考慮，望氣者言在其中也佔有一定份量。可見望氣之術，深受時人信奉，並非視作等閒。

《宋書・符瑞志》記魏文帝時，許芝上言天文符瑞說：

> 自建安三年十二月戊辰，有新天子氣見于東南，到今積二十三年（即至建安二十五年）。

此固是許芝勸說魏文帝受禪之詞，但同樣也不能視許芝個人所虛構。《三國志・吳書・吳範劉惇趙達傳》記：

> 趙達，河南人也。少從漢侍中單甫受學，用思精密，謂東南有王者氣，可以避難，故脫身渡江。

《三國志・吳書・吳主傳》裴注引《吳書》說，：

> 以尚書令陳化為太常。化字元耀，汝南人，博覽眾書，氣幹剛毅，長七尺九寸，雅有威容。為郎中令使魏，魏文帝因酒酣，嘲問曰：「吳、魏峙立，誰將平一海內者乎?」化對曰：「《易》稱帝出乎震，加聞先哲知命，舊說紫蓋黃旗，運在東南。」

《三國志・吳書・吳主傳》裴注引《吳書》載趙咨勸進事，說：

觀北方終不能守盟，今日之計，朝廷承漢四百之際，應東南之運，宜改年號，正服色，以應天順民。

東南有天子氣見的說法，當時可能頗為盛行。陳化所謂「舊說」，紫蓋黃旗，即早有其說。《宋書·符瑞上》記：「漢世術士言：『黃旗紫蓋，見牛、斗之間，江東有天子氣。』」而孫權獨霸江東，便可自言「應值其運」，切合這種說法。當然，這種說法只不過是望氣者之言，以益州有天子氣之說亦有。《三國志·蜀志·劉二牧傳》記：

侍中廣漢董扶私謂（劉）焉曰：「京師將亂，益州分野有天子氣。」

《三國志·蜀書·先主傳》記周群曾言：

先是，術士周群言，西南數有黃氣，直立數丈，見來積年，常常有景雲祥風，從璿璣下來應之，此為異瑞。又二十二年中，數有氣如旗，從西竟東，中天而行。《圖書》曰：「必有天子出其方。」

董扶、周群都是蜀地知名占驗家，精於占雲氣候，兩人的言論極有可能為證明益州為王者地而發。這些善望雲氣候、以至善相者、占驗者甚多。他們的任務是引證統治者有貴氣、政權得天意；另方面，甚至擔當軍師參謀，指導行軍事情。❿

六、黃龍見

符命是常常用來徵引，證明正統的做法。符命之應，自漢代以來，便相信是上天顯示其意志的重要訊息。董仲舒的天人感應說，便是其中的表表者。《漢書·董仲舒傳》記董仲舒對策說：

❿ 可參《三國志·蜀書·周群傳》及《三國志·吳書·趙達傳》

> 臣聞天之所大奉使之王者，必有非人力所能致而自至者，此受命之符也。天下之人同心歸之，若歸父母，故天瑞應誠而至。

凡得天命所歸者，上天都會顯示一些人力辦不到的事情，就是「天瑞應誠而至」。《中庸》亦說到：「國家將興，必有徵祥；國家將亡，必有妖孽。」《漢書・王莽傳》記：「帝王受命，必有德祥之符瑞，協成五命，申以福應。」又《宋書・符瑞上》說：

> 夫龍飛九五，配天光宅，有受命之符，天人之應。《易》曰：「河出圖，洛出書，而聖人則之。」符瑞之義大矣。

「符瑞之義大矣」正反映史家對符瑞的重視。統治者為了顯示得天命所歸，往往偽做符命祥瑞。符命祥瑞的種類名目繁多，各代不同，很多時因應特殊情況而偽做，以配合五德終始說。⓫

建安二十五年，魏文帝受漢禪即帝位，群臣爭相上言符命之事，以證魏受天命。在《三國志・魏書・文帝紀》裴注引錄數條群臣上言的奏文，其中太史丞許芝〈條魏代漢見讖緯〉列載內容最為豐富，全文可以分成五個部分，第一部分是引用《易傳》舉出黃龍見、蝗蟲見、麒麟見為受命之符，其中「黃龍見」一項最受重視，說：

> 《易傳》曰：「聖人受命而王，黃龍以茂己日見。」七月四日戊寅，黃龍見，此帝王受命之符瑞最著明者也。又曰：「初六，履霜，陰始凝也。」又有積蟲大穴天子之宮，厥咎然，今蝗蟲見，應之也。又曰：「聖人以德親比天下，仁恩洽普，厥應麒麟以戊己日至，厥應聖人受命。」又曰：「聖人清淨行中正，賢人福至民從命，厥應麒麟來。」

⓫ 有關漢代符瑞、災異與正統關係，可參王健文，《奉天承運——古代中國的國家概念及其正當性基礎》，頁250–259。

第二部分是利用讖緯，證明魏代漢，都許昌，皆有圖讖為憑，說：

《春秋漢含孳》曰：「漢以魏，魏以徵。」《春秋玉版讖》曰：「代赤者魏公子。」《春秋佐助期》曰：「漢以許昌失天下。」故白馬令李雲上事曰：「許昌氣見于當塗高，當塗高者當昌於許。」當塗高者，魏也；象魏者，兩觀闕是也；當道而高大者魏。魏當代漢。今魏基昌于許，漢徵絕于許，乃今見效，如李雲之言，許昌相應也。《佐助期》又曰：「漢以蒙孫亡。」說者以蒙孫漢二十四帝，童蒙愚昏，以弱亡。或以雜文為蒙其孫當失天下，以為漢帝非正嗣，少時董侯，名不正，蒙亂之荒惑，其子孫以弱亡。《孝經中黃讖》曰：「日載東，絕火光。不橫一，聖聰明。四百之外，易姓而王。天下歸功，致太平，居八甲；共禮樂，正萬民，嘉樂家和雜。」此魏王之姓諱，著見圖讖。《易運期讖》曰：「言居東，西有午，兩日並光日居下。其為主，反為輔。五八四十，黃氣受，真人出。」言午，許字。兩日，昌字。漢當以許亡，魏當以許昌。今際會之期在許，是其大效也。《易運期》又曰：「鬼在山，禾女連，王天下。」

第三部分說明自古帝王易姓，以九百二十年為一軌，漢自高祖至於今，已七百餘年，天之曆數將終結，說：

臣聞帝王者，五行之精；易姓之符，代興之會，以七百二十年為一軌。有德者過之，至于八百，無德者不及，至四百載。是以周家八百六十七年，夏家四百數十年，漢行夏正，迄今四百二十六歲。又高祖受命，數雖起乙未，然其兆徵始于獲麟。獲麟以來七百餘年，天之曆數將以盡終。

第四部分舉出火德衰而土德將興的例證，而符瑞並至就如黃帝、舜、禹、湯、文王、武王、漢高祖一樣，其文說：

> 帝王之興，不常一姓。太微中，黃帝坐常明，而赤帝坐常不見，以為黃家興而赤家衰，凶亡之漸。自是以來四十餘年，又熒惑失色不明十有餘年。建安十年，彗星先除紫微，二十三年，復掃太微。新天子氣見東南以來，二十三年，白虹貫日，月蝕熒惑，比年己亥、壬子、丙午日蝕，皆水滅火之象也。殿下即位，初踐阼，德配天地，行合神明，恩澤盈溢，廣被四表，格于上下。是以黃龍數見，鳳皇仍翔，麒麟皆臻，白虎效仁，前後獻見于郊甸；甘露醴泉，奇獸神物，眾端並出。斯皆帝王受命易姓之符也。昔黃帝受命，風后受《河圖》;舜、禹有天下，鳳皇翔，洛出《書》;湯之王，白鳥為符；文王為西伯，赤鳥銜丹書；武王伐殷，白魚升舟；高祖始起，白蛇為徵。巨跡瑞應，皆為聖人興。觀漢前後之大災，今茲之符瑞，察圖讖之期運，揆河洛之所甄，未若今大魏之最美也。

第五部分從天文星占理論，證明天降瑞應，其文說：

> 夫得歲星者，道始興。昔武王伐殷，歲在鶉火，有周之分野也。高祖入秦，五星聚東井，有漢之分野也。今茲歲星在大梁，有魏之分野也。而天之瑞應，並集來臻，四方歸附，襁負而至，兆民欣戴，咸樂嘉慶。《春秋大傳》曰：「周公何以不之魯？蓋以為雖有繼體守文之君，不害聖人受命而王。」周公反政，《尸子》以為孔子非之，以為周公不聖，不為兆民也。京房作《易傳》曰：「凡為王者，惡者去之，弱者奪之。易姓改代，天命應常，人謀鬼謀，百姓與能。」

因此種種原因，文帝應即天子位，故最後說：「伏惟殿下體堯舜之盛明，膺七百之禪代，當湯武之期運，值天命之移受，河洛所表，圖讖所載，昭然明白，天下學士所共見也。臣職在史官，考符察徵，圖讖效見，際會之期，謹以上聞。」許芝上奏內容，包羅萬有，列舉證據亦五花八門，其他大臣上奏不出許芝所述的範圍。

《三國志・蜀書・先主傳》記建安二十五年，先由劉豹、譙周等十二大臣上言，稱符瑞事。之後，許靖、麋竺、諸葛亮等群臣又再上言勸進劉蜀稱帝，舉出符瑞事例。綜合兩次上言，可分為三個部分。第一，批評曹氏篡弒，人心仍思漢，說：

> 曹丕篡弒，湮滅漢室，竊據神器，劫迫忠良，酷烈無道。人鬼忿毒，咸思劉氏。

第二，在符瑞圖讖證據中，處處顯出劉備當即帝位，說：

> 臣聞《河圖》、《洛書》，五經讖緯，孔子所甄，驗應自遠。謹案《洛書甄曜度》曰：「赤三日德昌，九世會備，合為帝際。」《洛書寶號印》曰：「天度帝道備稱皇，以統握契，百成不敗。」《洛書錄運期》曰：「九侯七傑爭命民炊骸，道路籍籍履人頭，誰使主者玄且來。」《孝經鉤命決錄》曰：「帝三建九會備。」群下前後上書者八百餘人，咸稱述符瑞，圖讖明徵。閒黃龍見武陽赤水，九日乃去。《孝經援神契》曰：「德至淵泉，則黃龍見」，龍者，君之象也。《易》乾九五「飛龍在天」，大王當龍升，登帝位也。又前關羽圍樊、襄陽，襄陽男子張嘉、王休獻玉璽，璽潛漢水，伏於淵泉，暉景燭耀，靈光徹天。夫漢者，高祖本所起定天下之國號也，大王襲先帝軌跡，亦興於漢中也。今天子玉璽神光先見，璽出襄陽，漢水之末，明大王承其下流，授與大王以天子之位，瑞命符應，非人力所致。昔周有烏魚之瑞，咸曰休哉。二祖受

命，《圖》《書》先著，以為徵驗。今上天告祥，群儒英俊，並進《河》《洛》，孔子讖記，咸悉具至。

第三，也是從天文星占理論，證明劉備即帝位是順天應人，應運而生的，說：

臣父群未亡時，言西南數有黃氣，直立數丈，見來積年，時時有景雲祥風，從璿璣下來應之，此為異端。又二十二年中，數有氣如旗，從西竟東，中天而行，《圖》《書》曰「必有天子出其方。」加是年太白、熒惑、填星，常從歲星相追。近漢初興，五星從歲星謀；歲星主義，漢位在西，義之上方，故漢法常以歲星候人主。當有聖主起於此州，以致中興。時許帝尚存，故群下不敢漏言。頃者熒惑復追歲星，見在胃昴畢；昴畢為天綱，《經》曰：「帝星處之，眾邪消亡。」聖諱豫，推揆期驗，符合數至，若此非一。臣聞聖王先天而天不違，後天而奉天時，故應際而生，與神合契。

群臣以「考省靈圖，啟發讖緯」情況，劉備宜即帝位，以順應天心。

孫吳政權，孫策、孫權兄弟，雄據江東，在天下分裂之時，已為一方霸主。建安二十五年，魏文帝稱帝，改漢為魏，劉備亦立即稱帝於蜀。反觀孫權並不急於稱帝，更稱臣於魏。《三國志・吳書・吳主傳》說：「魏文帝踐祚，權使命稱藩。」魏文帝亦策命孫權為吳王。孫權當然並非真心降附於魏，「初，權外託事魏，而誠心不款。」在魏文帝代漢時，孫權亦有即時稱帝之心。《三國志・吳書・吳主傳》裴注引《魏略》說：

權聞魏文帝受禪而劉備稱帝，乃呼問知星者，己分野中星氣何如，遂有僭意。而以位次尚少，無以威眾，又欲先卑而後踞之，為卑則可以假寵，後踞則必致討，致討然後可以怒眾，眾怒然後可以自大，故深絕蜀而專事魏。

孫權考慮到的問題，稱帝時機尚未成熟，未必能夠服眾。故此，先降魏而後反，當魏揮軍討吳時，便可激發眾怒，使人心歸附。孫權亦明言，降魏乃權宜之計。《三國志・吳書・吳主傳》裴注引《江表傳》說：

> 權群臣議，以為宜稱上將軍九州伯，不應受魏封。權曰：「九州伯，於古未聞也。昔沛公亦受項羽拜為漢王，此蓋時宜也，復何損邪?」遂受之。

孫權援引歷史，以劉邦受封於項羽，亦順時之計，只在等待適當的時機。《三國志・吳書・吳主傳》裴注引《江表傳》記孫權辭不稱帝，說：

> 權固辭讓曰：「漢家堙替，不能存救，亦何心而競乎?」群臣稱天命符瑞，固重以請。權未之許，而謂將相曰：「往年孤以玄德方向西鄙，故先命陸遜選眾以待之。聞北部分，欲以助孤，孤內嫌其有挾，若不受其拜，是相折辱而趣其速發，便當與西俱至，二處受敵，於孤為劇，故自抑按，就其封王。低屈之趣，諸君似未之盡，今故以此相解耳。」

孫權雖稱臣於魏，但魏吳關係一直都處於緊張狀態。如果孫權不受吳王封拜，兩面受敵，情勢至為不妙。及至黃龍元年，孫權才即皇帝位。在此之前，群臣亦稱天命符瑞，勸進孫權稱帝。在孫權即位，告天之文，說：

> ……休徵嘉瑞，前後雜沓，曆數在躬，不得不受。權畏天命，不敢不從，謹擇元日，登壇燎祭，即皇帝位。惟爾有神饗之，左右有吳，永終天祿。

此告天之文，旨在證明漢祚已終，統理天下的皇帝位懸空。而孫吳位處於東南方位，正「遭值期運」，自建安三年，便有「新天子氣見于東南」。

因此，孫權即皇帝位，是應上天降下的各種「休徵嘉瑞」。

三國政權，不斷地製造各種「休徵嘉祥」，表明得天意而稱帝。從上引魏蜀吳三國群臣勸詮即皇帝位，皆引證了各種符命祥瑞，足見當時以符命祥瑞為據，來驗證天命所歸。由於當時引證符瑞之多，難以盡數枚舉，其中「黃龍見」一項，魏太史丞許芝明言「此帝王受命之符瑞最著明者也」，而三國政權在引述符命的項目中，「黃龍見」是共同引證的。

孫權稱帝，即改元黃龍，此由於黃龍出現的關係。黃龍出現，實為顯現為一符瑞嘉祥，在漢魏易代之際，有其很特殊的意思，顯得極為重要。魏吳爭相以黃龍出現，表示得天命所歸，在《三國志》中都記錄下來。從《三國志・吳書》記載黃龍出現時間，共四次：

> 黃武元年春三月，鄱陽言黃龍見。
>
> 黃龍元年夏四月，夏口、武昌並言黃龍、鳳凰見。
>
> 赤烏五年三月海鹽縣言黃龍見。
>
> 永安六年泉陵言黃龍見。

所以，孫權改元黃龍，即表示得黃龍之符瑞。而孫權亦非常重視「黃龍見」。《三國志・吳書・是儀胡綜傳》記：

> 黃武八年夏，黃龍見夏口，於是權稱尊號，因瑞改元。又作黃龍大牙，常在中軍，諸軍進退，視其所向，命（胡）綜作賦，曰：「……在昔周室，赤烏銜書，今也大吳，黃龍吐符。合契河洛，動與俱道，天贊人和，僉曰惟休。」

在〈孫權傳〉中，此事發生於黃武八年夏四月，謂「夏口、武昌並言黃龍、鳳凰見。」在〈是儀胡綜傳〉中，孫權顯然重視的是「黃龍見夏口」，所顯然出特殊意義。鳳集河清，是歷代所重的祥瑞，反而不被強調。黃龍年號就是「因瑞改元」的產物，又做黃龍大牙，用來指揮軍隊；並命胡綜作賦，可謂大書特書。黃龍在吳出現，正好相比於周代赤烏銜書。

除了太史丞許芝在〈條魏代漢見讖緯〉所載「七月四日戊寅，黃龍見」之外，《三國志・魏書・文帝紀》記載：

> 初，漢熹平五年，黃龍見譙，光祿大夫橋玄問太史令單颺：「此何祥也?」颺曰：「其國後當有王者興，不及五十年，亦當復見。天事恆象，此其應也。」內黃殷登默而記之。至四十五年，登尚在。三月，黃龍見譙，登聞之曰：「單颺之言，其驗茲乎!」

在熹平年間，黃龍見譙，而曹操正是沛國譙人。太史令單颺不太可能說出這樣的話，謂有「當有王者興」，此與造反無異，殷登也只不過奉承之詞。《三國志・魏書》記黃龍出現，亦有五次之多：

> 高貴鄉公正元元年冬十月戊戌，黃龍見于鄴井中。
>
> 正元二年，青龍、黃龍仍見頓丘冠軍陽夏縣界井中。
>
> 正元四年正月，黃龍二，見寧陵縣界井中。
>
> 景初元年春正月壬辰，山茌縣言黃龍見。
>
> 景元元年十二月甲申，黃龍見華陰縣井中。

一共六次「黃龍見」記載，其中四次都恰巧在井中發現的，又代表了甚麼意思?

蜀國群臣勸進劉備稱帝，亦謂黃龍見。上引諸葛亮等群臣上言勸進劉蜀稱帝載：「今黃龍見武陽赤水，九日乃去。」蜀漢記載「黃龍見」只此一次。此事所記時日不明，恐怕只是匆匆虛構出來。

總而言之，魏蜀吳都採用了「黃龍見」這個符瑞，而且非常重視。是否真有黃龍，固然無法確定。三國勸進稱帝的群臣，不約而同地宣稱黃龍在自己土地上出現，如此頻繁地出現，實令人難以置信。究竟黃龍出現有甚麼意義，值得如此不斷重覆地載錄下來。

東漢一朝行火德⓬，在五行相生說中，火生土，「漢行氣盡」，則代之而起者為「土德」而色尚黃。《三國志・魏書・文帝紀》裴注引《獻帝傳》記文帝受禪時說：

> 今朕承帝王之緒，其以延康元年為黃初元年，議改正朔，易服色，殊徽號，同律度量，承土行，大赦天下。

不僅曹魏行土德，孫吳也推算為土德之運。凡是新王朝建立，為了表示受命，必然改易前朝制度，尤其五德終始、三統說盛行後。顧頡剛在〈五德終始說下的政治和歷史〉列出每一德運都有其所屬正朔、服色、度數、音律、政術五項。⓭董仲舒〈三代改制質文篇〉說：「受命於天，易姓更王，非繼前王而王也。若一因前制，修故業，而無有所成，是與繼前王而王者無以別。受命之君，天之所大顯也。」又說「王者必改正朔，易服色，制禮樂，一統於天下，所以明易姓非繼人，通已受之於天也。」改制的目的是顯示受天命，確定天下易姓。《史記・賈生列傳》記：「賈生以為漢興至孝文二十餘年，天下和洽而固，當改正朔，易服色，法制度，定官名，興禮樂。乃悉草具其事儀法，色尚黃，數用五，為官名，悉更秦之法。」此段說明，改正朔、易服色之事，是根據五德終始運轉定下的規則，不能隨意改動，德運與制度之間扣上緊密關係。在漢中葉後，又從五德終始說轉變而成三統說，三統說興起，往後改制混雜了五德終始說和三統說。

魏文帝以受禪於漢，因循漢正朔而不改，沿用四分曆。文帝年間，一直討論改曆問題，到景初元年正月，以黃龍再見於山茌縣，以三統論

⓬ 漢代火德說，相關資料可參饒宗頤，前揭書，資料二〈漢火德考〉所引資料，頁264–267。

⓭ 顧頡剛，〈五德終始說下的政治和歷史〉，收入《古史辨》第五冊（上海：商務印書館，1980），頁428–429。

中得地統，遂改正朔，以建丑為歲首，改用殷禮，行景初曆。《宋書・禮一》記明帝詔說：

> 著明天人去就之符，無不革易制度，更定禮樂，延群后，班瑞信，使之煥炳可述于後也。至于正朔之事，當明示變改，以彰異代，曷疑其不然哉。……今遵其義，庶可以顯祖考大造之基，崇有魏維新之命。

由此可見，改曆法為推算三統五德運數，具彰顯異於前代，表明天命所歸的意義。蜀漢則以遠紹漢室，襲用後漢元和二年以來的四分曆。孫吳則用後漢末劉洪所造乾象曆（東漢一直未行乾象曆）。孫權在黃武二年正月，「改四分，用乾象曆」，一直到使用至吳亡。⓮孫權此舉，正顯示出其野心。裴注引〈江表傳〉說：

> 權推五德之運，以土行用未祖辰臘。

孫權與魏明帝的改曆，實為同一野心。所以，孫權野心早已暴露，遲遲稱帝只不過政治形勢考慮而已。孫權推算自己五德之中為土德，此是以孫吳為土德代劉漢之火德，表明五德終始說中承繼關係。五色之中，土德尚黃，故黃龍從顏色上說，表示了應土德之運。《淮南子・天文訓》在解釋何謂五星時說：

> 中央，土也，其帝黃帝，其佐后土，執繩而制四方。其神為鎮星，其獸為黃龍，其音宮，其日戊己。

黃龍屬於土的神獸。《史記・封禪書》記載：

⓮ 四分曆和乾象曆內容，可參陳遵嬀，《中國天文學史》第5冊《曆法曆書》（臺北：明文書局，1988），頁129–133；董粉和，《中國秦漢科技史》第一章（北京：人民出版社，1994），頁11–13。

秦始皇既并天下而帝，或曰：「黃帝得土德，黃龍地螾見。……」

在五德終始說中，因黃帝為土德而黃龍見，後世便以得土德便會有黃龍現，故又有謂「土德之應黃龍見」。

為甚麼在魏吳出現的黃龍都在井中？唐・瞿曇悉達《開元占經》卷一百二十〈龍魚蟲占・龍見井中〉引《潛潭巴》說：「龍從井出，聖人在下位，今而見勢稍大，欲猾亂時，主祥也。」據此占辭，龍從井出，對於在下位者而言，是主祥的。而曹丕與孫權，名義上，相對漢獻帝而言，都是在下位。又《宋書・符瑞中》說：「黃龍者，四龍之長也。不漉池而漁，德至淵泉，則黃龍游於池。能高能下，能細能大，能幽能冥，能短能長，乍存乍亡。」黃龍見於井，也是可能配合「德至淵泉」說法。

至於龍，即人君之象。⓯《三國志・魏書・三少帝紀》裴注引《漢晉春秋》說：

是時龍仍見，咸以為吉祥。帝（高貴鄉公）曰：「龍者，君德也。上不在天，下不在田，而數屈於井，非嘉兆也。」仍作《潛龍》之詩以自諷，司馬文王見而惡之。⓰

黃龍出現的含意，就是應土德的君主出現。這就合乎當時明圖讖諱者所言，漢家火德已盡，而黃家當立的意思。《三國志・魏書・文帝紀》裴注引太史丞許芝〈條魏代漢見讖諱于魏王〉開首即說：

《易傳》曰：「聖人受命而王，黃龍以戊己日見。」七月四日戊寅，黃龍見，此帝王受命之符瑞最著明者也。……是以黃龍數見，鳳皇仍翔，麒麟皆臻，白虎效仁，前後獻見于郊甸；甘露醴泉，奇獸神物，眾瑞並出。斯皆帝王受命易姓之符也。

⓯ 龍為君之象，可參顧頡剛，前揭文，頁424。

⓰ 高貴鄉公由於受到司馬氏控制，故有「潛龍勿用」之嘆。

許芝特別重視「黃龍見」為受命最顯著的符瑞，而眾多符瑞之中，亦以「黃龍見」置於開首。《三國志・魏書・明帝紀》記：

> 景初元年春正月壬辰，山茌縣言黃龍見。於是有司奏，以為魏得地統，宜以建丑之月為正。三月，定曆改年為孟夏四月。服色尚黃，犧牲用白，戎事乘黑首白馬，建大赤之，朝會建大白之旗。改太和曆曰景初曆。

文帝朝，太史丞許芝以黃龍見為符瑞，即為文帝受命於天的最佳明證。明帝朝諸大臣以黃龍出現時，又配合劉歆三統說。《漢書・律曆志》記劉歆著《三統曆》說：「三代各據一統，明三統常合，而迭為首，登降三統之首，周還五行之道也。故三五相包而生。天統之正，始施於子半，日萌色赤。地統受之於丑初，日肇化而黃，至丑半，日牙化而白。人統受之於寅初，日孽成而黑，至寅半，日生成而青。」地統配黃，諸臣以黃龍現為地統，而地統化自丑，故以建丑之月為正。曹魏以「黃龍見」為得三統五德德運證據。[17]

《三國志・蜀書・先主傳》記諸葛亮等群臣上言勸進劉蜀稱帝，舉出符瑞事例，說：

> 閒黃龍見武陽赤水，九日乃去。《孝經援神契》曰：「德至淵泉則

[17] 《宋書・禮一》記載得較為詳細，明帝說：「今推三統之次，魏得地統，當以建丑之月為正。」三統說，以朝代變更歸於三個統循環。若在五德終始說，建丑是金德之應，兩者是矛盾的。據顧頡剛〈五德終始說下的政治和歷史〉，漢中葉三統說從五德終始說中演變出來，以赤黑白配夏商周，而兩說皆有其對應正朔、服色等等。但兩說是矛盾的，解決辦法是取三統說中的正朔而去其服色，取五德終始說中的服色而去其正朔。裴松之解釋這段文字，說：「魏為土行，故服色尚黃；行殷之時，以建丑為正」，由於明帝推魏為地統，依三統說按殷商制度而行。

黃龍見。」龍者，君之象也。《易》乾九五「飛龍在天」，大王當龍升，登帝位也。

此事所記時日不明。但總而言之，魏蜀吳都採用了「黃龍見」這個符瑞，而且非常重視。東漢一朝，行火德，在五行相生說中，火生土，「漢行氣盡」，則代之而起者為「土德」而色尚黃。魏吳證明代漢，從五德終始說看來，就是以土代漢，而色尚黃。故此，在當時所見很多符瑞都為黃色，如上引「黃氣」。魏當然行土德，吳亦推德運為土。

蜀國出現黃龍的資料，只見於《三國志・蜀書・先主傳》群臣上言勸進時，之後再沒有出現（或即沒有再偽做），原因是蜀國以漢氏苗裔自居，遠紹漢室，故不能受禪，劉備稱帝只是「中興漢室」。「黃龍見」正顯示從火德轉至土德的重要符命，如果以「黃龍見」為應，表示漢統已絕，劉備為漢室之後最重要的理據都會喪失。因此，蜀國稱「黃龍見」只稱龍代表「君之象」，劉備應龍升登帝而已，而不是用來證明從火德轉至土德之應。此由亦可見，「黃龍見」作為稱帝符瑞的重要，蜀臣亦不得不徵引為據。

由此可見，三國政權皆爭相利用各種符瑞，以證明本身政權的合法性。在各種理據之中，天文星占之學在論證正統之中，佔有很重要的地位，下一節主要探討三國政權如何利用天文星占之學，爭相證明本身政權的合法性。

七、三國正統之爭與星占術

中國歷代將天文星占之學，為官方獨佔，不許官方以外存在。這種情況在統一時代尤為明顯。星占理論是一個複雜而龐大的體系，以五行生剋說、天人感應說為核心，再配合分野體系組成。日月五星各類天文現象，是自然現象，本與人事無關。星占學則透過特殊異天文現象（所謂特殊，是古人眼中視為不尋常，不能以今天天文學知識來量度），預示了人世間的種種事情，當中關係最大的就是國家大事。正如中山茂所言，中國星占學屬於預警性系統，是利用天象觀察（尤其特殊天象）來預測國家大事。⑱在國家大事範圍而言，非常重要的一環無疑是朝代轉易。江曉原指出：中國星占學最根本的功能，是事先預測天命轉移；在政權爭奪中，盡力昭示天命所歸；事後則闡釋天命何以拋棄前朝並轉而眷顧我朝。⑲

在春秋時代，已發展出以天象作為預兆，將天人之間扣上連帶關係。天不言，天象就是表示上天的意旨，故觀天象就能知人事。《史記・天官書》記載秦漢以來天象所顯示著人事的變化，司馬遷說：

> 秦始皇之時，十五年彗星四見，久者八十日，長或竟天。其後秦遂以兵滅六王，并中國，外攘四夷，死人如亂麻，因以張楚並起，三十年之閒，兵相駘藉，不可勝數。自蚩尤以來，未嘗若斯也。項羽救鉅鹿，枉矢西流，山東遂合從諸侯，西坑秦人，誅屠咸陽。漢之興，五星聚于東井。平城之圍，月暈參、畢七重。諸呂作亂，日蝕，晝晦。吳楚七國叛逆，彗星數丈，天狗過梁野；及兵起，遂伏尸流血其下。元光、元狩，蚩尤之旗再見，長則半天。其後京師師四出，誅夷狄者數十年，而伐胡尤甚。越之亡，熒惑守斗；朝鮮之拔，星茀于河戍；兵征大宛，星茀招搖。此其犖犖大者。若至委曲小變，不可勝道。由是觀之，未有不先形見而應隨之者

⑱ S. Nakayama（中山茂），"Characteristics of ChineseAstrology", Isis, 1966, 57(4): 442–454.

⑲ 江曉原，《歷史上的星占學》第九章（上海：上海科技教育出版社，1995），頁284。

也。

漢高祖興、平城之圍、諸呂作亂、吳楚七國之叛，以及武帝伐四夷，皆有天象相應。在《漢書・天文志》也說：

凡天文在圖籍昭昭可知者，經星常宿中外宮凡百一十八，積數七百八十三星，皆有州國官宮物類之象。其伏見蚤晚，邪正存亡，虛實闊，及五星所行，合散犯守，陵歷鬥食，彗孛飛流，日月薄食，暈適背穴，抱珥蜺，迅雷風袄，怪雲變氣：此皆陰陽之精，其本在地，而上發于天者也。政失于此，則變見于彼，猶景之象形，鄉之應聲。

天象與人事，就如物與形，聲與嚮的關係。《淮南子・泰族訓》說：「天之與人有以相通也，故國危亡而天文變，世惑亂而虹霓見，萬物有以相聯，精祲有以相蕩也。」總而言之，天人感通，萬物相聯，透過觀測天象，可了解人事，尤其國家危亡之際，天上更出現特殊現象，以作預示。星占學占驗事情，其中重要一環，是配合分野理論（如二十八宿和十二分次）運作。把天上某部分星宿只與地上的某一地區相應，那部分星宿中所發生的某種變異，只是它相應地上區域發生事情，換言之，就是將天上星宿對應地上的區域分配法。[20]

在分裂時代，列國相爭，星占學特別興盛。由於列國不相統屬，各先都可延攬星占人材，服務政府，發掘有利於自已的天文現象，或指示國家行事。《史記・天官書》說：「田氏簒齊，三家分晉，並為戰國，爭于攻取，兵革更起，城邑數屠，因以饑饉疾疫焦苦，臣主共憂患，其察禨祥、候星氣尤急。」列國競爭，爭相以星占為據，表示得天之命。三

[20] 可參陳遵嬀，《中國天文學史》第二冊第十二章〈分野〉（上海：上海人民出版社，1982），頁419–425。江曉原，前揭書，頁284。

國時代，魏蜀吳三國同樣爭相以天文星占為據，顯示正統。《三國志・蜀書・黃權傳》裴注引《蜀記》說：

> 魏明帝問黃權：「天下鼎立，當以何地為正?」對曰：「當以天文為正。往者熒惑守心而文皇帝崩，吳蜀二主平安，此其徵也。」

黃權明言，要知道正統所在，則「當驗天文」，並用熒惑守心的天象聯繫上魏文帝死一事，作為應天之象。以國君死為應天象，又如《開元占經》卷六〈日占二・日中烏見〉引《抱朴子》說：

> 吳赤烏十三年，日中烏見，三足。然魏、蜀不見。孫權死。

葛洪是丹揚人，極有可能認同孫吳為受命於天的政權。「日中（三足）烏見」為古代后羿射日神話中出現，在漢代出土磚畫象石亦常見㉑，固然難以視為真確。在星占學中「日中烏見」是非常不祥的預兆，《開元占經》卷六（日占二・日中烏見）引《洛書》說：「日中有烏見，名曰陰德，不出六十日，兵出。從其所向伐之，勝。若有國主死。」孫權死，不是值得慶幸的，而是利用一個特殊天象，表明孫權死乃應「日中烏見」，也從一個側面來反映天命所歸。

曹丕、劉備、孫權在口號上雖尊漢室，各懷鬼胎，皆有稱帝之心。為著預備稱帝，必先制造漢室已衰，可取而代之的理據。從天文星占學，時人也推算火德已盡，為代漢輿論。《三國志・魏書・武帝紀》裴注引張璠《漢紀》說：

> 初天子敗于曹陽，欲浮河東下。侍中太史令王立曰：「自去春太白犯鎮星于牛、斗，過天津，熒惑又逆行守北河，不可犯也。」由

㉑ 參徐振韜、蔣窈窕，《中國古代太陽黑子研究與現代應用》（南京：南京大學出版社，1990），頁12–16。

是天子遂不北渡河，將自軹關東出。立又謂宗正劉艾曰：「前太白守天關，與熒惑會；金火交會，革命之象也。漢祚終矣，晉魏必有興者。」立後數言于帝曰：「天命有去就，五行不常盛，代火者土也，承漢者魏也，能安天下者，曹姓也，唯委任曹氏而已。」公聞之，使人語立曰：「知公忠于朝廷，然天道深遠，幸勿多言。」

王立身為太史令，負責天文之事，以太白（金星）留在天關，與熒惑（火星）相會，在五行而言，即金火交會，據《開元占經》卷二十一〈五星占四・熒惑與太白相犯二〉載，在星占學上金火交會，熒惑與太白相犯，與兵起之事有關，解釋為革命之象。在此王立表達的是所革者為漢室天命，故謂「天命有去就，五行不常盛」，並謂曹操能以土德代漢。王立可能只是尋找有利曹操代漢的理論依據，向他靠攏而已。《宋書・符瑞上》又記太史丞許芝上書以天文祥瑞言禪代事，其中說：

延康元年九月十日黃昏時，月蝕熒惑，過人定時，熒惑出營室，宿羽林。月為大臣侯王之象；熒惑火精，漢氏之行。占曰：「漢家以兵亡。」……熒惑火精，行縮日一度有餘。故太史令王昱以為漢家衰亡之極。熒惑大而赤色，光不明，赤而小，與小星無別，皆漢家衰亡之異也。

許芝以魏代漢之心，昭然若揭。以月為大臣之象，而月蝕熒惑，由於漢行火德，而熒惑在五行中屬火，即代表了火德已衰，代漢者為大臣，此非曹氏莫屬，全都是製造曹魏受禪漢室的輿論。

以天文星占證明正統的情況，在三國時代所見是普遍的，下面試加析論。《三國志・魏書・文帝紀》裴注引《獻帝傳》記司馬懿、鄭渾、羊秘、鮑勛、武周上言勸說曹丕受禪：

今漢室衰，自安、和、沖、質以來，國統屢絕，桓靈荒淫，祿去

> 公室，此乃天命去就，非一朝一夕，其所由來久矣。殿下踐祚，至德廣被，格于上下，天人感應，符瑞并臻，考之舊史，未有若今日之盛。

群臣上言皆言曹丕能得「天人之應」。同書又記太史丞許芝言以魏代漢，其中以天象為據，先論證漢火德已滅，說：

> 天之曆數將以盡終。帝王之興，不常一姓。……自是以來四十餘年，又熒惑失色不明十有餘年。建安十年，彗星先除紫微，二十三年，復掃太微。新天子氣見東南以來，二十三年，白虹貫日，月蝕熒惑，比年己亥、壬子、丙午日蝕，皆水滅火之象也。

因漢行火德，諸種天象顯示了水滅火之象，即漢代曆運已終。反之，如何論證自己得天命？又說：

> 夫得歲星者，道始興。昔武王伐殷，歲在鶉火，有周之分野。高祖入秦，五星聚東井，有漢之分野也。今茲歲星在大梁，有魏之分野也。而天之瑞應，並集來臻，四方歸附，襁負而至，兆民欣戴，咸樂嘉慶。

鶉火、東井、大梁都是不同分野理論對星空的劃分，前文已述，不同分野對應著不同地上的地區。歲星停留的分野宿區表示其相應區域的事驗，據《開元占經》卷二十三〈歲星占一・歲星名主一〉分別引《石氏》說：「歲星所在之國不可伐，可以伐人」、《甘氏》說「邦將有福，歲星留居之」、《荊州占》說「歲星居次順常，其國不可加兵，可以伐無道之國，伐之必剋」，歲星所在宿區，對應地上區域之國，是好的預兆。今歲星在大梁，在分野理論中對應著魏。其後，給事中博士蘇林、董巴又上表說：

> 天有十二次以為分野，王公之國，各有所屬，周在鶉火，魏在大梁。歲星行歷十二次國，天子受命，諸侯以封。周文王始受命，歲在鶉火，至武王伐紂十三年，歲星復在鶉火，故《春秋傳》曰：「武王伐紂，歲在鶉火；歲之所在，即我有周之分野也。」昔光和七年，歲在大梁，武王始命，為時將討黃巾。是歲改為中平元年。建安元年，歲星在大梁，始拜大將軍。十三年復在大梁，始拜丞相。今年二十五年，歲復在大梁，陛下受命。此魏得歲與周文王受命相應。

蘇林、董巴所用天象事驗，與許芝完全一樣，卻較為詳細，主要引證曹魏代漢，與武王克殷，文王應天命一樣。每次歲星在大梁，都有特別事驗，從曹操受命討黃巾、拜相，至建安二十五年就應該受禪了。又《宋書・天文志三》記，魏文帝據五星聚而受禪：

> 建安二十二年，四星又聚。二十五年而魏文受禪。此為四星三聚而易行矣。蜀臣亦引後聚為劉備之應。……魚豢云：「五星聚冀方，而魏有天下。」

五星聚冀，冀在十二州分野對應二十八宿分野的昴、畢，其地應在魏，故謂魏有天下。《開元占經》卷十九〈五星占一・五星相犯〉說：「周將代殷，五星聚于房。齊桓將霸，五星聚于箕。漢高祖入秦，五星聚于東井。」歷史上多次改朝換代，都出現五星聚。五星聚在星占學上，有改朝換代之意。

對於魏文帝引五星聚而受禪，劉備引以此為當王之證據，「蜀臣亦引為劉備之應」。《三國志・蜀志・先主傳》記，建安二十五年，魏文稱帝，改元黃初，當時傳聞獻帝被害，劉備遂發喪，時群臣上言：

> ……是年太白、熒惑、填星，常從歲星相追。近漢初興，五星從

歲星諜；歲星主義，漢位在西，義之上方，故漢法常以歲星候人主。當有聖主起於此州，以致中興。時許帝尚存，故群下不敢漏言。頃者熒惑復追歲星，見在胃昴畢；昴畢為天綱，《經》曰：「帝星處之，眾邪消亡。」聖諱豫，推揆期驗，符合數至，若此非一。臣聞聖王先天而天不違，後天而奉天時，故應際而生，與神合契。願大王應天順民，速即洪業，以寧海內。

〈蜀志〉所記只有四星聚而非五星聚。在漢高祖興起時，五星聚兼且四星追歲星，漢室以歲星為帝星，用來占驗人主。今四星聚且三星追歲星，而漢位在西，故當有中興之君，於是劉備應此驗而應該稱帝。㉒

至於孫吳方面，《三國志・吳書・吳主傳》裴注引《魏略》說：

權聞魏文帝受禪而劉備稱帝，乃呼問知星者，己分野中星氣何如，遂有僭意。

孫權曾訪於星占家，希望知道在自己所屬的分野，天象上有甚麼啟示，可以借此而成為稱帝的藉口。孫權所訪的星占家是誰，已不得而知了。但是，孫權問星占家，希望從中得知天意啟示，這是完全有可能的。

孫權對於星占風氣人材特別重視，希望從中得知天意。《三國志・吳書》雖無〈方技傳〉，但在卷六十三〈吳範劉惇趙達傳〉，專門記載這類能占驗的異人。吳範，「字文則，會稽上虞人也。以治曆數，知風氣，聞於郡中。舉有道，詣京師，世亂不行。會孫權起於東南，範委身服事，每有災祥，輒推數言狀，其術多效，遂以顯名。」吳範治曆數風氣，能知災祥，也懂推明天意。《三國志・吳書・吳範劉惇趙達傳》記：

㉒ 有關魏蜀利用天文星占引證正統，拙文有比較詳細的討論，見〈受禪與中興：魏蜀正統之爭與天象事驗〉，載《自然辯證法研究》1996年第6期，頁40–47。

> 及壬辰歲，範又白言：「歲在甲午，劉備當得益州。」後呂岱從蜀還，遇之白帝，說備部眾離落，死亡且半，事必不克。（孫）權以難範，範曰：「臣所言者天道也，而岱所見者人事耳。」備卒得蜀。

吳範從天顯示出來的預告知道劉備會得到益州，比起呂岱從人事中推測來得準確。由於吳範占驗明審，「權以範為騎都尉，領太史令，數從訪問，欲知其決。」

劉惇，「字子仁，平原人也。遭亂避地，客游廬陵，事孫輔。以明天官達占數顯于南土。每有水旱寇賊，皆先時處期，無不中者。輔异焉，以為軍師，軍中咸敬事之，號曰神明。」《三國志・吳書・吳範劉惇趙達傳》記：

> 建安中，孫權在豫章，時有星變，以問惇，惇曰：「災在丹楊。」權曰：「何如?」曰：「客勝主人，到某日當得問。」是時邊鴻作亂，卒如惇言。惇於諸術皆善，尤明太乙，皆能推演其事，窮盡要妙，著書百餘篇，名儒刁玄稱以為奇。惇亦寶愛其術，不以告人，故世莫得而明也。

劉惇懂星占之術，從星變便知有亂事發生，甚至能準確地測知發生地點在丹楊。由此知道孫權是深信占驗之術的，許多事情都依賴術數之士推算。因而極希望在稱帝時，得到天意，顯示天命所歸，完全是有可能的。當然，要尋找這一類星占學上的理據，並不困難，甚至偽做也可。㉓

㉓ 如前引黃權對魏明帝說，熒惑守心而文帝死，及五星聚而文帝受禪兩事，這兩次天象都是偽做出來的。參黃一農，〈星占・事應・偽做天象──以熒惑守心為例〉，載《自然科學史研究》第10卷第2期，1991年，頁121；Yi-LongHuang, "A Study of Five-planet Conjunctions in Ancient

從本節討論得知，當時魏蜀吳三國在稱帝時，都從天文星占角度，考慮天命所歸問題，顯示正統所在。既然天文星占在論證政權合法性問題上，佔據重要地位，陳壽在撰寫《三國志》時，就不得不格外留神，小心處理。

八、陳壽《三國志》對天文星占材料的處理

從三國時期時人對正統問題的考慮，天文星占是核心的證據。當然，不必視這些天文現象為真確，而是在這種思想支配下，不得不如此運用。時人引證正統，都以此為憑，陳壽生於當世，是否相信這種天人感應說是一個問題，但不可能沒有認識。

第一，古代史官的職責之一，是仰觀天象。司馬遷自言「文史星曆，近乎卜祝之間。」曹魏太史丞許芝亦謂：「臣職在史官，考符察徵，圖讖效見。」又如前述太史令王立、許芝都上言天文星占之事。正如《史通・史官建置篇》說：「尋自古太史之職，雖以著述為宗，而兼掌曆象日月，陰陽管數。」可見古代史官職責必考究天文，陳壽在蜀時任觀閣令史，仕晉則為著作郎，沒有可能不明天文圖讖之事。

第二，陳壽本人「銳精《史》《漢》」(《華陽國志・陳壽傳》)，對於《史記》、《漢書》表達的天人感應下天文星占學說，沒有不清楚的理由。

第三，從蜀地學術風氣而言，三國時代蜀地學術風氣充斥著占候學問。《三國志・蜀書・杜周杜許孟來尹李譙郤傳》所載，廣漢楊厚善圖讖學（見《後漢書・楊厚傳》)、董扶（見《後漢書・方術列傳》)、任安（見《後漢書・儒術列傳》）等開其風，繼之周舒及其子群、張裕、杜瓊。陳壽師承於譙周，譙周曾問《春秋讖》「當塗高」於周群和杜瓊。〈譙周傳〉說他「治《尚書》，兼通諸經及圖、緯。」在劉備稱帝時，譙

ChineseHistory", Early China, 15(1991), pp. 97–112.

周與劉豹、向舉、張裔、黃權（曾對魏明帝謂正統屬誰，當驗天文，見上引）、殷純、趙莋、楊洪、何宗（《華陽國志》載何宗曾推劉備「應九世之運」）、杜瓊、張爽、尹默共同上言，引天文符瑞圖讖證明劉備得天命所歸。周群更曾經兩次以天象預測人事，一次是建安十二年十月，「有星孛于鶉尾，荊州分野，群以為荊州牧將死而失土」；另一次是建安十七年十二月，「星孛于五諸侯，群以為西方專據土地者皆將失土」（《三國志・蜀書・周群傳》裴注引《續漢書》）。㉔所以，從上述三方面來看，陳壽對引證天文星占之說來證明正統，是應該曉得的。

至此可以再進一步申論：其一，漢晉時人引證正統，都會從天文星占角度考慮（當然天文星占只不過其中之一項）。其二，陳壽撰《三國志》面對所獲的材料，是經過思考與選擇的。《晉書・王沈傳》稱王沈《魏書》「多為時諱，未若陳壽之實錄也。」王沈《魏書》乃官修史書，陳壽必然參考過，而修撰《晉書》者也必然見過王沈書及陳壽書，並加以對比，才可下如此的結論。陳壽《三國志》與王沈《魏書》有如此分歧，肯定陳壽對所見當時史書的材料，經過思考與選擇才運用的。其三，陳壽未必一定相信天人感應之說，但沒有理由不明其事，以及不知道時人依賴天文星占作正統憑據。由此觀之，儘管不能證明陳壽相信天人感應說，但在撰《三國志》時，面對這些材料的時候，就不能不考慮到反映到的正統問題。

前文已述，從星占學角度而言，當有特殊天文現象發生，在人事上有若干占驗相應。陳壽對於這些材料也直記不諱。《三國志・魏書・武帝紀》記：「初，桓帝時有黃星見於楚宋之分，遼東殷馗善天文，言後五十歲當有真人起于梁沛之間，其鋒不可當。至是凡五十年，而公破紹，

㉔ 有關後漢以來蜀地讖緯之學風氣，可參吉川忠夫，〈蜀における讖緯の學の傳統〉，收入安居香山編，《讖緯思想の綜合的研究》（東京：國書刊行會，1984），頁104–136。

天下莫敵矣。」殷馗觀天象，見黃星見於楚宋分野，以此相應的占驗「後五十歲有真人起于梁沛之間」，及後果然曹操破袁紹。在眾多星占之中，天變與大臣去世，陳壽特別注意而記錄下來。《三國志・魏書・文帝紀》：

> （黃初四年三月）癸卯，月犯心中央大星，丁未，大司馬曹仁薨。是月大疫。

《三國志・魏書・明帝紀》：

> （太和五年）冬十一月乙酉，月犯軒轅大星。戊戌晦，日有蝕之。十二月甲辰，月犯鎮星。戊午，大尉華歆薨。

《三國志・魏書・明帝紀》：

> （太和六年）十一月丙寅，太白晝見。有星孛于翼，近太微上將星。庚寅，陳思王植薨。

《三國志・魏書・明帝紀》：

> （青龍四年七月）甲寅，太白犯軒轅大星。冬十月乙卯，行還洛陽宮。甲申，有星孛于大辰，乙酉，又孛于東方。十一月己亥，彗星見，犯宦者天紀星。十二月癸巳，司空陳群薨。

《三國志・魏書・明帝紀》：

> （景初二年二月）癸丑，月犯心距星，又犯心中央大星。夏四月庚子，司徒韓暨薨。

《三國志・魏書・明帝紀》：

> （景初二年八月）閏月，月犯心中央大星。十二月乙丑，帝寢疾

不豫。

這些天象與大臣薨，不是純粹時間上先後記載。參考《宋書・天文志》、《晉書・天文志》記載就清楚知道是一種占驗記錄，只不過省去當中占辭，此因為這些天象是記在〈紀〉，不是在〈志〉，故只有事驗而沒有占辭。當然，在〈魏紀〉中還有不少天象記錄，此處僅說明陳壽處理天文材料時，將天文異象對應著魏國發生大事。

在吳國，天文現象也一樣記載下來。《三國志・吳書・吳主傳》記：

（嘉禾五年）冬十月，彗星于見東方，都城賊彭旦等為亂。

彗星現東方，在星占學上是代表主亂有兵事。《開元占經》卷八十八〈彗星占・彗孛名狀占二〉引《春秋感精符》說：

星孛于東方，言陰奪陽，臣代主，以兵相滅，以勢相乘，天下變易，帝位久空，人人僥倖，布衣縱橫，禍未定息，主滅亂起，陰動爭明之異也。

又引巫咸說：

彗星出東方，其下發兵與天子爭，人主亡。

當時情況完全未至於「帝位久空」、「人主亡」，但彭旦亂正應了「布衣縱橫」、「其下發兵與天子爭」，陳壽將兩事同載亦有其深意在。又《三國志・吳書・吳主傳》記：

（赤烏）十三年夏五月，日至，熒惑入南斗，秋七月，犯魁第二星而東。

《三國志・吳書・三嗣主傳》記：

(五鳳元年)冬十一月,星茀于斗、牛。

《三國志・吳書・三嗣主傳》記:

(太平元年九月)壬辰,太白犯南斗。

陳壽記載上述三次天象,似乎沒有甚麼特別,又沒有對應著孫吳人事情況。更重要問題是:陳壽為甚麼不將此三次特殊天象繫於〈魏紀〉? 在《宋書・天文志》就提供了明確的答案。《宋書・天文志》記:

吳主孫權赤烏十三年五月,日北至,熒惑逆行入南斗。七月,犯魁第二星而東。《漢晉春秋》云「逆行」。按占,熒惑入南斗,三月,吳王死。一曰:「熒惑逆行,其地有死君。」太元二年權薨,是其應也。故《國志》書於吳而不書於魏也。

是歲,吳主孫亮五鳳元年,斗牛,吳越分。案占:「有兵喪,除舊布新之象也。」太平三年,孫綝盛兵圍宮,廢亮為會稽王,孫休代立,是其應也。故《國志》又書於吳。吳孫亮太平元年九月壬辰,太白犯南斗,《吳志》所書也。占曰:「太白犯斗,國有兵,大臣有反者。」其明年,諸葛誕反。又明年,孫琳廢亮,吳、魏並有兵事也。

此三條資料,正解決了為什麼陳壽將這些天象記錄在〈吳書〉而不記錄在〈魏書〉,「書於吳而不書於魏」。因為這三次事驗,都應驗在吳國發生。陳壽不記在〈魏書〉而記在〈吳書〉便顯出其用心。由此亦足以證明,陳壽在處理有關天文材料時是考慮過三國情況,觀察到天象與那一國人事相對應才書的,不是盲目地將已有材料重覆一遍而已。所以,陳壽也承認孫吳政權上應天象。

最後,蜀國天文現象記載,只有一條。《三國志・蜀書・後主傳》記:

> 景耀元年，姜維還成都。史官言景星見，於是大赦，改年。宦人黃皓始專政。

景星是瑞星，有吉祥之意。《史記・天官書》說：「天精而見景星。景星者，德星也，其狀無常，常出於有道之國。」有道之國才會景星見。但陳壽在此似乎另有微言大義，頗值得參詳。《開元占經》卷七十七〈客星占一・瑞星〉引《瑞應圖》說：

> 景星者，大星也，狀如半月，生于晦朔，助月為明，王者不私人則見。又曰：德及幽隱則出。又曰：景星者，星之精也。光從月出，出於西方，王者不私人以官，使賢者在位，則景星出見，佐月為明。

據星占學所說，景星見代表「王者不私人」及「使賢者有位」，以佐人主。陳壽卻相反地載了「宦人黃皓始專政」，剛剛與星占學所測相反。陳壽仕蜀時，黃皓專政，陳壽不曲附黃皓而遭貶黜。但筆者相信恐怕是陳壽特別點出來，惋惜後主「私人以官」及不使「賢者有位」的諷刺。在此不必懷疑陳壽不以蜀為正統，陳壽曾為蜀臣，只不過對於前朝腐敗，表現出慨歎而已。陳壽之所以對蜀國天文記錄如此稀少，實由於蜀國無史官。陳壽在《三國志・蜀書・後主傳》評曰：

> 國不置史，注記無官，是以行事多遺，災異靡書。諸葛亮雖達於為政，凡此之類，猶有未周焉。

陳壽批評諸葛亮身為丞相，「國不置史，注記無官」，實為疏忽，除了許多事情都沒有記錄下來之外，甚至連「災異」也不記錄。正所謂「巧婦難為無米炊」，陳壽不記也只是不得已。㉕再看《宋書・天文志》和《晉

㉕ 《晉書・天文志》說：「及班固敘《漢》史，馬續述〈天文〉，而蔡邕、譙

書・天文志》對於蜀國天象的記錄一樣稀少，那就不能怪罪陳壽了。至於陳壽重視蜀國正統地位，從記載分別上立即看到。在記載魏蜀吳三國稱帝時，唯獨蜀國全載群臣上言劉備得天命符瑞事，及劉備即皇帝天。〈魏書〉只載獻帝以眾望在魏，故奉璽綬魏文帝禪，而〈吳書〉也只說：「公卿百司皆勸權正尊號。夏四月，夏口、武昌並言黃龍、鳳凰見」，都不全載受命之符瑞。㉖但卻清楚地記載劉備稱帝，受天命之符。故隋・李德林謂陳壽黨蜀也有一定道理。㉗

在記載「黃龍見」時，陳壽其實也有同樣的寫法。上文已述，「黃龍見」是三國政權皆爭相引證，以土德代替火德的論據，陳壽在〈魏書〉及〈吳書〉中都多次同樣載錄「黃龍見」，表示孫吳也繼承土德之證，

周各有撰錄，司馬彪採之，以繼前志。」陳壽老師譙周撰有有關天文之書，甚至為司馬彪作《續漢書・天文志》採用。又說到州郡躔次時：「陳卓、范蠡、鬼谷先生、張良、諸葛亮、譙周、京房、張衡並云……」，不單譙周撰有天文之書，諸葛亮也有。但是，陳壽針對的是官方有系統的國史和記注。譙周、諸葛亮只是私撰。譙周有關天文之書，為司馬彪所採，可能只是記載至後漢時期。又譙周勸後主降魏，其書如載有蜀國天文現象，也遭到同樣的政治壓力。此可能為陳壽不能採用其書原因。至於諸葛亮，陳壽搜集的《諸葛亮集》沒有專門天文星占之書。所以，諸葛亮星占學可能只是載於各類兵書其中一些章節。古代戰爭用兵，非常重視占星雲氣諸侯，在兵書中必定記載這些材料，只須觀《史記・天官書》載占驗與用兵，便略見一斑。此外，蜀無史官，可參張孟倫，《中國史學史》上冊（甘肅：甘肅人民出版社，1983），頁218–220。

㉖ 此說出自朱彝尊，《曝書亭集》，卷59，〈陳壽論〉，參見繆越，《三國志導讀》（四川：巴蜀書社，1987），頁8。

㉗ 唐人劉知幾，《史通・探賾篇》說：「隋內史李德林著論，稱陳壽蜀人，其撰《國志》，黨蜀而抑魏，刊之國史，以為格言」，參趙呂甫，《史通新校注》〈探賾篇〉（重慶：重慶出版社，1990），頁483。

情況與天文星占記載很相似。

陳壽對吳蜀天文應驗之事，不是直接地書寫。此關乎到陳壽在西晉，晉承魏統，以魏為正統，直接書吳蜀應天象之事，豈不是表示吳蜀也是正統，在當時政治環境下，是不容許的。但是，透過本文討論，從天文星占角度來看，可以知道陳壽在撰《三國志》，所謂正統問題，並非獨尊魏國，而是三國並行，各為正統。按《史》《漢》筆法，此類天象記錄只載於〈紀〉而不會載於〈傳〉。陳壽將之載於〈吳主傳〉、〈三嗣主傳〉中，如果純粹從史書體例而言，是不合的。劉知幾《史通・列傳》說：「陳壽《國志》載孫、劉二帝，其實紀也，而呼之曰傳。」是有一定道理的。既然了解陳壽心意，再下來可以以〈天文志〉為例，探討為甚麼《三國志》無〈志〉。

九、《三國志》無〈志〉體之探討

歷代對《三國志》一個很嚴峻的批評是有紀傳而無志。司馬遷作《史記》立本紀、世家、列傳、書、表。班固《漢書》則改為紀、傳、表、志四種體例。陳壽「銳精《史》《漢》」，沒有不明白〈志〉體的重要地位。一般認為，陳壽不作〈志〉的原因，一是資料缺乏。㉘歷代史家都承認「史之所難，無出於志」。陳壽撰《三國志》並非在趕急情況下完成。《華陽國志・陳壽傳》說荀勖讀過《魏志》，「有失勖意」，而荀勖死於太康十年，則至遲看到壽書也在此年，陳壽卻死於元康七年，實有很長時間搜集資料撰作〈志〉。而且，以陳壽無資料作〈志〉，也不合符歷史常識。陳壽既然能看到官方檔案，應該有充足資料，時代越後，資料散失越多，反而《宋書》、《晉書》的〈志〉卻記有不少三國禮樂制度，

㉘ 見中華版《三國志》出版說明，《三國志》（北京：中華書局，1959），頁2。及繆越，前揭書，頁11。

完全是說不通的。

二是，張舜徽認為陳壽所據諸家史書皆無志，前無所承，故不作〈志〉，說：

> 考《宋書五行志》序，稱王沈《魏書》，志篇缺如。凡厥災異，但編帝紀而已。〈律歷志序〉，亦言魏書闕志。而《吳志韋曜傳》，載華覈連上疏救曜之辭，復稱《吳書》雖已有頭角，敘贊未述云云。可知曜之《吳書》，實未成之作。敘贊之篇，且無其稿，更何有於志。《華陽國志》但言王崇著《蜀書》及詩賦之屬數十篇，亦未言其書有志。然則其後陳壽刪集三國之事，但有紀傳而不克作志者，蓋緣於前無所承耳。㉙此點先由雷家驥提出，大陸出版《廿五史導讀辭典》贊成其說，見雷家驥，前揭書，頁254；《廿五史導讀辭典》〈三國志導讀〉，頁232。

此點可說是資料缺乏說的延伸，亦難以成立。陳壽所據諸家史書多已散佚，在裴注所見亦只是一鱗半爪，無法知道這些書是否有〈志〉，更何況陳壽稱有良史之才，前人無〈志〉，難道他不能自撰嗎？觀司馬遷、班固、范曄又據何前人之書而作〈志〉（或〈書〉）。後世正史亦不見得全是先有他人作〈志〉而修史者跟隨其後。

三是，陳壽作《三國志》根本沒有打算作〈表〉、〈志〉，由於在紀傳體潮流下，恪守班彪家法，認為紀傳體史書只能保存紀、傳二體所致。此點更難自圓其說。何以陳壽獨守班彪家法，而不遵《史》《漢》舊體？《後漢書・班彪列傳》記班彪批評司馬遷「序帝王則曰本紀，公侯傳國則曰世家，卿士特起則曰列傳」之體，故「不為世家，唯紀傳而已。」班彪針對的是本紀、世家、列傳三種體例，其意是將之刪定為紀傳，不作世家，並不是連帶將書表也不作，意思是很明顯的。根本就無所謂班彪

㉙ 張舜徽，《史學三書評議》（北京：中華書局，1983），頁110。

紀傳家法。班固承其父班彪未竟之業，「潛精積思二十餘年」而成《漢書》，只有八表及〈天文志〉未及撰成，班固潛思之後何以仍作志，不恪守其父家法，由此更沒有理由相信陳壽恪守所謂班彪家法。

陳壽撰《三國志》根本沒有打算作〈志〉，原因在於正統問題上，下文從〈天文志〉析論，次而述及〈律曆〉、〈樂〉。有關天文記錄，現在所見當以《史記・天官書》為最早。司馬遷作〈天官書〉可分為五部分：一、經星，二、五緯，三、日月變異之占，四、異星、雲氣、候歲等諸雜占，五、總論。㉚班固撰《漢書》，改〈書〉為〈志〉，但未完成〈天文志〉，由馬續繼成，在結構上，《漢書・天文志》與《史記・天官書》很接近。觀《漢書・天文志》開首明言，天象變異與人事關係（前文已引），志中並引錄戰國時代甘氏、石氏星占之說。從結構上說，是合理的。要進行星占，先要懂得經星名稱位置，繼而各類占驗的占辭，最後舉出與之相應的事例。所以，《史記・天官書》最後臚列的天象事驗，是從秦始皇至漢武帝。《漢書・天文志》最後臚列的，是從秦始皇至元壽二年事。這種體例，以後正史都跟從。

再往下看，《宋書・天文志》的結構與《史》《漢》完全不同。開首不再列明天文經星，而是列三家天體論（宣夜、蓋天、渾天三說），其次佔了九成篇幅，都是臚列天象事驗。《宋書・天文志》說：「凡天文經星，常宿中外宮，前史已詳。今惟記魏文帝黃初以來星變為〈天文志〉，以續司馬彪云。」至於《晉書・天文志》則先記天文經星、日月變異之占、異星、雲氣等等，最後則稱為「史傳事驗」，所記亦由魏文帝黃初開始（黃初以前仍屬後漢）。因此，從《史記》到《晉書》，〈天文志〉

㉚ 高子平：《史記天官書今註》（臺北：中華叢書編審委員會，1965）。魏吳設有史官，見《隋書・經籍志・史二》說：「三國鼎峙，魏氏及吳，並有史官」；《初學記》，卷21，〈史傳〉說：「三國分立，魏吳各有史官，蜀無史職」。

體例雖有變改，事驗部分是核心的部分，不能不載錄。

陳壽要在《三國志》撰寫〈天文志〉，在當時官方的態度與陳壽個人所持的態度是完全違背的。司馬氏承曹魏政權而來，三國之中以魏為正統。但從本文上面討論，陳壽《三國志》所採的態度是三國皆為正統，而天文變異與人事對應方面，陳壽除了可以對魏國直書其事之外，吳蜀只能隱晦地載錄。陳壽撰〈天文志〉，事驗部分只書魏而不書吳蜀，則天變只反映於魏，獨魏國才得天命，此與其三國皆為正統態度相矛盾。反之，陳壽如《宋書 · 天文志》、《晉書 · 天文志》吳蜀事驗直書下來，則顯示出正統不單單歸魏，與司馬氏官方態度又背道而馳。陳壽如何可以下筆撰〈天文志〉。

蜀國還可以說缺乏材料，但魏吳兩國一直都有太史之職[31]，魏吳太史令至晉仍在。例如，在中國天文學史上一個非常重要的人物陳卓，[32]是吳太史令，晉滅吳後，入晉為太史令，甚至元帝渡江時仍然在世。《隋書 · 天文志》記：「三國時，吳太史令陳卓，始立甘氏、石氏、巫咸三家星官，著于圖錄，並注占贊。」（《晉書 · 天文志》將此事繫於晉武帝時，但《隋書》記載較為詳細）。陳卓為吳太史令並通曉天文，而活動時代與陳壽重疊。《開元占經》仍保存了陳卓各類星占之言，數目甚多。當然，陳壽不能向陳卓查問孫吳天文材料記載，此與造反無異。更進一步而言，在《宋書 · 天文志》記載了漢末吳人陸績善天文，始推渾天意；又有王蕃，廬江人，吳時為中常侍，善術數，傳劉洪乾象曆，並載其立論。[33]這些資料在撰寫《宋書》時仍然保留著，載入史冊，反而說陳壽

[31] 魏吳設有史官，見《隋書 · 經籍志 · 史二》說：「三國鼎峙，魏氏及吳，並有史官。」

[32] 有關陳卓的生平及其在中國天文學上的貢獻，可參劉金沂、王健民：〈陳卓和石、巫、甘三家星官〉，收入劉君燦編著《中國天文學史新探》（臺北：明文書局，1988），頁506–534。

時沒有這些資料，或看不到，就難以說通了。所以，陳壽不是沒有材料撰〈志〉，而是在政治壓力下無法直接地利用。

再加伸論，《漢書》有十〈志〉:〈律曆志〉、〈禮樂志〉、〈刑法志〉、〈食貨志〉、〈郊祀志〉、〈天文志〉、〈五行志〉、〈地理志〉、〈溝洫志〉、〈藝文志〉。陳壽如要作〈志〉，一定以《漢書》為藍本，或略加改定，但〈志〉體所記載之事也與正統觀念扯上關係。凡是新王朝建立，為了表示受命，必然改易前朝制度，尤其五德終始、三統說盛行後。顧頡剛在〈五德終始說下的政治和歷史〉列出每一德運都有其所屬正朔、服色、度數、音律、政術五項。㉞下文試以曆法和樂曲為例說明。

以〈律曆志〉而論，魏以受禪於漢，因循漢正朔而不改，沿用四分曆。文帝年間，一直討論改曆問題，到景初元年正月，以黃龍再見於山茌縣，以三統論中得地統，遂改正朔，以建丑為歲首，改用殷禮，行景初曆。《宋書・禮一》記明帝詔說:

> 著明天人去就之符，無不革易制度，更定禮樂，延群后，班瑞信，使之煥炳可述于後也。至于正朔之事，當明示變改，以彰異代，曷疑其不然哉。……今推三統之次，魏得地統，當以建丑之月為正。考之群藝，厥義彰矣。改青龍五年春三月為景初元年孟夏四月。……此曆數之序，乃上與先聖合符同契，重規疊矩者也。今遵其義，庶可以顯祖考大造之基，崇有魏維新之命。

由此可見，改曆法為推算三統五德運數，具彰顯異於前代，表明天命所歸的意義。㉟蜀漢則以遠紹漢室，襲用後漢元和二年以來的四分曆。孫

㉝ 有關孫吳時期天文學的研究情況及其學風，參見唐長孺，〈讀抱朴子推論南北學風的異同〉，收入氏著《魏晉南北朝史論叢》（北京：三聯書局，1955），頁367–368。

㉞ 顧頡剛，前揭文，頁428–429。

吳則用後漢末劉洪所造乾象曆（東漢一直未行乾象曆）。孫權改四分為乾象，裴注引〈江表傳〉說：「權推五德之運，以土行用未祖辰臘。」又引〈志林〉說：「土行以辰臘，得其數矣。土盛於戌，而以未祖，其義非也。土生於未，故未為坤初。是以《月令》：建未之月，祀黃精於郊，祖用其盛。今祖用其始，豈應運乎?」裴注所引，正提供了孫權行乾象曆的用心，以孫吳得土德，而虞喜《志林》正正解釋用乾象曆，用「未祖辰臘（在未日祖及辰日臘）」為土德之應。祖臘都是祭祀，自東漢後，為推定五德終始後，更易前朝制度的重要一環。在何日祖臘也受德運拘限，配合五行盛衰。《宋書・律曆中》記：㊱

> 晉武帝泰始元年，有司奏：「王者祖氣而奉其□終，晉於五行之次應尚金，金生於己，事於酉，終於丑，宜祖以酉日，臘以丑日。改景初曆為泰始曆。」

「祖」當於所屬德運盛之日，「臘」當於所屬德運衰之日，而定祖臘與改曆同時進行。土生於未，盛於戌，衰於辰，當在盛之日戌日「祖」，但孫權改在未日祖，並不嚴格遵循五德終始規則，而虞喜為吳人，極有可能為孫權作合理的解釋。「未祖辰臘」為孫權配合土德之應而定。

以〈禮樂志〉而論，除了記載禮樂之用外，當然有「樂之道」，即五聲、八音、六律、十二管等等，最後則載錄曲詞。從《宋書・樂志》與《晉書・樂志》載錄三國時代的樂章，便可見樂曲與正統之關係。《晉書・樂下》說：

㉟ 董仲舒在〈三代改制質篇〉說：「王者必改正朔，易服色，制禮樂，一統於天下，所以明易姓非繼人，通已受之於天也」。

㊱ 五德與祖臘配相關係，是屬水，子祖辰臘；屬火，午祖戌臘；屬木，卯祖丑臘；屬金，酉祖丑臘；屬土，戌祖辰臘。孫權以「未祖辰臘」是不嚴格遵守五行盛衰與祖臘時日，故遭受非議，而虞喜則為之強辯。

漢時有《短簫鐃歌》之樂，其曲有《朱鷺》、《思悲翁》、《艾如張》、《上之回》、《雍離》、《戰城南》、《巫山高》、《上陵》、《將進酒》、《君馬黃》、《芳樹》、《有所思》、《雉子班》、《聖人出》、《上邪》、《臨高臺》、《遠如期》、《石留》、《務成》、《玄雲》、《黃爵行》、《釣竿》等曲，列於鼓吹，多序戰陣之事。

在曹魏時，則改此十二曲。又說：「及魏受命，改其十二曲，使繆襲為詞，述以功德代漢。」其中述及功德至為明顯，如「改《有所思》為《應帝期》，言文帝以聖德受命，應運期也。」「改《上邪》為《太和》，言明帝繼體承統，太和改元，德澤流布也。」 與此同時，孫權也不甘後人，「是時吳亦使韋昭制十二制曲名，以述功德受命。」 其中述及功德受命至為明顯，如「改《有所思》為《順曆數》， 言權順籙圖之符，而建大號也。」「改《芳樹》為《承天命》， 言其時主聖德踐位，道化至盛也。」例如《宋書・樂四》載有《從（順）曆數》，曲文說：

從曆數，於穆我皇帝。聖哲受之天，神明表奇異。建號創皇基，聰叡協神思。德澤浸及昆蟲，浩蕩越前代。三光顯精燿，陰陽稱至治。肉角步郊畛，鳳凰棲靈囿。神龜游沼池，圖讖摹文字。黃龍覿鱗，符祥日月記。覽往以察今，我皇多噲事。上欽昊天象，下副萬姓意。光被彌蒼生，家戶蒙惠賚。風教肅以平，頌聲章嘉喜。大吳興隆，綽有餘裕。

《從曆數》表達孫權順從天運曆數，開創皇基，符瑞、圖讖並至。可見這些樂曲編寫，目的都是為了宣示功德受命而已。《宋書・樂志》載吳韋昭所改十二曲，至撰《宋書》時猶存，說陳壽看不到，甚至沒有看過，同樣難以說通。至於〈郊祀志〉、〈五行志〉所記更加明顯，毋須在此贅述。

從陳壽身處環境來看，絕對不能明確表示三國皆為正統的觀念，如在《三國志》撰作〈志〉，只載錄魏國文物制度而缺吳蜀，則不能完備。既然《三國志》考述三國歷史，難道只載景初曆，完全不載四分曆和乾象曆；只載魏國受命樂曲，完全不載韋昭撰寫孫吳受命的樂章。如三國名物制度皆具載，則顯示了三者皆受天命，表彰吳蜀，又與司馬氏承魏正統觀念相悖，恐怕官方不能容許。在此兩難情況下，陳壽選擇缺而不書。

十、結論

透過本文的討論，可以總結三點：第一，天文星占在三國時代，被利用為證明正統的重要手段，魏蜀吳三國爭相引用天文星占，顯示天命所歸，正統所在。

第二，由於時人以此為爭奪正統的重要手段，陳壽撰《三國志》時，在處理這些材料，就不得不顯得格外小心。從西晉政治環境而論，司馬氏從曹氏手中奪得政權，必須視曹魏為正統，如此承續，顯示司馬氏也為正統所在。壽書表面上仍以魏為正統，綜合本文所論，在處理天文星占材料時，各應天命，以三國各為正統的觀念而撰《三國志》。

第三，由於陳壽以三國各應天命，與司馬氏只承續曹魏政權為正統的觀念衝突，他雖紀魏而傳吳蜀，卻仍隱晦地顯示三者皆為正統。在此情況下，《三國志》無〈志〉就可以理解了。以〈天文志〉為例，班馬所記，除了原始察終，追本溯源之外，只記載漢室天文星占與人事相應關係，但陳壽面對魏蜀吳三國，既不能只記魏國天文星占事，又不能同時三國並記。紀魏而傳吳蜀，猶可直述吳蜀史事，在〈志〉體中，這種迴轉餘地也沒有。最後唯有選擇缺而不載。

陳壽如此選擇，一方面基於他本人與官方的看法不同；另方面，陳壽仕途多舛，處處受到攻擊。陳壽在蜀，屢遭貶黜，因居父喪，有疾，使婢侍藥，便遭鄉黨貶議；入晉後，受張華、杜預賞識，又為荀勖排斥，後因母葬洛陽一事，又被貶議。陳壽先後於蜀晉兩朝，往往受政敵攻擊與排擠，動輒得咎，累年沈滯。《三國志・蜀書・諸葛亮傳》附陳壽所集《諸葛亮故事》目錄，載有陳壽於泰始十年《諸葛亮故事》上言，說及諸葛亮帥眾出武功，在「青龍二年」，用魏紀年。又說諸葛亮之言「敵國誹謗之言」，最後說「臣壽誠惶誠恐，頓首頓首，死罪死罪。」談及故國之事，如此慌張惶恐，恐怕出錯，性命不保。故在撰《三國志》處理與官方觀念不同時，就不得不格外留神。選擇不作〈志〉，可能是在仕途上一波三折，屢被貶議後，一種明哲保身的做法。

《開元占經》卷一百二十〈龍魚蟲占・龍見井中〉引《異苑》記載了一個故事，說：「謝晦家室各宅，南路上有古井，以元嘉二年汲者，忽見二龍甚分明，行道往觀者莫不嗟異。有人入井看，乃是磚，隱起龍形，泉從邊出，澆灌殊駛」，可見黃龍見井，也有可能是視覺錯覺。

魏晉南北朝史注之發展
——以《史通·補注篇》為例

蔡瑄瑾

一、前　言

唐人劉知幾《史通》卷五〈補注篇〉總括東漢末年至魏晉南北朝以來史注的形式，將之歸納為四種類型。第一種類型，乃源自東漢中期以降，經注音義訓詁的方式以注史的形式，劉知幾承晉代以後的史學思想，以三史配六經說明經注與史注間之關係。其言曰：

> 昔《詩》、《書》既成，而毛、孔立傳。傳之時義，以訓詁為主，亦猶《春秋》之傳，配經而行也。降及中古，始名傳曰注。蓋傳者轉也，轉授於無窮；注者流也，流通而靡絕。惟此二名，其歸一揆。如韓、戴、服、鄭，鑽仰《六經》，裴、李應、晉，訓解《三史》，開導後學，發明先義，古今傳授，是曰儒宗。

第二種類型，是在本文之外於注中詳述人物本末：

> 既而史傳小書，人物雜記，若摯虞之《三輔決錄》，陳壽之《季漢輔臣》，周處之《陽羡風土》，常璩之《華陽士女》，文言美辭，列於章句，委曲敘事，存於細書。此之注釋，異夫儒士者矣。

第三種類型，是補史之闕：

> 次有好事之子，思廣異聞，而才短力微，不能自達，庶憑驥尾，千里絕群，遂乃掇眾史之異辭，補前書之所闕。若裴松之《三國志》，陸澄、劉昭兩《漢書》，劉彤《晉紀》，劉孝標《世說》之類是也。

第四種類型，是史臣的自注：

> 亦有躬為史臣，手自刊補，雖志存該博，而才闕倫敘，除煩則意有所吝，畢載則言有所妨，遂乃定彼榛楛，列為子注。若蕭大圜《淮海亂離志》，羊衒之《洛陽伽藍記》，宋孝王《關東風俗傳》，王劭《齊志》之類是也。

劉氏雖為史注分類，然受限於時代視野，未給予史注太高的評價，並未就四種史注類型間相互關係及其與學術潮流間的互動加以討論，因此無法呈現史注發展之全貌。

深入分析劉知幾歸納的四種史注類型，不僅發展的時間上相連結，在型態上亦具有承續性。如第一種類型是史注發展的最初階段，其繼承經注的方法以注史，是東漢中期以降「史」由經學中獨立出來的先聲。第二種類型，時間上是由東漢末年至魏晉期間，此時史注已發展出自注的型態，並明顯具有「達事」的性格，雖仍有經史混雜的現象，卻也表現出「史」由經學中獨立出來，逐漸蘊蓄過渡至「史學」的特色。第三種類型，是南朝的史注型態，雖然劉知幾稱之為「好事之子，思廣異聞，而才短力微，不能自達，……乃掇眾史之異辭，補前書之所闕」，然而「掇眾史異辭，補前書所闕」卻正是南朝史注之特色，也正是史學發展初期所呈現出的「融合」現象。第四種類型，是北朝的史注型態，劉知幾強調此一類型乃「躬為史臣，手自刊補，……除煩則意有所吝，畢載則言有所妨，遂乃定彼榛楛，列為子注」，其與南朝史注的特性類似，但撰注者皆為史臣，可知在史官制度建立後，史書撰寫逐漸收束於史官，與漢末年至魏晉期間各家競相著作的現象，有極明顯的差異，此正是「史學」成為一專門學問成熟的現象。劉知幾所歸類的史注類型，既有上述的承續性，以下即藉之說明魏晉南北朝史注的發展，並由各階段中表現出的不同特色，進一步討論魏晉南北朝史學的發展。

二、「鑽仰六經，訓解三史，開導後學，發明先義」

在劉知幾的史注分類中，裴駰《史記集解》乃歸類於儒宗之流，其意在於此類史注沿襲經注訓詁音義之法以注史。且史注之源出於經注，因此兩漢經注方法既以訓詁為主，最初的史注亦襲經注音義訓詁之法。經注在方法上或以訓詁為主，觀念上卻並非一成不變，因此經注的形式便有了一些變化。《史通・補注篇》曰：

> 昔《詩》、《書》既成，而毛、孔立傳。傳之時義，以訓詁為主，亦猶《春秋》之傳，配經而行也。降及中古，始名傳曰注。蓋傳者轉也，轉授於無窮；注者流也，流通而靡絕。進此二名，其歸一揆❶。

劉知幾認為經之「傳」與「注」名稱雖異，其旨仍一。然就內容而言，《春秋》三傳中，《左傳》係以史解經，異於《公羊》《穀梁》；「注」之義，經師們如孔安國、賈逵、鄭玄，解釋亦各不相同。孔安國、賈逵、鄭玄三人，為兩漢不同時期的人，由於生存的時代不同，所感染的經學氣氛亦不同，因此三人對「注」的不同解釋，適可代表漢代經學發展的

❶ 劉知幾撰、浦起龍釋，《史通通釋》，卷5，內篇〈補注〉（臺北，里仁書局翻印，1993）。

三個時期。東漢末年經注集解觀念的出現，正是經學思想上的轉變而來的。因此闡明經注不同的意義，可以了解集解形式發生的背景，同時亦可說明經注集解與史注集解間之關係。

孔安國，代表漢初五經博士初立時今、古文五經兼通，經學發展的第一個時期，認為：「注者，解書之名，不敢傳述，直注己意而已」❷。「注」只是直注己意不敢傳述，將「傳」與「注」分開來說。《史通・六家》：

> 孔子既著《春秋》，而丘明受經作傳，蓋傳者，轉也，轉受經旨，以授後人。或曰傳者，傳也，所以傳示來世。案孔安國注《尚書》，亦謂之傳，斯則傳者，亦訓釋之義乎❸。

《古文尚書》出時既無人能讀，當然無人能知其義。孔安國注經名之為傳，其意猶左丘明傳孔子之義也。可知孔安國認為「傳」是傳經義，亦劉知幾所謂：「傳之時義，以訓詁為主，亦猶春秋之傳，配經而行也」❹，而「注」則是經師個人對於經傳的看法。

東漢初年，為古文學改革今文經學時期，此時經注觀念上已發展為「傳」「注」合稱。如賈逵認為：「注者，注義於經下，若水之注物」❺，認為經作「注」的目的在於闡釋經義，使經義更為圓滿，即《史通・補注篇》曰：「降及中古，始名傳曰注。蓋傳者轉也，轉授於無窮；注者流也，流通而靡絕。進此二名，其歸一揆」。而東漢初年傳、注的變化，或與西漢末年劉歆治《左傳》有關：

❷ 《禮記》，卷1，「曲禮」目，孔安國疏。

❸ 《史通通釋》，卷1，內篇〈六家〉。

❹ 《史通通釋》，卷5，內篇〈補注〉。

❺ 《儀禮》，卷1，鄭玄註、賈逵疏。

> 歆治《左氏》，引傳文以解經，轉相發明，由是章句義理備焉❻。

劉歆治《春秋》與《左傳》之法，對於當時沈溺於章句訓詁的今古文學家，不啻是觀念與方法上的突破。《左傳》以史傳經之意，因此更為昌明。尤其東漢中期古文學家改革的聲浪更為激烈後，適以經學為著作中心思想的《漢書》出現，由於其與《左傳》以史傳經之意相同，並且多古文古字，因此也成為經學家傳誦學習及作注的對象。然而《漢書》終究非經傳，自因有可議之處而有所駁議，如張衡曾「條上司馬遷、班固所敘與典籍不合者十餘事」❼。為《漢書》作注，方法上乃採自經注；觀念上，則起始於《漢書》以經學思想為經緯，但於作注的過程中終因《漢書》為史非經，因此在觀念上乃造成了衝擊。即受《漢書》注的影響，在傳統注經方法中注了新的觀念——於注經而不駁經的原則下，透過自己對經義的瞭解，使經義之解釋更為周備。這樣的注經觀念，發展至東漢末年今古文企欲融合的時機，經注隨即因之開闢出一番新天地。鄭玄，東漢末年人，學通今古文：

> 師事京兆第五元先，始通《京氏易》、《公羊春秋》、《三統歷》、《九章筭術》。又從東郡張恭祖受《周官》、《禮記》、《左氏春秋》、《韓詩》、《古文尚書》。以山東無足問者，乃西入關，因涿郡盧植，事扶風馬融❽。

鄭玄將「注」解為「著」，認為：「言為解說，使其意義著明也」❾，即下己意彰顯經義，可知此時期經書作注時更勇於表達自己的意見。然其

---

❻ 《漢書》，卷36，〈楚元王傳附劉歆〉。

❼ 《後漢書》，卷59，〈張衡傳〉。

❽ 《後漢書》，卷34，〈鄭玄傳〉。

❾ 《說文解字詁林》，卷11（上），註條引「通訓定聲」。

意非在破經，而是要辨別經義，使經義更顯著。在融合今古文的學術氣氛下，鄭玄折衷古今異同作注，而「集解」之注釋形式乃出。鄭玄「集解」的方法，據清儒陳澧所說：「《六藝論》云：『注《詩》宗毛為主，毛義若隱略，則更表明。如有不同，即下己意，使可識別也』此鄭君注經之法，不獨詩箋為然」❿，即集眾家之說為注，並下己意以解之，可謂總結了兩漢以來注經的形式。同時，鄭玄「集解」形式的出現，為後起經師開啟了經注中下己意以辯明經義的方式，這是魏晉隋唐以降疏義出現之先導。可知經注最初的發展形式以訓詁為主，經過兩漢的傳承及演變，乃在訓詁的基礎上發展出析其微旨、闡其大義的經注⓫。

事實上，在鄭玄以「集解」形式注經之前，東漢中期許慎曾「以《五經》傳說臧否不同，於是撰為《五經異義》，又作《說文解字》十四篇」⓬。《五經異義》的撰述目的，雖在辨別今古文文字、義解的不同，但在辨別的過程中，卻也形成了以一家之說為本、集眾家之意的形式，然其並未出現鄭玄「下己意」以闡經的方式。鄭玄「下己意」以闡明經義的方式，乃是以「玄謂」的形式出現。如《周禮・司徒教官之職》「大祭祀，羞牛牲，共茅蒩」條：

> 杜子春云：「蒩，當為菹，以茅為菹，若葵菹也。」，鄭大夫讀蒩為藉，謂祭前藉也。易曰：「藉用白茅，無咎。」玄謂：「蒩，士虞禮所謂苴刌茅，長五寸束之者。是也。祝設于几東席上，命佐食，取黍稷，祭于苴，三取膚祭，祭如初，此所以承祭。既祭，蓋束而去之，守祧職云：『既祭，藏其隋是與』」⓭。

❿ 陳澧，《東塾讀書記》，〈鄭學卷〉。

⓫ 逯耀東，〈裴松之與三國志注研究〉，收入杜維運、陳錦忠編，《中國史學史論文選集㈢》（臺北，華世出版社，1982）。

⓬ 《後漢書》，卷790，下〈儒林列傳・許慎〉。

又《周禮・司馬政官之職》「掌祭祀，羞羊肆羊殽肉豆」條：

> 鄭司農云：「羞，進也。羊肆，體薦，全烝也。羊殽，禮解節折也。肉豆者，切肉也。」玄謂：「肆讀為鬄羊鬄者，所謂助解也」⓮。

「玄謂」乃是鄭玄用於說明自己的看法，或作進一步的解釋。與鄭玄同一時期，應劭亦作有《漢書集解音義》。然鄭玄年齒長於應劭許多，因此應劭《集解》的形式極有可能吸收自鄭玄，也就是史注再度吸收經注的方法以注史。然不論史注「集解」形式的產生，為自創或為吸收經注，由上文敘述可知「集解」的形式，乃由西漢末年以降的學術潮流中凝聚而成，為時代之產物，也是兩漢今古文學分岐日久後，所起的調和作用。因此推源裴駰集解的形式，應是由此而來。然而若將《史記集解》如劉知幾一般，視為只是以經注的形式注史，其意又未盡矣。分析《史記集解》，其源流可從幾個方面來闡釋。

經注「集解」形式出現後，雖迅速為史注所運用，然而史書研究本不若經學所累積的成果，且史書卷帙浩繁，研究一部史書或一部史注其事猶易，若集眾家之本復下己意究非人人可以，因此以「集解」型式出現的史注甚少。東漢中期以降《漢書》作注雖風行，然魏晉南北朝集解《漢書》者，猶僅蔡謨一家。《史記》作注遲至東漢末年才出現，而注家甚微，為之集解更為困難。在少數注家之中：

> 故中散大夫東莞徐廣研核眾本，為作《音義》，具列異同，兼述訓解，麤有所發明，而殊恨省略⓯。

⓭ 鄭玄注，《周禮》，卷11，〈司徒教官之職〉。

⓮ 鄭玄注，《周禮》，卷30，〈司馬政官之職〉。

⓯ 裴駰，〈史記集解序〉（臺北，世界書局，新校史記三家注，1973年）。

裴駰認為徐廣所作音義已備其體，但較為省略，因以徐氏為本「聊以愚管，增演徐氏」。可知裴駰集解的形式，與鄭玄集解略有不同。鄭玄《周官禮注》乃因馬融之傳，參取杜子春注，鄭興、鄭眾及賈逵解詁，並網羅諸家裁以己意而成，故乃參核眾本，並不以某家為主本。而裴駰乃以徐氏一家為主本，復參核眾家，其方式較類似於流行於魏晉南北朝「合本子注」的方式⑯。合本子注乃是佛教翻譯經典，「其為一種經典經數人傳譯，遂有不同譯本多種。若校對其章句，比較其異同，則深晦者易顯，缺略者易補」⑰，故以一家翻譯為主，同列諸家翻譯以併考校。裴駰《史記集解》的形式，當有部份受佛教翻譯經典撰集的影響。其因在於佛教自傳入之後，為了傳教的方便，因此在每一時代皆極力的配合思想潮流，使其易為中國社會所接受。魏晉南北朝以後，佛教逐漸盛行，部份士大夫階級在接受佛教信仰之後，以儒家經典中的思想或語彙與佛教經典中之記載相附會，以便於理解，即所謂的「格義」⑱，此乃佛教日後廣為中國知識階級接受的原因之一。裴駰雖未必有佛教信仰，然而佛教翻譯經典流傳甚廣，且許多佛門弟子如僧祐、寶唱、慧皎等運用「外學」（史學）方法撰述佛門傳授源流或僧侶行止，儒學與佛學兩相影響，史學著作中吸收佛學撰集方式，亦不無可能。古人注經而不破經，裴駰亦固守其法，其言曰：

> 未詳則闕，弗敢臆說。人心不同，聞見異辭，班氏所謂「疏略抵捂」者，依違不悉辯也⑲。

---

⑯ 陳寅恪，〈徐高阮重刊洛陽伽藍記序〉，收入氏著《陳寅恪先生文集㈠》（臺北，里仁書局翻印，1982）。

⑰ 湯用彤，《漢魏兩晉南北朝佛教史》（臺北，駱駝出版社，1987年），頁572–574。

⑱ 塚本善隆，〈魏晉佛教の展開〉，載《史林》24：4。

⑲ 裴駰，〈史記集解序〉。

因此,《史記集解》訂正之司馬遷之說較少⑳。試舉一例說明之,《史記・廉頗傳》「廉頗復伐齊幾,拔之」條,《史記集解》注:

> 徐廣曰:「幾,邑名也。」案:〈趙世家〉惠文王二十三年,頗將攻魏之幾邑,取之,而〈齊世家〉及年表無「伐齊幾,拔之」事,疑幾是邑名,而或屬齊或屬魏耳。田單在齊,不得至於拔也㉑。

此注即裴駰考證材料下判斷,以正司馬遷之誤。裴駰雖少有訂正之功,然對徐本則時有「增演」及「見微意」之處。如《史記・蘇秦列傳》「東有夏州」條,《史記集解》注:

> 徐廣曰:「楚考烈王元年,秦取夏州。」駰案:《左傳》「楚莊王伐陳,鄉取一人焉以歸,謂之夏州。」而注者不說夏州所在。車胤撰《桓溫集》云:「夏口城上數里有洲,名夏州。」「東有夏州」謂此也㉒。

因徐廣未注明「夏州所在」,裴駰乃引《左傳》及《桓溫集》以明之。

裴駰採合本子注的集解方式作《史記集解》,然猶有儒家經注集解中「下己意」的精神。《史記集解》中有兩種案語,一是以「駰案」的形式出現,一是以「駰謂」的形式。

在裴松之《三國志注》中,有「臣松之以為」的自注方式。「謂」與

⑳ 朱東潤,〈史記裴駰集解說例〉,收入氏著《史記考索》(香港,太平書局,1962年),頁127–134。

㉑ 《史記》,卷81,〈廉頗傳〉:「是歲,廉頗東攻齊,破其一軍。居二年,廉頗復伐齊幾,拔之。」

㉒ 《史記》,卷69,〈蘇秦列傳〉:「(蘇秦)乃西南說楚威王曰:『楚,天下之彊國也;王,天下之賢王也。西有黔中、巫郡,東有夏州、海陽,南有……』」。

「以為」字義上相當接近，然而「駰謂」與「臣松之以為」性質上卻有些不同。「臣松之以為」是裴松之對歷史事件及人物提出的議論與評價㉓，「駰謂」因裴駰固守音義訓詁之法，仍保留經注保守的精神。裴駰於〈史記集解序〉曰：

> 考較此書（史記），文句不同，有多有少，莫辯其實，而世之惑者，定彼從此，是非相貿，真偽舛雜。……采經傳百家并先儒之說，豫是有益，悉皆抄內。刪其游辭，取其要實，或義在可疑，則數家兼列。……時見微意，有所裨補。譬嘒星之繼朝陽，飛塵之集華嶽。……未詳則闕，弗敢臆說。人心不同，聞見異辭，班氏所謂「疏略抵捂」者，依違不悉辯也㉔。

裴駰注《史記》係因《史記》音義文句每多舛互。可知裴駰作注目的在訂音義，為音義集解，而裴松之則在詳事，二人作注目的不同，表現的方式自亦不同。然而裴松之注中亦有音義訓詁，如《三國志・魏書・管寧傳》：

> 正始二年，太僕陶丘一、永寧衛尉孟觀、侍中孫邕、中書侍郎王基薦寧曰：……若寧固執匪石，守志箕山，追跡洪崖，參蹤巢、許。斯亦聖朝同符唐、虞，優賢揚歷，垂聲千載㉕。

裴松之注曰：

> 《今文尚書》曰「優賢揚歷」，謂其所歷試。左思《魏都賦》曰「優賢著于揚歷也」。

㉓ 逯耀東，〈史傳論贊與《史記》「太史公曰」〉，戴《新史學》第3卷第2期。

㉔ 裴駰，〈史記集解序〉。

㉕ 《三國志》，卷11，〈魏書・管寧傳〉。

可知音義訓詁確承襲自經注的方法。「駰謂」保守的部份，與鄭玄集解中「玄謂」的性質極為相近。如《史記・禮書》「阻之以鄧林」條,《史記集解》注：「《山海經》曰：『夸父與日逐走，日入，渴，欲得飲，飲於渭河；不足，北飲大澤；未至，道渴而死。棄其杖，化為鄧林。』駰謂鄧林後遂為林名」㉖。

又《史記・扁鵲傳》「齊桓侯客之」條,《史記集解》注：「傅玄曰：『是時齊無桓侯。』駰謂是齊侯田和之子桓公午也」㉗，皆或進一步說明引注者之意，或當與引注者意見不合時提出己說。

然而,「駰謂」亦有「臣松之以為」中的議論精神，如《史記・太史公自序》：「《春秋》文成數萬，其指數千」,《史記集解》注：「張晏曰：『《春秋》萬八千字，當言【減】，而云【成數】，字誤也。』駰謂太史公此辭是述董生之言。董仲舒自治《公羊春秋》,《公羊經傳》凡有四萬四千餘字，故云『文成數萬』也。不得如張議，但論經萬八千字，便謂之誤」㉘。可見裴駰與裴松之雖因作注目的不同，而於表現形式有所不同，然方法上裴駰承襲乃父裴松之非常明顯。

復就「駰案」討論：「駰案」乃裴駰對材料的處理、考證。如《史記・五帝本紀》「禋于六宗」,《史記集解》注：「鄭玄曰：『六宗，星、辰、司中、司命、風師、雨師也。』駰案：六宗義眾矣。愚謂鄭說為長」㉙。

㉖ 《史記》，卷23，〈禮書〉：「汝潁以為險，江漢以為池，阻之以鄧林，緣之以方城。然而秦師至鄢郢，舉若振槁。是豈無固塞險阻哉？其所以統之者非其道故也」。

㉗ 《史記》，卷105，〈扁鵲傳〉：「扁鵲過齊，齊桓侯客之」。

㉘ 《史記》，卷130，〈太史公自序〉：「撥亂世反之正，莫近於《春秋》。《春秋》文成數萬，其指數千。萬物之散聚皆在《春秋》」。

㉙ 《史記》，卷1，〈五帝本紀〉：「舜乃在璿璣玉衡，以齊七政。遂類于上帝，禋于六宗，望于山川，辯于群神」。

裴駰於此說明取鄭玄為注之因。

又如《史記・秦始皇本紀》「上宿雍」,《史記集解》注:「蔡邕曰:『上者,尊位所在也。』駰案:司馬遷記事,常言『帝』則依違但言『上』,不敢媟言,尊尊之意也」㉚,此乃裴駰對司馬遷行文的考辨。

裴駰與裴松之間的傳承,復可就兩方面來觀察:一、在搜集材料上。裴駰《史記集解》乃以徐廣《史記音義》為本,然徐注本身亦採他人之說以注,如《史記・孟子荀卿列傳》「劇子之言」條,《史記集解》注徐廣曰:「按應劭《氏姓注》直云『處子』也」㉛,然而徐廣所搜集不若裴駰之廣,這也是裴氏以其為本再作集解之因。裴駰於〈史記集解序〉中曰:「采經傳百家并先儒之說,豫是有益,悉皆抄內」,知其所集及於各種類型書籍,並不侷限於一方面。總計《史記集解》中所引用材料約一百種(參見文後附錄), 範圍涉及經、史、子、集,並引用出土資料,如《史記・魏世家》「於是徙治大梁」條,《史記集解》注:「徐廣曰:『今浚儀。』駰案:《汲冢紀年》曰『梁惠成王九年四月甲寅,徙都大梁』也」㉜。與裴松之「其壽所不載,事宜存錄者,則罔不畢取以補其闕。」之意正同。

二、在材料整理和運用上。〈史記集解序〉云:「刪其游辭,取其要實,或義在可疑,則數家兼列。……未詳則闕,弗敢臆說」,如《史記・淮南王傳》:「今我令樓緩先要成皋之口」,《史記集解》注云:「《漢書》直云『緩』,無『樓』字。樓緩乃六國時人,疑此後人所益也。李奇曰:

㉚ 《史記》,卷6,〈秦始皇本紀〉:「(秦始皇)九年,彗星見,或竟天。攻魏垣、蒲陽。四月,上宿雍」。

㉛ 《史記》,卷74,〈荀卿傳〉曰:「而趙亦有公孫龍為堅白同異之辯,劇子之言;……」。

㉜ 《史記》,卷44,〈魏世家〉:「秦用商君,東地至河,而齊、趙數破我,安邑近秦,於是徙治大梁」。

『緩，似人姓名。』韋昭曰：『淮南臣名』」[33]。

又《史記‧游俠列傳》「近世延陵」，《史記集解》注：「徐廣曰：『代郡亦有延陵縣。』駰案：《韓子》云『趙襄子名延陵生，令車騎先至晉陽。』襄子時，趙已并代，可有延陵之號，但未詳是此人非耳」[34]，此與裴松之「或同說一事而辭有乖雜，或出事本異，疑不能判，並皆抄內以備異聞」之意相同。

裴駰《史記集解》雖然作注的形式，乃綜合經注集解與佛經合本子注的形式，但在方法與精神上卻是承襲於乃父裴松之。

三、「文言美辭列於章句，委曲敘事存於細書」

劉知幾第二類史注中，所舉例子有東漢末年趙岐撰、西晉摯虞注《三輔決錄》，三國蜀楊戲撰、西晉陳壽注《季漢輔臣贊》，西晉周處撰注《陽羨風土記》及東晉常璩撰《華陽國志》中〈先賢士女總贊〉注。前二本為他注，後二本為自注。趙岐：

> 字邠卿，京兆長陵人也。初名嘉，生於御史臺，因字臺卿，後避難，故自改名字，示不忘本土也。岐少明經，有才藝，娶扶風馬融兄女。……岐多所述作，著《孟子章句》、《三輔決錄》傳於時[35]。

[33] 《史記》，卷118，〈淮南王傳〉：「(淮南) 王曰：『男子之所死者一言耳。且吳何知反，漢將一日過成皋者四十餘人。今我令樓緩先要成皋之口，周被下潁川兵塞轘轅、伊闕之道，陳定發南陽兵守武關……』」。

[34] 《史記》，卷124，〈游俠列傳〉：「古布衣之俠，靡得而聞已。近世延陵、孟嘗、春申、平原、信陵之徒，皆因王者親屬，藉於有土卿相之富厚，招天下賢者，顯名諸侯，不可謂不賢矣」。

[35] 《後漢書》，卷64，〈趙岐傳〉。

《三輔決錄》乃以評鑑人物為主，其始在於趙岐有感三輔風土，而風土與人物間往往相互影響，因此乃進而品評三輔人物。《後漢書・趙岐傳》注引《三輔決錄》序，曰：

> 三輔者，本雍州之地，世世徙公卿吏二千石及高貲，皆以陪諸陵。五方之俗雜會，非一國之風，不但繫於詩秦豳也。其為士好高尚義，貴於名行。其俗失則趣埶進權，惟利是視。余以不才，生於西土，耳能聽而聞故老之言，目能視而見衣冠之疇，心能識而觀其賢愚。常以玄冬，夢黃髮之士，姓玄名明，字子真，與余寤言，言必有中，善否之閒，無所依違，命操筆者書之。近從建武以來，暨于斯今，其人既亡，行乃可書，玉石朱紫，由此定矣，故謂之《決錄》矣㊱。

由趙岐筆端，可想見三輔原為人文薈粹之地，然在儒家思想體系漸次崩潰後，其俗亦趨墮落。東漢末年政治腐敗黑暗，講求氣節的儒生士人相互品評標榜結黨，以與當時的宦官相抗。表現出東漢初年以來，知識份子應有的風骨與氣節。

這種風氣，對當時社會有不小的影響，其影響約有數端：一、標榜結黨月旦人物，造成名實不符的現象，於是名家思想興起，並於漢魏間與儒、法二家並為當時學術的主流㊲。

二、儒家思想的衰落與人物品評的風氣相結合，造成個人自我意識的覺醒，於是為人物作頌、贊、碑、誄等的風氣頗興。如蔡邕有〈胡廣黃瓊頌〉、〈太尉陳公贊〉、〈何休碑〉、〈濟北相崔君夫人誄〉等㊳，而趙

㊱ 趙岐撰、摯虞注、張澍薈輯，《三輔決錄》，百部叢書集成據二酉本影印。

㊲ 湯用彤，〈讀人物志〉，見氏著《魏晉玄學論稿》，收入《魏晉思想》甲編五種（臺北，里仁書局，1984年）。

㊳ 《全後漢文》，卷73、74、75；見嚴可均校輯，《全上古三代秦漢三國六朝

岐亦曾「自為壽藏，圖季札、子產、晏嬰、叔向四像居賓位，又自畫其像居主位，皆為讚頌」㊴。而最具特色的是人物別傳的興起，即儒家思想的衰褪、個人自我意識的醒覺，促使個人性格由儒家傳統觀念中釋放出來，為了與儒家傳統人物有所劃分及人我之際間有所區別，因此「別傳」的寫作形式乃出現㊵。

三、東漢政權原與地方豪族勢力相結合，當中央政權鬆動後，地方意識隨之醒覺，士人留心家鄉風土人文，因此有關地域性人物風土的著作亦相繼出現。起初目的在於區別各地人物風土之差異，後演變有企圖顯示自己家鄉人物風土之美的性格，趙岐的《三輔決錄》即是地方人物類傳初步發展之代表，而常璩的《華陽國志》則是後來的發展。需注意的是，趙岐於《三輔決錄》序中言「常以玄冬，夢黃髮之士，姓玄名明，字子真」與其寤言並命操筆，可見東漢末年士人反動儒家思想、逃避現實政治，老莊思想興起，而託言神仙、道家之風行㊶。

由上述可知，趙岐《三輔決錄》所呈現的特點及精神，即是東漢末年的學術背景與潮流。清人張澍輯《三輔決錄》中，按《冊府元龜》引《三輔決錄》序，於「故謂之決錄」下又有：「岐恐時人不盡其意，故隱其書，惟以示同郡嚴象」㊷，此段話是本文或注文不得而知，然裴松之作《三國志注》時注為引《三輔決錄注》㊸。可知宋初編《冊府元龜》

文》(北京：中華書局，1991)。

㊴ 《後漢書》，卷64，〈趙岐傳〉。

㊵ 參見逯耀東，〈魏晉對歷史人物評論標準的轉變〉，載《食貨月刊》第3卷第1期、〈魏晉雜傳與中正品狀的關係〉，載《中國學人》第期2。

㊶ 參見逯耀東，〈魏晉志異小說與史學的關係〉，載《食貨月刊》第12卷第4、5期。

㊷ 趙岐著，《三輔決錄》。

㊸ 《三國志》，卷10，〈魏書・荀彧傳〉，注引《三輔決錄注》。

時，摯虞之注文已混入正文之中。張澍薈輯《三輔決錄》時，雖依「簡者為錄，詳者為注，又決錄多作韻語」之原則，將部份注文析出[44]，然因時代相距已遠，原書不復可見，因此輯本中錄與注相混的現象仍無法避免。又，《三輔決錄》所錄為建武以來至趙岐著書時之三輔人士，雖說「其人既亡，行乃可書」，然所書諸人雖已亡，其親友門生故吏猶在，欲定玉石朱紫仍有所顧忌，所以摯虞注文中才說趙岐「恐時人不盡其意，故隱其書」，可知趙岐猶恐書出而禍至也。

趙岐著《三輔決錄》「多作韻語」，與東漢末年人物頌贊、碑誄駢賦形式相近，當是人物別傳於發展初期吸收人物頌贊、碑誄書寫形式遺留的痕跡。劉知幾以楊戲〈季漢輔臣贊〉、周處《風土記》、常璩〈先賢士女總贊〉與《三輔決錄》並舉，楊、常二文名既為「贊」其為韻文自無可議，而至於《風土記》則是：「其正文協韻如古賦，而故實者皆載於注，注即處自撰」[45]，三書正文皆用韻文，即劉知幾所謂「文言美辭列於章句」。而黃氏所謂「故實皆載於注」，即張澍言「簡者為錄，詳者為注」，也就是韻文常因重視修辭而較簡略，且多稱頌美言，然注文則詳其人生平、其事本末，目的與正文不同。陳壽述其注楊戲〈季漢輔臣贊〉之目的為：「注疏本末於其辭下，可以惣知其髣髴云爾」[46]，此即劉知幾

[44] 張澍薈輯，《三輔決錄》序：「諸書徵引，錄與注不盡分晰。余鈔撮特分別之」。

[45] 黃逢元，《補晉書藝文志》，卷2，〈乙部・地理類〉，《風土記》。章宗源，《隋書經籍志考證》，卷6，《風土記》亦曰：「……按《初學記・歲時部》正月元日……此引周處《風土記》皆分晰正文及注，……又《北堂書鈔・舟部》曰：『若乃越騰百川，濟江泛海，其舟則溫麻五會，東甄晨鳧，青桐梧樟，航疾乘風，輕帆電驅。』此類賦體，所謂文言美詞也」，以上皆收入二十五史刊行委員會編，《二十五史補編》第四冊（臺北：開明書店，1963）。

所謂「委曲敘事存於細書」。張澍以摯虞之注與陳壽等三書不相似，而認為劉知幾「所考未為精碻」㊼，然劉知幾著眼點在於撰注之文體、形式與目的，此乃張氏所未察㊽。

值得注意的是，陳壽雖是為楊戲之贊作注，卻是置於自己所撰《三國志》中，而周處與常璩皆是自注。可見魏晉時期史注方式，已不同於東漢中期以降由注《漢書》發展而來的以音義為主的史注型式。更進一步的說，經注與史注在魏晉時期已有所分別，史注乃以委曲敘事、詳其本末為目的，不同於經注的「明理」㊾。也就是魏晉之時，「史」的概念有了進一步的發展。「史」已非僅是原始史官記事之文，或停滯於東漢釋經典之義上，而是進一步有了注重史事本末的觀念，即司馬遷著《太史公書》的初衷「原始察終」注重歷史真相、探討歷史因果關係的觀念復甦。因此，魏晉乃出現一些評論史事及史書的書籍，如諸葛亮《論前漢事》、何琦《論三國志》、王濤《三國志敘評》、孫盛《三國異同評》、徐眾《三國評》等書。此評論、辨明歷史真相、因果的風氣與魏晉清談風尚，亦有極密切的關係。

《晉書・王戎傳》載：

> 朝賢嘗上巳禊洛，或問王濟曰：「昨游有何言談?」濟曰：「張華善說《史》、《漢》；裴頠論前言往行，衮衮可聽；王戎談子房、季札之間，超然玄著」。

㊻ 《三國志》，卷45，〈蜀書・楊戲傳〉。

㊼ 張澍薈輯，〈三輔決錄〉序。

㊽ 劉節認為：「雖然比擬不大相近，大體上都指記載人物的傳記而言。」劉氏雖明其撰注型式，然觀念上大致承張澍之說，未全諳劉知幾之意。見氏著，《中國史學史稿》（臺北：弘文館出版社，1986），頁104。

㊾ 參見逯耀東，〈裴松之與《三國志注》研究〉，以及〈史傳論贊與《史記》「太史公曰」〉。

可見當時清談有以史書、史事為題材的風氣。而此一現象，也透露出《史記》、《漢書》也像經學一樣，成為一種研習的對象。魏晉時期研習《史記》、《漢書》的情況非常普遍，為之作注者亦眾[50]，故《隋書・經籍志》正史序言曰：「唯《史記》、《漢書》，師法相傳，並有解釋」。然而魏晉時期《史記》、《漢書》注的形式，猶停留於音義訓解與辨誤上[51]，可知魏晉時期正史的注釋較為保守，這種史注形式即劉知幾史注分類中的第一類，亦即史注於最初發展階段時承襲經注的注史方式。然而劉氏於第二類所舉四例皆為地方人物傳，就體裁與性質而言，是東漢末年以來至魏晉時期，於紀傳與編年兩類國史之外，發展出來的新史著形式，因此反而能夠擺脫經學的包袱，而發展出史注新的樣貌。在一個時期內，同時存在著「經解訓詁」以明理的史注與「委曲敘事」以達事的史注方式，意味著魏晉時期經、史觀念的混雜，同時也反應保守儒家思想與反動儒家思想之並存。

魏晉對經籍的解釋，乃繼承東漢以來古文學家通儒思想的傳統而發展。然古文學之發展，卻引出了《左傳》是經是史的問題[52]。古文自劉歆議立學官開始，五經博士即以「左氏不傳《春秋》」為由而深拒之。古文學家雖力爭《左傳》「配經而行」，然「左氏不祖孔子，而出於丘明」[53]之說不息，終漢世僅王莽時立於學官。古文雖無法立於學官卻傳習於民間，東漢以降更蔚為大觀而與今文爭鋒。魏晉以降，置古文於學官，今文反而湮沒[54]。魏晉雖不復有今古文之爭，然古文學家重視《左傳》以

[50] 參見張榮芳，〈魏晉至唐時期的《漢書》學〉，收入中興大學歷史系主編，《第三屆史學史國際研討會論文集》（臺中：青峰出版社，1991），頁。

[51] 參見逯耀東，〈從隋書經籍志史部的形成論魏晉史學轉變的歷程〉，載《食貨月刊》第10卷第4期。

[52] 參見逯耀東，〈裴松之與三國志注研究〉。

[53] 《後漢書》，卷36，〈范升傳〉。

史傳經的意義，因時代之轉變，學者間逐漸有《左傳》為經為史之辯。此爭辯東漢時即已有之(55)，至魏晉始轉遽。至東漢末年儒家思想衰退後，其價值觀亦同時遭到士人的懷疑，時代激變中的政治與個人皆失去了依準的對象，促使歷史鑑戒的意識與個人意識急遽抬頭，而歷史鑑戒意識更轉而成為治政之方針。

這種情況，一方面象徵歷史意識的抬頭，另一方面也是歷史地位的提昇。魏晉時期經史並立之現象非常普遍，並有以「三史配六經」之說(56)。然而保守的經學家為了維護經學的地位，乃以經文條正史事，如張衡「條上司馬遷、班固所敘，與典籍不合者十餘事」(57)，而譙周更「以司馬遷史記書周秦以上，或採俗語百家之言，不專據正經，周於是作《古史考》二十五篇，皆憑舊典，以糾遷之謬誤」(58)。然而，晉武帝咸寧五年，「汲郡人不准掘魏襄王冢，得竹簡小篆古書十餘萬言」(59)，據杜預描述，其「所記大凡七十五卷，多雜碎怪妄，不可訓知。《周易》及《紀年》最為分了」(60)，而司馬彪即據汲冢《紀年》之義，「條《古史考》中凡百二

(54) 范文瀾，《群經概論》（北平：樸社出版，1933），第一章〈經名數及正義〉及第九章〈春秋及三傳〉。

(55) 錢穆，〈孔子與春秋〉，見氏著《兩漢經學今古文平議》（臺北：東大圖書公司，1983）。

(56) 王鳴盛謂：「自唐以來，通行人間者，惟馬、班、范之史記，前後漢書而已。以史漢目為三史，始於司馬彪續漢書郡國志，其時范蔚宗書未出，所據後漢書當是謝沈或華嶠書，厥後以三史並言者頗多，且以配六經」，見氏著，《十七史商榷》（臺北：廣文書局，1971），頁。

(57) 《後漢書》，卷59，〈張衡傳〉。

(58) 《晉書》，卷82，〈司馬彪傳〉。

(59) 《晉書》，卷3，〈武帝紀〉。

(60) 杜預，〈春秋左氏傳後序〉，見嚴可均校輯，《全晉文》，卷43。

十二事為不當」[61]。杜預《春秋左氏經傳集解》原在汲冢書發現之前，即已完成並作好序[62]，其言曰：

> 左丘明受經仲尼，以為經者不刊之書也。故傳或先經以始事，或後經以終義，或依經以辯理，或錯經以合異，隨義而發其例之所重。……身為國史，躬覽載籍，必廣記而備言之；其文緩，其旨遠，將令學者原始要終，尋其枝葉，究其所窮。……其發凡以言例，皆經國之常制。周公之垂法，史書之舊章，仲尼從而修之，以成一經之通體。其微顯闡幽裁成義類者，皆據舊例而發義。指行事以正褒貶，諸稱書、不書、先書、故書、不言、不稱、書曰之類，皆所以起新舊，發大義，謂之變例。……古今言《左氏春秋》者多矣，今其遺文可見者十數家。大體轉相祖述，進不成為錯綜經文以盡其變，退不守丘明之傳。於丘明之傳有所不通，皆沒而不說，而更膚引《公羊》、《穀梁》，適足自亂。預今所以為異，專修丘明之傳以釋經。經之條貫必出於傳，傳之義例總歸諸凡，推變例以正褒貶，簡二傳而去異端，蓋丘明之志也[63]。

其目的在於肯定《左傳》為經，然由該序文可見杜預將個人感染於時代氣氛的歷史意識，盡灌注於其集解之中[64]。而汲冢郡書出土之後，更進一步肯定了杜預的看法，其撰〈後序〉曰：

> 《紀年篇》……其著書文意，大似《春秋經》。推此足見古者國

[61] 《晉書》，卷82，〈司馬彪傳〉。

[62] 杜預，〈春秋左氏傳後序〉：「太康元年三月，吳寇始平。余自江陵還襄陽，解甲休兵，乃申抒舊意，修成《春秋釋例》及《經傳集解》。始訖，會汲郡縣有發其界內舊冢者，大得古書，皆簡編科斗文字」。

[63] 杜預，〈春秋左氏傳序〉。

[64] 參見逯耀東，〈裴松之與三國志注研究〉。

史策書之常也。……國史皆承告據實而書時事，仲尼修《春秋》，以義而制異文也。……諸所記多與《左傳》符同，異于《公羊》、《穀梁》，知此二書近世穿鑿，非《春秋》本意審矣。雖不皆與《史記》、《尚書》同，然參而求之，可以端正學者。

杜預書出之後，並未立即受到時人之注意，僅摯虞大加贊賞：

左丘明本為《春秋》作傳，而《左傳》遂自孤行。《釋例》本為《傳》設，而所發明何但《左傳》，故亦孤行(65)。

摯虞雖稱譽杜預《集解》，然其言辭卻甚為含混。一方面肯定《左傳》乃配經而行，另一方面卻又指出《左傳》「遂自孤行」的現象。但由下文解說《左傳釋例》，可知摯虞之意在於《左傳》初雖為傳《春秋》之義而作，然行於世後卻擁有了自身的意義與重要性。摯虞觀念中似乎認為《左傳》是經，也是史，並且更肯定《左傳》為史的重要性。摯虞的思想，顯然代表了魏晉學術之新潮流，而杜預則相對的較為保守。《左傳》對於古文學家的意義，由配經而行轉變為孤行，象徵史的概念由經的羽翼下浮現出來，是其邁向獨立的過程之一，因為此時史並未真正的獨立。不論是摯虞或是杜預，是前進或保守，經史觀念的模稜不清，是魏晉之際的一個特色。但這也是「史學」呼之欲出而未出之際，所表現的一種過渡型態。

班固著《漢書》，八表及〈天文志〉未竟而卒，漢和帝乃詔班昭就東觀踵成之。而《漢書》始出時，「多未能通者，同郡馬融伏于閣下，從昭受讀。後又詔融兄續繼昭成之」(66)，之後，且有許慎等數家為之作注，而這些注家多為當時之名流通儒，可知《漢書》既出而師法相承。由這

(65) 《晉書》，卷34，〈杜預傳〉。

(66) 《後漢書》，卷84，〈曹世叔妻傳〉。

種發展軌跡來看，「史」乃是透過經學傳授開始有了學術上的「師法相承」，不同於原始史官的職業世襲。東漢時期，只有極少數的例子，如應奉、應劭父子，乃非史官而父子以史相承的。因此，就「史」之為「學」的歷程而言，經學可謂其孕育者。自東漢末年以降，經師除傳授經學之外，並有傳史的。如《華陽國志》載陳壽：「少受學于散騎常侍譙周，治《尚書》、《三傳》，銳精《史》、《漢》」67，而譙周：「父，字榮始，治《尚書》，兼通諸經及圖、緯。……（周）研精《六經》，尤善書札」68。如摯虞師事皇甫謐，皇甫謐「博綜典籍百家之言，……所著詩、賦、誄、頌、論難甚多，又撰《帝王世紀》、《年曆》、《高士》、《逸士》、《列女》等傳、《玄晏春秋》，並重於世」69。皇甫謐著作尚有《高士傳》，據《郡齋讀書後志・傳記類》曰：「《高士傳》十卷，晉皇甫謐撰。纂自陶唐至魏八代，二千四百餘載世士高節者。其或以身徇名，雖如夷、齊、兩龔皆不錄。凡九十六人，而東漢之士居三之一」70，《玉海》：「《帝王世紀》，晉正始初安定皇甫謐撰。以《漢記》殘缺，始博案經傳，旁觀百家，著《帝王世紀》并《年曆》合十二篇，起太昊帝，訖漢獻帝」71，皇甫謐史籍方面的著作，可謂相當豐富。其著作類型除傳統的帝紀、年曆之外，同時並有流行魏晉的人物傳紀。其於《玄晏春秋》中自敘曰：

> 十七年，予長七尺四寸，未通史書，與從姑子梁柳等或編荊為楯，執杖為殳，有若習兵，母數遣予。出得瓜果，以進母，母投諸地，

67 《華陽國志》，卷11，〈後賢志・陳壽〉。

68 《三國志》，卷42，〈蜀書・譙周傳〉。

69 《晉書》，卷51，〈皇甫謐傳〉。

70 晁公武，《郡齋讀書志》，卷9。

71 《玉海》，卷47，引《中興書目》。姚振宗，《隋書經籍志考證》曰：「按正始為魏齊王芳年號，此稱晉正始者，猶《漢書敘例》稱魏建安也。或是泰始之誤。其謂《漢記》殘缺者，指《東觀漢記》也」。

> 曰：「《孝經》稱日用三牲之養，猶為不孝；夫孝者，莫大於欣親。今爾年二十，志不存於教，心不存於道，曾無惕怵，稍慰我心。修身篤學，爾自得之，於我何有?」因對予流涕，予心稍感，遂攻史書(72)。

又，《晉書・皇甫謐傳》載其「就鄉人席坦受書」，知皇甫謐讀史亦有其師承，皇甫謐有弟子摯虞、張軌、牛綜、席純(73)。《晉書・摯虞傳》云：

> （虞）少事皇甫謐，才學通博，著述不倦。……以漢末喪亂，譜傳多亡失，雖其子孫不能言其先祖，撰《族姓昭穆》十卷，上疏進之，以為足以備物致用，廣多聞之益。……虞撰《文章志》四卷，注解《三輔決錄》，又撰古文章，類聚區分為三十卷，名曰《流別集》，各為之論，辭理愜當，為世所重。……東平太叔廣樞機清辯，廣談，虞不能對；虞筆，廣不能答；更相嗤笑，紛然於世云(74)。

《世說新語》記曰：「太叔廣甚辯給，而摯仲治長於翰墨，俱為列卿。每至公坐，廣談仲治不能對；退，著筆難廣，廣又不能答」(75)，劉孝標注：

---

(72) 《太平御覽》，卷607，引皇甫謐《玄晏春秋》。

(73) 《晉書》，卷86，〈張軌傳〉載；「張軌字士彥，安定烏氏人，漢常山景王耳十七代孫也。家世孝廉，以儒學顯。父溫，為太官令。軌少明敏好學，有器望，姿儀典則，與同郡皇甫謐善，隱于宜陽女几山」，牛綜、席純皆無傳。

(74) 《晉書》，卷51，〈摯虞傳〉。

(75) 劉義慶撰、劉孝標注、徐震堮校箋，《世說新語校箋》，卷上，〈文學第四〉（香港：中華書局分局，1987）。

王隱《晉書》曰：「……摯淏字仲治，京兆長安人，祖茂，秀才。父模，太僕卿。虞少好學，師事皇甫謐，善校練文義，多所著述。」虞與廣名位略同，廣長口才，虞長筆才，俱少政事。衆坐廣談，虞不能葤；廣退，筆難廣，廣不能答。於是更相嗤笑，紛然於世。廣無可記，虞多所錄，於斯為勝也。

摯虞傳承皇甫謐之史學，為人物傳總集《三輔決錄》作注，並因「長於翰墨」亦承皇甫謐之文學，由所著《文章流別論》知其並更進一步剖判文體之淵源及流別(76)。《隋書・經籍志》總集後敘曰：

總集者，以建安之後辭賦轉繁，衆家之集日以滋廣，晉代摯虞苦覽者之勞倦，于是采擿孔翠，芟翦繁蕪，自詩賦下各為條貫，合而編之，謂為《流別》。是後文集總鈔，作者繼軌，屬辭之士，以為覃奥，而取則焉。

又《四庫提要・總集類》序曰：

文籍日興，散無統紀，于是總集作焉。一則網羅放佚，使零章殘什並有所歸；一則删汰繁蕪，使莠稗咸除菁華畢出。是固文章之衡鑒，著作之淵藪矣。三百篇既列為經，王逸所裒又僅《楚辭》一家，故體例所成，以摯虞《流別》為始。其書雖佚，其論尚散見《藝文類聚》中，蓋分體編錄者也。

中國的圖書經過孔子、司馬遷父子、劉向父子整理部次後，《漢書》藝文志以降歷代均有圖書目錄的整理。而漢魏間流行的名家「檢形核名」的思想，對於學術產生極大的影響，除上文所述之人物傳的產生外，同時亦表現在圖書分類的方法上。

---

(76) 嚴可均校輯，《全晉文》，卷77。

由於魏晉間書籍增多，原有的圖書分類方法已無法適應當時需求，因此在名家檢名核實的思想下，乃產生了「區分義別」、「隨類相聚」的分類方法[77]。這種分類方法，不僅對當時的目錄學發生直接的影響，對文學亦產生了作用。先秦以降文章漫漶，建安文風雖稱蔚然，有曹丕《典論・論文》之辨析文體，然究非針對歷來的文章，且歷代文章在缺乏系統整理之下，也無法真正了解文體之流變，摯虞之《文章流別集》即是在這樣的背景下產生。摯虞將先秦以來的文章作一整理與篩選，並辨析文體將之分類，剖判源流且加以評論。〈文章流別論〉體例類似於《漢書・藝文志》。無獨有偶，杜預也有這種文學總集，《隋書・經籍志》中曾著錄杜預《善文》五十卷，雖已佚失，然《史記集解》及《後漢書注》中皆曾引用，其性質亦為編錄整理文章之作，且於選錄文章之外更敘述作者生平[78]。此外，東晉李充亦有《翰林論》，《隋書・經籍志》著錄有三卷，亦文學總集的性質。

可見魏晉時期除了圖書整理之外，文章亦做了系統性的整理。因此，可作以下的推論：一、所作雖是文章的整理，所運用的卻是圖書目錄的方法，而古代是由史（官）來從事圖書整理的工作；二、摯虞於〈文章流別論〉曰：「文章者，所以宣上下之象，明人倫之敘。窮理盡性，以究萬物之宜者也」，西晉時純文學形式尚未出現[79]，因此摯虞對文章的定義亦不涉及修辭，而著重於其功能。然就摯虞所敘之文章功能視之，其與《隋書・經籍志》史部後敘所言史官應有的條件：「前言往行無不識也，天文地理無不察也，人事之紀無不達也」相近。歸納上述二點，兩晉南北朝「文史」合稱是文史脫離經學獨立所表現的過渡現象[80]。文史

[77] 參見逯耀東，〈從隋書經籍志史部的形成論魏晉史學轉變的歷程〉。

[78] 參見王瑤，《中古文學史論》（北京：北京大學出版社，1986年），頁56–101。

[79] 參見青木正兒，《支那文學思想史》，第三章〈魏晉南北朝之文學思想〉（東京：岩波書店，1943）。

合流之義在於文學透過吸收史學整理圖書辨章學術考鏡源流的方法，整理其散漫的文章並剖析文學之淵源與流變；而史學則透過文學的功能與形式以達到達事之目的，即劉知幾所言：「史之為務，必藉於文，自《五經》已降，三史而往，以文敘事，可得言焉」[81]。

與摯虞同時的陸機、陸雲兄弟，具為當時知名的文人。其中陸機更是：

> 少有異才，文章冠世，伏膺儒術，非禮不動。……天才秀逸，辭藻宏麗，張華嘗謂之曰：「人之為文，常恨才少，而子更患其多。」弟雲嘗與書曰：「君苗見兄文，輒欲燒其筆硯。」後葛洪著書，稱「機文猶玄圃之積玉，無非夜光焉，五河之吐流，泉源如一焉。其弘麗妍贍，英銳漂逸，亦一代之絕乎!」其為人所推服如此。……所著文章凡三百餘篇，並行於世[82]。

陸機著有《晉紀》[83]，且曾參議《晉書》限斷[84]，其學術思想代表了當代學術經、文、史雜揉的現象。陸機的弟子正是著有《風土記》的周處，處並著《默語》三十篇、撰集《吳書》[85]。《風土記》文辭富贍[86]，因知

[80] 參見逯耀東，〈從隋書經籍志史部的形成論魏晉史學轉變的過程〉。

[81] 《史通通釋》，卷6，〈敘事〉。

[82] 《晉書》，卷54，〈陸機傳〉。

[83] 《史通通釋》，卷12，〈古今正史篇〉:「晉史：洛京時，著作郎陸機始撰《三祖紀》」；又，卷2，〈本紀篇〉：「陸機《晉書》，列紀三祖，直敘其事，竟不編年。年既不編，何紀之有」；並《隋書》，卷33，〈經籍志二〉：「《晉紀》四卷，陸機撰」。

[84] 《初學記》，卷21，引陸機《晉書》限斷議（北京：中華書局點校本，1980）；及《太平御覽》，卷234，引王隱《晉書》曰：「陸士衡以文學秘書監虞濬所請為著作郎，議《晉書》限斷」（北京：中華書局，1995）。

師徒二人亦是文史相承。文史相承，一方面是源自於門第社會，一方面亦因經學已不再是唯一的學術思想，文史皆欲掙脫其羽翼而獨立，在各方面交相影響下，透過合流而達到其獨立之境界。文史合流對於史學著作所產生的影響，在於魏晉時期的史學著作較於前此之作品有更多的「文言美辭」，而最突出的例子，就是常璩《華陽國志・先賢士女總贊》。

《華陽國志》全書十二卷，前九卷〈巴志〉、〈漢中志〉、〈蜀志〉、〈南中志〉、〈公孫述劉二牧志〉、〈劉先主志〉、〈劉後主志〉、〈大同志〉、〈李特雄期壽勢志〉，敘曾在《禹貢》古九州之梁州建立政權或偏霸勢力者。後三卷為〈先賢士女總贊〉、〈後賢志〉、〈序志並士女目錄〉，所敘為梁州之人物，並於最後敘述著書動機及附錄益梁寧三州先漢以來士女目錄[87]。以卷十〈先賢士女總贊〉而言，描述巴蜀人物的傳作，在常璩之前有楊戲〈季漢輔臣贊〉、陳壽《益部耆舊傳》、常寬《梁益篇》等，因此〈先賢士女總贊〉的撰寫形式，似揉合了楊戲以「贊」表揚人物、陳壽注〈季漢輔臣贊〉各繫小傳於其下的方式。劉知幾因此於歸納史注類型時，將其歸類於「文言美辭列於章句，委曲敘事存於細書」之屬。《四庫全書總目提要》對《華陽國志》的評價是「文詞典雅，具有史裁」[88]，充份表現出兩晉文史合流之後，載史時亦講究文字之美的特性。此一風氣，在兩晉以降因駢文之風愈盛，以致劉知幾有「五失」之評，而「五失」的結果是「雖事皆形似，而必憑虛」[89]。以《華陽國志・先賢士女總贊》而言，常璩即利用「贊」的文體行文，而達到本文華麗之目的[90]，

[85] 《晉書》，卷58，〈周處傳〉。

[86] 章宗源，《隋書經籍志考證》引。

[87] 常璩撰、劉琳校注，《華陽國志校注》（四川，巴蜀書社，1985）。

[88] 《四庫全書總目提要》，卷6，〈史部・載記類〉。

[89] 《史通通釋》，卷5，〈載文〉。

[90] 參見內藤湖南，《支那史學史》，七，〈史記漢書以後の史書の發展〉「史注

但為彌補贊之簡略，故以傳作注。可知兩晉時史注之發展，已脫離了音義訓詁為主的注釋方式，具有「達事」的意識。而在這種意識下，也愈發表露出經史間之差異。兩晉「委曲敘事，列於細書」的作注方式，多為詳注人物生平或事情本末，除完成「達事」之目的，尚包含兩晉盛行之人物傳記的著作型式。而史注也因兩晉時期的發展，成為史學家撰著的另外一種型式，因為此時注史的同時也兼具了撰史的功能。

四、「掇眾史之異辭，補前書之所闕」

劉知幾第三類型所舉四例為晉・陳壽撰、宋・裴松之注《三國志》；漢・班固著、梁・陸澄注《漢書》；晉・干寶撰、梁・劉彤注《晉紀》；宋・范曄撰、梁・劉昭注《後漢書》；宋・劉義慶撰、梁・劉孝標注《世說新語》。其中陸澄、劉彤、劉昭所注今已無法見其全貌，因此本節以保存得最完整的兩部注，裴松之《三國志注》與劉孝標《世說新語注》為討論重點。

裴松之於〈上三國志注表〉中曰：

> （陳）壽書銓敘可觀，事多審正。誠遊覽之苑囿，近世之嘉史。然失在于略。時有所脫漏。臣奉旨尋詳，務在周悉。上搜舊聞，傍摭遺逸。……注記紛錯，每多舛互。其壽所不載，事宜存錄者，則罔不畢取以補其闕。或同說一事而辭有乖雜，或出事本異，疑不能判，並皆抄內以備異。若乃紕繆顯然，言不附理，則隨違矯正以懲其妄。其時事當否及壽之小失，頗以愚意有所論辯。

「補闕」、「備異聞」、「懲妄」、「論辯」，為裴松之作注的方法。而劉知幾評之為：「喜聚異同，不加刊定，恣其擊難，坐長煩蕪」[91]。其批評包

の發展」（東京，弘文堂，1953）。

括了二方面：一為裴松之對史料的搜集及處理，乃針對裴氏「補闕」「備異聞」之方式指出其「喜聚異同，不加刊定」。二、就裴松之「補闕」「備異聞」兩部份對史料及史事的評論，批評其「恣其擊難，坐長煩蕪」。

裴松之《三國志注》中「補闕」之方式，即如《四庫全書總目》所言：「一曰傳所有之事，詳其委曲；一曰傳所無之事，補其闕佚；一曰傳所有之人詳其生平；一曰傳所無之人，附以同類」。「備異聞」則是擇一主要材料置前，以相類材料依次並列。而「懲妄」「論辯」，則是根據「補闕」「備異聞」所取用的材料，再作進一步的檢視，這一部份集中於《三國志注》裴松之的自注中[92]。即裴松之於《三國志注》中，以「臣松之案」與「臣松之以為」之方式所作的自注[93]。

劉知幾對裴注之批評是否如實，以下不妨列舉兩例加以說明，如《三國志・魏書・華歆傳》裴注引《魏略》：

> 歆與北海邴原、管寧俱游學，三人相善，時人號三人為「一龍」，歆為龍頭，原為龍腹，寧為龍尾。臣松之以為邴根矩之徽猷懿望，不必有愧華公，管幼安含德高蹈，又恐弗當為尾。《魏略》此言，未可以定其先後也[94]。

又《三國志・魏書・武帝紀》注《曹瞞傳》：

> 為尚書右丞司馬建公所舉。及公為王，召建公到鄴，與歡飲，謂建公曰：「孤今日可復作尉否?」建公曰：「昔舉大王時，適可作

[91] 《史通通釋》，卷5，〈補注〉。

[92] 參見逯耀東，〈三國志注與裴松之三國志自注〉，收入《勞貞一先生八秩榮慶論文集》（臺北：臺灣商務印書館，1986年）。

[93] 參見逯耀東，〈裴松之與魏晉史學評論〉，載《食貨月刊》復刊第15卷3、4期。

[94] 《三國志》，卷13，〈魏書・華歆傳〉，注引《魏略》。

尉耳。」王大笑。建公名防，司馬宣王之父。臣松之案：司馬彪《序傳》，建公不為右丞，疑此不然，而王隱《晉書》云趙王篡位，欲尊祖為帝，博士馬平議稱京兆府君昔舉魏武帝為北部尉，賊不犯界，如此則為有徵[95]。

因此可知劉知幾評論裴松之對於作注的材料，為「喜聚異同」而「不加刊定」，並不是非常公允。

然而，這也關係著南朝史家與唐朝史家，在史料範圍看法上的不同。前文中曾討論文史合流後對史著文辭與體例所發生的影響，然文史合流同時也擴展了兩晉南朝史家對史料的運用範圍。即因文史合流，許多原屬於文學創作範圍的作品，因其具有反應時代的性格而為史家採用，成為他們撰史的素材。如常璩《華陽國志》中，即採集了許多民間的詩歌諺語[96]。如裴松之注《三國志》，引用材料有二百四十三種，含經、史、子三類[97]，而裴松之並因個人見聞而對史料有所考證。如《三國志・魏書・齊王芳》引《搜神記》曰：

及明帝立，詔三公曰：「先帝昔著《典論》，不朽之格言，其刊石於廟門之外及太學，與石經並，以永示來世」[98]。

裴松之自注曰：

臣松之昔從征西至洛陽，歷觀舊物，見《典論》石在太學者尚存，

---

[95] 《三國志》，卷1，〈魏書・武帝紀〉，注引《曹瞞傳》。

[96] 《華陽國志》，卷1，〈巴志〉：「百姓諺云：『虜來尚可，尹將殺我!』」，卷10，〈先賢士女總贊〉：「節義至仁費奉君，不仕亂世避惡君」，卷11，〈後賢志〉：「安漢吏取糧，令為之儻」。

[97] 參見逯耀東，〈三國志注與裴松之三國志自注〉。

[98] 《三國志》，卷4，〈魏書・齊王芳紀〉。

而廟門外無之，問諸長老，云晉初受禪，即用魏廟，移此石于太學，非兩處立也。竊謂此言為不然。

在魏晉南北朝時代，由史注訓詁而來對於史料的考辨，同時也影響史家對於歷史記錄其客觀性的質疑。如干寶即曾指出：「雖考先志于載籍，收遺逸于當時，蓋非一耳一目之所親聞睹也，又安敢謂無失實者哉」[99]，雖然干寶所強調的親身見聞，未必就可以達到歷史的客觀性，但也顯示出兩晉史家已體認到歷史注記無法完全做到「事不二跡，言無異途」的程度。因此運用更多的材料，反複檢索歷史事件，使史籍記載達到最接近歷史真相，是當時及南朝史家努力的目標之一。而為達此目的，史料的考證、評價、評論，甚至對前代或當代史書的評論，也成為撰史或注史重要的形式，如徐眾有《三國評》、孫盛有《異同雜語》、《魏陽秋異同》等。裴松之注《三國志》時，亦有此醒覺，故曰：「注紀紛錯，每多舛互」，因此以「臣松之案」與「臣松之以為」的自注方式對魏晉的史家與史書進行討論。雖然劉知幾批評裴松之所作的評論是「恣其擊難，坐長繁蕪」，然不可否認的，裴松之總結魏晉史學確為劉知幾《史通》開創了繼承與發展的條件[100]。

劉知幾認為裴松之這一類的史注類型，為「思廣異聞」、「掇眾史之異辭，補前書之所闕」，其所注意的層面在於裴松之〈上三國志注表〉所言「補闕」的部份，而忽略了裴氏注史另外三種方式。劉知幾雖亦提及裴氏「論辯」的部份，但卻否定了其價值，並在某種程度亦將之視為「補闕」的一部份。事實上，裴松之所作的史學評論，亦植基於「補闕」與「備異聞」兩部份。因此，劉知幾言其注為「掇眾史之異辭，以補前史之闕」亦無不妥，然論其為「好事之子，思廣異聞，而才短力微，不

---

[99] 嚴可均校輯，《全晉文》，卷127，干寶〈搜神記序〉。

[100] 參見逯耀東，〈裴松之與魏晉史學評論〉。

能自達，庶憑驥尾，千里絕群」則有欠公道。以下即就「掇眾史之異辭，以補前史之闕」，作進一步的討論。

「掇眾史之異辭，以補前史之闕」具有更深一層的意義，即其所代表的正是南朝史學由魏晉經、文、史雜揉的階段，逐漸走上融合匯通的過程。其進行的方式，恰如鄭玄於東漢末年採各家今古文之說注解經書，而使經學走上了今古文融合的境界。史學由經學逐漸獨立出來的過程中，經過兩晉各家爭鳴之後，其內部亦逐漸有朝向整合的趨勢。而在整合的過程中，納各家之說於一個系統之中，乃是時代的潮流。如劉知幾認為：

> 陸澄所注班史，多引司馬遷之書，若此缺一言，彼增半句，皆採摘成注，標為異說，有昏耳目，難為披覽。竊惟范曄之刪《後漢》也，簡而且周，疏而不漏，蓋云備矣。而劉昭採其所捐，以為補注，言盡非要，事皆不急。譬夫人有吐果之核，棄藥之滓，而愚者乃重加捃拾，潔以登薦，持此為工，多見其無識也[101]。

陸澄乃利用司馬遷書與班固書重疊部份以注班書，劉昭則以范曄所刪各家《後漢書》以注范曄書。雖然劉知幾對兩家注評價不高，然二人注史之法，除表現出承繼兩晉史家因史書注記舛互而有所考辨外，並呈現南朝史家於考辨史料之餘欲融合眾說之企圖。范曄刪各家之說以成其《後漢書》，就是一個最為典型的例子，其書中最為精湛的各傳評贊即是在各家《後漢書》的基礎之上，抒發個人的創見。又如裴松之所作的史學評論，其範圍較之魏晉史學家之評論則更為廣泛而深入，除對材料真偽的考辨外，尚包括對材料的選擇與取捨、歷史語言的應用、傳記人物的分類、歷史寫作的辭彙，以及歷史人物評價等問題[102]。其性質已超出了一般的史注，除了具有評論意識之外，尚提供了撰史的理想。又如同為

[101] 《史通通釋》，卷5，〈補注篇〉。

[102] 參見逯耀東，〈裴松之與魏晉史學評論〉。

劉知幾歸類於「掇眾史之異辭，以補前史之闕」的劉孝標《世說新語注》，其注即是繼承裴松之注而來。

《隋書 · 經籍志》將《世說新語》列於子部，可知南朝注釋對象不僅止於各代史書，且更進一部為其他類型的書籍作注。雖然《隋書 · 經籍志》並未將《世說新語》列入史部，然南朝史家卻未必不將之視為另一種類型的史書。魏晉南北朝各種人物傳記的著作非常盛行，人物列傳中所撰述或為先達、或為特出人物之前言往行可資紀錄者，而《世說新語》所收錄亦如斯，且其為收錄魏晉以來之名士顯達，因此在性質上亦近於人物類傳。只是劉義慶在撰著該書時，已將魏晉以來的人物類型分類。可知在晉宋之際，整合會通的觀念已被普遍運用於史書的整理與撰述上。因此，出現了范曄《後漢書》、裴松之《三國志注》、劉義慶《世說新語》。而這種整合會通的觀念發展至南朝達到最高點，即是梁武帝撰修《通史》。《隋書 · 經籍志》中即著錄了許多集解注釋或編整歷代以來各種類型圖書的書籍，這些書籍即以此整合會通的觀念為基礎發展而來。

劉孝標注《世說新語》也是在這種觀念下，而借鑒於裴松之注而作。其注中包含了校釋、考異、糾謬，所引經史雜著四百餘種，詩賦雜文七十餘種[103]。劉知幾認為劉孝標：

> 善於攻繆，博而且精，固以察及泉魚，辨窮河豕。嗟乎！以峻之才識，足堪遠大，而不能探賾彪、嶠，網羅班、馬，方復留情於委巷小說，銳思於流俗短書。可謂勞而無功，費而無當者矣[104]。

由「委巷小說」「流俗短書」的評語來看，可知若以儒家的觀點來觀察魏晉南北朝的一切活動，是無法見其精神的。魏晉南北朝時期儒家思想雖仍活動於各種思想領域之中，然相對於漢朝而言，已非一家思想獨尊

[103] 參見曾貽芬、崔文印，〈史注名著三種〉，載《史學史研究》1990：1。

[104] 《史通通釋》，卷5，〈補注篇〉。

的局面，因此在個人自覺意識提昇的魏晉南北朝時期，《世說新語》中所收錄的正是這些由儒家思想規範下釋放出來的個性及因之而來的人物風流與言談。因此，《世說新語》雖非正史，卻具有史書紀錄之性質，且對於後世而言更是具有相當價值的史料。兩晉南朝人對於史料的看法，具有更開闊的空間，因此《世說新語》的著作方式雖被《隋書・經籍志》列入子部，在時人而言毋寧為具有文學性質的史學作品。劉孝標之為《世說新語》作注，應當也是在這種情況之下。

劉知幾在某種程度上，亦認為《世說新語》具有史書紀錄的性質：「宋臨川王義慶著《世說新語》， 上敘兩漢、三國及晉中朝、江左事。劉峻注釋，摘其瑕疵，偽跡昭然，理難文飾」[105]，其意在於劉義慶「學未該博，鑒非詳正，凡所修撰，多聚異聞，其為踳駁，難以覺悟」[106]，而於劉孝標之注釋則頗為稱許。劉知幾認為劉孝標才堪大任，若不撰述亦應以注釋正史為懷，可知在兩晉南朝史學發展上分為二途，一為撰史一為注史。撰史風盛之因，前已述及。而注史風盛之因，除承續東漢中期以及注史之風外，尚因兩晉以降編年體之撰述復盛，編年體具有「夫記事之體，欲簡而且詳，疏而不漏」的特性[107]，然而史料範圍增廣「若煩則盡取，省則多捐，此乃忘折中之宜，失均平之理」[108]，因此史注「達事」之功能於此際即扮演起重要的角色。由上述可知南朝史注的發展，除因應史著之需求外，尚因學術思潮與政治一般，日趨走向統一，而有著融合會通的趨勢。

[105] 《史通通釋》，卷17，〈雜說中〉。

[106] 《史通通釋》，卷17，〈雜說中〉。

[107] 《史通通釋》，卷8，〈書事〉。

[108] 《史通通釋》，卷8，〈書事〉。

五、「定彼榛楛，列為子注」

劉知幾在這一類史注中，所舉的例子盡屬北朝史注。並強調其為史臣修史時，對於所搜集材料的檢拾，若置於正文中恐嫌煩蕪，而若棄置己意又有所未暢，因此將之列於注中，以申正文所未言者。這種史注與上一節所討論者，在方法與態度上已有所不同。前文所述「掇眾史之異辭，以補前史之闕」的史注類型，雖是史注卻具有撰史的意味，也就是撰史與注史間之分際，並未非常明確。而此類史注，撰史與注史之立意卻是非常清晰的。楊衒之〈洛陽伽藍記序〉曰：

> 京城表裡，凡有一千餘寺，今日寮廓，鍾聲罕聞。恐後世無傳，故撰斯記。然寺數最多，不可遍寫，今之所錄，止大伽藍；其中小者，取其詳世諦事，因而出之。先以城內為始，次及城外；表列門名，以遠近為五篇[109]。

由序文可見楊衒之撰述時的動機、內容與次第。徐高阮曾撰文綜其正文與注文之別，有以下六端：一、敘一寺之方位四鄰，不厭其煩，然牽及城坊里巷之事，則列於子注。二、記一寺構造之奇，佛事之盛，雖鋪敘繁麗，皆以為正文。三、每涉及世變則詳其始末，涉及人物詳其事略則列入子注，然此等文字若直接關涉一寺創建由來、盛衰之跡、寺內神驗者，又皆為正文。四、所載各寺大小不一，其大寺每條以寺事為正文，旁及故蹟舊聞則列入子注，中小之寺涯略不著，每由城坊里巷微細之節而得傳世，此等細節以楊衒之自序所謂「取其詳世諦事，而出之」因列於正文中。五、有時一寺但記一比丘故事，是亦此寺之詳世諦事，故在

---

[109] 楊衒之撰、楊勇校箋，《洛陽伽藍記校箋》（臺北，正文書局，1982），頁2。

正文。六、復有敘寺事頗寡而牽連甚遠，似皆枝節當為子注，然細審之均屬正傳[110]。也就是楊衒之本文中所記述為一寺之建制、興衰本末及比丘故事，其餘有關故蹟、舊聞、人物則列於子注中，其本末之間主題非常明確。撰、注之間條例分明，象徵著史學方法與理論上的進步。

因此，劉知幾所強調「史臣手自刊補」，除說明此一時期撰史者的身份外，亦顯示出南北朝後期史學的發展上，嚴格的史學定義已漸形成，其不同於魏晉與南北朝前期史學所呈現出的煩雜與混合的現象。這也是劉知幾於史注分類時，將此類型的注與「文言美辭列於章句，委曲敘事存於細書」及「掇眾史之異辭，補前書之所闕」二種類型的注分開的原因。雖然劉知幾於此類型所舉之注皆為北朝，然就史學的演進上來看，此乃南北朝後期史學發展的共同特色。

北朝在民族上雖然相當複雜，然其文化大體多承續十六國而來。十六國雖多是胡人政權，然修史之風卻一點也不亞於漢人政權。即便其修史目的在於顯揚創業立國之豐功偉績[111]，亦可見其對史學的重視。而「史學」一辭，最早出現於十六國的後趙。《晉書・石勒載記》載：

> （晉元帝）太興二年（319年），……（石勒）署從事中郎裴憲、參軍傅暢、杜嘏並領經學祭酒，參軍續咸、庾景為律學祭酒，任播、崔濬為史學祭酒[112]。

「史學祭酒」設置雖不意味著史官制度的建立，或是否有聚徒招生，然「史學」一詞的出現，至少象徵著「史」的觀念經過東漢至魏晉間的發展，視之為「學」的觀念已經出現。然此並非史學真正的建立，史學建

[110] 以上條例引自徐高阮，〈洛陽伽藍記補注體例辨〉，載《中央研究院歷史語言研究所集刊》第22本。

[111] 參見宮川尚志，〈六朝時代の史學〉，載《東洋史研究》第5卷第6期。

[112] 《晉書》，卷105，〈石勒載記下〉。

立的里程碑需晚至南朝宋文帝元嘉十五年（438 年）史學館之設立，期間相距約一百二十年。

史學建立後，在發展上有二件要事。南朝齊高帝建元二年，置史官以檀超與江淹掌史職，其上表立條例：

> 開元紀號，不取宋年。封爵各詳本傳，無假年表。立十志：〈律曆〉、〈禮樂〉、〈天文〉、〈五行〉、〈郊祀〉、〈刑法〉、〈藝文〉依班固，〈朝會〉、〈輿服〉依蔡邕、司馬彪，〈州郡〉依徐爰。〈百官〉依范曄，合〈州郡〉。班固五星載〈天文〉，日蝕載〈五行〉；改日蝕入〈天文志〉。以建元為始。帝女體自皇宗，立傳以備甥舅之重。又立〈處士〉、〈列女傳〉[113]。

齊高帝詔內外詳議，於是王儉議曰：

> 金粟之重，八政所先，食貨通則國富民實，宜加編錄，以崇務本。〈朝會志〉前史不書，蔡邕稱先師胡廣說《漢舊儀》，此乃伯喈一家之意，曲碎小儀，無煩錄。宜立〈食貨〉，省〈朝會〉。〈洪範〉九疇，一曰五行。五行之本，先乎水火之精，是為日月五行之宗也。今宜憲章前軌，無所改革。又立〈帝女傳〉，亦非淺識所安。若有高德異行，自當載在〈列女〉，若止於常美，則仍舊不書[114]。

齊高帝詔以日月災隸〈天文〉， 其餘則從王儉之議。從此以降，梁、陳皆從齊制，國史之修撰有其一定體例，而在此之前史書之修撰皆因史家個人見地而作。另一件事為北魏孝文帝太和十四年（齊武帝永明八年），詔定起居注制。十五年，又分置左右史官[115]。《史通・史官建置》：

---

[113] 《南齊書》，卷52，〈文學・檀超傳〉。

[114] 《南齊書》，卷52，〈文學・檀超傳〉。

[115] 《魏書》，卷7下，〈高祖紀〉。

> 元魏置起居令史，每行幸宴會，則在御左右，記錄帝言及賓客酬對。後別置修起居注二人，多以餘官兼掌[116]。

即至東漢著作東觀以來，有史官之實無史官之名，至是恢復古制撰述與注記分家[117]。這項舉措對於北朝，乃至於隋唐史官的建置，都發生了極大的影響[118]。

這兩件事對於史學產生了極重要的影響，南朝國史修撰體例上的統一與北朝史官的建置，顯示著政治力量伸入史學的領域傾向[119]。而在日後的發展中，史學亦隨著時代政局的日趨統一，逐漸統於一個體系之下。復次，南北朝的學術文化並非各自進行的，事實上南北通好互派使臣，經常在文化上互別苗頭：

> 南北通好，嘗藉使命增國之光，必妙選行人，擇其容止可觀，文學優贍者，以充聘使。如魏游明根嘗三使於宋，李彪嘗六使於齊，齊武帝以裴昭明有將命之才，特命使魏，皆以其能稱使職也。其後益以使命為重，〈李諧傳〉謂南北交聘，務以俊乂相矜，銜命接客，必盡一時之選，無才地者不得與焉。梁使每入，鄴下為之傾動，貴游子弟，盛飾聚觀，館門成市，魏使至梁亦如之，一時風尚如此[120]。

---

[116] 《史通通釋》，卷11，〈史官建置〉。

[117] 參見劉節，《中國史學史稿》，七，〈魏晉南北朝史學概觀〉。

[118] 參見陳寅恪，《隋唐制度淵源略論稿》敘論，收入氏著，《陳寅恪先生文集㈡》。

[119] 參見張榮芳，《唐代的史館與史官》（臺北，中國學術著作獎助委員會，1984），頁9–46。

[120] 趙翼撰、校證，《廿二史箚記校證》，卷14，「南北朝通好以使命為重」條（臺北，仁愛書局翻印，1984）。

由南北朝廷選派使臣「必盡一時之選，無才地者不得與焉」，可見當時南北文化上爭勝的現象。然此為朝廷的心理，一般貴游子弟卻是相互傾慕觀摩。因此，透過南北使節往返，也促成了南北文化的交流[121]。南北使節也經常利用交聘的時機，一見傾慕的學者與之論經說史。如《梁書・王錫傳》載：

> 普通初，魏始連和，使劉善明來聘，敕使中書舍人朱异接之，預讌者皆歸化北人。……善明乃曰：「王錫、張纘，北間所聞，云何可見?」异具啟，敕即使於南苑設宴，錫與張纘朱异四人而已。善明造席，遍論經史，兼以嘲謔，錫纘隨方酬對，無所稽疑，未嘗訪彼一事，善明甚相歎挹[122]。

劉善明雖因南北學風不同而「兼以嘲謔」，然與王錫、張纘談後即雅相欽揖，這中間不無沈潛著南北文化觀念相互調整的現象。楊衒之處於此時代背景中，其著作《洛陽伽藍記》自然的也表現出這時代的特色，即南北朝後期的史學特色。

劉知幾認為《洛陽伽藍記》一類的注，乃因「才闕倫敘，除煩則意有所吝，畢載則言有所妨，遂乃定彼榛楛，列為子注」，因此流於「瑣雜」。然而這種類型的史注，正是由裴松之注過渡到盛唐撰史與注史分際已明的中間地帶。在劉知幾眼中或許覺得繁雜，但在當時卻是史注體例上進一步的發展，同時也是劉知幾時代史注類型的淵源之一。劉知幾在《史通》中亦有史注之運用，其言曰：

> 昔陶隱居《本草》，藥有冷熱味者，朱墨點其名；阮孝緒《七錄》，書有文德殿者，丹筆寫其字。由是區分有別，品類可知。今輒擬

[121] 梁容若，〈南北朝的文化交流〉，載《東海學報》第4卷第1期。

[122] 《梁書》，卷21，〈王錫傳〉。

其事，鈔自古史傳文有煩者，皆以筆點其煩上。（原注：其點用朱粉、雌黃並得。）凡字經點者，盡宜去之。如其間有文句虧缺者，細書側注於其右。（原注：其側書亦用朱粉、雌黃等，如正行用粉，則側注者用朱黃，以此為別。）或回易數字，或加足片言，俾分布得所，彌縫無闕。庶觀者易悟，其失自彰。自我摭實而談，非是苟誣前哲(123)。

雖然此處劉知幾乃為史書點煩，然其運用史注的方式以達「分布得所，彌縫無闕」，並因史注的運用使讀者易讀、了解所點之意，此或可解釋為劉知幾對於史注運用的觀念。而上文中亦見劉知幾本人所作的注，其注文意在說明本文中未盡之意顯矣。《史通》中尚有多處劉知幾原注的地方，如〈雜說中・周書〉：

今俗所行周史，是令狐德棻等所撰。其書文而不實，雅而無檢，真跡甚寡，客氣尤煩。尋宇文初習華風，事由蘇綽。至於軍國詞令，皆準《尚書》，太祖敕朝廷文悉準於此。蓋史臣所記，皆稟其規。柳虯之徒，從風而靡。案綽文雖去彼淫麗，存茲典實。而陷於矯枉過正之失，乖夫適俗隨時之義。苟記言若是，則其謬逾多。爰及牛弘，彌尚儒雅。即其書舊事，因而勒成，務累清言，罕逢佳句。而令狐不能別求他述，用廣異聞，唯憑本書，重加潤色。（原注：案宇文氏事多見於王劭《齊志》、《隋書》及蔡允恭《後梁春秋》。其王褒、庾信等事，又多見於蕭韶《太清記》、蕭大圜《淮海亂離志》、裴政《太清實錄》、杜臺卿《齊紀》。而令狐德棻了不兼採，以廣其書。蓋以其中有鄙言，故致遺略。）遂使周氏一代之史，多非實錄者焉(124)。

---

(123) 《史通通釋》，卷15，〈點煩〉。

(124) 《史通通釋》，卷17，〈雜說中〉。

劉知幾此注在於說明自己的論述觀點，即前引文所謂欲使讀者「知我摭實而談，非是苟誣前哲」。又如〈自敘〉中所注：

> 既朝廷有知意者，遂以載筆見推。由是三為史臣，再入東觀。（原注：則天朝為著作佐郎，轉左史。今上初即位，又除著作。長安中，以本官兼修國史。會遷中書舍人，暫罷其任。神龍元年，又以本官兼修國史，迄今不之改。今之史館，即古之東觀也）❶❷❺。

劉知幾此注在於自述其歷官，以補充本文，使文意更加明白易見，即所謂「加足片言，俾分布得所，彌縫無闕」。劉知幾《史通》乃總結上古以來中國史學發展，並賦予中國史學一個鮮明獨特的性格。史學自東漢末年脫離經學獨立發展後，至此真正形成一個獨立的學科[126]。由於劉知幾於《史通》中對史學的功能與體用，史學著作的結構與形式都作了系統的分析與評論，因此其史注可說是史學完全成熟後，所發展出來的類型。

陳寅恪認為裴松之《三國志注》、劉孝標《世說新語注》、楊衒之《洛陽伽藍記》，皆為「廣義之合本子注」[127]。其語誠然，但是裴松之注與楊衒之注在體例上仍是有些許差別的，而這些差別所反應者即是史學發展的進程。由裴松之的史注型式至楊衒之再至劉知幾，他們之間的發展是有階段性的承續，非截然劃清的。《洛陽伽藍記》有正文與子注之分，劉知幾言之明矣，然自北宋以後文注便相羼雜，清代以來屢有學者為之分列，終仍無法恢復本來面目[128]。因此，本文不就其正文與子注作討論，

---

[125] 《史通通釋》，卷10，〈自序〉。

[126] 參見逯耀東，〈劉知幾史通與魏晉史學〉，收入《第二屆國際漢學會議論文集（歷史與考古組）》（臺北：中央研究院，1989）。

[127] 參見徐高阮，〈洛陽伽藍記補注體例辨〉。

[128] 現存《洛陽伽藍記》最古的本子為明代嘉隆年間的如隱堂刊本（四部叢刊三編史部，上海涵芬樓影印），其已無正文子注之分，清代以來，顧廣圻

楊衒之注中另有以「衒之按」的型式出現的案語，其亦楊衒之自己所下註腳⑫⑨，以下即就「衒之按」討論之。

楊衒之「衒之按」的型式大體上與裴松之「臣松之案」的型式非常類似，如「大統寺」：

> 大統寺，在景明寺西，即所謂利民里。寺南有三公令史高顯洛宅。（以下楊勇校箋為子注）每夜見赤光行於堂前，如此者非一。向光明所掘地丈餘，得黃金百斤，銘云：「蘇秦家金，得者為吾造功德。」顯洛遂造招福寺。人謂此地是蘇秦舊。宅當時元乂秉政，聞其得金，就洛索之，以二十斤與之。衒之按：蘇秦時未有佛法，功德者不必是寺，應是碑銘之類，頌其聲跡也⑬⓪。

此條「衒之按」與裴松之自注「臣松之案」相似，都是對材料懷疑而提出論證。又如「明懸尼寺」：

> 明懸尼寺，彭城武宣王勰所立也。在建春門外石橋南。（以下楊

最先改定手校，但未成書，清末又有吳若準《集證本》、唐晏《鉤沈本》、張宗祥《合校本》等，雖眉目稍具，但亦未明顯，尤其對正文子注之分仍未用功。近代又有范祥雍《校注本》、徐高阮《重刊本》、周祖謨《校釋本》、田素蘭《校註本》及楊勇《校箋本》；各家皆窮力以分正文子注，實際上卻難還原楊衒之書原來的面貌，故本文不對正文子注部份討論，只以書中「衒之按」等類案語加以論述。另，諸家各本皆有所長，可相互參照閱讀，本文論述時以楊勇《校箋本》為主要的參考本子。

⑫⑨ 周祖謨，《洛陽伽藍記校釋》敘例曰：「以予考之，此書凡記伽藍者為正文，涉及官署者為注文。其所載時人之事蹟與民間故事，及有衒之案語者，亦為注文。唐晏鉤沈以有衒之案語者為注中之注，古本不可得見，今皆列為子注，不復分別」（上海：科學出版社，1958）。

⑬⓪ 楊衒之撰、楊勇校箋，《洛陽伽藍記校箋》，卷3，〈城南〉，「大統寺」條。

> 勇校箋為子注）穀水周圍遶城，至建春門外，東入陽渠石橋。橋有四柱，在道南銘云：「漢陽嘉四年將作大匠馬憲造。」逮我孝昌三年，大雨穨橋，柱始埋沒。道北二柱，至今猶存。衒之按：劉澄之《山川古今記》、戴延之《西征記》並云：「晉太康元年造。」此則失之遠矣。按澄之等並生在江表，未游中土，假因征役，暫來經過；至於舊事，多非親覽，聞諸道路，便為穿鑿，誤我後學，日月已甚[131]。

此處楊衒之指出劉澄之、戴延之的錯誤，並有「懲妄」之意。又如「凝玄寺」：

> 惠生在烏場國二年，西胡風俗，大同小異，不能具錄。至正光三年二月，始還天闕。衒之按：惠生《行記》，事多不盡錄，今依《道榮傳》、宋雲《家記》，故並載之，以備缺文[132]。

本條案語在於說明「補闕」之意。另外，在「宣忠寺」條下敘述爾朱榮之亂原委後，有楊衒之以「楊衒之云」的型式出現的評論，其言曰：

> （楊衒之云：）崇善之家，必有餘慶，積禍之門，殃所畢集。祖仁負恩反噬，貪殺徽；徽即託夢增金馬，假手於兆，還以斃之。使祖仁備經楚撻，窮其塗炭，雖魏侯之笞田蚡，秦主之刺姚萇，以此論之，不能加也[133]。

楊衒之的「楊衒之云」案語，與裴松之「臣松之以為」的案語，幾乎如出一轍。

---

[131] 《洛陽伽藍記校箋》，卷2，〈城東〉，「明懸尼寺」條。

[132] 《洛陽伽藍記校箋》，卷5，〈城北〉，「凝玄寺」條。

[133] 《洛陽伽藍記校箋》，卷4，〈城西〉，「宣忠寺」條。

劉知幾的注中不見有「補闕」「備異聞」的性質，然於「論辨」「懲妄」則大有發揮，如〈雜說下・諸史〉：

> 夫晉、宋已前，帝王傳授，始自錫命，終於登極。其間箋疏款曲，詔策頻煩。雖事皆偽跡，言並飾讓，猶能備其威儀，陳其文物，俾禮容可識，朝野具瞻。逮於近古，我則不暇。至如梁武之居江陵，齊宣之在晉陽，或文出荊州，假稱宣德之令；（原注：江陵之去建業，地闊數千餘里。宣德皇后下令，旬日必至。以此而言，其偽可見）[134]。

此注即有懲妄之意。在「論辯」上，如同條下文：

> 或書成并部，虛云孝靖之敕。凡此文誥，本不施行，必也載之起居，編之國史，豈所謂撮其機要，翦截浮辭者哉？但二蕭（即齊梁）《陳》、《隋》諸史，通多此失，（原注：晉、魏及宋，自創業後，稱公王，即帝位，皆數十年間事也。夫功德日盛，稍進累遷，足驗禮容不欺，揖遜無失。自齊、梁已降，稱公王及即帝位，皆不出旬月之中耳。夫以迫促如是，則於禮儀何有者哉?）唯王劭所撰《齊志》，獨無是焉。

由楊氏與劉氏「懲妄」「論辯」之型式，皆可看出其乃出自裴松之。然劉知幾注中尚有「加足片言，俾分布得所，彌縫無闕」的型式，此種型式的注亦即劉知幾評《洛陽伽藍記》類型的注「定彼榛楛，列為子注」之意。如〈雜說・諸史〉：

> 夫載筆立言，名流今古。如馬遷《史記》，能成一家；揚雄《太玄》，可傳千載。此則其事尤大，記之於傳可也。至於近代則不

---

[134] 《史通通釋》，卷18，〈雜說下〉。

> 然。其有雕蟲末伎，短才小說，或為集不過數卷，或著書纔至一篇，莫不一一列名，編諸傳末。（原注：如《梁書》〈孝元紀〉云，撰《研神記》；《陳書》〈姚察傳〉云，撰《西征記》、《辨茗酪記》；《後魏書》〈劉芳傳〉云，撰《周官音》、《禮記音》；《齊書》〈祖鴻勛傳〉云，撰《晉祠記》。凡此，書或一卷、兩卷而已。自餘人有文集，或四卷或五卷者，不可勝記，故不具列之。）事同《七略》，巨細必書，斯亦煩之甚者[135]。

劉知幾於採用史注時，其正文的主題是非常明確的，因此可以推知由裴松之經過楊衒之而至劉知幾，史注的型式已然發展成熟。其後杜佑撰《通典》所細書之雙行夾注，亦劉知幾之類的自注。

六、小　結

藉由觀察魏晉南北朝史注的發展與時代間的關係後，可以發現魏晉與南北朝時期史學上的發展是不太相同的。即便是南北朝前期，其史注及所表現出的史學特質，與南北朝晚期亦不相同。

魏晉時期紛然獨立於經學之外的文學與史學，在獨立的過程中經過經、文、史的合流後，至南朝已漸各自獨立。亦因獨立的型式逐漸成熟，於是在各自的領域之中由分岐而漸趨統一。如史學於南朝初期呈現出混合魏晉以來發展的現象，然至後期則漸有融合而走向統一的趨勢。因此，可以說魏晉南北朝史學的發展，至少可以分為三個階段，即魏晉、南北朝初期、南北朝晚期，而經由史注的發展階段來觀察，則更可以說明史注在發展階段上的傳承性。此外，由史注成為史書著作的體例，也可以看出史學的成熟發展，而正是唐代史館與史官設置的背景之一。

[135] 《史通通釋》，卷18，〈雜說下〉。

附錄：裴駰《史記集解》引書分類表

引用書名	《隋書・經籍志》著錄情形	類別	備註
《周禮》	《周官禮》十二卷，馬融注。 《周官禮》十二卷，鄭玄注。 《周官禮》十二卷，王肅注。 《周官禮》十二卷，伊說注。 《周官禮》十二卷，干寶注。梁又有《周官寧朔新書》八卷，晉燕王師懋約撰。	經部禮類。	
《皇覽》	《皇覽》一百二十卷，繆襲等撰。梁六百八十卷。梁又有《皇覽》一百二十三卷，何承天合；《皇覽》五十卷，徐爰合，《皇覽目四卷》；又有《皇覽抄》二十卷，梁特進蕭琛抄。亡。	子部雜家類。	
《謚法》	《謚法》三卷，劉熙撰。 《謚法》十卷，特進、中軍將軍沈約撰。 《謚法》五卷，梁太府卿賀瑒撰。	經部論語類。	
《尚書》	《尚書》九卷，鄭玄注。 《尚書》十一卷，馬融注。 《尚書》十五卷，晉祠部郎謝沈撰。	經部尚書類。	
《史記音隱》	《史記音義》十二卷，宋中散大夫徐野民撰。	史部正史類。	
《孟子》	《孟子》十四卷，齊卿孟軻撰，趙岐注。 《孟子》七卷，鄭玄注。 《孟子》七卷，劉熙注。梁有《孟子》九卷，綦毋邃撰，亡。	子部儒家類。	
《尚書大傳》	《尚書大傳》三卷，鄭玄注。	經部尚書類。	

《禮緯》	《禮緯》三卷，鄭玄注，亡。	經部易類。	
《左傳》	《春秋左氏傳》三十卷，王肅注。 《春秋左氏傳》三十卷，董遇章句。 《春秋左氏傳》十二卷，魏司徒王朗撰。	經部春秋類。	
《汲冢紀年》	《紀年》十二卷，《汲冢書》，并《竹書同異》一卷。	史部古史類。	
《淮南子》	《淮南子》二十一卷，漢淮南王劉安撰，許慎注。 《淮南子》二十一卷，高誘注。	子部雜家類。	
《列女傳》	《列女傳》十五卷，劉向撰，曹大家注。 《列女傳》七卷，趙母注。 《列女傳》八卷，高氏撰。 《列女傳》六卷，皇甫謐撰。 《列女傳》七卷，綦毋邃撰。	史部雜傳類。	
《別錄》	《七略別錄》二十卷，劉向撰。	史部簿錄類。	
《詩》	《韓詩》二十二卷，漢常山太傅韓嬰，薛氏章句。 《毛詩》二十卷，漢河間太傅毛萇傳，鄭氏箋。梁有《毛詩》十卷，馬融注，亡。 《毛詩》二十卷，王肅注。梁有《毛詩》二十卷，鄭玄、王肅合注；《毛詩》二十卷，謝沈注；《毛詩》二十卷，晉兗州別駕江熙注。亡。	經部詩類。	
《爾雅》	《爾雅》三卷，漢中散大夫樊光注。梁有漢劉歆，犍為文學、中黃門李巡《爾雅》各三卷，亡。 《爾雅》七卷，孫炎注。 《爾雅》五卷，郭璞注。	經部爾雅類。	
《韓詩章句》	《韓詩》二十二卷，漢常山太傅韓嬰，薛氏章句。	經部詩類。	
《山海經》	《山海經》二十三卷，郭璞注。	史部地理類。	

《世本》	《世本》二卷，劉向撰。 《世本》四卷，宋衷撰。	史部譜系類。	
《春秋傳》		經部春秋類。	即《左傳》。
《公羊傳》	《春秋公羊傳》十二卷，嚴彭祖撰。	經部春秋類。	
《古文尚書》	《古文尚書》十三卷，漢臨淮太守孔安國傳。	經部尚書類。	
《春秋》	《春秋經》十一卷，吳衛將軍士燮注。	經部春秋類。	
《漢書》	《漢書》一百一十五卷，漢護軍班固撰，太山太守應劭集解。	史部正史類。	
《穆天子傳》	《穆天子傳》六卷，《汲冢書》。郭璞注。	史部起居注類。	
《尸子》	《尸子》二十卷、目一卷，梁十九卷。秦相衛鞅上客尸佼撰。其九篇亡，魏黃初中續。	子部雜家類。	
《晉地記》	《元康三年地記》六卷。	史部地理類。	
《韓詩外傳》	《韓詩外傳》十卷，梁有《韓詩譜》二卷，《詩神泉》一卷，漢有道徵士趙曄撰，亡。	經部詩類。	
《太原真人茅盈內紀》	《太原真人東鄉司命茅君內傳》一卷，弟子李遵撰。	史部雜傳類。	
《說苑》	《說苑》二十卷，劉向撰。	子部儒家類。	
《鶡冠子》	《鶡冠子》三卷，楚之隱人。	子部道家類。	
《漢書音義》	《漢書音義》七卷，韋昭撰。 《漢書音義》十二卷，國子博士蕭該撰。	史部正史類。	
《楚漢春秋》	《楚漢春秋》九卷，陸賈撰。	史部雜史類。	
《揚子法言》	《揚子法言》十五卷、解一卷，揚雄撰，李軌注。梁有《揚子法言》六卷，侯苞注，亡。 《揚子法言》十三卷，宋衷注。	子部儒家類。	
《關中記》	隋志未著錄。	應為地理類。	

《風俗通義》	《風俗通義》三十一卷，錄一卷。應劭撰。梁三十卷。	子部雜家類。	
《瑞應圖》	《瑞應圖》三卷。	子部五行類。	
《三輔黃圖》	《黃圖》一卷，記三輔宮觀陵廟明堂辟雍郊畤等事。	史部地理類。	
《新論》	《桓子新論》十七卷，後漢六安丞桓譚撰。	子部儒家類。	
《白虎通》	《白虎通》六卷。	經部論語類。	
《論語》	《論語》十卷，玄注。梁有《古文論語》十卷，鄭玄注；又王肅、虞翻、譙周等注《論語》各十卷。亡。	經部論語類。	
《禮記》	《禮記》十卷，漢北中郎將盧植注。 《禮記》二十卷，漢九江太守戴聖撰，鄭玄注。 《禮記》三十卷，王肅注。梁有《禮記》十二卷，業遵注，亡。 《禮記》三十卷，魏祕書監孫炎注。	經部三禮類。	
《穀梁傳》	《春秋穀梁傳》十三卷，吳僕射唐固注。梁有《春秋穀梁傳》十五卷，漢諫議大夫尹更始撰，亡。 《春秋穀梁傳》十二卷，魏樂平太守糜信注。 《穀梁傳》十卷，晉堂邑太守張靖注。梁有《春秋穀梁傳》十三卷，晉給事郎徐乾注；《春秋穀梁傳》十卷，胡訥集解。亡。 《春秋穀梁傳》十六卷，程闡撰。 《春秋穀梁傳》十四卷，孔衍撰。 《春秋穀梁傳》十二卷，徐邈撰。 《春秋穀梁傳》十四卷，段肅注，疑漢人。 《春秋穀梁傳》五卷，孔君楷訓，殘缺。梁十四卷。 《春秋穀梁傳》十二卷，范甯集解。梁有《穀梁音》一卷，亡。 《春秋穀梁傳》四卷，殘缺，張、程、孫、劉四家集解。	經部春秋類。	

《儀禮》	《儀禮》十七卷，鄭玄注。 《儀禮》十七卷，王肅注。梁有李軌、劉昌宗音各一卷，鄭玄音二卷，亡。	經部三禮類。	
《星經》	《星經》二卷。	子部天文類。	
《管子》	《管子》十九卷，齊相管夷吾撰。	子部法家類。	
《吳地記》	《吳郡記》一卷，顧夷撰。 《吳郡記》二卷，晉棉州主簿顧夷撰。	史部地理類。	
《吳越春秋》	《吳越春秋》十二卷，趙曄撰。 《吳越春秋》十卷，皇甫遵撰。	史部雜史類。	
《越絕書》	《越絕記》十六卷，子貢撰。	史部雜史類。	
《呂氏春秋》	《呂氏春秋》二十六卷，秦相呂不韋撰，高誘注。	子部雜家類。	
《國語》	《國語》十五卷。 《國語》十卷。	經部小學類。	
《孫子兵法》	《孫子兵法》二卷，吳將孫武撰，魏武帝注。梁三卷。 《孫子兵法》一卷，魏武、王凌集解。	子部兵家類。	
《賈誼書》	隋志未著錄。		
《九州記》	隋志未著錄。		
《太史公素王妙論》	隋志未著錄。		
《列仙傳》	《列仙傳讚》三卷，劉向撰，鬷續，孫綽讚。 《列仙傳讚》二卷，劉向撰，晉郭元祖讚。 《列仙讚序》一卷，郭元祖撰。	史部雜傳類。	
《新序》	《新序》三十卷，錄一卷。劉向撰。	子部儒家類。	
《方言》	《方言》十三卷，漢揚雄撰，郭璞注。	經部論語類。	
《戰國策》	《戰國策》三十二卷，劉向錄。 《戰國策》高誘撰注。	史部雜史類。	
《琴操》	隋志未著錄。		
《東觀漢紀》	《東觀漢紀》一百四十三卷，起光武記注至靈帝，長水校尉劉珍等撰。	史部正史類。	

《大戴禮》	《大戴禮記》十三卷，漢信都王太傅戴德撰。梁有《謚法》三卷，後漢安南太守劉熙注，亡。	經部三禮類。	
《晉太康地記》	《元康三年地記》六卷。	史部地理類。	
《家語》	隋志未著錄。		疑即《孔子家語》。
《孔子家語》	《孔子家語》二十一卷，王肅解。梁有《當家語》二卷，魏博士張融撰，亡。	經部論語類。	
《鬼谷子》	《鬼谷子》三卷，皇甫謐注。鬼谷子，周世隱於鬼谷。梁有《補闕子》十卷，《湘東鴻烈》十卷，並元帝撰，亡。 《鬼谷子》三卷，樂一注。	子部縱橫家類。	
《桓溫集》	晉大司馬《桓溫集》十一卷，梁有四十三卷。又有《桓溫要集》二十卷，錄一卷；豫章太守《車灌集》五卷，錄一卷。亡。	集部別集類。	
《本草經》	《本草經》四卷，蔡英撰。	子部醫方類。	
《墨子》	《墨子》十五卷、目一卷，宋大夫墨翟撰。	子部墨家類。	
《七略》	《七略》七卷，劉歆撰。	史部簿錄類。	
班固《奕指》	隋志未著錄。		
《莊子》	《莊子》二十卷，梁漆園吏莊周撰，晉散騎常侍向秀注。本二十卷，今闕。梁有《莊子》十卷，東晉議郎崔譔注，亡。 《莊子》十六卷，司馬彪注。本二十一卷，今闕。 《莊子》三十卷、目一卷，晉太傅主簿郭象注。梁《七錄》三十三卷。	子部道家類。	

《烈士傳》	隋志未著錄。		疑即《列士傳》。
《列士傳》	《列士傳》二卷，劉向撰。	史部雜傳類。	
《呂氏劍技》	隋志未著錄。		
《鹽鐵論》	《鹽鐵論》十卷，漢廬江府丞桓寬撰。	子部儒家類。	
《善文》	隋志未著錄。		
《孫吳兵法》		子部兵家類。	應即《孫子兵法》。
《禮射義》	隋志未著錄。		
《博物記》	《博物志》十卷，張華撰。	子部雜家類。	
《六甲孤虛法》	《六甲孤虛兵法》一卷。	子部兵家類。	
《范子》	隋志未著錄。		
《孔叢子》	《孔叢》七卷，陳勝博士孔鮒撰。梁有《孔志》十卷，梁太尉參軍劉被撰，亡。	經部論語類。	
衛宏《漢書舊儀注》	《漢舊儀》四卷，衛敬仲撰。梁有衛敬仲《漢中興儀》一卷，亡。	史部儀注類。	

說明：本表僅羅列裴駰《史記集解》中確定為書籍者，其餘已列入表中書籍之單篇者則未列入；此外，裴駰於《集解》中另有逕引人名者，此亦不列入本表中。

北魏修史略論

陳識仁

一、前言

北魏崔浩國史之獄以及《魏書》是否為「穢史」，可說是北魏史研究範疇內，最常被討論的兩個問題，後者主角魏收，更是中國史學史上屢被翻案的人物❶。迄至目前為止，兩個課題都有非常豐富的研究成果，尤其是崔浩案，在經過長期的研究討論後，基本上得到了較完滿的解決❷。因此，本文的撰寫，不再將討論重點置於這兩個問題上，但在論

❶ 這方面的研究不少，較重要的有：周一良，〈魏收之史學〉，收入氏著《魏晉南北朝史論集》（北京：中華書局，1963），頁236–272；孫同勛，〈穢史辯誣〉，載《幼獅學誌》第4卷第1、2期(1961)；瞿林東，〈說《魏書》非「穢史」〉，收入氏著《中國史學散論》（湖南教育出版社，1992），頁182–193。

❷ 在崔浩國史之獄方面，較早的研究有陳寅恪的〈崔浩與寇謙之〉，陳氏以為實因崔浩社會階級意識高於民族夷夏之防，卻因胡漢民族內部之仇怨以致死，收入氏著《陳寅恪先生文集㈠》（臺北：里仁書局翻印，1981），頁107–140。王伊同則力排因史招禍說，認為崔浩「扶掖右姓，連姻望族」、「譏訕胡人，被讒致禍」才是致禍主因，見氏著〈崔浩國書獄釋疑〉，載《清華學報》新1卷第2期(1957)；其後王氏又進一步提出崔浩案有遠因（與權

及相關之處，仍不免提及。

那麼，本文的寫作目的何在？首先，本文欲進行整理的是北魏一朝，對當代修史事業的階段與分期，基本上是鉤稽史料的工作。復次，在此基礎下，進一步探討崔浩國史之獄對後世修史的影響。以往對崔浩案的研究，多認為其主因不在於修國史一事，而是另有他因，修國史而獲罪不過是藉辭。討論的重點也多放在太武帝時代的政治、民族、宗教、門閥等諸衝突上，崔浩因修史而致禍的「事實」，漸被淡忘，在史學史上反而是較少被論及的範疇。

換句話說，崔浩國史之獄的討論可有兩個層次，第一是株連極慘的崔浩案，其真實原因是否因修史而起，大有疑義，以往的研究成果多集中於這方面的探討。第二，崔浩伏誅是被冠以「盡述國事，備而不典」

貴構隙）、近因（援引漢人士族）、輔因（佛道之爭）、主因（齊整人倫、分明姓族）四者，見同氏〈魏書崔浩傳箋註〉，載《中央研究院歷史語言研究所集刊》第45本第4分(1974)。牟潤孫則主張崔浩案起於佛道之爭，修史不過一借端耳，見〈崔浩與其政敵〉一文，收入氏著，《注史齋叢稿》（臺北：臺灣商務印書館，1990），頁80–93。周一良早年對此問題的看法，以階級鬥爭角度出發，採取「統治階級內部還有胡族與漢族之間的矛盾」的論調，見〈北朝的民族問題與民族政策〉，收入氏著《魏晉南北朝史論集》，頁117–176；近年則對於因史致禍的導火線作更深入的探討，認為主要是在於「備而不典」之直筆，損害太武帝及鮮卑貴族之自尊心，見〈崔浩國史之獄〉，收入氏著，《魏晉南北朝史札記》（北京：中華書局，1985），頁342–350。孫同勛基本上持所謂「崔浩之被誅，是魏廷新舊衝突的結果」，基於胡漢關係衝突的立論來解釋此千古大案，見〈北魏初期胡漢關係與崔浩之獄〉，載《幼獅學誌》第3卷第1期。逯耀東則嘗試以世族政治理想角度出發，檢尋其所包含的內容以及該項理想是否會與拓跋政權牴觸，從而試論崔浩的死因，見〈崔浩世族政治的理想〉，收入氏著，《從平城到洛陽——拓跋氏文化轉變的歷程》（臺北：聯經出版公司，1979），頁74–102。

的罪名，是當時的「事實」——株連極廣的慘獄與修史一事產生了鏈結——這對日後北朝的修史事業，是否有所影響[3]，卻少有人提及，這是本文所提出的問題，並嘗試提出一些粗淺的看法。

二、北魏修史之分期

今所傳世關於北魏一朝正史者為《魏書》，北齊時人魏收所撰，從《北史・魏收傳》中關於編纂《魏書》的記載，可以約略回顧北魏一朝的修史事業：

> 始，魏初鄧彥海（淵）撰《代記》十餘卷，其後崔浩典史，游雅、高允、程駿、李彪、崔光、李琰之郎知世修其業。浩為編年體，彪始分作紀、表、志、傳，書猶未出[4]。

這是關於北魏時代修史事業最簡略的說明，然鄧淵之後僅舉數人，謂「世修其業」，今日看來難免有過於簡略之嘆。唐人劉知幾對此有更清楚的

[3] 近人金靜庵論及唐代以後立館修史制度形成，造成私家修史漸少的原因，認為有四：⑴典籍掌故聚於秘府，私家無由得窺，⑵史實繁賾，畢生莫殫，私家無力整比，⑶後魏崔浩之以修史受禍，⑷隋文帝之詔禁私家修史；並將崔浩案的影響列為遠因，參見同氏著，《中國史學史》（臺北：漢聲出版社國史研究室，1972），頁86–94。在此不難窺見金氏將崔浩案對後世立館修史影響的評價，但這樣的影響程度有多大，實在很難用精確的詞語或數據加以衡量——特別是發生於西元450年的案子，在將近兩個世紀後的唐代還能發生多大的影響力。因此，本文將討論的時段只限於北魏一朝，或許本朝人對本朝史實的認知與感受有較清晰的印象，在討論之餘能免除上述的疑慮。

[4] 《北史》，卷56，〈魏收傳〉，頁2030。

記述：

> 元魏史，道武時，始令鄧淵著《國記》，唯為十卷，而條例未成。暨乎明元，廢而不述。神䴥二年，又詔集諸文士崔浩、浩弟覽、高讜、鄧潁、晁繼、范亨、黃輔等撰《國書》，為三十卷。又特命浩總監史任，務從實錄。復以中書郎高允、散騎侍郎張偉並參著作，續成前史書，敘述國事，無隱所惡，而刊石寫之，以示行路。浩坐此夷三族，同作死者百二十八人。自是遂廢史官。至文成帝和平元年，始復其職，而以高允典著作，修國記。……初，國記自鄧、崔以下，皆承作編年體。至孝文太和十一年，詔秘書丞李彪、著作郎崔光始分為紀傳異科。齊天保二年，敕秘書監魏收博採舊聞，勒成一史。……於是大徵百家譜狀，斟酌以成《魏書》❺。

若就劉知幾的說法，則北魏一朝修史可分為三個時期：第一期始於鄧淵撰《代記》，止於崔浩史禍之獄發生（450年）；第二期復始於文成帝和平元年（460年），命高允典著作，重理前代事業，此時期尚有李彪、崔光分編年為紀傳體的功勞；第三期則似乎為北齊天保年間(550–559)，魏收博採舊聞撰成《魏書》為終點。

基本上，劉知幾的分期並沒有太大問題，惟本文在鉤稽史料之後，認為魏收之所以撰成《魏書》，正是吸收北魏一朝的修史成果，總結而成，魏收修撰《魏書》時期，自當視為最末期。但在此之前，尚可歸結出一個時期，即崔鴻死後至代人山偉、綦儁諸人「以為國書正應代人修緝，不宜委之餘人」的時段，可視為代人欲收回修史權的時代❻。故此，

❺ 劉知幾撰、浦起龍釋，《史通通釋》，卷12，〈古今正史〉（臺北：里仁書局翻印，1993），頁364–365。

❻ 劉知幾在談論中國古代史官建置時，亦曾提及山偉諸輩「代人修史」一

北魏的修史事業應可分為四期，魏收是總結成果以成《魏書》之人，以下分期敘述之。

㈠第一期：鄧淵至崔浩（約398–450）

目前北魏修史事業可以稽考者，皆以鄧淵為始，《魏書・鄧淵傳》云：

> 鄧淵，字彥海，安定人也。……博覽經書，長於《易》筮。太祖定中原，擢為著作郎。……詔淵撰國記，淵造十餘卷，惟次年月起居行事而已，未有體例❼。

鄧淵所撰《國記》，魏收稱為《代記》，《魏書・高允傳》及《資治通鑑》則稱為《太祖紀》❽，僅以編年為事，大約是類似起居注的簡略記載，劉知幾稱其「條例未成」。北魏太祖（道武帝拓跋珪）平定中原後，擢拔鄧淵為著作郎，鄧淵明解制度，與崔玄伯共同參定朝儀、律令、音樂，甚至軍國文記詔策也多是出自鄧淵手筆，因此這部記載拓跋氏歷史的最

事：「及洛京之末，朝議又以為國史當專任代人，不宜歸之漢士。於是以谷纂、山偉更主文籍。凡經二十餘年，其事闕而不載」，見《史通通釋》，卷11，〈史官建置〉篇，頁315。唯子玄論及此事時，是以史官制度的角度看，並未如前引文將之視為北魏修史事業的一個階段。

❼ 《魏書》，卷24，〈鄧淵傳〉，頁635。就淵傳之記載，未知下詔撰《國記》的確切時間，唯拓跋珪於398年平定山東地區後，隨即從崔宏之議改國號曰「魏」，並遷都平城，營宮室、宗廟、社稷，同時「正封畿、標道里、平權衡、審度量」，同年12月即皇帝位（俱參見《資治通鑑》，卷110）。如此看來，拓跋珪下詔鄧淵撰國史，很可能就在這一年，楊翼驤所編的《中國史學史資料編年㈠》（天津：南開大學出版社，1987），將此事繫於398年，雖然沒有考證說明其根據為何，但應該是可以相信的。

❽ 《魏書》，卷48，〈高允傳〉：「《太祖紀》，前著作郎鄧淵所撰」，頁1070；《資治通鑑》略同，見卷125，頁3942。

早一部書籍，可能是以太祖一朝為時間主軸，內容以征伐功勳為主。

此後，太宗（明元帝拓跋嗣）一朝似乎沒有修史記錄，劉知幾所謂「廢而不述」者是也。修史何以中斷？這或許與鄧淵的冤死有關，鄧淵本傳中對其死因如此記載：

> 其從父弟暉為尚書郎，兇俠好奇，與定陵侯和跋厚善。跋有罪誅，其子弟奔長安，或告暉將送出之。由是太祖疑淵知情，遂賜淵死，既而恨之。時人咸愍惜焉❾。

魏收於「史臣曰」中評之：「鄧淵貞白幹事，才業秉筆，禍非其罪，悲哉!」可知鄧淵因拓跋珪之猜疑而死，與和跋子弟叛逃並無關連❿，否則拓跋珪也無須逞一時之怒，殺了鄧淵後又悔恨無度。鄧淵死後，或許在太宗一朝，並無較適當之人才以資修史，因此中斷了一陣子⓫。

這裡有個有趣的現象，或許可以順帶一提。北魏太祖、太宗、世祖

❾ 《魏書》，卷24，〈鄧淵傳〉，頁635。

❿ 《魏書》，卷28，〈和跋傳〉：「和跋，代人也，世領部落，為國附臣。……太祖寵遇跋，冠於諸將。時群臣皆敦尚恭儉，而跋好修虛譽，眩曜於時，性尤奢淫，太祖戒之，弗革。後車駕北狩豺山，收跋，刑之路側。……太祖命其諸弟毗等視訣，跋謂毗曰：『濕北地瘠，可居水南，就耕良田，廣為產業，各相勉勵，務自纂修。』令之背己曰：『汝曹何忍視吾之死也!』毗等解其微意，詐稱使者，云奔長安，追之不及。太祖怒，遂誅其家」，頁681–682。由此看來，和跋諸弟子之逃亡，實與鄧淵無關，只因從父弟鄧暉與和跋的友善關係而獲罪死，拓跋珪之猜疑未免太過。

⓫ 太宗時，僅有封懿曾撰有《燕書》。《魏書》，卷32，〈封懿傳〉：「封懿，字處德，渤海蓨人也。……仕慕容寶，……寶敗，歸闕。……太祖數引見，問以慕容舊事，……泰常二年卒，懿撰《燕書》，頗行於世」，頁760。可知封懿入魏後，以慕容燕舊臣身份修撰《燕書》，類於後世之修前代史，內容應與北魏史較無關涉。

三帝，似乎都有疑心猜忌的性格，常因一時之怒而殺戮大臣，然後不久又悔恨的例子。上述太祖殺鄧淵是一例，世祖誅殺崔浩後，也曾追悼而說出「崔司徒可惜」的話，這兩例恰巧都是史臣，其他功勳大臣動輒被誅的情形也不罕見。太祖與太宗都有服食寒食散的習慣，因此而導致性情乖僻、舉止無常⓬，史籍雖無明載世祖是否也食寒食散，但他曾從崔浩信服寇謙之，若真有其事也不溢於常理。如此看來，在中國古來君尊臣卑的傳統下，原本臣子侍候君王就是臨淵履薄之事，至於處在這三位帝王龍座下的臣子，當真更是「伴君如伴虎」矣。加以史官掌記帝王起居，秉筆直書時有所顧忌，過於真實的記錄若引起帝王的不悅，史官往往身遭橫禍，並隨之採取中斷修史的手段，古來不乏其例⓭。這或許也

⓬ 《魏書》，卷2〈太祖道武帝紀〉：「帝服寒食散，自太醫令陰羌死後，藥數動發，至此逾甚。而災變屢見，憂懣不安，或數日不食，或不寢達旦。歸咎群下，喜怒乖常，謂百僚左右人不可信，慮如天文之占，或有肘腋之虞。追思既往成敗得失，終日竟夜獨語不止，若旁有鬼物對揚者。朝臣至前，追其舊惡皆見殺害，其餘或以顏色變動，或以喘息不調，或以行步乖節，或以言辭失措，帝皆以為懷惡在心，變見於外，乃手自毆擊，死者皆陳天安殿前。於是朝野人情各懷危懼，有司懈怠，莫相督攝，百工偷劫，盜賊公行，巷里之間人為希少。帝亦聞之，曰：『朕縱之使然，待過災年，當更清治之爾』」，頁44；同書，卷3，〈太宗明元帝紀〉：「初，帝素服寒食散，頻年動發，不堪萬機」， 頁62。服寒食散的症狀，大約就如同〈太祖紀〉中，「喜怒乖常，謂百僚左右人不可信」的描述，莫非鄧淵就是死於太祖服寒食散而引起的猜忌性情之下麼？

⓭ 史官因直筆而受罪誅殺者，史不乏例，如董狐南史、崔杼趙盾弒君等，都是眾所皆知的例子，在此僅舉距離北魏未遠的前趙、前秦所發生的類似事件。《史通通釋》，卷12，〈古今正史〉篇云：「十六國史，前趙劉聰時，領左國史公師彧撰《高祖（劉淵）本紀》及功臣傳二十人，甚得良史之體。淩修譖其訕謗先帝，聰怒而誅之」，頁358；《晉書》，卷113，〈苻堅載記上〉

是鄧淵死後，太宗一朝缺乏修史記錄的原因之一。

直到世祖（太武帝拓跋燾）令崔浩領銜主持，中斷了22年⓮的修史事業才又開始：

> 神䴥二年(429)，詔集諸文人撰錄國書，浩及弟覽、高讜、鄧穎、晁繼、范亨、黃輔等共參著作，敘成《國書》三十卷⓯。

世祖令崔浩帶領諸人修國書的理由，也是為了誇耀武功，以便彰顯他在武力上併滅北方諸國的事蹟：

> 乃詔浩曰：「自爾已來，戎旗仍舉，秦隴克定；徐兗無塵，平逋寇於龍川，討孽豎於涼域。……而史闕其職，篇籍不著，每懼斯事之墜焉。……命公留台，綜理史務，述成此書，務從實錄。」浩於是監祕書事，以中書侍郎高允、散騎侍郎張偉參著作，續成前記。至於損益褒貶，折中潤色，浩所總焉⓰。

這個時期，崔浩領銜修史，招納不少各方人才同任修史之職，除上兩段引文中所舉諸人外，還有段承根、陰仲達、閔湛、郄標諸人。段承根與陰仲達皆北涼史臣，入魏後為崔浩所賞視薦舉⓱，閔、郄二人則是建議

亦有其例：「初，堅母少寡，將軍李威有辟陽之寵，史官載之。至是，堅收起居注及著作所錄而觀之，見其事，慚怒，乃焚其書而大檢史官，將加其罪。著作郎趙泉、車敬等已死，乃止」，頁2904。這兩個例子，也都與史官記載統治者先祖事蹟有關，頗可與下文所討論崔浩案一事相參較。

⓮ 鄧淵死於和跋案，《魏書》，卷152，〈天象志二〉：「(天賜）四年五月，誅定陵公和跋」，頁2349；時當西元407年，距離世祖神二年(429)詔崔浩敘成《國書》，時值22年。

⓯ 《魏書》，卷35，〈崔浩傳〉，頁815。

⓰ 《魏書》，卷35，〈崔浩傳〉，頁823–824。

崔浩將《國書》刊刻立石，而後引起國史之獄者（相關討論見下節）。

崔浩領銜的這段期間，修史事業最大的成果就是修成《國書》三十卷，仍是仿《春秋》的編年序錄體形式，實際內容如何，不得而知⑱，彼時刊刻之石當亦隨崔浩案而失，無從瞭解。根據前引文，崔浩似乎只是「損益褒貶，折中潤色」而已，崔浩案發生時，世祖詰問高允修史情況：

> 世祖召允，謂曰：「《國書》皆崔浩作不?」允對曰：「《太祖紀》，前著作郎鄧淵所撰。《先帝記》及《今記》，臣與浩同作。然浩綜務處多總裁而已。至於注疏，臣多於浩」⑲。

看來崔浩不過是總裁其事而已，真正執筆者厥為高允。但周一良認為這只是高允為崔浩所作的開罪之辭，理由是崔浩既然大費功力以石碑形式

⑰ 《魏書》，卷52，〈段承根傳〉：「司徒崔浩見而奇之，以為才堪注疏，言之世祖，請為著作郎，引與同事」，頁1158；同書卷，〈陰仲達傳〉：「司徒崔浩啟仲達與段承根云，二人俱涼土才華，同修國史」，頁1163。《魏書》本卷中諸人，皆涼土人士，魏平涼後進用，多為博涉經史、才志不群之輩，西晉以來的中原文化多保留於涼土，這些人相當於中原學術文化的代表，故入魏後為崔浩所賞視重用。論者認為，此即崔浩援用漢族高門及欲復興士族政治之目的，而這批人士從崔浩修史者，亦多遭難於史獄。

⑱ 當時似乎有崔浩等人所修《國書》流傳於江南，成為沈約撰《宋書・索虜傳》模本的說法，《史通・雜說中》曰：「崔浩諂事狄君，曲為邪說，稱拓跋之祖，本李陵之胄。當時眾議抵斥，事遂不行。或有竊其書以渡江者，沈約撰《宋書・索虜傳》，仍傳伯淵所述」，但劉知幾對這種說法持保留的看法，「凡此諸妄，其流甚多，儻無跡可尋，則真偽難辨矣」，頁491。今日檢索《宋書・索虜傳》，似亦難察覺其中有崔浩《國書》之痕跡，對此傳說，也只能備諸一說罷了。

⑲ 《魏書》，卷48，〈高允傳〉，頁1093。

刊刻《國書》，目的當在於炫耀其「直筆」，故推測崔浩對修史的工作，並非「總裁而已」⑳。

總之，北魏第一期的修史事業，始於鄧淵撰述《國記》，後因鄧淵被賜死而終止一段時間。世祖拓跋燾時再令崔浩領銜修史，撰成《國書》三十卷，不意因刊刻立石而招禍，不僅北方崔、盧、郭、柳諸世家大族慘遭誅戮，崔浩以下祕書郎吏及長曆生數百人亦皆因而獲罪，修史事業再次因史臣被戮而中斷。

㈡第二期：高允、李彪、崔光、崔鴻諸人（約460–525）

崔浩於太平真君十一年(450)六月伏誅，此後「史官遂廢」（劉知幾語，見前引文），修史再次停頓，逮至高宗（文成帝拓跋濬）和平元年(460)始復其職，中斷有10年之久。高允在崔浩案中並未獲罪，加上先前已有協助修史之經驗，故恢復修史時便以他為首，繼續未竟之業。此時高允年事已高，必須靠他人協助，以利修史：

> 初，允所引劉模者，長樂信都人也。……頗涉經籍，微有注疏之用。允領祕書、典著作，選為校書郎。允修撰《國記》，與俱緝著。常令模持管籥，每日同入史閣，接膝對筵，屬述時事。允年已九十，目手稍衰，多遣模執筆而指授裁斷之，如此者五六歲。允所成篇卷，著論上下，模預有功㉑。

則先前世祖朝修史時，劉模即已參預其事，高宗恢復史職時，再次協助年已九十的高允。高、劉二人主要是承續前朝的史業，將此工作告一段落，高允本傳中又說：

---

⑳ 參見周一良，〈崔浩國史之獄〉一文。

㉑ 《魏書》，卷48，〈高允傳〉，頁1093。

> 雖久典史事，然而不能專勤屬述，時與校書郎劉模有所緝綴，大較續崔浩故事，準《春秋》之體，而時有刊正。自高宗迄于顯祖，軍國書檄，多允文也。末年乃薦高閭以自代㉒。

高允歷事五帝，出任仕職五十餘年，魏收對他「雖久典史事，然而不能專勤屬述」的評價，顯然是因為常須分心撰寫「軍國書檄」，且「朝之大議，皆咨訪焉」的緣故。但高允「雖年漸期頤，而志識無損，猶心存舊職，披考史書」，親歷崔浩史獄風暴，卻還能在九十高齡與劉模「接膝對筵，屬述時事」，始終心繫史職的精神，實可欽佩。

高允之後最重要的修史人物為李彪與崔光，以修史貢獻而言，李彪之功大於崔光。李彪為頓丘寒門，少時雅有志業，為隴西高門李沖所賞識，引薦遷任祕書丞，參著作事。李彪本傳中謂：

> 自成帝以來至于太和，崔浩、高允著述《國書》，編年序錄，為春秋之體，遺落時事，三無一存。彪與祕書令高祐始奏從遷、固之體，創為紀傳表志之目焉㉓。

高祐本傳中收錄了這則奏議：

> 臣等疏陋，忝當史職，披覽《國記》，竊有志焉。愚謂自王業始基，庶事草創，皇始以降，光宅中土，宜依遷固大體，令事類相從，紀傳區別，表志殊貫，如此修綴，事可備盡。……著作郎已下，請取有才用者，參造國書，如得其人，三年有成矣㉔。

李彪、高祐的奏議，獲得高祖（孝文帝元宏）的支持，並下詔改國記依

㉒ 《魏書》，卷48，〈高允傳〉，頁1086。

㉓ 《魏書》，卷62，〈李彪傳〉，頁1381。

㉔ 《魏書》，卷57，〈高祐傳〉，頁1260。

紀傳體例㉕。換句話說，自鄧淵以來，歷經崔浩、高允諸人的修史，皆以編年體方式編纂，加上兩次的中斷，不少史實記載都已遺失，這種不利於修史的情況，到了李彪時才因建議改採紀傳體而有所改善。

李彪不久轉遷御史中尉，仍領著作郎，卻因與當初提拔他的李沖、任城王元澄諸人意見不合，常生衝突，竟至反目成仇，為李沖所彈劾而免官㉖，此後未再仕進。世宗（宣武帝元恪）即位後，「彪自託於王肅，又與邢巒詩書往來，迭相稱重，因論求復舊職，修史官之事」㉗，基本心態上已不求仕進，而欲自任修史之重責，並屢上表世宗，以闡明意願：

> (表略云)：「……臣奉以周旋，不敢失墜，與著作等鳩集遺文，并取前記，撰為國書。……今求都下乞一靜處，綜理國籍，以終前志，官給事力，以充所須。雖不能光啟大錄，庶不為飽食終日耳。近則期月可就，遠也三年有成，正本蘊之麟閣，副貳藏之名山。」時司空北海王詳、尚書令王肅以其無祿，頗相賑餉，遂在祕書省同王隱故事，白衣修史㉘。

李彪以待罪之身，請求准予「白衣修史」的意願極為強烈，藉由宗室元詳和王肅的財物支援，也獲得世宗的准許，得以一償大願。同儕崔光甚至曾請求世宗解除自己侍中、著作的職務，以予李彪專志於史職，惟不被允許㉙。

㉕ ：《魏書》，卷7下，〈高祖紀〉：「(太和十一年）十有二月，詔祕書丞李彪、著作郎崔光改析國記，依紀傳之體」，頁163。

㉖ 李彪與李沖的衝突，參見《魏書》二人本傳（卷53、62）；據李沖本傳載，李沖因對李彪極度不滿而「發病荒悸，言語亂錯」，終至肝臟傷裂而卒，年僅四十九。

㉗ 《魏書》，卷62，〈李彪傳〉，頁1393-1394。

㉘ 《魏書》，卷62，〈李彪傳〉，頁1395、1397。

李彪除了表明願意白衣修史之外，在其上表中也論及修史的重要，並表達了對當時修史情況的意見：

> 唯我皇魏之奄有中華也，歲越百齡，年幾十紀。太祖以弗違開基，武皇以奉時拓業，虎嘯域中，龍飛宇外，小往大來，品物咸亨，自茲以降。世濟其光。史官敘錄，未充其盛。加以東觀中圮，冊勳有闕，美隨日落，善因月稀。故諺曰：「一日不書，百事荒蕪。」至于太和之十一年，先帝、先后遠惟景業，綿綿休烈，若不恢史闡錄，懼上業茂功始有缺矣。……國之大籍，成於私家，末世之弊，乃至如此，史官之不遇，時也。今大魏之史，職則身貴，祿則親榮，優哉游哉，式穀爾休矣，而典謨弗恢者，其有以也。而故著作漁陽傅毗、北平陽尼、河間邢產、廣平宋弁、昌黎韓顯宗等，並以文才見舉，注述是同，皆登年不永，弗終茂績。前著作程靈虯同時應舉，共掌此務，今從他職，官非所司。唯崔光一人，雖不移任，然侍官兩兼，故載述致闕㉚。

在這份上表中，李彪的意見可分為三個部份：一是強調修國史的重要性，是為避免先人功業不知於後世的缺憾；而所謂「東觀中圮，冊勳有闕」，指的當是前朝的兩次中斷修史事件。二是認為若國史淪為私家修撰，則不僅是國家末世之弊象，也是史官懷才不遇之嘆；但世宗允許他白衣修史，也是時勢使然。三是對當時修史者多因兼職，而導致無法專任史職、荒廢述記的批判；更是他自願學王隱故事，以白衣修史的主因。

㉙ 《魏書》，卷67，〈崔光傳〉：「初，光與李彪共撰國書，太和之末，彪解著作，專以史事任光。彪尋以罪廢。世宗居諒闇，彪上表求成《魏書》，詔許之，彪遂以白衣於祕書省著述。光雖領史官，以彪意在專功，表解侍中、著作以讓彪，世宗不許」，頁1488。

㉚ 《魏書》，卷62，〈李彪傳〉，頁1391–1392。

關於第三項的批判，或許有必要簡單回顧北魏時代的史官制度，劉知幾云：

> 元魏初稱制，即有史臣，雜取他官，不恆厥職。故如崔浩、高閭之徒，唯知著述，而未列名號。其後始於祕書置著作局，正郎二人，佐郎四人。其佐參史者，不過一二而已。普泰以來，參史稍替，別置修史局，其職有六人。當代都之時，史臣每上奉王言，下詢國俗，兼取工於翻譯者，來直史曹㉛。

「著作」自東漢以來，幾乎已成為「史官」的代名詞，雖無史官之名而有史官之實。從上引文可知，北魏時代亦是以著作執修史之事，並多以他官兼領史職，如崔浩、高閭即是。後來雖於祕書省下置著作局，設著作郎及著作佐郎，但修史也只是祕書省眾多職掌之一而已㉜。至於別置修史局以後，加重著作局的自主權，史官從兼史職轉為專領史職，則已是北魏晚年（節閔帝普泰年間，531–532）的事了㉝。李彪在表中所言，無異即是批判北魏長期以來撰修國史，卻一直無法得到較完滿成果的弊病，最重要的原因就在於以他官兼領史職，致使史官無法專致於修史——前人高允久典史事卻不能專勤屬述的例子，似乎才殷鑑不遠。李彪的這番批判，頗有劉子玄力論史館修史「五不可」之勢㉞。

㉛ 《史通通釋》，卷11，〈史官建置〉篇，頁315。

㉜ 北魏時期祕書省之職掌有三，曰：參議制度、主持修史及典禁中圖書；參見鄭欽仁，《北魏官僚機構研究》（臺北：牧童出版社，1976），頁38–39。

㉝ 張榮芳研究唐代史館制度時，認為北魏、北齊的著作局純為修史，已具備類似唐代史館的性格，並將此種性格——修史、聚眾與大臣監修——視為唐代史館的直接淵源；參見氏著，《唐代的史館與史官》（臺北：中國學術著作獎助委員會，1984），頁22–23。

㉞ 劉知幾對唐代史館修史之批判，詳見《史通通釋》，卷20，〈忤時〉篇，頁

李彪雖能在王肅、元詳的支助下，得償白衣修史的心願，可惜「在祕書歲餘，史業竟未及就」，在與高祐共上的奏議中，以為只要得其人就可在三年內完成的理想，也終究沒有完成。惟魏收修撰《魏書》時，顯然在李彪改編年為紀傳的作法下，獲得不少的益處，故魏收不吝宣稱：「然區分書體，皆彪之功」，且在「史臣曰」中稱李彪「足為良史」了。

崔光是此時期佐助李彪修史的另一重要人物，但在實際修史方面，成果似乎不大。本傳稱他「撰《魏史》，徒有卷目，初未考正，闕略尤多。每云此史會非我世所成，但須記錄時事，以待後人」㉟，反倒是崔光的姪子崔鴻，在撰史方面有較大的成績。崔鴻最著名的作品即《十六國春秋》，記述西晉末年以來，在中國境內建立起各霸一方的「五胡十六國」政權史事，分國記述。崔鴻原書今已不見，所傳者為明代以來的節本，不一定是鴻書原貌。根據周一良的考證排比，今本《魏書》第83、85、87諸卷，關於十六國史事者，幾乎全引自崔鴻之書㊱。若此，則崔鴻雖然不曾修撰北魏國史㊲，但其私撰的《十六國春秋》，仍給予魏收修撰《魏書》時極大助益。

本期修史事業，除改編年為紀傳體例一事外，另有一重要之制度產生，即高祖孝文帝下詔確定起居注制：

> （太和）十有四年(490)，……二月戊寅，初詔定起居注制㊳。

翌年，又「初分置左右史官」，《史通》對此制度有較詳細的說明：

590–592。

㉟ 《魏書》，卷67，〈崔光傳〉，頁1502。

㊱ 參見周一良，〈魏收之史學〉，頁236–272。

㊲ 《魏書》，卷67，〈崔光傳附崔鴻〉：「（延昌）五年正月，詔鴻以本官修緝國史。……鴻在史甫爾，未有所就，尋卒」，頁1502。

㊳ 《魏書》，卷7下，〈高祖紀〉，頁165。

元魏置起居令史，每行幸宴會，則在御左右，記錄帝言及賓客酬對。後別置修起居注二人，多以餘官兼掌㊴。

上節曾討論到鄧淵撰修《國記》，「惟次年月起居行事而已」，大約是一種近似起居注的簡單編年紀事，且第一期也有修撰起居注之事，但詳實的起居注形式，並進一步規定成制度者，仍當始於孝文帝。此後歷朝多有起居注的修撰：

宣武時，命邢巒追撰《孝文起居注》。既而崔光、王遵業補續，下訖孝明之世。溫子昇復修《孝莊紀》，濟陰王暉業撰《辨宗室錄》。魏史官私所撰，盡於斯矣㊵。

此時主要集中於宣武帝一朝，除上述諸人外，崔鴻、房景先、李伯尚、辛賁、許絢、陰道方等，也都曾任修撰各朝起居注之職，起居注為修撰國史的基本資料來源，其重要性自不言可喻。

㈢第三期：山偉、綦儁諸人（約525–551）

孝文帝頒定的起居注制度，後世繼續實行，在崔鴻繼崔光任修史職不久即卒的情形下，修起居注的工作代有其人。除了邢巒、溫子昇、王遵業諸人在世宗朝（即宣武帝）修起居注外，還有另一次的小高峰期：

莊帝（元子攸）立，……李神儁監起居注，啟休之與河東裴伯茂、范陽盧元明、河間邢子明等俱入撰次㊶。

這是以李神儁、陽休之為首，又一次較重要的修起居注記錄，此外，國

㊴ 《史通通釋》，卷11，〈史官建置〉篇，頁320。

㊵ 《史通通釋》，卷12，〈古今正史〉篇，頁364–365。

㊶ 《北齊書》，卷42，〈陽休之傳〉，頁561。

史的修緝也未停止，例如不久之後，陽休之又與魏收、李同軌等人受敕修國史。但僅從史籍的記錄看來，當時李、陽諸人修起居注的成績如何，實難明瞭（參見附表）。還不及仔細推算這一小期的成果，歷史的洪濤又將修史事業推向另一個幽谷。

如眾所知，北魏末年所發生的六鎮之亂，幾乎拖垮了這個鮮卑族所建立的帝國，然而發兵平定亂事者，竟是同屬北鎮軍人身份的尒朱榮等人。不久，朝政為此輩所把持，一股強烈的「大鮮卑主義」㊷，幾如旋風般吹襲整個朝綱，修史的事業，也在這種意識形態下，如同一池被吹皺的春水。

此時的修史，出現國史應由「代人」㊸修撰的論調，主其事者為山偉和綦儁諸人：

> 山偉，字仲才，河南洛陽人也，其先代人。……初，尒朱兆之入洛，官守奔散，國史典書高法顯密埋史書，故不遺落。偉自以為功，訴求爵賞。……國史自鄧淵、崔琛、崔浩、高允、李彪、崔光以還，諸人相繼撰錄，綦儁及偉等諂說上黨王天穆及尒朱世隆，以為國書正應代人修緝，不宜委之餘人，是以儁、偉等更主大籍。守舊而已，初無述著。故自崔鴻死後，迄終偉身，二十許載，時事蕩然，萬不記一，後人執筆，無所憑據，史之遺闕，偉之由也㊹。

所謂的「不宜委之餘人」，就是《史通》所說的「及洛京之末，朝議又

㊷ 「大鮮卑主義」一詞，係借諸周一良說法，大約在北魏末年六鎮之亂到北齊時代，參見周氏〈北朝民族問題與民族政策〉一文。

㊸ 關於「代人」與北魏國家基礎的研究，請參見康樂，《從西郊到南郊——國家祭典與北魏政治》（臺北：稻鄉出版社，1995），頁53–112。

㊹ 《魏書》，卷81，〈山偉傳〉，頁1792–1794。

以為國史當專任代人，不宜歸之漢士」㊺一事，換句話說，代人應當將修史權自漢人手中奪回，惟不知其所持真正理由為何？莫非只是大鮮卑主義瀰漫下的一股反動勢力？

山偉本傳僅謂「更主大籍」，不知只是領銜監修，或實際參與修史工作。他們掌修國史，大約始於魏孝武帝永熙年間(532–534)㊻，同修國史者，尚有劉仁之、宇文忠之、谷纂等代人，幾乎都毫無成績可言，甚至造成「後人執筆，無所憑據」的窘境。所謂「後人」，當然指的就是魏收本人，也難怪魏收在山偉本傳中，要疾言厲色地將責任歸於山偉諸公了。

㈣第四期：魏收總結成果(551–554)

大約在山偉諸輩掌修國史期間，曾經修起居注的陽休之，又與魏收同時參與修撰國史的工作，其時正當北魏末年，帝國猶未分裂：

> 魏收字伯起，小字佛助，鉅鹿下曲陽人也。……節閔帝立，……遷散騎侍郎。尋敕典起居注并修國史，俄兼中書侍郎，時年二十六㊼。

㊺ 《史通通釋》，卷11，〈史官建置〉，頁315。

㊻ 山偉諸人掌國史的確切時間難以稽考，但據山偉本傳及《史通・史官建置》篇的記載來看，他們的意見能被接納，顯然是在元天穆與尒朱世隆當權之時。考元天穆卒於530年（魏孝莊帝永安3年），尒朱世隆卒於532年（魏孝武帝永熙元年），則山偉諸人掌國史時間，最遲當不晚於532年；參見楊翼驤編，《中國史學史資料編年㈠》，頁173。魏收又謂「崔鴻死後，迄終偉身，二十許載，時事蕩然，萬不記一，後人執筆，無所憑據」，崔鴻卒於525年（魏孝明帝孝昌元年），雖然山偉卒年不詳，但《魏書》成於554年（北齊文宣帝天保5年），以此首尾計算，其間正達二十餘年。

㊼ 《北史》，卷56，〈魏收傳〉，頁2025–2026。

> 陽休之，字子烈，右北平無終人也。……普泰中(531–532)，……尋敕與魏收、李同軌等修國史[48]。

這是魏收首次參與修史工作，如果前期是由山偉諸人領銜修史，則魏收、陽休之、李同軌應該是在其下參與實際工作[49]。就這幾個人的身份看來，山偉提出由代人修史的建議，顯然沒有落實，或者他所要求的只是代人「領銜監修」而已？

魏收以二十六歲年齡首次參與修史，由於在山偉諸輩之下，其成果可想而知。東魏初年，魏收「以受旨乖忤，頻被嫌責，加以箠楚，久不得志」，本以為憑自己的文才學識，應當受到當朝的重用，但在仕進上既不得志，遂要求擔任修國史的任務：

> 崔暹為言於文襄（高澄）曰：「國史事重，公家父子霸王功業，皆須具載，非收不可。」文襄乃啟收兼散騎常侍、修國史。武定二年(544)，除正常侍領兼中書侍郎，仍修國史[50]。

這是魏收第二度參與修史。若將魏收求修國史的例子與李彪合觀，兩者頗有類近的心態，在崔暹的遊說辭中，也同樣是以「霸王功業」來說動高澄，藉以達成魏收銳意修史的心願。魏收以散騎常侍、正常侍等職兼

[48] 《北齊書》，卷42，〈陽休之傳〉，頁561。

[49] 《北史》，卷56，〈魏收傳〉：「孝武初，又詔收攝本職，文誥填積，事咸稱旨。黃門侍郎崔㥄從齊神武入朝，熏灼於世，收初不詣門。㥄為帝登阼赦云：『朕託體孝文。』收嗤其率直。正員郎李慎以告之，㥄深忿忌。時節閔帝殂，令收為詔。㥄乃宣言：收普泰世出入幃幄，一日造詔，優為詞旨，然則義旗之士，盡為逆人。又收父老，合解官歸侍。南臺將加彈劾，賴尚書辛雄為言於中尉綦儁，乃解」，頁2026；在魏收將被彈劾時，辛雄、綦儁能為其脫罪，說明綦儁輩在當時之勢力，魏收當在其下典起居、修國史。

[50] 《北史》，卷56，〈魏收傳〉，頁2028。

修史務，魏初以來他職兼修史的情形仍然存在。天保二年(551)，受詔撰《魏史》，修撰魏史的工作正式以魏收為領導。到了天保四年(553)，才「除魏尹，故優以祿力，專在史閣，不知郡事」[51]，解除其他雜務後，魏收得以專心修史，翌年，《魏書》正式完成。

魏收撰《魏書》，資料得於前朝遺留者甚多，也就是前三期的修史成果，這在《北史・魏收傳》裡已言之甚詳，茲不贅引。唯撰《魏書》時，仍由魏收帶領一批史官共同修撰，以魏收居執筆主力：

> 收於是與通直常侍房延祐、司空司馬辛元植、國子博士刁柔、裴昂之、尚書郎高孝幹專總斟酌，以成《魏書》。……（天保五年）十一月，復奏十志，……凡二十卷，續於紀傳合一百三十卷，分為十二帙。其史三十五例、二十五序、九十四論、前後二表一啟，皆獨出於收。收所引史官，恐其陵逼，唯取學流先相依附者。其房延祐、辛元植、眭仲讓雖涉朝位，並非史才；刁柔、裴昂之以儒業見知，全不堪編輯；高孝幹以左道求進；修史諸人宗祖姻戚多被書錄，飾以美言[52]。

可見今本《魏書》中紀傳部份，幾乎源自魏初鄧淵以來所修國書，以及經李彪改成的紀傳表志體例，但十志與全書中的35史例、25序、94論、2表1啟，則全是魏收個人獨力完成。至於魏收所引用的諸位助修史官，幾乎全無貢獻，從「恐其陵逼，唯取學流先相依附者」一句看來，以魏收本傳中對其輕薄自矜的性格描寫來說，著實不易理解。魏收進用此輩，任其尸位素餐，卻又對他們的宗祖姻戚作佳傳，或許是魏收心中有難以言喻的顧忌。

---

[51] 《北史》，卷56，〈魏收傳〉，頁2030。

[52] 《北史》，卷56，〈魏收傳〉，頁。另，在魏收〈前上十志啟〉中，列名修史者除引文中諸人外，尚有綦母懷文，見《魏書》，頁2331–2332。

總之，魏初以來的修史事業，歷經諸朝如鄧淵、崔浩、高允、李彪、崔鴻等人，超過一個半世紀[53]的相承努力，到了北齊的魏收，總算是總結了前任史官的所有成果。當時尚書陸操嘗謂左僕射楊愔曰：「魏收《魏書》可謂博物宏才，有大功於魏室」，雖然《魏書》在當時的爭議不斷，且被冠以「穢史」之稱，但陸操的評價應屬中肯。只是不知，當魏收為《魏書》寫下最後一筆時，是否嘗為百餘年來曲折迂迴的修史歷程，留下一聲輕嘆？

三、崔浩「史禍」的影響

從開始撰修國史到《魏書》的完成，北魏的修史事業歷經長達一個半世紀的時間，不僅曲折迂迴，即使從驗收成果的角度看，也並不怎麼理想（參見附表），這當中的理由何在？實在值得一探究竟。

此處不妨從崔鴻撰成《十六國春秋》一事談起。崔鴻在弱冠的年齡便有著述之志，但由於魏晉以前的歷史撰述不僅皆趨完備，且有馬、班縱橫古今的成果，著實不易超越。因此，崔鴻將被撰述的主體對象，放在距離北魏不遠的前朝，也就是後世所慣稱的「五胡十六國」時代。這些跨據一方的成、漢、趙、燕、秦、涼、夏諸政權，當時也都有各自修撰的國書[54]，崔鴻鑑於這些國史沒有一統的體例，因此參閱舊記，加以增損褒貶而撰成《十六國春秋》一百卷（後另撰〈年表〉、〈序例〉各一卷，合102卷）。

但崔鴻卻遲遲不敢將此部史書公諸於世，《魏書・崔鴻傳》中所說的

---

[53] 據本文注釋[7]之考證，從鄧淵受詔撰《國紀》於398年，到魏收完成《魏書》於554年，共歷時達156年。

[54] 十六國時代各政權的修史事蹟，可參見《史通通釋》，卷12，〈古今正史〉篇，頁358–360；或朱希祖，〈十六國舊史考〉，載《制言半月刊》第13期。

理由是：「鴻二世仕江左，故不錄僭晉、劉、蕭之書。又恐識者責之，未敢出行於外」[55]，所謂的「恐識者責之」，看來頗有深諱之意。後來世宗（宣武帝元恪）聞及此事，曾下詔呈送[56]，結果崔鴻又「以其書有與國初相涉，言多失體，且既未訖，迄不奏聞」的理由，一直未將此書送呈。仔細揣摩崔鴻遲不送呈的兩個理由——一是「其書與國初相涉，言多失體」，一是尚未完成。但世宗在詔書中已明言「便可隨成者送呈」，就是將已完成部份上呈即可，可見書未修訖的理由，只不過是一個托詞罷了；可見崔鴻真正顧忌的是前者，且造成極大的心理壓力。

但究竟什麼是「與國初相涉，言多失體」？如果暫不考慮發生於450年的崔浩之禍的內在因素，而僅就其因修史獲罪一事加以討論，或許可以藉此說明崔鴻顧忌的心理。正史中對崔浩史禍的直接記載有兩處，分別是《魏書》及《北史》中的崔浩本傳：

> 初，郄標等立石銘刊《國記》，浩盡述國事，備而不典。而石銘顯在衢路，往來行者咸以為言，事遂聞發。有司按驗浩，取祕書郎吏及長曆生數百人意狀。浩伏受賕，其祕書郎吏已下盡死。（《魏書》：卷35，頁826）
>
> 浩書國事備而不典。而石銘顯在衢路，北人咸悉忿毒，相與構浩於帝。帝大怒，使有司案浩，取祕書郎及長歷生數百人意狀。浩伏受賕。（《北史》：卷21，頁789）

看來是因為崔浩所領銜修撰的國書，內容「盡述國事，備而不典」，且又接受郄標、閔湛的建議，將所修國書刊刻立石，置於平城天郊東側三

---

[55] 《魏書》，卷67，〈崔光傳附崔鴻〉，頁1502。

[56] 《魏書》，卷67，〈崔光傳附崔鴻〉：「世宗聞其撰錄，遣散騎常侍趙邕詔鴻曰：『聞卿撰定諸史，甚有條貫，便可隨成者送呈，朕當於機事之暇覽之』」，頁1502。

里的地方，路人皆可目見，李延壽撰《北史》，改為「北人咸悉忿毒」，更能說明主要是引起鮮卑貴族們的憤懣，因而招禍。

所謂的「不典」，在這此處可以有兩種解釋，一是不守常道、不合準則的意思，如《春秋》宣公十八年：「甲戌，楚子旅卒，未同盟而赴，以名吳楚之葬，僭而不典，故絕而不書」[57]；《左傳》曰：「鄫盟不書，吳行夷禮，禮儀不典，非所以結信義，故不錄」[58]，經傳中的「不典」指的就是不守禮儀之常道。另一種解釋是為文不雅馴的意思，如《後漢書・應劭傳》曰：「(劭) 撰《風俗通》，以辯物類名號，釋時俗嫌疑。文雖不典，後世服其洽聞」[59]；北齊顏之推自云：「吾家世文章，甚為典正，不從流俗」[60]，這裡的「典」或「不典」，指的則是文章典雅與否。

崔浩之所以接納閔湛、郄標的意見，用意在於彰顯直書的精神：

> 是時，著作令史閔湛、郄標性巧佞，為浩信待。……浩亦表薦湛有著述之才，既而勸浩刊所撰國史于石，用垂不朽，欲以彰浩直筆之跡[61]。

崔浩撰國書時「盡述國事」，刊刻國書之目的又欲「以彰直筆」，顯然符合中國自古以來史官撰史時應據事直書的原則，不至於不守（史官的）常道準則。再者，崔浩少好文學、博覽經史，「朝廷禮儀、優文策詔、

[57] 《春秋左傳正義》，卷24，「宣公十八年」，見阮元，《十三經注疏》1815年刻本。

[58] 《春秋左傳正義》，卷58，「哀公七年」，見阮元，《十三經注疏》1815年刻本。

[59] 《後漢書》，卷48，〈應劭傳〉，頁1614。

[60] 顏之推撰、王利器注，《顏氏家訓集解》（臺北：漢京文化公司翻印，1983），卷4，〈文章〉，頁251。

[61] 《魏書》，卷48，〈高允傳〉，頁1070。

軍國書記，盡關於浩」[62]，著文亦應不至於不文雅。因此，引起太武帝大怒及鮮卑貴族憤懣的國書，其中的「不典」處，當另有所指。

周一良早年闡釋崔浩案時，認為是屬於北魏統治階級內的胡漢衝突矛盾[63]，但近年對此史獄導火線的解釋則有另外的看法。周氏以為，崔浩修國史的「不典」，正類似於崔鴻「其書與國初相涉，言多失體」的情形。換言之，當二崔撰史述及北魏國初諸事時，秉筆直書拓跋鮮卑「淳僕為俗，簡易為化」，或者因汲汲於征服他國，以至於「冠履不暇，栖遑外土」，這類在文化上較為樸實的風俗，在日後已漸染漢人文化的鮮卑統治者來看，是一段不願面對的舊事[64]。

周氏參稽史籍，舉出苻秦滅代、道武流放蜀地、寔君暴崩諸事，是拓跋氏祖先國破家亡的紀錄，是一種國族恥辱。又如道武帝曾娶其母賀氏已嫁之妹（姨母）為妃，這一類被漢族視為逆倫不道的父死妻母、兄死妻嫂事蹟，就鮮卑族而言，本不以為奇，且是北亞民族的普遍風習[65]。但在拓跋氏漸次漢化，「國風胡俗，雜相揉亂」的形態下，以漢人的標準而言，這些過去都是「不典」——不是文章的典雅與否——而是國書中對此「漠北醇樸」風俗的記載。這種秉筆直書，既然直述鮮卑統治者不願面對的過去，也就成為一種忌諱，犯了統治者的忌諱，崔浩的國書當然就不合「常道準則」了。

高允與崔浩共修國書，史案發生後，太武帝詰問高允，高允因奮言面抗而逃過死罪噩運，但自崔浩以下、僮吏已上一百二十八人卻遭受五族株連。太武命高允為詔書，高允持疑不為，且認為：

---

[62] 《魏書》，卷35，〈崔浩傳〉，頁812。

[63] 參見周一良，〈北朝的民族問題與民族政策〉一文。

[64] 早年陳寅恪亦認為，浩之國紀「備而不典」，正直斥鮮卑之野僿，參見氏著〈崔浩與寇謙之〉一文。

[65] 周一良，〈崔浩國史之獄〉。

浩之所坐，若更有餘釁，非臣所知。直以犯觸，罪不至死[66]。

可見在當時，高允即深知崔浩獲罪並不緣於修史一事，而是有其他複雜因素，因修史獲罪的直接原因，則是「犯觸」——也就是上述的「不典」，觸怒了鮮卑統治者。

崔浩《國書》真否「盡述國事」且「直書」無諱，仍可從其後的事件中略窺端倪。魏收撰成《魏書》以後，因時論認為其書著史不平，曾先後兩次受詔修改[67]，隋文帝（楊堅）時更下詔魏澹另著《魏史》：

魏澹字彥深，鉅鹿下曲陽人也。……高祖以魏收所撰書，褒貶失實，平繪為《中興書》，事不倫序，詔澹別成《魏史》。澹自道武下及恭帝，為十二紀，七十八傳，別為史論及例各一卷，并《目錄》，合九十二卷。澹之義例與魏收多所不同[68]。

魏澹書早已亡佚，無法得知其內容為何，但魏澹曾為文述其義例與魏收不同者四條，其中兩條正與魏初史事極為相關，可與上文比觀而論：

---

[66] 《魏書》，卷48，〈高允傳〉，頁1071。

[67] 《北史》，卷56，〈魏收傳〉：「帝以《魏史》未行，詔收更加研審，收奉詔，頗有改正」，頁2044；同書卷：「其後群臣多言《魏史》不實，武成（高湛，時為太上皇）復敕更審。收又迴換，遂為盧同立傳，崔綽反更附出」，頁2037。《中國史學史資料編年(一)》一書，分別將這兩次修改時間繫於北齊孝昭帝（高演）皇建元年(560)，及北齊後主（高緯）天統二年(566)，頁192–193。

[68] 《隋書》，卷58，〈魏澹傳〉，頁1416–1417；《北史》魏澹本傳略同。另在北齊末年，也曾下詔更撰《魏書》一事，《北史》，卷8，〈齊本紀下〉謂：「後主諱緯，……（武平四年，573）五月丙子，詔史官更撰《魏書》」，頁295。

其二曰：「……魏氏平文以前，部落之君長耳。太祖遠追二十八帝，並極崇高，違堯、舜憲章，越周公典禮。但道武出自結繩，未師典誥，當須南、董直筆，裁而正之。反更飾非，言是觀過。……」

其三曰：「……幽王死於驪山，厲王出奔於彘，未嘗隱諱，直筆書之，欲以勸善懲惡，詒誡將來者也。而太武、獻文並皆非命，前史立紀，不異天年，言論之間，頗露首尾。殺主害君，莫知名姓，逆臣賊子，何所懼哉！……今所撰史，分明直書，不敢迴避」[69]。

魏澹對魏收《魏書》中「飾非」與「迴避」的指摘，正可旁證崔浩案與修史導火線間的關係。古來論者多以魏收黨齊毀魏為病，此中涉及正統部份，非本文重點，惟魏收修史正當高齊時代，對魏初史實亦無須避諱曲筆，此其一。再者，魏收自謂《魏書》中紀傳部份，多是承續鄧淵、崔浩、李彪以來的成果，其中又僅崔浩《國書》三十卷曾刊刻立石，可說已經完成，則《魏書》中關於魏初史事，當即是錄自崔浩《國書》中的內容。而魏澹所指的飾非與迴避，應當是崔浩總裁時所留之痕跡，所飾與避者，或許就是上述鮮卑族的風俗。

回顧崔浩父子，歷仕太祖、太宗、世祖三朝，不僅獲得諸帝的信任與重用，侍君更以嚴謹著稱，《魏書》本傳中如是記載：

（崔玄伯）未嘗謇諤忤旨，亦不諂諛苟容。及太祖季年，大臣多犯威怒，玄伯獨無譴者，由於此也。（《魏書》：卷24，頁621）

太祖季年，威嚴頗峻，宮省左右多以微過得罪，莫不逃隱，避目下之變，浩獨恭勤不怠，或終日不歸。（《魏書》：卷35，頁807）

浩既工書，人多託寫《急就章》。從少至老，初不憚勞，所書蓋

[69] 《隋書》，卷58，〈魏澹傳〉，頁1417–1418；《北史》魏澹本傳略同。

以百數，必稱「馮代強」，以示不敢犯國，其謹也如此。(《魏書》：卷35，頁827）

崔浩雖屢獻奇策，替拓跋氏開疆闢土，但以他的修養而言，自然深知功高不可震主的道理，即使受託書寫《急就章》，尚將「馮漢強」改為「馮代強」，態度之嚴謹可見一斑。因此，總裁修史時自然也會有所飾非迴避，並非真的完全直筆無諱，但這些「謹慎」的作法，對於鮮卑統治者而言，仍嫌過於「秉筆直書」，暴露出早期鮮卑族「漠北醇樸」的習俗。終以修史獲罪，也許是崔浩急欲「以彰直筆」，或者是緣於更深層的諸多因素——如高允所言，或者是前輩學者的研究成果——胡漢矛盾、宗教衝突、世族政治差異等，但又何嘗不可說是：崔浩並未見視到拓跋氏正處於文化上的轉型期[70]，融合過程中充滿矛盾衝突的因子，更未洞察出許多標準已隨著文化的學習而有所轉移，他所以為的「漠北醇樸」的鮮卑統治者們，其實已非昔日可比。

綜上所論，崔鴻因其書「與國初相涉，言多失體」而有所顧忌的心理，應當不難理解，這種恐懼重蹈覆轍的憂慮，實是崔浩史獄對後世修史所造成的壓力。崔鴻伯父崔光早年即任著作郎，身典史職幾於四十年，但所撰者徒有卷目而未考正，闕略甚多，「每云此史會非我世所成，但須記錄時事，以待後人」。崔光卒於正光四年，臨終前曾有遺言：

十一月，疾甚，敕子姪等曰：「諦聽吾言。聞曾子有云：人之將死，其言也善，啟予手，啟予足，而今而後，吾知免夫。吾荷先帝厚恩，位至於此，史功不成，歿有遺恨。汝等以吾之故，並得名位，勉之！勉之！以死報國。修短命也，夫復何言。速可送我還宅」[71]。

[70] 關於北魏文化轉變的諸多討論，詳見逯耀東，《從平城到洛陽——拓跋魏文化轉變的歷程》一書。

當崔光對後輩子孫耳提面命時，崔鴻應當也曾親臨聽訓，其遺命中既說因修史未成而引以為憾，又用「以死報國」的話勉訓子姪輩，其中的含意與關係，應當不難理解崔光話中所指為何。崔鴻遲遲不敢公佈《十六國春秋》的恐懼，直到肅宗（孝明帝元詡）朝中期以後，才漸緩和：

> 鴻意如此，然自正光(520–525)以前，不敢顯行其書。自後以其伯光貴重當朝，知時人未能發明其事，乃頗相傳讀。亦以光故，執事者遂不論之[72]。

魏收認為崔鴻後來敢於將其書公佈，且能夠在當時流傳，乃是得助於其伯崔光在當朝的勢力，時人不敢批評。而事實上，可能也是緣於北魏國亂，政局不穩，統治者無暇於其他，崔浩案的陰影在此時也就暫時沉寂下去。到了正光末年，全書完成，崔鴻死後由其子繕寫一本呈送，《十六國春秋》也才得以流傳後世[73]。

在前輩學者對崔浩案的研究中，一般認為當時中原世族集團與代北大族集團間的矛盾，在崔浩死後仍然存在。直到孝文帝時採取漢化政策，

---

[71] 《魏書》，卷67，〈崔光傳〉，頁1498。

[72] 《魏書》，卷67，〈崔光傳附崔鴻〉，頁1505。

[73] 《魏書》，卷67，〈崔光傳附崔子元〉：「（崔鴻）子子元，祕書郎。後永安中，乃奏其父書，曰：『臣亡考故散騎常侍、給事黃門侍郎、前將軍、齊州大中正鴻，不殞家風，式纘世業，古學克明，在新必鏡，多識前載，博極群書，史才富洽，號稱籍甚。年止壯立，便斐然懷著述意。正始之末，任屬記言，撰緝餘暇，乃刊著趙、燕、秦、夏、涼、蜀等遺載，為之贊序，褒貶評論。先朝之日，草構悉了，唯有李雄蜀書，搜索未獲，闕茲一國，遲留未成。去正光三年，購訪始得，討論適訖，而先臣棄世。凡十六國，名為春秋，一百二卷，近代之事最為備悉。未曾奏上，弗敢宣流。今繕寫一本，敢以仰呈。儻或淺陋，不回睿賞，乞藏祕閣，以廣異家』」，頁1505。

這個長期困擾著統治階級的問題，才逐漸獲得解決(74)。孝文帝在北魏諸帝中，是較具寬大胸懷的統治者，但崔浩史禍的陰影，並未就此消弭，此或可從孝文帝與韓顯宗的一段對話中，約略窺知。

韓顯宗父麒麟、長兄興宗、姪子熙諸人，皆出仕魏廷。顯宗與李彪交善，亦任著作佐郎職，遷洛後屢上表諫言，頗得孝文帝的採納，曾撰有記載北燕馮氏史事的《燕志》及《孝友傳》各十卷，頗傳於世。孝文帝朝制定起居注的制度，亦重視國史之修撰，嘗謂：「直書時事，無諱國惡。人君威福自己，史復不書，將何所懼」(75)。在韓顯宗任著作佐郎時，君臣間曾有一段對話，現僅就其中關於修史部份迻錄於下：

> 高祖曾謂顯宗及程靈虬曰：「著作之任，國書是司。卿等之文，朕自委悉。……」又謂顯宗曰：「見卿所撰《燕志》及在齊詩詠，大勝比來之文。然著述之功，我所不見，當更訪之監、令。校卿才能，可居中第」。……顯宗對曰：「……臣竊謂陛下貴古而賤今，臣學微才短，誠不敢仰希古人，然遭聖明之世，親惟新之禮，染翰勒素，實錄時事，亦未慚於後人。昔揚雄著《太玄經》，當時不免覆盎之談，二百年外，則越諸子。今臣之所撰，雖未足光述帝載，稗暉日月，然萬祀之後，仰觀祖宗巍巍之功，上覩陛下明明之德，亦何謝欽明於《唐典》，慎徽於《虞書》。」……高祖曰：「卿為著作，僅名奉職，未是良史也。」顯宗曰：「臣仰遭明時，直筆而無懼，又不受金，安眠美食，此臣優於遷固也。」高祖哂之(76)。

(74) 參見逯耀東，《從平城到洛陽》、孫同勛，〈北魏初期胡漢關係與崔浩之獄〉諸文。

(75) 《魏書》，卷7下，〈高祖紀〉，頁186。

(76) 《魏書》，卷60，〈韓麒麟傳附韓顯宗〉，頁1342–1343。

孝文帝認為韓顯宗近來的文章，不如以前所撰的《燕志》及詩詠，任著作後更無功績可述，言下之意頗有指責的味道。但韓顯宗顧左右而言他，舉揚雄撰《太玄經》一事自況，認為自己並未辜負職任，只是功績非當世所知而已。逮孝文帝進一步直斥顯宗尸位素餐，非為良史時，顯宗卻又在言詞上加以奉承，說是自己有幸遇上明主，能夠直筆無懼、安眠美食，境遇實在是比司馬遷、班固要來得好，對於顯宗這套迂迴奉承的答詞，孝文帝也只能譏笑一番了事了。

韓顯宗的回答無異是避重就輕，既然在明主時期能夠直筆無懼又安眠美食，絲毫不必擔憂像司馬遷、班固那樣因史獲罪，那麼何以在修史上毫無成績？況且身為著作，能夠舉出數百年前馬、班的例子，又豈能不知前朝的崔浩慘案。韓顯宗修史無功的原因，若不是個人之怠隋，大概就是震慴於崔浩史禍之慘案。

如前文所述，北魏修史的成果，總結於魏收撰成《魏書》。魏收修史的時期，正是大鮮卑主義高漲的時代，雖然山偉、綦儁諸輩亟欲收回修史權，但在毫無成果，而高氏父子又欲誇示「霸王功業」於後世的心態下，修史的實際工作又重回漢人的身上。

魏收以二十六歲之年典起居、修國史，時為節閔帝普泰年間(531–532)，再於北齊文宣帝（高洋）天保二年(551)受詔修撰魏史，到天保五年(554)《魏書》完成，魏收在二十餘年擔任史職期間，除「頻被嫌責，加以箠楚」外，也飽受高氏父子在言語、態度上的譏刺：

> 神武（高歡）於西門豹祠宴集，謂司馬子如曰：「魏收為史官，書吾善惡，聞北伐時諸貴常餉史官飲食，司馬僕射頗曾餉不?」因共大笑。仍謂收曰：「卿勿見（陳）元康等在吾目下趨走，謂吾以為勤勞，我後世身名在卿手，勿謂我不知。」尋加兼著作郎(77)。

(77) 《北史》，卷56，〈魏收傳〉，頁2028–2029。

> 收昔在京洛，輕薄尤甚，人號云「魏收驚蛺蝶」。文襄（高澄）曾游東山，令給事黃門侍郎顥等宴。文襄曰：「魏收恃才無宜適，須出其短。」往復數番，收忽大唱曰：「楊遵彥理屈，已倒。」愔從容曰：「我綽有餘暇，山立不動。若遇當塗，恐翩翩遂逝。」當塗者魏，翩翩者蝶也。文襄先知之，大笑稱善。文襄又曰：「向語猶微，宜更指斥。」愔應聲曰：「魏收在并作一篇詩，對眾讀訖，云：『打從叔季景出六百斗番，亦不辨此。』遠近所知，非敢妄說。」文襄喜曰：「我亦先聞。」眾人皆笑。收雖自申雪，不復抗拒，終身病之[78]。

高歡、高澄對魏收的態度與言詞，仍是在君尊臣卑的傳統框架下有所發明，而且都是在諸多朝臣面前予以嘲笑，重修史而輕史官的態度甚為明顯。在楊愔的針鋒相對中，雖目的是在譏刺魏收以釋己窘，但以臣子的角度言，更是明示君權的不可侵犯性，即使是被喻為「蛺蝶」的魏收，縱然能以史筆記事，遇上君權也必折翅而逝。

到了高洋時代，雖然下詔魏收主撰魏史，並且給予「優以祿力，專在史閣」的優遇，但在言詞中仍見君主極權的威嚴：

> 初，帝令群臣各言志，收曰：「臣願得直筆東觀，早出《魏書》。」故帝使收專其任。又詔平原王高隆之總監之，署名而已。帝敕收曰：「好直筆，我終不作魏太武，誅史官」[79]。

乍看之下，高洋「好直筆」一句似乎是在勉勵魏收，要求修史當秉筆直書，但接下來所舉的例子——百年前魏太武帝誅殺崔浩的史禍慘案——才是重點。崔浩案的陰影，透過如此簡潔的語句，幽靈般地再度浮現，

[78] 《北史》，卷56，〈魏收傳〉，頁2029。

[79] 《北史》，卷56，〈魏收傳〉，頁2030。

高洋的態度比起父兄不遑多讓，更可想見魏收所承受的心理壓力。《北史・魏收傳》述及魏收對那些襄助修史諸人的態度是：「收所引史官，恐其陵逼，唯取學流先相依附者。……修史諸人宗祖姻戚多被書錄，飾以美言」，莫非也是在這種心理壓力下所作的屈服，否則以魏收的輕薄自矜的個性而言，不易說明其間的扞格處。

總之，檢討北魏歷朝修史成果不佳的情況，或許可以簡單歸咎於史官們的怠惰，但魏初崔浩案的影響，更可能是造成後世史官消極心態的主因[80]。崔鴻因所撰《十六國春秋》中涉及北魏先祖諸事，遲遲不敢公諸於世，韓顯宗自言幸遇明主，卻屢無修史功績可言，魏收修撰《魏書》過程中，所遭受高齊統治者的譏刺、威脅等；都可說明崔浩案的影響，即使時空轉換已久，史官們的畏懼似乎沒有隨之消弭的跡象。

四、結論

北魏的修史，若依據各代實際修撰情況，大致可劃分為四期：第一期始自鄧淵撰《國記》，再有崔浩為首的修撰《國書》一事，以及因此而爆發的史禍之獄，北魏史業並因此中斷。第二期始於高允的重拾史職，其後有李彪、高祐改編年為紀傳的功勞，崔光領銜修史、崔鴻私撰《十六國春秋》，以及高祖時代創立的修撰起居注制度。第三期則主要是魏末亂世，以山偉、綦儁為代表的「大鮮卑主義」時期，代北人士欲自漢

[80] 劉節將魏晉南北朝時代的史家，區分為逸士派與豪士派。前者之著作對後世影響不大，但在當時能自成一格，如皇甫謐、束晳、王隱諸人；後者則生活態度積極，但行誼與著述不能相稱，如陳壽、范曄、魏收等。劉氏並認為，原則上應以前者對後世有益，參見氏著，《中國史學史稿》（臺北：弘文館出版社翻印，1986），頁112-119。如果借用劉氏的意見，北魏多數史官在成績上並不理想，而消極的修史心態，似可歸類於逸士派。

人手中奪回修史權，惟無甚實效。第四期在時間上雖已屬北齊，但整個北魏的修史事業，終於在魏收撰成《魏書》時，達成最後的成績，可說是總結成果時期。

魏收修撰《魏書》時，已感覺到前朝足以引為資用的史籍，常有缺乏的情況：

> 又尚書陸操嘗謂（楊）愔曰：「魏收《魏書》可謂博物宏才，有大功於魏室。」愔嘗謂收曰：「此謂不刊之書，傳之萬古。但恨論及諸家枝葉親姻，過為繁碎，與舊史體例不同耳。」收曰：「往因中原喪亂，人士譜牒遺逸略盡，是以具書其枝派。望公觀過知仁，以免尤責」[81]。

雖然魏收指出的只是譜牒的散亂，導致當世人物先祖功績不易記述，其實也說明了其他資料同樣有所缺佚。

資料除了戰亂因素失散外，前朝史官的修史成績不佳，似乎也是造成魏收修史不易的主因之一，《魏書》中修史人物列傳裡就常見這類訊息，此從本文第一節的整理及文末附表，都可以明顯地發現。除了北魏史官怠隋的簡單解釋之外，發生於西元450年，崔浩史禍之獄的株連慘案，可能才是導致後來史官態度消極的最主要原因。

崔浩案不僅直接造成修史事業的中斷，對後世史官心理的衝擊，甚至並未隨著時空轉換而有所減弱。如崔鴻私撰《十六國春秋》，卻因內容「與國初相涉，言多失體」，一直不敢公諸於世，崔鴻所憂懼的，其實就與崔浩因史獲罪的理由極為類近。再如韓顯宗的例子，在他迂迴奉承孝文帝指責的對話裡，一再的避重就輕，其實正好反映出當時對於修史的消極心態，史官們「不勤著述，竟無所成」、「代居史職，無所厝意」的情形比比皆是，不乏其例。

---

[81] 《北史》，卷56，〈魏收傳〉，頁2032。

甚至在崔浩案發生後的一個半世紀，魏收受詔擔任修魏史之職務時，還屢受高氏父子的言辭譏刺、威脅，尤其高洋「我終不作魏太武誅史官」一句，更是赤裸裸地呈現出帝王的絕對權威，即使是號稱「蛺蝶」的魏收，聽罷這番話後，大概也不禁惴惴於心，深怕「翩翩遂逝」，折翅而亡了。

綜觀北朝修史制度，實是下啟唐代史館制度之先跡，制度之得失，非本文所欲探究，惟劉知幾撰《史通》一書，曾力陳唐代史館修史制度的「五不可」；反觀北魏在崔浩案陰影與他官兼修史職諸事看來，如果以劉子玄的立論來檢視北魏，其失亦幾乎五得其三矣。

附表：「北魏修史諸人簡表」

表前說明：

一、本表檢梳《魏書》、《北齊書》、《北史》及其他相關史籍而成，除表中少數須加說明處酌置註釋外，一律不再附史源出處。

二、表中「官職與兼修史職銜」一欄，乃為突顯北魏時代以他官兼領史職的情況，然史籍中部份人物經歷記載極闕，官職不明者則注云「官職不詳」。

三、為配合本文所整理的北魏修史四期分劃，本表亦依據該人物修史之約略時間，置於適當位置，並於每期之首位重要代表人物處以粗橫線區分之，以利查檢。

四、北朝時代多以著作郎、著作佐郎任實際修史工作，史籍當中領此官銜之人物甚多，由於並非全有著述之跡，史闕記載者則不錄於表內。

北魏修史諸人簡表

姓　名	官職與兼修史職銜	修史概況與成果
鄧淵	太祖擢為著作郎，出為蒲丘令，後為尚書吏部郎。	太祖詔鄧淵撰《國記》(82)，成十餘卷，惟次年月起居行事而已，未有體例。
崔浩	太祖天興中，給事祕書，轉著作郎，世祖朝領銜撰國書時，監祕書事。	神䴥二年，詔崔浩領銜集諸文人撰錄國書，成國書三十卷(83)。後立石銘，刊載國書於平城天郊東三里。
鄧穎	鄧淵子，襲爵，為太學生，稍遷中書侍郎。世祖詔崔浩撰述國書時，參著作事。	參與崔浩修《國書》事。
崔覽	世祖時中書侍郎。	參與崔浩修《國書》事。
高讜	世祖時給事中。	參與崔浩修《國書》事。
晁繼	不詳。	參與崔浩修《國書》事。
范亨	不詳。	參與崔浩修《國書》事，另撰有《燕書》二十卷(84)。
黃輔	不詳。	參與崔浩修《國書》事。

(82) 《魏書》，卷48，〈高允傳〉謂：「《太祖記》，前著作郎鄧淵所撰」，頁1070，可知鄧淵之《國記》，即崔浩修國書時《太祖紀》之藍本。

(83) 《魏書》，卷48，〈高允傳〉謂：「《先帝記》及《今記》，臣與浩同作」，頁1070；《先帝記》及《今記》，應即是魏收《魏書》中，〈太宗紀〉、〈世祖紀〉之所本。

(84) 《隋書》，卷33，〈經籍志〉：「《燕書》，二十卷。記慕容儁事。偽燕尚書范亨撰」，頁963；另據《史通通釋》，卷12，〈古今正史〉篇：「前燕有起居注，杜輔全錄以為《燕紀》。……董統受詔草創後書，……合三十卷。……其後申秀、范亨各取前後二燕合成一史」，頁358。

張偉	世祖時拜中書博士，轉散騎侍郎、大將軍樂安王範從事中郎、馮翊太守等。	參與崔浩修《國書》事。
閔湛	崔浩表薦有著述之才，官職不詳。	閔湛與郄標素諂事浩，乃請立石銘，刊載《國書》，引發國史之獄。
郄標	崔浩表薦有著述之才，官職不詳。	閔湛與郄標素諂事浩，乃請立石銘，刊載《國書》，引發國史之獄。
宗欽	世祖時拜著作郎，助崔浩修《國書》。	參與崔浩修《國書》事，受崔浩案株連。自撰有《蒙遜記》十卷。
段承根	世祖時為著作郎，助崔浩修《國書》。	參與崔浩修《國書》事，受崔浩案株連。
陰仲達	世祖時除祕書著作郎，助崔浩修《國書》。	參與崔浩修《國書》事，受崔浩案株連。
游雅	世祖時徵拜中書博士、東宮內侍長、少傅、散騎侍郎，遷著作郎，後徵為祕書監。	委以國史之任，不勤著述，竟無所成。
高允	世祖時任從事中郎，拜中書博士，領著作郎，與崔浩共修國史。高祖時遷中書監，加散騎常侍，仍修史。	參與崔浩修《國書》事。史禍之後再任史職，雖久典史事，然不能專勤屬述，時與校書郎劉模有所緝綴，大較崔浩故事，準《春秋》之體，而時有刊正。
劉模	顯祖時為校書郎，高祖太和初，遷中書博士。	助高允晚年修史，校緝史書，頗有功勞。
程駿	高宗時拜著作佐郎，遷著作郎。	顯祖時為尚書李敷奏薦修史，未有具體成果。
韓興宗	顯宗長兄，高祖時高允奏為祕書郎，參著作事，遷祕書中散。	未有具體修史成果。

李彪	高祖初為中書教學博士，後假員外散騎常侍、建威將軍、衛國子，遷祕書丞，參著作事。	與祕書令高祐始奏從遷固之體，改創編年體國書為紀傳表志體。在祕書歲餘，史業竟未及就，然區分書體皆其功也，免官後求白衣修史，未幾而卒。
高祐	世祖時遷中書侍郎，轉給事中、冀青二州中正，高祖時拜祕書令。	與李彪始奏從遷固之體，改創編年體國書為紀傳表志體。高祖時李彪專統著作，高祐為令，相關豫而已。
袁翻	初為奉朝請，世宗景明初為徐紇所薦，引兼著作佐郎，以參李彪修史事。	參與李彪修史事。
李琰之	高祖時為侍中李彪啟兼著作郎，修撰國史，稍遷國子博士，領尚書儀曹郎中，轉中書侍郎、司農少卿、黃門郎，修國史。	前後再居史職，無所編緝。
崔光	高祖太和初拜中書博士，轉著作郎，遷中書侍郎、給事黃門侍郎。	與祕書丞李彪參撰國書，李彪免官後，專任史職。所撰魏史，徒有卷目，初未考正，闕略尤多。每云此史會非我世所成，但須記錄時事，以待後人。遺言自云：「史功不成，歿有遺恨」。
李諧	受父前爵彭城侯，自太尉參軍歷尚書郎、徐州北海王顥撫軍府司馬，入為長兼中書侍郎，崔光引為兼著作郎。	身在史職，無所歷意。
程靈虬	程駿從子，高祖時擢為著作郎。	參與崔光時修史。
封肅	為崔光薦賞，位太學博士，兼廷尉監。	修《起居注》。

孫惠蔚	世宗時兼黃門侍郎，遷中散大夫，仍兼黃門，後除正黃門侍郎，永平四年，以黃門郎職代崔光領著作，後遷國子祭酒、祕書監，仍知史事。	代史職首尾五載，無所厝意，才非文史，無所撰著，唯自披其傳注數行而已。
房景先	高祖太和中，解褐太學博士、兼著作佐郎，修國史，尋除司徒祭酒、員外郎，累遷步兵校尉，領尚書郎，齊州中正。	撰《世宗起居注》。
韓顯宗	高祖時著作佐郎，兼中書侍郎。	嘗自撰馮氏《燕志》、《孝友傳》各十卷，任史職後，孝文帝指其「著述之功，我所不見」、「卿為著作，僅名奉職，未是良史也」。
張始均	高祖時任司徒行參軍，遷著作佐郎，世宗時特除長兼左民郎中，遷員外常侍，仍領郎。	嘗改陳壽《魏志》為編年體，廣益異聞，為三十卷；又著《冠帶錄》及諸賦數十篇，皆亡佚。
崔鴻	世宗景明三年，遷員外郎、兼尚書虞曹郎中。肅宗正光元年，加前將軍，五年正月，詔鴻以本官修緝國史。	世宗敕撰起居注，並曾修高祖世宗起居注，自撰《十六國春秋》。在史甫爾，未有所就，尋卒。
李伯尚	弱冠除祕書郎，高祖時遷通直散騎侍郎。	敕撰《太和起居注》。
邢巒	高祖時拜中書博士，遷員外散騎侍郎，世宗時正尚書、常侍如故。	世宗時，命邢巒追撰《高祖起居注》，書至太和十四年。
王遵業	位著作佐郎，與崔鴻同撰起居注，遷右軍將軍，兼散騎常侍。	撰起居注，曾詣代京採拾遺文，以補續邢巒《高祖起居注》太和十四年以下所闕，下訖肅宗，事甚委悉。另著有《三晉記》十卷，亡佚。

谷纂	世宗時解褐太學博士，領侍御史，稍遷著作郎、司州治中、黃門郎、散騎常侍，又為侍中、兼殿中尚書，遷驃騎大將軍、左光祿大夫、營州大中正。	為著作郎，又監國史，不能有所緝綴。
高謙之	肅宗孝昌初為河陰令。	以父舅氏沮渠蒙遜曾據涼土，國書漏闕，謙之乃修《涼書》十卷，行於當世。
韓子熙	興宗子。靈太后引為中書舍人，肅宗時修國史，除著作郎，兼司州別駕。	嘗搜括史傳，自撰《顯忠錄》二十卷。
陽尼	幽州刺史胡泥薦之，徵拜祕書著作郎。	嘗奏佛道宜在史錄，自造《字釋》數十篇，未就而卒，從孫陽承慶遂撰為《字統》二十卷，行於當世。
裴景融	肅宗正光初除太學博士，敬宗永安中為祕書監李凱薦啟除著作佐郎，稍遷輔國將軍、諫議大夫，仍領著作。	出帝時詔撰《四部要略》，令景融專典，竟無所成，雖才不稱學，而緝綴無倦。
李神儁	敬宗時拜散騎常侍、殿中尚書，轉中書監、吏部尚書。	監起居注，啟陽休之、裴伯茂、盧元明、邢昕諸人俱入撰次。
陽休之	敬宗時解褐員外散騎侍郎，尋以本官領御史，遷給事中、太尉記室參軍，加輕車將軍。前廢帝普泰中，兼直散騎侍郎，加鎮遠將軍。	入撰起居注，修國史。後與魏收、李同軌等修國史，曾與魏收議論北齊斷限[85]，修史無具體成果。

[85] 《北齊書》，卷42，〈陽休之傳〉：「又魏收監史之日，立《高祖本紀》，取平四胡之歲為齊元。收在齊州，恐史官改奪其意，上表論之。武平中，收還朝，敕集朝賢議其事。休之立議從天保為限斷」，頁563。

裴伯茂	孝武時拜中書侍郎，再遷散騎常侍，典起居注。	嘗撰《晉書》，未成。
邢昕	蕭寶夤討關中時為東閤祭酒，委以文翰，在軍解褐盪寇將軍，累遷太尉記室參軍。	吏部尚書李神儁奏修起居注。
盧元明	東魏孝靜帝時，兼吏部郎中，後再拜尚書右丞，轉散騎常侍，監起居。	積年在史館，了不厝意。
溫子昇	敬宗建義初為南主客郎中。	修起居注，又撰《永安記》三卷。
辛賁	起家北中府中兵參軍，員外散騎侍郎，敬宗建義初除濟州撫軍府長史。	建義初修起居注。
許絢	孝武時自侍御史累遷尚書左民郎，司徒諮議參軍，後拜太中大夫。	修起居注。
陰道方	肅宗時拜奉朝請，轉員外散騎侍郎；敬宗初，遷尚書左民郎中。	修起居注。
山偉	元叉時兼尚書二千石郎，後正名士郎，河陰之役後領著作郎，前廢帝時除安東將軍、祕書監，仍著作。	嘗修起居注。山偉及綦儁等諂說上黨王天穆及尒朱世隆，以為國書應由代人修緝，因此奉命主史籍。守舊而已，略無述著。自崔鴻死後至山偉二十餘年間，時事蕩然無存，後人執筆無所憑據。
綦儁	敬宗時為滄州刺史。	與山偉等諂說上黨王天穆及尒朱世隆，以為國書應由代人修緝，因此奉命主史籍。守舊而已，略無述著。
劉仁之	為御史中尉元昭引為御史，前廢帝時兼黃門侍郎，出帝初為著作郎，兼中書令。	粗涉書史，擅真草書跡，然既非其才，在史未嘗執筆。

羊深	前廢帝普泰初，遷散騎常侍，衛將軍、右光祿大夫。	監起居注。
宇文忠之	東魏孝靜帝天平初，除中書侍郎，後敕修國史，武定初仍修史。	未有具體成果。
魏收	敬宗永安三年，除北主客郎中。前廢帝時遷散騎常侍，典起居注，修國史，兼中書侍郎。東魏孝靜帝時兼散騎常侍，修國史，武定二年除正常侍，領兼中書侍郎，仍修國史，加兼著作郎。北齊文宣帝天保元年除中書令，仍兼著作郎，二年受詔撰魏史，四年除魏尹，專在史閣，不知郡事，高隆之署名監修。	天保五年三月，《魏書》成；十一月復成十志，皆收獨力完成。天保八年，監修齊史。時人不滿《魏書》不平，因有穢史之名，孝昭帝皇建元年，詔改《魏書》，後主天統二年，再度下詔修改《魏書》。修史時所引史官，恐其陵逼，唯取學流先相依附者，詳見下列人。
刁柔	北齊文宣帝天保初，除國子博士，中書舍人。	魏收撰魏史，啟刁柔同其事，以儒業見知，不堪輯編。
裴昂之	北齊文宣帝天保初，拜國子博士。	魏收撰魏史，啟裴昂之同其事，以儒業見知，不堪輯編。
房延祐	北齊文宣帝天保初，任通直常侍。	魏收撰魏史，啟房延祐同其事，夙涉朝位，並非史才。
辛元植	北齊文宣帝天保初，司空司馬。	魏收撰魏史，啟辛元植同其事，夙涉朝位，並非史才。
眭仲讓	官職不詳。	魏收撰魏史，啟眭仲讓同其事，夙涉朝位，並非史才。
高孝幹	北齊文宣帝天保初，任尚書左主客郎中。	以左道求進，無功於修史。
綦母懷文	北齊高祖時，任西河太守。	以道術事高歡，無功於修史，僅於魏收《前上十志啟》末署名：「前西河太守、修史臣綦母懷文」。

南北朝史學的發展與《隋書·經籍志》的形成

——以《隋書·經籍志·史部》為分析對象

李廣健

一、前言

《隋書·經籍志》是《漢書·藝文志》之後，中國目錄學上另一篇重要的文獻。從史學的角度看，《隋書·經籍志》經、史、子、集的分類辦法，奠定了史部在中國學術中的獨立地位；同時也標誌著魏晉南北朝（220–589年）的史學，經過長期的發展，已日趨成熟。

另一方面，《隋書·經籍志·史部》登錄大量漢隋間的史著，是研究魏晉南北朝史學的重要史料。過去已有學者以之作為研究魏晉（220–420年）和漢唐間史學發展的素材，並有相當的成果❶，讓人對這段紛亂時

❶ 在臺灣的學者中，逯耀東師曾有一系列的研究（氏著，〈《隋書·經籍志·史部·雜傳》類的分析〉，收《人文學報》1(1971)，頁325–360；又，〈《隋書·經籍志·史部》的形成〉，收《中國歷史學會史學集刊》5(1973)，頁1–9；又，〈從《隋書·經籍志·史部》的形成論魏晉史學轉變的歷程〉，收《食貨月刊》復刊10:4(1980)，頁1–22），其成果可參考張榮芳和蔡學海的評論（張榮芳，〈民國以來的中國中古史學史研究〉（國史館舉辦「中華民國史專題第四屆討論會——民國以來的史料與史學」未刊稿，1997)，頁11；蔡學海，〈魏晉南北朝史㈠〉，收高明士（主編），《中國史研究指南II》

期的史學，有一概括的了解。而隨著研究的深化，魏晉南北朝史學實有作深入分析的需要：首先，可以將魏晉史學與南北朝（420–589 年）史學區分開來；然後，再對南北兩地史學發展的特色加以比較❷。這樣，將使中古史學的發展脈略，更清楚的呈現出來。

魏晉南北朝是中國史學迅速發展的時代，這是學者公認的事。但是，期間史學發展之具體變化，則仍有待探討。以微觀的角度來看，可以發覺魏晉是兩漢（前206–220年）一統局面步向分裂的過渡性階段，史學在此期間發生了鉅大的變化；及至南北朝，由於南北對峙，許多方面均出現分道揚鑣、各自發展的趨向。隋代（581–618 年）國祚短促，繼起的唐代（618–907 年）雖然在政治上承隋餘緒，但學術層面卻未完全擺脫南北朝遺留下來的影響，南北學術仍各有異趣。

唐初編修前代史志，其中的《隋書・經籍志》記述了南北學術發展的大勢，而其本身又是唐初史學的結晶。本文便嘗試利用《隋書・經籍志》探討這兩方面的問題：第一，藉此了解南朝史著與北朝史著在發展上有何差別？第二，透過考察《隋書・經籍志》的形成經過，探討唐初與南北朝的史學，到底有何關係？由於本文只是一個初步的嘗試，尚祈方家不吝指正。

（臺北：聯經出版事業公司，1990），頁54。）大陸方面，則有施丁的相關研究（氏著，〈從《隋書・經籍志》看漢隋間歷史撰述的發展〉，收《史學史資料》2(1980)，頁239–261）。

❷ 周一良對南朝北朝史學的比較，為這方面的研究作了開拓性的工作，值得參考（〈略論南朝北朝史學之異同〉，收氏著《魏晉南北朝史論集續編》（北京：北京大學出版社，1991），頁97–105）。

二、南北朝學術發展的大勢

南北朝長期的對峙，使南北雙方在政治、社會、經濟等層面，漸漸走上各自發展的道路。學術上亦因個別獨立發展，出現越來越明顯的分歧❸。結果，天下統一，學術上卻出現南北異趣的局面。

在南北朝後期，學術的發展已出現南強北弱的趨勢。這可以從南北典籍的數量、時人的表現以及評論中看出來。

首先，是圖書的數量。永嘉亂後，晉室南渡，宋（420–479年）、齊（479–502年）、梁（502–557年）、陳（557–589年）繼起，與北方政權對峙。在南北朝後期先後出仕南、北政權的顏之推，曾比較兩地的典籍數量，在〈觀我生賦〉自注中指出：

> 北於墳籍少於江東三分之一，梁氏剝亂，散逸湮亡。唯孝元鳩合，通重十餘萬，史籍以來，未之有也❹。

❸ 最早提出這個現象來討論的，是《隋書》的〈儒林傳序〉和〈文學傳序〉（〔唐〕魏徵（等），《隋書》（北京：中華書局，1982），卷75，頁1705–1706；卷76，頁1730）。後來，清代的皮錫瑞（〈經學的分立時代〉，收氏著《經學歷史》（北京：中華書局，1981），頁170–192）、近人湯用彤（〈南北朝釋教撰述〉，收氏著《漢魏兩晉南北朝佛教史》（北京：中華書局，1988），頁395–430）、唐長孺（〈南北學風的差異〉，收氏著《魏晉南北朝隋唐史三論》（武昌：武漢大學出版社，1992），頁212–237）、今人何茲全（〈南北朝時期南北儒學風尚不同的淵源〉，收氏著《歷史學的突破、創新和普及》（北京：北京師範大學出版社，1993），頁169–175）等，都曾對南北朝學術發展的分歧作出探討。

❹ 〔唐〕李百藥，《北齊書》（北京，中華書局，1983），卷45，〈文苑·顏之推傳〉，頁622。嚴式誨曰：「案：注『北於』疑『北方』之誤。『籍』，南監

文中的「墳籍」，意即圖書。關於兩地書籍的數量，南方是北方的三倍。顏氏家族在永嘉亂後南遷，代居江左，其後顏之推因世變而來往各地，他的話應屬可信。這還可以從隋代學者所說的話得到印證，牛弘在討論古今圖書五厄時指出：

> 衣冠軌物，圖畫記注，播遷之餘，皆歸江左。晉、宋之際，學藝為多，齊、梁之間，經史彌盛。……梁人阮孝緒，亦為《七錄》。總其書數，三萬餘卷。……後魏爰自幽方，遷宅伊、洛，日不暇給，經籍闕如。周氏創基關右，戎車未息。保定之始，書止八千，後加收集，方盈萬卷。高氏據有山東，初亦採訪，驗其本目，殘缺猶多。及東夏初平，獲其經史，四部重雜，三萬餘卷。所益舊書，五千而已❺。

可見南朝典籍遠多於北朝，乃是客觀的事實。

另外，從時人的表現和評論，亦可看出南朝在學術上的優勢。《洛陽伽藍記》記載出使北方的陳慶之，在返回南梁時，對朱异描述北魏孝文華化以後的情況：

> 自晉宋以來，號洛陽為荒土，此中謂長江以北盡是夷狄。昨至洛陽，始知衣冠士族並在中原，禮儀富盛，人物殷阜，目所不識，口不能傳。所謂帝京翼翼，四方之則，如登泰山者卑培塿，涉江海者小湘沅，北人安可不重❻？

本作『典』」(〔北齊〕顏之推（撰），王利器（集釋),《顏氏家訓集解》(北京：中華書局，1993），附錄二，頁684，註[20])。

❺ 《隋書》，卷49，〈牛弘傳〉，頁1299。

❻ 〔魏〕楊衒之（撰），周祖謨（校釋),《洛陽伽藍記校釋》(北京：中華書局，1987），卷2，〈景寧寺〉，頁108。

值得注意的是，這段記載乃出自北魏（386–534年）末年楊衒之的手筆，作者會不會利用南人陳慶之的描述，高抬北魏的文化成就呢？這點懷疑無論是否成立，陳慶之一句「北人安可不重」，則透露出南人普遍輕蔑北人的態度。這點可從《顏氏家訓》得到證明，顏之推指出，當時「南方以晉家渡江後，北間傳記，皆名為偽書，不貴省讀」❼。這種表現，充分反映出南人在學術上的自信。此外，《隋唐嘉話》記載：

> 梁常侍徐陵聘於齊，時魏收文學北朝之秀，收錄其文集以遺陵，令傳之江左。陵（速）〔還〕，濟江而沉之。從者以問，陵曰，吾為魏公藏拙❽。

徐陵的話不免有誇張成分，但從另一個角度看，魏收希望能在南方揚名，多少反映出當時南北學術有南強北弱之勢。《朝野僉載》還記述了庾信對北方學者的評論：

> 南人問信曰：「北方文士何如?」信曰：「唯有韓陵山一片石堪共語。薛道衡、盧思道少解把筆。自餘驢鳴犬吠，聒耳而已」❾。

「韓陵一片石」乃是指溫子昇〈韓陵山寺碑〉，庾信在這裏的批評相當尖刻。由此可見，北方文士在南人心中的地位是相當低的。

以上皆是南人對北人的批評，所以都可能有偏頗。但是，成書於唐初的《北齊書》，卻記載了兩則值得注意的事。第一則是〈魏收傳〉中的記載：

---

❼ 《顏氏家訓集解》，卷6，〈書證〉，頁440。

❽ 〔唐〕劉餗，《隋唐嘉話》，收〔明〕顧元慶（輯刻），《陽山顧氏文房》，第1函第3冊，見《百部叢書集成》（臺北：藝文印書館，1966），頁35 b。

❾ 〔唐〕張鷟，《朝野僉載》，卷6，收〔清〕紀昀（編），《景印文淵閣四庫全書》（臺北：商務印書館，1983），第1035部，頁281上左–281下右。

> 收每議陋邢卲文。卲又云：「江南任昉，文體本疏，魏收非直模擬，亦大偷竊。」收聞乃曰：「伊常於《沈約集》中作賊，何意道我偷任昉」❿。

魏收和邢卲都是北方的文學家，卻互揭對方抄襲南方作品的事，南方作品對北方學者的影響，於此可見一斑。第二則是〈杜弼傳〉中記載杜弼與高歡的對話：

> 弼以文武在位，罕有廉潔，言之於高祖。高祖曰：「弼來，我語爾。天下濁亂，習俗已久。……江東復有一吳兒老翁蕭衍者，專事衣冠禮樂，中原士大夫望之以為正朔所在」⓫。

雖然高歡的話並不單單局限在學術上，也涉及衣冠禮樂的文化層面，但他對南朝文化的威脅，卻顯出高度的警覺。這兩則記載所以值得注意，一方面由於所記都是從北人立場，評論南方學術或文化，顯示出一種重視的態度；另一方面，《北齊書》的作者李百藥，本出身山東，其父李德林並曾出仕北齊（550–577年），按常理而言，這種淵源可能會導致李百藥編修此書時，立場較為傾向北朝。所以書中出現這兩則記載，其可信度便大大提高。所以，無論是從南人對北方學人的評價，抑或北人對南方學術的態度，都顯出南北朝後期南強北弱的學術趨勢。

三、從《隋書・經籍志・史部》看南朝北朝史著的發展

在魏晉南北朝學術領域中，史學的蓬勃發展，成為一個引人注目的

❿ 《北齊書》，卷37，頁492。

⓫ 《北齊書》，卷24，頁347。

現象。期間史著的數量和種類，都大大增加；並且漸漸從經學中獨立出來，自成一部。《隋書·經籍志·史部》是現存最早登錄漢隋間史著的文獻，透過其中的記載，可以了解魏晉南北朝的史學情況。而在這個學術發展呈南強北弱的時期，史學層面有沒有同步的現象，也可從中得到消息。

下面利用《隋書·經籍志·史部》的記載，將登錄其中的南北朝史著製成各表⑫：

南朝學者著作表（正史）

書名	卷數	作者
《史記注》	80	裴駰
《史記音義》	12	徐野民
《史記音》	3	鄒誕生
《漢書音》	2	劉顯
《漢書音》	2	夏侯詠
《漢書注》	1	陸澄
《漢書續訓》	3	韋稜
《漢書訓纂》	30	姚察
《漢書集解》	1	姚察
《定漢書疑》	2	姚察

⑫ 各表製作步驟如下：首先，把可以確認作者的南北朝著作勾出，再按南北分列成「南朝學者著作」表、「北朝學者著作」表兩種。然後，由於南北朝後期戰亂頻生，大量南方學者進入北方，這批學者的著作，由於撰著時間和地點不易確定，所以另列「入北南朝學者著作」表。再者，凡是官修著作，或是部分未能確認作者的著作，而其內容具有時效性的限制（例如起居注、職官、儀注、刑法等類），大多是記述撰者當代事跡，便按書名具有的政權名稱、年號或地名，來推敲其作者所屬區域，列成「書名關涉南朝之著作」、「書名關涉北朝之著作」兩種表。最後，按《隋書·經籍志·史部》的分類辦法，將各表以類相從。

《漢書注》	140	劉孝標
《漢書注》	102	陸澄
《漢書注》	115	梁元帝
《後漢書》	97	范曄
《後漢書注》	125	劉昭
《范漢音訓》	3	臧競
《後漢書讚論》	4	范曄
《漢書纘》	18	范曄
《後漢書》	100	蕭子顯
《後漢音》	2	韋闡
《三國志注》	65	裴松之
《晉中興書》	78	何法盛
《晉書》	36	謝靈運
《晉書》	110	臧榮緒
《晉書》	11	蕭子雲
《晉史草》	30	蕭子顯
《晉書》	111	沈約
《東晉新書》	7	庾銑
《宋書》	65	徐爰
《宋書》	65	孫嚴
《宋書》	100	沈約
《宋書》	61	佚名（劉宋大明中撰）
《齊書》	60	蕭子顯
《齊紀》	10	劉陟
《齊紀》	20	沈約
《梁書》	49	謝吳
《梁史》	53	許亨
《梁書帝紀》	7	姚察
《通史》	480	梁武帝
《陳書》	42	陸瓊

北朝學者著作表（正史）

書名	卷數	作者
《後漢書音》	1	劉芳
《魏志音義》	1	盧宗道
《後魏書》	130	魏收
《後魏書》	100	魏彥深

入北南朝學者著作 （正史）

書名	卷數	作者
《范漢音義》	12	蕭該
《范漢音》	3	蕭該

南朝學者著作表（古史）

書名	卷數	作者
《晉紀》	23	劉謙之
《晉紀》	10	王韶之
《晉紀》	45	徐廣
《續晉陽秋》	20	檀道濟
《續晉紀》	5	郭季產
《宋略》	20	裴子野
《宋春秋》	20	王琰
《齊春秋》	30	吳均
《齊典》	5	王逸
《齊典》	10	熊襄
《三十國春秋》	31	蕭方（等）
《梁典》	30	何之元
《梁撮要》	30	陰僧仁
《梁太清紀》	10	蕭韶

北朝學者著作表（古史）

書名	卷數	作者
《戰國春秋》	20	李概
《齊紀》	30	崔子發
《齊志》	10	王劭

入北南朝學者著作表（古史）

書名	卷數	作者
《梁典》	30	劉璠
《梁後略》	10	姚最
《淮海亂離志》	4	蕭世怡

南朝學者著作表（雜史）

書名	卷數	作者
《春秋前傳》	10	何承天
《春秋前雜傳》	9	何承天
《南越志》	8	沈懷遠
《晉書鈔》	30	張緬
《宋拾遺》	10	謝綽
《梁皇帝實錄》	3	周嗣興
《梁皇帝實錄》	5	謝吳
《棲鳳春秋》	5	臧嚴
《陳王業曆》	1	趙齊旦
《後漢略》	25	張緬
《續洞紀》	1	臧榮緒
《帝王世紀音》	4	虞綽
《十五代略》	10	吉文甫
《王子年拾遺記》	10	蕭綺
《正史削繁》	94	阮孝緒
《先聖本紀》	10	劉縚

北朝學者著作表（雜史）

書名	卷數	作者
《左史》	6	李概
《魏國統》	20	梁祚
《帝王世錄》	1	甄鸞
《隋書》	60	王劭

入北南朝學者著作（雜史）

書名	卷數	作者
《梁太清錄》	8	裴政
《梁承聖中興略》	10	劉仲威

南朝學者著作表（霸史）

書名	卷數	作者
《秦記》	11	裴景仁
《吐谷渾記》	2	段國

北朝學者著作表（霸史）

書名	卷數	作者
《燕志》	10	高閭
《秦紀》	10	姚和都
《涼書》	10	高道讓
《十六國春秋》	100	崔鴻

南朝學者著作表（起居注）

書名	卷數	作者
《晉起居注》	317	劉道會
《流別起居注》	37	（徐勉）
《宋元嘉起居注》	55	（裴松之）
《齊永明起居注》	25	（一作沈約、一作王逡之、一作周顒）
《陳永定起居注》	8	（劉師知）

書名關涉南朝之著作表（起居注）

書名	卷數
《晉宋起居注鈔》	51
《晉宋先朝起居注》	20
《宋永初起居注》	10
《宋景平起居注》	2
《宋孝建起居注》	12
《宋大明起居注》	15
《景和起居注》	4
《明帝在蕃注》	3

《宋泰始起居注》	19	
《宋泰豫起居注》	4	
《宋元徽起居注》	20	
《昇明起居注》	6	
《建元起居注》	12	
《隆昌延興建武起居注》	4	
《中興起居注》	4	
《梁大同起居注》	10	
《陳天嘉起居注》	23	
《陳天康光大起居注》	10	
《陳太建起居注》	56	
《陳至德起居注》	4	

北朝學者著作表（起居注）

書名	卷數	作者
《後魏起居注》	336	（李伯尚、房景先、崔鴻、王遵業、邢巒、李神雋、陽休之、裴伯茂、盧元明、邢子明、溫子昇、張軌、柳虯、薛寘）

書名關涉北朝之著作表（起居注）

書名	卷數
《後周太祖號令》	3

南朝學者著作表（舊事）

書名	卷數	作者
《晉朝雜事》	2	（庾詵）

北朝學者著作表（舊事）

書名	卷數	作者
《東宮典記》	70	宇文愷

入北南朝學者著作表（舊事）

書名	卷數	作者
《天正舊事》	3	（釋亡名）
《梁舊事》	30	蕭大圜

南朝學者著作表（職官）

書名	卷數	作者
《百官階次》	1	范曄
《齊職儀》	50	王珪
《梁選簿》	3	徐勉
《職官要錄》	30	陶藻
《百官階次》	3	荀欽明
《新定官品》	20	沈約

書名關涉南朝之著作表（職官）

書名	卷數
《梁勳選格》	1
《梁官品格》	1
《陳百官簿狀》	2
《陳將軍簿》	1
《梁尚書職制儀注》	41

南朝學者著作表（儀注）

書名	卷數	作者
《宋東宮儀記》	23	張鏡
《東宮新記》	20	蕭子雲
《梁吉禮儀注》	10	明山賓
《梁賓禮儀注》	9	賀瑒
《吉儀注》	206	明山賓
《凶儀注》	479	嚴植之
《軍儀注》	190	陸璉
《嘉儀注》	112	司馬褧
《皇典》	20	丘仲孚
《政禮儀注》	10	何胤
《禮儀制度》	13	王逡之
《古今輿服雜事》	20	周遷
《內外書儀》	4	謝元
《書儀》	2	蔡超
《書筆儀》	21	謝朏
《弔答儀》	10	王儉
《書儀》	10	王弘
《皇室儀》	13	鮑行卿
《吉書儀》	2	王儉
《書儀疏》	1	周捨
《新儀》	30	鮑泉
《嚴植之儀》	2	嚴植之
《邇儀》	4	馬樞
《僧家書儀》	5	釋曇瑗

書名關涉南朝之著作表（儀注）

書名	卷數
《宋儀注》	10
《宋儀注》	20
《宋尚書雜注》	20
《徐爰家儀》	1
《陳尚書雜儀注》	550
《陳吉儀》	171
《陳賓禮》	65

《陳軍禮》	6
《陳嘉禮》	102
《國親皇太子序親簿》	1
《陳鹵簿》	2
《宋長沙檀太妃薨弔答書》	12

北朝學者著作表（儀注）

書名	卷數	作者
《趙李家儀》	10	李穆叔
《書儀》	10	唐瑾

書名關涉北朝之著作表（儀注）

書名	卷數
《後魏儀注》	50
《後齊儀注》	290

南朝學者著作表（刑法）

書名	卷數	作者
《晉宋齊梁律》	20	蔡法度
《梁律》	20	蔡法度
《陳律》	9	范泉
《梁令》	30	蔡法度
《梁科》	30	蔡法度
《陳令》	30	范泉
《陳科》	30	范泉

書名關涉南朝之著作表（刑法）

書名	卷數
《齊五服制》	1
《陳新制》	60

北朝學者著作表（刑法）

書名	卷數	作者
《後魏律》	20	常景
《北齊律》	12	高叡
《周律》	25	趙肅
《周大統式》	3	蘇綽
《隋律》	12	高熲
《北齊令》	50	高叡
《北齊權令》	2	高叡
《隋開皇令》	30	裴正（等）

南朝學者著作表（雜傳）

書名	卷數	作者
《徐州先賢傳》	1	劉義慶
《徐州先賢傳贊》	9	劉義慶
《海岱志》	20	崔慰祖
《武昌先賢志》	2	郭緣生
《聖賢高士傳贊》	3	周續之（注）
《高隱傳》	10	阮孝緒
《高僧傳》	6	虞孝敬
《止足傳》	10	蕭子良
《續高士傳》	7	周弘讓
《孝子傳讚》	3	王韶之
《孝子傳》	10	鄭緝之
《孝子傳》	8	師覺授
《孝子傳》	20	宋躬
《孝德傳》	30	梁元帝
《忠臣傳》	30	梁元帝

《丹陽尹傳》	10	梁元帝
《良吏傳》	10	鍾岏
《江左名士傳》	1	劉義慶
《陰德傳》	2	范晏
《雜傳》	36	任昉
《雜傳》	70	賀蹤
《雜傳》	19	陸澄
《裴氏家傳》	4	裴松之
《明氏世錄》	6	明粲
《陸史》	15	陸煦
《童子傳》	2	王瑱之
《幼童傳》	10	劉昭
《懷舊志》	9	梁元帝
《全德志》	1	梁元帝
《同姓名錄》	1	梁元帝
《妒記》	2	虞通
《名僧傳》	30	釋寶唱
《法師傳》	10	王巾
《眾僧傳》	20	裴子野
《薩婆多部傳》	5	釋僧祐
《梁故草堂法師傳》	1	王筠
《尼傳》	2	釋寶唱
《梁武皇帝大捨》	3	嚴蒿
《陸先生傳》	1	孔稚珪
《道學傳》	20	馬樞
《宣驗記》	13	劉義慶
《應驗記》	1	傅亮
《冥祥記》	10	王琰
《感應傳》	8	王延秀
《古異傳》	3	袁王壽
《述異記》	10	祖沖之
《異苑》	10	劉敬叔
《神錄》	5	劉之遴
《齊諧記》	7	東陽旡疑
《續齊諧記》	1	吳均
《幽明錄》	20	劉義慶
《補續冥祥記》	1	王曼穎
《嘉瑞記》	3	陸瓊

《研神記》	10	蕭繹
《周氏冥通記》	1	周子良

北朝學者著作表（雜傳）

書名	卷數	作者
《顯忠錄》	30	元懌
《高才不遇傳》	4	劉晝
《七賢傳》	5	孟仲暉
《崔氏五門家傳》	2	崔鴻
《知己傳》	1	盧思道

入北南朝學者著作表（雜傳）

書名	卷數	作者
《王氏江左世家傳》	20	王褒
《周齊王家傳》	1	姚最
《符瑞記》	10	許善心
《靈異記》	10	許善心
《集靈記》	20	顏之推
《冤魂記》	3	顏之推

南朝學者著作表（地理）

書名	卷數	作者
《述征記》	2	郭緣生
《西征記》	2	戴延之
《吳興記》	3	山謙之
《京口記》	2	劉損
《南徐州記》	2	山謙之
《隨王入沔記》	6	盛弘之
《豫章記》	1	雷次宗
《衡山記》	1	宗居士
《遊名山志》	1	謝靈運
《遊行外國傳》	1	釋智猛
《地理書》	149	陸澄
《居名山志》	1	謝靈運

《永初山川古今記》	20	劉澄之
《地記》	252	任昉
《地理書抄》	20	陸澄
《地理書抄》	9	任昉
《荊南地志》	2	蕭世誠
《扶南異物志》	1	朱應
《益州記》	3	李膺
《湘州記》	1	郭仲產
《京師寺塔記》	10	劉璆
《南雍州記》	6	鮑至
《京師寺塔記》	2	釋曇宗
《外國傳》	5	釋曇景
《宋武北征記》	1	戴延之
《司州山川古今記》	3	劉澄之
《廣梁南徐州記》	9	虞孝敬
《輿地志》	30	顧野王
《聘北道里記》	3	江德藻
《聘遊記》	3	劉師知
《并州入朝道里記》	1	蔡允恭
《世界記》	5	釋僧祐

北朝學者著作表（地理）

書名	卷數	作者
《水經》	40	酈善長（注）
《洛陽伽藍記》	5	楊衒之
《西京記》	3	薛寘
《十三州志》	10	闞駰
《慧生行傳》	1	沙門慧生
《魏永安記》	3	溫子昇
《李諧行記》	1	李諧
《封君義行記》	1	李繪
《趙記》	10	李公緒

入北南朝學者著作表（地理）

書名	卷數	作者
《序行記》	10	姚最
《北伐記》	7	諸葛頴
《巡撫揚州記》	7	諸葛頴
《方物志》	20	許善心

南朝學者著作表（譜系）

書名	卷數	作者
《百家譜》	2	劉湛
《百家集譜》	10	王儉
《續儉百家譜》	4	王逡之
《百家譜》	30	王僧孺
《百家譜集鈔》	15	王僧孺
《百家譜》	20	賈執
《百家譜》	15	傅昭
《姓氏英賢譜》	100	賈執
《氏族要狀》	15	賈希鏡
《姓苑》	1	何承天
《竹譜》	1	戴凱之
《錢譜》	1	顧烜

書名關涉南朝之著作表（譜系）

書名	卷數
《齊帝譜屬》	10
《南族譜》	2
《百家譜拾遺》	1
《齊梁帝譜》	4
《梁帝譜》	13
《百家譜世統》	10
《百家譜鈔》	5
《王司空集諸州譜》	11
《梁武帝總集境內十八州譜》	690
《齊永元中表簿》	5

北朝學者著作表（譜系）

書名	卷數	作者
《後魏辯宗錄》	2	元暉業

書名關涉北朝之著作表（譜系）

書名	卷數
《後魏皇帝宗族譜》	4
《魏孝文列姓族牒》	1
《後齊宗譜》	1
《冀州姓族譜》	2
《洪州諸姓譜》	9
《吉州諸姓譜》	11
《諸州雜譜》	8
《袁州諸姓譜》	8
《揚州譜鈔》	5

入北南朝學者著作表（譜系）

書名	卷數	作者
《述系傳》	1	姚最

南朝學者著作表（譜系）

書名	卷數	作者
《宋元徽元年四部書目錄》	4	王儉
《今書七志》	70	王儉
《梁天監六年四部書目錄》	4	殷鈞
《梁東宮四部目錄》	4	劉遵
《梁文德殿四部目錄》	4	劉孝標
《七錄》	12	阮孝緒
《法書目錄》	6	一說虞和、一說傅昭、一說殷鈞

《續文章志》	4	傳亮
《晉江左文章志》	3	宋明帝
《宋世文章志》	2	沈約
《書品》	2	庾肩吾

書名關涉南朝之著作表（簿錄）

書名	卷數
《陳秘閣圖書法書目錄》	1
《陳天嘉六年壽安殿四部目錄》	4
《陳承香殿五經史記目錄》	2

書名關涉北朝之著作表（簿錄）

書名	卷數
《魏闕書目錄》	1
《開皇四年四部目錄》	4
《開皇八年四部書目錄》	4

現據上述各表的數據，製成下表：

《隋書・經籍志・史部》南北兩地著作數量表

	南朝學者著作	北朝學者著作	入北南朝學者著作	書名關涉南朝著作	書名關涉北朝著作	總數
正史	40種 2302卷	4種 232卷	2種 15卷			46種 2549卷
古史	14種 289卷	3種 60卷	3種 44卷			20種 393卷
雜史	16種 235卷	4種 87卷	2種 18卷			22種 340卷
霸史	2種 13卷	4種 130卷				6種 143卷
起居注	5種 442卷	1種 336卷		20種 290卷	1種 3卷	27種 1071卷
舊事	1種 2卷	1種 70卷	2 種 33卷			4種 105卷
職官	6種 107卷			5種 46卷		11種 153卷
儀注	24種 1216卷	種2 20卷		12種 960卷	2種 340卷	40種 2536卷
刑法	7種 169卷	8種 154卷		2種 61卷		17種 384卷
雜傳	55種 562卷	5種 42卷	6種 64卷			66種 668卷
地理	32種 557卷	9種 74卷	4種 44卷			45種 675卷
譜系	12種 214卷	1種 2卷	1種 1卷	10種 757卷	9種 49卷	33種 1017卷
簿錄	11種 115卷			3種 7卷	3種 9卷	17種 131卷
總計	225種 6223卷	42種 1207卷	20種 219卷	52種 2115卷	15種 401卷	354種 10165卷

從上列數字可以看出，《隋書・經籍志・史部》所載南朝北朝的史著數量，有一面倒的發展趨勢，南方史著遠超北方。在十三類史學著作中，若就「南朝學者著作」和「北朝學者著作」兩欄來作比較，南朝在全部354種10165卷史著中，佔去225種6223卷，北朝只有42種1207卷；無論在「種數」或「卷數」上，南朝的著作都比北朝多出 5 倍以上。其中只有三類，北朝學者著作的「種數」或「卷數」超過南朝，第一類是霸史，南朝只有2種13卷，北朝則有4種130卷；第二類是舊事，南北兩地各有1種，而南朝只有2卷，北朝則有70卷；第三類是刑法，南朝有7種169卷，北朝則有8種154卷。如果把其他欄內的數字加入，則這三類的差別將部分出現逆轉，例如，若把刑法類的「書名關涉南朝著作」欄中「種數」、「卷數」加入「南朝學者著作」中，則南朝刑法類的著作便超過北朝；而舊事類的著作「種數」南北各有 1 種，在「入北南朝學者著作」欄中卻有2種33卷，如果把這個「種數」算入「南朝學者著作」中，則南朝舊事類的著作「種數」仍然多於北朝。此外，職官、簿錄兩類均沒有出現北朝學者的著作，如果把簿錄類「書名關涉北朝著作」欄中的數目列為北朝的著作，則結果仍遠比南朝的著作為少。「書名關涉南朝著作」和「書名關涉北朝著作」兩欄，亦顯出南多於北的情形，若將這兩欄的數目，分別和「南朝學者著作」、「北朝學者著作」兩欄的數目合起來計算，則這種南北之間的差別，將更為明顯。可見史學在南北朝南北兩地的發展過程中，出現一種不平衡的趨勢，南朝的史著乃是遠比北朝興盛。

四、唐初平衡南北的治國策略

固然，南朝北朝的學術發展，是南方超越了北方；但在政治層面，北方卻成為勝利者。在一統新局面裏，平衡南北成為唐初重要的治國策略，而這個策略對學術也產生了一定的影響。

首先，北齊被周（557–581年）所滅，其後崛起的楊堅先篡周建隋、後滅陳統一，這段歷史背景使南北朝後期至唐初，北人在軍政層面一直較江南人物佔有優勢⑬。陳寅恪追溯隋唐制度淵源時，提出「北魏——北齊」、「梁——陳」、「西魏——周」三系統說⑭，如果從政權轉移的角度來看，唐乃是承襲「西魏——周——隋」一脈而來，至於周、隋時期發展出來的「關中本位政策」⑮，亦成為唐代建國的大方針。然而，新興的李唐政權，為求長治久安，必須對此作出靈活的調整，以求融和各方勢力，擴大統治基礎。

唐初一面延續周、隋以來的「關中本位政策」，一面又注意擴充權力基礎，實行兼容並蓄，吸收來自不同地區的菁英。故此，維持地區之間的平衡便成為唐初統治階層相當注意的治國方略。《舊書·張行成傳》記載：

> 太宗嘗言及山東、關中人，意有異同，行成正侍宴，跪而奏曰：「臣聞天子以四海為家，不當以東西為限；若如是，則示人以隘

⑬ 唐初南人在政治上的弱勢地位，可以用岑文本的話來說明。《舊唐書·岑文本傳》記他「俄拜中書令，歸家有憂色，其母怪而問之，文本曰：『非勳非舊，濫荷寵榮，責重位高，所以憂懼。』親賓有來慶賀，輒曰：『今受弔，不受賀也。』又有勸其營產業者，文本歎曰：『南方一布衣，徒步入關，疇昔之望，不過秘書郎、一縣令耳。而無汗馬之勞，徒以文墨致位中書令，斯亦極矣。荷俸祿之重，為懼已多，何得更言產業乎？』言者歎息而退」（〔後晉〕劉昫（等），《舊唐書》（北京：中華書局，1985），卷70，〈岑文本傳〉，頁2538。另參〔宋〕歐陽修、宋祁，《新唐書》（北京：中華書局，1985），卷102，〈岑文本傳〉，頁3966–3967。為行文方便，下文《舊唐書》簡稱為《舊書》；《新唐書》簡稱為《新書》）。

⑭ 陳寅恪，《隋唐制度淵源略論稿》（上海：上海古籍出版社，1982），頁1–3。

⑮ 陳寅恪，《唐代政治史述論稿》（上海：上海古籍出版社，1982），頁15–19。

> 陝。」太宗益其言，賜名馬一匹、錢十萬、衣一襲⑯。

這段記載透露李世民對山東和關東出身人士，顯出不同的態度，後經張行成勸諫，認為天子以四海為家，不應因地區而有差別待遇，李世民對此甚以為然。李世民這種態度，是受到時代和自身條件的影響而產生⑰。但經過規勸後，李世民從整體利益來考量，也不得不承認地區意識對治國不利。

顯然，李世民在現實中希望做到處事公平，例如在《貞觀政要》裏記載：

> 貞觀元年，有上封事者，請秦府舊兵並授以武職，追入宿衛。太宗謂曰：「朕以天下為家，不能私於一物，惟有才行是任，豈以新舊為差」⑱！

但比對他在日後的表現，偏頗之意仍偶然會顯露出來。例如貞觀三年

---

⑯ 《舊書》，卷78，頁2703–2704。另參《新書》，卷104，〈張行成傳〉，頁4012；〔宋〕司馬光，《資治通鑑》（北京：中華書局，1985），卷192，頁6044。按本事繫貞觀元年（627年）之末，發生月份不詳。為行文方便，下文《資治通鑑》簡稱為《通鑑》。

⑰ 〔英〕Twitchett, Denis（編），張榮芳（主譯），《劍橋中國史⑶・隋唐編589–906（上）》（臺北：南天書局有限公司，1987），頁214–217。書中指出「太宗憎惡山東的高門大族（四姓）是大家都知道的事，不過這件事另有原因。這些大族大部分已漸定居於京城，躋身京城中的上流階層，所以太宗並不憂懼他們結成地方勢力；太宗所嫌惡的是他們自矜地望，不輕與他族通婚且自認為社會聲望高過皇族宗室。太宗雖不喜歡這一小群權勢赫赫的山東大族，但並沒有因而排斥所有出身山東士族的人」（頁216）。

⑱ 〔唐〕吳兢，《貞觀政要》（上海：上海古籍出版社，1984），卷5，〈公平〉，頁163–164。另參《通鑑》，卷192，頁6040。

(629年)「濮州刺史龐相壽坐貪污解任，自陳嘗在秦王幕府；上憐之，欲聽還舊任」，後經魏徵勸說，才改變主意，「謂相壽曰：『我昔為秦王，乃一府之主；今居大位，乃四海之主，不得獨私故人』」⑲，可見要維持公平，並不是輕而易舉之事。但從幾段引文的內容來看，張行成認為天子以四海為家，用人不應預設立場的觀點，一再被李世民提及，表明他起初雖對山東、關中人士意有異同，但後來的態度確有改變。不論這種態度是真心誠意，抑或是為了治國的權宜變通，泯除地區觀念所產生的隔閡，可說是唐初治國的重要策略。

其實，唐代建國後，政府高層的人事任命，便刻意維持地區的平衡。章群的研究指出：

> 從貞觀到開元，包括中書令、侍中、左右僕射，以及其他知機務、知政事、同中書門下平章事、同中書門下三品這許多官，大抵關中人和山東人參用。如中書令原有兩員，但並非時時足額，大多數的時間，祇有一人在位，如果有兩人同時為中書令，往往關中和山東各佔一人⑳。

章群是較早注意到唐代任命高級官員時，刻意保持地區平衡原則的學者，但他卻未留意到江南人士的問題，韋其勒(Howard J. Wechsler)對此補充指出：

> 南方人一向被視為一特殊的團體而有別於關隴或山東集團，此可由唐初武德及貞觀二朝來自不同地理區域之三省諸長官授職之模式得知。……諸職司尚書省左右僕射、門下省侍中（二人）、以及中書省中書令（二人）之官員幾乎均由出身關隴、山東及南方

⑲ 《通鑒》，卷192，頁6040。

⑳ 章群，〈論唐開元前的政治集團〉，收《新亞學報》，1:2(1956)，頁286。

> 地區者平分秋色。而且，在此均勢中，出身南方的官員經常被利用作為制衡關隴及山東官員之力量；更重要的，正如出身於關隴及山東集團之官員在上述共同擔綱的職官中彼此制衡，亦未曾有二位南方人同時出任某一職位㉑。

可見在李世民即位之前，統治階層用人便注意保持地區平衡，祇是當李世民剛登基時，未及馬上調整對山東和關中人士的心態，因而出現意有異同的情況，但他立刻受到勸諫。所以唐初以來的治國策略，就是兼顧南北三地各方人士的平均任用。

不過，唐初對三省職位所作的平均分配，並不能證明唐初君主對來自不同區域的人，是絕對公平的。首先，數量上的均等與信任度的大小並無必然關係。其次，三省職位雖然有一定的代表意義，但卻不能以偏蓋全，應同時兼顧唐初政府不同部門的情形。牟潤孫從軍事角度分析指出：

> 唐承隋後，……義寧陳寅恪先生謂其時統治階層為關隴胡漢集團。……唐初掌兵權人士，在比例上，出身關隴與李氏宗親佔最多數，其他地區出身者則居於少數。……蓋掌握統治實權為一事，延攬各地方人才以助其治理國政，為又一事，未可牽合等視之也㉒。

可見三省均衡用人的局面，祇是一種統治手段。第三，韋其勒的研究表明，三省用人政策早在李淵時便奠定，李世民不過沿用成法。而張行成

㉑ 韋其勒（著），李聖光（譯），〈初唐政治上的黨爭〉，收國立編譯館（主編），《唐史論文選集》（臺北：幼獅文化事業公司，1990），頁57。

㉒ 牟潤孫，〈唐初南北學人論學之異趣及其影響〉，收氏著《注史齋叢稿》（北京：中華書局，1987），頁363。

本傳的記載，正說明理想與現實間的差距。此外，《舊書‧高季輔傳》記載：

> 時太宗數召近臣，令指陳時政損益。季輔上封事五條：其略曰：……強本弱枝，自古常事。關、河之外，徭役全少；帝京、三輔，差科非一；江南、河北，彌復優閒。須為差等，均其勞逸㉓。

陳寅恪引申這段記載，認為「據此可知周、隋舊壤與高齊、梁、陳故域賦役不同」㉔。由此可見，唐室雖早就注意用人、處事務求公平，但李世民在現實中卻仍不免有所偏頗，顯然理想在執行時仍然存在著落差。

這種落差雖然存在，但不必過度誇大，因為新政府由來自各地的人士共同組成，所以一旦發覺落差太過嚴重時，便會出現制衡的力量。例如，李世民雖身為一國之君，但他的表現如果過份偏向某一方，以致影響南北平衡的局面，亦會受到大臣的抑制。即使是李世民個人在學術上的喜好，也不得不有所制約。例如《唐會要》記載一則事件：

> 貞觀七年，上謂侍臣曰：「朕……嘗戲作艷詩。（虞）世南進表諫曰：『聖作雖工，體制非雅，上之所好，下必隨之。此文一行，恐致風靡，輕薄成俗，非為國之利。賜令繼和，輒申枉簡，而今

㉓ 《舊書》，卷78，頁2701。另參《新書》，卷104，〈高季輔傳〉，頁4011。兩書沒有記載此事的時間，但根據同一次所上的封事來看，應該是貞觀五年（631年）二月以後，因為這道封事與諫密王李元曉等見帝子答拜禮事同列，而李元曉在貞觀五年二月封密王（《舊書》，卷3，〈太宗紀下〉，頁41；另參《通鑑》，卷193，作「二月己酉」，頁6087；《唐會要》作「正月」，有誤。〔宋〕王溥（等），《唐會要》，收《景印文淵閣四庫全書》，第606部，頁601下右）。

㉔ 陳寅恪，《陳寅恪讀書札記（舊唐書、新唐書之部）》（上海：上海古籍出版社，1989），頁71。

> 之後，更有斯文，繼之以死，請不奉詔旨。』群臣皆若世南，天下何憂不理?」……世南曰：「臣聞詩者動天地感鬼神，上以風化下，下以俗應上，故季札聽詩而知國之興廢，盛衰之道，實繼于茲」㉕。

李世民愛好南朝後期興起的艷詩，受到虞世南的勸諫，理由是恐怕影響社會風氣，不利統治。可是，這裏出現了一個問題：虞世南本為南人，「善屬文，常祖述徐陵，陵亦言世南得己之意」㉖，文章風格屬於婉縟一途，為何卻會諫止李世民寫作南朝的艷詩呢？而且，李世民在記載中顯然已接納虞世南的意見，為何後人評論李世民的文章時，仍經常批評他的文章浮麗呢㉗？牟潤孫研究唐初南北學人論學之異趣時，指出李世民愛慕南朝的文學，「特其事為北方諸臣所詆毀，斥為亡國之音；永興公（按：虞世南）雖已申狂簡奉和，心中則慄慄畏懼，恐浸以成俗，致人謂其扇故梁之頹習，導太宗於淫邪。乃曰更有斯文，死不奉詔。自是立身於遠鄭聲，放淫辭之朝，當有之表示。太宗深明其時環境關係，於是為之大事宣揚，說明世南之方正，以保護之，而其自為詩文則依然效庾信體如故」㉘。這個解釋正說明李世民雖然愛好艷詩，但在北方大臣面前，亦不能任情發揮。反映出唐初統治階層在討論學術之際，遇到涉及南北之間的敏感話題時，還是採取非常小心的態度。

編修前代史是唐初一項涉及政治目的的學術工作，令狐德棻曾向李淵指出：「陛下既受禪於隋，復承周氏歷數，國家二祖功業，並在周時。

㉕ 《唐會要》，卷65，頁829下左–830上右。

㉖ 《舊書》，卷72，〈虞世南傳〉，頁2565。另參《新書》，卷102，〈虞世南傳〉，頁3969。

㉗ 拙著，〈《漢書》顏注與貞觀朝儲位之爭〉，《新史學》，8:1(1997)，頁30。

㉘ 〈唐初南北學人論學之異趣及其影響〉，頁391。

如文史不存，何以貽鑒古今」㉙。顯示修史既有搶救史料的目的，又有總結前代歷史經驗的作用；同時亦須反映唐室取得政權的統緒，為政府的合法性建立基礎。因此，修史的目的雖然不止一項，但政治的因素卻是顯而易見的。這可從武德五年（622年）十二月下令詔修六代史中看出：

> 司典序言，史官記事，考論得失，究盡變通。所以裁成義類，懲惡勸善，多識前古，貽鑒將來。伏羲以降，周秦斯及，兩漢相傳，三國並命，迄于晉宋，載籍備焉。自有魏南徙，乘機撫運，周隋禪代，歷世相仍。梁氏稱邦，跨據淮海，齊遷龜鼎，陳建宗祊，莫不自命正朔，綿歷歲祀，各殊徽號，刪定禮儀。至於發跡開基，受終告代，嘉謀善政，名臣奇士，立言著績，無乏於時。然簡牘未編，紀傳咸闕，炎涼已質，謠俗遷訛，餘烈遺風，泯焉將墜。朕握圖馭宇，長世字民，方立典謨，永垂憲則。顧彼湮落，用深軫悼，有懷撰次，實資良直㉚。

張榮芳的研究更指出，官修前代史的主要目的有四：「㈠、藉修史提高帝室地位；㈡、肯定李唐王朝已統一天下的正統地位；㈢、刪益前代『自命正朔』諸史，使其合乎本朝需要；㈣、建立綿續不絕的歷史編纂工作」㉛。清楚說明了唐初編修前代史的目的，其中又以政治目的最為重

㉙《舊書》，卷73，〈令狐德棻傳〉，頁2597。另參《新書》，卷102，〈令狐德棻傳〉，頁3983。

㉚〔宋〕王欽若，《冊府元龜》（北京：中華書局，1982），卷554，〈國史部·選任〉，頁6650上右-6650上左。另參〔宋〕宋敏求，《唐大詔令集》（上海：學林出版社，1992），卷81，〈政事·經史〉，頁422。

㉛張榮芳，《唐代的史館與史官》（臺北：私立東吳大學中國學術著作獎助委員會，1984），頁27。

要。

編修前代史不免觸及如何敘述、評價南北朝種種人、事的問題，在唐初注重平衡南北的治國策略下，如何編修前代史，便成為一個值得注意的問題。

五、《五代史》的編修經過與《隋書》撰者

唐初編修梁、陳、（北）齊、周、隋《五代史》和《五代史志》,是當時學術界的大事，對日後中國史學的發展，也深具意義。此舉不單使以後新政權為前朝修史成為定例，並且確立了集體合作的官修史學模式。

唐初修史，經歷前後兩個不同階段。第一階段在高祖武德之時，第二階段在太宗貞觀初年。令狐德棻是倡議修史的發起人，《冊府元龜》記載：

> 高祖武德四年十一月德棻從容言於帝曰：「近代已來，多無正史，梁、陳及齊，猶有文籍。至於周、隋，多有遺闕。當今耳目猶接，尚有可憑，如是數十年後，恐事跡湮沒，無可紀錄」㉜。

令狐德棻指出近代以來無正史，南朝的梁、陳和北齊的文獻較多，具備修史的條件，但是周、隋兩朝文獻已開始散佚，遂建議李淵把握當日距周、隋不遠的時機，利用耳聞目見的資料，補充文獻不足的缺憾。

這個建議導致武德五年十二月二十六日下詔修史，從倡議到下詔，中間延拓達一年之久，主要原因是天下未定，竇建德舊部劉黑闥的勢力，幾度構成李淵嚴重的威脅㉝。直至武德五年十二月二十五日，李淵派李

㉜ 《冊府元龜》，卷556，〈國史部・採撰二〉，頁6680下左。另參《舊書》,卷73，〈令狐德棻傳〉，頁2597；《新書》，卷102，〈令狐德棻傳〉，頁3983。

㉝ 隋末起兵逐鹿中原的竇建德，雖然已被李淵擊敗，但竇建德的舊部劉黑闥，

建成、李元吉攻擊劉黑闥，取得大勝㉞。兩天後劉氏殘軍在毛州再嚐敗績㉟，武德六年（623 年）一月三日，「黑闥將〔諸〕葛德威執黑闥以降」㊱，劉氏勢力完全敉平。李淵在大局已定時，便隨即下詔修史。

李淵在修史的詔書中，製定了集體合作的編纂方式。詔中分配各人的工作如下：

> 中書令蕭瑀、給事中王敬業、著作郎殷聞禮可修魏史，侍中陳叔達、祕書丞令狐德棻、太史令庾儉可修周史，兼中書令封德彝、中書舍人顏師古可修隋史，大理卿崔善為、中書舍人孔紹安、太子洗馬蕭德言可修梁史，太子詹事裴矩、兼吏部郎中祖孝孫、前祕書丞魏徵可修齊史，祕書監竇璡、給事中歐陽詢、秦王文學姚思廉可修陳史㊲。

由於史官「修撰之職，以他官領之」㊳，所以詔中所有官員，均以本官領史官修撰之職。而按照詔書的計劃，是要編修魏、周、隋、梁、（北）齊、陳六個朝代的歷史，日後《五代史》的編修方式，便是在此範圍內，

卻在此期間對李淵形成嚴重威脅。武德四年（621年），劉黑闥自稱大將軍，連敗李淵的部隊（《舊書》，卷55，〈劉黑闥傳〉，頁2259–2260。另參《新書》，卷86，〈劉黑闥傳〉，頁3716）。

㉞ 《通鑒》，卷190，頁5963–5964。

㉟ 《新書》，卷1，〈高祖紀〉，頁15。

㊱ 同上。

㊲ 《舊書》，卷73，〈令狐德棻傳〉，頁2597–2598。另參《新書》，卷102,〈令狐德棻傳〉， 頁3983。為行文方便，詔中各代史，正文中均以今名稱之，例如隋史正文中均稱《隋書》。

㊳ 〔唐〕杜佑（撰），王文錦（等點校），《通典》（北京：中華書局，1988），卷21，〈職官三〉，頁567。

按分工合作的辦法發展出來的。

分工合作本來有其優點，但唐室在這個計劃中，出現了一個明顯的缺點，就是沒有任命統籌全局的人。於是，工作遲遲沒有成果，「歷數年，竟不能就而罷」㊴，第一階段的修史工作遂不了了之。

由於武德五年修史一無所成，貞觀初年遂有第二次編修前代史的計劃㊵，而且吸收了前次經驗，作了適當的調整。《舊書・令狐德棻傳》記載：

> 貞觀三年，太宗復敕修撰，乃令德棻與祕書郎岑文本修周史，中書舍人李百藥修齊史，著作郎姚思廉修梁、陳史，祕書監魏徵修隋史，與尚書左僕射房玄齡總監諸代史。眾議以魏史既有魏收、魏澹二家，已為詳備，遂不復修。德棻又奏引殿中侍御史崔仁師佐修周史，德棻仍總知類會梁、陳、齊、隋諸史。㊶

這次安排，在範圍、人選和工作內容都加以調整：首先把《魏書》剔除，依眾議沿用魏收、魏澹二家舊作。其次，武德五年被詔修史的人選，在貞觀三年時繼續留任的不多，上文只提及令狐德棻、姚思廉和魏徵三人，另外增加岑文本、李百藥、房玄齡三位。最後，在工作範圍方面，令狐

㊴ 《舊書》，卷73，頁2598。

㊵ 李世民選擇在貞觀三年這個時候修史，似乎與外在環境也有關係，《貞觀政要》記載：「太宗自即位之始，霜旱為災，米穀踴貴，突厥侵擾，州縣騷然。帝志在憂人，銳精為政，崇尚節儉，大布恩德。是時，自京師及河東、河南、隴右，饑饉尤甚，一匹絹纔得一斗米。百姓雖東西逐食，未嘗嗟怨，莫不自安。至貞觀三年，關中豐熟，咸自歸鄉，竟無一人逃散。其得人心如此」（卷1，〈政體〉，頁24）。由於社會漸趨安定，為學術活動提供了有利的環境，於是第二階段的官修前代史工作便開始了。

㊶ 《舊書》，卷73，頁2598。另參《新書》，卷102，〈令狐德棻傳〉，頁3982。

德棻除了原來修撰的《周書》，並總知各史；姚思廉則在《陳書》之外，再加上《梁書》的部分；魏徵則由原來修纂《北齊書》，改為《隋書》。同時，由魏徵和房玄齡總監各史，使整項計劃能按步就班完成。

最後，《五代史》在貞觀十年（635年）完成，上奏朝廷。《冊府元龜·國史部》記載：

> 貞觀三年，於中書置秘書內省以修五代史。十年正月二十日，尚書左僕射房玄齡、侍中魏徵、散騎嘗侍姚思廉、太子右庶子李百藥、孔穎達、禮部侍郎令狐德棻、中書侍郎岑文本、中書舍人許敬宗等，撰成周、隋、梁、陳、齊五代史上之，進階頒賜有差。㊷

從武德五年十二月廿六日下詔，到貞觀十年正月二十日上奏《五代史》，前後十二年；若由貞觀三年開始計算，則大約花了六年時間。

至於各史作者，《五代史》中《周書》、《北齊書》、《梁書》、《陳書》的作者，各種資料說法較為一致；只有編修《隋書》的人，各種說法較多出入，因此有需要略作說明。

貞觀三年詔令只提到命魏徵修《隋書》，《舊書·魏徵傳》記載他「受詔總加撰定，多所損益，務存簡正。《隋書》序論，皆徵所作，《梁》、《陳》、《齊》各為總論，時稱良史」㊸。說明魏徵主要負責的，乃是《隋書》的序論部分；《隋書》序論之外的部分，撰者應另有其人。《新書·藝文志》記載：

> 《隋書》八十五卷
>
> 《志》三十卷（原注：顏師古、孔穎達、于志寧、李淳風、韋安化、李延壽與德棻、敬播、趙弘智、魏徵等撰）。㊹

㊷ 《冊府元龜》，卷556，〈國史部·採撰二〉，頁6681上右–6681上左。

㊸ 《舊書》，卷71，頁2550。

這樣的記載方式，表示原注中列出的學者，既有《隋書》的撰者，亦有《志》的撰者，卻沒有分別交代兩書的作者到底是誰。《史通・古今正史》記載：

> 皇家貞觀初，敕中書侍郎顏師古、給事中孔穎達共撰成《隋書》五十五卷，與新撰《周書》並行于時㊺。

劉知幾指出顏師古、孔穎達二人，是魏徵之外的撰者，這項記載與《舊書・魏徵傳》有一點差異：

> 初，有詔遣……孔穎達、許敬宗撰《隋史》……㊻。

根據《舊書》，撰者變成了孔穎達和許敬宗，並不包括《史通》所提到的顏師古。而〈宋天聖二年隋書刊本原跋〉採取了折衷的方式，同時列出三人的名字：

> 貞觀三年，續詔秘書監魏徵修《隋史》，左僕射房喬（按：房玄齡）總監。徵又奏於中書省置秘書內省，令前中書侍郎顏師古、給事中孔穎達、著作郎許敬宗撰《隋史》。㊼

可是，《五代史》完成後的褒賞名單中，卻找不到顏師古的名字，而魏

㊹ 《新書》，卷58，〈藝文志〉，頁1456—1457。

㊺ 〔唐〕劉知幾（撰），〔清〕浦起龍（通釋），《史通通釋》（上海：上海古籍出版社，1982），卷12，頁370。

㊻ 《舊書》，卷82，頁2764。另參《新書》，卷223上，〈姦臣上・許敬宗傳〉：「然自貞觀後，論次諸書，自晉盡隋，……皆敬宗總知之，賞賚不勝紀」（頁6338）。

㊼ 《隋書》，頁1903。為行文方便，下文〈宋天聖二年隋書刊本原跋〉簡稱為〈原跋〉。

徵、孔穎達和許敬宗卻都榜上有名，到底顏師古有沒有參預《隋書》的編修工作呢?

據《舊書》記載，顏師古早在武德五年擬修前代史時，便與兼中書令封德彝同被任命編修《隋書》。其後，封德彝在貞觀元年（627年）逝世㊽，整個修史計劃，亦因歷年無成而作罷。及至貞觀三年下詔重修《五代史》，以魏徵總責《隋書》工作，並引進其他人員。李延壽在《北史・序傳》中提及：

> 延壽與敬播俱在中書侍郎顏師古、給事中孔穎達下刪削。……至（貞觀）五年，以內憂去職。㊾

可見顏師古、孔穎達確實參加了這次修史工作，並且得到敬播和李延壽的協助。李延壽由於服喪在貞觀五年去職，所以只參加了最初階段的工作；而敬播則一直工作到大功告成㊿。這段記載間接證明貞觀三年魏徵被任命修《隋書》時，顏師古仍然留任，並與孔穎達等人一起工作。

顏師古既然參預編修《隋書》，為何兩《唐書》本傳對此均闕而不提呢？貞觀十年褒賞時，他又為何榜上無名呢？這些問題應該從顏師古的仕途經歷尋找答案。《舊書・顏師古傳》記載：

> 太宗踐祚，擢拜中書侍郎，封琅邪縣男。以母憂去職。服闋，復為中書侍郎。歲餘，坐事免。……貞觀七年，拜祕書少監，……是時多引後進之士為讎校，師古抑素流，先貴勢，雖富商大賈亦

㊽ 《舊書》，卷63，〈封倫傳〉，頁2397。

㊾ 〔唐〕李延壽，《北史》（北京：中華書局，1983），卷100，頁3343。另參《舊書》，卷189上，〈儒學上・敬播傳〉，頁4954；《新書》，卷198，〈儒學上・敬播傳〉，頁5656。

㊿ 《舊書》，卷189上，〈儒學上・敬播傳〉，頁4954。另參《新書》，卷198，〈儒學上・敬播傳〉，頁5656。

> 引進之，物論稱其納賄，由是出為郴州刺史。未行，太宗惜其才，……於是復以為祕書少監。[51]

這裏提到顏師古仕途中的兩次挫折：一次發生在母喪復職後；一次在貞觀七年。這兩次事件，第一次的時間由於本傳沒有說明，以致後人在記載中出現誤解。

例如，〈原跋〉記載貞觀三年「令前中書侍郎顏師古」修《隋書》,如果按照這樣的說法，則顏師古是在李世民下詔修史前免職，然後因修《隋書》而被復用，所以才被稱為「前」中書侍郎。然而，《舊書・岑文本傳》記載：

> 貞觀元年，除秘書郎，兼直中書省。……時中書侍郎顏師古以譴免職，……於是以文本為中書侍郎，專典機密[52]

這裏清楚指出岑文本是在貞觀元年出任祕書郎，至顏師古免職後，才遞補為中書侍郎。而據《舊書・令狐德棻傳》記載，貞觀三年下詔修史時，岑文本的職銜為祕書郎[53]，可見顏師古當時仍在中書侍郎任上。另外，《通鑒》貞觀四年（630年）四月記載擒獲頡利可汗之後，李世民詔群臣議處突厥，當時中書侍郎顏師古曾有建言，可見他離任的時間，應在貞觀四年四月之後。至於顏師古復職的時間，據《貞觀政要》記載：

> 貞觀四年，太宗以經籍去聖久遠，文字訛謬，詔前中書侍郎顏師古於秘書省考定《五經》……[54]。

---

[51] 《舊書》，卷73，頁2594–2595。

[52] 《舊書》，卷70，頁2536。另參《新書》，卷102，〈岑文本傳〉，頁3966。

[53] 《舊書》，卷73，〈令狐德棻傳〉，頁2598。另參《新書》，卷102，〈令狐德棻傳〉，頁3983。

[54] 《貞觀政要》，卷7，〈禮樂〉，頁226。另參《舊書》，卷73，〈顏師古傳〉，

此處說明顏師古在被罷免之後，同年便被重新起用，考定《五經》。由於顏師古這次免職的時間甚短，所以編修《隋書》的工作，可能隨著他的復用而繼續進行。所以李延壽才會表示，他於貞觀五年去職前，曾在顏師古、孔穎達手下刪削[55]。

至於貞觀七年（633年）的事件，由於顏師古涉嫌受賄，遂出為郴

頁2594；《新書》，卷198，〈儒學上・顏師古傳〉，頁5641。

[55] 日本人藤原佐世《日本國見在書目錄》（以下簡稱《見在書目錄》）十一〈正史家〉收入「《隋書》八十五卷，顏師古撰」（收黎庶昌（校刊），《古逸叢書》，第7函第4冊，見《百部叢書集成》，頁15b），顯示顏師古與《隋書》有密切的關係。《見在書目錄》為日本現存最古之漢籍目錄，成於寬平三年（891年）前後，相當於唐代末年。雖然今本《見在書目錄》乃抄略本，訛誤地方也很多，但該書是以另一部目錄書《將來書目》作為重要的參考依據。《將來書目》是日本歷次遣唐使由中國搜購得來的圖書書目，《見在書目錄》中的題名，應是根據這些從中國帶返日本的唐抄本迻錄而成。此外，《見在書目錄》的體例倣自《隋書・經籍志》，因此對《隋書》的撰者，應該不致弄錯（日本簡明百科全書編纂委員會（編），《日本簡明百科全書》（臺北：華岡出版部，1973），頁129；〔日〕下中弘（編集），《世界大百科事典》（東京：平凡社，1990），第21冊，頁425；嚴紹璗，《日本中國學史》（南昌：江西人民出版社，1993），頁14–15）。加上宋代編成的《直齋書錄解題》，在《隋書》之後記載著「唐祕書監魏徵、顏師古等撰」（〔宋〕陳振孫（撰），徐小蠻（等點校），《直齋書錄解題》（上海：上海古籍出版社，1987），卷4，頁102）。可知確有題為魏徵、顏師古撰之《隋書》刊行於世，《見在書目錄》可能在登錄時遺漏了魏徵的名字。如果考慮到顏師古從武德五年開始，便參加《隋書》的編修，直到貞觀七年左右離開修史工作，他與《隋書》的關係，前後共有十多年的時間，這甚至比貞觀三年至貞觀十年編修《隋書》的魏徵和孔穎達等人，有更深的關係。所以，《見在書目錄》和《直齋書錄解題》的題名，並不是無緣無故的。

州刺史，然李世民終因惜其才能，利用頒佈新定《五經》的機會，讓他復職[56]。然而，這次事件對顏師古的衝擊還是相當大，《舊書・顏師古傳》謂：「師古既負其才，又早見驅策，累被任用，及頻有罪譴，意甚喪沮。自是闔門守靜，杜絕賓客，放志園亭，葛巾野服，然搜求古跡及古器，耽好不已」[57]。意氣消沉的顏師古，可能就在此事之後脫離修史的工作。

顏師古在貞觀七年離開修史崗位的推論，可以從許敬宗加入編修《隋書》的時間來佐證。《舊書・許敬宗傳》提到他「自貞觀已來，朝廷所修《五代史》……，皆總知其事，前後賞賚，不可勝紀」[58]。至於他預修的時間，本傳記載為「貞觀八年，累除著作郎，兼修國史，遷中書舍人」[59]。所以，許敬宗並不是從貞觀三年便開始編修《隋書》，而是中途加入。上面提及顏師古可能在貞觀七年後，脫離修史工作；此與許敬宗在貞觀八年（634 年）加入修史，兩個時間基本上銜接。或者許敬宗加入修史行列，就是為了接替顏師古的工作。而由於顏師古中途退出修史工作，所以《五代史》成書時，他未被列入褒揚名單，也因此兩《唐書》傳中也沒有提及顏師古編修《隋書》的事。

此外，據《新書・藝文志》所載，預修《隋書》的人，還有趙弘智。有關他的資料甚少，《舊書》本傳只提到他在武德初「預修《六代史》」[60]，這裏的《六代史》是指《五代史》加上《魏書》[61]，《新書・藝文志》

---

[56] 《舊書》，卷1，〈太宗紀下〉，頁43。

[57] 《舊書》，卷73，〈顏師古傳〉，頁2595。另參《新書》，卷198，〈儒學上・顏師古傳〉，頁5642。

[58] 《舊書》，卷82，頁2764。

[59] 同上，頁2761。

[60] 《舊書》，卷188，〈孝友・趙弘智傳〉，頁4922。

[61] 張舜徽〈史通平議〉卷5認為：「考《昭陵碑錄》卷上，所載《房玄齡碑》有云：『晉、梁、周、齊、陳、隋《六代史》，合三百二十七卷。』」繼而引

既然把他列在《隋書》和《五代史志》的撰者名單上，那麼他應該參預了編修《隋書》的工作，但編修的時間則不得而知。事實上，由於修史的工作持續多年，期間因各種理由，工作人員常有異動。但綜合各種資料，曾參預《隋書》編修的人員，至少包括魏徵、孔穎達、顏師古、許敬宗、敬播、李延壽和趙弘智。

六、《五代史》魏徵序論與南北文化

編修《五代史》的人員雖兼具南北，但北人在修史過程中，卻處於主導地位。在《五代史》主要負責人中，先世出仕南朝的姚思廉，一人負責《梁書》、《陳書》兩部書之編修。具有江南背景的岑文本，與北人令狐德棻、崔仁師同修《周書》；而據《舊書・岑文本傳》記載，該書之史論多出於岑文本[62]。因此，從表面看來，《五代史》中《梁書》、《陳書》和《周書》大部分史論均由姚思廉、岑文本執筆，南人在修史中的地位似乎甚為重要。然而，整個編修計劃卻是由魏徵、房玄齡總監，令狐德棻總知類會，說明監修大權掌控於出身山東、關中之北人手中。而

《舊書・趙弘智傳》，指出「然則當時又有『六代史』之名，蓋連《晉書》計之，本不限於五也」（張舜徽，《史學三書平議》（北京：中華書局，1983），頁123）。張舜徽引《房玄齡碑》證〈趙弘智傳〉所稱《六代史》，乃《五代史》加上《晉書》來計算，於理未安。因《舊書》傳文的記載是「武德初，授詹事府主簿，又預修《六代史》」。則修《六代史》當發生在武德時，下距貞觀二十年（646年）以後詔修《晉書》的時間，還有一段頗長的日子；所以〈趙弘智傳〉的《六代史》，與《房玄齡碑》所提的似乎不是指同樣的內容，武德五年詔修前代史時，併《魏書》而成六代，所以這裏應該是指《魏書》而非《晉書》。

[62] 《舊書》，卷70，頁2536。

這種監修並不是徒領虛銜而已，因為《梁書》、《陳書》均載有魏徵具名的論贊，這些論贊與姚思廉撰寫的史論，其觀點有著明顯的差異。

魏徵、姚思廉二人史論的差異，主要集中在對梁、陳國君的評價上，中間又涉及南朝君主學術的問題。大體而言，魏徵對南方君主的評論比較尖銳。例如在《陳書・後主紀》末的史論中，魏徵寫道：

> 古人有言，亡國之主，多有才藝，考之梁、陳及隋，信非虛論。然則不崇教義之本，偏尚淫麗之文，徒長澆僞之風，無救亂亡之禍矣[63]。

這段話表面上針對梁、陳、隋三朝末代君主而發，但實際上矛頭主要對準梁、陳的君主，這可以在比較魏徵與姚思廉的史論中看出。姚思廉《梁書・元帝紀》記載：

> 既長好學，博總群書，下筆成章，出言為論，才辯敏速，冠絕一時。……世祖性不好聲色，頗有高名，與裴子野、劉顯、蕭子雲、張纘及當時才秀為布衣之交，著述辭章，多行於世[64]。

對蕭繹的學術表現，頗為推崇。而姚思廉史臣曰對其總評則是：

> 禀性猜忌，不隔疏近，御下無術，履冰弗懼，故鳳闕伺晨之功，火無內照之美。以世祖之神睿特達，留情政道，不怵邪說，徙蹕金陵，左鄰強寇，將何以作。是以天未悔禍，蕩覆斯生，悲夫[65]！

姚思廉雖然把亡國的原因部分歸咎於蕭繹的性格和能力，但點出梁亡的主因是強敵威脅，對於他的失敗顯出同情的態度。

---

[63] 《陳書》，卷6，頁119–120。

[64] 〔唐〕姚思廉，《梁書》（北京：中華書局，1983），卷5，頁135–136。

[65] 同上，頁136。

可是，魏徵在稍後的史論中，卻有迥然不同的看法：

> （元帝）自謂安若泰山，舉無遺策，怵於邪說，即安荊楚。雖元惡克翦，社稷未寧，而西鄰責言，禍敗旋及。……其篤志藝文，採浮淫而棄忠信；戎昭果毅，先骨肉而後寇讎。雖口誦《六經》，心通百氏，有仲尼之學，有公旦之才，適足以益其驕矜，增其禍患，何補金陵之覆沒，何救江陵之滅亡哉66！

魏徵對蕭繹的指摘，遠較姚氏的史論苛刻，尤其對蕭繹的學術造詣，幾乎全盤否定，此論似乎是針對姚思廉而發。

至於姚思廉對陳叔寶的評論，《陳書・後主紀》記載史臣曰：

> 深弘六藝，廣闢四門，是以待詔之徒，爭趨金馬，稽古之秀，雲集石渠。……施文慶、沈客卿之徒，專掌軍國要務，姦黠左道，以裒刻為功，自取身榮，不存國計，是以朝經墮廢，禍生鄰國67。

文中對陳叔寶提倡學術，採取肯定的態度，而把亡國的責任歸於臣下姦黠和強敵威脅。但魏徵的評論卻指出：

> 後主生深宮之中，長婦人之手，既屬邦國殄瘁，不知稼穡艱難。初懼阽危，屢有哀矜之詔，後稍安集，復扇淫侈之風。……耽荒為長夜之飲，嬖寵同艷妻之孽，危亡弗恤，上下相蒙，眾叛親離，臨機不寤，自投於井，冀以苟生，視其以此求全，抑亦民斯下矣68。

這裏把陳亡的責任，完全歸在陳叔寶身上，文中所說的「復扇淫侈之風」，

66 《梁書》，卷6，頁152。

67 《陳書》，卷6，頁120。

68 同上，頁119。

又可以用魏徵在《陳書・後主沈皇后傳》的批評來作補充：

> 後主每引賓客對貴妃等遊宴，則使諸貴人及女學士與狎客共賦新詩，互相贈答，採其尤艷麗者以為曲詞，被以新聲，選宮女有容色者以千百數，令習而哥之，分部迭進，特以相樂(69)。

這裏揭示陳叔寶提倡的學術，只是無益於治國的詩歌，專記後宮宴遊的應酬文章，無形中否定了姚思廉的論點。魏徵與房玄齡總監諸代史，在整個修史過程中握有實權，故此可以在論贊中直抒己見，表達與姚思廉不同的看法，造成《陳書・後主紀》中，存在著兩種截然不同觀點的有趣現象。

這種兩家不同史觀並存的情形，可以說是唐初平衡南北的治國策略，在修史時之表露。這裏有一個值得注意的地方：魏徵以監修身分，即使和姚思廉的觀點不同，卻沒有扼殺姚氏在論贊中表達己意的權利。這一方面固然與中國史學傳統中，論贊是提供史家發揮個人主觀意見的特點有關；另一方面，似乎亦與唐初注意平衡南北的治國策略有關。因此出身山東的魏徵，雖然在論贊中對南方君主有嚴厲的批評，但在同書中仍保留南人姚思廉的不同觀點。由此可見，平衡政策在編修前代史時，產生一種折衷調和的作用。

魏徵對南北兩地的學術觀點，還可藉《隋書》序論加以了解。因為魏徵除了在《梁書》、《陳書》撰寫論贊外，還負責《隋書》序論的部分，其中對南方學術的看法，似乎較《梁書》、《陳書》中的論贊來得溫和。《隋書・儒林傳序》指出：

> 大抵南人約簡，得其英華，北學深蕪，窮其枝葉。考其終始，要其會歸，其立身成名，殊方同致矣(70)。

---

(69) 《陳書》，卷7，頁132。

文中顯出一種融和的學術觀點。同書〈文學傳序〉亦有類似見地：

> 江左宮商發越，貴於清綺，河朔詞義貞剛，重乎氣質。氣質則理勝其詞，清綺則文過其意，理深者便於時用，文華者宜於詠歌，此其南北詞人得失之大較也。若能掇彼清音，簡茲累句，各去所短，合其兩長，則文質斌斌，盡善盡美矣[71]。

在此分別指出南北兩地經學、文學的優點，同時也提出一種兼容並蓄，捨短取長的調和互補看法。

魏徵這種學術調和論與《梁書》、《陳書》論贊中顯示的態度，驟看之下似乎矛盾，然而在《隋書》的調和觀點之中，卻寓有魏氏抬高北方學術的意圖。錢鍾書在《管錐編》中指出：

> 《隋書》成於率土一統之世，無南無北，遂作大公一視之論，不偏不頗；顧稱北以「理勝」，即謂北文之遜，言外微旨，無可諱飾。……蓋南北朝文同風合流，北士自覺與南人相形見絀，……《隋書》曰「質勝」，以短為長，猶因背傴而稱謙態鞠躬、頰腫而讚貴相頤豐也[72]。

錢鍾書認為《隋書》提出北方文學「理勝」、「質勝」，乃北士自覺與南人相形見絀的情況下，轉移討論的焦點，一方面迴護北文遜於南方的現實；一方面藉此提高北方學術的地位，達到可與南方學術作比較的程度，手法相當高明。《隋書》這種觀點，自然與魏徵出身山東有直接關係。事實上，從南北朝後期到唐初，學術上南強北弱的情況十分明顯。《北

[70] 《隋書》，卷75，頁1706。

[71] 《隋書》，卷76，頁1730。

[72] 錢鍾書，《管錐編》（北京：中華書局，1991），253，〈全北齊文卷3〉，頁1507–1508。

齊書・杜弼傳》的記載，顯示位處山東的北齊政權領袖高歡，也承認南方文化的優勢。但在唐初平衡南北的國策下，魏徵一面在《梁書》、《陳書》中貶低南方君主所提倡的學術；一面又在《隋書》論贊中巧妙地提高北方學術的地位，藉此縮短南北學術之間的距離。

總之，《五代史》編修時的工作實況，基本上受到唐初平衡南北治國政策的影響，可是南北朝末期北人掌控軍政大權的事實，也在編修過程中反映出來。參加修史者來自全國各地，但主導權卻落在北人手上。因此，《五代史》的言論似乎能兼容並蓄，但在平衡南北的基調下則呈現揚北抑南的傾向。

七、《五代史志》的編修經過及其與《隋書》的關係

《五代史》修成後，又有《五代史志》的編修計劃，〈原跋〉記載：

> （貞觀）十五年，又詔左僕射于志寧、太史令李淳風、著作郎韋安仁、符璽郎李延壽同修《五代史志》[73]。

這裏指出《五代史志》在貞觀十五年（641年）開始編修[74]。而《唐會要》則記載：

---

[73] 《隋書》，頁1903。

[74] 《舊書・李淳風傳》提到李淳風在「（貞觀）十五年，除太常博士。尋轉太史丞，預撰《晉書》及《五代史志》」（卷79，頁2718）。因未知李淳風轉任太史丞的確實時間，加上《晉書》在貞觀二十年（646年）以後才開始編修，而傳文將《晉書》安排在《五代史志》之前，所以難以推斷出李氏是不是先參加《晉書》的工作，然後才加入編修《五代史志》。

> 顯慶元年五月四日，史官修梁、陳、齊、周、隋五代志三十卷。太尉無忌進之[75]。

可見直到李治在位時，修志工作才告完成，前後歷時接近十五年。參加這次工作的人員，由於職務上的調整，曾經出現一些更動，例如監修便曾兩度換人。至於其他工作人員，〈原跋〉列出了于志寧、李淳風、韋安仁、李延壽等人；《史通》則列出令狐德棻[76]。此外，李延壽在《北史・序傳》中指出：

> （貞觀）十七年，尚書右僕射褚遂良時以諫議大夫奉敕修《隋書》十志，復準敕召延壽撰錄，因此遍得披尋[77]。

文中所提及的《隋書》十志，即《五代史志》。這段記載透露褚遂良曾一度預修《五代史志》，而且應該是在最早階段加入；並在貞觀十七年（643年）引介李延壽參加修志[78]，據此推測褚遂良可能是《五代史志》

[75] 《唐會要》，卷63，〈史館上・修前代史〉，頁804下右。

[76] 《史通通釋》，卷12，〈古今正史〉，頁371。

[77] 《北史》，卷100，頁3343。

[78] 李延壽指出褚遂良以諫議大夫奉敕修志，褚遂良出任此職的時間，當在貞觀十五年六月廿六日之後，因為《舊書・褚遂良傳》記載「（貞觀）十五年，詔有事太山，先幸洛陽，有星孛于太微，犯郎位。遂良言於太宗……。太宗深然之，下詔罷封禪之事。其年，遷諫議大夫，兼知起居事」（卷80，頁2729–2730。另參《新書》，卷105，〈褚遂良傳〉，頁4025），同書〈太宗紀下〉貞觀十五年六月「丙辰，停封泰山，避正殿以思咎」（卷3，頁53。另參《新書》，卷2，〈太宗紀〉，頁40），丙辰為廿六日，以此推算，編修工作應在貞觀十五年下半年開始。這條資料有助補充、糾正《新書・藝文志》、《史通》和〈原跋〉的說法，因為這三篇資料都把褚遂良遺漏掉。〈原跋〉指出「〈五行志序〉，諸本云褚遂良作。案本傳未嘗受詔撰述，疑祗為

的監修。但是在兩《唐書》本傳中，都沒有提及褚遂良曾參預修志之事，這應該與顏師古的情形一樣，或許是因為修志工作尚未完成，褚遂良便離任他調之故。

至於《史通》謂令狐德棻曾參預修《五代史志》一事，據《舊書・令狐德棻傳》記載，令狐德棻於永徽元年（650年）受詔監修國史及《五代史志》[79]。對於褚遂良何時離開原來修志的工作，史書並無明確記載。但永徽元年十一月，褚遂良因故被左授同州刺史[80]，因此，即使他當時仍在編志，也會受這次事件影響而離任。從時間上來看，令狐德棻奉命監修國史之年，即褚遂良離開京師之時，因此前者有可能是接續後者而負監修《五代史志》之工作，然而新任監修令狐德棻，亦沒有等到全書完成即離任，最後是由長孫無忌上奏《五代史志》。關於長孫無忌參加這項工作的時間，史書亦無記載，《舊書》本傳只提及他在永徽二年（651年）監修國史[81]，而《舊書・令狐德棻傳》也記他在永徽元年擔任監修之後，不久便調任他職[82]。所以，經過兩度更換監修大臣後，《五

一序，今故略其名氏」（《隋書》，頁1904），認為兩《唐書》本傳未載受詔撰述之事，故略去其名。可是，上文探討顏師古與《隋書》關係時，發覺顏師古雖曾參加編修工作，但因未竟全功，所以在本傳中亦沒有提到修史之事。所以，據李延壽的自述，加上〈原跋〉所見舊本《隋書・五行志序》題褚遂良撰一事來看，他在修志工作中應該有其貢獻，不應該被遺漏。

[79] 《舊書》，卷73，〈令狐德棻傳〉，頁2598。

[80] 《舊書》，卷4，〈高宗紀上〉，頁68。另參《新書》，卷3，〈高宗紀〉，頁53；《通鑒》則記載「監察卿史陽武韋思謙劾奏中書令褚遂良抑買中書譯語人地。……左遷遂良為同州刺史」（卷199，頁6272–6273）。

[81] 《舊書》，卷65，〈長孫無忌傳〉，頁2454。

[82] 《舊書》，卷73，頁2598–2599。另參《新書》，卷102，〈令狐德棻傳〉，頁3984。

代史志》最後是在長孫無忌監修下完成編纂工作。

《五代史》與《五代史志》雖然在不同時期修成，但兩者內容均以梁、陳、周、（北）齊、隋代為記述對象，加上後世流傳的《隋書》，特異於其他四史，於紀、傳之外，還有十志，這是因為《五代史志》成書後，併入《隋書》之中，使《隋書》與《五代史志》發生密切的關係[83]。

但是，唐代的劉知幾對《五代史志》與《隋書》的關係，卻提出一些特別的看法。劉知幾在〈古今正史〉中指出，十志「篇第雖編入《隋書》，其實別行，俗呼為《五代史志》」[84]。這段話說明三點：第一，劉知幾寫《史通》時，諸志已編入《隋書》之中；第二，劉知幾認為《五代史志》與《隋書》，應為各自行世的兩書；第三，《五代史志》乃當時俗稱。後來，《史通》的說法又被宋人採用，〈原跋〉便說，諸志修成「後又編第入《隋書》，其實別行，亦呼為《五代史志》」[85]。比較《史通》與〈原跋〉的文字，可以發覺〈原跋〉提到《隋書》諸志與《五代史志》之關係時，除更動了幾個字之外，幾乎全襲《史通》而來。余嘉錫亦認為〈原跋〉「大抵採《史通・古今正史篇》之語，參之《唐會要》，以敘其緣起」[86]。雖然〈原跋〉作者不能確定是誰，但其撰寫時間當在天聖

[83] 《直齋書錄解題》在《隋書》之下指出「其十志，高宗時始成上，總梁、陳、齊、周之事，俗號『五代志』」（頁102）。

[84] 《史通通釋》，卷12，頁371。

[85] 《隋書》，頁1903。

[86] 余嘉錫，《四庫全書辨證》（北京：中華書局，1985），頁197。至於撰者和寫作時間，余氏指出：「《宋會要》第五十五冊（〈崇儒〉四）云：『仁宗天聖二年六月，詔直史館張觀，集賢校理王質、晁宗慤、李淑，祕閣校理陳詁，館閣校勘彭乘，國子監直講公孫覺，校勘《南》、《北史》、《隋書》，及令知制誥宋綬、龍圖閣待制劉燁提舉之。綬等又奏國子監直講黃鑒預其事。《隋書》有詔刻板，內出板樣示之。三年十月，板成。』與跋語並合。

二年（1024年）[87]，距開元九年（721年）劉知幾逝世已三百年。從〈原跋〉的話來看，作者當時所見的《隋書》，應該收載諸志，所以他在記述《隋書》諸志之緣起時，並沒有懷疑劉知幾的說法，只改動幾個字便照抄下來。

另外，宋代學者歐陽修、宋祁等，在慶曆四年（1044年）至嘉祐五年（1060年）編修《新書》時，對於《隋書》與諸志的關係顯然弄不清楚。《新書・藝文志》記載《隋書》和《志》（按：《五代史志》）時，《隋書》條目的前後都沒有登載作者，但在其後的《志》三十卷下面則開列出一份名單。《新書・藝文志》一方面要交代兩書的編修者；但另一方面，卻把《隋書》與《五代史志》分別列為兩個條目，似乎有意指出這是兩部著作。可是，《隋書》原來只有紀傳五十五卷，現在《新書》所列的八十五卷本，已經把三十卷的《五代史志》收入其中。《新書》既登錄包括紀、傳、諸志的八十五卷本《隋書》，又把只有三十卷的諸志獨立開列，遂出現這種架床疊屋的情形。《新書》試圖把《志》從《隋書》分出來的做法，可能是受到《史通》和〈原跋〉說法的影響，於是把合併於《隋書》中的十志分出。在唐宋之交，後晉編修的《舊書》提到《隋書》時，只標出「《隋書》八十五卷，魏徵等撰」[88]，而無《五代史志》之蹤跡。可見在五代時，《隋書》紀傳與志還都是合併為一的。

因此，劉知幾的說法便讓人產生疑問，既然從他開始、到後晉的劉昫、以至宋代的宋綬等人，他們所見的《隋書》，似乎都收錄諸志，《五代史志》到底有沒有獨立刊行過呢？劉知幾的主張，雖然得到〈原跋〉的附和，但兩者因襲之跡非常明顯，因而不能用〈原跋〉的話來證明《史通》的說法，故此仍是缺乏充分的證據支持劉知幾的話。反觀李延壽在

則此跋蓋即綬等所作，特不知出何人之手」（同上）。

[87] 《隋書》，頁1904。

[88] 《舊書》，卷46，〈經籍志〉，頁1990。

《北史・序傳》中，曾提到「《隋書》十志」這一名稱，《南史》、《北史》完成於顯慶四年（659年），上距顯慶元年（656年）奏進諸志才三年，李延壽又曾參預其事，他的話是最接近諸志完成時候說的，自然較當時尚未出生的劉知幾來得可信。李延壽的說法，正好回應劉知幾的幾點看法：第一，「《隋書》十志」的名稱，顯示諸志與《隋書》本有密切的關係，故此把諸志編入《隋書》，不另別行，乃是理所當然的事。第二，劉知幾指出《五代史志》是「俗呼」，但是《舊書・令狐德棻傳》、《舊書・李延壽傳》、《唐會要》等書提到下詔編修時，都是稱為《五代史志》，可見《五代史志》應該不是俗呼，而是編修期間所用的稱呼。另外，劉知幾的說法，暗示諸志應該還有其他的稱呼，而李延壽在〈序傳〉中名之為「《隋書》十志」，此時《五代史志》已經完成，所以「《隋書》十志」應當是成書後的名稱。李延壽以參預者的身份提出這個稱呼，肯定有其依據，加上《北史・序傳》具有書成自紀的性質，用意是以此為自己留名傳世，文中用辭遣字，應該經過一番斟酌。因此「《隋書》十志」當為《五代史志》的另外一種稱呼。

最後的這個看法還有兩點旁證支持。首先，毋煚在劉知幾逝世的那年，即開元九年，完成《古今書錄》，其中曾提到「《隋經籍志》」[89]，從毋煚的說法，可見當時的人已把〈經籍志〉附於《隋書》之內，成為書中一部分。以此推論，其他各志應該用同樣手法來處理。由於毋煚是唐代的目錄學家，他的說法應該相當可靠。再者，諸志在處理梁、陳、周、（北）齊年號、人物時，前面均清楚標明朝代，唯獨隋代則闕如。由此可知，諸志在編修前，已有計劃附於《隋書》中，遂不必再行標明。

概括而言，貞觀朝編修五代史諸志時，已有計劃併入《隋書》中，不另單行，故此才會有「《隋書》十志」的名稱出現。

---

[89] 《舊書》，卷46，〈經籍志上〉，頁1964。

八、《隋書・經籍志》的編修時間與撰者蠡測

劉知幾在《史通・古今正史》中，除記載唐初編修前代史志的經過外，又指出「其先撰史人，唯令狐德棻重預其事」，認為只有令狐德棻一人，曾先後參加編修《五代史》和《隋書》十志兩項工作，這個說法也值得商榷。

事實上，先後參加過兩項修史工作的人，尚有多位。〈原跋〉交代《隋書》十志各部分的負責人：

> （貞觀）十五年，又詔左僕射于志寧、太史令李淳風、著作郎韋安仁、符璽郎李延壽同修《五代史志》。凡勒成十志三十卷。……（原注：〈經籍志〉四卷，獨云侍中、鄭國公魏徵撰。……又〈李延壽傳〉云，被詔與著作佐郎敬播同修《五代史志》。……〈天文〉、〈律曆〉、〈五行〉三志，皆淳風獨作。〈五行志序〉，諸本云褚遂良作。案本傳未嘗受詔撰述，疑祇為一序，今故略其名氏）(90)。

上面提到的于志寧、李淳風、韋安仁、李延壽、魏徵、敬播、褚遂良等，有幾位均曾參預《五代史》的編修。

《舊書》本傳記載李延壽「嘗受詔與著作佐郎敬播同修《五代史志》」(91)；而他在《北史・序傳》中亦有這樣的自述：

> 延壽與敬播俱在中書侍郎顏師古、給事中孔穎達下刪削。

前面曾提及，顏師古、孔穎達為《隋書》編修者，李延壽和敬播在他們

(90) 《隋書》，頁1903–1904。

(91) 《舊書》，卷73，頁2600。

手下工作，即負責《隋書》之編修。李延壽《北史・序傳》又謂：

> 至（貞觀）五年，以內憂去職。……（貞觀）十七年，尚書右僕射褚遂良時以諫議大夫奉敕修《隋書》十志，復準敕召延壽撰錄，因此遍得披尋[92]。

接著，李延壽在進奏《南史》、《北史》時又指出：

> 梁、陳、齊、周、隋五書，是貞觀中敕撰，以十志未奏，本猶未出。然其書及志，始末是臣所修[93]。

這兩段話清楚說明李延壽曾預修《五代史》和《隋書》十志[94]。

魏徵則是一面預修《隋書》，同時與房玄齡總監諸史。〈原跋〉指出，《隋書・經籍志》舊題魏徵撰，《舊書・經籍志序》又引毋煚《古今書錄》的話，提到：

> 所用書序，咸取魏文貞（按：魏徵）； 所分書類，皆據《隋經籍志》[95]。

毋煚是開元時代的目錄學家，由於他的專業素養，加上時代與貞觀接近，所以他的話可信性甚高。這些資料，說明《隋書・經籍志》的書序，乃是出自魏徵之手 。

---

[92] 《北史》，卷100，頁3343。

[93] 同上，頁3345。

[94] 李延壽自言在貞觀五年服喪去職，「服闋，從官蜀中」（同上，頁3343），自此遠離長安和修《五代史》的圈子，直到貞觀十五年才「任東宮典膳丞」（同上）， 而《五代史》卻早在貞觀十年便修成，所以李延壽編修《五代史》的時間，應該是在貞觀五年以前。

[95] 《舊書》，卷46，頁1964。

由此可見，先後參預編修《五代史》與《隋書》十志兩項工作者，除劉知幾提及的令狐德棻外，還包括了李延壽、敬播和魏徵三人。

關於編修《五代史》之分工情況，史書記載較為清楚；但《隋書》十志的編修，則沒有系統敘述，以致出現較多的問題。清人姚振宗認為：

> 李延壽上表言「十志是臣所修」，此斷非虛事；《史通》云「太宗使魏徵總知其務，凡有贊論，徵多預焉」，此言五史紀傳之論贊，與本志（按：《隋書・經籍志》）或不相涉。至《唐・經籍志》言「開元三年整比內庫書籍，所用書序，咸取魏文貞，所分書類，皆據《隋經籍志》」，斯則明言魏文貞撰書序矣。書序者，即本志大小序四十八篇，猶紀傳之有論贊也。大抵是志初修於李延壽、敬播，有網羅彙聚之功，刪訂於魏鄭公，有披荊翦棘之實。撰人可考見者凡三人，舊本題「魏徵等撰」，徵實可信也[96]。

可見姚氏認為《隋書・經籍志》的撰者包括魏徵、李延壽、敬播三人，並且《隋書・經籍志》是先由李延壽、敬播網羅彙聚資料，然後由魏徵負責刪訂。饒宗頤亦有類似見解，他認為「《隋書・經籍志》雖由李延壽具草，實經令狐德棻過目，又由魏徵審定，最可代表官方意見」[97]，看法與姚振宗大同小異，認為李延壽、令狐德棻和魏徵，是《隋書・經籍志》的撰者。

但是，姚振宗和饒宗頤的說法，卻遇到一個問題：《隋書》十志雖然在貞觀十五年下令編修，但李延壽在《北史・序傳》中指出，他是於貞觀十七年才經過褚遂良推薦，加入編修《隋書》十志的工作；而魏徵在

[96] 〔清〕姚振宗，《隋書經籍志考證・序》，收二十五史刊行委員會（編），《二十五史補編》（北京：中華書局，1986），第4冊，頁5042上。

[97] 饒宗頤，《中國史學上之正統論》（香港：龍門書店有限公司，1977），頁23–24。

貞觀十七年正月十七日便逝世[98]，因此從時間上來看，不大可能出現魏徵為李延壽刪訂或審定的情況。

如果李延壽在時序上似乎不可能與魏徵合作修《隋書·經籍志》，另一個問題便馬上出現：李延壽在《北史·序傳》中指出五代史「其書及志，始末是臣所修」，所指當然包括《隋書·經籍志》在內；而當初曾親預修史、修志的令狐德棻，在李延壽上表時仍然健在，則李延壽在上表中的話必須有其根據，否則便是欺妄。但不可解的是，毋煚說《隋書·經籍志》書序出自魏徵，以及〈原跋〉謂舊本《隋書·經籍志》題為魏徵撰，特異於各志的題名，這兩種說法頗為一致。是則李延壽、魏徵二人，與《隋書·經籍志》之關係到底如何？或者說，《隋書·經籍志》究竟於何時開始編修？便成為必須先行解決的問題。

關於《隋書·經籍志》的編修時間，姚振宗、饒宗頤按〈原跋〉所說，認為魏徵是在貞觀十五年下令編修《隋書》十志時，才開始編修《隋書·經籍志》，這一說法顯然不大可能。因為《隋書》十志很可能在貞觀十五年下半年開始編修[99]，依此推算，到魏徵逝世為止，他只有一年半的時間來編修。而魏徵的健康自貞觀十六年七月開始，便出現問題[100]，八月李世民想命魏徵擔任太子太師時，魏徵自陳有疾，李世民詔答「知公疹病，可臥護之」[101]，可見病情不輕。進一步來說，魏徵的健康在貞觀十年前後便開始惡化，他曾自述：

---

[98] 《舊書》，卷3，〈太宗紀下〉，頁54。另參《新書》，卷2，〈太宗紀〉，頁41。

[99] 參考註78。

[100] 《通鑒》，卷196，，頁6176。

[101] 〔唐〕王方慶（輯），《魏鄭公諫錄》，卷5，〈辭太子太傅〉，收〔清〕王灝（輯），《畿輔叢書》，第8函第1冊，見《百部叢書集成》，頁12 a 。另參《舊書》，卷71，〈魏徵傳〉，頁2561。文中「疹」字《舊書》作「疾」字，

> 臣得奉太平，又特蒙拔擢，恩澤既深，唯思報效。但臣先有眼疾，比加風疹，轉加增劇，天纔陰晦，數步之外，全不見人，倉卒轉動，即覺心識悶亂。今天下無事，英彥如林，無容痼疾之人，久在樞近。[102]

因此要求辭職。最後雖被拒絕，但已說明他的健康，並非貞觀十六年才出現問題；眼疾對寫作應有一定的影響[103]，所以魏徵就算依〈原跋〉所說，在貞觀十五年下令修志時，便開始工作；他在這段時間之內，能否完成《隋書・經籍志》的編修，是很有問題的。即使魏徵只負責撰寫各序，但《隋書・經籍志》中總序、大序、小序共有四十八篇，對一個病情日益嚴重的人來說，似乎是不大可能完成的事。

其實，這些問題的產生，都是由於誤解《隋書・經籍志》的編修時間而引起的。如果把編修時間往前移，將可解決上述問題。〈原跋〉認為，《隋書》十志完成的時間與上奏的時間並不一致：

> 案魏徵本傳，貞觀七年為侍中，十年，《五代史》成，加光祿大夫，進封鄭國公。俄請遜位，拜特進。今諸本並云特進。又〈經籍

[102] 《魏鄭公諫錄》，卷5，〈讓左光祿大夫〉頁6 a –6 b 。

[103] 《新書・魏徵傳》記載：「文德皇后（按：長孫皇后）既葬，帝即苑中作層觀，以望昭陵，引徵同升，徵孰視曰：『臣眊昏，不能見。』帝指示之，徵曰：『此昭陵邪?』帝曰：『然。』徵曰：『臣以為陛下望獻陵，若昭陵，臣固見之。』帝泣，為毀觀」（卷97，頁3871）。李世民長孫皇后在貞觀十年六月逝世，十一月葬昭陵（《舊書》，卷51，〈后妃傳上〉，頁2166),而早在同年正月，《五代史》即已完成，跟著魏徵拜左光祿大夫，他上表以疾辭讓。所以這則故事中魏徵自言眊昏，比對〈讓左光祿大夫〉中「數步之外，全不見人」的話，應該是確實的情況。因此，〈魏徵傳〉這則記載中，魏徵是利用個人身體實際的情況，再加以發揮，來達到勸諫的效果。

志〉四卷，獨云侍中、鄭國公魏徵撰。〈旡忌傳〉又云，永徽三年，始受詔監修，疑當時先已刊修，旡忌因成書而進。今紀傳題以徵，志以旡忌，從眾本所載也。[104]

這段話懷疑長孫無忌在永徽三年（652年）受詔監修前，各志已經完成，他不過把成書進奏而已。另一方面，〈原跋〉指出舊本《隋書·經籍志》原題「侍中、鄭國公魏徵撰」，暗示《隋書·經籍志》可能在貞觀十五年敕召修志前，便已完成，下令之後，就把這個現成的部分，列為《隋書》十志的其中之一，成為《隋書·經籍志》。舊本特別標明是侍中、鄭國公魏徵撰，與《五代史》中《梁書》、《陳書》收載魏徵史論時的具銜相同，如果〈原跋〉作者所見的舊本沒有錯誤，則魏徵可能在編修《隋書·經籍志》之際，同時撰寫《梁書》、《陳書》的論贊。

這個看法，更可從魏徵的職守來論證。他在貞觀三年二月六日至七年三月十三日期間，出守祕書監[105]，祕書監的工作乃是「掌邦國經籍圖書之事」[106]。令狐德棻在魏徵之前擔任祕書監，《舊書·經籍志》記載他們對唐初搜求典籍的貢獻：

貞觀中，令狐德棻、魏徵相次為秘書監，上言經籍亡逸，請行購

[104] 《隋書》，頁1903。

[105] 《舊書》，卷2，〈太宗紀上〉，頁36。另參《新書》，卷2，〈太宗紀〉，頁30；《通鑒》，卷193，頁6063。《舊書·魏徵傳》誤作「二年」（卷71，頁2548），今不從。至於魏徵擔任祕書監的時間，《通鑒》的記載是在貞觀七年三月「庚寅，以祕書監魏徵為侍中」（卷194，頁6102），庚寅是十三日，所以他的任期應該是貞觀三年二月至貞觀七年三月。

[106] 〔唐〕李林甫（等撰），陳仲夫（點校），《唐六典》（北京：中華書局，1992），卷6，「祕書省」，頁297。另參《舊書》，卷43，〈職官志二〉，頁1855；《新書》，卷47，〈百官志二〉，頁1214。

> 募，并奏引學士校定，群書大備[107]。

令狐德棻擔任祕書監的時間，應在貞觀三年二月以前而貞觀初年。因為天災、外患的威脅，整個社會、經濟局面危機重重，政府首要解決的是民生問題，令狐德棻在這種逼切的環境下，能否進行大規模的圖書整理工作，是值得懷疑的。及至貞觀三年，民生問題基本上解決，文化工作才得以展開，《五代史》便是在這年下詔編修的。而《通典・職官》「祕書監」條下注：

> 魏徵後為祕書監，奏引學者校定四部書，自是祕府圖籍，燦然畢備[108]。

整理圖書的工作，應該在此時才正式開始。編目是整理圖書的重要步驟，魏徵既擔任祕書監，又購募亡逸經籍，並奏引學者校定，自然會涉及編整目錄的事 。

因此，如果把《隋書・經籍志》的編修時間，定在魏徵擔任祕書監期間，便可以使上述所提各個問題和窒礙難明之處，迎刃而解。首先，顏師古在貞觀四年四月以後被免職，隨即奉命於祕書省考定《五經》，亦即整理群經，時間上剛巧與編修《隋書》重疊。此時魏徵任祕書監，奏引學者校定四部書，顏師古在祕書省考定《五經》， 正好與魏徵等校定四部書的工作同時進行，所以顏師古除了編修《隋書》外，同時考定《五經》， 而這應該是祕書監魏徵整理祕府圖書的其中一部分工作。李延壽在貞觀五年以內憂去職前，乃是在顏師古、孔穎達下與敬播一起刪削，所以他應該一方面參預編修《五代史》的工作，另一方面又協助顏師古，整理後來成為《隋書・經籍志》的圖書目錄。因此當貞觀十七年李延壽

---

[107] 《舊書》，卷46，頁1962。

[108] 《通典》，卷26，頁733。另參《舊書》，卷71，〈魏徵傳〉，頁2548。

預修《隋書》十志時，即使魏徵在他加入之前已逝世，李延壽仍能宣稱五代史「其書及志，始末是臣所修」，而不會受到令狐德棻等當事人的反對。其次，魏徵在貞觀三年至七年間擔任祕書監，一面負責監修《五代史》，同時整理圖書，所以〈原跋〉撰者所見舊本《隋書・經籍志》魏徵的具銜，才會與《梁書》、《陳書》魏徵論贊的具銜相同。再者，魏徵當時的健康情況尚未變壞，所以《隋書・經籍志》在貞觀十五年前修成的說法，基本上是可以成立的[109]。

唐室以顏師古整理圖書，實在相當適合。因為他的出身背景，堪稱家學淵源，其父、祖均以學藝見稱，尤其祖父顏之推所著《顏氏家訓》，更是南北朝後期的名著。顏師古童年時顏之推還健在[110]，《顏氏家訓・音

[109] 《舊書・崔行功傳》記載：「先是，太宗命秘書監魏徵寫四部群書，將進內貯庫，別置讎校二十人，書手一百人，徵改職之後，令虞世南、顏師古等續其事，至高宗初，其功未畢。顯慶中，罷讎校及御書手，令工書人繕寫，計直酬傭，擇散官隨番讎校」（卷190上，頁4996）。驟看之下，魏徵擔任祕書監時整理群書的工作，似乎直到顯慶中仍未完成，但《隋書・經籍志序》卻記載：「大唐武德五年，克平偽鄭（按：王世充），盡收其圖書及古跡焉。命司農少卿宋遵貴載之以船，泝河西上，將致京師。行經底柱，多被漂沒，其所存者，十不一二。其《目錄》亦為所漸濡，時有殘缺。今考見存，分為四部，合條為一萬四千四百六十六部，有八萬九千六百六十六卷」（卷33，頁908）。由此可見，唐初整理圖書，可以用克平王世充為里程碑。因為沒收王世充政權的圖書，使魏徵等人開始根據剩下的《目錄》來作整理的工作。而當時的工作範圍，應該以整理前代典籍為主。隨著唐室政權逐漸穩定，著作日多，群書整理的範圍，勢必擴及當代典籍；所以到李治之時，整理工作仍在繼續。而魏徵所整理的前代典籍，則早經完成，並已列為《隋書・經籍志》。

[110] 據《舊書》本傳推算，顏師古應生於開皇元年（581年）。而《顏氏家訓・風操》篇中提到「有一顯貴，當世名臣……。齊朝有一兩士，文學之人，

辭》篇自述「吾家兒女，雖在孩稚，便漸督正之；一言之訛替，以為己罪矣」[111]，所以顏師古應曾親受祖父教誨。繆鉞的研究指出，顏之推的文字、訓詁、聲韻、校勘之學，尤為當時學者所推重[112]。顏師古雖以年齡關係，未必能從祖父處習得所有的學藝，不過從《漢書》注來看，顏師古在文字、訓詁、聲韻、校勘等方面，都有相當深厚的學識，而這些學問對圖書整理均非常重要。另一方面，從《顏氏家訓》來看，顏之推的目錄之學應該也有一定的水準[113]，《舊書・顏師古傳》說顏師古「少傳

謂此貴曰：「今日天下大同」」（卷2，頁72），可見顏之推得見隋開皇九年（589年）平陳統一天下。且《顏氏家訓・終制》篇又說「吾已六十餘」（卷7，頁597），按顏之推生於梁武帝中大通三年（531年），則開皇十年（590年）時為六十歲，以此推論，顏師古應及見《顏氏家訓》的定稿。

[111] 《顏氏家訓》，卷7，頁530。

[112] 繆鉞，〈顏之推的文字、訓詁、聲韻、校勘之學〉，收《讀史存稿》（香港：三聯書店，1978），頁95–103。

[113] 〈書證〉篇記載：「《通俗文》，世間題云『河南服虔字子愼造』。……阮孝緒又云『李虔所造』。河北此書，家藏一本，遂無作李虔者。《晉中經簿》及《七志》，並無其目，竟不得知誰制」（《顏氏家訓》，卷6，頁481）。文中提到《通俗文》作者時，連舉梁代阮孝緒《七錄》、晉代荀勗《晉中經簿》、宋代王儉《七志》三部目錄專著來作比較，從中可看出他在目錄學上的造詣。而在實務方面，《隋書・經籍志序》記載梁「元帝克平侯景，收文德之書及公私經籍，歸于江陵，大凡七萬餘卷。周師入郢，咸自焚之」（卷32，頁907），顏之推〈觀我生賦〉自注：「王司徒（按：王僧辯）表送祕閣舊事八萬卷，乃詔比校，部分為正御、副御、重雜三本。……左僕射王褒、吏部尚書宗懷正、員外郎顏之推、直學士劉仁英校史部……」（《北齊書》，卷45，〈文苑・顏之推傳〉，頁622）。顯示顏之推曾在梁末，於江陵專門負責校史部書，該批圖書乃文德殿舊藏。阮孝緒在《七錄序》指出：「齊末兵火，延及秘閣，有梁之初，缺亡甚眾。爰命秘書監任昉躬

家業」，應該包括這些方面，所以李世民才會命他在祕書省考定《五經》。至於先後與顏師古、李延壽一起工作過的敬播，其職守也值得注意。敬播奉詔佐修《隋書》時，是著作佐郎，但《舊書・敬播傳》記載他「尋授太子校書」[114]。《通典》指出太子校書職「掌讎校經籍（原注：初弘文、崇文館置讎校……）」[115]，這一職務與讎校經籍有密切關係，所以由他協助顏師古，也就順理成章。

簡而言之，若考慮到《隋書・經籍志》的編修時間，當在下詔編修《五代史志》之前。便可看出顏師古與《隋書・經籍志》的編修，具有一定的關係。顏氏在魏徵擔任祕書監、奏引學者校定四部書時，由於在祕書省考定《五經》，故此很可能參加了日後成為《隋書・經籍志》的部分或全部整理的工作。可惜，由於他後來脫離修史的工作，所以史書中對他在這方面的貢獻，便略而不提。

加部集，又於文德殿內別藏眾書，使學士劉孝標等重加校進，……使奉朝請祖暅撰其名錄」（〔唐〕道宣，《廣弘明集》（上海：上海古籍出版社，1991），卷3，頁112）。可見文德殿是梁代官方重要的藏書地點，當時整理了《梁文德殿四部目錄》四卷，後來收入《隋書・經籍志》中（卷33，頁991），顏之推校書時，應該有機會看到這部目錄。王重民研究隋代以前重要的目錄學專著時，指出這些專著在「梁武帝時，主要著錄在劉孝標的《文德殿正御四部目錄》和阮孝緒的《七錄》內」（王重民，〈對於《隋書・經籍志》的初步探討〉，收李萬健（等編），《目錄學論文選》（北京：書目文獻出版社，1985），頁297）。顏之推因緣際會，對這些目錄都有機會接觸，加上他淵博的學識和實際的校書經驗，所以目錄之學，也是顏之推的學問中重要的環節。

[114] 《舊書》，卷189上，〈儒學上〉，頁4854。

[115] 《通典》，卷30，頁829。

九、論《隋書・經籍志序》對《七錄》評價與《隋書・經籍志・史部》分類編排

《隋書・經籍志》與《五代史》既然存在這麼多內在的關係：不但同時編修於貞觀初年，又都經過魏徵之手。其內容會不會出現與《梁書》、《陳書》、《隋書》序論類似的情況，反映出一種南北學術立場並存、而又針鋒相對的現象呢？對於這一問題，本節將利用《隋書・經籍志序》和《隋書・經籍志・史部》來加以探討。

在《隋書・經籍志》出現前，魏晉南北朝已有多種目錄學著作問世，而且各有特色，所以《隋書・經籍志》編修的時候，已有不少資料可供參考。《隋書・經籍志序》記載：

> 大唐武德五年，克平偽鄭，盡收其圖書及古跡焉。命司農少卿宋遵貴載之以船，泝河西上，將致京師。行經底柱，多被漂沒，其所存者，十不一二。其《目錄》亦為所漸濡，時有殘缺。今考見存，分為四部，合條為一萬四千四百六十六部，有八萬九千六百六十六卷。……遠覽馬史、班書，近觀王、阮志、錄，挹其風流體制，削其浮雜鄙俚，離其疏遠，合其近密，約文緒義，凡五十五篇，各列本條之下，以備〈經籍志〉[116]。

文中「王、阮志、錄」是指王儉《七志》、阮孝緒《七錄》。根據這段記載，《隋書・經籍志》的編修源起，是李淵在擊敗王世充之後，沒收了一批圖書；這批圖書在運輸途中，遇水漂沒，僅剩下一部分而已，其中包括整批圖書的《目錄》。 史臣於是利用這些僅餘的資料，加上參考司

---

[116] 《隋書》，卷32，頁908。

馬遷《史記》、班固《漢書》、王儉《七志》、阮孝緒《七錄》等著作，遂編成《隋書·經籍志》。

但是，從分類內容來看，阮孝緒《七錄》才是《隋書·經籍志》主要的依據，姚振宗指出：

> 按晉宋以來為四部書目者多矣，至唐初而總彚會歸，定為四十篇，名之曰〈經籍志〉。以《七錄·敘目》校之，唯〈史部〉之正史、古史、雜史、起居注四篇不用阮例，餘或合并篇目，或移易次第，大略相同[117]。

可見《隋書·經籍志》與《七錄》之間，有密切的關係。而《隋書·經籍志序》中，對《七錄》的評價如下：

> 普通中，有處士阮孝緒，沉靜寡慾，篤好墳史，博采宋、齊已來，王公之家凡有書記，參校官簿，更為《七錄》……。其分部題目，頗有次序，割析辭義，淺薄不經[118]。

此外，《隋書·經籍志·史部·簿錄類序》又認為：

> 漢時劉向《別錄》、劉歆《七略》，剖析條流，各有其部，推尋事跡，疑則古之制也。自是之後，不能辨其流別，但記書名而已。博覽之士，疾其渾漫，故王儉作《七志》，阮孝緒作《七錄》，並皆別行。大體雖準向、歆，而遠不逮矣[119]。

由此可見，《隋書·經籍志》雖採取《七錄》分類成法；但另一方面，卻認為《七錄》「割析辭義，淺薄不經」、「不能辨其流別，但記書名而

[117] 《隋書經籍志考證》，頁5043上。

[118] 《隋書》，卷32，頁908。

[119] 《隋書》，卷33，頁992。

已」，對該書抱持批評的態度。

《七錄》是否真如《隋書・經籍志》的批評，存在這些缺點？由於該書已經失傳，難以判斷。但是，《隋書・許善心傳》記載：

> （開皇）十七年，除秘書丞。于時秘藏圖籍尚多淆亂，善心放阮孝緒《七錄》更製《七林》，各為總敘，冠於篇首。又於部錄之下，明作者之意，區分其類例焉(120)。

許善心既依據《七錄》寫作《七林》，後人遂可以透過《隋書・經籍志》對《七林》之描述，對《七錄》有一個大約的了解。《七林》取法《七錄》的地方，包括在篇首有總序，並在各部錄之下，另有一些文字表明作者之意，以及說明圖書類例的區分標準，類似簡略的解題或小序，顯示《七錄》不是「但記書名」的目錄著作。至於「淺薄不經」的批評，由於涉及主觀判斷，而《七錄》、《七林》今日都失傳了，很難再作查證。但從許善心的學術造詣和地位來觀察，將有助推敲這個問題。《隋書》本傳記載，許善心「幼聰明，有思理，所聞輒能誦記，多聞默識，為當世所稱。家有舊書萬餘卷，皆偏通涉」，徐陵評為「才調極高，此神童也」(121)，可見他的學識甚廣，加上家有萬卷藏書，多聞默識，應該是博覽群書的學者，所以為當世所稱，而被徐陵推許為才調極高。以他這樣的學識和地位，在撰寫《七林》時，選擇以阮孝緒《七錄》作為依據的對象，說明《七錄》定必有其可取之處；即使比不上後世的著作，但起碼是許善心寫作《七林》時，具有最高水準的目錄學著作。

除此之外，從後世學者的研究中，亦可反映出《隋書・經籍志》總序和小序的批評，存在一些問題。姚名達指出：

(120) 《隋書》，卷58，〈許善心傳〉，頁1427。

(121) 同上，頁1424。

《隋志》論「其分部題目，頗有次序；割析辭義，淺薄不經。」而其實《隋志》部類幾於全襲《七錄》，遠接《七略》。而《七錄》在分類史中所佔之地位實為一承先啟後之關鍵(122)。

此外，來新夏指出：

《七錄》「總括群書四萬餘，皆討論研核，標判宗旨」，介紹了作者事跡和圖書的流傳情況。雖然《隋志》總序中批評它「剖析辭義，淺薄不經」，簿錄類序中又說它「大體雖準向、歆，而遠不逮也」；但是，不能不看到阮孝緒是在「內寡卷帙」、「旁無啟沃」，即既少藏書，又無助手的條件下，力爭恢復向、歆父子書錄傳統所作的努力，其精神是可貴的，其成就是值得肯定的(123)。

王重民亦指出：

《七錄》的原來著錄形式和解題形式沒有了，根據群書徵引的佚文，知道阮孝緒的《七錄》是有解題的，而且《七錄》的解題是學習《七略》的簡單說明的。……在解題中所記錄的這一類的必要的撰人事跡或書本殘闕情況，都是很重要的，從這些地方推測《七錄》的解題是反映了一些紀錄圖書形式和內容的重要情況的。那麼。《隋書·經籍志》序一則批評說「割析辭義，淺薄不經」，再則批評說「大體雖準向、歆，而遠不逮矣」，是不是有些不公平(124)？

雖然王重民對阮孝緒的自負亦不能苟同，但是他和來新夏一樣，認為《隋

(122) 姚名達，《中國目錄學史》(上海：上海書店，1984)，頁79。

(123) 來新夏，〈魏晉南北朝目錄學成就概述〉，收《目錄學論文選》，頁206。

(124) 王重民，《中國目錄學史論叢》(北京：中華書局，1984)，頁67。

書・經籍志》的批評是有欠公允的。可見《隋書・經籍志》對《七錄》的批評，的確有偏頗之處。

《隋書・經籍志》一面批評《七錄》，但另一方面卻又參照了《七錄》的分類辦法。姚振宗和姚名達等學者已指出，《隋書・經籍志》乃是承襲《七錄》而來。下面用表列方式，說明《隋書・經籍志・史部》分類編排與《七錄・記傳錄》之間的關係[125]：

《隋書・經籍志・史部》、《七錄・記傳錄》分類對照表

《七錄・記傳錄》	《隋書・經籍志・史部》
1.國史部	1.正史類 2.古史類
2.注曆部	5.起居注類
	3.雜史類
3.舊事部	6.舊事類
4.職官部	7.職官類
5.儀典部	8.儀注類
6.法制部	9.刑法類
7.僞史部	4.霸史類
8.雜傳部 9.鬼神部	10.雜傳類
10.土地部	11.地理類
11.譜狀部	12.譜系類
12.簿錄部	13.簿錄類

從這個表可清楚看出，《隋書・經籍志・史部》的分類編排，明顯來自《七錄・記傳錄》，其中的原因，除了由於《七錄》在目錄學上的成

[125] 本表資料根據：《七錄序》，卷3，頁113下–114上；《隋書》，卷33，〈經籍志〉，頁953–992；鄭鶴聲，《中國史部目錄學》（上海：商務印書館，1935），頁58。

就之外，還有一個更根本的原因。如果翻查上文《隋書・經籍志・史部》有關簿錄類中「南朝學者著作表」、「書名關涉南朝之著作表」和「書名關涉北朝之著作表」三欄資料，便可以發覺簿錄類「書名關涉北朝之著作表」中，只有《魏闕書目錄》、《開皇四年四部目錄》、《開皇八年四部目錄》3種9卷。《魏闕書目錄》是北魏向南齊借書的名單，不能算是完整的目錄學著作；另外兩部則都是隋統一天下前編成的目錄。也就是說，《隋書・經籍志》的撰者在編修工作時，所能參考的南北朝期間北朝之目錄學著作，就只有隋開皇九年（589 年）前修成的兩部書而已；這和南朝有多本目錄學著作比較起來，有一大段距離。因此，《隋書・經籍志》的分類編排要承襲南朝阮孝緒編修之《七錄》，是有學術上不得不然的原因。

《七錄》既撰於南北對峙之時，書中的分類編排，難免會受到當時政治情勢的影響；而正統的問題，又是魏晉南北朝史學的重要課題[126]。從現存分類的名目來看，《隋書・經籍志・史部・正史類》、《古史類》均源出《七錄・記傳錄・國史部》，《隋書・經籍志》把國史部一分為二，按著作的體裁劃入正史類或古史類之中。概括而言，正史是紀傳體；古史是編年體。由於兩者同出一源，只是依體裁區分為二，所以原來的記述對象，應該是無甚分別的，《隋書・經籍志・史部・正史類序》指出其記述的對象：

> 古者天子諸侯，必有國史，以紀言行，後世多務，其道彌繁[127]。

可見與正史類同樣從《七錄・記傳錄・國史部》衍生出來的古史類，原來在《七錄》中，應該也是收羅那些以天子諸侯言行為主要記錄對象的史著。

---

[126] 《中國史學上之正統論》，頁19–24。

[127] 《隋書》，卷33，頁956。

由於彼此有承襲的關係，所以即使《七錄》今已不傳，但通過《隋書·經籍志》的記載，多少仍可推估出《七錄》原來的輪廓。《隋書·經籍志·史部·正史類》登錄的南北朝著作，大多為南方學者所著的南朝歷史，北人著作只有魏收、魏澹兩家的《後魏書》230卷[128]，阮孝緒在普通四年（523年）開始撰寫《七錄》[129]，在大同二年（536年）逝世[130]，魏收和魏澹的著作，均在阮孝緒死後才面世，所以根本不可能被收在《七錄》之中。至於《隋書·經籍志·史部·古史類》登錄的南北朝著作，與正史類情形差不多，只有李概《戰國春秋》、崔子發《齊紀》、王劭《齊志》3種60卷，這幾本著作都在《七錄》之後問世，所以也沒法登錄入《七錄》中。因此，如果把從《七錄·記傳錄·國史部》衍生出來的《隋書·經籍志·史部·正史類》、《古史類》重新合併起來，便可看到《七錄》收載的南北朝國史，應該全是南方學者所著南朝的歷史。這一方面與南北史著數量差異有關，顯出南方史學興盛的客觀事實[131]；另一方面，則與《七錄》的正統觀有關。因為按《隋書·經籍志》正史、

---

[128] 注明由吏部尚書牛弘撰，未成書的《周史》十八卷，由於牛弘擔任隋吏部尚書時，天下已經統一，所以這部著作不算是南北朝的史著（同上）。

[129] 《七錄序》，頁113。

[130] 《梁書》，卷51，〈處士·阮孝緒傳〉，頁742。另參〔唐〕李延壽，《南史》（北京：中華書局，1983），卷76，〈隱逸下·阮孝緒傳〉，頁1895。

[131] 清代張鵬一的《隋書經籍志補》，雖然列出一些《隋書·經籍志》漏載的史著，但以這批史著與《隋書·經籍志·史部》登錄的南北朝的史著比較，在種類和數量上都較小；而且，其中羅列的著作，部分為隋統一後著作，還有一些尚未成書或《隋書·經籍志》編修時已散佚之史著，所以對本文第三部分「從《隋書·經籍志·史部》看南朝北朝史著的發展」中，南北朝學術呈南強北弱的看法沒重大的影響（〔清〕張鵬一，《隋書經籍志補》，收《二十五史補編》，第4冊，頁4934–4936）。

古史兩類復原的情況來推估，《七錄》的國史部在登錄各家《晉書》之後，接著便是宋、（南）齊、梁三朝史，有關北朝歷史的著作，全部闕如。由於國史部記載的對象，都是天子諸侯的言行，所以被南朝視為僭越的北方胡人政權，自然被《七錄・記傳錄・國史部》排除在外。

如果以同樣的方法來探討《隋書・經籍志・史部・霸史類》，則《七錄》以南朝為正統的史觀，便更加明顯。霸史類是從《七錄・記傳錄・偽史部》演變而來的，《七錄》對偽史的定義，已經無法得知，但通過《隋書・經籍志》的記載，可以推估出偽史應指記述五胡十六國的史著。因為《隋書・經籍志・史部・霸史類序》記載：

> 自晉永嘉之亂，皇綱失馭，九州君長，據有中原者甚眾[132]。

可見收錄其中的史著，記述的對象都是永嘉亂後入主中原的政權，僅就偽史之名，便可看出《七錄》具有明顯的政治立場。《隋書・經籍志・史部・霸史類》收載的南北朝著作，大都是北方學者所著的十六國歷史，其中雖然有「守節先生」的《天啟紀》[133]，但從書名來推測，這部書應該是記載梁末天啟朝時事，當時阮孝緒已逝世，所以《七錄》來不及登錄。此外，在《隋書・經籍志・史部・霸史類》中，能考證出來的南朝學者著作，只有裴景仁《秦記》、段國《吐谷渾記》2種13卷。北朝學者的霸史類著作數量，明顯要超過南朝的學者。

從《隋書・經籍志・史部・正史類》、《古史類》、《霸史類》的記述內容，嘗試推敲《七錄・記傳錄・國史部》、《偽史部》的登錄標準，可以發覺《七錄》似乎把記述南朝的史著列為國史，而把記述北方十六國

---

[132] 《隋書》，卷33，〈經籍志〉，頁964。

[133] 《隋書・經籍志》不署撰人姓名（卷33，頁963），但兩《唐志》作「守節先生」（《舊書》，卷46，〈經籍志上〉，頁1992；《新書》，卷58，〈藝文志〉，頁1462）。

的史著列為偽史。雖然阮孝緒寫作《七錄》時，還沒有一部完整的北魏國史出現，但拓跋鮮卑統一北方諸政權，建立北魏，從政權轉移和承接的立場來看，阮孝緒顯然會把北魏的國史放在偽史部中。

《七錄》以南朝為正統的立場，在唐初顯然會受到擯斥。因為當時天下統一不久，處處注意南北平衡；而北方學者和大臣更不可能接受以南朝為正統、北朝為僭越的史觀。《隋書・經籍志・史部・正史類》編修時，當務之急，是要重整一個大家都能接受的新史觀。令狐德棻早在武德四年，便清楚點出這種需要，提醒李淵「既受禪於隋，復承周氏歷數，國家二祖功業，並在周時」。由於北朝與李唐政權有一脈相承的關係，而在北魏末年的政權中，宇文周與唐朝的關係又特別緊密，所以《隋書・經籍志・史部》把兩部《後魏書》，以及隋朝牛弘「未成」的《周史》列入正史類[134]；而把《齊紀》、《齊志》列入古史類，除了基於體裁上的劃分之外，其中的弦外之音，是值得玩味的。

《隋書・經籍志・史部》平衡南北的立場，還可以從志中一些明顯的錯誤反映出來：首先，是李概《戰國春秋》在古史類與霸史類重出；其次，是把《天啟紀》列入霸史類中。

李概《戰國春秋》在《七錄》成書後才撰寫，所以它在《隋書・經籍志》的排列方式，應該不是承襲阮孝緒的作法。《戰國春秋》在古史類排在蕭方《三十國春秋》之後、劉璠《梁典》之前[135]；在霸史類中，則放在崔鴻《十六國春秋》和《纂錄》之後、和苞《漢趙記》和段國《吐谷渾記》之前。從前後各書的名字來看，李概的書既以「春秋」命名，應該是編年體著作，放在古史中自無不妥；但是《戰國春秋》之名，據《北史・李公緒傳》附〈李概傳〉記載：

---

[134] 《隋書》，卷33，〈經籍志〉，頁956。

[135] 同上，頁958。

又自簡詩賦二十四首，謂之《達生丈人集》。其序曰：「達生丈人者，生於戰國之世，爵里姓名無聞焉爾，時人揆其行己，強為之號」[136]。

李概曾「為齊文襄（按：高澄）大將軍府行參軍」[137]，所以戰國之稱是泛指當世；而書中的內容，當為記述北方政權的歷史。在分類上，依《七錄》作法，似乎應安置在霸史類，姚振宗便提出了自己的意見：

所謂《戰國春秋》者，殆即記十六國之事，本志入霸史，次《十六國春秋》之後，自得部居；其古史類別出一條，失於刪除[138]。

他這個看法，可以從兩《唐志》的編排得到進一步的支持。《舊書·經籍志》把編年、偽史合併一起，但最後指出「右七十五部，編年五十五家，雜偽國史二十家，凡一千四百十卷」[139]，藉此將編年與偽史分辨出來，《戰國春秋》當在偽史之列[140]；而《新書·藝文志》則將之列於偽史類中[141]。由此可見，兩書作者均認為《戰國春秋》應該列入偽史類。

然而，與《戰國春秋》同列在《隋書·經籍志·史部·古史類》的《三十國春秋》，是否又應該好像兩《唐志》那樣，安置在偽史類中呢？

[136] 《北史》，卷33，頁1212。

[137] 同上，頁1211。

[138] 《隋書經籍志考證》，頁5292下。

[139] 《舊書》，卷46，頁1993。

[140] 比較兩《唐志》的記載，這二十家為：《戰國春秋》、蕭方等《三十國春秋》、武敏之《三十國春秋》、《後梁春秋》、《鄴洛鼎峙記》、《華陽國志》、《蜀李書》、《漢趙記》、《趙石記》、《二石記》、《二石偽事》、《燕書》、《秦記》、《涼記》、《西河記》、《南燕錄》、《南燕書》、《拓跋涼錄》、《燕志》、《十六國春秋》。

[141] 《新書》，卷58，頁1462。

《玉海・藝文類・續春秋》「《三十國春秋》」條下引《中興書目》指出：

> 三十卷。〔蕭〕方等採削諸史，以晉為主，附列漢劉淵以下二十九國，又上取吳孫皓事，起宣帝、迄恭帝[142]。

說明此書是以晉史為主，劉淵等二十九國的記載，只不過是附列的地位；而《三十國春秋》的性質，應該與諸種《晉紀》較為接近。因此，不能因為書名相似而把《戰國春秋》與《三十國春秋》混為一談。

至於《天啟紀》，該書現已失傳，但其內容尚可從《隋書・經籍志》原注中，得知該書乃是「記梁元帝子諝據湘州事」[143]。《隋書・經籍志》列入霸史之中，實在不大妥當。因為霸史收載的範圍，乃是「晉永嘉之亂，皇綱失馭，九州君長，據有中原者」的歷史，《天啟紀》記梁末蕭諝政權時事，蕭諝既非據有中原的政權、亦非九州君長，卻被列入霸史，所以使人感到奇怪。進一步來說，《隋書・經籍志》收有不少與《天啟紀》性質相類的史著，例如古史類有《淮海亂離志》四卷（原注：蕭世怡撰。敘梁末侯景之亂）[144]；雜史類有《梁承聖中興略》十卷、《梁末代紀》一卷[145]；舊事類有《天正舊事》三卷[146]，都是記述梁末變亂之際史事。按理來說，霸史類的劃分標準，並不是以著作的體裁來界定，而是以記述的對象為依歸。梁末史事既可劃入不同部類之中，則《天啟紀》又何必列入霸史類中？可見該書在《隋書・經籍志》中的安置不甚合理。

《戰國春秋》與《天啟紀》的安排，正可反映出《隋書・經籍志》

---

[142] 〔宋〕王應麟（輯），《玉海》（京都：中文出版社，1986），卷41，頁809下右。

[143] 《隋書》，卷33，〈經籍志〉，頁963。

[144] 同上，頁958。

[145] 同上，頁960。

[146] 同上，頁967。

編修時，在形式上雖承繼了《七錄》的分類法，但卻要泯除南朝本位正統觀，並要配合統一的新局面，建立一種平衡南北的新史觀。所以,《隋書・經籍志》把記載北方諸政權的《戰國春秋》，列入古史類中，加上《齊紀》、《齊志》，產生中和的作用，打破《七錄・記傳錄・國史部》對古史類的影響，不致出現一面倒收載南朝的編年體史著。至於《天啟紀》被安置在霸史類，則表明霸史不一定局限於北方的胡族政權，這樣便把《七錄・記傳錄・偽史部》專門針對五胡十六國的標準，巧妙地加以改變[147]。

由此可以推知，《七錄》利用把記載永嘉亂後南方政權的史著，放在國史部中；又把記載永嘉亂後北方政權的史著，放在偽史部中，表達出一種以南朝為正統的觀念。《隋書・經籍志・史部》編修時，一方面對《七錄》的觀點作出調整，一方面又因缺乏參考依據，須採用其分類標準。所以《隋書・經籍志》雖然把國史部改為正史類、把偽史部改為霸史類，但從志中登錄內容來看，由於沒有重新整理，所以這種以南朝為正統的立場，還是在書中留下了一些痕跡。因此，魏徵在《隋書・經籍志》的總序和小序，雖然對《七錄》作了一番批評，而在〈文學傳序〉中又暗地採用揚北抑南的手法；但《隋書・經籍志・史部》因為承襲《七錄》的分類編排，所以南方的學術立場，在書中仍是彰然欲顯。

十、結論

總括而言，藉著考察《隋書・經籍志・史部》登錄的情況，以及該志的形成經過，可以增加對南北朝史學發展及其與唐初史學關係的了解。

---

[147] 不過，劉知幾卻對《隋書・經籍志・史部・偽史類》因襲《七錄》的作法，提出批評（《史通通釋》，卷5，〈因習〉，頁138–139。此條資料承張榮芳教授提示，謹此致謝）。

從《隋書・經籍志・史部》所著錄的史著來看，南方史著無論在數量或種類上都遠超北方，這種史學上南強北弱的情形，與南北朝後期南方學術超越北方的現象完全一致。可是就政治情勢來說，南北朝最後統一於承襲北方政權而來的隋代，於是當時出現北人在軍政層面、南人在學術層面，各擅勝長的情形。

李淵建唐之後，為求長治久安、擴大統治基礎，遂採取平衡南北的策略。這種策略反映到學術文化層面上，遂使唐初幾部史書的修撰，都兼具平衡南北的目的。不過，由於南北朝後期，南方學術明顯超越了北方，因此要達到在學術上平衡南北的話，勢須在某種程度上採取揚北抑南的手法，這就使得唐初修史工作顯出相當的複雜性。

以《五代史》的編修過程為例，預修《五代史》的撰者，一面來自全國各地，而監修大權則落在北人手中。這些史臣由於來自不同的地區，因此在《梁書》和《陳書》之中，竟出現立場互異的史論同時存在於一篇之中的情況。這種看來不可思議的情形之所以發生，既說明一個大一統政權出現之初，學術上的全面融和還需假以時日；同時也說明在平衡南北的國策下，出身北方的監修者對來自南方的編修者，彼此縱有不同意見，但仍採取了相當寬容的態度。另一方面，從《隋書・文學傳序》謂南北文學各以文華、理深取勝，也可以看出在這種調和論的背後，也隱含著史臣意圖藉此提高北方學術的地位，來達到平衡南北學術的目的。

至於對《隋書・經籍志》形成過程的探討方面，本文指出今日所見的《隋書・經籍志》，原是《五代史志》其中一志；而《隋書・經籍志》編修的時間亦與《五代史》相同。此外，透過對《隋書・經籍志》序論與《梁書》、《陳書》、《隋書》史論和傳序之比較，本文發現《隋書・經籍志》雖然迫於學術上南強北弱的現實，不得不採用南朝阮孝緒《七錄》的分類辦法；但同時卻對該書作出偏頗的批評，顯示出掌控監修大權的北人，對明顯處於優勢的南朝學術，有時也採取貶抑的手段以縮短南北學術之間的差距。

再者，通過比較《隋書・經籍志》與《七錄》的類目及登錄內容，可以推估出《七錄》原來具有以南朝為正統的觀點；雖然《隋書・經籍志》的編修者對此已略作調整，但仍然無法泯除該書受南朝史學影響的痕跡，這也為唐初史學與南北朝史學之間的關係，留下一條線索。

由此可見，唐朝建國之初，一面承南北朝後期學術南強北弱的狀況，一面以平衡南北作為治國策略，結果遂出現唐初修史時，呈現一種在偏頗中有平衡、在平衡中又有偏頗的特別景象，《隋書・經籍志》便是在這樣的環境下產生的。

杜牧論藩鎮與軍事

黃清連

一、前言

晚唐著名詩人杜牧(803–852)，歷來評價不一。宋祁在《新唐書・杜牧傳》肯定說他「於詩，情致豪邁，人號『小杜』，以別於杜甫」。❶陳振孫《直齋書錄解題》推許「牧才高，俊邁不羈。其詩豪而艷，有氣概，非晚唐人所能及也」。❷全祖望《鮚埼亭集》更說「杜牧之才氣，其唐長慶以後第一人耶?」❸他和同時代的詩人李商隱（約813–858),為人併稱「小李杜」，這當然是稱讚他們能夠繼盛唐詩壇名家李白和杜甫之後，再給唐代詩史增添一頁瑰麗色彩的美。❹然而，由於批評者或研

---

❶ 歐陽修等,《新唐書》(標點本)，卷一六六，頁5097，〈杜牧傳〉。

❷ 陳振孫,《直齋書錄解題》(文淵閣四庫全書本)，卷十六，頁29b–30a,「別集類上」。

❸ 全祖望,《鮚埼亭集》(四部叢刊初編本)，外編，卷三七，頁897，〈杜牧之論〉條。

❹ 葛兆光、戴燕,《晚唐風韻——杜牧與李商隱》(香港：中華書局，1990)，頁 1。其他稱許杜牧在詩歌方面成就的近代論著很多，姑再舉二例，如：張步雲,《唐代詩歌》(合肥：安徽教育出版社，1988）頁 486，說：「杜牧

究者觀察角度的差異，杜牧在中國文學史上，卻早從唐、宋人開始，就已經毀譽參半。杜牧研究之數量，也明顯和其詩名並不相當；近人研究杜牧的論著，就比注意李商隱者少得很多。甚至當繆鉞在1940年編寫《杜牧年譜》初稿時，繆氏還說並無杜氏的年譜。❺

批評杜牧者，主要是從杜牧私人生活和道德立論，例如：杜牧在世時，同時代的人已經說他「不拘細行」。❻比杜牧時代稍後的唐末人高彥休則說：「牧少雋，性疏野放蕩，雖為檢刻，而不能自禁」。❼宋人

詩歌的藝術特色是情致豪邁，寄托深遠。……聲調和諧自然，語言俊爽驚人。在七絕、七律上有很高的成就。尤其七絕最為人傳誦。」謝錦桂毓，《杜牧研究》，（臺北：臺灣商務印書館，1976，人人文庫版）頁139，說：「大抵牧之長於律絕，尤工絕句。蓋將其雄姿英發融於薄物小篇，於俊爽拗峭中見出風神韻致……讀之令人怡魂澤顏。」

❺ 繆鉞，《杜牧年譜》（北京：人民出版社，1980），頁96，「後記」。繆氏自稱於1940年撰成《杜牧年譜》初稿，發表於《浙江大學文學院集刊》第一、二集，其後又陸續增訂，於1964年寫定清本，最後再交由人民出版社出版。繆氏在「後記」又說，當他要寫杜牧年譜前，「而杜牧年譜獨付闕如」。事實上，早於繆氏者，至少有日本倉石武次郎之〈杜樊川年譜〉，收在《支那學》，3卷11號，1925。

❻ 王定保，《唐摭言》（臺北：世界書局，1975），卷六，頁63，「公薦」條。

❼ 此條資料，見：宋，李昉等編，《太平廣記》（上海：古籍出版社，1990，影印四庫全書本）卷二七三，頁4a，「杜牧」條引《唐闕史》。按：《太平廣記》所錄較今本《唐闕史》為詳。查高彥休，《唐闕史》（景印文淵閣四庫全書），卷上，頁20a–21a，「杜紫微牧湖州」條所載，並無此段文字。其原因略如四庫館臣所說：「然則彥休蓋五代人也。是書諸家著錄，皆三卷。今止上下二卷，似從他書抄撮而成，非其完本。」見：清、永瑢等撰，《四庫全書總目》（北京：中華書局，1965），卷一四二，頁1210中–下。關於高彥休的生平，余嘉錫曾稍加考證，認為「彥休之書，既作於唐代，

計有功再從他的私行論及他的詩作：「牧不拘細行，故詩有十年一覺揚州夢，贏得青樓薄倖名」。❽近人劉大杰甚至進一步引申說：

> 他的詩……歡喜寫宮體、寫色情……我們試讀他的〈張好好〉……諸篇，便知道他作品中所表現的色情與香艷，是多麼的濃厚。他本是一個色鬼，一生風流自賞，問柳尋花，他幾首有名的絕句，大半都是青樓妓女的歌詠。社會民間的疾苦，在這種風流才子的眼裡，是從來不肯注意的。……在這些美麗的詩句裡，表現了什麼呢？真的什麼也沒有的……作者用著清麗的文句，巧妙的表現，給與嫖客妓女以高潔的靈魂與情感，把那些青樓歌舞之地，也寫得格外清潔了。我們可以說，這些作品是中國最上等的嫖客文學。❾

杜牧的詩，是否誠如劉氏批評，不肯注意「社會民間的疾苦」，除了用美麗的詞藻堆砌而成「中國最上等的嫖客文學」外，「真的什麼也沒有的」嗎？恐怕不然！本文以下會提出一些說明。

至於杜牧的文呢？《舊唐書・杜牧傳》說他「好讀書，工詩為文，嘗自負經緯才略」。❿《新唐書・杜牧傳》則稱其「剛直有奇節，不為齷齪小謹，敢論列大事，指陳病利尤切至」。⓫近人對於杜牧的古文，有

考天祐唐亡時，彥休已五十四歲。其後更不聞更仕五代，然則彥休是唐人，而非五代人矣。……然則今本《闕史》之非完書，殆無疑義……其闕佚多矣。」見：余嘉錫，《四庫提要辨證》（北京：中華書局，1980），卷十八，頁1152–3。

❽ 計有功著，王仲鏞校箋，《唐詩紀事校箋》（成都：巴蜀書社，1989），卷五六，頁1520。

❾ 劉大杰，《中國文學發達史》（臺北：臺灣中華書局，1972）頁485–6。

❿ 劉昫等，《舊唐書》（標點本），卷一四七，頁3986，〈杜牧傳〉。

的認為他「論事大都能切於時勢，深中要害，見識可稱一時之傑。加上文筆暢達，氣勢勁逸，在晚唐散文中自然超出一格」。⓬有的認為他「關心現實，反對華艷輕靡的文風的思想還是很突出的。這在駢文又將大泛濫的晚唐文壇上，不能說不是一大功績。這大概也是稱杜牧為晚唐第一人的原因吧!」⓭有的認為杜牧屬於事功派，因為「他對於文章，提倡有功用的古文」，「頗有事功家的味道」。⓮

本文之作，不在評論杜牧的文學成就、臧否風流才子的私人細行。本文擬從「自負經緯才略」的杜牧所親自參與、直接觀察到的晚唐政治、軍事情勢，以及「敢論列大事，指陳病利尤切至」的杜牧所提出的解決藩鎮和軍事問題的方案，與唐朝政府的處置等角度著手，略談杜牧如何議論唐代的藩鎮與軍事。

藩鎮問題是本文作者研究唐史的主要課題之一，但筆者過去或側重於分析各個領兵統帥、地方藩鎮和唐廷在黃巢之亂時期的處置⓯、或從

⓫ 《新唐書》，卷一六六，頁5097，〈杜牧傳〉。

⓬ 葛曉，《唐宋散文》(上海：古籍出版社，1990)，頁61。

⓭ 劉國盈，《唐代古文運動論稿》(陝西：人民出版社，1984)，頁268。

⓮ 羅根澤，《晚唐五代文學批評史》(臺北：臺灣商務印書館，1967、1972)，頁4。羅氏曾將晚唐古文略分三派，一是事功派，以杜牧為代表；二是隱逸派，以皮日休和陸龜蒙為代表；三是韓愈嫡派，以孫樵為代表。

⓯ 就這個角度說，筆者發表過下列論文：〈高駢縱巢渡淮——唐代藩鎮對黃巢叛亂的態度研究之一〉，《大陸雜誌》，80卷1期(1990)，頁3-22；〈宋威與王、黃之亂——唐代藩鎮對黃巢叛亂的態度研究之二〉，《中國近世社會文化史論文集》，(臺北：中央研究院歷史語言研究所，1992)，頁1-37；〈楊復光《收復京城奏捷露布》考〉，《中國史學》，第二卷（東京：中國史學會，1992)，頁59-78；〈王鐸與晚唐政局——以討伐黃巢之亂為中心〉，《中央研究院歷史語言研究所集刊》，63本2分（臺北：中央研究院歷史語言研究所，1993)，頁207-267

藩鎮的個案研究⑯入手，尚未就晚唐文人士大夫或幕府文士的立論與唐政府軍事行動的關係多加著墨。本文以下試從杜牧詩文的解讀與相關文獻的探討，就下列三方面稍加討論：一、杜牧的家世、仕宦與軍事思想；二、杜牧對藩鎮形勢的分析；三、杜牧論用兵討伐昭義。以上各項問題，學界之中有系統的專論並不多見。有關杜牧研究的少數專書⑰和若干論文，也多從杜牧的文學成就進行討論。因此，本文可資參考的論著有限，再加上匆匆起草，疏漏在所難免，但期指出有關唐末藩鎮與杜牧生平較少受到注意的一面，提供學界參考。

二、杜牧的家世、仕宦與軍事思想

(一)杜牧的家世和早年的生活

杜牧，字牧之，是唐京兆萬年（今陝西西安市）人。京兆杜氏是魏晉以來世家，杜氏在六朝較有名氣的有杜畿、杜恕、杜預等人。入唐之後，杜氏並未位居顯要，但從杜牧的曾祖杜希望擔任鴻臚卿、恆州刺史、

---

⑯ 〈忠武軍：唐代藩鎮個案研究〉，《中央研究院歷史語言研究所集刊》，64本1分（臺北：中央研究院歷史語言研究所，1993），頁89–134。

⑰ 筆者所見，不免偏漏。僅知有關杜牧研究之專書，除前引繆氏《杜牧年譜》、謝錦桂毓《杜牧研究》及葛兆光、戴燕，《晚唐風韻——杜牧與李商隱》外，尚有丘柳漫，《杜牧生平及其詩之析論》，臺北：臺灣大學中文系碩士論文，1974；繆鉞，《杜牧傳》，北京：人民出版社，1977；顏昆陽，《杜牧》，臺北：國家出版社，1982；吳在慶，《杜牧論稿》，廈門：廈門大學出版社，1991；胡可先，《杜牧研究叢稿》，北京：人民出版社，1993。另外，譚黎宗慕編，《杜牧研究資料彙編》（臺北：藝文印書館，1972），收錄杜牧研究各種相關資料甚為詳備，但多偏重於文學。

西河太守起，逐漸得意於官場。杜牧的祖父是《通典》的作者杜佑，在803年至812年曾任德、順、憲三朝宰相。⑱杜牧的父親杜從郁，只任官至駕部員外郎。⑲杜牧的從兄杜悰，官至宰相。⑳杜牧生於德宗貞元十九年(803)，卒於宣宗大中六年(852)，享年五十歲，歷經德、順、憲、穆、敬、文、武、宣宗等朝。

杜牧雖然有顯赫的祖父，但卻在他十歲時 (812) 過世。㉑杜牧的父親俸祿微薄，不善持家，也在他大約十五歲 (817) 之前逝世。㉒因此，杜牧成年前有一段期間是在艱苦中渡過：他曾感嘆幼小孤貧，在八年之中，「凡十徙其居，奴婢寒餓……長兄以驢遊丐于親舊，某與弟顗食野蒿藿，寒無夜燭」。㉓

生長於世家，家風對於杜牧當然會有影響。杜門家風對他的影響，

---

⑱ 杜佑的傳記，見：《舊唐書》，卷一四七，頁3978–83，〈杜佑傳〉；《新唐書》，卷一六六，頁5085–90，〈杜佑傳〉；權德輿，《權載之文集》(四部叢刊初編本)，卷二二，頁129–130，〈唐故金紫光祿大夫守太保致仕贈太傅岐國公杜公（佑）墓誌銘並序〉。

⑲ 杜從郁的傳記，只有《舊唐書》，卷一四七，頁3986，〈杜佑傳附子從郁傳〉，寥寥數行而已。另外，杜牧〈自撰墓誌銘〉，自述祖考，也僅歷數自曾祖杜希望、祖父杜佑、至其父杜從郁的簡單仕歷。見：杜牧，《樊川文集》（陳允吉等標點本，上海古籍出版社，1978；又見臺北：漢京文化公司，1983，影印上海古籍出版社本；本文以下採用杜牧文集悉用此本)，卷十，頁160，〈自撰墓誌銘〉。

⑳ 杜悰事蹟，見：《舊唐書》，卷一四七，頁3984–85，〈杜悰傳〉;《新唐書》，卷一六六，頁5090–92，〈杜悰傳〉。

㉑ 繆鉞，《杜牧年譜》，頁6–7。

㉒ 同上，頁10。

㉓ 杜牧的早年生活，見：杜牧，《樊川文集》，卷一六，頁244，〈上宰相求湖州第二啟〉。又參看：謝錦桂毓，《杜牧研究》，頁44–46。

至少有二方面值得提出。一方面，好學的家風使杜牧自幼即受到儒學薰陶，所以他自稱「某世業儒學，自高、曾至于某身，家風不墜，少小孜孜，至今不怠」。[24]他曾經在許多不同的場合自謂「某平生好讀書」[25]，「某少小好為文章」[26]，當與出身世家有關，更與他的祖父的藏書和著書有關。杜牧曾作〈冬至日寄小姪阿宜詩〉，勉勵其姪用功讀書，經書、史書固然要讀，也要學李（白）、杜（甫）、韓（愈）、柳（宗元）等四君子的詩文，當然更要讀祖先的著作。杜牧詩中有云：「我家公相家，劍珮嘗丁當。舊第開朱門，長安城中央。第中無一物，萬卷書滿堂。家集二百編（按：當指杜佑《通典》二百卷），上下馳皇王。多是撫州寫（按：杜佑曾任撫州刺史），今來五紀強。尚可與爾讀，助爾為賢良」。[27]杜佑的《通典》是經世致用之書，杜牧後來留心當世之務，喜歡談政、論兵，這和他祖父的著作本來就是講明歷代典章制度以濟時的致用之學，自然有密切關係。[28]

另一方面，家風對杜牧的影響，是浮薄的風習。陳寅恪認為杜氏「雖亦號為舊家，並非士大夫之勝流」。又說「夫杜氏既號舊門，而君卿（杜佑）所為（按：指以妾為妻）……若取較山東舊族，仍保持其閨門禮法

[24] 杜牧，《樊川文集》，卷一二，頁183，〈上李中丞書〉。

[25] 杜牧，《樊川文集》，卷十，頁161，〈自撰墓誌銘〉。

[26] 杜牧，《樊川文集》，卷一六，頁241，〈上知己文章啟〉。

[27] 杜牧，《樊川文集》，卷一，頁9–10，〈冬至日寄小姪阿宜詩〉。又見：杜牧撰、（清）馮集梧注，《樊川詩集注》（上海古籍出版社，1978、1982新1版。本版原是中華書局上海編輯所整理，1962年出版，上海古籍出版社據以影印，並對標點略作改正。此一標點本又見臺北：漢京文化公司，1983，影印本；本文以下採用杜牧詩句間用此本），卷一，頁58–64，〈冬至日寄小姪阿宜詩〉。

[28] 繆鉞，《杜牧年譜》，頁7。

者，固區以別矣。然則牧之以進士擢第，浮華放浪，投身牛黨，蓋不獨其本人質性之近似使然，亦其家世風習與新興階級氣類相合所致……蓋（杜氏）雖俱稱舊門，仍不妨列之新興階級中也」。㉙陳氏從新舊階級的風習，並以杜氏為例證之一，探討「牛李黨爭」時期㉚山東士族與進

㉙ 陳寅恪，《唐代政治史略稿（手寫本）》（上海古籍出版社，1988)，「中篇：政治革命及黨派分野」，頁166–168；又見：《唐代政治史述論稿》，收入《陳寅恪先生論文集》（臺北：文理出版社，1977，九思叢書），上冊，頁240–242。按：後者排版多有訛誤，茲依手寫本轉引。

㉚ 所謂「牛李黨爭」，一般認為是以牛僧孺、李德裕為首的兩派政治人物，在唐代後期進行大約四十年（起於憲、穆，終於武、宣）的對立與抗爭。陳寅恪曾提出「唐代士大夫黨派分野」，「要必於其社會背景求之」，並引「張爾田先生《玉溪生年譜會箋》參大中二年下引沈曾植先生言曰：『唐時牛李兩黨以科第而分。牛黨重科舉，李黨重門第』。」詳加闡釋，認為「牛李兩黨之對立，其根本在兩晉北朝以來山東士族與唐高宗武則天以後由進士詞科進用之新興階級之互不相容。」見：陳寅恪，《唐代政治史略稿(手寫本)》，頁；133、155–156；《唐代政治史述論稿》，222、234–235。陳氏所提假說，頗為學界重視，並進而引起更多討論。持反對意見者，如岑仲勉一向認為牛僧孺有黨、李德裕無黨，見：岑仲勉，《隋唐史》（北京：中華書局，1982；據高等教育出版社，1957年本重新校訂排印），下冊，頁417–444。又見：岑氏，《唐史餘瀋》（上海古籍出版社，1960、1979)，頁141–145，「牛李問題」條；又見岑氏〈論李德裕無黨及司馬光修《唐紀》之懷挾私見〉，《岑仲勉史學論文集》，（北京：中華書局，1990），頁462–476。近人王炎平，《牛李黨爭》（西安：西北大學出版社，1996)，全書196頁，也大致認同岑氏論點，但分析更為深入。討論牛李黨爭者，雖亦有從黨爭與文學的關係著手，如：傅錫壬，《牛李黨爭與唐代文學》（臺北：東大圖書公司，1984)，但大致多接受陳寅恪之說，從政治、社會等角度進行討論。茲因討論者眾，無法一一列舉，僅擇較著者數例如下：傅樂成，《隋唐

士詞科出身者的分畫，創見固多，但因非本文主旨所在，不再贅論。

除了家學傳統之外，杜牧的見識也促使他在青少年時就開始思考一些國計民生的大問題，並企圖從古書中得到一些解決辦法。杜牧曾經自述讀書的心路歷程，說：

> 某幼讀《禮》，至於「四郊多壘，卿大夫之辱也」，謂其書真不虛說。年十六時（按：當憲宗元和十三年，818），見盜起圜二三千里（按：繆鉞謂殆指李師道）， 係戮將相，族誅刺史及其官屬，屍塞城郭，山東崩壞，殷殷焉焉聲震朝廷。當其時，使將兵行誅者，則必壯健善擊刺者，卿大夫行列進退，一如常時，笑歌嬉遊，輒不為辱。……某自此謂幼所讀《禮》，真妄人之言，不足取信，不足為教。及年二十（按：當穆宗長慶二年，822），始讀《尚

五代史》（臺北：華岡出版公司，1971再版），頁157–162；章群，《唐史》（臺北：華岡出版公司，1968新一版）頁211–223；王壽南，《隋唐史》（臺北：三民書局，1986），頁；349–357；王仲犖，《隋唐五代史》（上海人民出版社，1988），頁；199–238。陳氏之說，或為近人承襲，或稍作修正；或雖提出質疑，但亦無法完全否定。其說對於大陸及臺灣史學界，造成相當影響。在日本及歐美學界亦引起廣泛討論，其中最值得注意者，可各舉一例如下：礪波護，〈中世貴族制の崩壞と辟召制──牛李の党爭を手がかりに〉，原載《東洋史研究》，21卷3號(1962)；今收入氏著《唐代政治社會史研究》（京都：同朋舍，1986），頁45–122；Michael T. Dalby, "Court politics in late T'ang times", in DenisTwitchett, ed., *The Cambridge History of China*, Vol. III, *Sui and T'angChina, 589–906*, Part I (London & New York: Cambridge University Press,1979）, pp.639–654。牛李黨爭並非本文主題，但本文仍不憚其煩，略舉諸說，實因杜牧往往被列入牛黨，而牧之所上有關藩鎮與軍事諸疏，對象多為李黨之李德裕，故特臚列若干相關論述，以供參考，並做為本文以下若干討論之基礎。

> 書》、《毛詩》、《左傳》、《國語》、十三代史書，見其樹立其國、滅亡其國，未始不由兵也。……因求自古以兵著書列於後世可以教於後生者，凡十數家，且百萬言。㉛

杜牧注意到傳統儒家經典以外十數家、百萬言的兵家著作，可以說仍是杜佑經世致用之學的賡續。

杜牧是在二十六歲時，即文宗大和二年(828)春，在東都洛陽應進士舉，由禮部侍郎崔郾主試，牧之以第五人及第。同年三月，在長安應制舉賢良方正能直言極諫科，以第四等及第，授官為弘文館校書郎、試左武衛兵曹參軍。㉜從這一年起，杜牧正式展開他的仕宦生涯。唐代的士子參加進士科、制舉取得「出身」後，必須再為求得任官資格而參加吏部試。要應付這一連串的考試，必須熟讀儒家傳統經典、閑習詩賦、時議、作策和書法、判文等。㉝杜牧的讀書內容和學習的文學技巧，應當也是在這些範圍之內。但由於家學的影響和他個人對時局，尤其是藩鎮與軍國大事的關懷，使他更比其他士子注意到兵學著作。

從杜牧撰作的詩文，可以約略看出他在出仕之前的關懷所在。杜牧初試啼聲，是在他二十三歲，即敬宗寶曆元年(825)時。這年年僅十六歲的敬宗剛即位，好擊毬，沈溺聲色，大治宮室，而河北藩鎮的問題依然存在。杜牧曾在〈上知己文章啟〉中自述，略言他在這一年二篇作品的著作緣由：「寶曆大起宮室，廣聲色，故作〈阿房宮賦〉」、「諸侯或恃功不識古道，以至于反側叛亂，故作〈與劉司徒書〉」㉞。〈阿房宮賦〉㉟

㉛ 杜牧，《樊川文集》，卷十，頁151，〈注孫子序〉。

㉜ 繆鉞，《杜牧年譜》，頁17–21。

㉝ 參看拙著：Ch'ing-lien Huang, *The Recruitment and Assessment of Civil Officials under the T'ang Dynasty* (New Jersey: Princeton University, 1986; Ph.D. dissertation), pp. 24–59。

是杜牧假借秦朝的歷史來諷諫當朝。〈上昭義劉司徒書〉㊱，則是杜牧勸昭義節度使劉悟，應即討伐河北叛鎮朱克融、王廷湊、史憲誠，不該恃功而驕、按兵不動。從上劉悟書內容看，杜牧對於當時河北藩鎮形勢、地理、風土民情與用兵之道，已經相當瞭解。關於這些，後文當進一步討論。

在應舉前一年，即文宗大和元年(827)，二十五歲的杜牧寫了一些有感於時局、抒發胸中抱負的詩文：在〈感懷詩一首〉標題下，杜牧自注云「時滄州用兵」。滄州是橫海節度使治所，寶曆二年(826)橫海節度使李全略卒，其子李同捷反，朝廷派兵討之，到文宗大和三年(829)李同捷才投降。滄州位於河北道南部，今渤海灣附近。天寶末年安史之亂以來，兩河（河北、河南）強藩，或貢賦不入，或陸梁弄兵。牧之在詩中感慨說：

> 蟠聯兩河間，燼萌終不弭。號為精兵處，齊蔡燕趙魏。……法制自作為，禮文爭僭擬。……如何七十年（按：馮集梧註云自安祿山至李同捷反，首尾共七十二年），汗赩含羞恥？……關西賤男子，誓肉虜杯羹。請數係虜事，誰其為我聽。㊲

對於兩河地區的藩帥鎮將，杜牧特別留意。這年春天，他在同州澄城縣遇到燕將譚忠之弟譚憲，為他說明譚忠在擔任河北三鎮之一的盧龍節度使劉總的部將時，能夠規勸河北諸鎮不舉兵對抗朝廷，杜牧是強烈

㉞ 杜牧，《樊川文集》，卷一六，頁241，〈上知己文章啟〉。有關杜牧作品繫年，除非特別註明，本文多依繆鉞《杜牧年譜》之說。

㉟ 杜牧，《樊川文集》，卷一，頁1–2，〈阿房宮賦〉。

㊱ 杜牧，《樊川文集》，卷一一，頁173–5，〈上昭義劉司徒書〉。

㊲ 杜牧，《樊川文集》，卷一，頁4–5，〈感懷詩一首〉；又見：《樊川詩集注》，卷一，頁25–35，〈感懷詩一首〉。

反對藩鎮割據的，因此作了〈燕將錄〉，他在文末說「某因直書其（按：指譚忠）事，至於褒貶之間，俟學《春秋》者焉」[38]。杜牧在這一年的另一篇〈同州澄城縣戶工倉尉廳壁記〉中，深感法令隳弛，權豪擾民，在文末特別感嘆說：「嗟夫！國家設法禁，百官持而行之，有尺寸害民者，率有尺寸之刑。今此咸墮地，不起，反使民以山之澗壑自為防限，可不悲哉！使民恃險而不恃法，則劃土者宜乎牆山塹河而自守矣。燕、趙之盜，復何可多怪乎?」[39]在一篇描述首都附近縣城的廳壁記中，還念念不忘於河北藩鎮，也可看出杜牧關懷的一端了。

從上引杜牧的詩文，可知牧之在應舉、出仕前，除了熟讀儒家經典、祖傳經世之書、勤練詩、賦、策、書、判等技巧外，更關心藩鎮局勢與解決藩鎮問題的用兵之道。

(二)杜牧的仕宦及其論述藩鎮與軍事作品

文宗大和二年(828)，二十六歲的杜牧，「進士及第，制策登科，弘文館校書郎，試左武衛兵曹參軍」。[40]開始踏上仕途。

有關杜牧的仕宦生涯，並非本文重點。這裡先引述《舊唐書・杜牧傳》的記載，附以繆鉞考訂杜牧仕宦繫年，說明他自二十六歲擔任校書郎起至五十歲逝世，共二十五年間(828–852)的仕歷：

> 沈傳師廉察江西（828年十月至830年九月）、宣州（830年九月至833年四月），辟牧為從事，試大理評事。又（於833年四月至835

[38] 杜牧，《樊川文集》，卷六，頁98–101，〈燕將錄〉。又，同書，卷一六，頁241，〈上知己文章啟〉也說：「伏以元和功德，凡人盡當歌詠紀敘之，故作〈燕將錄〉」。

[39] 杜牧，《樊川文集》，卷十，頁157–8，〈同州澄城縣戶工倉尉廳壁記〉。

[40] 杜牧，《樊川文集》，卷十，頁160，〈自撰墓誌銘〉。

年）為淮南節度推官、監察御史裏行，轉掌書記。俄（於835年初至835年七月）真拜監察御史，（於835年七月至837年春）分司東都，以弟顗病目棄官。（於837年秋末至838年冬）授宣州團練判官、殿中侍御史、內供奉。（於838年冬）遷左補闕、史館修撰（惟838年冬仍在宣州度歲，至839年二月始赴京供職），（於840年）轉膳部、比部員外郎，並兼史職。出牧黄（自842年春至844年九月）、池（自844年九月至846年九月）、睦（自846年九月至848年八月）三郡，復（於848年八月）遷司勳員外郎、史館修撰，（於850年）轉吏部員外郎，又以弟病免歸。（於850年秋至852年）授湖州刺史，（於852年）入拜考功郎中、知制誥，歲中遷中書舍人。㊶

以上只是杜牧仕宦的大概情形，在他後半生的仕途中，和藩鎮及軍事問題有關者，大約還有以下數點，值得注意。

第一，杜牧的起家官是「從九品上」的弘文館校書郎，這是在大唐首都長安門下省負責「掌校典籍」的清官，是出身進士者入仕時努力爭取的職位之一㊷。杜牧曾在會昌三年(843)作〈上李（德裕）司徒相公論用兵書〉，回憶起他在大和二年擔任校書郎時，「曾詣淮西將軍董重質，詰其以三州之眾，四歲不破之由。重質自誇勇敢多算之外，復言其不破之由，是徵兵太雜耳」。㊸董重質原是吳元濟舊將，吳氏亂平後，朝廷

㊶ 《舊唐書》，卷一四七，頁3986，〈杜牧傳〉。引文中括弧內文字為繆鉞《杜牧年譜》考訂之繫年，阿拉伯數字為西曆紀年，中文數字為陰曆紀月。

㊷ 參：李林甫等撰、陳仲夫點校，《唐六典》(北京：中華書局，1992)，卷八，頁255，「門下省弘文館」條。清要官、清官與濁官之分際及唐時士人入仕時爭取清官的詳細情形，參看拙著：Ch'ing-lien Huang, *The Recruitment and Assessment of Civil Officials under the T'angDynasty*, pp. 66–70。

㊸ 杜牧，《樊川文集》，卷一一，頁164，〈上李司徒相公論用兵書〉。

授董氏官，這時正在長安任右領軍衛大將軍。㊹杜牧在初任和軍事無關的校書郎時，竟對一位大將軍詰問兵事，可見藩鎮與軍事問題是杜牧關心的大事。

第二，杜牧仕途中的最初幾年，曾在沈傳師和牛僧孺兩人幕下任職。先後在洪州、宣州和揚州三處，住了六年多（828年十月至834年），直接任職於藩鎮。杜牧初仕，任校書郎的期間不長，只有大約半年左右。大和二年十月，尚書右丞沈傳師擔任江西觀察使，辟杜牧任江西團練巡官的幕職，隨沈氏到南方的洪州。杜牧在洪州二年，至大和四年(830)九月，沈傳師遷宣歙觀察使，杜牧從至宣州。他在這裡住了二年多，至大和七年(833)四月，沈氏內召為吏部侍郎，杜牧應淮南節度使牛僧孺辟召，轉赴揚州，即《舊唐書・杜牧傳》所載「為淮南節度推官、監察御史裏行，轉掌書記」。杜牧在揚州住了約一年半，才在大和九年(835)轉往京城長安任職。㊺杜牧在洪州和宣州沈傳師幕下，雖然寫了些詩文，但和軍事大多無關。倒是杜牧所歌詠「街垂千步柳，霞映兩重城」㊻的繁華揚州，使他在供職之餘，頗好宴遊，並且因為他的「不拘細行」，而有「十年一覺揚州夢，贏得青樓薄倖名」㊼之譏。但也是在這裡，杜牧於大和八年寫下了和軍事有關的重要文章：繆鉞考定〈罪言〉和〈原十六衛〉是

㊹ 此據繆氏考證，見：繆鉞，《杜牧年譜》，頁21。

㊺ 以上杜牧任職於沈傳師和牛僧孺幕府的時間，其詳細考證，參看：繆鉞，《杜牧年譜》，頁21–35。

㊻ 杜牧，《樊川文集》，卷三，頁42–43，〈揚州三首〉。又見：《樊川詩集注》，卷三，頁193–196，〈揚州三首〉。

㊼ 見：杜牧，《樊川外集》，收在《樊川詩集注》，頁369，〈遣懷〉。按：吳在慶，〈“十年一覺揚州夢”應作“三年一覺揚州夢”〉，收入氏著《杜牧論稿》，頁35–36，考定牧之詩句“十年一覺揚州夢”應作“三年一覺揚州夢”，頗有見識，玆一併註明。

在這年所寫，至於〈戰論〉和〈守論〉是否該年所作，繆氏則認為不可確考。㊽

第三，杜牧在大和八年另有〈上知己文章啟〉，提到：「往年弔伐之道未甚得所，故作〈罪言〉。自艱難來始，卒伍傭役輩，多據兵為天子諸侯，故作〈原十六衛〉」。㊾為什麼撰作這二篇文章？杜牧自稱是「國家大事，牧不當官，言之實有罪，故作〈罪言〉」。㊿又說「伏惟文皇帝（按：指太宗）十六衛之旨，誰復而原，其實天下之大命也，故作〈原十六衛〉」。51〈罪言〉全文為《新唐書·杜牧傳》抄錄，宋祁等人說明它的撰作背景，說：「是時，劉從諫守澤潞，何進滔據魏博，頗驕蹇，不循法度。牧追咎長慶以來朝廷措置亡術，復失山東，鉅封劇鎮，所以繫天下輕重，不得承襲輕授，皆國家大事，嫌不當位而言，實有罪，故作〈罪言〉」。52

第四，杜牧自文宗大和九年至開成元年(836)，大部份時間在長安和洛陽任職。開成二年(837)，牧之至揚州探視其弟杜顗的眼病，假滿百日，依例去官，在這年秋，應宣歙觀察使崔鄲辟召，即《舊唐書·杜牧傳》所載「授宣州團練判官、殿中侍御史、內供奉」。於是，攜弟顗同赴宣州。牧之在開成二年曾作〈上宣州崔大夫書〉，崔大夫即崔鄲。牧之對於當時一般藩鎮風習，頗有批評，說：「今藩鎮之貴，土地兵甲，生殺與奪，在一出口，終日矜高，與門下後進之士，権得失去就於分寸銖黍

㊽ 繆鉞，《杜牧年譜》，頁32。按：謝錦桂毓，《杜牧研究》，頁60，認為〈罪言〉、〈原十六衛〉、〈戰論〉和〈守論〉，「率皆牧之於淮南幕府時作」，唯並未進一步說明。

㊾ 杜牧，《樊川文集》，卷一六，頁241，〈上知己文章啟〉。

㊿ 杜牧，《樊川文集》，卷五，頁86，〈罪言〉。

51 杜牧，《樊川文集》，卷五，頁91，〈原十六衛〉。

52 《新唐書》，卷一六六，頁5094，〈杜牧傳〉。

間，多是其人也」。(53)杜牧前此曾在沈傳師宣州幕下二年多，這次則在宣州約一年半左右，至開成四年(839)二月，再轉赴京，擔任左補闕、史館修撰等職。杜牧第二度任職宣州期間，留下許多詩文，其中比較值得注意的是，開成三年 (838) 所寫的〈上淮南李相公狀〉。(54)根據繆鉞的考訂，這個淮南李相公就是李德裕。(55)狀文的內容固然只是應酬性質，但這是與牛黨頗有淵源的杜牧，首次寫給李黨主要人物的信。此後，杜牧還繼續和李德裕討論用兵之事（詳下）。

第五，杜牧任黃州刺史約二年半（自842年春至844年九月），任池州刺史二年（自844年九月至846年九月），李德裕此期大部份時間出任宰相（李氏初相自833年二月至834年十月；復相自840年九月至846年四月罷相(56)）。杜牧和李德裕討論用兵之道的許多論疏，都在這段期間完成。杜牧和李德裕之間，牽連著牧之個人在牛李黨爭中扮演的角色，及他所篤愛的弟弟杜顗曾受李氏照顧的一些恩恩怨怨。但須要注意的是，杜牧對李德裕的觀感或批評，前後不同，頗有階段性之差異，不可一語概括。前人往往認定杜牧終其一生既是牛黨(57)，必然抨擊李德裕。岑仲

(53) 杜牧，《樊川文集》，卷一三，頁189，〈上宣州崔大夫（鄲）書〉。

(54) 杜牧，《樊川文集》，卷一六，頁237，〈上淮南李相公狀〉。

(55) 繆鉞，《杜牧年譜》，頁43。

(56) 參：周道濟，《漢唐宰相制度》(臺北：嘉新水泥公司文化基金會，1964)，附錄一〈漢唐宰相年表〉，頁102–105。

(57) 唯全祖望認為不可視杜牧為牛黨，見：全祖望，《鮚埼亭集》(四部叢刊初編本)，外編，卷三七，頁897，〈杜牧之論〉條。全氏說：「牧之世家公相，少負高名，其於進取本易，不幸以牛僧孺之知，遂為李衛公（德裕）所不喜。核而論之，當時之黨於牛者盡小人也，而獨有牧之之磊落、李給事中敏之伉直，則雖受知於牛，而不可謂之牛之黨。衛公不能別白用之，概使沈埋，此其褊心，無所逃於識者之責備。」

勉即持此牛黨必然攻擊德裕之論點，先後為文指出：杜牧詆毀德裕最力，並且前後反覆，言不由衷[58]；甚至顛倒是非，反手為雲，覆手為雨[59]等等。事實上，在杜牧擔任黃、池兩州刺史期間，只是他對李氏不滿的初萌階段。杜牧明顯表達對李德裕的不滿，是在李氏罷相之後。杜牧縱然因為曾受過牛僧孺的提攜，而李氏亦有排擠牛黨人物之舉，杜牧臨終前一年（大中五年，851）也認為當初外放黃、池兩州，是受到德裕排擠[60]；但因其弟杜顗卻又早在大和八年 (834) 李德裕出任鎮海節度使時受辟為鎮海巡官[61]，故在牧之任黃、池刺史時對李氏最多只懷有戒心，仍未捲入黨爭的漩渦中。因此，杜牧才會基於個人對藩鎮與軍事問題的關心，在此一期間不斷向力主削平藩鎮的李氏出謀獻策。總之，杜牧基本上並未為牛李黨爭所囿，而以國家大局為重，秉公自持，貢獻心力。[62]這應當是我們展讀杜牧詩文時，更要注意的事。

第六，杜牧於會昌二年(842)任黃州刺史時已經四十歲，距他初仕輾

[58] 見：岑仲勉，〈李德裕會昌伐叛集編證上〉，《史學專刊》，2：1(1937)，頁108–109。

[59] 見：岑仲勉，《隋唐史》)，下冊，頁420。又見：岑氏〈論李德裕無黨及司馬光修《唐紀》之懷挾私見〉，《岑仲勉史學論文集》，頁 469。

[60] 杜牧，《樊川文集》，卷一四，頁205–206，〈祭周相公（墀）文〉，說：「會昌之政，柄者為誰？忿忍陰汙，多逐良善。牧實忝幸，亦在遣中。黃岡大澤，葭葦之場，繼來池陽，西在孤島……」。繆鉞，《杜牧年譜》，頁50，說：「據此數語，可見杜牧之出守黃州，自以為是受李德裕排擠之故。」但應注意的是，牧之撰作祭周墀文時，已是大中五年，當時德裕業已作古一年了。

[61] 參閱：傅錫壬，《牛李黨爭與唐代文學》，頁275。

[62] 以上論點，可參看：吳在慶，〈杜牧與牛李黨爭的關係〉，收入氏著《杜牧論稿》，頁135–152；傅錫壬，《牛李黨爭與唐代文學》，頁 265–285，「杜牧與牛李之恩怨」。

轉已歷十五年。杜牧既少負濟世經邦之志，又喜談政論兵，此時出任黃、池兩州刺史，頗為抑鬱。牧之在這一年寫了一些詩文明志。他在〈上李中丞（讓夷）書〉中說到個人關切問題及其自信與抱負：「某……性顓固，不能通經，于治亂興亡之跡，財賦兵甲之事，地形之險易遠近，古人之長短得失，中丞即歸廊廟，宰制在手，或因時事召置堂下，坐之與語，此時迴顧諸生，必期不辱恩獎」。[63]在〈郡齋獨酌〉中說出平生志向所在，即削平藩鎮，收復河湟，期使生民安居樂業。他說：「平生五色線，願補舜衣裳。絃歌教燕趙，蘭芷浴河湟。腥膻一掃灑，兇狠皆披攘。生人但眠食，壽域富農桑。孤吟志在此，自亦笑荒唐」。[64]在〈雪中書懷〉中，更明白表達他此時已有阻擋回鶻入侵的謀策，他自信滿滿地說：「北虜壞亭障，聞屯千里師。牽連久不解，他盜恐旁窺。臣實有長策，彼可徐鞭笞。如蒙一召議，食肉寢其皮」。[65]

第七，杜牧在黃、池兩州任內上書李德裕論用兵，主要包括會昌三年 (843) 討論用兵澤潞的〈上李司徒相公論用兵書〉（《樊川文集》，卷11），會昌四年(844)論述防禦回鶻的〈上李太尉論北邊事啟〉(卷16),會昌五年(845)議論翦除江淮一帶江賊的〈上李太尉論江賊書〉（卷11)。至於歌詠此期用兵的一些相關詩文，則有會昌三年所詠討澤潞事的〈東兵長句十韻〉（卷2)，會昌四年所上〈賀中書門下平澤潞啟〉（卷16)。關於

---

[63] 杜牧，《樊川文集》，卷一二，頁183，〈上李中丞（讓夷）書〉。按：繆鉞，《杜牧年譜》，頁52，考定李中丞即李回，但胡可先，《杜牧研究叢稿》，頁180–181，〈《杜牧年譜》商榷〉一文，則認為李中丞不是李回，應為李讓夷。茲從胡氏之說。

[64] 杜牧，《樊川文集》，卷一，頁7–8，〈郡齋獨酌〉。又見：《樊川詩集注》，卷一，頁52，〈郡齋獨酌〉。

[65] 杜牧，《樊川文集》，卷一，頁13，〈雪中書懷〉。又見：《樊川詩集注》，卷一，頁80–81，〈雪中書懷〉。

這些詩文的內容及其分析，下文將次第討論。

第八，自會昌六年(846)九月，牧之移睦州刺史，至大中六年(852)十一月病卒長安[66]，前後六年之間，杜牧並未撰作討論軍事問題之論疏，只有少數歌詠收復河湟的詩[67]。但在大中三年(849)，杜牧以他平生最為自負的《孫子注》十三篇獻與宰相周墀，是最值得注意的事。杜牧在他的〈自撰墓誌銘〉中說：「某平生好讀書，為文亦不出人。曹公（曹操）曰：『吾讀兵書戰策多矣，孫武深矣。』因注其書十三篇，乃曰：上窮天時，下極人事，無以加也，後當有知之者」[68]。杜牧在〈自撰墓誌銘〉中自述平生大事，並未及於其他著作，獨獨《孫子注》十三篇為他特別描述，可見牧之對它的自許了。杜牧又說他「為文亦不出人」，但卻在此時獻與宰相周墀，其故何在？牧之在〈上周相公書〉中，論述極為清楚：

> 伏以大儒在位，而未有不知兵者，未有不能制兵而能止其暴亂者，未有暴亂不止而能活生人、定國家者……安有謀人之國，有暴亂橫起，戎狄乘其邊，坐於廟堂之上曰：「我儒者也，不能知兵。」不知儒者竟可知兵也，竟不可知兵乎？長慶兵起，自始至終，廟堂之上，指蹤非其人，不可一二悉數。……昨者誅討黨羌，徵關

[66] 有關杜牧卒年問題，諸說紛紜，一般斷在大中七年或六年。筆者以為繆鉞所作考證，最為精審可據。見：繆鉞，〈杜牧卒年考〉，收入《樊川詩集注》，頁413–415；又參：繆鉞，《杜牧年譜》，頁89–91。

[67] 如大中三年(849)所作〈今皇帝陛下一詔徵兵不日功集河湟諸郡次第歸降臣獲睹聖功輒獻歌詠〉及〈奉和白相公聖德和平茲休運歲終功就合詠盛明皇上三相公長句四韻〉，皆收入《樊川文集》，卷二，頁27。又見：《樊川詩集注》，卷二，頁134–138。這二首詩的繫年，見：繆鉞，《杜牧年譜》，頁78。

[68] 杜牧，《樊川文集》，卷十，頁161，〈自撰墓誌銘〉。

東兵用於西方，是不知天道也。邊地無積粟，師無見糧，不先屯田，隨日隨餉，是不知地利也……昨者以步戰騎，百不當一，是謂不知人事也。天時、地利、人事，此三者皆不先計量短長得失，故困竭天下，不能滅樸樕之虜，此乃不學之過也……某所注《孫武》十三篇，雖不能上窮天時，下極人事，然上至周、秦，下至長慶、寶曆之兵，形勢虛實，隨句解析，離為三編，輒敢獻上，以備閱覽。少希鑑悉苦心，即為至幸。[69]

周墀自大中二年(848)五月至大中三年(849)四月任相[70]，周墀一向被歸為牛黨。牧之自睦州內擢至京擔任史館修撰，據杜牧在多處作品中自述，是出於周墀「拔自污泥，昇於霄漢」[71]，「極力掀拔，爰及作相，首取西歸，授之名曹，帖以重職」[72]。故杜牧把他平生不輕易示人的《孫子注》獻給周墀，除了具有上引〈上周相公書〉所論儒者應知兵等義外，當亦有感恩圖報之意。

(三)杜牧的軍事思想

從上所述，今本《樊川文集》所收杜牧討論藩鎮和軍事的主要作品，包括卷五收錄五篇文章中的四篇，即：〈罪言〉、〈原十六衛〉、〈戰論〉、〈守論〉。與李德裕論用兵於澤潞、回鶻、江賊的有〈上李司徒相公論用兵書〉(卷11)、〈上李太尉論北邊事啟〉(卷16)、〈上李太尉論江賊

[69] 杜牧，《樊川文集》，卷一二，頁177–178，〈上周相公書〉。

[70] 周墀任相時間，諸書記載相歧，茲從繆鉞考訂，見：繆鉞，《杜牧年譜》，頁71、74–75。

[71] 杜牧，《樊川文集》，卷一六，頁236，〈上周相公啟〉。據繆鉞，《杜牧年譜》，頁71–72，這篇杜牧上周墀的書啟，作於大中二年(848)。

[72] 杜牧，《樊川文集》，卷一四，頁206，〈祭周相公文〉。據繆鉞，《杜牧年譜》，頁87，這篇祭文作於大中五年(851)。

書〉(卷11)。與藩鎮直接對話者有〈上昭義劉司徒書〉(卷11)。有感於藩鎮、外患或描寫軍事將領的詩、文，更多散見於各處，重要的有:〈感懷詩一首〉(卷1)、〈皇風〉(卷1)、〈河湟〉(卷2)、〈燕將錄〉(卷6)、〈同州澄城縣戶工倉尉廳壁記〉(卷10)、〈郡齋獨酌〉(卷1)、〈雪中書懷〉(卷1)、〈東兵長句十韻〉(卷2)、〈史將軍〉(卷1)。祝賀朝廷軍事行動奏捷的作品，主要有〈賀中書門下平澤潞啟〉(卷16)、〈賀生擒衡州草賊鄧裴表〉(卷15)，及大中三年所作詩二首。[73]

當然，杜牧《孫子注》十三篇是他自認最為重要的軍事作品，在《樊川文集》中，除了收錄〈注孫子序〉(卷10)以外，並無這部作品。此書目前最佳版本，為宋本《孫子十一家註》。[74]宋人晁公武《郡齋讀書

[73] 詩名皆甚長，其一為〈今皇帝陛下一詔徵兵不日功集河湟諸郡次第歸降臣獲睹聖功輒獻歌詠〉，另一為〈奉和白相公聖德和平茲休運歲終功就合詠盛明皇上三相公長句四韻〉，皆收入《樊川文集》，卷二，頁27。

[74] 《孫子十一家註》收入《中國子學名著集成》(臺北：中國子學名著集成編印基金會，1977，本書據中央圖書館館藏影印。)第72冊。又題作《宋本十一家注孫子》收入《中國兵書集成》(北京：解放軍出版社，1992，本書據上海圖書館館藏影印。)第7冊。此外，郭化若據上海中華書局以上海圖書館館藏宋本為標點底本，進行譯註，有《十一家注孫子》(上海古籍出版社，1978)。所謂十一家者，包括三國曹操、梁孟氏、唐李筌、杜佑、杜牧、陳皞、賈林、宋梅堯臣、王晳、何氏、張預共十一家。誠如前引杜牧〈上周相公書〉所謂，牧之作《孫子注》採取「隨句解析」形式，宋本《孫子十一家註》亦在孫子曰下列舉各家註文，杜牧所註可以清楚見出。此外，值得提出說明的是，有關《孫子》之卷次、篇目、注本(十家注、十一家注)等問題，自《四庫提要》提出以來，各方考證極夥，可參看：余嘉錫，《四庫提要辨正》，卷一一，頁592–596，「孫子一卷」條。又參：(日)服部千春，〈孫子兵卷次與篇目問題〉，收入氏著《孫子兵法校解》(北京：軍事科學出版社，1987)，頁14–21。

志》卷14「兵家類」收魏武注《孫子》等共八家，晁氏對杜牧注書似乎特別稱許，說：「牧以（孫）武書大略用仁義，使機權，曹公所注解，十不釋一，蓋借其所得，自為新書爾，因備注之。世謂牧慨然最喜論兵，欲試而不得者。其學能道春秋、戰國時事，甚博而詳，知兵者有以取焉」[75]。李慈銘《越縵堂日記》也說：「校《孫子十家注》，曹公、李筌以外，杜牧最優，證引古事，大多切要。乃知樊川真用世之才，其〈罪言〉、〈原十六衛〉等篇，不虛作也」。[76]

杜牧的軍事思想，表現在他的〈注孫子序〉和《孫子注》最多，其他論軍事的文章中也不少。從為何注《孫子》及如何注《孫子》（即注書形式）來說，杜牧可能受到其祖父杜佑《通典・兵典》極大影響。君卿廣採《孫子》及其他兵家著作於《通典》，這是後來牧之自視為家傳之學的一部份。而君卿在〈兵典〉中對孫子及其他兵家材料的處理方式，據其自序云：「語有之曰：『天時不如地利，地利不如人和。』誠謂得兵術之要也。以為孫武所著十三篇，旨極斯道，故知往昔行師制勝，誠當皆精其理。今輒捃摭與孫武書相類者纂之，庶披卷足見成敗在斯矣。(按：原注云：凡兵以奇勝，皆因機而發，但取事頗相類，不必一二皆同，覽之者幸察焉。其與《孫子》義下相協者，即朱書其目，頗相類者，即與墨書。其法制可適於今之用者，亦附之於本目之末)」[77]。這種注書形式雖非杜佑首創，但這部「多是撫州寫」的「家集二百篇」，其「足見成

---

[75] 晁公武著、孫猛校證，《郡齋讀書志校證》(上海古籍出版社，1990) 卷一四，頁633，「兵家類」，「杜牧注孫子三卷」條。

[76] 李慈銘，《桃花聖解盦日記》，收入《越縵堂日記》(臺北：文海出版社，1963，據1920年手書本影印)，戊集，頁73 (文海本，第5冊，頁3062)，「同治壬申（十一年）五月十一日」條。

[77] 杜佑，《通典》(北京：中華書局，1988，點校本)，卷一四八，頁 3782，〈兵（一）・兵序〉。

敗」的致用精神及其援引古來兵事，以為疏解的方式，自然也是熟讀其書的牧之引以為傲、且欲效法的。至於牧之作《孫子注》的內容，誠如前引上周墀書中所說為：「某所注《孫武》十三篇，雖不能上窮天時，下極人事，然上至周、秦，下至長慶、寶曆之兵，形勢虛實，隨句解析，離為三編。」略讀宋本《孫子十一家註》，杜牧自述可謂若合符節。例如：孫子論用兵之法，其中有所謂「圍師必闕」，即圍其三面、闕其一面、示以生路再因而擊之之法，牧之所注即博引後漢光武、明帝討妖巫事及天寶末李光弼討史思明等事，加以說明[78]。至於牧之的軍事思想，除了依循中國傳統兵家所持有的務實戰爭觀、慎戰觀、義戰觀[79]外，當然也有儒家的興仁義之師、弔民伐罪的義戰思想[80]。例如：《孫子》卷上「計篇」開宗明義論「兵」二句云：「兵者，國之大事。死生之地，存亡之道，不可不察也。」牧之在前句注云：「《傳》曰：國之大事，在祀與戎。」這是儒家對軍事的基本觀點之一。牧之又在後句注云：「國之存亡，人之死生，皆由於兵，故須審察也」[81]。這是對先秦重要兵家孫子採取的

[78] 《孫子十一家註》（中央圖書館館藏影印本），卷中，頁45下–46上，「軍爭篇」，「圍師必闕」條。又見：《宋本十一家注孫子》（上海圖書館館藏影印本），同卷、同頁、同條。又見：郭化若譯，《十一家注孫子》（以上海圖書館館藏宋本為標點底本），卷中，頁192–193，同條。

[79] 先秦兵家的義戰思想、慎戰觀等的詳細討論，參看：李訓詳，《先秦的兵家》（臺北：臺灣大學出版社，1991，文史叢刊），頁131–151。

[80] 儒家的戰爭思想或哲學，參看：曾國垣，《先秦戰爭哲學》（臺北：臺灣商務印書館，1972），頁83–85、133–134。

[81] 《孫子十一家註》（中央圖書館館藏影印本），卷上，頁1上–1下，「計篇」，「兵者國之大事」條。又見：《宋本十一家注孫子》（上海圖書館館藏影印本），同卷、同頁、同條。又見：郭化若譯，《十一家注孫子》（以上海圖書館館藏宋本為標點底本），卷上，頁2，同條。

務實慎戰觀[82]的注解。要瞭解杜牧基本的軍事思想，自然必須從傳統儒家和兵家的理論探索，但這些顯然已經逸出主題，本文無法深論，這裡姑且舉出牧之依循兵家慎戰觀之一例：杜牧在〈罪言〉中，陳述平山東（此為唐人習稱的山東）藩鎮之亂有上、中、下三策，他認為最下策就是「不計地勢，不審攻守」的「浪戰」，是沒有實效，而且易於致敗的策略。[83]

杜牧基本的軍事思想，因襲傳統儒家和兵家的主張，所以他認為必須對兵家所採取之「道」有所瞭解，才能言戰。在〈戰論〉一篇，牧之開宗明義說：「兵非脆也，穀非殫也，而戰必挫北，是曰不循其道也」[84]。基於對兵家之道的體認，他對於唐代前期的軍事制度和他目睹的唐代後期藩鎮情勢，頗有深入而具體的見解。在〈罪言〉等各篇中，杜牧針對唐代的各項軍事問題所作的討論，包括用兵之道（如地形、攻守、敵我形勢分析）、軍事制度（如府兵制）等等。關於對藩鎮形勢的分析和用兵的討論，下文將繼續討論。本節先探討杜牧對唐代軍制的重要看法。

前文指出，杜牧在青少年時期就注意到兵家著作，到了文宗大和八年(834)三十二歲時作〈原十六衛〉，當時他還在牛僧孺淮南幕府中。〈原十六衛〉的撰作，代表了杜牧軍事意見已趨成熟[85]，也是牧之一貫主張的一種體現。他認為大儒應該「知兵」[86]、生民不可「病兵」[87]，但知兵、致勝的基本前提要有兵、有將。他認為：唐代前期的府兵制最佳，天下「或有不幸」，則「戎臣當提兵居外」，「至如天下平一」，則「此時

[82] 孫子的務實戰爭觀，參看：李訓詳，前揭書，頁132–133。

[83] 杜牧，《樊川文集》，卷五，頁88–89，〈罪言〉。

[84] 杜牧，《樊川文集》，卷五，頁91，〈戰論（并序）〉。

[85] 繆鉞，《杜牧傳》，頁40。

[86] 杜牧，《樊川文集》，卷一二，頁177，〈上周相公書〉。

[87] 杜牧，《樊川文集》，卷五，頁86，〈罪言〉。

戎臣當提兵居內」。在居內時，「所部之兵，散舍諸府」，「籍藏將府，伍散田畝」，所以兵不致為亂。在居外時，「緣部之兵，被檄乃來，受命於朝，不見妻子，斧鉞在前，爵賞在後，以首爭首，以力搏力」，也無暇為叛。因此，他稱羨在府兵制運作期間，「自貞觀至于開元末，百五十年間，戎臣兵伍未始逆纂，此聖人所能柄統輕重，制障表裏，聖算聖術也。」但到了開元末，「府兵內剷，邊兵外作，戎臣兵伍，湍奔矢往，內無一人矣。」於是，「尾大中乾，成燕偏重。而天下掀然，根萌燼燃」。為了要使「外不叛、內不纂，兵不離伍，無自焚之患」，則「古今以還，法術最長，其置府立衛乎?」他也嚴厲批評自「近代以來，於其將也，弊復為甚」，主要是因為朝廷命將，「率市兒輩，蓋多賂金玉」，這些將領多半「絕不識父兄禮義之教，復無慷慨感概之氣」，更有一些「強傑愎勃者，則撓削法制，不使縛己，斬族忠良，不使違己，力壹勢便，罔不為寇。」歸根結底，都是由於府兵隳敗。所以杜牧在文末感嘆說：「伏惟文皇帝十六衛之旨，誰復而原，其實天下之大命也，故作〈原十六衛〉」。[88]

杜牧主張應該復原太宗府兵之制，受到曾經苛評唐代府兵的王夫之所譏諷。在《讀通鑑論》中，王船山數處痛詆唐代府兵，船山論及貞觀十年定府兵之制時，認為「府兵者，猶之乎無兵也，而特勞天下農民於番上之中……後世論者泥古而不知通，猶曰兵制莫善於唐……詳考府兵之制，知其為戲也。太宗之以弱天下者也，欲弱天下以自弱，則師唐法焉可爾」[89]。在論及玄宗時張說奏罷府兵「而天下帖然」時說：「於是而知府兵之徒以毒天下，而無救於國之危，審矣。」[90]基此，船山對牧之的

[88] 以上引文部份，見：杜牧，《樊川文集》，卷五，頁89–91，〈原十六衛〉。

[89] 王夫之，《讀通鑑論》（臺北：廣文書局，1967），卷二十，頁23上–下，「太宗」。

[90] 王夫之，《讀通鑑論》，卷二二，頁10下，「玄宗」。

〈原十六衛〉之論，自然有所批評：

> 杜牧憤河朔三鎮之跋扈，傷府兵之廢敗，而建議欲追復之。徒為卮言，貽後世以聽熒耳。牧知藩鎮之彊在府兵既廢之後，而不知惟府兵之積弱，是以蕃兵重、邊將驕，欺唐之無兵，以馴致於桀驁而不可復詰也。且當太和之世，豈獨河北之抗命哉？澤潞、山南無非擁彊兵以傲岸者，而欲取區區聽命之州郡，勞其農而兵之，散其兵而農之，則國愈無兵，民愈困，亂將愈起。甚矣，空言無實，徒以熒慕古者之聽，而流禍於來今，未有已也。府兵之害，反激為藩鎮，勢所必然，禍所必趨，已論之詳矣。乃若杜牧所言有可取，而唐之初制尚可支百年者，則十六衛是已。十六衛以畜養戎臣，儲將帥之用者也……然則十六衛之與邊兵互設以相濟……此則唐初之善制，不必府兵而可行之後世者也。以杜牧之時，尤可決行於一朝，非若府兵之久敝，而不可再興者……牧固不足以及此，而漫無憂國之心者，又勿論矣。[91]

船山雖肯定杜牧有憂國之心，但他批評牧之追復府兵是貽後世聽熒的卮言，其言若有可取，只有關於十六衛的「唐初之善制」而已。船山之論，牽涉到歷來對府兵制的複雜評價問題[92]，並非本文主旨，但可藉前人研究，稍作疏解。陳寅恪論唐代蕃將與府兵最為深入，曾說：「唐之開國其兵力本兼府兵蕃將兩類，世人習見唐承西魏、北周、隋代之后，

[91] 王夫之，《讀通鑑論》，卷二六，頁3上–下，「文宗」。

[92] 有關唐代府兵制度的最新研究及其概況，可參：氣賀澤保規，〈唐代府兵制における府兵の位置——中國中世的兵士の一形態として〉，收入愛宕元等編，《中國中世史研究續編》（京都：京都大學學術出版會，1995），頁61–104。又參：愛宕元，〈唐代府兵制の一考察——折衝府武官職の分析を通して〉，收入《中國中世史研究續編》，頁173–215。

太宗之武功又照耀千古，遂誤認太宗之用兵，其主力所在，實為府兵，此大謬不然者也。」又說：「李唐開國之時代，其府兵實『不堪攻戰』也。……太宗以府兵『不堪攻戰』，而以蕃將為其武力之主要部分矣……太宗未大用蕃將以前，其主要兵力實寄托于所謂『山東豪傑』集團」[93]。陳寅恪又曾分析唐代兵制淵源，指出唐、宋人如李延壽、李繁、歐陽修、葉適、司馬光等，已對府兵制有諸多誤解。大抵陳氏對府兵的總結為：「府兵制之前期為鮮卑兵制，為大體兵農分離制，為部酋分屬制，為特殊貴族制；其後期為華夏兵制，為大體兵農合一制，為君主直轄制，為比較平民制。其前後兩期分畫之界限，則在隋代，周文帝蘇綽則府兵制創建之人，周武帝隋文帝其變革之人，唐玄宗張說其廢止之人，而唐之高祖太宗在此制度創建變革廢止三階段中，恐俱無特殊地位者也」[94]。陳氏對唐代府兵與蕃將的剖析相當細膩，爭論千年的巨大歷史課題，絕大部份因而廓然釐清，貢獻卓越，可說是近來學界論府兵者（不論持肯定、否定或修正意見者）的主要依據。

唐長孺對唐代兵制研究，著作極夥，建樹頗多，他在總結多年研究成果後，也認為「唐代軍事力量的衰弱，唐人就已歸咎於府兵制的破壞。其實唐中葉以後人對唐初軍事制度的實際情況已不太了解。李繁〈鄴侯家傳〉在宋代已是言府兵制的重要資料，甚至幾乎是唯一的資料，但所述卻不盡可信……又如杜牧《樊川文集》卷5〈原十六衛〉也是盛贊府兵，但他所說的府兵是『父子相言，不得業他』的世襲兵，完全與府兵相背。杜牧也十分強調府兵在征行中的作用。事實上唐代前期，府兵固

[93] 陳寅恪，〈論唐代之蕃將與府兵〉，《陳寅恪先生論文集》，頁665–668。

[94] 陳寅恪，《隋唐制度淵源略論稿》第六章「兵制」，收入《陳寅恪先生論文集》，頁116–133。按：本章原題〈府兵制前期史料試釋〉，載《中央研究院歷史語言研究所集刊》，7本3分(1937)，經作者增訂後為《隋唐制度淵源略論稿》之一章。

然是重要的軍事力量，但其首要任務只是宿衛（限於南衙）以及近戍。在征行中從來不占重要地位。武周以後，甚至在宿衛中也不占重要地位。我們認為唐代軍事制度的變化，首先是徵兵制（包括衛士與兵募）的破壞，而不限於府兵」。[95]

杜牧有憂國之心，既傷府兵之敗壞，復憤三鎮之跋扈，更感慨「自艱難來始，卒伍傭役輩，多據兵為天子諸侯」[96]，為了要維繫天下之大命，而有論兵之議，故作〈原十六衛〉。這是杜牧撰作的動機，也是李慈銘說「樊川真用世之才，其〈罪言〉、〈原十六衛〉等篇，不虛作也」的一個原因。其間固有牧之感時的書生之見在，但如陳寅恪、唐長孺所說，囿於史料，唐、宋已有許多名家對於此制並不瞭解，則牧之對府兵之制議論有所疏失，不足深怪。

以上略述牧之的軍事思想之一端，至於他對藩鎮形勢與河北用兵的具體意見，下文將次第分析、討論。

三、杜牧對藩鎮形勢的分析

杜牧關心藩鎮與軍事，前文已稍加敘述。牧之自稱對「治亂興亡之跡，財賦兵甲之事，地形之險易遠近，古人之長短得失」[97]素極留意。

---

[95] 唐長孺，《魏晉南北朝隋唐史三論——中國封建社會的形成和前期的變化》（武昌：武漢大學出版社，1992），頁413–414。此書是唐氏多年研究中古史的結晶，唐氏研究唐代兵制最重要的著作，主要包括：《唐書兵志箋正》（北京：科學出版社，1957）；〈唐代軍事制度之演變〉，《國立武漢大學社會科學季刊》，9卷1期，頁97–125；〈敦煌所出郿縣尉判集中所見的唐代防丁〉，收入氏著《山居存稿》（北京：中華書局，1989），頁399–410。另有相關論著也不在少數，茲不備舉。

[96] 杜牧，《樊川文集》，卷一六，頁241，〈上知己文章啟〉。

那麼他對軍事與藩鎮問題的知識，到底又從何而來？瞭解又有多少呢？以來源而論，除了典籍外，還有不少得自耳聞。例如在〈罪言〉中，他分析為什麼要說「不得山東，兵不可死」，遂詳論自黃帝以迄隋季的山東形勢，這些知識的來源，牧之並未注明出處，但應該得自書籍，殆無疑義，這也可說明他讀書時所關心之事。就耳聞一事而言，他在〈與昭義劉司徒書〉中暢談上黨（即潞州，昭義節度使治所）形勢，對該地的認識至少有部份出自耳聞。牧之說：「近有山東士人來者，咸道上黨之政，軍士兵吏之詳，男子畝，婦人桑，老者養，孤者庇，上下一切，罔有紕事」[98]。牧之又在〈燕將錄〉中，描寫「豪健喜兵」的河北大將譚忠的事蹟，兼及河北藩鎮燕（劉總）、趙（王武俊）、冀（朱滔）、魏(田悅)、齊（李納）等攻伐之事，極其細膩，頗有史料價值。牧之說明他的訊息來源是：「(譚）忠弟憲，前范陽安次令，持兄喪歸葬于絳，常往來長安間。（大和）元年(827)孟春，某遇於馮翊屬縣北徼中，因吐其兄之狀，某因直書其事，至於褒貶之間，俟學《春秋》者焉」[99]。以上二例，出於與當事人有關者或嫻熟地方事務者的口述，其可信程度不低，若說牧之所述，頗類今之口述歷史，恐不為過。

杜牧在其議論藩鎮與軍事作品中，對於藩鎮形勢、財賦兵甲、地形險阻、風土民情與用兵之道，所在用心。杜牧最早的相關文章是剖析河北藩鎮形勢的〈上昭義劉司徒書〉，作於他入仕前二十三歲之時，即寶

---

[97] 杜牧，《樊川文集》，卷一二，頁183，〈上李中丞書〉。

[98] 杜牧，《樊川文集》，卷一一，頁174，〈上昭義劉司徒書〉。

[99] 杜牧，《樊川文集》，卷六，頁98–101，〈燕將錄〉。繆鉞據杜牧行止考定文中之「元年孟春」，當為寶曆元年(825)或大和元年(827)，惟仍姑以此事繫於大和元年，茲從之。繆氏亦考訂馮翊屬縣北徼，蓋為漢時地名，即唐之同州澄城縣。見：繆鉞，《杜牧年譜》，頁15–16。按：牧之此文，凡地名皆用典，如燕、趙及馮翊縣之類。

曆元年(825)。直至後來在會昌期間，杜牧已屆不惑之年，仍然屢屢上書宰相李德裕，討論用兵澤潞(843)、防禦回鶻(844)、翦除江賊(845)等。自寶曆至會昌，前後二十年間，正是他不算太長的五十年生命中，事業、文章的巔峰時期，杜牧仍然秉持其青少年時關心藩鎮與軍事的初衷，論述不斷。可以說，杜牧終其一生都努力為藩鎮與軍事問題而奔走、奮鬥。以下章節，試就牧之所論的藩鎮形勢，尤其是華北的藩鎮形勢，及用兵澤潞等事，次第略與其他記載比對，並稍加分析。期能對牧之論述的史料價值，有所彰顯。

杜牧所見、所感的藩鎮問題為何?《新唐書・藩鎮魏博傳》序論說:「安、史亂天下，至肅宗大難略平，君臣皆幸安，故瓜分河北地，付授叛將，護養孽萌，以成禍根。亂人乘之，遂擅署吏，以賦稅自私，不朝獻于廷……訖唐亡百餘年，卒不為王土。當其盛時，蔡附齊連，內裂河南地，為合從以抗天子。杜牧至以『山東，王不得，不王；霸不得，不霸；賊得之，故天下不安。』」[100]宋祁撰《新唐書》列傳，刻意於文辭華采，惟古是求，但因過求簡雅，有時反令字義晦澀者甚多[101]。《新書》此處徵引杜牧〈罪言〉析論「不得山東，兵不可死」的部份意見，牧之原作「山東，王者不得，不可為王；霸者不得，不可為霸；賊猾得之，是以致天下不安」[102]。牧文更加明晰。宋祁在引述〈罪言〉後，除刪減若干文字外，更連篇引用杜牧〈守論〉對兩河藩鎮形勢之議論，當然是對牧之見解的肯定。

《新唐書・兵志》又曾論及安史亂後的地方藩鎮，說:

[100] 《新唐書》，卷二一〇，頁5921–22，〈藩鎮魏博傳〉。

[101] 徐浩，《廿五史述要》(臺北：世界書局，1947、1966)，頁179。

[102] 杜牧，《樊川文集》，卷五，頁87，〈罪言〉。唯在《新唐書》所轉錄〈罪言〉中，宋祁則對於該句未加刪節。見：《新唐書》，卷一六六，頁5094–96，〈杜牧傳〉。

> 方鎮相望於內地，大者連州十餘，小者猶兼三四。故兵驕則逐帥，帥彊則叛上。或父死子握其兵而不肯代；或取舍由於士卒……天子顧力不能制，則忍恥含垢，因而撫之，謂之姑息之政。蓋姑息起於兵驕，兵驕由於方鎮，姑息愈甚，而兵將俱愈驕。於是號令自出，以相侵擊……始時為朝廷患者，號「河朔三鎮」。及其末，朱全忠以梁兵、李克用以晉兵更犯京師……嚮之所謂三鎮者，徒能始禍而已。其他大鎮，南則吳、浙、荊、湖、閩、廣，西則岐、蜀，北則燕、晉，而梁盜據其中，自國門以外，皆分裂於方鎮矣。[103]

河朔魏博、成德、盧龍三鎮最為跋扈，但其他鄰近藩鎮也常為朝廷之患，這些都在杜牧論述中有所著墨。前文敘述牧之於藩鎮客觀形勢、藩鎮內部情勢（包括財賦兵甲、地形險阻、風土民情等）與用兵之道(用兵澤潞事詳下節)，最為用心。茲依次略論如下：

(一)藩鎮客觀形勢

杜牧最早所作有關藩鎮之文為〈上昭義劉司徒書〉，劉司徒即昭義節度使澤潞邢洺等州觀察等使劉悟，據吳廷燮《唐方鎮年表》， 劉悟自憲宗元和十五年(820)十月至敬宗寶曆元年(825)九月卒時，皆任是職[104]。劉悟本為淄青節度使李師道部下，任都知兵馬使，憲宗元和末討伐李師道，劉悟斬師道首以獻。朝廷遂以劉悟為義成節度使以賞其功。穆宗時，移鎮澤潞。長慶元年(821)，幽州大將朱克融叛，朝廷任悟為盧龍節度使，冀其討叛。但劉悟遷延觀望，乃以悟仍為昭義節度使。但「自是悟頗縱

---

[103] 《新唐書》，卷五〇，頁1329–30，〈兵志〉。

[104] 吳廷燮，《唐方鎮年表》(臺灣開明書店，廿五史補編)，卷四，頁 90,「昭義節度使」。

恣，欲效河朔三鎮。朝廷失意不逞之徒，多投寄潞州以求援。往往奏章論事，辭旨不遜」[105]。杜牧就是在這種情況下上書劉悟。

牧之〈上昭義劉司徒書〉，作於寶曆元年(825)，當在是年九月劉悟病卒之前稍早。杜牧對當時的藩鎮形勢，條分理析，為劉悟做了詳盡說明，目的在規勸劉氏舉兵討叛。他分析藩鎮大勢說：「大唐二百年向外，叛者三十餘種，大者三得其二，小者亦包裹千里，燕、趙、魏、潞、齊、蔡、吳、蜀，同歡共悲，手足相急，陣刺死、帳下死、圍悉死、伏劍死、斬死、絞死，大者三歲，小或一日，已至於盡死。」他又為劉悟分析上黨的地理位置是「後負燕（按即盧龍)、前觸魏（按即魏博)、側附趙(按即成德)」，恰與河北三鎮比鄰，如果劉氏能夠採取軍事行動，則「今者上黨馳其精良，不三四日與魏決於漳水西，不五六日與趙合於泜水東，縈太原，挑飛狐，緩不二十日與燕遇於易水南。此天下之郡國，足以事區區於忠烈，無如上黨者。」牧之因此勸劉悟應該掌握上黨有利條件，即刻出兵伐討河北叛鎮，這樣才是「止暴亂、尊九廟、峻中興」之道，何況「今將軍盡能有之，豈可容易而棄哉!」[106]從杜牧所論，可見他在此時（二十三歲）對河北藩鎮局勢已經相當清楚，後來他上書李德裕用兵澤潞（即昭義)，可說是他持續關心藩鎮與軍事問題的另一具體行動。

杜牧在二十五歲（大和元年，827）時作〈燕將錄〉，前文指出它是描寫河北大將譚忠的事蹟，兼及河北藩鎮燕、趙、冀、魏、齊等攻伐之事，極其細膩。其資料來源得自譚忠之弟譚憲之口述，頗有史料價值。事實上，〈燕將錄〉絕大部份文字更為《新唐書》至少分做三處轉錄。第一處為：杜牧描述元和五年 (810) 憲宗遣神策中尉吐突承璀為招討使，

[105] 引文見：《舊唐書》，卷一六一，頁4231，〈劉悟傳〉。又參見：《新唐書》，卷二一四，頁6012–14，〈劉悟傳〉。

[106] 以上引文見：杜牧，《樊川文集》，卷一一，頁173–175，〈上昭義劉司徒書〉。

出禁軍伐成德王承宗，當時燕（盧龍）將譚忠恰好出使魏博，魏帥田季安問謀策於譚忠。譚忠詳細分析三鎮形勢，獻下良策，並為田氏採納，於是派兵會同禁軍，取得冀州堂陽縣。此事在《舊唐書・田季安傳》但云：「元和中，王承宗擅襲戎帥，憲宗命吐突承璀為招討使，會諸軍進討。季安亦遣大將率赴會，仍自供糧餉。師還，加太子太保」[107]。但《新唐書・田季安傳》為補《舊・傳》之不足，大幅轉引〈燕將錄〉精彩、細膩之文字。經過詳細比對，可以發現：《新・傳》以一貫過求簡雅的筆法，刪削〈燕將錄〉整段文字，但仍占田氏傳文約一半篇幅[108]。〈燕將錄〉第二處為《新書》轉錄，是杜牧詳細描述譚忠歸燕後，規勸盧龍節度使劉濟討伐王承宗的對話過程。此事在《舊唐書・劉濟傳》只略云：「及詔討王承宗，諸軍未進，濟獨率先前軍擊破之，生擒三百餘人，斬首千餘級，獻逆將於闕，優詔褒之」[109]。但《新唐書・劉濟傳》為補其事，則又在刪削後大幅轉錄〈燕將錄〉整段文字，也占傳文一半左右[110]。《新書》第三處轉錄〈燕將錄〉文字，是杜牧描述元和十四年(819)時，當成德獻城十二、朝廷並已三分淄青之地後，譚忠規勸劉濟之子劉總，應該立即向中央輸誠。《舊唐書・劉總傳》敘述此事極簡[111]，《新唐書・劉總傳》則再大量轉錄〈燕將錄〉譚忠與劉總之對話，但宋祁此處刪削較前二處為多，惟仍占該傳篇幅三分之一以上[112]。可以說，〈燕將錄〉已經一分為三，為《新書》在田季安、劉濟、劉總三人的列傳中引用，這是樊川之文為宋祁當做史料運用之又一例。

---

[107] 《舊唐書》，卷一四一，頁3847，〈田季安傳〉。

[108] 《新唐書》，卷二一〇，頁5933–34，〈田季安傳〉。

[109] 《舊唐書》，卷一四三，頁3900，〈劉濟傳〉。

[110] 《新唐書》，卷二一二，頁5974–75，〈劉濟傳〉。

[111] 《舊唐書》，卷一四三，頁3902–03，〈劉總傳〉

[112] 《新唐書》，卷二一二，頁5975–76，〈劉總傳〉。

應該指出，〈燕將錄〉為宋祁三處轉錄者，《新書》都未註明出處，這是因為古人著述，徵引體例不若今之嚴謹，無須苛責。至於杜牧之文為宋祁刪削者，並非都是冗詞贅字，仍有許多具有極高史料價值。例如：杜牧借譚忠之口，說明元和以來的天下藩鎮形勢說：

> 自元和已來，劉闢守蜀，棧道劍閣，自以為子孫世世之地，然軍卒三萬，數月見羈。李錡橫大江，撫石頭，全吳之兵，不得一戰，反束帳下。田季安守魏，盧從史守潞，皆天下之精甲，駕趙為騎，鼎立相視，可為強矣。然從史繞塹五十里，萬戟自護，身如大醉，忽在轞車。季安死，墳杅未收，家為逐客。蔡人被重葉之甲，圓三石之弦，持九尺之刃，突前跳後，卒如搏鶚，一可枝百者累數萬人，四歲不北二三，可為堅矣，然夜半大雪，忽失其城。齊人經地數千里，倚渤海，牆泰山，塹大河，精甲數億，鈐劍其阸，可為安矣，然兵折于潭趙，首竿於都市。此皆君之所見……[113]。

宋祁裁剪上段精彩且具史料價值的文字為「元和以來，劉闢、李錡、田季安、盧從史、齊、蔡之彊，或首于都市，或身為逐客，皆君自見」[114]。文則省矣，事亦省矣。但是蔡兵之甲、弦、刃等形制及可以以一當百之強卒，又從何可見？

杜牧三十二歲（大和八年，834）時，在牛僧孺淮南幕中更作了重要的軍事論文〈罪言〉、〈原十六衛〉，另有〈戰論〉和〈守論〉兩篇，完成時間當在此年前後不遠。〈原十六衛〉議論再復府兵，前文已加分析。至於〈罪言〉、〈戰論〉和〈守論〉，則側重在分析河北客觀藩鎮形勢，並提出如何致勝弭亂之良策。茲分別析論如下：

杜牧在〈罪言〉[115]開首，述其撰作之意在於論「國家大事」。他所謂

[113] 《樊川文集》，卷六，頁100，〈燕將錄〉。

[114] 《新唐書》，卷二一二，5976，〈劉總傳〉。

的大事，即軍事。這與傳統儒家所說「國之大事，惟祀與戎」是一致的。〈罪言〉全篇的論旨，在於闡釋「兵祖於山東，不得山東，兵不可死」、「若欲悉使生人無事，其要在於去兵，不得山東，兵不可去」。所謂「山東」，牧之是指禹貢的冀州野，在唐代則指冀州、并州、幽州之地，即習稱的河北三鎮之地。他分析自黃帝以來山東戰略地位極為重要，所以說「山東，王者不得，不可為王；霸者不得，不可為霸；猾賊得之，是以致天下不安。」（前文指出，此段文字為《新書》轉引）為得山東，〈罪言〉提出三策：上策是「自治」，牧之所謂「自治」，是指「足自以為治」的意思，他問道：「法令制度，品式條章，果自治乎？賢才奸惡，搜選置捨，果自治乎？障戍鎮守，干戈車馬，果自治乎？井閭阡陌，倉廩財賦，果自治乎？」如果這些不能達到「自治」，「則安可取？」牧之提出中策是「取魏」。魏在當時就是藩鎮魏博之地，杜牧舉出實例說明「魏於山東最重，於河南亦最重」，更舉出自元和以來得魏或失魏所導致的後果，他說所有這些「非魏強大能致如此，地形使然也。」牧之曾自述他對於「地形之險易遠近」（〈上李中丞書〉）素所關心，並非虛言。至於最不可取的下策是「浪戰」，牧之以為「不計地勢，不審攻守，為浪戰，最下策也」。對於講求兵法的杜牧來說，地形、地勢、敵我虛實、攻守之道，如果「不審」，則用兵之時，一敗再敗三敗，是可以預卜的。〈罪言〉所提出的三策，確實有其見地，尤其牧之對於河北三鎮形勢、各個重要戰略地理位置，以及三鎮內部情勢（關於此點，下文將再專項討論）等之瞭解，極其深入。前文曾指出，〈罪言〉全篇絕大部份又為宋祁在《新唐書・杜牧傳》轉錄[116]，但若與〈燕將錄〉比較，則〈罪言〉所遭刪削較少。

在〈戰論〉[117]中，杜牧指出用兵要循其道，他具體指出河北地位的

[115] 以下引文及摘要部份，見：《樊川文集》，卷五，頁86–89，〈罪言〉。

[116] 《新唐書》，卷一六六，頁5094–96，〈杜牧傳〉。

重要，但過去自元和以來卻有「五敗」，導致因無法取河北而天下不安。牧之認為「河北視天下猶珠璣也，天下視河北猶四支也。」他申論說「珠璣苟無，豈不活身；四支苟去，吾不知其為人。」河北擁精甲銳卒、地產豐饒，又可禦守夷狄，若無河北，「是天下一支兵去矣」。但為了要防禦河北內犯，「河東、盟津、滑臺、大梁、彭城、東平，盡宿厚兵，以塞虜衝。是六郡之師，嚴飾護疆，不可他使。」換言之，河東、河南之兵為河北所牽制，所以「是天下二支兵去矣」。為了要供應抵擋河北的軍隊龐大開銷，「則沿淮已北、循河之南，東盡海、西叩洛，經數千里，赤地盡取，才能應費，是天下三支財去矣」。但在首都長安西北，則是「戎夷大屯」，唐帝國只好「盡剷吳、越、荊、楚之饒，以啖兵戍，是天下四支財去矣。」歸根究底，為了河北，而「天下四支盡解，頭腹兀然而已。焉有人解四支，其自以能久安乎?」牧之認為可惜的是，自元和以來有「五敗不去」，長慶後「燕、趙甚亂，引師起將，五敗益甚」。牧之所謂「五敗」，是因為五過而引起，這五過就是：不蒐練、不責實科食、賞厚、輕罰、不專任責成。所以他認為當務之急是「今者誠能治其五敗，則一戰可定，四支可生。」可以說，〈戰論〉從另一個角度指出河北地位之重要及其與帝國安危的關係。

杜牧更在〈守論〉[118]中，批評帝國對河北藩鎮採取的姑息策略，提出正確的「守邦之術」是國家不應「不議誅洗、束兵自守」。杜牧說他撰作〈守論〉，是有感於過去兩河盜起，帝國未派兵征討，反而遵循大曆、貞元故事，因此「逆輩益橫，終唱患禍」。他認為過去的姑息，適足以養奸，「是以趙、魏、燕、齊，卓起大倡，梁、蔡、吳、蜀，躡而和之。」藩鎮四處兵起，而文宗朝臣反而自認是「廣大繁昌」、反而用大曆、貞元之政為經，果如此，杜牧預卜說：「愚見為盜者非止於河北而

[117] 以下引文及摘要部份，見：《樊川文集》，卷五，頁91–93，〈戰論（并序）〉。

[118] 以下引文及摘要部份，見：《樊川文集》，卷五，頁93–95，〈守論（并序）〉。

已」。最後，他感概地呼籲：「嗚呼！大曆、貞元守邦之術，永戒之哉！」

綜合以上〈罪言〉、〈戰論〉和〈守論〉的論點，可見杜牧是主張對藩鎮，尤其是跋扈的河北三鎮，採取具體的軍事行動的。但杜牧並非只是提出主戰的口號，他是在通盤分析天下大勢及河北藩鎮形勢之後，以他對兵學的素養，提出取「山東」的上、中、下三策。杜牧也指出要先懲五敗，才能「一戰可定，四支可生」。既然要戰，就萬萬不能採取大曆、貞元姑息之政。杜牧的這些主張並非只是書生之見，也不只是徒託空言。要說明此點，如能再觀察他對於藩鎮內部情勢的瞭解情形，或許稍有助益，下文就針對此點，略作析論。

㈡藩鎮內部情勢

杜牧自稱對於「財賦兵甲之事，地形之險易遠近」，頗為留意。是否真的如此呢？從以上引述的牧之軍事作品，可以概見他對於藩鎮（尤其是河北三鎮）的「財賦兵甲之事」論述較多，對於「地形之險易遠近」著墨較少。但在他後來與李德裕論用兵昭義時，杜牧就展現更多的地形、地勢方面的知識。關於論用兵昭義的詳細情形，下節將繼續討論。本節先就〈上昭義劉司徒書〉、〈燕將錄〉、〈罪言〉、〈戰論〉和〈守論〉幾篇，略析杜牧所論藩鎮內部情勢。

河北、河東、河南藩鎮之所以強大、河朔三鎮之所以能夠長期割據，原因很多。從杜牧的論述至少可以看出：在中央政府方面，朝廷的姑息之政和五過所引起的五敗是其一因；但在藩鎮內部方面，他們擁有強大的軍隊，當然更是一個不可忽視的因素。

就藩鎮軍隊而論，牧之所記，實具有極高的史料價值。首先，杜牧指出「上黨足馬足甲，馬極良，甲極精」[119]，是昭義（澤潞，治潞州，即上黨）擁有精良的騎兵。杜牧又說：「田季安守魏，盧從史守潞，皆

[119] 《樊川文集》，卷一一，頁173，〈上昭義劉司徒書〉。

天下之精甲，駕趙（成德）為騎，鼎立相視，可為強矣。……蔡（忠武）人被重禁之甲……（詳見前文引）……可為堅矣。齊（淄清）人……精甲數億……可為安矣……」[120]魏博有精甲，其主力部隊可能是騎兵，例如：元和五年吐突承璀伐成德時（參前文引述），魏博田季安問謀策於部屬，杜牧記云：「其徒有超佐伍而言曰：『願借騎五千以除君憂』」[121]，是魏博騎兵更不止五千。就杜牧所述可見，昭義、魏博、成德、淄青、忠武等軍皆為精兵。杜牧更進一步在〈戰論〉中記述整個河北地區的地形、物產、風俗與軍隊的情形為：

> 夫河北者，俗儉風渾，淫巧不生，樸毅堅強，果於戰耕。名城堅壘，嶪嶭相貫，高山大河，盤亙交鎖。加以土息健馬，便於馳敵，是以出則勝，處則饒，不窺天下之產，自可封殖，亦猶大農之家，不待珠璣然後以為富也。天下無河北則不可，河北既虜，則精甲、銳卒、利刀、良弓、健馬無有也。[122]

河北具備上述優良條件，當然可以擁有精良軍隊。最值得注意的是他們的軍隊主力，當為騎兵。陳寅恪曾論述唐代前期軍隊主力並非「不堪攻戰」的府兵，開國時實為「山東豪傑」，至太宗時才大用蕃將。「蕃將之所以被視為重要者，在其部落之組織及騎射之技術。」並引《新唐書・兵志》論「安祿山以內外閑廄都使兼知樓煩監。陰選勝甲馬歸范陽，故其兵力傾天下」等所記，進一步討論唐時軍事技術。陳氏說：

> 騎馬之技術，本由胡人發明。其在軍隊中有偵察敵情及衝陷敵陣兩種最大功用。實兼今日飛機、坦克二者之效力，不僅騎兵運動

[120] 《樊川文集》，卷六，頁100，〈燕將錄〉。

[121] 《樊川文集》，卷六，頁98，〈燕將錄〉。

[122] 《樊川文集》，卷五，頁91，〈戰論（并序）〉。

迅速靈便，遠勝於部卒也。中國馬種不如胡馬優良……則唐之武功亦與胡地出生之馬及漢地雜有胡種之馬有密切關係，自無待言。至於弓矢之用，若不與騎馬配合，則僅能防守，而不能進攻。只可處于被動之地位，而無以發揮主動進攻之效用。故言射而不言騎，則僅得軍事技術之一面。[123]

陳氏謂唐時騎兵實兼近代飛機、坦克之效力，是深知古代軍事技術的見解。杜牧對於河北生產日馳二、三百里的健馬及其與兵力之強大之關係，非常留意。曾在〈戰論〉中說河北「土息健馬，便於馳敵，是以出則勝」（上引）、又在〈罪言〉中說「山東（實即河北，前已說明）……復產健馬，下者日馳二百里，所以兵常當天下」[124]。又在〈唐故范陽盧秀才（霈）墓誌〉說盧氏「自天寶後，三代或仕燕，或仕趙，兩地皆多良田畜馬……擊毬飲酒，馬射走兔，語言習尚，無非攻守戰鬥之事。……（盧氏）竊家駿馬，日馳三百里……入王屋山。」[125]近人馬俊民、王世平曾分析河朔三鎮能夠割據的一個主要原因，就在於他們擁有一支以騎兵為主力並有充足馬匹供給的勁旅。該地是農牧混合經濟區，不但生產健馬，割據者也重視馬政，在安史亂後各個藩鎮紛紛發展馬軍，擴充實力時，河朔既有充裕的基本物質條件，則其兵力自然強盛。[126]

杜牧對於地形、地理位置與兵事之關係，素極用心。前引牧之在〈戰論〉中指出河北之強大的一因時說該地「名城堅壘，嶪嶭相貫，高山大河，盤互交鎖。」這只是河北地區地形、地貌的大體描述而已。在〈罪

[123] 陳寅恪，〈論唐代之蕃將與府兵〉，原載《中山大學學報》1957年1期，頁163–170。收入《陳寅恪先生論文集》，頁665–677。引文部份見頁670。

[124] 《樊川文集》，卷五，頁86，〈罪言〉。

[125] 《樊川文集》，卷九，頁144，〈唐故范陽盧秀才（霈）墓誌〉。

[126] 馬俊民、王世平，《唐代馬政》（西安：西北大學出版社，1995），頁125–129。

言〉中，杜牧基於對地形與地理位置的瞭解，所提出的中策是「取魏」，他的結論就是「非魏強大能致如此，地形使然也。」為何魏博得以如此，杜牧有著深入分析：

> 魏於山東最重，於河南亦最重。何者？魏在山東，以其能遮趙也，既不可越魏以取趙，固不可越趙以取燕。是燕、趙常取重於魏，魏常操燕、趙之性命也。故魏在山東最重。黎陽距白馬津三十里，新鄉距盟津一百五里（黎陽、新鄉並屬衛州），陣壘相望，朝駕暮戰，是二津虜能潰一，則馳入成皋不數日間，故魏於河南間亦最重。今者願以近事明之。元和中，纂天下兵，誅蔡誅齊，頓之五年，無山東憂者，以能得魏也。昨日誅滄，頓之三年，無山東憂者，亦以能得魏也。長慶初誅趙，一日五諸侯兵四出潰散，以失魏也。昨日誅趙，罷如長慶時，亦以失魏也。故河南、山東之輕重，常懸在魏，明白可知也。非魏強大能致如此，地形使然也。[127]

杜牧對於河北這個「果於戰耕」地區的風俗與軍事力量之間的關係，也很注意。前引〈戰論〉說河北之人「俗儉風渾，淫巧不生，樸毅堅強」是其一例，前述〈唐故范陽盧秀才（霈）墓誌〉說燕、趙之地「擊毬飲酒，馬射走兔，語言習尚，無非攻守戰鬥之事。」 是其二例。他在〈罪言〉中詳析「不得山東，兵不可死」的理由時，也指出「山東之地……其人沉鷙多材力，重許可，能辛苦」[128]，這是第三例。

以上略述杜牧對於藩鎮客觀形勢與內部情勢的分析。這些分析，事實上還只能算是杜牧重視軍事與藩鎮問題的一些基本看法，尚未為當政者採納並形成具體的軍事行動。下節即將討論他與宰相李德裕論用兵澤

[127] 《樊川文集》，卷五，頁88，〈罪言〉。

[128] 《樊川文集》，卷五，頁86，〈罪言〉。

潞，則是他的部份主張為當政者所採納而實踐了。

四、請數係虜事、誰其為我聽——杜牧與李德裕論用兵討伐昭義劉稹

(一)上黨爭為天下脊——杜牧上書的背景

杜牧自二十三歲(825)作〈上昭義劉司徒書〉，二十五歲(827)作〈燕將錄〉，其後在三十二歲(834)左右，完成了重要的軍事作品〈罪言〉、〈原十六衛〉、〈戰論〉和〈守論〉等篇。但到了他四十歲時，年輕時期慨然喜論兵的杜牧，卻在這時遠適邊郡，出任黃州刺史約二年半（自842年春至844年九月），任池州刺史二年（自844年九月至846年九月）。杜牧在出為黃州刺史時，對於他的經世抱負久久不能施展，頗為鬱鬱不平。牧之在這一年（會昌二年，842）寫了一些詩文明志：他在〈上李中丞書〉中說到個人關切問題及其自信與抱負；在〈郡齋獨酌〉中說出平生志向所在，即削平藩鎮，收復河湟，期使生民安居樂業。在〈雪中書懷〉中，更表達他已有阻擋回鶻入侵的長策。這些在上文中，都已略加敘述。值得再提出的是，他在同一年還寫了〈上池州李使君（方玄）書〉，對李氏傾吐抱負，談論學術。在這封致李氏的書信中，有一段話特別值得注意。牧之談到他自年少至年屆不惑的一段他自稱是混跡「江湖」[129]的日子裡，所關切的問題以及他的滿懷自信時說：「僕自元和已來，以至今日，其所見聞名公才人之所論討，典刑制度，征伐叛亂，考其當時，

[129] 《樊川文集》，卷一三，頁193，〈投知己書〉。此書撰作時間，繆鉞未定何年，唯在書中，牧之說：「大和二年，小生應進士舉……小生邇來十年江湖間……」等語。胡可先認為十年可能是實年，故定該文作於開成二年(837)，時牧之三十七歲。見：胡可先，《杜牧研究叢稿》，頁。92–93

參於前古，能不忘失而思念，亦可以為一家事業矣」。[130]

杜牧出任黃、池兩州刺史期間，正是李德裕出任宰相之時。杜牧和李德裕討論用兵之道的論疏，都在這段期間完成。主要包括會昌三年(843)討論用兵澤潞的〈上李司徒相公論用兵書〉(卷11)，會昌四年(844)論述防禦回鶻的〈上李太尉論北邊事啟〉(卷16)，會昌五年(845)議論翦除江淮一帶江賊的〈上李太尉論江賊書〉(卷11)。本文以藩鎮問題為討論焦點，以下就以杜牧論述用兵澤潞為對象，略加分析。至於牧之議論討伐回鶻與江賊事，則不做深論。

杜牧早在入仕之前一年的大和元年(827)，因為有慼於滄州用兵，寫下了〈感懷詩〉(見前文引)，他自稱是「關西賤男子」，有著「誓肉虜杯羹」的壯志豪情。更重要的是他飽讀兵書，注意歷代興亡事跡，但他一向主張削平抗命藩鎮的經世之志無法實踐，因而慨嘆「請數係虜事，誰其為我聽。」這個「請數係虜事，誰其為我聽」的一部份願望，終於在他四十一歲時實現了。

杜牧〈上李司徒相公論用兵書〉，是一篇約二千三百字的長篇論述。司馬光在《資治通鑑》卷二四七「武宗會昌三年四月」條下，曾節引這篇論述約五百字的重要文字，並在錄文之前、後說：「黃州刺史杜牧上李德裕書，自言……」、「時德裕制置澤潞，亦頗采牧言」[131]。《舊唐書・杜牧傳》對於此事，隻字未提。宋祁為補其事，在《新唐書・杜牧傳》節引了這封書信約一百三十字，並在其前、後敘述說：「會劉稹拒命，詔諸鎮兵討之，牧復移書於德裕，以……」、「俄而澤潞平，略如牧策」[132]。繆鉞對於司馬光所繫時間，不表贊同，說：「按《通鑑》以杜牧上李德裕書繫於本年四月，似嫌稍早，應在本年八月下詔討劉稹之

[130] 《樊川文集》，卷一三，頁192，〈上池州李使君（方玄）書〉。

[131] 司馬光，《資治通鑑》，卷二四七，頁7982–83，「武宗會昌三年四月」條。

[132] 《新唐書》，卷一六六，頁5097，〈杜牧傳〉。

後」[133]。

杜牧上李德裕書的直接原因，是昭義節度使劉稹拒命，朝廷下詔討之。關於劉稹拒命，得溯自其祖劉悟及其從父劉從諫。前文曾略述杜牧在〈上昭義劉司徒書〉，作於他二十三歲之時，即寶曆元年(825)。劉司徒即昭義節度使澤潞邢洺等州觀察等使劉悟，悟自憲宗元和十五年(820)十月至敬宗寶曆元年(825)九月卒時，皆任是職。長慶元年(821)，幽州大將朱克融叛，朝廷冀其討叛，但劉悟遷延觀望。並頗縱恣，欲效河朔三鎮。往往奏章論事，辭旨不遜。牧之〈上昭義劉司徒書〉，對當時的藩鎮形勢，條分理析，為劉悟做了詳盡說明，目的在規勸劉氏舉兵討叛。換言之，杜牧對昭義內部情勢及其與河北藩鎮的關係，早在他入仕之前就已注意，並有充分的認識。劉悟卒，子劉從諫知留後，並自次年（寶曆二年，826）起任昭義節度使，至會昌三年(843)四月卒。《新唐書・劉從諫傳》說：「悟苛擾，從諫寬厚，故下益附。……文宗待遇加等……公卿多託以私，又見事柄不一，遂心輕朝廷，有驕色……及甘露事……仇士良積怒，倡言從諫志窺伺。從諫亦妄言清君側。因與朝廷猜貳……性奢侈，飾居室輿馬，無遠略，善貿易之算……所在暴橫沓貪，責子貸錢，吏不應命，即愬于從諫。欲論奏，或遣客游刺，故天下怨怒。」[134]劉從諫因為和宦官仇士良迭相傾軋，自武宗即位(841)起，就「招納亡命，繕完兵械，鄰境皆潛為之備」[135]。

劉稹拒命起於會昌三年四月節鎮兵權之爭，《資治通鑑》記其事說：

> 劉從諫疾病……乃與幕客……謀效河北諸鎮，以弟……從素之子稹為牙內都知兵馬使……從諫尋薨，稹祕不發喪……稹又逼監軍

[133] 繆鉞，《杜牧年譜》，頁57。

[134] 《新唐書》，卷二一四，頁6014–15，〈劉從諫傳〉。

[135] 《資治通鑑》，卷二四七，頁7979，「武宗會昌元年四月」條。

崔士康奏稱從諫疾病，請命其子稹為留後……上以澤潞事謀於宰相（筆者按：當時宰相有四人，即崔珙、李紳、李讓夷、李德裕），宰相多以為：「回鶻餘燼未滅，邊境猶須警備，復討澤潞，國力不支，請以劉稹權知軍事。」諫官及群臣上言者亦然。李德裕獨曰：「澤潞事體與河朔三鎮不同。河朔習亂已久，人心難化，是故累朝以來，置之度外。澤潞近處心腹……敬宗不恤國務，宰相又無遠略，劉悟之死，因循以授從諫。從諫跋扈難制，累上表迫脅朝廷。今垂死之際，復以兵權擅付豎子。朝廷若又因而授之，則四方諸鎮誰不思效其所為，天子威令不復行矣。」上曰：「卿以何術制之？果可克否？」對曰：「稹所恃者河朔三鎮，但得鎮（成德）、魏（魏博）不與之同，則稹無能為也。……」上喜曰：「吾與德裕同之，保無後悔。」遂決意討稹[136]。

李德裕知道以仇士良為首的宦官集團與澤潞有仇，征討昭義不致招到宦官掣肘，遂決定對劉稹拒命採取他一貫主張對付藩鎮的強硬軍事行動。事實上，李德裕在與武宗討論昭義之事時，已經有了可稱之為「遠交近攻」的戰略方針和「四面包圍」的戰術構想。他此後一連串的具體行動，簡單說，就是「用中丞李回奉使河朔，說令三鎮加兵討稹，乃削奪稹官，命徐、許、滑、孟、魏、鎮、幽、并八鎮之師，四面進攻」[137]。對於朝廷用兵澤潞已有一些謀策及其若干經過，身在遠郡黃州的杜牧可能有所聽聞，所以他在〈上李司徒相公論用兵書〉一開頭就說：「伏睹明詔誅山東不受命者，廟堂之上，事在相公。雖罇俎之謀，算畫已定，而賤末之士，芻蕘敢陳。伏希捨其狂愚，一賜聽覽」[138]。

---

[136] 《資治通鑑》，卷二四七，頁7979–81，「武宗會昌元年四月」條。

[137] 《舊唐書》，卷一六一，頁4233，〈劉從諫傳〉。

[138] 《樊川文集》，卷一一，頁164，〈上司徒李相公論用兵書〉。

㈡杜牧論用兵與唐軍征討昭義

為什麼杜牧知道李德裕「算畫已定」，還是「敢陳」他的用兵意見呢？以下試分析杜牧在書中的建言。

首先，杜牧指出：他在大和二年(828)任校書郎時，曾質問董重質，為何當年以三州之眾，而淮西抗命卻四歲不破？重質答以「徵兵太雜」（見前文第二節引）。杜牧對於重質所析當時諸道徵兵（客軍）及主、客軍戰力，描述得極為清楚，是研究藩鎮兵源的重要史料。並指出「其時若使鄂州、壽州、唐州祇令保境，不用進戰，但用陳許、鄭滑兩道全軍，帖以宣、潤弩手，令其守隘，即不出一歲，無蔡州矣。」這是杜牧在回顧淮西戰爭時，認為當時應該採取的最佳合圍戰術。

其次，杜牧分析上黨的昭義軍與當年淮西的情況不同。「淮西為寇僅五十歲……風俗益固，氣焰已成……根深源闊，取之固難。」但昭義一鎮，向來忠於朝廷，經常與抗命朝廷的河朔三鎮作戰，並頗有戰功。杜牧因此說：「夫上黨則不然，自安史南下，不甚附隸，建中之後……常以孤窮寒苦之軍，橫折河朔彊梁之眾。」長慶元年(821)征討成德王庭湊，「其時用兵處處敗北，唯昭義一軍於臨城縣北同果堡下大戰，殺賊五千人……賊中大震。」可是這種情形，到劉從諫、劉稹時已經有所改變。牧之說：自「劉悟卒，從諫求繼，與扶同者只鄆州隨來中軍二千耳。……值寶曆多故，因以授之，今纔二十餘歲[139]，風俗未改，故老尚存，（劉稹）雖欲劫之，必不用命。」這是杜牧分析昭義內部上下並未一心的情勢，實有利於朝廷討叛行動。

最後，杜牧從地理位置與地形、地勢，分析圍擊昭義應該採取的策

[139] 《資治通鑑》，卷二四七，頁7983，「武宗會昌元年四月」條引杜牧上書，胡三省注云：「按寶曆元年，以昭義授劉從諫，至是纔十九年。」胡氏讀書之仔細，可見一斑。

略。他認為南面宜守不宜攻，東面可以稍稍攻城略堡、發揮牽制的作用，最重要的是「必取之策，在於西面。」 這是杜牧上李德裕書中最為精彩的部份。由這部份的意見，可以窺見牧之在兵學與地理方面的素養，他自稱關心「治亂興亡之跡，財賦兵甲之事，地形之險易遠近，古人之長短得失」，確實不是空言。以下試略加分析。

昭義節度使在會昌三年時領有澤、潞、磁、邢、洺等五州[140]，澤、潞二州在太行山西面與太岳山、烏嶺山脈間的谷地，磁、邢、洺三州則在太行山東麓的河北平原（昭義所領五州的相關地理位置圖，參看：嚴耕望，〈唐代河東太行區交通圖（南幅）〉[141]）。太行山脈西南起自黃河北岸，向東北蜿蜒。「山脈連珠，高峰疊起，海拔多在二千公尺以上。山脈東南為河北平原，山脈西北為山西高原，地貌全異，而以峰巒連珠間中斷之谷陘為平原高原間之東西通道，稱為陘道，其數甚多，中古時代之顯名者，《述征記》述之云：『太行山首始於河內，自河內北至幽州，凡百嶺連亙十二州之界，有八陘。第一曰軹關陘……第二太行陘，第三白陘……第四滏口陘……第五井陘，第六飛狐陘，一名望都關，第七蒲陰陘……第八軍都陘』」[142]。以上是所謂的「太行八陘」。昭義治所潞州及其以南的澤州，恰在昭義南北主要交通線的「洛陽太原驛道」[143]上，

[140] 唐代藩鎮領地時有增廢，昭義在會昌三年領地，此據：《新唐書》，卷六八，頁1831–53，〈方鎮表（三）〉。又參：吳廷燮，《唐方鎮年表》，卷四，頁88–90，「昭義節度使」。

[141] 嚴耕望，《唐代交通圖考》，第五卷「河東河北區」（臺北：中央研究院歷史語言研究所，1986），圖一九，〈唐代河東太行區交通圖（南幅）〉。

[142] 嚴耕望，《唐代交通圖考》，第五卷「河東河北區」，頁1417，篇四〇〈太行白陘道與穴陘道〉。

[143] 有關洛陽太原驛道的詳細考證，見：嚴耕望，《唐代交通圖考》，第一卷「京都關內區」，頁129–162，篇四〈洛陽太原驛道〉。

此條驛道在澤州及其南方之懷州間為太行陘。至於潞州東西向主要交通線，在西面為「晉絳與潞澤間之烏嶺道」[144]，在東面有太行八陘之一的穴陘通相州，另有經潞城縣、古壺關口、涉縣至固鎮驛，再轉邢州及磁州之通道，即「太行滏口壺關道」[145]，此一東西重要通道中有太行八陘之一的滏口陘。至於與昭義節度使領地相鄰及相近的藩鎮，西北為河東，西為河中，南為河陽、忠武，東南為義成、宣武，東為魏博，東北為成德(昭義鄰近藩鎮的相關地理位置圖，參看：譚其驤，〈元和方鎮圖〉[146])。

杜牧在〈上李司徒相公論用兵書〉中，對於召集諸道軍隊圍攻昭義，應該採取的策略，有著詳細的建言。他認為從昭義南面說，宜守、不宜攻。牧之說：「伏以河陽西北，去天井關強一百里（關屬澤州），關隘多山，井泉可鑿，雖有兵力，必恐無功。若以萬人為壘，下窒其口，高壁深塹，勿與之戰。忽有敗負，勢驚洛師。蓋河陽軍士，素非精勇，戰則不足，守則有餘。」從洛陽附近的河陽北攻澤州、潞州，就是沿「洛陽太原驛道」北進，但在懷州至澤州間，有著太行八陘的第二陘太行陘。牧之所說「關隘多山」的通路即太行陘，嚴耕望考證甚詳：「太行陘……闊三步，長四十里，至險峻，古所謂羊腸者……陘道蓋循丹水河谷北上……至天井關，一名太行關，關南有天井泉三所，故名。關當山道最高處，在澤州治所晉城縣南四十五里，南去懷州蓋九十五里」[147]。杜牧對

---

[144] 烏嶺道之詳細考證，見：嚴耕望，《唐代交通圖考》，第五卷「河東河北區」，頁1411–15，篇三九〈晉絳與潞澤間之烏嶺道〉。

[145] 此道之詳細考證，見：嚴耕望，《唐代交通圖考》，第五卷「河東河北區」，頁1421–39，篇四一〈太行滏口壺關道〉。

[146] 譚其驤主編，《中國歷史地圖集》第五冊「隋唐五代十國時期」（上海：地圖出版社，1982），頁38–39，〈元和方鎮圖〉。

[147] 嚴耕望，《唐代交通圖考》，第一卷「京都關內區」，頁139，篇四〈洛陽太原驛道〉。

於天井關的險峻地形有著深切的瞭解，也知道河陽軍「素非精勇」，所以建議從南面進攻的策略是宜守不宜攻。

杜牧認為東面成德之軍或可委以重任、魏博則只能發揮牽制作用，他的理由是：「成德一軍，自六十年來，世與昭義為敵，訪聞無事之日，村落鄰里，不相往來。今王司徒（承元）代居反側，思一自雪，況聯姻戚，願奮可知。六十年相讎之兵仗，朝為委任之重，必宜盡節，以答殊私。魏博承風，亦當效順。然亦止於圍一城、攻一堡，刊木堙井，係虆稚老而已，必不能背二十城，長驅上山，徑擣上黨。」杜牧對於昭義劉氏和成德王氏六十年的恩怨和矛盾，在〈上李司徒相公論用兵書〉前段談到劉氏的歷史時已加剖析。在他看來，河朔三鎮中的成德較有可能為報夙讎而奮力作戰，魏博則只能攻奪少數城堡，發揮一點牽制作用。但基本上，在合圍的戰術中，東面的戰略地位不如西面重要。

杜牧從地形、補給和軍事歷史等角度分析，認為討伐昭義，必須從西面進攻。牧之說：

> 其用武之地，必取之策，在於西面。今者嚴紫塞之守備，謹白馬之隄防，祇以忠武、武寧兩軍，以青州五千精甲（原注：三齊兵青州最勁），宣、潤二千弩手，由絳州路直東徑入，不過數日（按：《通鑑》引作「月」），必覆其巢。何者？昭義軍糧，盡在山東；澤、潞兩州，全居山內，土瘠地狹，積穀全無。是以節度使多在邢州，名為就糧。山東糧穀既不可輸，山西兵士亦必單鮮，擣虛之地，正在於此。後周武帝大舉伐齊，路由河陽，吏部宇文弼曰：「夫河陽要衝，精兵所聚，盡力攻圍，恐難得志。如臣所見，彼汾之曲，戍小山平，用武之地，莫過於此。」帝不納，無功而還。後復大舉，竟用弼計，遂以滅齊。前秦苻堅遣將王猛伐後燕慕容偉，大破偉將慕容評於潞川，因遂滅之，路亦由此。北齊高

歡再攻後周，路亦由此而西。後周名將韋孝寬、齊王佽常鎮勳州玉壁城（原注：今絳州稷山縣是也）。故東西相伐，每由此路，以古為證，得之者多[148]。

分析杜牧所論，要討伐昭義，必取之策，是由西面的絳州路進攻。既然如此，則正好與前述從南面採取守勢、東面用以牽制的戰術，可以相互配合。除了上述東面及南面的合圍戰術外，牧之說還要「嚴紫塞之守備」，紫塞無考，可能是指位於潞州東面通路上的紫陌。據嚴耕望考證，紫陌在鄴城西北五里，位於河北平原西側主要城市鄴、邢、洺、磁等西通潞州及太原之「太行滏口壺關道」上，紫陌附近有太行八陘之一的滏口陘[149]。另外，牧之說也要「謹白馬之隄防」，則是指唐代黃河重要津渡地位僅次於蒲津、河陽津的白馬津[150]，位於昭義的東南方，屬鄭滑（義成）節度使之滑州管縣白馬縣，有白馬山、白馬津，一名黎陽津，在滑州北三十里。這個津渡自古以來，地位就極為重要。《元和志》曾引酈食其說漢祖曰：「守白馬之津、塞飛狐之口，以示諸侯，則天下知所歸矣」[151]。前引牧之在〈罪言〉中，論欲得山東之中策為取魏，其中即謂「黎陽距白馬津三十里，新鄉距盟津一百五里，陴壘相望，朝駕暮戰，是二津虜能潰一，則馳入成皋不數日間，故魏於河南間亦最重。」嚴耕望從實際里程數考之，認為杜牧所說「乃指白馬縣而言，文士言非準確耳」[152]。

[148] 《樊川文集》，卷一一，頁167–168，〈上司徒李相公論用兵書〉。

[149] 見：嚴耕望，《唐代交通圖考》，第五卷「河東河北區」，頁1533，篇四五〈太行東麓南北走廊驛道〉。

[150] 見：嚴耕望，《唐代交通圖考》，第五卷「河東河北區」，頁1527–29，篇四五〈太行東麓南北走廊驛道〉。又同書，頁1565，篇四六，〈河陽以東黃河流程與津渡〉。

[151] 李吉甫（賀次君點校），《元和郡縣圖志》（北京：中華書局，1983），卷八，頁198–199，「滑州白馬縣」。

杜牧所說里程固不精準，但他認為攻討昭義，在東面、南面皆以採取守勢及牽制為主要原則，那麼能夠擣上黨之虛的通路，只有西面而已。

杜牧認為要取昭義，則作戰之地和必經的交通路線，都在西面。他是從昭義本身的虛實和歷代東西攻伐的經驗，提出這項建議。以昭義的軍糧補給來說，位於太行山西麓的澤、潞兩州，無法自行生產足夠的糧食，必須仰賴太行山東麓的邢州自河北平原取得的糧食。因此，位於太行山西的澤、潞兩州是可擣的虛地。牧之所建議的「由絳州路直東徑入」，正是嚴耕望所說潞州西面的「晉絳與潞澤間之烏嶺道」。嚴氏對這條通道考證極詳，他說：「唐代有烏嶺道由晉、絳通潞州，史傳極常見……其道由晉州東行七十八里至神山縣……又東四十里至烏嶺。又由絳州之翼城縣東北行七十五里亦至烏嶺……烏嶺山脈南北長約百里，縱亙於汾、沁兩水之間。……下嶺又東三十里至冀氏縣……又東行五十八里至刁黃嶺……又東五十里至長子縣，又東北五十里至金橋，又二里至潞州治所上黨縣（今長治）」[153]。牧之又引史傳，證明烏嶺道更是北周北齊相攻及前秦滅後燕「東西攻伐，每由此路」。值得注意的是，杜牧建議取烏嶺道從西面攻討潞州，而不由南面的河陽北攻昭義，這項建議當多少受到他在上李德裕書中所提宇文弼意見的影響。

杜牧在〈上李司徒相公論用兵書〉的最後一段，引用他所熟悉的《孫子》的一句話「兵聞拙速，未睹巧之久也」[154]，認為劉稹並非終不可取，

[152] 嚴耕望，《唐代交通圖考》，第五卷「河東河北區」，頁1528，篇四五〈太行東麓南北走廊驛道〉。

[153] 嚴耕望，《唐代交通圖考》，第五卷「河東河北區」，頁1411，篇三九〈晉絳與潞澤間之烏嶺道〉。

[154] 《孫子十一家註》（中央圖書館館藏影印本），卷上，頁17下，「作戰篇」。又見：《宋本十一家注孫子》（上海圖書館館藏影印本），同卷、同頁。又見：郭化若譯，《十一家注孫子》，卷上，頁31。

但應該採取兵法中速戰速決的作戰準則，以免日久生變。

以上是杜牧上李德裕論用兵昭義的若干分析，如果從唐軍征討昭義的實際經過加以覆按，杜牧並未論及北面的攻守之道應該如何，但他所說南面宜守不宜攻、東面可以發揮牽制作用及「必取之策，在於西面」的論點，的確誠如前引《通鑑》所說「時德裕制置澤潞，亦頗采牧言」，或者如前引《新・傳》所說「俄而澤潞平，略如牧策。」換言之，李德裕採納了杜牧上書的部份意見。到底是那一部份呢？

李德裕制置澤潞，直接指揮諸道軍隊圍攻昭義。他在會昌四年四月討伐行動一開始，在四面的佈署為：「（南面：）河陽節度使王茂元以步騎三千守萬善；（北面：）河東節度使劉沔步騎二千守芒車關、步軍一千五百軍榆社；（東面：）成德節度使王元逵以步騎三千守臨洺，掠堯山；（西面：）河中節度使陳夷行以步騎一千守翼城、步兵五百益冀氏……辛丑……以元逵為澤潞北面招討使，（魏博節度使）何弘敬為南（當作東）面招討使，與夷行、劉沔、茂元合力攻討」[155]。關於此次戰事的發展，王仲犖曾略作總結認為，「當時藩鎮，多持兩端，出兵境上，逗留不進……藩鎮受命作戰，只是虛張聲勢，向唐王朝邀功請賞罷了……唐軍四面圍攻澤潞，歷一年零四個月，在軍事上並沒有多少進展。但是澤潞鎮在外力壓迫下，內部矛盾卻爆發了」[156]。王氏的說法，對諸道軍隊的「外力壓迫」似乎過於低估，對於李德裕運籌帷幄也未論及，劉稹最

---

[155] 《資治通鑑》，卷二四七，頁7984，「會昌三年四月」條。引文中括弧內文字為筆者所加，何弘敬當為東面招討使，見：李德裕，〈討劉稹制〉，收在《李衛公會昌一品集》（臺北：新文豐出版公司，1984；據1936年商務印書館叢書集成本影印），卷三，頁15–17。〈討劉稹制〉是李德裕奉宣撰，又收入宋敏求編，《唐大詔令集》（北京：商務印書館，1959；臺北：鼎文書局，1978，影印版），卷一二〇，頁637–638。

[156] 王仲犖，《隋唐五代史》（上海：人民出版社，1988），上冊，頁215–216。

後的命運雖然是因內部矛盾而為屬下所殺，但昭義迫於外力，到了戰事後期，才在東面有山東三州（邢、洺、磁）之降，在南面失去澤州，北面及西面都有諸道軍節節進逼潞州，昭義內部才會發生內亂，也是事實。

唐軍攻伐昭義之役，起自武宗會昌三年四月，至會昌四年八月劉稹授首，歷時一年四個月。《資治通鑑》卷二四七至二四八記載此役的經過，較《兩唐書》更為詳細、更有系統，可資與杜牧之論比對。另外，李德裕《會昌一品集》收錄此役相關的制敕、書啟、詔意、事狀等資料七十餘篇，記載如何指揮諸軍攻討昭義，非常詳盡，具有極高的史料價值，實有待他日進行深入的專題研究。關於這次戰役的煩瑣經過，本文不擬贅述，只略取其中與杜牧所論「必取之策，在於西面」若干相關記事，稍加比較，以說明杜牧見解是否珍貴。

以唐軍在昭義西面的進攻情形來看，基本上是採取杜牧所說「由絳州路直東徑入」，由石雄率領，在「汾之曲，戍小山平」的烏嶺道上，與昭義軍展開不少戰事，使這個地區成為「用武之地」。嚴耕望在研究〈晉絳與潞澤間之烏嶺道〉時，曾引《全唐文》七〇二李德裕〈論石雄請添兵狀〉云：「訪聞冀氏去潞州最近，才二百里以下，於此進兵，最當要害。翼城亦是大路，須備賊奔衝。」[157]嚴氏並作按語，說：「按此項由西路攻上黨之觀念，實由杜牧所建議，參看牧〈上李司徒相公論用兵書〉。」嚴氏更引《通鑑》所載石雄等在西路進攻路線、屯兵之處及劉稹部將拒守地點等，對這條交通線做一些說明。嚴氏因此認為：「石雄由烏嶺至上黨，是由晉、絳東經冀氏，越烏嶺至潞州也」[158]。

杜牧〈上李司徒相公論用兵書〉作於會昌三年八月，當唐諸道軍四

[157] 按：李德裕〈論石雄請添兵狀〉，收在《李衛公會昌一品集》，卷一五，頁128。

[158] 嚴耕望，《唐代交通圖考》，第五卷「河東河北區」，頁1411–12，篇三九〈晉絳與潞澤間之烏嶺道〉。

面圍攻昭義全面展開之時，在這一年歲暮之際，杜牧作了一首〈東兵十句長韻〉，對於用兵澤潞一事，寫下了他的期望：

> 上黨爭為天下脊，邯鄲四十萬秦阬，狂童何者欲專地？聖主無私豈玩兵，玄象森羅搖北落，詩人章句詠東征。雄如馬武皆彈劍，少似終軍亦請纓。屈指廟堂無失策，垂衣堯舜待昇平。羽林東下雷霆怒，楚甲南來組練明，即墨龍文光照耀，常山蛇陣勢縱橫。落鵰都尉萬人敵，黑槊將軍一鳥輕，漸見長圍雲欲合，可憐窮壘帶猶縈，凱歌應是新年唱，便逐春風浩浩聲[159]。

詩中所說「欲專地」的「狂童」，是指在「上黨爭為天下脊」的劉稹。稹年少而懦弱[160]，李德裕的文章也屢屢稱他為騃童[161]。詩中「羽林」以下至「長圍」等句，是歌詠諸道軍隊四面合圍，在杜牧看來，李德裕指揮作戰，應該是「屈指廟堂無失策」。杜牧此詩當作於會昌三年歲暮，所以詩末說「凱歌應是新年唱，便逐春風浩浩聲」，當然是預祝來年春天可以平定澤潞了[162]。

雖然，會昌四年春澤潞仍未平定，但到了秋天，杜牧期待的「凱歌」，

---

[159] 杜牧，《樊川文集》，卷二，頁25，〈東兵十句長韻〉。又收入：《樊川詩集注》，卷二，頁127–130。

[160] 劉稹生年無考，《兩唐書・劉稹傳》皆未繫生年，《資治通鑑》，卷二四八，頁8005，「武宗會昌四年閏七月」條謂「劉稹年少懦弱」。

[161] 例如：李德裕，〈賜潞州軍人敕書意〉，《李衛公會昌一品集》，卷六，頁43，說：「劉稹乳臭騃童，未有所識……」；又，同書，卷八，頁66，〈代彥佐與澤潞三軍書〉，稱稹為「騃童」；又，同書，卷九，頁76，〈誅郭誼等敕〉稱稹為「孽童」。

[162] 繆鉞即據此詩末句，斷定詩作於會昌三年歲暮，見：繆鉞，《杜牧年譜》，頁58。又見：繆鉞，《杜牧傳》，頁79。

終於唱起了。

五、結語

本文以晚唐著名詩人杜牧論述唐代藩鎮與軍事為重點，略析俊邁不羈、詩豪而艷、自負經緯才略、喜談政論兵的杜牧，在軍事思想、對藩鎮形勢的分析和用兵昭義的議論等方面的主要成就。從本文的初步探討，我們認為自唐宋以來就毀譽參半的杜牧，不僅在文學方面值得研究，他對於兵學和致用之學的素養和對於國家大事的關懷，也同樣值得注意。

過去批評杜牧者往往從他私人細行和詩風立論，牧之「十年一覺揚州夢，贏得青樓薄倖名」，使他千餘年來始終有著浪蕩文士的形象。但是，這可以是牧之生活的一面。他的另一面，卻是充滿對於國家、社會的關心。從他十六歲看到跋扈的藩鎮係戮將相起，就悟出自幼所學的像《禮》這一類的儒家經典，是「不足取信、不足為教」的。由於家風的影響和個人對時政的關切，此後就逐漸注意到十數家、百萬言的兵家著作。他自二十三歲初作〈阿房宮賦〉、〈與劉司徒書〉開始，就嶄露對藩鎮與軍事問題等時政的關心。他後來所寫的許許多多有關藩鎮與軍事的文章，諸如〈罪言〉、〈原十六衛〉、〈戰論〉、〈守論〉、〈上李司徒相公論用兵書〉、〈上李太尉論北邊事啟〉、〈上李太尉論江賊書〉、〈上昭義劉司徒書〉、〈燕將錄〉，甚至《孫子注》十三篇和許多其他相關詩文等等，可以說正是《新唐書・杜牧傳》說他「剛直有奇節，不為齪齪小謹，敢論列大事，指陳病利尤切至」[163]的最具體表現。

杜牧對於經史、兵學、地形和藩鎮形勢的深入瞭解，反映在他的軍事作品中。在〈上李司徒相公論用兵書〉裡，牧之指出用兵澤潞所應採取的戰略，其中部份意見更為李德裕採納而付諸實際的軍事行動。

---

[163] 《新唐書》，卷一六六，頁5097，〈杜牧傳〉。

自古書生論政、談兵，常有空言之譏，像杜牧這樣能將理想和知識化為行動，豈僅令人嚮往而已?

朱子《中庸》首章說試釋

陳榮開

前　言

本文之作旨在從朱子對《中庸》首章的結構與義理的分析入手，嘗試討論其《中庸》首章說的特色。全文雖以第四章為一篇的主體，為了提供相關的背景材料，在第四章之前特設與之幾不成比例的簡短的三章，先後敘述朱子的《中庸》說在其自身哲學體系之中所具有的重要地位，朱子對《中庸》全篇結構的特色所持的基本觀點，和本文之以朱子《中庸》首章說為討論對象的原因、理據及有關所運用的文獻的一些說明。至於全文的主體，則集焦於朱子對《中庸》首章的註釋，詳細地分析其對該章結構與義理所持的看法。

一

朱子對《中庸》一書所作的解說之所以重要，不僅在於《中庸章句》（以下簡稱《章句》），作為其《中庸》解說的核心部分，為其畢生精力所瘁的《四書章句集注》之學的有機部分，而且在於其在《四書》之中所扮演為他書義理之所會歸的特有的功能。有關他的《四書》之學，❶

朱子曾有以下的一段論說：

> 某要人先讀《大學》，以定其規模；次讀《論語》，以立其根本；次讀《孟子》，以觀其發越；次讀《中庸》，以求古人之微妙處。❷

此外，朱子又說：

> 蓋不先乎《大學》，無以提絜綱領而盡《論》、《孟》之精微；不參之《論》、《孟》，無以融貫會通而極乎《中庸》之歸趣；然不會其極於《中庸》，則又何以建立大本、經綸大經，而讀天下之書、論天下之事哉！❸

這兩段文字，雖然前者著重《四書》各別的特點而後者則強調其間相輔相乘的關係，其所包含的意味卻是相互發明的。合二者而觀之，可以確定朱子之視《中庸》一書為《大學》、《論語》和《孟子》三書之所會極與歸趣的事實。所以如此，是因為《中庸》所言者乃是至為「微妙」的

❶ 有關朱子的《四書》之學，論者不少。其中有錢穆的〈朱子之四書學〉一文，論之甚詳，見其《朱子新學案》，冊4（臺北：三民書局，1997），頁180–229。日人著述中有大槻信良的〈四書集註章句に現れたる朱子の態度〉，和市川安司的〈四書の順序とその意義〉等。分別見《日本中國學會報》，5 (1953)，頁80–90和《二松舍大學東洋學研究所集刊》，2 (1971)，頁 45–67。西文著述中則以 Daniel K. Gardner, "Principle and Pedagogy: Chu Hsi and the Four Books," 一文最為詳細，見*Harvard Journal of Asiatic Studies,* vol. 44, no.1（June, 1984）, pp. 57–81。

❷ 見《朱子語類》（以下簡稱《語類》），卷十四，（宋）黎請德編、王星賢點校，《朱子語類》，冊1（北京：中華書局，1986年），頁249。

❸ 見朱熹，《大學或問》，《四書或問》卷一，《四庫全書》（以下簡稱《四庫》）（上海古籍出版社影印版），冊197，頁225。

道理，而此一道理又是人之所以能內而建立大本、外而經綸大經，並藉以衡決天下之理、判斷天下之事的大本領與大原則之所在的緣故。❹然則，此一微妙的道理究實為何？其所以能成為學者自我進修和應事接物的最高守則，其理由又何在？有關這些問題，倘非對朱子的《中庸》說所含的義理有充份的瞭解，恐怕難有確切的答覆。

朱子的《中庸》說之所以不容忽視的另一原因，在於其與朱子著名的道統說❺的密切關係。誠如陳榮捷氏所言，「道統」一辭乃係朱子所鑄

❹ 朱子又云：「若理會得此四書，何書不可讀！何理不可究！何事不可處（《語類》，卷十四，冊1，頁249）！」

❺ 有關朱子的道統說，論者亦復不少。比較重要的有錢穆的〈朱子論人心與道心〉，見其《朱子新學案》，冊2，頁99–122。陳榮捷亦曾先後撰寫五篇文章討論此一問題。第一篇為“Chu Hsi's Completion of Neo-Confucianism”，原載 Francoise Aubin, ed., *E'tude Song-Song Studies in Memoriam E'tienne Balazs*（Paris:1973），其後重印並收入Wing-tsit Chan, *Chu Hsi: Life and Thought*（H.K.: The Chinese Univ. Press, 1987），pp.103–38。此文後由萬先法譯成中文，題為〈朱熹集新儒學之大成〉，收入陳著《朱學論集》（臺北：學生書局，1982），頁1–35。第二篇為〈朱子道統觀之哲學性〉，原載《東西文化》，15期（1968年9月），現收入陳著《新儒學論集》（臺北：中央研究院中國文哲研究所籌備處，1995），頁123–38。第三篇為〈新道統〉，收入陳著《朱子新探索》（臺北：學生書局，1988），頁429–35。第四篇為 The New *Tao-t'ung*, 收入 Wing-tsit *Chan, Chu Hsi: New Studies*（Honolulu: Univ. of Hawaii Press,1989），pp.320–35。第五篇為《朱子與道統》，原載《儒學國際學術討論會論文集》（山東：齊魯書社，1989），現收入陳著《新儒學論集》，頁101–21。按陳氏的五篇文章，前後雖有重點的轉移，其觀點卻是大體一致的。此外，劉述先亦有專著論及此，見其《朱子哲學思想的發展與完成》（臺北：學生書店，1984年增訂再版），頁426–7；及 Shu-hsien Liu, “The Problem of Orthodoxy in Chu Hsi's

造❻；而其首次面世即在《中庸章句》的序文之上。然則，朱子何以要在介紹《中庸》一書性質的序文之中提出他的道統之說？關於這一點，可以從以下的一段文字推敲出來：

> 《中庸》何為而作也？子思子憂道學之失其傳而作也。……子思懼夫愈久而愈失其真也，於是推本堯、舜以來相傳之意，質以平日所聞父師之言，更互演繹，作為此書，以詔後之學者。蓋其憂之也深，故其言之也切；其慮之也遠，故其說之也詳。其曰：「天命率性」，則「道心」之謂也；其曰：「擇善固執」，則「精一」之謂也；其曰：「君子時中」，則「執中」之謂也。世之相後，千有餘年；而其言之不異，如合符節。歷選前聖之書，所以提絜綱維、開示蘊奧，未有若是其明且盡也。❼

按朱子認為，子思之所以作《中庸》，其本意乃在保存道學的原貌。而其所根據者，又不外是「堯、舜以來相傳之意」和「平日所聞父師之言」。因此，其所發明者亦自然與先聖所言完全切合。更重要者，朱子還認為，子思因憂深慮遠而言切說詳，而其所著《中庸》一書，於提絜綱維之明

Philosophy," in *Chu Hsi and Neo-Confucianism,* ed. Wing-tsit Chan (Honolulu: Univ. of Hawaii Press, 1986), pp.442-3.又本文作者亦有長文討論此一問題，見 Charles Wing-hoi Chan, "Chu Hsi's Theory of *Tao-t'ung* and the Message of the Sage," *International Review of Chinese Religion & Philosophy,*vol.1 (March, 1996), pp.67-152. 儘管論者不少，卻鮮有結合朱子之《中庸》說而論其道統說的。

❻ 見陳榮捷，〈朱子與道統〉，《新儒學論集》（臺北：中央研究院中國文哲研究所籌備處，1995），頁103。

❼ 見朱熹，《中庸章句》（以下簡稱《章句》）〈序〉，《四書章句集注》（北京：中華書局，1983），頁14-5。

與開示蘊奧之盡，亦因之而為前聖諸書所無法比擬。換言之，按朱子的說法，子思的《中庸》不僅忠實地傳述了道學的訊息，而且將此訊息闡發得空前的淋漓盡致。朱子對《中庸》一書的性質既作如是的理解，則其在揭示一篇大旨的序文中述及道統之說，自然是順理成章的事；而對於有志於探究朱子道統說的真實所指與豐富意含的學者而言，朱子對的《中庸》解說無疑就是不容錯失的最佳材料。

二

欲明瞭朱子對《中庸》的解釋，當從朱子對該書結構的看法入手。事實上，朱子對《中庸》一書結構所持的看法，已構成了其《中庸》解說的一大特色。最明顯的是，朱子既稱其所注之《論語》、《孟子》為《集注》，而於其同為集北宋以來先儒註釋之大成的《大學》和《中庸》，卻稱之為《章句》。可見，正如錢穆氏所言，「是朱子為此兩書重分章句，乃其特所注意」之事；❽而其書之以《章句》為標題，無疑就是朱子對其闡析《中庸》此一學術事業所作主要貢獻之所在的明白宣言。朱子曾有〈書《中庸》後〉一篇，其文如下：

> 右《中庸》一篇，三十三章。其首章子思推本先聖所傳之意以立言，蓋一篇之體要；而其下十章，則引先聖之所嘗言者以明之也。(游氏曰：「以性情言之，則曰中和；以德行言之，則曰中庸。其實一也。」) 至十二章，又子思之言；而其下八章，復以先聖之

❽ 見〈朱子之四書學〉，《朱子新學案》，冊4，頁216。又黃勉齋為朱子作行狀時即已指出其「於《大學》、《中庸》，則補其闕遺，別為次第，綱領條目，粲然復明」的事實。見王懋竑《朱子年譜》，卷三之四下，《叢書集成初編》(上海：商務印書局，1941)，頁233。

言明之也。（十二章明道之體用。下章庸言庸行，夫婦所知所能也；君子之道，鬼神之德，大舜、文、武、周公之事，孔子之言，則有聖人所不知不能者矣。道之為用，其費如此。然其體之微妙，則非知道者，孰能窺之？此所以明費而隱之義也。第二十章據《家語》，本一時之言，今諸家分為五、六者，非是。然《家語》之文，語勢未終，疑亦脫「博學之」以下，今通補為一章。）二十一章以下至卒章，則又皆子思之言，反復推說，互相發明，以盡所傳之意者也。（二十一章承上章，總言天道、人道之別。二十二章言天道。二十三章言人道。二十四章又言天道。二十五章又言人道。〔作者按：此處疑脫二十六、七兩章。〕二十八、二十九章承上章為下居上而言，亦人道。三十章復言天道。三十一、三十二章承上章小德大德而言，亦天道。卒章反言下學之始，以示入德之方，而遂極言其所至，具性命道教費隱誠明之妙，以終一篇之意，自人而入于天也。）熹嘗伏讀其書，而妄以己意分其章句如此。竊惟是書子程子以為孔門傳授心法，且謂善讀者得之，終身用之有不能盡。是豈可以章句求哉？然又聞之，學者之於經，未有不得於辭而能通其意者。是以敢私識之，以待誦習而玩心焉。新安朱熹謹書。❾

按朱子以為，儘管《中庸》一書所言為體微而用廣的孔門心法，學者欲契會於此一心法，亦不能不通過聖賢所立言語文字的一關，而其中尤為重要者乃是對通篇結構的掌握。只要全篇的結構掌握無誤，誦習玩心，假以時日，便不難有所契會了。

---

❾ 朱熹，《晦庵先生朱文公文集》（以下簡稱《文集》），卷八十一，頁9a–b，《朱子大全》（以下簡稱《大全》）（四部備要版）（臺北：台灣中華書局，1985年，三版），冊10。

以上的一篇文章，其寫作年月不詳。然而，觀其內容與語氣，似為朱子對《中庸》一書整體結構離經辨志之後所得體會的備忘。作為其個人日後對經書誦習玩心、繼續用功的參考及其撰寫《章句》的綱領，此文之作很可能早在《章句》草成之前經已完成。按《章句》草本，乃成於淳熙元（1174）年。⑩然則，其下距朱子為《中庸》作序的淳熙十六（1189）年⑪，固已有十五年之久。倘更以《章句》刻成的慶元元（1195）年來計算，⑫所距年月前後直超過二十一載。此期間，朱子對《中庸》的體會邃密加深，自然有不少的轉進。而此一轉進的成果亦都記錄在現今通行的《中庸章句》之內。按今本《章句》並無附有此文，而此文的內容實已散落於《章句》對各有關篇章的註釋之後，以標明其所說明篇章在全書之中的意義和地位。當然，較諸〈書《中庸》後〉之所言，散落在《章句》中的說明更為詳盡。儘管如此，不能否認的是，就朱子對《中庸》一書結構的總體看法而言，〈書《中庸》後〉一文實為奠基之作。其分三十三章為三個單元的做法，至今本《章句》仍然基本沒有改變。

然而，今本《章句》雖然沿襲〈書《中庸》後〉的三分法，其特別

⑩ 按《文集》〈答呂伯恭〉書云：「《中庸章句》一本上納，此是草本，幸勿示人（見《文集》，卷三十三，《大全》，冊4，頁24a)。」此書即成於淳熙元（1174）年甲午，時朱子四十五歲。

⑪ 按朱子於《章句》〈序〉文之後即自註明「淳熙己酉春三月戊申新安朱熹序（見《四書章句集注》，頁16)。」按淳熙己酉即十六（1189）年，時朱子年六十。

⑫ 按《文集》〈答林德久〉書云：「《中庸章句》已刻成，尚欲修一兩處（見《文集》，卷六十一，《大全》，冊8，頁4a)。」此書陳來定為慶元（1195）年乙卯秋冬間，時朱子年六十六。見《朱子書信編年考証》（上海：上海人民出版社，1989)，頁390。

重視首章與卒章、並強調兩章分別為全書的綱領與總結諸處，則又是今本《章句》之所不同於〈書《中庸》後〉的重要地方。因此，倘以今本為據，朱子對《中庸》三十三章的剖析，當可分成五個部分來論述。首、卒兩章一起一合，前後呼應；首章標明了「一篇之體要」，⓭卒章則再「舉一篇之要而約言之」，⓮並從而將首章的已發之意「申明而極言之」⓯。除了首、卒兩章互相終始之外，中間的三十一章復可分成三個單元。第一個單元由全篇的第二章開始，一直至第十一章為止，前後共十章。按朱子的說法，此十章「皆論中庸，以釋首章之義；文雖不屬，而意實相承也」。⓰接著的第十二章，與組成第一單元的所有篇章之皆為孔子之言不同，乃是子思自己的說話。按朱子的理解，子思之加入這段話語，其用意「蓋以申明首章道不可離之意也」；而「其下八章，雜引孔子之言以明之」。⓱如是者，子思的一段話，便成為了第二個單元的綱領，而此下一直到第二十章為止，也就是為了幫助闡明首章「道不可離」的豐富含義而選錄的。至於最後的一個單元則是由第二十一至三十二章所構成的。用朱子自己的話說：「右第二十一章，子思承上章夫子天道、人道之意而立言也。自此以下十二章，皆子思之言，以反覆推明此章之意」。⓲可見，在結構上言，此一單元與上一單元並無異緻，都是以同一單元內的第一章作為總綱，將整個單元所要討論的課題和所要發揮的義蘊扼要地表述出來，而以其餘的篇章加以詳細說明之。所不同者，此一

⓭ 見《章句》，《四書章句集注》，頁18。

⓮ 同上書，頁40。

⓯ 見《中庸或問》（以下簡稱《或問》），《四書或問》，卷五，《四庫》，冊197，頁293。

⓰ 見《章句》，《四書章句集注》，頁19。

⓱ 俱見同上書，頁23。

⓲ 同上書，頁32。

單元徹頭徹尾是子思自己的話語，而上一單元則除了首章之外，所引述的都是孔子之言。當然，此單元所闡明的夫子天道、人道之說，與上一單元所言道不可離之意，其內容之為有異，自不待言。

除了單元之間的離合異同之外，更有意思的是，朱子在每一單元之內的諸多篇章之間竟也一一地〕尋出隱伏其中的分明的層次與井然的條理。按朱子的解讀，這些篇章或兩章、或三章成組，而與別的章組平衡成對，並前後有序地鋪排起來，以說明其單元的旨趣。對於此一嚴密而工整的結構，朱子也不禁深自讚嘆地說：

> 《中庸》一書，枝枝相對，葉葉相當，不知怎生做淂一箇文字齊整！⓳

當然，朱子此番體會，按其自述，也是得來並不容易的。他說：

> 某舊年讀《中庸》，都心煩，看不得，且是不知是誰做。若以為子思做，又卻時復有箇「子曰」字，更沒理會處。蓋某僻性，讀書須先理會得這樣分曉了，方去涵泳它義理。後來讀得熟後，方見得是子思參取夫子之說，著為此書。自是沉潛反覆，逐漸得其旨趣，定得今《章句》一篇。其擺布得來，直恁麼細密！又如《太極圖》，若不分出許多節次來，後人如何看得？但未知後來讀者知其用功如是之至否？⓴

可見，朱子自身是經過長年累月的熟讀精思和沉潛反覆，方才看得《中庸》一書之內「許多章段分明」並發現其為「如此精密」。㉑而《章句》

⓳ 見《語類》，卷六十二，冊4，頁1479。又同書卷六十四載朱子云：「《中庸》自首章以下，多是對說將來。不知它古人如何做得這樣文字，直是恁地整齊（見冊四，頁1591）。」

⓴ 《語類》，卷六十四，冊4，頁1591。

與及其他相關著述之所以撰寫和輯集，也是為了要將此一隱藏於篇章之間的嚴密結構和其中所包含的精微義蘊剖析和抉發出來，好讓後學晚輩知所用力。

三

本文撰寫之初，原擬對朱子的《中庸》說作全面的探討和介紹的。然而，執筆之後方才漸覺茲事體大，要徹底地處理這個問題，實在談何容易；再加上自己思路未暢，一再遷延，已遠遠超出了編者原先所訂的時限。於是，乃決定暫且擱置原來的計劃，將研究的範圍縮窄為朱子對《中庸》首章的解說。然而，必須指出的是，所以作出這個決定，除了基於上述的因素之外，求諸朱子《中庸》說的整體，也不是毫無理據的。第一、正如上文所述，朱子在《章句》之內，即已引述楊時之說，聲稱首章乃是「一篇的體要」。而此下全書所分成的三個單元，又莫不是用來發揮首章所言之義的。第一與第二單元之分別為首章所言中庸與道不可離之意的闡析，已如上述，其關繫亦至為明顯。至於以二十一章為首的第三單元，雖按語之中僅言其「承上章夫子天道、人道之意而立言」，而朱子對此第二十一之註釋既謂：「德無不實而明無不照者，聖人之德，所性而有者也，天道也。先明乎善，而後能實其善，賢人之學，由教而入者也，人道也」，㉒則自朱子視之，整個第三單元所欲闡明者實亦首章第三節所言所性而有的中和與由教而入的致中和的道理。第二、除了《章句》之外，朱子對《中庸》的討論，主要見之於《中庸或問》（以下簡稱《或問》）和《朱子語類》（以下簡稱《語類》）之中。倘若所費的篇幅亦足以說明朱子對該章節的重視程度，則朱子之分別各用了《或問》

㉑ 見同上條賀孫所錄異文，《語類》，卷六十四，冊4，頁1591。

㉒ 《章句》，《四書章句集注》，頁32。

全三卷和《語類》中有關首章討論的部分近四份之一的篇幅來討論首章之說，㉓當可以反映出朱子對首章的一貫重視。第三、在《晦庵先生朱文公文集》（以下簡稱《文集》）之中，除了保留了為數不少朱子與友輩或門生之間就首章交換意見的書信之外，還有〈中和舊說序〉、〈與湖南諸公論中和第一書〉、〈已發未發說〉諸篇以首章主要觀念為討論對象的書信與序文，㉔就中更有單獨以首章一章為說的〈《中庸》首章說〉。㉕第四、朱子曾經指出《中庸》首章的研究在其個人學問成長過程上所具有的重大意義。在〈答呂伯恭〉的書信中，朱子說：「熹舊讀程子之書有年矣，而不得其要。比因講究《中庸》首章之指，乃知所謂『涵養須用敬，進學則在致知』者，兩言雖約，其實入德之門，無踰於此」。㉖當然，朱子對首章的研究如何觸發其對程子「涵養雖用敬，進學則在致知」二語含義的渙然冰釋，此中細節仍待詳考。然而，朱子對其終身所

㉓ 朱子《或問》共三卷，若以《四庫》版為準，全書有字可算者共一百七十二頁零七行，而有關首章的答問則佔四十二頁零五行。按《中庸》一書共分三十三章，除了第五章之外，其餘三十二章在《或問》中皆設有答問。此外，朱子又為名篇之義作了些討論。然而，首章以一章之區區，竟佔了全書百分之二十四點八的篇幅，其在朱子心目中的地位，可見一斑。至於《語類》方面，按《語類》卷六十二至六十四為有關《中庸》一書討論的記錄。若以中華書局版為據，三卷共一百二十二頁，而有關首章的討論則獨佔三十頁，為整體的百份之二十四點五，比率之高與《或問》的情況相若。

㉔ 按三篇分別見《文集》，卷七十五，頁22b–23b，《大全》，冊9；卷六十四，頁28b–29b；及卷六十七，頁10a–12a，冊8。如下文所述，諸篇皆是記錄朱子思想發展重要里程的著名文獻。其中第三篇，按錢穆氏估計，乃是第二篇的先稿。有關這點，見其《朱子新學案》，冊2，頁145–7。

㉕ 見《文集》，卷六十七，頁9a–10b，《大全》，冊8。

㉖ 〈答呂伯恭〉，《文集》，卷三十三，頁2a–b，《大全》，冊4。

遵奉的為學工夫的掌握，乃是因其「講究《中庸》首章之指」而得著的一段因緣，卻是不容否認的事實。基於上述的事實，朱子之重視首章是斷無可疑的。也由於這一緣故，作為對朱子《中庸》解說的初探，本文以其首章之說為出發點，相信是不無意義的。

最後，在正式進入朱子《中庸》首章說的剖析之前，當就本文所用材料及有關的一些版本問題略作說明。毋庸置疑，就此一論題而言，最基本而又最重要的材料當數朱子的《章句》。然而，現行的《章句》刊本卻為數不少，而主要的也有兩種：一為以宋祝洙的《四書附錄》、元陳櫟的《四書發明》和倪士毅的《四書輯釋》為中心的傳本；另一為以宋馬光祖的《四書章句集注》刊補本、真德秀的《四書集編》、趙順孫的《四書纂疏》和元胡炳文的《四書通》為系列的傳本。現今坊間通行的《四庫全書》本即採用前者，㉗而中華書局的《新編諸子集成》本則採用後者。㉘兩種傳本究竟孰為定本，學者之間自來就有歧見，至今亦似難有定論。㉙按兩本的分歧，根據作者校對所得，共有六處；其中最

㉗ 見《章句》，《四庫》，冊197，頁198–214。

㉘ 見《章句》，《四書章句集注》（北京：中華書局，1983），頁14–40。

㉙ 清嘉慶年間吳英、吳志忠父子考訂了多種古本及宋元人所作的疏釋之後，斷言馬光祖一系所傳之本始是定本，而吳英更撰有〈《四書章句》定本辨〉一文，力主此說。吳氏此文，中華書局的《新編諸子集成》本亦有收為〈附錄〉，見《四書章句集注》，頁381–8。然而，相對於此，近人黃彰健則有〈論《四書章句集注》定本〉一文，重翻舊案。黃氏一文見《中央研究院歷史語言研究所集刊》，28本上(1956.12)，頁497–515。文中認為吳氏的「論証不盡愜意（頁515)」，並謂「假若要我做這一工作，我寧可全依《輯釋》，而注他本異同於附考（頁515)。」按《輯釋》即祝洙一系的倪士毅的《四書輯釋》，可見黃氏不以吳說為是。此外，黃氏最後並指出要「圓滿的解決這一（孰為定本的）問題，還有待於新的材料的發現（頁515)。」

重要者，都集中在首章之內。㉚經過詳細的比較之後，本文乃決定以《新編諸子集成》本為依據。這倒不是因為作者相信此本即是定本。反之，對於《四庫全書》本，本文作者亦並未認為其無優勝之處。㉛所以仍有此決定者，主要是因為《新編》本的注文與《或問》之所載較諸《四庫》本似更〕合的緣故。㉜按《或問》本與《章句》的修訂亦步亦趨，而其

㉚ 按兩本異文如下：(1) 首章注《四庫》本作：「蓋人知己之有性，而不知其出於天；知事之有道，而不知其由於性；知聖人之有教，而不知其因吾之所固有者裁之也。故子思於此首發明之，而董子所謂『道之大原出於天』，亦此意也。」《集成新編》本作：「蓋人之所以為人、道之所以為道、聖人之所以為教，原其所自，無一不本於天而備於我。學者知之，則其於學知所用力而自不能已矣。故子思於此首發明之，讀者所宜深體而默識也。」(2) 首章注又一處《四庫》本作：「則豈率性之謂哉?」《新編》本作：「則為外物而非道矣。」(3) 又一處《四庫》本作：「潛滋暗長。」《新編》作：「滋長。」(4) 第八章注《四庫》本作：「然皆倚於一偏，故資之近而力能勉者，皆足以能之。至於中庸，雖若易能」，《新編》本作：「然不必其合於中庸，則質之近似者皆能以力為之。若中庸，則雖不必皆如三者之難」。(5) 第十六章按語《四庫》本作：「包大小而言」，《新編》本作：「包小大而言」。(6) 第十九章注《四庫》本作：「郊，祭天」，《新編》本作：「郊，祀天」。可見兩本的相異之處，主要集中在首章之內。

㉛ 按首章第一節「天命之謂性，率性之謂道，修道之謂教」，《四庫》本所載「蓋人知己之有性，而不知其出於天；知事之有道，而不知其由於性；知聖人之有教，而不知其因吾之所固有者裁之也 (頁200)」的注文，似較《新編》本的「蓋人之所以為人、道之所以為道、聖人之以為教，原其所自，無一不本於天而備於我 (頁17)」更為緊扣原文。

㉜ 按《新編》本首章第一節注有「原其所自，無一不本於天而備於我」一句，與《或問》此節答問開宗明義所說的「此先明性、道、教之所以名，以見其本皆出乎天而實不外於我也 (《四庫》，冊197，頁251)」完全脗合。而

又與《新編》本更為接近，則《新編》本之為較可採信者當無問題。況且，從義理上言，吳氏所言亦是。按《四庫》本所載有關首章第一次的注文終究偏重於「本於天」一面意思，而於「備於我」一面則發揮不夠。㉝又《新編》本注文，在「發後學心胸之旨」方面的發揮，也是較為顯括的。㉞基於這些理由，本文乃決定將用《新編》本。

除了《章句》之外，誠如《章句》〈序〉所云：「既為定著《章句》一篇，以俟後之君子。而一二同志復取石氏書，刪其繁亂，名以《輯略》，且記所嘗論辯取舍之意，別為《或問》， 以附其後。然後此書之旨，支分節解，脈絡貫通，詳略相因，巨細畢舉，而凡諸說之同異得失，亦得以曲暢旁通，而各極其趣」。㉟《輯略》和《或問》兩書，對於瞭解朱子

《或問》此節答問最後部分所說的「蓋有得乎天命之說，則知天之所以與我者，無一理之不備……有以得乎率性之說，則知我之所得乎天者，無一物之不該……有以得乎修道之說，則知聖人之所以教我者，莫非因其所固有而去其所本無，背其所至難而從其所甚易……由是以往，因其所固有之不可昧者而益致其學問思辨之功，因其所甚易之不能已者而益致其持守推行之力。則夫天命之性、率性之道，豈不昭然日用之間？而修道之教，又將由我而後立矣（《四庫》，冊197，頁252–3）」，則明顯是《新編》所言的「學者知之，則其於學知所用力而不能已矣……讀者所宜深體而默識也（頁17）」的詳細說明。《新編》本的這些文字，在《四庫》本中是無法找到的。

㉝ 吳氏〈《四書章句集注》定本辨〉謂初本（即《四庫》本）之引董仲舒「道之大原」「為知言則可矣；若引來證《中庸》此節，則為偏重『本於天』意，而未及『備於我』意，則是仍未免遺卻親切一邊意矣（見《四書章句集注》，頁384–5）。」「遺卻」一字雖略嫌過甚其辭，《四庫》本注文之短於「備於我」一邊意思，則屬事實。

㉞ 見上引吳英一文，收入《四書章句集注》，頁384。

㉟ 見《四書章句集注》，頁15–16。

的《中庸》說，也是非常重要的。按朱子為求完善而不斷改易其《章句》一事，眾所周知。實則，不僅《章句》如是，其《輯略》與《或問》二書也是在力求嚴謹的情況下屢經朱子修訂的。根據一些資料的顯示,《輯略》與《或問》二書，不僅其修訂與《章句》亦步亦趨，作為《章句》的羽翼，其增刪改動從來就是與《章句》一并考慮的。㊱按《或問》之

㊱ 朱子〈答李守約〉書云：「熹目益盲，而《中庸》未了。數日來不免力疾整頓一過，勢須作三書。《章句》、《或問》粗定，但《集略》（恐即《輯略》）覺得尚有未全備處。今併附告，煩子細看過。……《章句》、《或問》中有可商量處，幸喻及（《文集》，卷五十五，11a，《大全》，冊7）。」按此書陳來定為淳熙十六（1189）年己酉，朱子年六十，為《章句》作〈序〉稍前之作（見其《朱子書信編年考証》，頁292）。然而，朱子不僅在其《章句》〈序〉寫成之前對三書不斷作出修改，而且在〈序〉成之後仍不輟其修改的工作。在其〈答黃直卿〉書中，朱子又云：「《中庸》三紙已細看，但元本不在，記得不仔細。然大概看得，恐是《或問》簡徑，而《章句》反成繁冗（如鳶魚下添解說之類）。又《集解》（疑亦指《輯略》）逐段下駁諸先生說，亦恐大迫不穩便。試更思之，或只如舊，而添《集解》、《或問》，以載注中之說，如何（《文續集》，卷一，頁3b，《大全》，冊12)?」此書陳來定為紹熙二（1191）年辛亥，朱子年六十二之作（見其《朱子書信編年考証》，頁338）。按此書所言似是朱子相應於一些認為應將原來放在《集解》與《或問》的文字移往《章句》的建議而作出的回應。對於這些建議，朱子以其結果將導致「《或問》簡徑，而《章句》反成繁冗。又《集解》逐段下駁諸先生說，亦恐大迫不穩便」為理由，認為「或只如舊」可能更好。按今本《章句》簡明、《或問》詳細，而《集略》又無駁諸先生說，而駁說皆在《或問》之中。可見，朱子並未聽從建議作出改動。儘管如此，這封書函卻充份反映出朱子在《章句》〈序〉成之後仍不斷留心於如何修訂三書，使其更趨完善，並非常認真地考慮，包括更動三書內容一類的意見的態度。此外，值得在此引述的還有兩書：其一是〈答林德父〉

作，疑與《章句》草本同成於淳熙元（1174）年甲午。㊲此書與《論語或問》及《孟子或問》之未及一一作出與其《集注》相應的改訂的情況不同，其所作的修訂如上所述，實與《章句》相始終。㊳不僅如此，《或問》除了如《章句》〈序〉所言者，記錄了朱子於諸家說的評論及其取舍之意之外，還如上文所述的設為答問，詳細闡析《章句》之中不能盡發之意，對瞭解朱子的《中庸》說，極具參考價值。至於《輯略》， 其前

書，其二是〈答蔡季通〉書。前書云：「《中庸章句》已刻成，尚欲修一兩處，以《或問》未罷，亦未欲出，次第更一兩月可了。大抵日困應接，不得專一工夫，今日目盲，尤費力爾（《文集》，卷六十一，頁4a，《大全》，冊8)。」後書云：「太極文字，儲宰云已錄寄，并某書及《中庸或問》下冊小簡皆往，何為今尚未到？一哥所寄《集略》， 便令對讀，日夕納去，不及別作答也（《文續集》，卷二，頁25a，《大全》，冊12)。」此兩書，據陳來考証，皆作於慶元元（1195）年乙卯，朱子年六十六之時（分別見《朱子書信編年考証》，頁390及395)，都明確顯示出朱子對三書的修訂是同時進行的，而此一做法至晚年而未改。

㊲ 見〈答呂伯恭〉，《文集》，卷三十三，頁24a，《大全》，冊4。

㊳ 《或問》的改訂與《章句》相終始一事，上文已有說明。至於《四庫》《四書或問》〈提要〉所云：「《中庸或問》，則朱子平日頗不自愜。《語類》載游某問：『《中庸》編集如何?』曰：『緣前輩諸公說得多了，其間儘有差舛處，又不欲盡駁難他底，所以難下手。不比《大學》，都未曾有人說。』又載朱子以《中庸或問》授黃氏，云：『未嘗滿意處，如評論程子諸子說處尚多牴』云云，是其意猶以為未盡也（見〈提要〉，《四書或問》，《四庫》，冊197，頁215)」，恐有待商榷。按游丈開之問具載《語類》，卷六十二(冊4，頁1485)，為吳雉所錄，未定為何年。而黃氏所記朱子以《或問》見授一事，亦載《語類》，卷六十二（冊4，頁1486)，則屬淳熙十五（1188）年戊甲、朱子年五十九時事。其時，《或問》遠未完稿，實不可以此否定其價值。

身乃石子重所輯的《中庸集解》，書成於乾道九（1173）年癸巳，輯有周、張、二程及其高弟游酢、楊時、謝良佐、侯仲良、呂大臨、尹焞諸家之《中庸》說，朱子並曾為之序，稱其能合諸家說為一書，「以便觀覽」，學者因亦得以「觀其聚」並「考其異而會其同」。㊴後雖以其繁而經朱子一再刪削為《輯略》，經《輯略》所保存下來近三百條的諸家之說，對於朱子於諸家說的評論與去取的瞭解，提供了極大的方便。㊵

當然，《文集》與《語類》所載有關方面為數不少的文章、書信和對話，其為不容忽視亦已如上述。因此，本文對朱子《中庸》首章說的剖析，除了以《章句》、《或問》為基本依據之外，還以二書所載文獻為其輔助參考材料。

四

現在請看朱子對《中庸》首章的整體的剖析。朱子在上文所提及過

㊴ 見〈中庸集解序〉，《文集》，卷七十五，頁26b–27b，《大全》，冊9。

㊵ 對於《輯略》一書，《四庫全書》〈提要〉謂：「《中庸輯略》凡二卷。初宋儒新昌石𡼖子重采兩程先生語與其高第弟子游、楊、謝、侯諸家之說《中庸》者為《集解》凡幾卷，朱子因而芟之為《輯略》。其後朱子既自采兩程先生語入《章句》中；其於諸家，則又著為《或問》以辨之。自《章句》、《或問》行，而《輯略》、《集解》兩書因以不著於世（見宋石編、朱子刪定，《中庸輯略》，〈提要〉，《四庫》，冊198，頁558)。按《集解》之不傳於世與《輯略》之流佈不廣，誠是。然《章句》只載朱子之有采於二程師弟之說者前後不到二十條，而《或問》則僅及朱子於諸家說的去取之意，唯有《集略》一書仍保留了包括周敦頤、張橫渠、呂大臨、尹焞和上述〈提要〉所言的諸家說近三百條的原貌。對於瞭解朱子所以取捨的原因，《集略》所載實提供了莫大的方便。

的〈《中庸》首章說〉之中，這樣說道：

《中庸》曰：「天命之謂性，率性之謂道，修道之謂教。」何也？曰：「『天命之謂性』，渾然全體，無所不該也；『率性之謂道』，大化流行，各有條貫也；『修道之謂教』，克己復禮，日用工夫也。知全體，然後條貫可尋而工夫有序。然求所以知也，又在日用工夫、下學上達而已矣。」又曰：「道也者，不可須臾離也；可離，非道也。是故，君子戒謹（《中庸》原文作慎，下倣此）乎其所不睹，恐懼乎其所不聞。莫見乎隱，莫顯乎微，故君子謹（亦原作慎）其獨也。」何也？曰：「『率性之謂道』，則無時而非道，亦無適而非道，如之何而可須臾離也？可須臾離，則非『率性』之謂矣。故『君子戒謹乎其所不睹，恐懼乎其所不聞』，蓋知道之不可須臾離，則隱微顯著，未嘗有異，所以必謹其獨而不敢以須臾離也。然豈忽於顯而偏於獨哉？蓋獨者，致用之源而人之所易忽，於此而必謹焉，則亦無所不謹矣。」（此處似脫「又曰」二字）「喜怒哀樂（原文有「之」字）未發，謂之中；發而皆中節，謂之和。中也者，天下之大本也；和也者，天下之達道也。致中和，天地位焉，萬物育焉。」何也？曰：「天命之性，渾然而已；以其體而言之，則曰『中』；以其用而言之，則曰『和』。中者，天地之所以立也，故曰『大本』；和也，化育之所以行也，故曰『達道』；此天命之全也。人之所受，蓋亦莫非此理之全。喜怒哀樂未發，是則所謂『中』也；發而莫不中節，是則所謂『和』也。然人為物誘而不能自定，則大本有所不立；發而或不中節，則達道有所不行。大本不立，達道不行，則雖天理流行未嘗間斷，而其在我者或幾乎息矣。惟君子知道之不可須臾離者，其體用在是，則必有以致之，以極其至焉。蓋敬以直內，而喜怒哀樂無所偏倚，所以致夫中也；義以方外，而喜怒哀樂各得其正，所以致夫和也。敬義夾持，涵養省察，無所不用其戒謹恐懼。是以，當其未發而品節已具，隨所發用而本體卓然；以至寂然、感通，無少間斷。則中、和在我，天、人無間，而天地之所以位、萬物之所以育，其不外是矣」。㊶

這是朱子現存的著述之中唯一單獨以《中庸》首章為題所寫成的一篇首尾完整的文章。雖然跟上述的〈書《中庸》後〉的情況一樣，其寫作年月已無法詳考；㊷然而，從文中所言之一一成為朱子日後在《中庸或問》中對首章所作詳細闡發的對象的一點著眼，作為朱子《中庸》首章說的藍本，其重要性卻是不容忽視的。實際上，朱子對首章說所持的最後見解中的幾個基本特點，在這篇文章之中，都已清晰可見。第一，全章之一化為三的分法，即以「天命之謂性，率性之謂道，修道之謂教」為第一節，「道也者，不可須臾離也；可離，非道也。是故，君子戒慎乎其所不睹，恐懼乎其所不聞。莫見乎隱，莫顯乎微，故君子慎其獨也」為第二節，和「喜怒哀樂之未發，謂之中；發而皆中節，謂之和。中也者，天下之大本也；和也者，天下之達道也。致中和，天地位焉，萬物育焉」為第三節的分法，毫無疑問地已經完全確立了起來。第二、就三節之間的關係而言，第二節所言的道之不可須臾離與第三節的中和、體用、大本達道之說之分別為第一節的率性之道與天命之性的發揮，及第二節的戒慎恐懼慎獨與第三節的致中和之分別為第一節的修道之教的主要項目，此中所〕尋出來的條理脈絡，儘管還有待進一步的細分，其為了日後朱子首章說的骨架卻為無可否認的事實。第三、就全章的義理言，貫

㊶ 見《文集》，卷六十七，頁9a–10a，《大全》，冊8。

㊷ 按文中以性兼體用，而工夫則包含涵養於未發和省察於已發兩個方面，其寫成當不會在乾道五（1170）年己丑朱子提出其中和新說之前。

穿於朱子成熟後的《中庸》首章說的天下貫於人、人上達於天的雙向對流與及天道為人道之根據、人道為天道之完成的基本觀念，亦已具備於〈《中庸》首章說〉一文當中。有關這三點，在以下的分析之中，將會漸更清晰。現在，為了提綱絜領，不妨將上文的內容製為圖表如下：

(一)	天命之謂性， (渾然全體，無所不該。)	率性之謂道， (大化流行，各有條貫。)	修道之謂教。 (克己復禮，日用工夫。)
(二)		道也者，不可須臾離也；可離，非道也。 (率性之謂道，無時無適而非道。可須臾離，則非「率性」之謂。)	是故，君子戒慎乎其所不睹、恐懼乎其所不聞。 莫見乎隱，莫顯乎微，故君子慎其獨也。 (隱微顯著，無所不謹；所以必謹其獨者，以其為致用之源而人所易忽故也。)
(三)	喜怒哀樂之未發，謂之中； (所以言天命之性之體也；) 發而皆中節，謂之和。 (所以言天命之性之用也。) 中也者，天下之大本也； (天地所以位；) 和也者，天下之達道也。 (化育所以行。)		致中和，天地位焉，萬物育焉。 (君子知道之不可須臾離，其體用在是，則必有以致之，以極其致。敬以直內，所以致中；義以方外，所以致和。敬義夾持，涵養省察，無所不用其戒謹恐懼。則中、和在我，天、人無間，而天地之所以位，萬物之所以育，其不外是矣。)

然而，不容否認的是，由於朱子此文畢竟是較早時期的作品，除了在好些細節上尚欠清楚之外，在某些地方恐怕還與朱子完成後的《中庸》說存在著一定的距離。有關這些處所，將隨著下文討論的展開而在適當的地方一一作出指點。

㈠性、道、教，皆本於天而備於我

作為全章綱領的第一節，朱子對之的理解，可從下引《章句》注文窺之：

> 命，猶令也；性，即理也。天以陰陽五行化生萬物，氣以成形而理亦賦焉，猶命令也。於是人、物之生，因各得其所賦之理，以為健順五常之德，所謂性也。率，循也；道，猶路也。人、物各循其性之自然，則其日用事物之間，莫不各有當行之路，是則所謂道也。修，品節之也。性、道雖同，而氣稟或異，故不能無過不及之差。聖人因人、物之所當行者而品節之，以為法於天下，則謂之教，若禮、樂、刑、政之屬是也。蓋人之所以為人、道之所以為道、聖人之所以為教，原其所自，無一不本於天而備於我。學者知之，則其於學知所用力而自不能已矣。故子思於此首發明之，讀者所宜深體而默識也。㊸

以上一段分別解釋性、道、教三字的含義及其彼此之間關係的文字，其詳細的意含，下文將陸續作出闡釋。這裡首先要指出的是有關這一節在結構上的特點。按朱子在〈《中庸》首章說〉中一句接一句地為第一節作注的方式，即可看出朱子之視此一節為可細分為三的看法；而其注文又有所謂的「知全體，然後條貫可尋而工夫有序。然求所以知也，又在日用工夫、下學上達而已」，其視「渾然全體，無所不該」的天命之性、

㊸ 見《章句》，《四書章句集注》，頁17。

「大化流行，各有條貫」的率性之道和「克己復禮，日用工夫」的修道之教為天、人之間下貫與上通的雙向過程中三個不同而又相互對等的階段，亦十分明顯。雖然在〈《中庸》首章說〉之中天道、人道的觀念已然具備，卻畢竟不如《章句》者，透過「性、道雖同，而氣稟或異，故不能無過不及之差」的一句轉折語，將第一節的前兩句和後一句分別劃歸天道與人道兩個不同領域的明確。在《章句》之中，「天命之謂性」與「率性之謂道」之為天道自然之事與「修道之謂教」之為人道當然之事的訊息是非常清晰的。當然，朱子此一分法並不表示其即持有天道、人道為兩截事的看法。在朱子而言，前兩句所牽涉的事固屬自然，即使第三句所謂的人道當然，亦莫是以自然為依據的。朱子的立場是：既然聖人所立以為教的，其最後根據不外乎人所受之於天的性，則眾人之奉教修道，基本上仍是一個實現自身本性的過程，根本不帶有任何自我扭曲或否定的意味。

瞭解了朱子這個基本觀點之後，可以進一步細看朱子對這一節中每一句的解釋。對於「天命之謂性」一句，朱子在《或問》中有如下較詳細的詮釋：

> 天命之謂性，言天之所以命乎人者，是則人之所以為性也。蓋天之所以賦與萬物而不能自已者，命也；吾之得乎是命以生而莫非全體者，性也。故以命言之，則曰：元、亨、利、貞，而四時、五行、庶類萬化，莫不由是而出；以性言之，則曰：仁、義、禮、智，而四端、五典、萬物萬事之理，無不統於其間。蓋在天、在人雖有性、命之分，而其理則未嘗不一；在人、在物雖有氣稟之異，而其理則未嘗不同。此吾之性所以純粹至善，而非若荀、楊、韓子之所云也。[44]

---

[44] 見《或問》，《四書或問》，卷三，《四庫》，冊197，頁251。

這段文字所著重解釋的是性、命二字之所以用字之不同和貫通於天、人、物三者之間的理之未嘗不一。這裡作為後面所提及人與物之間有偏正之分、人與人之間有清濁厚薄之異的說法的伏筆，雖然也提及到氣稟的問題，然而所強調者卻在本然的理的一方面。「莫非全體」是就量上言；「純粹至善」是就質上言；人性之所以原來如此，乃係因其得乎天命，而所具之理與天本來無異的緣故。此處朱子所欲標明的是天、人、物之間的本來共通處。

接著的「率性之謂道」一句，朱子作如下的解釋：

> 率性之謂道，言循其得乎天以生者，則事事物物莫不自然各有當行之路，是則所謂道也。蓋天命之性，仁、義、禮、智而已。循其仁之性，則自父子之親以至於仁民、愛物，皆道也；循其義之性，則自君臣之分以至於敬長、尊賢，亦道也；循其禮之性，則恭敬辭讓之節文，皆道也；循其智之性，則是非邪正之分別，亦道也。蓋所謂性者無一理之不具，故所謂道者不待外求而無所不備；所謂性者無一物之不得，故所謂道者不假人為而無所不周。雖鳥獸草木之生，僅得形氣之偏而不能有以通貫乎全體；然其知覺運動、榮悴開落，亦皆循其性而各有自然之理焉。至於虎狼之父子、蜂蟻之君臣、豺獺之報本，雎鳩之有別，則其形氣之所偏，又反有以存其義理之所得；尤可以見天命之本然初無間隔，而所謂道者亦未嘗不在是也。是豈有待於人為、而亦豈人之所得為哉！㊺

這段解釋所著重闡明的是性與道之間的關係、而其特色則表現於其對「率」的一個關鍵性的字眼所作的訓釋之上。這裡朱子用以解釋「率」的字義的乃是一個「循」字。朱子說：「此『率』字不是用力字」，更不

㊺ 同上引書，頁251–2。

是「修為」的意思。所謂「率性」也者，不過是「循其理之自然」之謂。[46]可見，自朱子視之，道雖然是日用事物之間所應遵循的「當行之路」，然而由於其不外為人之所得乎天以生者，在應事接物之間，按其自然的性向實現其自身的途徑，道因此既無所待於人為，也根本不是人之所可得而為者。另一方面，性既得之於天，便自然要實現其自己。不僅人要循其所得的仁、義、禮、智之性，實踐之而為道；就是受形氣之偏所限制的草木鳥獸，亦莫不各在其可能範圍內，盡其量地體現其所得自天命而與人之所得「未嘗不一」、「未嘗不同」的理。換言之，性本身就具有一種自我實現的衝動，而其實現所得的結果就形成了所謂的道。因此，性作為道的本源而道作為性的體現，雖然有內外表裏之殊，兩者實際上是一體的兩面。正因如此，從體上言，性既是無一理之不具，則其所體現出來的道即不待外求亦無所不備；從用上言，性既可以自然而然地使無一物不得，則其所體現出來的道也就不必多假人為而自無所不周了。所以如此者，乃是因為性、道同源，而道不過是循性之謂的緣故。

至於第三句的「修道之謂教」，朱子則作如是的詮釋：

> 修道之謂教，言聖人因是道而品節之，以立法垂訓於天下，是則所謂教也。蓋天命之性、率性之道，皆理之自然，而人物之所同得者也。人雖得其形氣之正，然其清濁厚薄之稟亦有不能不異者。是以賢智者或失之過，愚不肖者或不能及，而得於此者亦或不能無失於彼。是以私意人欲或生其間，而於所謂性者不免有所昏蔽錯雜，而無以全其所受之正。性有不全，則於所謂道者因亦有所乖戾舛逆，而無以適乎所行之宜。惟聖人之心，清明純粹，天理渾然，無所虧闕。故能因其道之所在而為之品節防範，以立教於天下，使夫過不及者有以取中焉。蓋有以辨其親疏之殺，而使之

[46] 見《語類》，卷六十二，冊4，頁1491。

各盡其情，則仁之為教立矣；有以別其貴賤之等，而使之各盡其分，則義之為教行矣；為之制度文為，使之有以守而不失，則禮之為教得矣；為之開導禁止，使之有以別而不差，則知之為教明矣。夫如是，是以人無知愚，事無大小，皆得有所持循據守，以去其人欲之私而復乎天理之正。推而至於天下之物，則亦順其所欲，違其所惡，因其材質之宜以致其用，制其取用之節以遂其生，皆有政事之施焉。此則聖人所以財成天地之道，而致其彌縫輔贊之功；然未始外乎人之所受乎天者而強為之也。[47]

按照朱子的解釋，這一句所討論的問題明顯地與上面兩句所討論者並不一樣。上兩句雖分別講述天命下貫而為人、物之性和人、物各率其性以為道的道理，然其所陳者莫不是天道自然之事；而這一句所言的修道之教，則無疑是人道當為的範圍內事。在上兩句的解釋中，朱子雖都提及氣稟的觀念，然其所強調者卻始終在於貫穿天、人、物之間的理之無不一與無不同，與及天命在下貫而為人、物之性和人、物循其所稟之性而為道所表現的不容已。相對於此，在這一句的解釋當中，氣稟的觀念則毫無疑問地佔有主要的位置。它不僅解釋了人、物之所以一方面既與天之理本無不同，而另方面竟又「無以全其所受之正」與「適乎所行之宜」的原委，而且也為人之所以必須遵循聖人的品節而為其人事之所當為作出了充份的說明。朱子這一段對於人與人之間形氣有清濁厚薄之異的說法是完全必要的。否則，人既已具備了上天所給與「莫非全體」而又「純粹至善」的性，何以仍須假借聖人的品節始能到達無過不及之中而合乎道的一個問題，便成難以索解。正因為人所稟受的性會因其形氣的清濁厚薄之不同而有所昏蔽錯雜，後天的修為工夫才著著實實有進行的必要。也正因如此，《中庸》在「天命之謂性，率性之謂道」兩句之後，要加

[47] 同上引書，頁252。

上「修道之謂教」一句；前者言天道，而後者言人道。

當然，正如上文所指出者，儘管天道、人道各有分野，卻並不表示在朱子的觀念當中兩者是截然分途、互不相干的。反之，朱子認為《中庸》之所以先言性、道再言教，正是要為修道之教張本，以標明其性質亦無以大異於天命之性與率性之道。值得注意的是朱子對聖人所以立法垂訓的憑藉所持的看法。按朱子認為，聖人乃是因率性而有的道而立教於天下的；而其所以獨能為眾人立教，據朱子的解釋，是因為「聖人之心，清明純粹，天理渾然，無所虧闕」的緣故。換言之，聖人之所以獨能之者，乃係因為其所稟受於天的性「無所虧闕」；而其性所以獨能存其「莫非全體」而「純粹至善」的應有本體，則是因為其氣質清明的緣故。可見，自朱子觀之，即使是理想中的聖人，除了氣質有異之外，在性的稟受上，其實是無所加於常人的，而其所賴以制作法度者正正就是其與眾人所共同的本所應有的性。基於這個理由，朱子認定聖人之立法垂訓「未始外乎人之所受乎天者而強為之也」。亦正因為朱子持此主張，在其強調人當從聖人之教之先，即已確定性、道、教皆源於天的基本說法。如是者，修道之教雖然不能不假修為，卻並非沒有其基於自然的根據，而其最終目的亦不外是復其本有之自然而已矣。因此，對於修道之教的功夫，朱子曾有以下的扼述：

> 有以得乎修道之說，則知聖人之所以教我者，莫非因其所固有而去其所本無，背其所至難而從其所甚易。……由是以往，因其所固有之不可昧者而益致其學問思辨之功，因其所甚易之不能已者而益致其持守推行之力；則夫天命之性、率性之道，豈不昭然日用之間？而修道之教，又將由我而後立矣。[48]

修道之教的功夫雖然包括了「學問思辨」和「持守推行」的人事之所當

[48] 見《或問》，頁252–3。

為；然而，其所據以為學問思辨和持守推行者卻不外為「固有之不可昧」的天命之性和「甚易之不能已」的率性之道。因此，不僅有本有源，而且率性自然；決非無自然之根據，而亦無所待於人為之勉強。

然而，這是從原則上立論，自實際的情況而言，「修道之謂教」一段固是大有工夫，而氣質上的清濁厚薄之稟所造成的昏蔽錯雜和性之不全所導致行為上的乖戾舛逆，畢竟不能如「本無」與「甚易」二辭所形容得輕描淡寫。實際上，按朱子的《章句》，《中庸》首章餘下的兩節，在各自分成天道與人道部分之後，亦莫不以人道的部分為其闡發的重點。可見，人事之當為雖然本之於天理之自然，其工夫之不能鬆懈與其節目之詳密也是不容忽視的事實。以下請再看朱子對《中庸》首章第二節的詮釋。

(二)道不可離與戒懼、謹獨

對於首章第二節，《章句》所作的註釋也是十分整齊而分明的。首先是全節之再分為兩段：「道也者，不可須臾離也；可離，非道也。是故，君子戒慎乎其所不睹，恐懼乎其所不聞」為前一段，「莫見乎隱，莫顯乎微。故君子慎其獨也」為後一段。前、後兩段既分之後，即分別加以疏解。對於前者，《章句》的註釋是：

> 道者，日用事物當行之理，皆性之德而具於心，無物不有，無時不然，所以不可須臾離也。若其可離，則為外物而非道矣。是以，君子之心常存敬畏，雖不見聞，亦不敢忽，所以存天理之本然，而不使離於須臾之頃也。㊾

對於後者，《章句》的註釋則為：

㊾ 《章句》，《四書章句集注》，頁17。

> 隱，暗處也。微，細事也。獨者，人所不知而己所獨知之地也。言幽暗之中，細微之事，跡雖未形而幾則已動，人所不知而己獨知之，則是天下之事無有著見明顯而過於此者。是以，君子既常戒懼，而於此尤加謹焉，所以遏人欲於將萌，而不使其滋長於隱微之中，以至離道之遠也。㊿

這兩段注文所交代的除了為道、不睹不聞和隱微諸辭的含義之外，最重要者為兩段之間前後呼應的緊密關係。最能將這種呼應關係表達出來的當然是後者「君子既常戒懼，而於此尤加謹焉」的一句。然而，前者的「所以存天理之本然」和後者的「所以遏人欲於將萌」，與及前者的「不使離於須臾之頃」和後者的「不使其滋長於隱微之中，以至離道之遠」，也莫不透露出兩小節所言之為一源一流、一先一後的關係。其實，不僅《章句》如是，《或問》之內所設的問答，也都充份地反映出此一朱子的看法。《或問》載：

> 或問：「既曰：『道也者，不可須臾離也；可離，非道也。是故，君子戒慎乎其所不睹，恐懼乎其所不聞』矣，而又曰：『莫見乎隱，莫顯乎微。故君子慎其獨也』，何也?」曰：「此因論率性之道，以明由教而入者，其始當如此，蓋兩事也。其先言道不可離，而君子必戒謹恐懼乎其所不睹不聞者，所以言道之無所不在、無時不然，學者當無須臾豪忽之不謹而周防之，以全其本然之體也。又言莫見乎隱，莫顯乎微，而君子必謹其獨者，所以言隱微之間，人所不見而己獨知之，則其事之纖悉無不顯著，又有甚於他人之知者，學者尤當隨其念之方萌而致察焉，以謹其善惡之幾也」。51

㊿ 同上引書，頁17–18。

51 同上引書，頁254。

這是朱子就首章第二節所設答問的最頭部分。從其所設問題的本身，即可看出朱子對這一節之首重其可以一分為二與及兩者之間相互配合的關係。此兩部分，前者所言的是戒懼的道理，後者是謹獨的道理。[52]這種將戒懼與謹獨明確地劃分為二的清晰性，在朱子的〈《中庸》首章說〉一文之中是不大可見的；儘管文中對隱微顯著，無所不謹與尤必謹獨之間的分際亦已有所指點。

在進一步分析朱子之所以重視上述的一種分法及其就此分法所提出的理據之前，不能不指出的是朱子對第二節所持的另一種一分為二的看法。朱子此另一看法，雖在《章句》的註釋之中並沒有表露得十分明顯，在《或問》之內，尤其是朱子在回答中首先所言的「此因論率性之道，以明由教而入者，其始當如此」的一句，卻是非常清楚的。這句話明白地顯示出朱子所認為這一節除了如上述的可按其工夫之別一分為二之外，還可以就其內容之為率性之道抑為修道之教來劃作兩部分的看法。屬於前者的是道之不可離的部分，屬於後者的則是包括戒懼和謹獨兩方面工夫的部分。在朱子看來，道不可離正是第一節「率性之謂道」全句所含義理的發揮，而戒懼、謹獨則為其「修道之謂教」一句在各有關方面所涉工夫的闡析；兩節之間在結構上的條貫與脈絡是至為分明的。

有了此一基本瞭解之後，以下不妨再對朱子就道何以為不可離與人之所以必須努力做持守工夫所提出的理由和根據作進一步的探討。接著上面的引文，朱子說：

> 蓋所謂道者，率性而已。性無不有，故道無不在。大而父子君臣、

---

[52] 這裡所謂的「戒懼」，所指的是《中庸》原文的「戒慎」和「恐懼」；而《中庸》原文中的「慎獨」，則是這裡所言的「謹獨」。按朱子在《語類》中的討論仍然沿用《中庸》的原文，而《章句》與《或問》則以「戒懼」和「謹獨」兩辭取代之，蓋為行文之便故也。本文因亦用之。

小而動靜食息，不假人力之為而莫不各有當然不易之理，所謂道也。是乃天下人、物之所共由，充塞天地，貫徹古今，而取諸至近，則常不外乎吾之一心。循之則治，失之則亂，蓋無須臾之頃可得而暫離也。若其可以暫合暫離，而於事無所損益，則是人力私智之所為者，而非率性之謂矣。聖人之所脩以為教者，因其不可離者而品節之也；君子之所由以為學者，因其不可離者而持守之也。是以日用之間、須臾之頃，持守工夫一有不至，則所謂不可離者雖未嘗不在我，而人欲間之，則亦判然二物而不相管矣。是則雖曰有人之形，而其違禽獸也何遠哉！[53]

朱子這段文字帶出了兩個訊息。其一、無疑，「聖人之所修以為教」與及「君子之所由以為學」的道，乃係充塞天地、貫徹古今、無所不在、無適不然，而又為「天下人、物所共由」的一種規範。然而，此一規範決不是「人力私智」的產物，而實際上如《章句》所言——「皆性之德而具於心」，[54]乃是人率其一心之內所具之性自然而有的一種既不假人為、又莫非當然的「不易之理」。換言之，此道之所以不可或離，並非因為任何外加的權威或壓力，而完全是因為其為人性所「不能自已」的自然結果。其二、朱子所要說明的是治心工夫之所以重要的原因。誠然，「率性之謂道」，人只要能率循其所得乎天的純粹至善而莫非全體的性，則自然可以不待外求和不假人為地體現所謂的道。然而，正如上文所言，「性道雖同而氣稟或異，故不能無過不及之差」，[55]「是以私意人欲或生其間，而於所謂性者不免有所昏蔽錯雜，而無以全其所受之正」。[56]為了

[53] 同上引書，頁254。

[54] 見《章句》，《四書章句集注》，頁17。

[55] 同上註。

[56] 見《或問》，《四書或問》，卷三，《四庫》，冊197，頁252。

使本然的性得以全其所受之正，便不得不致力於提防此心之為私意人欲所間。然而，如之何始可以使心不為私意人欲所干擾？按朱子以為，這便不得不有賴於日用之間、須臾之頃的持守工夫。然則，從本然之性體現而為實然的道之間，朱子是確乎認為人事當然的修養工夫是不可或缺的了；在朱子看來，這正正是「未嘗不在我」的性和「不可離」的道所以不致落入於「判然二物而不相管」的分裂局面的唯一途徑。

然則，人當如何盡持守之功，使此一未嘗不在我者之性終不離我而去，以致違禽獸不遠？而其具體方法又為何？於此，朱子接續上文繼有如下的解說：

> 是以君子戒慎乎其目之所不及見，恐懼乎其耳之所不及聞，瞭然心目之間，常若見其不可離者，而不敢有須臾之間以流於人欲之私，而淪於禽獸之域。若《書》之言防怨而曰：「不見是圖」；《禮》之言事親而曰：「聽於無聲，視於無形」；蓋不待其徵於色、發於聲，然後有以用其力也。夫既已如此矣，則又以謂道固無所不在，而幽隱之間乃他人所不見而己所獨見；道固無時不然，而細微之事乃他人之所不聞而己所獨聞。是皆常情所忽，以為可以欺天罔人而不必謹者。而不知吾心之靈，皎如日月，既已知之，則其豪髮之間無所潛遁，又有甚於他人之知矣。又況既有是心，藏伏之久，則其見於聲音容貌之間，發於行事施為之實，必有暴著而不可揜者，又不止於念慮之差而已也。是以君子既戒懼乎耳目之所不及，則此心常明，不為物蔽；而於此尤不敢不致其謹焉，必使其幾微之際，無一毫人欲之萌，而純乎義理之發，則下學之功盡善全美，而無須臾之間矣。二者相須，皆反躬為己，遏人欲，存天理之實事。蓋體道之功，莫有先於此者，亦莫有切於此者。故子思於此首以為言，以見君子之學必由此而入也。[57]

這段解說可以和上引朱子初答何以君子既已戒慎恐懼於前、復須慎獨於後的問題所作回應的最初部分并看。前引的回應既揭其大綱，這段解說則益加詳密。綜合起來，朱子認為《中庸》所言的戒懼和謹獨，雖然同為修養的具體工夫，卻如上文所言——「蓋兩事也」，兩者是各有範疇而不能混為一談的。實際上，戒懼與謹獨之分為兩事可以說是朱子《中庸》說的一項突破前賢的創獲，也是朱子在這一節的解說上所特別強調的地方。朱子在給胡季隨的一系列書信中也曾反覆討論及此。其中有云：

> 大抵其言「道不可離，可離非道，是故君子戒懼乎其所不睹，恐懼乎其所不聞」，乃是徹頭徹尾、無時無處不下工夫，欲其無須臾而離乎道也。（不睹不聞與獨字不同，乃是言其戒懼之至，無適不然，雖是此等耳目不及、無要緊處，亦加照管。如云：「聽於無聲，視於無形」，非謂所□聞見處，卻可闊略，而特然於此加功也。）又言「莫見乎隱，莫顯乎微，故君子謹其獨」，乃是上文全體工夫之中，見得此處是一念起處，萬事根原，又更緊切，故當於此加意省察，欲其自隱而見、自微而顯，皆無人欲之私也。（觀兩「莫」字，即見此處是念慮欲萌而天理人欲之幾，最是緊切，尤不可不下工處。故於全體工夫之中，就此更加省察。然亦非必待其思慮已萌，而後別以一心察之。蓋全體工夫既無間斷，即就此處略加提撕，便自無透漏也。）此是兩節，文義不同，詳略亦異。前段中間著「是故」字，後段中間又著「故」字，各接上文，以起下意。……文義條理，大小甚明。從來說者多是不察，將此兩段只作一段相纏糾說了。便以「戒慎恐懼不睹不聞」為「謹獨」，所以雜亂重複，更說不行。前後只是麤瞞過了，仔細理會，便分疏不下也。[58]

[57] 同上引書，頁254–5。

大抵胡氏認為前一小節的「不睹不聞」所指者即是後一小節的「獨」,而前節所謂的「戒慎恐懼」,所慎者實即後節慎獨的「慎」。因此,在他看來,兩節所言並無異緻,而朱子一分為二的做法似無其必要。相應於胡氏的疑問,朱子除了指出不睹不聞若解作獨,則是暗示所睹所聞之處皆可闊略的謬誤之外,更分別從義理和文理兩個方面去論証兩節所言的不同。就文理上言,朱子認為前後兩節的中間之皆有「是故」或「故」一類承上起下的連接詞,正可以顯示出兩節之各有一完整的意思;而兩節相形之下的前詳後略,亦足以說明兩者之間——前者所言乃係一般性的原則而後者則為其附加的補充——的關係。而就義理上言,前者所作「徹頭徹尾、無時無處不下工夫」的一般性的指引和後者的「於全體工夫之中,就此更加省察」的補充性的提示,都是毫無疑問地指向一項事實:那就是,兩者之間之決非單純的重覆。

既然兩者之間在義理上之各有其意思,朱子對此又作出了若何的分

58 引文見〈答胡季隨〉,《文集》,卷五十三,頁16b–17b,《大全》,冊7。此外,《語類》亦載有朱子在與門人友輩間的相互討論中特別強調兩者之間分際的資料。《語類》,卷六十二,有這樣的兩段對話:(一)、「問:『「道也者,不可須臾離」與「莫見乎隱」兩段,分明極有條理,何為前輩都作一段滾說去?』曰:『此分明是兩節事。前段有「是故」字,後段有「故」字。聖賢不是要作文,只是逐節次說出許多道理。若作一段說,亦成是何文字!所以前輩諸公解此段繁雜無倫,都不分明。』(見《語類》,冊4,頁1500)」(二)、「問:『「道也者,不可須臾離也」以下是存養工夫,「莫見乎隱」以下是檢察工夫否?』曰:『說「道不可須臾離」,是說不可不存。「是故」以下,卻是人恐懼戒慎,做存養工夫。說「莫見乎隱,莫顯乎微」,是說不可不慎意。「故君子」以下,是教人慎獨,察其私意起處防之。只看兩箇「故」字,便是方說人身上來做工夫也。聖人教人,只此兩端。』(見同上引書,頁1505)」即是其中例子。這兩段對話可以見出,朱子確信「戒懼」和「謹獨」為兩種不同的工夫。

疏？綜合而言，朱子的分疏基本上包括以下的幾個方面。首先，正如《章句》所言，前者「所以存天理之本然，而不使離於須臾之頃」，[59]後者「所以遏人欲於將萌，而不使其潛滋暗長於隱微之中，以至離道之遠」；[60]很明顯地，前者乃所以全其本然之體，後者則所以審其善惡之幾；所處理者分別為如何存天理之公和去人欲之私的兩個大問題。不僅如此，前者又在於存養其所固有，後者則在於省察其所本無。可見，兩者各有對象，而隨其對象之性質而各有重點與功夫，莫不各有條貫而一絲不亂。此外，就用功的時態言，戒懼與謹獨亦有分際。戒懼乃就未發上說，謹獨則就已發上說。[61]前者所以周防，乃「防之於未然」；後者所以致察，乃「察之於將然」。[62]前者乃是無時不著力，常若見其不可離者，故重平日之留神；後者則是於幽隱之間、細微之事上之不敢忽，故重臨事之檢點。[63]正因為其有此種種的條理和分際，《中庸》的戒懼與謹獨，在朱子

[59] 見《章句》，《四書章句集注》，頁17。

[60] 同上註。

[61] 按朱子又曾以「戒懼」為未發時工夫、「謹獨」為已發時工夫來分別兩者在施功時態上之不同。見《語類》，卷六十二，冊4，頁1505。

[62] 朱子說：「『戒慎』一節，當分為兩事。『戒慎不睹，恐懼不聞』，如言『聽於無聲，視於無形』，是防之於未然，以全其體；『慎獨』，是察之於將然，以審其幾（見《語類》，卷六十二，冊4，頁1502）。」

[63] 有關「戒懼」與「謹獨」在這一方面的分際，可參看以下幾條《語類》的資料：(一)、「用之問：『戒懼不睹不聞，是起頭處，至「莫見乎隱，莫顯乎微」，又用緊一緊。』曰：『不可如此說。戒慎恐懼是普說，言道理偪塞都是，無時而不戒慎恐懼。到得隱微之間，人所易忽，又更用慎，這箇卻是喚起說。戒懼無箇起頭處，只是普遍都用。……』」(二)、「黃灝謂：『戒懼是統體做工夫，慎獨是又於其中緊切處加工夫，猶一經一緯而作帛。』先生以為然。」(三)、「又問：『泳欲謂戒懼是其常，慎獨是慎其所發。』曰：『如此說也好。』」三條資料分別見《語類》，卷六十二，冊4，頁1500、1502

看來，當其周密地配合起來，便成為一套「無所不慎，而又慎上更加慎」[64]嚴密功夫。對於這兩種功夫之間的條理與分際，為了一目瞭然起見，不妨以下表示之：

	戒懼	謹獨
對象	本然之體	善惡之幾
目的	全其體	審其幾
方法	存養	省察
時態	未發 防之未然 無時無地不用力	已發 察之將然 細微幽隱之檢點

當然，正如朱子所言——「作兩事說，則不害於相通」，[65]戒懼、謹獨儘管所言者為兩事，其間卻有相通之處。此外，朱子在強調「不可分中，卻要見得不可不分處」的同時，[66]又主張學者不能不有以見乎兩者「實相為用」的「不可分處」。[67]而對於「涵養工夫實貫初終。而未發之所，只須涵養。纔發處，便須用省察工夫。至於涵養愈熟，則省察愈精矣」的說法，朱子則毫不猶豫地稱其為「是」。[68]實際上，朱子在其晚年〈答呂子約〉書中亦謂：「蓋無所不戒謹者，通乎已發、未發而言；而謹其獨，則專為已發而設耳」。[69]可見，朱子不僅認為戒懼與謹獨之間有

及1506。

[64] 同上引書，頁1502。

[65] 見〈答胡季隨〉，《文集》，卷五十三，頁18b，《大全》，冊7。

[66] 同上註。

[67] 同上引書，頁19a。

[68] 同上註。

[69] 見《文集》，卷四十八，頁21a，《大全》，冊6。按陳來的考証，朱子此書

共通之處，而且更明白指出了此一共通之處即在於無所不謹慎的態度。誠然，如上所述，朱子曾謂戒懼屬未發、謹獨屬已發，此處又言平時涵養的戒懼工夫通乎未發、已發，前後似有所牴觸。實則前者乃所以言其分際，後者乃所以言其共通，兩者之間是並不衝突的。就其共通處言，戒懼固是一種小心照管一切的態度，即使那就天理人欲所由判分的緊切處下工夫的謹獨，也不外「只是此箇全體戒懼底略更開眼」的做法，[70] 其所採取者實與戒懼同其為一種謹慎的態度。朱子所謂的戒懼工夫通乎未發、已發，其所指者實即此一通貫乎戒懼與謹獨之間的態度上的一致而已。學者不以辭害意，當可看出此一離一合之間的並行而不相悖。

除了在態度上有相通處外，就所牽涉的具體工夫言，戒懼和謹獨之間亦同樣地存在著離中有合的地方。《語類》載：

> 問：「『戒慎不睹，恐懼不聞』與『慎獨』兩段事，廣思之，便是『惟精惟一』底工夫。戒慎恐懼，持守而不失，便是惟一底工夫。慎獨，則於善惡之幾，察之愈精愈密，便是惟精底工夫。但《中庸》論『道不可離』，則先其戒慎，而後其慎獨；舜論人心、道心，則先其惟精，而後其惟一。」
>
> 曰：「兩事皆少不得『惟精惟一』底工夫。不睹不聞時固當持守，然不可不察；慎獨時固當致察，然不可不持守」。[71]

這段對話由輔漢卿所自記錄，而《語類》此條之下並載由萬人傑所錄的一段異文：

作於慶元三（1197）年丁巳、朱子年六十八之時。倘如所言，則其中所代表者即可視為朱子晚年定見。見《朱子書信編年考証》，頁423。

[70] 見〈答胡季隨〉，《文集》，卷五十三，頁18b，《大全》，冊7。

[71] 見《語類》，卷六十二，冊4，頁1502。

漢卿問云云。先生曰：「不必『惟精惟一』於兩段上。但凡事察之貴精，守之貴一。如戒慎恐懼，是事之未形處；慎獨，幾之將然處。不可不精察而慎守之也」。[72]

這段異文比輔氏自身所記錄者更為斬截；然而，兩者都清楚地反映出朱子所認為戒懼和謹獨的另一共通之處在於其無不須做精、一工夫的看法。然而，朱子之此一主張乃係相對於輔氏《中庸》與十六字訣所言工夫次序疑有出入的問題而作出的，而輔氏之所以有此一問又源自其視戒懼與謹獨分別為只重持守的唯一工夫和只重致察的唯精工夫的假設。朱子此一答覆，無異是從根本上去否定輔氏的前設，而輔氏的疑問也就不待其多費辨析而自解了。可是，輔氏之問雖云解決，另一問題卻因之而生。蓋朱子此處所言，倘更以萬氏所錄者為準，似認為戒懼與謹獨之間在持守與致察上所下工夫都無分別，即戒懼上所用的固是持守與精察，謹獨上所用者亦復如是；其有分別，亦不過為「事之未形處」與「幾之將然處」之間的時態上之不同而已。果其若是，則與上文所言朱子就兩者之間所作的種種區別不免有前後相違之處。抑或此間亦自有一兩說可得而並存的融通處在？

按朱子雖謂「凡事察之貴精，守之貴一」，戒懼與謹獨皆得精察與持守並用，卻始終並未否定兩者之各有偏重的事實。固然，對於輔氏之分別視戒懼與謹獨為持守之一與致察之精的看法，朱子是有所保留的。然而，朱子為《中庸》注解，所作〈序〉文，冠以虞廷傳心「人心惟危，道心惟微，惟精惟一，允執厥中」的十六字訣，其視《中庸》所言義理與十六字訣之所言者有莫大關係，自無可疑。而今輔氏思索《中庸》所言戒懼與謹獨的含義，竟聯想及於其與十六字訣中的「惟精惟一」所可能有的某種關係，並有此問。朱子之稱其於學有「探討不倦之意」，[73]

[72] 同上註。

所指者縱非此事，亦足見其對輔氏平素好學深思的讚許。況且，輔氏所作的觀察亦並非毫無根據。按朱子所言的戒懼與謹獨，既如上所述，一在全其本然之體、一在察其善惡之幾，則輔氏因之而認為前者為「惟一」工夫，後者為「惟精」工夫，自不無道理。倘更以輔氏所錄朱子答語來推敲朱子回答時的真正意思，則朱子誠謂戒懼時不可不致察，謹獨時不可不持守；辭氣之間，實亦並無否定前者的重點仍在於持守而後者則在於致察的意思。

蓋輔氏之問既已將戒懼、謹獨分別限定為持守與致察工夫，並進而懷疑到《中庸》與十六字訣之間的或有出入，則朱子乃不得不強調精、一工夫之同時貫穿於戒懼、謹獨兩者之中的事實，以示《中庸》與十六字訣之間所謂先一後精與先精後一的矛盾之根本並不存在。儘管如此，朱子亦僅謂戒懼與謹獨各各有得力於致察與持守之處，以示兩者之並非為絕然不相涉而已；朱子固未有謂在持守與致察的著力上兩者無其各自的偏重。況且，輔氏所指《中庸》先戒懼後謹獨與心訣先精後一為有不相一致處縱屬有據，《中庸》所言者乃就工夫之本末言其間的主次，而心訣所言則是就施功的理論程序上言其間的先後，兩處所言非但並未構成任何真正的衝突，而且根本是並行不相悖的。朱子固亦不必因《中庸》所言的本末之次與心訣所言的程序先後之似有牴觸，而遂諱言《中庸》的戒懼與謹獨於持守與精察之間各有側重的事實。

然則，朱子又何以必謂「兩事皆少不得『惟精惟一』底工夫」？蓋戒

---

73 見〈答輔漢卿〉《文集》，卷五十九，冊7，頁25a。按《文集》同卷收有朱子給輔氏書共七通，往往表示其愛重與期望之意。諸書並一再論及《中庸》所言義理，其中有云：「此箇道理，功夫本不可有間斷時節，目下無人講貫，自己分上思索體認，持守省察，自不可頃刻虛度。如此積累功夫，則其間必有所大疑，亦必有所大悟。一旦相聚，覿面相呈，如決江河，更無凝滯矣（同引上書，頁26b）。」所言者蓋即戒懼謹獨以存道心的道理。

懼的重點固在於「全其本然之體」的持守，若不有致察工夫以先之，則亦無以確保所持守者之為本然之善。同樣地，謹獨的重點雖然在於「審其善惡之幾」的致察，倘無持守工夫以繼之，則亦無以確保所察之善之終不轉而為惡。足見戒懼之不能無致察，而謹獨之不能無持守，兩者之間並非徹底絕緣。朱子所謂的「不必『惟精惟一』於兩段上」，當從此一意味去瞭解。於此，朱子之視戒懼與謹獨為異中有同、離中有合，亦可窺其一斑。

除了上述朱子明確指出的兩點之外，對於戒懼與謹獨之間的相通之處，尚可以作出如下三點的指摘：第一、就其所欲到達的最終目標言，戒懼和謹獨是完全一致的。誠然，這兩項工夫，如上所述，分別各有所施，方法既不相同，時態亦不一樣。然而，無論其用功的對象為本然之體抑為善惡之幾，其方法為存養抑為省察，其著力處為未發抑為已發、為日常之時抑為臨發之際，其最終目標始終在於如何使本所固有的善性得以鞏固並常為一身動靜的主宰。在靜時能有所存，在發動之際又特加留神，使其在與形氣結合、發而為情的過程中不致不知不覺地因形氣的侵奪而喪失其主導的地位，以至於使所發之情不再代表天理之公而流為人欲之私。可見，兩種工夫實代表著一層又一層的努力，而其最終目標亦莫不同其在確保此本有之心的無時不存。

第二、就兩種工夫所以可能的基本依據言，兩者也是並無異緻的。有關這一點，《語類》有以下的問答：

> 問：「《中庸》工夫只在『戒慎恐懼』與『慎獨』。但二者工夫，其頭腦又在道不可離處。若能識得全體大用皆具於心，則二者工夫不待勉強，自然進進不已矣。」
>
> 曰：「便是有箇頭腦。如『天命之謂性，率性之謂道，修道之謂教。』古人因甚冠之章首？蓋頭腦如此。若識得此理，則便是勉

強，亦有箇著落矣」。[74]

大抵朱子心目中除了有生知、安行一類上等之資的學者之外，還有學知、利行以至於困知、勉行兩種需要下切實修為工夫的人。因此，在他的回答當中，並未如問者般的看得輕易，簡單地視工夫為不待勉強。然而，對於戒懼與謹獨「其頭腦又在道不可離處」的說法，他是完全贊同的。誠然，分別施功於性所包含的全體與大用的戒懼與謹獨，都是修道一方面的工夫。然而，如問者所言，兩項工夫之所以可能的前提既在於所修的道本身即是率性的結果，而性又內在於人心，當體具足，則戒懼與謹獨縱屬於人事當然方面的工夫，卻畢竟是有本有源而毋須硬著用力的。不僅如此，朱子根本認為，此一本源非但在於問者所言的心，而更在於性所由稟的天。這正是朱子特別引述首章第一節的三句話以作答有意無意所暗示的意思。然則，在朱子看來，戒慎與謹獨兩項工夫所針對者儘管有本體與作用之異，其最終依據則莫不在於此全體至善的性之為上天所命和人所固有之自然的事實。

第三、既然戒懼和謹獨的依據同在於性天之自然，而其最終目標又同在於保存此一本有之自然，則兩者在施功過程中之同為順其自然者也是可以想像的。換言之，就工夫的性質言，戒懼和謹獨都是不必「大段用力」的。以下的一段問答可以証之。

問:「『不睹不聞』與『慎獨』何別?」

曰:「上一節說存天理之本然，下一節說遏人欲於將萌。」

又問:「能存天理了，則下面慎獨，似多了一截。」

曰:「雖是存得天理，臨發時也須點檢，這便是他密處。若只說存天理了，更不慎獨，卻是只用致中，不用致和了。」

又問:「致中是未動之前，然謂之戒懼，卻是動了。」

[74] 見《語類》，卷六十二，冊4，頁1506。

曰：「公莫看得戒慎恐懼太重了，此只是略省一省，不是恁驚惶震懼，略是箇敬模樣如此。然道著『敬』字，已是重了。只略略收拾來，便在這裏。伊川所謂『道箇「敬」字，也不大段用得力』。孟子曰：『操則存』。操亦不是著力把持，只是操一操，便在這裏。如人之氣，才呼便出，吸便入。」[75]

這裡朱子被追問至於以戒懼言致中會否與中之為未動之前狀態有所矛盾時，終於作出戒懼並非著力把持，而是略略收拾的回應。朱子如是答覆決不是但求一時之遁辭，而實代表他一貫的看法。比如他說：

「戒慎乎其所不睹，恐懼乎其所不聞」，這處難言。大段著意，又卻生病，只恁地略約住。道著戒慎恐懼，又是剩語；然又不得不如此說。[76]

這裡所言的道理，與上面朱子引伊川程氏說所欲說明者，意思是一樣的。值得注意者，朱子不僅認為戒懼不必大段用力，益且認為此一工夫根本是不能大段用力的。所以仍然說著用敬，用意只在使其不致放縱以致不知不覺離道之遠而已。實則戒懼與用敬，就如人在呼吸中之「才呼便出，吸便入」一樣，只須「略省一省」、「略約住」，本有之性自無不在，既不費力，亦甚自然。此外，在其與劉黻的答問中：

劉黻問：「不知無事時如何戒慎恐懼？若只管如此，又恐執持太過；若不如此，又恐都忘了。」

曰：「也有甚麼矜持！只不要昏了他，便是戒懼」。[77]

---

[75] 同上引書，頁1503。

[76] 同上引書，頁1499。

[77] 同上註。

朱子的回答明確地指出使本有之性不昏的戒懼工夫實是無所用於矜持的。既然戒懼不必大段用力、也不能大段用力，則作為臨發前檢點的謹獨，當然也不必、亦不能大段用力了。有關這一點，《語類》又有以下的一段問答：

> 問：「『戒慎不睹，恐懼不聞』與『慎獨』雖不同，若下工夫皆是敬否?」
>
> 曰：「敬只是常惺惺法。所謂靜中有箇覺處，只是常惺惺在這裡，靜不是睡著了」。[78]

這段答問不僅指出了戒懼與謹獨兩種工夫，其本領皆在於敬的事實，而且更引入了謝上蔡「常惺惺」之說，進一步說明了作為兩者本領所在的「敬」的工夫的性質。按朱子言敬，每揭伊川「主一無適」、「整齊嚴肅」和尹和靖「其心收斂，不容一物」諸說；[79]而此處獨提謝氏之說者，乃所以強調敬作為一種方法，其機能之實在於使此心「常惺惺」。而所謂「惺惺」也者，既是「心不昏昧之謂」，[80]則所謂敬也者，自然就是一種「喚醒此心」的方法。[81]然既謂之為喚醒此心之法，則此心縱或此刻昏了，其必為一本已存在之物，則屬無可置疑的事實。此心既早已有之，則以敬為其本領所在的戒懼與謹獨的兩項工夫，實亦不是要從無中生有，而不過在於為此本已存在而未嘗或昧之心得以呈露其常明的本體保持一個理想的心神狀態而已。因此，儘管戒懼與謹獨乃屬「修道之謂教」一方面的工夫，且又不能容其有須臾之間斷，其性質之為一基於自然而又順乎自然的工夫，當無可疑。然則，其為一不必、亦不能大段用力的工

[78] 同上引書，頁1503。

[79] 《語類》，卷十七，冊2，頁371–4。

[80] 同上引書，頁373。

[81] 同上註。

夫，實亦是不難想像的。

㈢未發、已發，致中和，與天地位、萬物育

在詳細剖析過朱子對因率性之道論教所由以入的《中庸》首章第二節的解釋之後，接下來可以進一步看看朱子對餘下一節的解釋。朱子對首章第三節所作的註解，首當注意者亦在於其將全節分為兩段，然後分別加以疏釋的做法。朱子此一做法與其處理上一節的方式是絲毫無異的。按朱子的《章句》，第三節以「喜怒哀樂之未發，謂之中；發而皆中節，謂之和。中也者，天下之大本也；和也者，天下之達道也」為前段，而以「致中和，天地位焉，萬物育焉」為後一段。對於前者，朱子所下的註釋是：

> 喜、怒、哀、樂，情也；其未發，則性也，無所偏倚，故謂之中；發皆中節，情之正也，無所乖戾，故謂之和。大本者，天命之性，天下之理皆由此出，道之體也。達道者，循性之謂，天下古今所共由，道之用也。此言性、情之德，以明道不可離之意。[82]

對於後者，朱子的註釋是：

> 致，推而極之也。位者，安其所也。育者，遂其生也。自戒懼而約之，以至於至靜之中，無少偏倚，而其守不失，則極其中而天地位矣。自謹獨而精之，以至於應物之處，無少差謬，而無適不然，則極其和而萬物育矣。蓋天地萬物本吾一體，吾之心正，則天地之心亦正矣，吾之氣順，則天地之氣亦順矣。故其效驗至於如此。此學問之極功、聖人之能事，初非有待於外，而修道之教亦在其中矣。是其一體一用雖有動靜之殊，然必其體立而後用有

[82] 見《章句》，《四書章句集注》，頁18。

以行，則其實亦非有兩事也。故於此合而言之，以結上文之意。[83]

以上兩段註釋所涉及朱子對中和，致中和，與及天地位、萬物育三組觀念的看法，容後再作剖析。這裡首須指出的是這前、後兩段彼此之間及兩者與上兩節之間的關係。

第一、就兩段之間的關係言，前一段所言的是性、情的本然之德，後一段所言的是所以使此性、情得以不離乎其本然的德性與狀態的方法。前者言天道，後者言人道；其結構與第二節之分為道不可離與戒懼、謹獨兩部分和第一節之分為天命之性、率性之道與修道之教兩部分，各因天道而言人道的做法是如出一轍的。第二、就此一節與上面兩節之間的關係言，除了適纔所指出其結構與上兩節完全一致的一點之外，按註文所示，第三節明顯是第二節所言義理的進一步的發揮。如上所述，第二節前一段所言的是道不可離之意，後一段則為所以能不離乎道的方法。而第三節的前一段，如註文所言的「此言性、情之德，以明道不可離之意」，其中所言的未發之中和已發之和實際上就是道何以為不可離的最終極的根據；至於後一段亦如註文所言的「自戒懼而約之……自謹獨而精之」，其所言者則明顯是戒懼與謹獨推之至極所可以產生的果效。前者乃所以窮探第二節前一段所言之根源，後者乃所以推尋第二節後一段所言的極致，其為第二節的發揮自無可疑。然而，尤有進者，由於第三節前一段在說明道之所以不可離的根據時直往上溯而至於天命之性的源頭，其所言者實亦兼及第一節「天命之謂性」的意義；至於其後一段所論的致中和，自然就是其繼第二節所言的戒懼與謹獨之後，對第一節的「修道之謂教」所作的窮盡的說明。正因為這個緣故，朱子在《或問》中說：「推本天命之性，以明由教而入者，其始之所發端、終之所至極，

[83] 見上註。

皆不外於吾心也」。[84]這一段文字正說明了第三節和作為全章綱領的第一節的關係。與第二節之僅從率性之道言道不可離，並從作為「其始當如此」的戒懼與謹獨的入手處言修道之教不同，第三節乃兼從天命之性與率性之道言道不可離，並從「始之所發端」與「終之所至極」的兩方面去發揮戒懼與謹獨對修道之教的意義。可以見得，較諸〈《中庸》首章說〉之以體、用兩個觀念分別訓釋中、和，並從而僅著重其為天命之性的一個方面的做法，《章句》所作的分法無疑是更為細緻與嚴密。[85]

本節在全章之中的地置與機能既已釐清，以下當就朱子對本節之內的主要觀念所作的解釋逐一作出分析。首先是朱子對「未發之中」和「已發之和」的解釋。朱子在《或問》裡說：

> 蓋天命之性，萬理具焉，喜怒哀樂各有攸當。方其未發，渾然在中，無所偏倚，故謂之「中」。及其發而皆得其當，無所乖戾，故謂之「和」。謂之「中」者，所以狀性之德、道之體也；以其天地萬物之理無所不該，故曰：「天下之大本」。謂之「和」者，所以著情之正、道之用也；以其古今人物之所共由，故曰：「天下之達道」。[86]

---

[84] 見《或問》，《四書或問》，卷三，《四庫》，冊197，頁257。

[85] 按《章句》的分法，如文末圖表所示，中與和、大本與達道乃分別屬於天命之性與率性之道兩個領域，與〈《中庸》首章說〉之儱侗將之同歸在天命之性的一類之內是有所不同的。實際上，《章句》的這種分法在朱子〈答林擇之〉的書信中早已見之。其書曰：「蓋天命之性者，天理之全體也；率性之道者，人性之當然也。未發之中，以全體而言也；時中之中，以當然而言也；要皆指本體而言（《文集》，卷四十三，頁27a–b，《大全》，冊5)。」當然，視中和大本達道同為天道一方面事一點，《章句》與〈《中庸》首章說〉之間是沒有分歧的。

[86] 同上註。

這段文字簡潔地敘述了「中」、「和」所表現時、空、情狀之不同、其各自得名之由及其所以分別為大本、達道的原因。倘若以圖表示之，其間的分別如下：

中	和
未發	已發
渾然在中	發而得當
無所偏倚	無所乖戾
性之德	情之正
道之體	道之用
萬物之理無所不該	古今人物之所共由
天下之大本	天下之達道

圖表清晰顯示，「所以狀性之德、道之體」的「中」和「所以著情之正、道之用」的「和」乃是兩個分別用以凸顯天命之性作為未發前性之本體和已發後情之作用所呈狀態的特徵的形容詞。按天命之性，當其未發之時，其本然的狀態乃是渾然在中而無所偏倚的；當其既發之後，其本然的狀態則是發皆得當而無所乖戾的；這是中與和所以分別命名的原由。正如朱子之所比喻：

> 喜怒哀樂未發，如處室中，東西南北未有定向，所謂中也。及其既發，如已出門，東者不復能西，南者不復能北。然各因其事，無所乖逆，所謂和也。[87]

朱子以處室比喻未發之中反映出此未發之中乃是一種尚無定向、既可東復可西的未兆狀態。除此之外，朱子又這樣去作比喻：

[87] 見《語類》，卷六十二，冊4，頁1507。

> 且如今在此坐，卓然端正，不側東，不側西，便是中底氣象。[88]

與上面只顯示出中之為「渾然」的一段話不同，這段文字則將其「無所偏倚」的情狀表述了出來。合兩者而觀之，中就是一種行動未啟，意念未萌之前的一種端正而無所偏側的精神狀態。相對於此，已發之和則除了是意念已萌、方向既著之外，其行動更是有所倚著，而不可能再像未發之前的可東復可西了。當然，既屬已發，其必為有所倚著，自不能免；只要能「各因其事，無所乖逆」，則亦不失其為和。朱子曾謂：

> 在中者，未動時恰好處；時中者，已動時恰好處。才發時，不偏於喜，則偏於怒，不得謂之在中矣。然只要就所偏倚一事，處之得恰好，則無過不及矣。[89]

這裡所謂的「時中」，即是上文所言「發而皆得其當」之意；作為已發之和所以能無所乖戾的根本原因，這裡所言的時中實亦代表已發之和。值得注意的是，朱子除了用「恰好處」一詞去形容「在中」所本有的狀態外，還用同一辭語來表達「時中」。這顯示出朱子認為已發後的必有偏倚，和未發前之「渾然在中，無所偏倚」一樣，都可以達致一「恰好」的狀態。只要能於所偏之處，處理得恰如其份，則雖「不得謂之在中」，亦可以無過不及，而不失其為時中之中了。儘管如此，在中之中與時中之中畢竟一為未發之中、一為已發之中，非但時有先後之別，其所呈狀態，一為渾然在中、無所偏倚，一為發皆中節、無所乖戾，亦復各各不同，固不可不予區別。再者，論其功能，前者為「萬物之理無所不該」之本體，後者則含「古今人物之所共由」之功能；一為「大本」，一為「達道」；其間亦有不能混為一談者在。[90]

---

[88] 同上引書，頁1511。

[89] 同上引書，頁1510。

實際上，如何從日用流行的「已發」活動連續體中劃出一度屬於「未發」的時空，非但構成了朱子思想成長過程中的一個重大問題；而因應此一問題其於四十前後經歷過舊說的曲折所終於提出的「中和新說」，實亦象徵著朱子哲學發展途中的一座重要里程碑。對於此一經過，前輩學者已論之甚詳，這裡亦不必再贅。[91]所欲指出的是，朱子在未悟新說之前，正如其「中和舊說」諸書所示，對於《中庸》所言的「未發之中」之為一確乎存在的時空，既無適當的體會，且亦不能首肯。其第一書言：

> 人自有生，即有知識。事物交來，應接不暇。念念遷革，以至於死。其間初無頃刻停息，舉世皆然也。然聖賢之言，則有所謂「未發之中」、「寂然不動」者，夫豈以日用流行者為已發，而指夫暫

---

[90] 朱子之認為在中之中與時中之中的不能相混，可見於其答呂伯恭書。書云：「故《中庸》首章言中、和之所以異，一則為大本，一則為達道。是雖有善辨者，不能合之而為一矣。故伊川先生云：「大本言其體，達道言其用。體用自殊，安得不二乎?」學者須是於未發、已發之際，識得一一分明，然後可以言體、用一源處。然亦只是一源耳，體用之不同，則固自若也。天地位，便是大本立處；萬物育，便是達道行處。此事灼然分明，但二者常相須，無有能此而不能彼者耳（見〈答呂伯恭問龜山《中庸》〉〈別紙〉，《文集》，卷三十五，頁1a–2b，《大全》，冊4。）

[91] 有關朱子如何從舊說的樊籬擺脫出來而終有新說的體悟，其間曲折，錢穆論之甚詳，且與白田王氏年譜所言的經過頗有出入。說見其《朱子新學案》，冊2，頁123–43。其後，陳來著《朱子哲學研究》，又為王氏辯解。說見其書（臺北：文津出版社，1990），頁116–21。二說孰是，未及詳考。然而，不論何者為是，其於本文之視朱子此期思想之大體發展為一對未發之再發現過程的觀點，當不致構成若何嚴重的爭議。此外，劉述先又有〈朱子參悟中和問題所經歷曲折〉一文，收入其《朱子哲學思想的發展與完成》，頁71–138。

> 而休息、不與事接之際為「未發」時耶？嘗試以此求之，則泯然無覺之中，邪暗鬱塞，似非虛明應物之體；而幾微之際，一有覺焉，則又便為「已發」，而非「寂然」之謂。蓋愈求而愈不可見。於是退而驗之於日用之間，則凡感之而通、觸之而覺，蓋有渾然全體，應物而不窮者，是乃天命流行生生不已之機。雖一日之間萬起萬滅，而其寂然之本體，則未嘗不寂然也。所謂「未發」,如是而已。夫豈別有一物，限於一時，拘於一處，而可以謂之中哉！[92]

可見，此時的朱子雖曾嘗試尋求所謂的未發之中，卻始終不得其〕影下落。依朱子當時所見，人生的一切思惟與活動莫不屬於已發的範圍。無論念念遷革之際、抑或應接事物之間，都不可能存有一「限於一時，拘於一處」的「別有」的「未發」時空。誠然，朱子書中也曾指出，在日用之間萬起萬滅的活動連續體背後有一寂然的本體，此一本體即是所謂的「未發」。然而，此一寂然之體究為何如？朱子其時正苦於「事物交來，應接不暇」，對之恐亦未必有真實體會，更遑論對念念遷革之間此心「湛然無一毫思慮」[93]的未發時刻的覺察。朱子此一見解，直至其作中和舊說第四書時仍未有所改變。其書曰：

> 蓋通天下，只一箇天機活物流行發用，無間容息。據其已發者而指其未發者，則已發者人心，而凡未發者皆其性也，亦無一物而不備矣。夫豈別有一物，拘於一時，限於一處，而名之哉！即夫日用之間，渾然全體，如川流之不息，天運之不窮耳。此所以體用、精粗、動靜、本末，洞然無一毫之間，而鳶飛魚躍，觸處朗然也。存者，存此而已；養者，養此而已。必有事焉而勿正，心

[92] 見〈與張欽夫〉,《文集》，卷三十，頁19a–b,《大全》，冊4。

[93] 《語類》，卷六十二，冊4，頁1513。

> 勿忘，勿助長也。從前是做多少安排，沒頓著處。今覺得如水到船浮，解維正拖，而沿洄上下，惟意所適矣，豈不易哉！始信明道所謂未嘗致纖毫之力者，真不浪語。[94]

這裡除了重申未發之中決非「別有一物，拘於一時，限於一處」的主張之外，更以性與心分別界定未發和已發，明確地宣告了凡心的活動皆屬已發，從而根本地否定了未發之為一心體仍能有所活動的時空的可能。朱子雖曾強調因未發的性與已發的心兩者之間的「無一毫之間」所造成「觸處朗然」的果效，並且認未發之性為體、精、靜、本，而已發之心為用、粗、動、末；畢竟在他而言，前者只能因後者而見，既無獨立的地位，遂亦無著意尋找的必要。無怪乎其於過去求中於未發的工夫與努力，非但稱之為「多少安排」，且更視之為一「沒頓著處」的徒勞。

然而，儘管如朱子日後所回憶者──「一日喟然嘆曰：『人自嬰兒以至老死，雖然語默動靜之不同，然其大體莫非已發，特其未發為未嘗發爾。』自此不復有疑」，[95]當時的朱子對於此番體悟似已相當肯定，卻因與蔡季通談論此一體悟，於問辨之間，疑惑頓生，而觸發其對未發、已發之說的重新思考，並終而有中和新說的提出。按朱子新說的提出乃在其〈與湖南諸公論中和第一書〉。據此書所言，朱子對其舊說缺點之所在，有如下的檢討：

> 《中庸》未發、已發之義，前此認得此心流行之體，又因程子「凡言心者，皆指已發而言」，遂目心為已發，性為未發。然觀程子之書，多所不合。因復思之，乃知前日之說，非惟心、性之名命之不當，而日用功夫全無本領；蓋所失者，不但文義之間而已。……向來講論思索，直以心為已發。而日用工夫，亦止以察識端

[94] 見〈答張敬夫〉，《文集》，卷三十二，頁5a–b，《大全》，冊4。

[95] 見〈中和舊說序〉，《文集》，卷七十五，頁22b–23a。《大全》，冊9。

> 倪為最初下手處。以故闕卻平日涵養一段工夫，使人胸中擾擾，無深潛純一之味；而其發之言語事為之間，亦常急迫浮露，無復雍容深厚之風。蓋所見一差，其害乃至於此，不可以不審也。[96]

按朱子此處所言「胸中擾擾」與「急迫浮露」之病，早在其作中和舊說第三書時經已提及。[97]可見，朱子上面雖云「不復有疑」，其內心的疑惑其實是猶未盡釋的。這次因與蔡氏討論，使他一直以來所抱有的疑惑頃刻之間盡數浮現。於此，再經過一番思索之後，朱子終於發現上面所言的病痛，其源頭所自乃在於自己對未發工夫的一向忽略，而此一忽略復又種根於其以「心為已發，性為未發」的看法。按朱子後來的反省，心體流行其實是貫通乎已發和未發的。換言之，雖是未發之時，由於其已為心體流行所及之處，治心工夫遂亦有其得以施展的空間。然而，由於朱子初時誤將心體流行之處一概劃入已發的領域，故而未能正視到在未發之前心之仍有其可活動的空間，以至於在這個重要環節中欠缺了一段平日可加涵養的工夫。

「心為已發」之說固然所見有欠周全，「性為未發」之論亦未完全正確。有關這一點，朱子在其〈已發、未發說〉一文中整理程氏諸說之後有這樣的歸納：

---

[96] 見《文集》，卷六十四，頁29a，《大全》，冊8。

[97] 按第三書云：「大抵日前所見，累書所陳者，只是儱侗地見得箇大本達道底影象，便執認以為是了，卻於「致中和」一句，全不曾入思議。所以累蒙教告，以求仁之為急，而自覺殊無立腳下功夫處。蓋只見得箇直截根源，傾湫倒海底氣象，日間但覺為大化所驅，如在洪濤巨浪之中，不容少頃停泊。蓋其所見，一向如是，以故應事接物處，但覺粗厲勇果增倍於前，而寬裕雍容之氣略無毫髮。雖竊病之，而不知其所自來也。」見〈答張敬夫〉，《文集》，卷三十二，頁4a–b，《大全》，冊4。

右據此諸說，皆以思慮未萌、事物未至之時為喜怒哀樂之未發。當此之時，即是心體流行寂然不動之處，而天命之性體段具焉。以其無過不及、不偏不倚，故謂之中。然已是心體流行處見，故直謂之「性」則不可。[98]

按朱子的新悟，未發時雖然思慮未萌，喜怒哀樂亦無從可見，心體卻已流行，而且又有體段之可名，故再也不能單純地視之為性的領域。所以如此，其原因朱子在終篇之處說得非常清楚：

周子曰：「無極而太極。」程子又曰：「人生而靜以上不容說；纔說時，便已不是性矣。」蓋聖賢論性，無不因心而發。若欲專言之，則所謂無極而不容言者，亦無體段之可名矣。[99]

按朱子的解釋，性與未發之所以混為一談，乃在於一向以來為了論說之便，「聖賢論性，無不因心而發」的緣故。實則嚴格而言，性乃屬無極而不容言說的領域，亦無體段之可名，其與作為「心體流行寂然不動處」的未發之中，雖相涉而實不容相混。相混所造成的結果就是將原本為心體流行所及的未發之中簡單地視為一活動全無的絕對的靜。《語類》所載以下的一段答問正顯示出問者所抱的就是這樣的一個觀點：

問：「心本是箇動物，不審未發之前，全是寂然而靜，還是靜中有動意?」

曰：「不是靜中有動意。周子謂『靜無而動有』。靜不是無，以其未形而謂之無；非因動而後有，以其可見而謂之有耳。橫渠『心統性情』之說甚善。性是靜，情是動。心則兼動、靜而言，或指體，或指用，隨人所看。方其靜時，動之理只在。伊川謂：『當中時，

---

[98] 見《文集》，卷六十七，頁11a，《大全》，冊8。

[99] 同上引文，見同上書，卷六十七，頁12a。

> 耳無聞，目無見，然見聞之理在，始得。及動時，又只是這靜底』」。[100]

按問者本是要為心既為一活動之物而又包含寂然而靜的未發兩者之間所隱藏的矛盾找尋消解的方案，而朱子的答覆卻直接從問者未發之前為寂然而無有的根本假設去指陳其錯誤。此處朱子雖引周濂溪「靜無而動有」以作說明，卻不取其字面的意義，而為之重新闡析，從而指出靜並非真無，而動亦不能專有，動靜之間此理無時無適而不在的道理。既然靜並非絕對的無而理又寓於其中，則所謂未發之中便可以成為心體流行所到之一處、並作為其寂然不動的一個側面而存在。如是者，心體流行不僅及於已發的動，而且通貫乎未發之靜，而心亦不僅僅統乎情，而且並為性的主宰。需要注意的是，文中雖云「性是靜」，然所謂的性卻非嚴格意義上言的「無極而不容言」的性，而是「因心而發」的性；而所謂的靜亦非是絕對的靜，而是相對於情之動的靜。而於靜字所可能導致的誤會，朱子亦嘗顧慮及之，並在其〈答張欽夫〉書中作出過如下的澄清：

> 來教又謂：「言靜則溺於虛無」，此固所當深慮。然此二字，如佛者之論，則誠有此患。若以天理觀之，則動之不能無靜，猶靜之不能無動也；靜之不能無養，猶動之不可不察也。但見得一動一靜，互為其根，敬義夾持，不容間斷之意，則雖下一「靜」字，元非死物。至靜之中，蓋有動之端焉，是乃所以見天地之心者。而先王之所以至日閉關，蓋當此之時，則安靜以養乎此爾；固非遠事絕物、閉目兀坐，而偏於靜之謂。但未接物時，便有敬以主乎其中，則事至物來，善端昭著，而所以察之者益精明爾。[101]

---

[100] 《語類》，卷六十二，冊4，頁1512-3。

[101] 見《文集》，卷三十二，頁26a-b，《大全》，冊4。

這裡的靜雖然是從工夫上言，然而工夫層面上所言的靜之並非一無活動的「死物」，亦正顯示出寂然不動的未發之靜之並非一無所有的虛無。然則，心之為一活動之物，與其為通貫乎未發之實，根本是並不衝突的。

既然心體流行原本就是通貫乎未發的，則「心為已發」不僅在理論上為一偏頗之說，在工夫上亦將造成極大的漏洞。對於此一漏洞，《語類》有如下的一段討論：

> 先生問銖曰：「伊川說：『善觀者，卻於已發之時觀之。』尋常看得此語如何?」
>
> 銖曰：「此語有病。若只於已發處觀之，恐無未發時存養工夫。」
>
> 先生曰：「楊、呂諸公說求之於喜怒哀樂未發之時，伊川又說於已發處觀，如此則是全無未發時放下底。今且四平著地放下，要得平帖，湛然無一毫思慮。及至事物來時，隨宜應接，當喜則喜，當怒則怒；當哀樂則哀樂。喜怒哀樂過了，此心湛然者，還與未發時一般，方是兩下工夫。若只於已發處觀，則是已發了，又去已發，展轉多了一層，卻是反鑑。看來此語只說得聖人之止，如君止於仁，臣止於敬，是就事物上說理，卻不曾說得未發時心，後來伊川亦自以為未當」。[102]

當然，在其他地方，朱子也曾指出程子的工夫論實兼有未發、已發兩個方面。[103]然而，僅就「善觀者，卻於已發之時觀之」一語而言，則誠可謂其並未言及未發工夫的一面。而朱子對此所作的評論亦正顯示出其視未發工夫為不可忽略的事實。

---

[102] 《語類》，卷六十二，冊4，頁1513。

[103] 朱子在〈程子養觀說〉一文中即並舉程子「存養於未發之前則可」和「善觀者，卻於已發之際觀之」兩說，指出其非只重已發，未發亦所重視的事實。文見《文集》，卷六十七，頁12a–b，《大全》，冊8。

朱子之所以認為未發工夫不容忽視，除了因為其本身為修養工夫的兩個主要環節之一外，也因為其對另一環節，即已發工夫，所具有的影響。朱子這些見解，充份地反映在與中和新說的提出同期的一些書信當中。這裡不妨將之并列以觀，藉以見朱子看法的全面。在〈與湖南諸公論中和第一書〉之後，朱子又有〈答張欽夫〉一長信。信中有云：

> 來喻……所謂「學者先須察識端倪之發，然後可加存養之功」，則熹於此不能無疑。蓋發處固當察識，但人自有未發時，此處便合存養。豈可必待發而後察，察而後存邪？且從初不曾存養，便欲隨事察識，竊恐浩浩茫茫無下手處，而毫釐之差，千里之謬，將有不可勝言者。[104]

此外，朱子又有〈答林擇之〉書討論及於張欽夫學問者。其書曰：

> 近看南軒文字，大抵都無前面一截工夫也。大抵心體通有無、該動靜，故工夫亦通有無、該動靜，方無透漏。若必待其發而後察，察而後存，則工夫之所不至多矣。惟涵養於未發之前，則其發處自然中節者多，不中節者少。體察之際，亦甚明審，易為著力，與異時無本可據之說大不同矣。[105]

在另一封〈答林擇之〉書中，朱子又說：

> 但《中庸》、《樂記》之言，有疏密之異。《中庸》徹頭徹尾說箇謹獨工夫，即所謂敬而無失，平日涵養之意。《樂記》卻直到好惡無節處，方說不能反躬，天理滅矣。殊不知未感時，若無主宰，則亦不能安其靜，只此便自昏了天性，不待交物之引，然後差也。

[104] 〈答張欽夫〉，《文集》，卷三十二，頁25b，《大全》，冊4。

[105] 見《文集》，卷四十三，頁30b，《大全》，冊5。

蓋中、和二字，皆道之體、用；以人言之，則未發、已發之謂。但不能慎獨，則雖事物未至，固已紛綸膠擾，無復未發之時。既無以致夫所謂中，而其發必乖，又無以致夫所謂和。惟其戒謹恐懼，不敢須臾離，然後中、和可致，而大本、達道乃在我矣。[106]

以上三書，除了最後一封論及《中庸》與《樂記》的地方須稍作說明之外，其餘各處，論旨均甚分明。蓋《樂記》「直到好惡無節處，方說不能反躬，天理滅矣」，所著重者自然只是已發之處，而《中庸》「徹頭徹尾說箇謹獨工夫」，則非但注意已發，就是未發時的平日涵養，亦毫不忽略。朱子之稱《中庸》較《樂記》為密，其所透露者無疑就是未發時一段涵養工夫之不容有闕的消息。綜合三書所言，朱子的說法不外有三。第一，未發時工夫乃係治心工夫中一個基本環節，其本身即不容有闕。所謂「人自有未發時，此處便合存養」、「大抵心體通有無、該動靜，故工夫亦通有無、該動靜，方無透漏」，即是此意。第二、有了此一截未發工夫，則下一截已發工夫即有所本並易於著力，而其所發縱非盡皆中節，自然中者多、不中者少。這正是朱子〈答林擇之〉論及南軒文字一書所言的旨趣。而作為第二點的反面，第三點所言的是上一截工夫一旦有闕，下一截工夫即無所本並亦難於下手，而其所發必乖戾而無以致乎和的意思。此一意思充份地表現於朱子〈答張欽夫〉和〈答林擇之〉論《中庸》、《樂記》疏密之異的兩封書函之中。基於這三點理由，朱子對未發時工夫的重要性是徹底肯定的。

過去因為「心為已發，性為未發」見解的偏差，故而有未發一方面工夫上的遺闕。經過一番思索與體認，並隨著「心統性情」的思想格局的確立，朱子對心體流行之貫乎未發、已發亦有了全新的體悟。此一新的體悟，充份地反映在他的「中和新說」之內。朱子說：

---

[106] 見同上引書，卷四十三，頁28b–29a。

> 按《文集》、《遺書》諸說，似皆以思慮未萌、事物未至之時為喜怒哀樂之未發。當此之時，即是此心寂然不動之體，而天命之性當體具焉；以其無過不及、不偏不倚，故謂之中。及其感而遂通天下之故，則喜怒哀樂之性（王懋竑《年譜》作「情」，似更近是(107)）發焉，而心之用可見；以其無不中節、無所乖戾，故謂之和。此則人心之正，而情性之德然也。然未發之前，不可尋覓；已覺（王氏《年譜》作「發」(108)）之後，不容安排。但平日莊敬涵養之功至，而無人欲之私以亂之；則其未發也，鏡明水止；而其發也，無不中節矣。此是日用本領工夫。至於隨事省察，即物推明，亦必以是為本，而於已發之際觀之，則其具於未發之前者，固可嘿識。(109)

這裡從心體流行的「寂然不動」處和「感而遂通」處分言未發和已發，並以一中一和、一體一用指陳其間情狀和功能之不同。可見，相對於過去之視心為已發，在新悟之中，朱子是確確實實地找到了未發的下落。不僅如此，就工夫論的層面上言，此刻的朱子更毫不猶豫地肯定未發時確有其可施功之處；而對未發時工夫其所重視的程度，轉較已發後工夫為有過之而無不及。書中所言平日涵養之功至，則非但未發時鏡明水止，已發後亦無不中節，而已發後的隨事省察，即物推明，又必以未發時的涵養之功為其根本的說法，都象徵著未發工夫在朱子思想體系之中不僅確乎佔一席位，其所受重視更屬前所未有的重大轉變。

從上述的曲折當中可見，朱子確曾費了極大的力氣方才在大化流行

(107) 見《朱子年譜》，卷之一下，頁38。

(108) 同上註。

(109) 見〈與湖南諸公論中和第一書〉，《文集》，卷六十四，頁28b–29a，《大全》，冊8。

之中體察到未發的存在，而其對未發時工夫的轉更重視又是他經歷過自己修養上的缺點所親身體會出來的。對於未發之時所指的確實時間，朱子上文除了指出「人自有未發時」的一點之外，還一再點明其為「思慮未萌，事物未至」而此心為「寂然不動之體」的時刻，似乎已相當的清楚。儘管如此，其學生仍然有以下的一些問題：

> 問：「惻隱羞惡，喜怒哀樂，固是心之發，曉然易見處。如未惻隱羞惡，喜怒哀樂之前，便是寂然而靜時，然豈得皆塊然如槁木！其耳目亦必有自然之聞見，其手足亦必有自然之舉動，不審此時喚作如何?」
>
> 曰：「喜怒哀樂未發，只是這心未發耳。其手足運動，自是形體如此」。(110)

此外，又有以下的一組答問：

> 問：「《中庸或問》說，未發時耳目當亦精明而不可亂。如平常著衣喫飯，是已發，是未發?」
>
> 曰：「只心有所主著，便是發。如著衣喫飯，亦有些事了。只有所思量，要恁地，便是已發」。(111)

綜合兩組答問可見，朱子所謂的未發，所指的不一定是一切活動停止的時刻，只要並未涉及自覺的思量，則耳目雖有所聞見、手足雖有所舉動，亦不失其為未發；反之，即使像喫飯、穿衣一類的尋常活動，一旦牽涉思量的活動在內，便已逸出未發的範圍而進入感而遂通的已發的階段。可見，關鍵乃在於心的思量活動的有無。有之，則便是已發；無之，始為未發。

---

(110) 《語類》，卷六十二，冊4，頁1509。

(111) 同上引書，頁1516。

然則，當此自覺思惟靜止的未發時刻，修養工夫又將何從而進行？對於這個問題，朱子自然細心思考過，而且有以下的看法：

> 未發之前，萬理備具。纔涉思，即是已發動；而應事接物，雖萬變不同，能省察得皆合於理處。蓋是吾心本具此理，皆是合做底事，不容外面旋安排也。今說為臣必忠、為子必孝之類，皆是已發。然所以合做此事，實具此理，乃未發也。[112]

朱子十分清楚「纔涉思，即是已發動」的分際。因此，對於未發之不能如已發一般可以透過省察工夫以求做到應事接物皆合於理的一點，朱子自然是非常謹慎的。然而，由於其基本認為「吾心本具此理」的緣故，對於朱子而言，未發工夫既不容，亦不必，如已發時的在「外面旋安排」；而真正需要做的反而是如何使未發之前，萬理備具於吾心的本然狀態得以保持的工作。所謂「吾心本具此理」，其意義為何？朱子和他的學生有以下的討論：

> （朱子曰：）「喜怒哀樂未發之中，未是論聖人，只是泛論眾人亦有此，與聖人都一般。」
>
> 或曰：「恐眾人未發，與聖人異否？」
>
> 曰：「未發只做得未發。不然，是無大本，道理絕了。」
>
> 或曰：「恐眾人於未發昏了否？」
>
> 曰：「這裡未有昏明，須是還他做未發。若論原頭，未發都一般。只論聖人動靜，則全別；動亦定，靜亦定。自其未感，全是未發之中；自其感物而動，全是中節之和。眾人有未發時，只是他不曾主靜看，不曾知得」。[113]

---

[112] 同上引書，頁1509。

[113] 同上引書，頁1508。

很明顯地，朱子認為作為天下之大本的未發之中，不論聖凡，其所禀受者無不一樣。儘管在實際的情況中，聖人的動靜卓然有別於與眾人，卻不容因此而懷疑到在「原頭」處，眾人即有所不及於聖人。朱子認為，要知道此一說法對也不對，只要稍加體認，一點並不困難，就只怕眾人於未發時「不曾主靜看」而已。然則，此一「主靜看」的工夫，其具體工作又為如何？

> 正淳曰：「未發時當以理義涵養。」
> 曰：「未發時著理義不得，纔知有理有義，便是已發。當此時有理義之原，未有理義條件。只一箇主宰嚴肅，便有涵養工夫。伊川曰：『敬而無失便是，然不可謂之中。但敬而無失，即所以中也』」。[114]

可以肯定的是，上面所謂的「主靜看」的工夫，是並不包括思索義理在內的。理由所在，如上所述，固然是因為「纔知有理有義，便是已發」，而更基本的是因為此間工作只涉及未發時寂然不動的本體之如何得以保存，而與知識的發現根本無關的緣故。誠如朱子〈答林擇之〉書中所言：

> 蓋義理，人心之固有，苟得其養而無物欲之昏，則自然發見明著，不待別求格物致知，亦因其明而明之爾。[115]

此一工作，其性質端在於「因其明而明之」。至於目的在於窮研義理的格物致知工夫，於此實無用武之地。此時所可以做的就只有上引朱子所言的「涵養工夫」。這是因為涵養工夫的作用正在於保存此一本體。《語類》載：

---

[114] 同上引書，頁1514–5。

[115] 〈答林擇之〉，《文集》，卷四十三，頁29b，《大全》，冊5。

問：「先生云：『自戒慎而約之，以至於至靜之中，無所偏倚，而其守不失，則天地可位。』所謂『約』者，固異於呂、楊所謂『執』、所謂『驗』、所謂『體』矣，莫亦只是不放失之意否?」

曰：「固是不放失，只是要存得。」

問：「孟子所謂『存其心，養其性』，是此意否?」

曰：「然。伊川所謂『只平日涵養底便是也』」。[116]

上文曾經引述過朱子「未發之前，萬理備具」的說話，如今所言的涵工夫正就是此萬理備具的心體所以能「存得」而「不放失」的方法。而此一涵養工夫的基本工作既非呂大臨所言的「執」，亦非楊時所云的「驗」與「體」，[117]而是以「戒慎不睹，恐懼不聞」的態度去「約」。有關戒懼

[116] 《語類》，卷六十二，冊4，頁1518。

[117] 蓋呂氏「求中於喜怒哀樂未發之前」之說（說見石子重編、朱熹刪定，《中庸輯略》，卷上，《四庫》，冊198，頁567–8），而楊氏則有「未發之時，以心驗之，則中之義自見；執而勿失，無人欲之私焉，則發必中節矣」和「須於未發之際能體所謂中」的說法（說見《或問》，《四書或問》，卷三，《四庫》，冊197，頁261）。對於呂、楊的說法，朱子的立場反映於其在《或問》中對程子給蘇季明答語的稱述與評論之上。按程子給蘇季明「於喜怒哀樂之前求中，可否」之問的答覆是：「不可。既思於喜怒哀樂發之前求之，又卻是思也。既思，即是已發。思與喜怒哀樂一般，纔發，便謂之和，不可謂之中也（說見《中庸輯略》，卷上，《四庫》，冊198，頁567–8)。對於程子此一答覆，朱子所下的按語是：「呂氏又謂『既思，即是已發之說矣。』凡此皆其決不以呂說為然者（說見《或問》，《四書或問》，卷三，《四庫》，冊197，頁259)。」 至於對楊氏之說，朱子的看法則直接表達於其所下「則亦呂氏之失也（見《或問》，卷三，《四書或問》，《四庫》，冊197，頁261）」的按語之中。朱子對二氏之說所下的評論可以說是他所持未發時不涉思慮的觀點的反映。在朱子看來，呂、楊之說之所以為謬誤，原因在於其混淆

以約的工夫，上文既已有詳細的剖析，這裡也無重覆的必要；所欲強調的是，此一戒懼以約的工夫雖然十分重要，卻又不能刻意去做的一點。其原因可見於以下的一段答問：

又問：「看見工夫先須致中?」

曰：「這箇也大段著腳手不得。若大段著腳手，便是已發了。子思說『戒慎不睹，恐懼不聞』，已自是多了，但不得不恁地說，要人會得。只是略略約住在這裡」。(118)

所謂「略略地約住在這裡」，就是不能過於著意，只須稍稍提起精神，使心神經常維持在一個「鏡明水止」的狀態，好讓「本自虛靈」而又萬理備具的心體「常在這裡」，(119)不致「昏了」的做法。朱子認為，只要做到這點，心體即「昭昭具在」(120)而不會「黑淬淬地在這裡」，(121)足以為下一階段已發之能和作出了充份的準備。

這裡，也許會有人追問戒懼以約何以仍得為未發工夫的問題。對此問題，朱子的回答，可以從以下的對話中見之。《語類》載：

（朱子曰:）「戒慎恐懼是未發，然只做未發也不得，便是所以養其未發。只是聳然提起在這裡，這箇未發底便常在，何曾發?」

或問：「恐懼是已思否?」

曰：「思又別。思是思索了，戒慎恐懼，正是防閑其未發」(122)。

了未發之中與已發之中的分別。

(118) 《語類》，卷六十二，冊4，頁1516。

(119) 見同上引書，頁1503。

(120) 此乃呂大臨的說法而《語類》引之，見同上書，頁1512。

(121) 見同上引書，頁1508。

(122) 見《語類》，卷六十二，冊4，頁1499。

可見，朱子之視戒懼為未發工夫，其立場是肯定的。在他而言，未發工夫固然不可能無所事事，作為本然之體所以能全的關鍵，戒懼仍然要負起存養的工作。然而，所謂存養工作，亦不過是「聳然提起在這裡」，使此本然的善心時常處於警覺狀態，以隨時準備照管將要發生的事而已。此一提起此心的活動，其本身並不能算是已發。

到此為止，有關未發工夫的目的、方法和要訣所作的剖析已經差不多了。以下當討論要達到已發之和所牽涉的特有工夫。上文經已指出，朱子之所以強調未發及其工夫的重要性，原因之一在於其為已發之所以能和的基礎。以下的一段問答正說明兩種工夫的關係。《語類》載：

> 正淳又曰：「平日無涵養者，臨事必不能強勉省察。」
>
> 曰：「有涵養者固要省察，不曾涵養者亦當省察。不可道我無涵養工夫後，於已發處更不管他。若於發處能點檢，亦可知得是與不是。今言涵養，則曰不先知理義底涵養不得；言省察，則曰無涵養，省察不得。二者相捱，卻成擔閣。
>
> 又曰：「如涵養熟者，固是自然中節。便做聖賢，於發處亦須審其是非而行。涵養不熟底，雖未必能中節，亦須直要中節可也。要知二者可以交相助，不可交相待」。[123]

問者所言不外為未發前的涵養工夫對已發時的省察工作有莫大影響一點，而朱子則深怕學者之因無前一截工夫遂亦鬆懈於下一截，故而其所答覆特別強調即使前者工夫有闕，亦不能不下後者工夫。然而，朱子既未有否定前者之為後的基礎，而在抑揚之間反更透露了後者工夫之有其獨立地位的消息。按朱子以為，即使無未發時的涵養，「若於發處能點檢，亦可知得是與不是」，固非毫無益處；況且，「便做聖賢，於發處亦須審其是非而行」，其為一不可不著實去做的工夫，實亦學者所不能不

[123] 同上引書，頁1515。

充份注意者。

不僅如此，朱子這裡所謂「知是與不是」和「審其是非」實亦指點出已發時所涉及的特有工夫。與未發涵養工夫之旨在使心體維持其「昭昭具在」的狀態者不同，已發工夫所要達到的目標是發皆中節的「和」，其不能單靠涵養工夫是至為明顯的。正如《語類》所載以下的一段所示：

> 問：「戒慎恐懼，以此涵養，固善。然推之於事，所謂『開物成務之幾』，又當如何?」
>
> 曰：「此卻在博文。此事獨腳做不得，須是讀書窮理」。[124]

所謂「此事獨腳做不得」，正一針見血地指出了未發的涵養工夫自身的制限及其不能不有賴於已發時「讀書窮理」工夫的地方。蓋本然之善要在具體的情況中落實，讀書窮理的輔助是所在必須的。此外，《語類》又載：

> 又問：「於學者如何皆得中節?」
>
> 曰：「學者安得便一一恁地！也須且逐件使之中節，方得。此所以貴於『博學，審問，慎思，明辨』。無不事之不學，無一時而不學，無一處而不學，各求其中節，此所以為難也」。[125]

要在酬酢變之中事事各得其宜，光靠心體之昭昭具心是並不足夠的。此時所不可或缺的是知何者為是、何者為非的判斷能力，而此一能力的來源就是那包含博學、審問、慎思和明辨在內的格物致知工夫。當然，這裡所牽涉的是一個非常複雜的德性之知與聞見之知互相引導、互相照明的程序，既超出了本文對朱子首章說的剖析的範圍，也不是一時二刻之間所能徹底解明者；所欲指出的是作為已發時所獨有的工夫，那些平素

[124] 同上引書，頁1500。

[125] 同上引書，頁1507–8。

以為與本體無關的對外界認知的求學工夫，不僅變得非重要，而且是絕對必須的。

根據以上的討論，可以判斷朱子確實認為未發與已發各有其獨特的工夫。實際上，當朱子稱兩者工夫為「交相助」的時候，就已包含了此一假設。而且，朱子自己亦有將兩種工夫並舉，從而指出其各別重點之所在的習慣。《語類》載：

> 大本用涵養，中節則須窮理之功。[126]

又載：

> 存養是靜工夫。靜時是中，以其無過不及，無所偏倚也。省察是動工夫。動時是和。才有思為，便是動。發而中節，無所乖戾，乃和也。其靜時，思慮未萌，知覺不昧，乃〈復〉所謂「見天地之心」，靜中之動也。其動時，發皆中節，止於其則，乃〈艮〉之「不獲其身」、「不見其人」，動中之靜也。窮理讀書，皆是動中工夫。[127]

這裡涵養對窮理、存養對省察、靜工夫對動工夫，莫不兩兩並舉，以見其工夫之為有異。不僅如此，在《或問》之中更有以下一段就兩種工夫所寫成的十分對稱而又精鍊的文字。其文曰：

> 蓋天命之性純粹至善，而具於人心者，其體用之全皆如此，不以聖愚而有加損也。然靜而不知所以存之，則天理昧而大本有所不立矣；動而不知所以節之，則人欲肆而達道有所不行矣。惟君子自其不睹不聞之前，而所以戒謹恐懼者愈嚴愈敬，以至於無一豪

[126] 同上引書，頁1509。

[127] 同上引書，頁1517。

之偏倚，而守之常不失焉；則為有以致其中，而大本之立日以益固矣。尤於隱微幽獨之際，而所以謹其善惡之幾者愈精愈密，以至於無一豪之差謬，而行之每不違焉；則為有以致其和，而達道之行日以益廣矣。[128]

僅從這段論說的鋪陳方式著眼，朱子之視未發與已發之欲各達其目的，其法之不能不二的看法，是至為明顯的。未發之中，作為天下之大本，是不能不致力於立的，而所以立之之方，就是所謂的「靜存」；至於靜存的具體工夫，就是在不睹不聞之前，以嚴敬的態度戒慎恐懼，務求守之常不失。相對於此，已發之和，作為天下之達道，則是不能不有以使之行的，而所以行之之方，就是所謂的「動節」；至於動節的具體工夫，就是在隱微幽獨之際，以精審的態度判別善惡之幾，務求行之每不違。可見，在朱子看來，未發之中與已發之和各有分野、各有目的，並且各有功法；而其效果亦各自不同，前者所以收「大本之立日以益固」之功、而後者則所以〕「達道之行日以益廣」之效。其間的分際，如下表所示：

	中	和
目的	寂然不動之體，昭昭具在 所以立大本	感而遂通之用，莫不中節 所以行達道
方法	靜存 涵養 戒懼以約	動節 窮理 謹獨以察
果效	無一毫之偏倚，而守之常不失 大本之立日以益固	無一毫之差謬，而行之每不違 達道之行日以益廣

對於未發之中與已發之和之間時空、情狀及其所涉工夫上的不同之處，朱子固然劃分得十分清楚。然而，對於兩者之間的共通之處，朱子卻也是同其重視的。朱子之所以強調其間的分際，原因在於不如此則不

[128] 見《或問》，卷三，《四書或問》，《四庫》，冊197，頁257–8。

足以見兩者各別的機能；而其所以重視其間的相通之處，則是因為倘無此一視野，則無以見兩者其實是相互配合的事實。為求全面，在剖析過朱子對前者的看法之後，下文將就其對後者的觀點續作討論與分析。首先可以指出的是朱子所認為兩者一體一用、初非二物的看法。朱子在《或問》中有如下的問答：

> 曰：「然則中、和果二物乎?」
>
> 曰：「觀其一體一用之名，則安得不二？察其一體一用之實，則此為彼體，彼為此用，如耳目之能視聽、視聽之由耳目，初非有二物也」。[129]

按朱子認為，中和之間的關係，猶如耳目之與視聽，其為一體一用之分，雖在觀念上不難理解；在實際的情況中，猶之乎有耳目之體即有視聽之用，而視聽之用又不離乎耳目之體，要將中和析而為二，卻是並不可能的。然則，中和之為體用，其間關係又究為如何？朱子在《或問》中就其於《中庸》名篇之義的問題上何以兼取程子「不偏不倚」和呂氏「無過不及」二義的原因所作的說明，即涉及其對中和之間具體關係的看法。朱子說：

> 蓋不偏不倚，猶立而不近四旁，心之體、地之中也；無過不及，猶行而不先不後，理之當、事之中也。故於未發之大本，則取不偏不倚之名；於已發而時中，則取無過不及之義；語固各有當也。然方其未發，雖未有無過不及之可名，而所以為無過不及之本體，實在於是；及其發而得中也，雖其所主不能不偏於一事，然其所以無過不及者，是乃無偏倚者之所為，而於一事之中，亦未嘗有所偏倚也。……是則二義雖殊，而實相為體用，此愚於名篇之義，

[129] 同上引書，頁258。

> 所以不得取此而遺彼也」。[130]

按朱子認為，《中庸》之「中」必須包含「未發之中」的「在中之中」和「已發之和」的「時中之中」，其義始稱完備。在中之中，乃所謂的不偏不倚者；而時中之中，即所謂的無過不及者。這是兩者之間所不同於對方的地方。然而，從另一方面言，不偏不倚的在中之中雖然渾不可見，卻是時中之中之所以能無過不及的本體；而時中之中之所以發處各有倚著而終不失其為無過不及之中，也是基於不偏不倚的在中之中為之本體的緣故。不僅如此，朱子這裡儘管沒有寫得非常明白，從其「二義雖殊，而實相為體用」一語，可以推斷其意實亦謂在中之中固為時中之中所以能無過不及之體，而時中之中之終不失其為中，反又為在中之中之所以能回復其初不偏不倚之狀態的根本。如是者，中和互為體用，猶如一連續不輟的時間之流，是無法抽刀切斷的。對於此一體用之間「周流貫徹」的情狀，朱子以下〈答張欽夫〉書中的一段文字，形容得十分透徹。其書曰：

> 然人之一身知覺運用，莫非心之所為，則心者固所以主於身，而無動靜語默之間者也。然方其靜也，事物未至，思慮未萌，而一性渾然，道義全具；其所謂中，是乃心之所以為體，而寂然不動者也。及其動也，事物交至，思慮萌焉，則七情迭用，各有攸主；其所謂和，是乃心之所以為用，感而遂通者也。然性之靜也，而不能不動；情之動也，而必有節焉。是則心之所以寂然感通、周流貫徹，而體用未始相離者也。然人有是心而或不仁，則無以著此心之妙；人雖欲仁而或不敬，則無以致求仁之功。蓋心主乎一身，而無動靜語默之間，是以君子之於敬，亦無動靜語默而不用其力焉。未發之前，是敬也，固已立乎存養之實；已發之際，是

[130] 同上引書，頁249–50。

> 敬也，又常行於省察之間。方其存也，思慮未萌，而知覺不昧，是則靜中之動，〈復〉之所以「見天地之心」也。及其察也，事物紛糾，而品節不差，是則動中之靜，〈艮〉之所以「不獲其身」、「不見其人」也。有以主乎靜中之動，是以寂而未嘗不感；有以察乎動中之靜，是以感而未嘗不寂。寂而常感，感而常寂，此心之所以周流貫徹，而無一息之不仁也。然則君子之所以致中和，而天地位，萬物育者，在此而已。蓋主於身而無動靜語默之間者，心也。仁則心之道，而敬則心之貞也。此徹上徹下之道，聖學之本統，明乎此，則性情之德、中和之妙，可一言而盡矣。[131]

這段文字以「是則心之所以寂然感通，周流貫徹，而體用未始相離者也」一句為分水嶺，大體可以分成兩個部分，其所言者先後為天理本然與人事當然之事。人事當然的部分，容後再說。就天理本然方面言，朱子這裡對中和互為體用的分析乃直接從心體處立說，較諸上引《或問》一段文字，所言更為親切。按《或問》所言的不偏不倚就是這裡所言的心體在寂然不動時的狀態，而其所言的無過不及則是此處所言的心體在感而遂通時的作用。如是者，只要一息尚存，心體的周流活動是永不停息的。當此心體處於寂然不動的靜態時，萬理備具的性即渾然在中；及感而遂通，動之於外時，此渾然之性便化作七情，而於應接萬變之間自由收發而又莫不中節。如是者，寂然、感通，更迭起伏，互為終始，其間周流不滯，直如環之無端。此外，值得注意的是，朱子在〈答張欽夫〉一書中還引述了《易經》〈復〉卦「見天地之心」和〈艮〉卦「不獲其身」、「不見其人」的文字，以說明心體在寂然不動之時即已伏有其感通時的道理及其在感而遂通之際之並未失卻其為寂然的本體的事實。書中所謂的「靜中之動」與「動中之靜」，所言的正是心體在靜時與動時的真實情

[131] 〈答張欽夫〉，《文集》，卷三十二，頁25a–b，《大全》，冊4。

狀，而此一情狀亦正構成其所以能「寂而常感」與「感而常寂」的成因。

於朱子而言，此一寂然、感通相互周流貫徹的過程一日不失其為自然，則不容人為地將之截斷。對於將此一過程人為地分成兩段的做法，朱子除了不表贊同之外，並亦認為其必生毛病。朱子說：

> 「喜怒哀樂未發謂之中」，只是思慮未萌，無纖毫私欲，自無所偏倚。所謂「寂然不動」，此之謂中。然不是截然作二截，如僧家塊然之謂。只是這箇心自有那未發時節，自有那已發時節。謂如此事未萌於思慮要做時，須便是中是體；及發於思了，如此做而得其當時，便是和是用，只管夾雜相滾。若以為截然有一時是未發時，一時是已發時，亦不成道理。今學者或謂每日將半日來靜做工夫，即是有此病也。[132]

上文曾經指出，朱子在「未發」的重新發現之前，曾經歷過一個視大化流行為一「無頃刻停息」的連續體，以至於無法體認所謂未發時大本氣象的階段，而這裡所言的則是將未發時孤立起來，以期執著所謂的中的做法。在新悟之後的朱子而言，前者的想法固然並不正確，後者的做法亦不免有所偏頗。後者的毛病，相對於前者的不見本體，是將原來周流貫徹於寂感動靜之間的心體活動生硬地分成兩截；而其結果，相對於前者的欠闕平日一段涵養工夫，則是未發之前的刻意尋覓和已發之後的旋作安排。從根本上言，朱子認為，這種將心體的活動生硬地分成兩截的做法，是心體之所以歪離於其本然的活動軌跡的成因。朱子在《或問》中說：

> 且乎未發、已發，日用之間，固有自然之機，不假人力。方其未發，本自寂然，固無所事於執；及其當發，則又當即事即物隨感

[132] 《語類》，卷六十二，冊4，頁1509。

> 而應。亦安得塊然不動，而執此未發之中耶？[133]

這裡所謂的「自然之機」，正足以描述心體之由寂而感、由感而寂的周流貫徹的本然情狀；而所謂的「不假人力」，所指者則是此一周流貫徹的過程乃係一既無所待於人為，亦非人之所得為的自然而然的過程，其間根本用不著人為的干預。在朱子而言，無論是未發時欲執其中，抑或已發後欲守其靜，都屬人為的做作，非徒無益於事，反而障礙了寂然、感通的自然流轉。可以見得，朱子在肯定未發之中的同時，也強調其與已發之和之間所存在者乃為一彼此周流貫徹的關係。兩者雖然一靜一動、一寂然一感通，卻不是相互對立的兩截。其間非但此為彼體、彼為此用，並且根本是體中有用、用中有體的。倘若因肯定未發之中的存在遂視之為一孤立的「別有」時空或存有，其為謬誤，與一并否定之者實無大異。

其實，不僅從本體論上言，未發與已發並非截然兩段事；就是從工夫論上言，未發時之所以能得其中與已發時之所以得其和，兩者所要做的工作也是有其相通之處的。上文引述的〈答張欽夫〉書一段文字的後半部分，所言的正是那貫穿於未發與已發之間的工夫。按朱子所說，心體本自中和；然而，此心一旦有所不仁，則心體原有的中和之妙即無以發揮。為了使心體由不仁回復而為仁，修養的工夫顯然是在所必須的。所值得注意者乃是朱子「未發之前，是敬也……已發之際，是敬也」的說法。誠然，如書中所言，未發工夫旨在「存養」，而已發工夫則在「省察」，兩者自有其重點之不同。然而，就使心體由不復歸於仁的一點上言，朱子卻認為，不論心體處於動抑處於靜，其工夫是並無分別的。朱子在《或問》中又說：

> 所謂致中、和者，亦曰：當其未發也，此心至虛，如鏡之明，如水之止，則但當敬以存之，而不使其小有偏倚；至於事物之來，

[133] 《或問》，卷三，《四書或問》，《四庫》，冊197，頁261。

> 此心發見，喜怒哀樂各有攸當，則又當敬以察之，而不使其小有差忒而已。(134)

未發工夫，其要訣在於「存」，其目的在於「不使其小有偏倚；而已發工夫，其要訣則在於「察」，而其目的在於「不使其小有差忒」；其間自有不同者在。然而，就以「敬」的態度處之的一點而言，兩者又是並無軒輊的。朱子在《語類》中有以下的兩段話，具體地說明了其敬的工夫貫乎未發、已發的看法。

> 已發、未發，只是說心有已發時，有未發時。方其未有事時，便是未發；纔有所感，便是已發，卻不要泥著。慎獨是從戒慎恐懼處，無時無處不用力，到此處又須慎獨。只是一體事，不是兩節。(135)

這一條說的是已發時的慎獨工夫乃是未發時的戒懼工夫的延伸。至於下一條：

> 再論湖南問答，曰：「未發、已發，只是一件工夫，無時不涵養，無時不省察耳。謂如水長長地流，到高處又略起伏則箇。如恐懼戒慎，是長長地做；到慎獨，是又提起一起。如水然，只是要不輟地做。又如騎馬，自家常常提掇，及至遇險處，便加些提控。不成謂是大路，便更都不管他，恁地自去之理!」(136)

則謂已發時固須「尤加謹焉」，而未發時的日常工夫卻也是不能鬆懈的。合兩條而觀之所謂的「只是一體事」、「只是一件工夫」，就是上文所謂

---

(134) 同上註。

(135) 《語類》，卷六十二，冊4，頁1509。

(136) 同上引書，頁1514。

「涵養省察，無所不用其戒謹恐懼」和「君子之於敬，亦無動靜語默而不用力焉」的意思。朱子常謂「敬、義夾持」，又謂「敬立義行」，[137]敬、義之間自然有別。然而，另一方面，他又說「敬、義非兩截事」，[138]則兩者之間又似毫無分別。殊不知前者乃就各別工夫的不同處言，後者則就其態度之共同處言，兩者既不相同而又並無衝突。

對於未發之中和已發之和的離合，上文已作出了相當詳細的討論。下文將就朱子對致中和的「致」字意含的瞭解略作說明。首先可以指出的是，《中庸》本文對中和兩項工夫雖同下一個「致」字，但正如《章句》所言的「自戒懼而約之，以至於至靜之中，無少偏倚，而其守不失……自謹獨而精之，以至於應物之處，無少差謬，而無適不然」，朱子對此一致字在未發與已發的不同場合中所牽涉具體工夫與及終極目之各有不同一點，是非常清楚的。有了這一點基本的瞭解之後，便可以進一步看朱子對「致」字的詮釋。

有關朱子如何看「致」之一字的字義，《章句》中所謂的「致，推而極之也」，說得已甚清晰，似亦無餘蘊之可尋繹。然而，對於這種看法，朱子是並不贊同的，其立場可以從《語類》以下的一段問答中窺之。

> 問：「未發之中是渾淪底，發而中節是渾淪底散開。『致中和』，注云：『致者，推而至其極。』『致中和』，想也別無用工夫處，只是上戒慎恐懼乎不睹不聞，與慎其獨，便是致中和底工夫否?」
> 曰：「『致中和』，只是無些子偏倚，無些子乖戾。若大段用倚靠，大段有乖戾底，固不是；有些子倚靠，有些子乖戾，亦未為是。須無些子倚靠，無些子乖戾，方是『致中和』」。[139]

---

[137] 〈答林擇之〉，《文集》，卷四十三，頁29b，《大全》，冊5。

[138] 同上註。

[139] 《語類》，卷六十二，冊4，頁1517。

按問者此處未發、已發除了戒懼、謹獨之外恐無別的工夫的說法，並非全然不對。實際上，這也合乎朱子在《章句》所謂的戒懼以約、謹獨以察的旨意。然而，朱子在回答當中之以「大段」、「有些子」和「無些子」等副詞來區別不同程度的「致」，正見出在朱子而言，「致」之一項工作，內中實有大文章在。有學生問及「致」的含義，朱子答以：「而今略略地中和，也喚做中和。『致』字是要十分中、十分和」，[140]於此可見一斑。對於「『致』之一字，豈全無所用力耶?」的疑問，朱子更毫不遲疑地答道：

> 「致者，推至其極之謂。凡言『致』字，皆此意。如大學之『致知』，論語『學以致其道』，是也。致其中，如射相似，有中貼著，有中垛者，有中紅心之邊暈者，皆是未致。須是到那中心，方始為致。致和亦然，更無毫釐絲忽不盡，如何便不用力得!」

朱子這裡之所以射箭之「有中貼者，有中垛者，有中紅心之邊暈者」，當然還有正中紅心者種種高下之別為喻，所欲強調者就是致極中和的工作之實非想像中的簡單。自朱子觀之，此中所牽涉的工夫實際上是非常細緻的。《語類》載：

> 周樸純仁問「致中和」字。曰：「『致』字是只管挨排去之義。且如此煖閣，人皆以火爐為中，亦是須要去火爐中尋箇至中處，方是的當。又如射箭，纔上紅心，便道是中，亦未是。須是射中紅心之中，方是。如『致和』之『致』，亦同此義。『致』字工夫極精密也」。[141]

所謂須尋箇至中處，實在殊非輕易。所以，朱子這裡教人「只管挨排去」。

---

[140] 同上書，頁1516。

[141] 同上引書，頁1517。

此外，朱子又說：

> 「致中和」所謂致和者，謂凡事皆欲中節。若致中工夫，如何便到？其始也不能一一常在十字上立地，須有偏過四旁時。但久久純熟，自別。孟子所謂「存心、養性」，「收其放心」，「操則存」，此等處乃致中也。至於充廣其仁義之心等處，乃致和也。[142]

這裡所謂的「其始也」如何如何，「久久純熟」又如何如何，都標緻著無論致中、抑或致和，莫不需要經過一重接一重的工夫，始得日漸與之迫近的事實。當然，這一重重的工夫之包括所以知之與所以至之兩個方面，則又是無待於深辯者。

最後，在結束本文對首章第三節的剖析之前，當就朱子有關「天地位、萬物育」兩句所作的注解作出討論。首先，正如《或問》所言：

> 此萬化之本原、一心之妙用、聖神之能事、學問之極功，固有非始學所當議者。然射者之的、行者之歸，亦學者立志之初所當知也。[143]

與未發、已發與致中和之分別言本體與工夫不同，「天地位、萬物育」兩句所言的是基於本體所作的工夫、並從而所產生出來的「效驗」。

其次，可以指出的是，正如朱子對致中和與天地位、萬物育之分別言工夫與效驗而《中庸》首章卻又「合而言之」[144]的做法的解釋所顯示，此天地位、萬物育所生的效驗與致中和的工夫雖有用與體之殊，其間關係如朱子所言的「實亦非有兩事」，[145]卻是至為密切。正如《或問》所言：

---

[142] 同上引書，頁1518。

[143] 《或問》，卷三，《四書或問》，《四庫》，冊197，頁258。

[144] 見《章句》，《四書章句集注》，頁18。

[145] 同上註。

致者，用力推致而極之謂。致焉而極其至，至於靜而無不息之不中，則吾心正而天地之心亦正，故陰陽動靜各止其所，而天地於此乎位矣。動而無一事之不和，則吾氣順而天地之氣亦順，故充塞無間，驩欣交通，而萬物於此乎育矣。[146]

此處所言的正是天地位、萬物育的效驗與致中和的工夫，更精確地說，與致的工夫所造就中和本體的最佳狀態之間的緊密關係。倘若作更仔細的分析，朱子所言的這種體與用的關係更是吾心之中正對天地之位、吾氣之和順對萬物之育，其間條理正如朱子之所解釋——「據其效而推本其所以然，則各有所從來而紊」，[147]乃是絲毫不亂的。

除此之外，值得注意的是朱子對存在於一己之中、和與天地之位、萬物之育之間的感應的看法。依朱子看，由於「天地萬物本吾一體」的緣故，[148]這一種交感和應的關係乃是至為「自然」的。[149]正如以下一段《語類》的答問所示：

或問：「致中和，位天地，育萬物，與喜怒哀樂不相干，恐非實理流行處。」

曰：「公何故如此看文字！世間何事不係在喜怒哀樂上？如人君喜一人而賞之，而千萬人勸；怒一人而罰之，而千萬人懼；以至哀矜鰥寡，樂育英才，這是萬物育不是？以至君臣、父子、夫婦、兄弟、朋友、長幼相處相接，無不是這箇。即這喜怒中節處，便是實理流行，更去那處尋實理流行！」

---

[146] 《或問》，《四書或問》，卷三，《四庫》，冊197，頁258。

[147] 同上引書，頁259。

[148] 《章句》，《四書章句集注》，頁18。

[149] 此乃朱子《中庸》本章中用以描述聖人至德淵微所生果效的形容詞，見同上引書，頁40。

這裡既言「喜怒哀樂」，自然是從已發方面立論。人君之喜怒倘皆中節，則其所喜怒自都是已發之和、而已發之和所導致的千萬人因人君之賞罰得其正而勸懼，則就是人君之氣順而萬物之氣順，而其所產生的終極效應實亦即是所謂的萬物育了。此間人君之喜怒與萬物的交感互通，實有不期而至者在。這就是朱子所謂的「自然」了。

總結以上相當詳細的剖析，對於朱子《中庸》首章說的特色，大體可從以下的兩大方面去作出指陳。第一、從全章的結構言，誠如本節開首引述朱子的〈《中庸》首章說〉一文時所指出者，朱子確曾將全章分成三節，並已約隱地指出了每一小節皆有可進一步細分的可能和每一節中的段落與另外兩節的段落之間所可能有的相互呼應。此中關係並已製為圖表顯示於上。然而，亦正如圖表之後所附帶說明者，〈《中庸》首章說〉所言的結構除了尚欠精確之外，還與成熟後的首章說略有出入。經過數十年的玩味與思考，朱子對首章結構所持的最後看法，當可以下列圖表示之。

內容 / 節次	天理之本然		人事之當然	
			工夫	效應
(一)	天命之謂性（天以陰陽五行化生萬物，氣以成形而理亦賦焉，猶命令也。於是人、物之生，因各得其所賦之理，以為健順五常之德，所謂性也。）	率性之謂道（人、物各循其性之自然，則日用事物之間，莫不各有當行之路，是則所謂道也。）	修道之謂教（聖人因人、物之所當行者而品節之，以為法於天下，則謂之教。）	

(二)		道也者，不可須臾離也；可離，非道也。(道者，日用事物當行之理，皆性之德而具於心，無物不有，無時不然，所以不可須臾離也。若其可離，則為外物而非道矣。)	是故，君子戒慎乎其所不睹，恐懼乎其所不聞。(是以君子之心常存敬畏，雖不見聞，亦不敢忽，所以存天理之本然，而不使離於須臾之頃也。) 莫見乎隱，莫顯乎微，故君子慎其獨也。(幽暗之中，細微之事，跡雖未形而幾則已動，人雖不知而己獨知之，則是天下之事無有著見明顯而過於此者。是以君子既常戒懼，而於此尤加謹焉，所以遏人欲於將萌，而不使其滋長於隱微之中，以至離道之遠也。)	

(三)	喜怒哀樂之未發，謂之中； (喜、怒、哀、樂，情也；其未發，則性也，無所偏倚，故謂之中；) 中也者，天下之大本也； (大本者，天命之性，天下之理皆由此，出道之體也。)(此言性、情之德，以明道不可離之意。)	發而皆中節，謂之和。 (發皆中節，情之正也，無所乖戾，故謂之和。) 和也者，天下之達道也。 (達道者，循性之謂，天下古今之所共由，道之用也。)	致中和， (自戒懼而約之，以至於至靜之中，無少偏倚，而其守不失，則極其中而天地位矣。自謹獨而精之，以至於應物之處，無少差謬，而無適不然，則極其和而萬物育矣。)	天地位焉，萬物育焉。 (蓋天地萬物本吾一體，吾之心正，則天地之心亦正，吾之氣順，則天地之氣亦順矣。故其效驗至於如此。此學學問之極功、聖人之能事，初非有待於外，而修道之教亦在其中矣。是其一體一用雖有動靜之殊，然必其體立而後用有以行，則其實亦非有兩事也。)

按上圖所示，全章三節皆可以天理之本然與人事之當然為分界明確地劃分成兩個部分。如是者，第二、三兩節固然如此，而最明顯的變動是第一節的「天命之謂性，率性之謂道，修道之謂教」三句由原來的各各對等的關係，變成了以前兩句言天道，而後一句言人道的二對一的關係。這是第一點。第二點是每節除了各分成天道、人道兩部分之外，某些部分復可進一步細分為兩段。第一節前半部之分為天命之性與率性之道，適纔固已言之；而第二節後半部與第三節前半部，亦復可以分別析為戒懼與謹獨，大本之中與達道之和兩段，這些也都是〈《中庸》首章說〉所未明朗的地方。第三、與上面兩點之從縱切面上言三節各自內部的關係者不同，從橫切面上看三節之間的關係，此處也可以看出成熟後的看法與初期的〈《中庸》首章說〉有所不同。按後者認為第二節前、後兩

部乃分別為第一節率性之道與修道之教的發揮，此固與前者的看法並無異緻；所不同者，較諸後者之以第三節前半部單純為第一節天命之性的發揮不同，前者則認為第三節前半部所分出來的兩段，實分別為第一節的天命之性和率性之道的發揮。至於前者之視第三節前半部第二段和後半部之分別為第二節前、後兩部的闡析一點，則又是後者從來所論之未及處。上述三點所言朱子對《中庸》首章結構分析之愈益細密，除了進一步地確認了朱子對其所作「枝枝相對，葉葉相當」的基本觀察之外，更反映出朱子的《中庸》首章說不僅是動態的，而且是與時並進、邃密加深的。

朱子《中庸》首章說的特色的第二方面與上述所言結構上的特點是密切相關的。這是因為在《中庸》首章的整齊而嚴密的結構背後，實寓有一全面而深刻的義理的緣故。按上圖自上而下、貫穿於三節之間、以天理之本然與人事之當然為不同範疇所劃出的一條分界，正顯示出通貫於首章全章的主旨乃係關乎天人之間關係的重大問題。此一天道、人道的主題，在〈《中庸》首章說〉中已是相當的明顯，至成熟後的《中庸》說之時則更見突出。按天道的一方面乃所以述天理之本然，人道的一方面則所以述人事之當然；前者為後者提供原則上的理論，後者則為前者展示具體上的實踐。大抵朱子認為《中庸》首章所欲言者乃係天理之本然雖無不備，人事之當然亦有不能不致其力者；人事之當然固不容間斷，然所本者不外為天理之本然、所為者不外乎順其自然的道理。正如朱子在緊接《中庸》首章之後所下按語之所言：

> 右第一章，子思述所傳之意以立言，首明道之本原出於天而不可易、其實體備於己而不可離，次言存養、省察之要，終言聖神功化之極。蓋欲學者於此，反求諸身而自得之，以去夫外誘之私，而充其本然之善。[150]

所謂「出於天而不可易」與「備於己而不可離」，所要解釋的正分別是天命之性與率性之道所言的道理，合而言之，就是天理本然的本體；而所謂的「存養、省察之要」，所言的正是修道之教方面的人事當然的工夫。至於所謂的「聖神功化之極」，所言的自然是《中庸》原文「天地位，萬物育」一句所包含的無可比擬的神妙效驗；其根本固不外乎天之所以命乎人的中、和之性，而其方法亦不外乎戒懼、謹獨兩項分別旨在保持和發揮人所本有的中、和之性的工夫。用朱子自己的話說，這是一套「因其所固有」、「從其所甚易」，而又「豈有待於人為，而亦豈人之所得為」的方法。

結　語

朱子曾經一再指出「《中庸》之書難看」，[151]又曾勸諭「初學者未當理會」。[152]可見，自朱子觀之，作為《大學》、《論語》和《孟子》三書義理之所會歸與及道學所賴以不失其傳的《中庸》，其義理之精微實有非學者頃刻之間所能理解與掌握者。況且，本文所討論的不過是《中庸》全篇三十三章的其中一章，要通過此章進窺朱子所謂的聖賢道統真傳的實義，實在並不容易。

當然，從另一方面言，正如朱子之所強調，作為「一篇之體要」的《中庸》首章，其在朱子心目中所具有地位的特殊，實亦不難想像。雖然一篇之要不足以盡窺朱子對全篇看法的曲折與詳細，亦足以見其《中庸》說的梗概。按朱子對《中庸》首章所作的解釋，所言者不外三個方面。第一、涉及道德行為的根源的一方面，朱子對首章的解釋特別強調

[150] 見《章句》，《四書章句集注》，頁18。

[151] 《語類》，卷六十二，冊4，頁1479。

[152] 同上註。

其為出於自然的一點。朱子這一方面的主張見諸其對天命之性和作為天下之大本的未發之中，與及對率性之道和作為天下之達道的已發之和所作的解釋之上。第二、就道德修養的性質方面言，朱子的解釋又著重其為因於自然而又自然而然的一個側面。這一點充份表現於朱子對旨在存其本然的未發之中、並因其明而明之的戒懼工夫和旨在使所存養的未發之中得以在具體的生活環節中落實為已發之和的謹獨工夫的解釋之上。第三、就修養工夫與其效驗的關係言，朱子所強調的仍然是存在其間可以稱之為「自然」的感應。這一點亦可以從其對一己之中與天地之位和一己之和與萬物之育之間感應的迅速的著意闡析窺之。

當然，不能否認的是，對於一向重視道心、人心之辨與致知、力行之功的朱子而言，自覺與人為的努力也是其思想體系之中重要的部分。這一點可以從其對省察所牽涉道問學方面的博學、審問、慎思、明辨、篤行工夫的重視見之。然而，朱子固未有視此等道學問的工夫為與本性一無干涉的一種單純的對外在知識的尋索；而對此一探索活動本身的性質、其所以可能的根據及所要到達的目的，朱子又莫不認為其與自然有密不可分的關係。自朱子而言，人事之當然不僅來自天理之本然，而且也是歸於天理的本然。

〈劉師培與端方書〉的剖析

胡志偉

一、前言

劉師培 (1884–1919) 字申叔，又名光漢，別號左盦，是乾嘉大學者劉毓崧的第三孫子。其家世代傳經，師培自小即接受傳統經學教育，打下湛深的國學基礎。他年青時，極受王夫之與黃宗羲的影響，具有強烈的反滿傾向。這除了是個人涉獵所得外，復由於其祖父毓崧曾助曾國藩校刊《船山全書》，而曾祖文淇亦曾搜集異族侵華的史料。這不但加強了劉氏一門的反滿傳統，也使劉師培日後能利用這些資料與他自己所提倡的反滿理論互相印証。年十九即著《攘書》及《中國民約精義》，又編輯《警鐘日報》，積極從事革命和排滿的宣傳工作。至光緒三十一年(1905)，劉師培與黃節、鄧實合作，創辦《國粹學報》，任職主編並為主要撰稿人。是報以「保種、愛國、存學」為志，強調保留和發揚傳統學術文化與保種救國有不可分割的密切關係。1907年初，劉師培東渡日本，並與妻何震創辦了《天義》及「社會主義講習會」，積極宣揚「無政府主義」。後與同盟會中人失和，於1908年底回國，入端方幕府，公開宣布效忠滿清政權。辛亥革命後，流落四川，用閻錫山薦，至京投袁。後世凱稱帝，劉師培與楊度等六人更成為「籌安會」發起人之一。洪憲失敗後，以帝制犯被通緝，被北洋政府以「人材難得」為理由特赦。後受蔡元培所邀移席北大，與黃侃等創辦《國故月刊》，到1919年冬因病逝世，年方三十六。

劉師培的一生中，其政治思想曾多次起著急劇的轉變。首先，他從主張排滿的民族主義轉到提倡破除一切階級和制度的無政府主義。但是不久，又從無政府主義轉為投向支持滿清皇朝。在數年之間而作出這多次的急劇變化，其速度之快，激烈程度之高，簡直令到旁觀者目迷五色，眼花繚亂，與其自署之筆名「激烈派第一人」真是極為匹配。時人和後世之研究者，「怎麼理解他前後兩段時期的相反兩種激烈呢？至少在目前還沒有令人信服的歷史解釋」。❶是以，下文擬從〈劉師培與端方書〉討論他從無政府主義轉為投向支持滿清皇朝的因由。

二、是函的發現經過

〈劉師培與端方書〉真偽問題的討論，可由是通書函之發現和刊布經過談起。這封信函最初是刊登在1934年11月2日《大公報》的《史地週刊》第七期。據洪業先生所作之案語云：「偶得抄本劉師培與端方書……因為加標點披露之」。❷至於所謂「偶得」之具體情況，則未見透露。然根據《洪業傳》的記載，仍可略得其一二。

據傳中所述，洪先生當時任教於燕京大學，並為歷史系開設「歷史方法」一科。除課堂上的講授外，他亦非常重視訓練學生對史料的發掘，鑒別和運用。其具體的方法是：

---

❶ 朱維錚，〈劉師培論學論政序〉，見李妙根編，《劉師培論學論政》，頁9。

❷ 洪業，〈清末革命史料之新發現——劉師培與端方書〉，載《洪業論學集》，頁130–38。

> 他（洪業）請了一個圖書館小職員每星期天到市場去買廢紙，這些廢紙中有日曆、藥方、黃色讀物、符咒等等，由不識字的販子一大包一大包地賣給商人包東西。洪業把這些廢紙包和別處撿來的紙堆存在圖書館天花板及頂蓋之間的空隙裏……每星期三下午，洪業帶了為數不超過十人的學生，在紙堆裏掘寶，並備了個臉盆洗手。他們一張一張看，這紙上寫的是什麼，是何時何地來的？看到有歷史價值的東西，洪業便鼓勵學生在《大公報史地週刊》發表。❸

〈劉師培與端方書〉便是在這樣的課業實習過程中被發現。《洪業傳》繼續記載道：

> 他們在破紙堆裏找到不少有價值的東西，有一次發現一些清朝檔案，交回政府了。另有一次看到一張用小楷寫的長信，竟然是革命黨人劉師培(1884–1919)早年寫給清官端方的信，他自告奮勇要為清廷偵察革命黨活動。洪業把此信也在《大公報》發表了，結果引得國民黨派人來說話，叫洪業以後不要發表這種東西。❹

有一點要特別指出的是，洪先生所見的只是抄本而不是原本。以洪先生如此負責任的歷史學者，在未見原本的情況下仍登刊之，自有其理據所在。據其所作之案語謂：

> 據曾見原本者云：原本申叔手書白紙上，共二十八張，張以八行，行以十四字至二十二字為格。此文可視為中國革命重要史料。所道及人物，今尚有健在者，當能証其虛實也。❺

❸ 陳毓賢，《洪業傳》，頁176。

❹ 陳毓賢，《洪業傳》，頁177。

❺ 洪業，〈清末革命史料之新發現——劉師培與端方書〉，載《洪業論學集》，

準此，洪先生所持的理據可約之為三。第一，有人曾親見原本並可詳細描述其原初形態，而這人的証詞是可信的。第二，此信為中國革命史的重要史料，因此有值得刊佈的價值。第三，信中所述及之人物，在當時仍健在者自能証其真偽，特別是若此信內容所記有誤，當事人自能否証之。可惜洪先生並沒有透露該親見者是誰，致覆案為難。根據暫見的材料，在當時並沒有信中人（案：張繼和劉揆一仍然在世）出來否証或澄清其內容。再合之以是文刊登後，「結果引得國民黨派人來說話，叫洪業以後不要發表這種東西」的記載❻，更益覺其可信。但問題是，若據此作為研究劉氏思想佐証，此信函仍有一點缺憾，因為這封信是沒有日期的。以劉師培思想幅度之大，變化之速，如不能確定此信之日期（最低限度是收窄這封信的相對寫作期限），而逕以此為據，則恐怕會出現錯置年月之毛病。是以，首要的便是儘量釐清（因只能是儘量）這封信的寫作日期。

三、寫作日期的推定

由於這封信本身沒有注明日期，因此必須借助與之相關的文獻。這裏擬借用章太炎給劉師培和何震的五封信。這五封信的出現經過是這樣的：在1908年4月，何震致函《新世紀》的吳稚暉，訴說了與章太炎交惡的事實，並揭發了章氏在1907年中曾受鐵良贈款及私通張之洞意圖背棄革命兩次。據何震之原函云：

（章）去歲曾受鐵良二百金，又去年九月上張之洞書，與伸舊誼，逢迎其國學。末言若助以巨金，則彼於政治問題，不復聞問，並

頁130–38。

❻ 陳毓賢，《洪業傳》，頁177。

謝辭《民報》編輯。❼

何震此舉之目的固在借吳敬恒之手來打擊章太炎，然而吳稚暉並沒有採信其說，反之卻力「勸劉、何，彼此同黨，不必傾軋，故未照何書登過一字。」❽但劉氏夫婦並沒有就此罷休，而是繼續有所舉動。

直至1908年底，劉師培又寄交了一封舉報信給黃興，內容為揭發章太炎背棄革命，要求透過劉氏夫婦向端方索款之事。該信內並附有五封章太炎給他們夫婦的私函的復本。聲言「觀此數函，則太炎背叛本黨之跡，顯然可睹矣」❾。黃興接信後並沒有即時行動，相反卻把它壓下來。湯增壁在《同盟會時代民報始末記》中記載道：

> 劉申叔夫婦以居東備受黨人冷淡，亦相偕遄還國門，投效于滿吏端方。申叔抵滬時，且遺書黃廑午、林廣塵、湯公介等，詆章枚叔曾致函端午橋，由劉妻何震轉交，要挾巨款二萬，即舍革命而不言，往印度為僧以終其身云。內并附章氏關于此事之手書真跡照片，廑午等一笑置之。❿

由此可見，這件事一路沉寂，並沒有立即掀起鉅波。直至1909年9、10月間，同盟會內部矛盾進一步擴大時始被再重提出來。

當時，陶成章和李燮和等人草擬了一份〈七省同盟會員意見書〉，指責孫中山侵款自肥，殘賊同志，敗壞全體名譽，要求召開特別大會，罷免孫中山的總理職務。黃興和孫中山等立時予以反應，除由東京同盟會

❼ 〈何震與吳稚暉書〉，原刊於《美洲少年報》1910年2月13日，現轉見於楊天石，〈何震揭發章太炎〉，載《近代史研究》1994：2，頁264–68。

❽ 同上注。

❾ 詳見楊天石，〈劉師培舉報章太炎〉，載《民國掌故》，頁13–16。

❿ 曼華，〈同盟會時代民報始末記〉，載《辛亥革命》卷2，頁447。

本部致函於各大報館澄清其事外，亦假手於吳稚暉的《新世紀》對陶成章等加以反擊，斥陶等為「偽同盟會員」。⓫恰在這時，孫中山派汪精衛等在東京秘密復刊《民報》（第25期）而託名於巴黎出版。章太炎一直被蒙在鼓裏，深感被騙，因此便發布了〈偽民報檢舉狀〉，力斥孫中山之種種非是。孫中山決定公布劉師培的舉報信作回應。1909年11月，舉報信以〈劉光漢致黃某手簡〉為題在神戶《日華新報》刊出，該報不但加了「章炳麟背叛革命黨之鐵証」的大字標題，而且加了按語，按語說：

> 初謂章炳麟倡言道德者，以不作欺人語也。頃得革命黨劉光漢（現在北洋總督衙門充當幕友）致該黨黃某一函，披閱一過，令人髮指。章氏日言道德，而其個人之道德則如是！嗚呼！章氏休矣！己不正而欲正人，一何可笑之甚耶！說者謂章刊「偽《民報》」傳單，為圖歸國地步。本社已得章炳麟背叛該黨之親筆函六紙，當付手民，刊作銅版，刊登報端，以告東京學界，毋再以章先生為道德家。⓬

這份按語不僅指章太炎「叛黨」，而且全面否定章太炎的品格，問題極其嚴重。但這幾封信始終並沒有在《日華新報》中刊登。

到了12月16日，孫中山三度致函吳稚暉，並提出進一步打擊章太炎的辦法：

> 弟於（所）到各處，如遇有人質問，必歷言太炎為人之狀以對。並望先生將劉光漢發露太炎間諜通奸之筆跡照片寄與弟用，以証明太炎之所為，庶足以破其言之效力。因海外革命志士，多以太

⓫ 原載於《新世紀》第115號，現詳見羅剛編，《中華民國國父實錄》卷2，頁1191–1202。

⓬ 轉引自楊天石，〈劉師培舉報章太炎引起的風波〉，載《民國掌故》，頁17–19。

> 炎為吾黨之泰山北斗也；非有實據以証彼之非，則類於相忌之攻擊，弟不欲為也。⑬

最後，在1910年1月22日，吳稚暉在《新世紀》第117期上選登了章太炎致劉師培夫婦的五函，聲稱「章炳麟之得金出賣革命，固有數可稽而有憑可証者」⑭。本章擬借用之信函便是這五封書函。

當然，問題是在於這五封信是否為劉師培或孫、黃等同盟會人所偽造以攻擊章太炎呢？經過楊天石先生的考証，認為這五封信無論從時間，發信和受信人之行止，信中所述及基本事實等各方面來說，都應該是真的。⑮除此之外，更重要的是章太炎自己從沒有否定這五封信的真實性來為自己辯誣。相反，卻在1912年承認了這些信中的記載。他在寫給浙江統一黨支部的信中謂：

> 同盟南北諸報皆舉端方事件，以為攻僕之詞，其實不值一哂，請為諸君道其原委。僕自抵東辦報，親戚故舊，音問俱絕，后見同盟會漸趨腐敗，憤欲為僧，以求梵文于印度。又為安南、朝鮮諸學生立亞洲和親會，聞印度革命黨才高志堅，欲裹糧以從之，得所觀法，于時假貸俱絕，惟南皮張孝達有一二日之舊游，后在東京關于文學教育諸事，亦嘗遺書獻替。張於革命黨素無惡感，不得已告貸焉。其書囑長埼領事卞某帶歸，卞即（張）之婿也，卞回國后，不敢請通，私以語端方，遂居為奇貨……仆亦欲達初志耳，何論出資者為端為張……對敵之言，自有開合張馳，同盟會人遂云仆作偵探，然則黃興出洋留學，亦端方特與官費，其偵探耶？非耶？同盟會業成而（歸）者，亦多士宦，或為將弁、幕府

⑬ 《國父全集》卷3，頁99–100。

⑭ 詳見《新世紀》第117號。

⑮ 詳見楊天石，〈章太炎與端方關係考析〉，載《南開學報》1978：6。

> 之屬，其偵探耶？非耶？誣人之言……夫何足致辯哉！⑯

章太炎的這封公開信間接承認了劉氏夫婦所公開的五封私函的真確性。

既肯定這五封信的真實性，則接下來便要問這些信函與劉師培呈給端方的自首信有什麼關係。據楊天石先生之考究，這封自首信與章太炎給劉氏夫婦的私函，其中相通之處有四：

> 第一，此信提及章氏「近且辭《民報》編輯」，可知寫于1907年12月或稍后，正是劉師培從日本回到上海之際。章氏函三寫于是年12月30日，中云：「四弟（劉師培）既不往寧，在滬交涉亦善。」時、地、人、事均合。
>
> 第二，章氏五函系托劉氏夫婦向端方謀求在印為僧款項，此信向端方明白地將此問題提出了。特殊之處，僅在于劉的「交涉」是以替端方圖策并為章太炎乞憐的方式提出的。這樣提出問題，很符合其叛變身份。他既替端方物色到一個理想的策反對象，也等于自己獻上一份可觀的覲禮，還替老朋友辦了事。
>
> 第三，章在函四中警告劉、何「此事已漏泄矣！」此信也警告端方：「此事若露于外，則革命黨人惑對彼潛加暗害，所謂愛之者害之也。」秘密進行以保全章太炎的態度是一致的。
>
> 第四，爭執的付款方式是一個，此信向端方提出的「按月支給」，正是章太炎在函五日極力予以反對的付款辦法。據何震注，何接第四函后，先寫信問章「將付領巨款歟，抑至印后按月支款歟？請示明，以便開交涉。」于是函五才反對按月支款，要求劉去「轉圜」，爭取先付三分之二或二分之一。⑰

---

⑯ 原刊於《越鐸日報》(1912.6.6)，轉引自楊天石著，《尋求歷史的謎底》，頁189。

⑰ 原刊於《越鐸日報》(1912.6.6)，轉引自楊天石著，《尋求歷史的謎底》，頁

問題是這封自首信與章氏五函為什麼有這些重要相通之處呢?「合理的解答應該是，它們是同一事件在不同場合留下的文件。不然，就不容易解釋此信中的這種情況」。⑱還有值得注意的一點是，如果劉師培心中沒有打算，一旦端方給了錢，章拒不接受，甚或收錢後予以揭發，那末，他作內奸的面目不就要暴露了嗎？顯然，他敢預支章太炎「決不至有負明公」的保証，最近理的解釋就是因為他是受章太炎的委托來辦理「交涉」的。由此可見，這五封書函與〈劉師培與端方書〉的確是互相關聯的。反過來說根據這五封信來測定〈劉師培與端方書〉的寫作期限亦屬合理可行之法。

為方便下文的論証，現首先將章太炎給劉師培夫婦的五封書函及何震所加的解說徵引如下：

致何震函一云：

> 近日平安抵滬上，所托諸事，務望盡力。末署：兄麟頓首。

何震注解說：

> 此信無甚關係，惟觀所托諸事，務望盡力，二言，則凡運動張之洞諸事，皆包括其中矣。

致何震函二云：

> 聞妹將赴金陵，想近日已在途也……劉、卞二處消息如何？幸告。末署：兄麟頓首，陽十一月二十五日。

何震注解說：

180–81。

⑱ 原刊於《越鐸日報》(1912.6.6)，轉引自楊天石著，《尋求歷史的謎底》，頁189。

劉、卞二處。劉即〇〇〇之姊，系章下獄后，劉允月貼二十金，至今未交者也。卞即前長崎領事卞綍昌，張之洞之女婿。彼于去歲八月致函張之洞，誓言決不革命，決不與聞政治，且言中國革命決難成功，若贈以皂金，則彼往印度為僧。書為申叔所見，始知彼與官場有往來。及我返國，彼知吾兄何譽生與前長崎領事卞綍昌親善，彼為張婿，故囑我往長崎訪之，使再致書于之洞。

函三云：

四、六君鑒：二十九日接得手示，知四弟在船甚苦……四弟既不往寧，在滬交涉亦善。前書言恐有枝節，愚意可密致書楊仁山書，令其轉圜。未署：毛一頓首。十二月三十日。

何震注：

四君，四弟，均劉申叔也。六君即何震也。毛一，章自稱也……楊仁山者，池州楊文會也，以通佛學聞，南京官場多敬之，故彼欲囑何致書于彼，請其向江督為彼乞恩。

函四云：

黃、葉亦無他語，惟己明知四弟到滬，在外喧傳，黃更知兄欲出家。前數日有周某者，自上海來信云：聞黃抱香語，公欲出家。則此事已稍漏泄矣。運動之事，想二子無不周知。

何震注：

黃者，湖北人黃抱香也，葉為黃友，浙江人，忘其名，黃見章不做《民報》，將疑彼無心革命，在東京對人宣言，彼畏之甚，疑其盡知彼事。又葉為鄰人，知申叔返滬，故信中言運動之事，想二子無不周知也。

函五云：

領事按月支款之說，萬難允從。一、若按年分推，則一歲不過千餘元，或僅數百，必不敷用。二、若攤年過久，章甫去江寧後，事即中寢。三、領事為政府所派，非兩江私派，若果遷延抵賴，亦無如何，以留學官費証之可見。要之不以意氣相期，盡力磋磨，亦無益也。弟若轉圜，當要以先付三分之二，不則二分取一，如或未能，當面回復。此則當令六第任之。末署：兄毛一白。陽三十日。

何震注：

此信最有關係。何接彼第四信，復致書于彼，故為疑問之詞，謂將付領巨款歟，抑至印后按月支款歟？請示明，以便開交涉。彼乃以此函相答，反對按月支款之說，章甫者，端方也。⑲

把這五封信函與〈劉師培與端方書〉一併觀察，便可以知道劉函的寫作日期的上限，一定是在函三之後。蓋函三云：「四弟既不往寧，在滬交涉亦善。」由此可見，這時劉師培並未開始章太炎與端方交涉索款事，而其寫作下限，最遲亦當在函五之前。蓋函五中章太炎所極力反對的按月支款之說，正是〈劉師培與端方書〉中所獻議的「助以薄款，按月支給」的⑳辦法。換言之，若無端方首肯，劉師培又怎會據之以諮詢章氏，否則若章太炎同意而端方竟不同意，劉師培他這個中間人又怎可

⑲ 詳見楊天石，〈章太炎與端方關係考析〉，載《南開學報》1978：6。

⑳ 洪業，〈清末革命史料之新發現——劉師培與端方書〉，載《洪業論學集》，頁130–38。

以做下去。因此，合理的情況應當是劉師培與端方磋商後才通知章太炎。準此，劉氏這封自首信寫作日期的上限，應不早於函三，亦不遲於函五。

又據何震於函五後的補注云：「何接彼第四信，復致書於彼，故為疑問之詞……彼乃以此相答，反對按月支款之說。」由此可知，在章太炎致劉氏夫婦第四函後，劉師培亦曾回信，並具體商討付款事情。綜此可歸納出以下書信往還的流程圖：

函三→函四→上端方書→劉師培覆函→函五

上述之函三本應與之無涉，但由於函四是沒有日期的，因此必須以之為據，方始有進一步推算之可能。在推定日期方面，第一碰到的就是陰曆與陽曆之互算問題。函二注為「陽十一月二十五日」；函三注為「十二月三十日」；而函五則為「陽三十日」，究竟章太炎是用陰曆還是陽曆紀月日呢？答案是陽曆，因為這年(1907丁未)歲末根本沒有年三十，㉑所以函三所記必定是陽曆，否則便無法理解。

這雖然確定了曆日的計算原則，但仍不足以解決寫作日期的問題。究竟有沒有什麼因素可以被用來縮窄寫作日期的範圍呢？這裏擬提出兩項作為進一步討論的基礎，即：〈劉培師與端方書〉內文中的一些線索；清代官署「封印」和「開印」的規定。

就〈劉師培與端方書〉的內容而論，其中所記事項而日期可考者有四，茲析之於後，以明其究。

第一，該自首信中云：「去歲之冬，東南鉤黨甚急，乃於今春元旦移居日本東京。東京為革命黨萃居之地，東渡以後，察其隱情，遂大悟往日革命之非」。㉒按：劉師培夫婦是在1907年2月去日本加入同盟會，並

㉑ 詳見方詩銘等編，《中國史曆日和中西曆日對照表》。案：以下之中西曆換算亦據之為準。

㉒ 洪業，〈清末革命史料之新發現——劉師培與端方書〉，載《洪業論學集》，

於當年底返回上海。由此可見，所謂今年便是指1907年而言。

第二，信中又云：「彼等（革命黨）如有舉動，師培靡所不知。如前日彼黨欲害倫貝子，早日即知是也。若在京，必可其知其所往，以囑中國各大吏預防」。㉓據溥倫訪日所上的奏摺云：

> 奴才自放洋後，行抵神戶登岸，途次西京，業將一切情形具摺奏陳在案。十一月初一日馳抵東京，該國皇族伏見溥恭王及宮內大臣，式部長官等均至新橋車站迎迓。館於芝離宮，由接待員常川照料，預備一切，極為周摯。初五日，覲日皇，並將國禮謹齎呈……現定於十四日由神戶內渡回華。除俟起程後續行表報外，所有報聘禮成及起程日期緣由，理合恭摺具陳。㉔

此處的所謂「前日」可作兩解，一是泛指，即作日前解；二是實指，即確指事發前二日。若作第一解，則對本章所要處理的問題毫無幫助。若作第二解，表面上只須要找出溥倫遇襲之日期，再逆數二天，則寫作日期的問題便可迎刃而解。但困難的是，溥倫在日期間根本沒有被襲擊，㉕因此亦無法據之而作任何論斷。就算以溥倫抵日和離日之日期(舊曆11月1日到11月14日）作準，仍與事理相去甚遠。首先以申叔之筆力，千言可就，絕無須早早寫定。其次，這與劉師培回國之日期不近，太早寫定只會倍加洩密之危險，實屬有害無益。更何況，何震在函二中的注

頁130–38。

㉓ 洪業，〈清末革命史料之新發現——劉師培與端方書〉，載《洪業論學集》，頁130–38。

㉔ 〈專使大臣溥淪奏赴日報聘禮成並啟程日期摺〉，載《清光緒朝中日交涉史料》，卷72，頁1380。

㉕ 溥淪在日本期間的一些情況，可參看汪東，〈記清貝勒溥淪來東後記〉，載《汪旭初先生遺集》，頁349–53。

解已明言：「(太炎) 於去歲八月致函張之洞，言決不革命，決不與聞政治，且言中國革命決難成功，若贈以鉅金，則彼往印度為僧。書為申叔所見」。㉖既有章太炎泄密的經驗教訓在前，劉師培再愚蠢也無理由會即時再犯同樣的失誤。因此，劉氏實在沒有任何理由非要在回國前即把呈給端方的自首信寫定。準此，「前日」一詞作實解之可能性並不大。

第三，自首信中云：「民族主義之報，以《民報》為最著，次則蘇人所辦之《復報》。今《復報》已由師培運動，囑其停刊。《民報》雖存，然章炳麟已辭編輯，並不為該報作文」。㉗按：《復報》是在1907年10月2日停刊的，其原因自然不是由於劉師培的囑附，(因為他根本沒有如此影響力)，而是由於從《復報》蛻變為「南社」的中間過渡有以致之。㉘至於章太炎辭《民報》職一事，據《民報》第18期所刊登的啟示云：

> 本社總編輯人章君炳麟因腦病忽作，不能用心，頃已辭職，今仍請張君繼續接主持。㉙

該號的發刊日期為1907年12月24日，因此，劉師培寫給端方的信當必在該日期之後。否則，若無此啟示作為憑証，又怎可以取信於端方呢?

第三點之重要並不單在它提供了兩個可供參考的確切日期（事實上《復報》停刊的日期對本節所要論証的亦沒有多大的作用），而在於說明他開給端方的「弭亂十策」，除了暗中偵查，通風報訊外，凡有形可考者，若不是誇誇其談之說，便多屬事後孔明之辭。㉚這固然是較容易

㉖ 詳見楊天石，〈章太炎與端方關係考析〉，載《南開學報》1978：6。

㉗ 洪業，〈清末革命史料之新發現——劉師培與端方書〉，載《洪業論學集》，頁130–38。

㉘ 詳見丁守和編，《辛亥革命時期刊介紹》，卷2，〈復報〉章，頁405–426。

㉙ 《民報》第18期〈啟事〉。

㉚ 洪業，〈清末革命史料之新發現——劉師培與端方書〉，載《洪業論學集》，

取信於端方的一種表達方法。但亦同時顯示出劉師培之敢於開出之保証，多是因為這些事情已經發生（而他掌握得比端方多和快），因此便可據之為萬無一失的預見。

第四，劉師培復於〈與端方書〉中云：「中國革命黨人，其在東京者，惟張繼、陶成章、谷斯盛、劉揆一、宋教仁稍有勢力。張於內地羽黨甚稀，惟居日本久，工於演說，以盛氣凌人。今歲東京留學生之囂張，以彼一人為主動。今擬誘之赴歐洲。蓋彼既去東京，則留學生囂張之氣可以驟減」。㉛張繼是在1908年初，被迫逃亡歐洲的。其中之原因，據竹內善朔的回憶說：「張繼離日，是因同年(1908)1月17日發生所謂金曜講演會的屋上演說事件受牽連而被日警追捕所致。我和界（利彥）、山川（均）、大杉（榮）及其它兩名同志也因這屋上演說事被捕入獄」㉜。按照竹內的記載，張繼是由於在1908年1月17日受「屋上事件」而被迫出亡歐洲的。對本節而論，這是一個非常重要的日子，因為這可以証明劉師培這封自首信，其寫定日期便不可能早於1908年1月17日。因為就算張繼立即以電報通知劉師培他出亡歐洲的打算也需要一兩天的時間。當然，可能會有懷疑，所謂「擬誘之赴歐洲」一語，只是泛稱而非確有所指。但問題是，若此句為泛稱，則劉師培為什麼不提議，如同對付孫中山和黃興一樣，改為誘之潛赴內地，使滿清政府可設法斃之，來得更簡單直接，更能迎合端方的喜好嗎？退一步來說，他大可寫為「擬誘之離日」便已足夠，為什麼會確實寫明目的地方呢？若劉師培心中無底，又怎會向端方開出這可能無法兌現的保票呢？重要的是，他事實上根本完

頁130–38。以辭繁，茲不贅引，請讀者自行參看。

㉛ 洪業，〈清末革命史料之新發現——劉師培與端方書〉，載《洪業論學集》，頁130–38。

㉜ 轉引自富田昇，〈社會主義講習和會亞洲和親會〉，載《國外中國近代史研究》，卷22，頁247。

全沒有需要來冒這絕不必要的風險。加上前述他把事後孔明之辭化作事前先知之語的技倆，較近理的解釋應該是劉師培在收到張繼要出亡歐洲的消息後，始筆之於書，以作為取信端方之語。

從清代官署「封印」和「開印」的規定一端探討，或可從旁推測劉師培這封自首信的寫作期限。所謂「封印」，据楊聯陞先生的考究謂：

> 明清時期的主要改變是採用了長約一個月的新年假或寒假。欽天監的官員會選擇十二月二十日左右的一天，作為全体官員「封印」的日子。大約一個月之後，又會宣佈另外一天來「開印」。㉝

在「封印」的期間，除必要的重大事件外，一般官署的活動都會暫時停下來，直至朝廷宣佈「開印」為止。按光緒三十三年（丁未）的舊曆十二月二十日為新曆1908年1月23日。除非我們把劉師培的投誠理解為兩江總督都必需立即處理的重大事故，否則這封自首信的上呈日期必定在這日子之前。綜結上述二端，把這封信的寫作日期限定於1908年1月18日至1908年1月23日之間，應該是一較近理的推想。

四、劉師培自述放棄革命原因的分析

劉師培在呈給端方的自首信中，對他自己放棄革命，投向滿清的原因，有以下的解釋：

> 去歲之冬，東南鉤黨甚急，乃於今春元旦移居日本東京。東京為革命黨萃居之地。東渡以後，察其隱情，遂大悟往日革命之非。蓋孫文本不學之徒，貪淫性成，不知道德為何物。為之徒者，咸希冀功成以後，可以驟躋貴顯。下劣者則假革命之名，斂財以糊

㉝ 楊聯陞，〈帝制中國的作息時間表〉，載《國史探微》，頁66–67。

口。而內地供之其使者，厥惟會匪。彼等固深冀四方有變，以逞其淫殺劫掠者也。儻竊據一隅，其為生民之疾苦滋巨矣。故為中國生民計，必弭消革命之萌，然後可以拯民於水火。加以民族主義尤與公理相違。今日亞洲各國為歐所凌，以強權相壓抑。吾人嬰此時局，凡亞洲弱族之陷於巨阨者，仍當力拯其災。豈有同國之滿漢轉可互相屠毒？況國朝入關以後，所行政治，滿漢間雖其失平，然較之歐人遇屬地，已有天壤之判。此民族主義所由當斥也。師培既持此旨，故將往日之告，自首於明公之前。㉞

質言之，劉氏所持之理由可析之為四：

第一、對同盟會領導層，特別是孫中山，不滿。

第二、反對同盟會偏重會黨作為革命主導力量的政策。

第三、內亂及隨之而來的兵餉之災會使民生更為困苦，對解決民生問題毫無稗益。

第四、民族主義與公理相違，黃白種之間的矛盾比滿漢間之不平衡，尤為嚴重。是以應該以前者為首要抗爭對象。

上述劉師培所親供的因素，除第一點牽涉到他與同盟會領導人之間的個人恩怨外，若將其他三項與他平素之論點加以比較分析，顯示出一頗有趣的現象，即劉師培在〈與端方書〉中所自述的轉向理由，與他平素的主張是出奇地相近。這到底是什麼緣故？有沒有什麼暗示？為什麼根據基本相近的理由，他竟然可以時宜要求「顛覆一切統治之機關，破除一切階級社會及分業社會」的無政府主義革命；時宜投靠滿清「欲以弭亂為己任，稍為朝廷效力」呢？從他提供給端方的「補救之策」中或可窺其一二。

㉞ 洪業，〈清末革命史料之新發現——劉師培與端方書〉，載《洪業論學集》P頁130–38。

劉師培在〈與端方書〉中云：

中國自戰國以後，封建之制久更，政治悉偏於放任，以農業為國本，以聚斂為民賊，故以薄賦輕徭為善政。一二牧令之賢者，率以鋤抑豪強，子惠黎元，為部民所謳誦。至於歷代末業，則率以橫征暴歛之故，致民窮財盡，豪傑烽起，宗社為墟。是則自古及今，凡國家之治亂，驗之下民之苦樂；而民生之苦樂又驗之民境之富貧。徵之往籍，衡之民情，未有不爽者。今中國之大患，即在民貧之一端。民貧則身苦，身苦則思亂，故排滿革命之說得以乘間而入，此實前途之一大隱憂也。[35]

這裏劉師培強調兩點：第一，中國傳統悉為放任之治，以不擾民，輕徭薄賦為善政。第二，國家之治亂繫於下民之貧富。今中國之大患，革命排滿之說得以興起者，關鍵全在於民生困苦一端。

他接續說道：

欲籌補救之策，區見所及，略有數端。一曰民事不可輕也。今則東南各省，局所林立，非為兵備所資，即為理財而設，鮮有為民事計者……惟以徒粉外觀之新政，飾大僚之耳目，即可嬰遷擢之榮，民生疾苦非所計也。故人民苦踰於往昔，而無告之窮民亦日有增益。此宜補救者一也。

二曰豪民不可縱也。今新黨之瞽論，咸曰以土著之民治地方之事，可以興利除弊。此實不然之說也……若假以自治之權，勢必舞弊犯科，武斷鄉曲，假公益之名，歛貧民之膏血……而此輩利用商會、學校之名作彼護符，若貧民稍逆其言，官吏稍違其請，則以

[35] 洪業，〈清末革命史料之新發現——劉師培與端方書〉，載《洪業論學集》，頁130–38。

團體之空名，電致商、學二部，坐以阻撓新政之罪，而官民交受其病矣。

三曰外觀不必飾也。今之新黨，恒不計民力之若何，炫於西國之文明，以為事事均宜效法。不知治有本末，功有緩急。一國之強弱，視其能得民心與否，不在於徒飾外觀。今中國欲興一事，必需巨款。以府庫空虛之國，勢必徵稅於民。不知東南之民，因賠款之故，已將竭澤而漁。若稅斂疊增，勢必民怨沸興，或挺而走險。此增稅之策不易行也。若假資外邦，則必以利權相抵……徒飾外觀之政，則興一政即耗一費。

四曰農業不可忽也。中國人民，以農立國，故民以食為天。歷代之亂則以所產之穀不敷民食，飢寒之民揭竿思變……昔日業農之民，以為商埠謀生所得之利，鉅於力農，乃相率棄農不務。使常此不改，勢必民日增而穀不益。加以飢饉薦臻，物值昂貴，恐數年以後，合全國所產之穀，不足敷全國人之食，而四方之民變起矣……若能獎勵農民，予以重利，則墾荒者必日多。曠土既闢，國無乏穀之憂，則人民亦永弭作亂之萌矣。

五曰澆德不可長也。今東南民氣日趨於輕浮……飾歐儒邊沁、彌兒、赫需黎之唾餘，醉心功利之說，不以自利為諱言，認生存競爭為天理。舉世相習，不以為非……此即《樂記》所謂強者脅弱，眾者暴寡，智者詐愚，勇者苦怯也。其去四維不張者幾何哉。㊱

上述五項基本上都是反對推行新政的。劉師培認為在當時中國的情況推行新政只會「稅斂疊增」，使到民生更加困苦，民怨更加沸騰。這些徒飾外觀之新政根本就是當前問題之徵結，是導致民風涼薄、民生日

㊱ 洪業，〈清末革命史料之新發現——劉師培與端方書〉，載《洪業論學集》，頁130–38。

困的主因，亦是排滿革命之說得以乘間而起的主因。他這些論點大致上是〈論新政為病民之根〉(1907.10.30)一文的撮要。

劉氏這篇文章的基本論點是「若今日中國之新政，則尤為病之根。自變法之說既昌，以為非推行新政，不能強國，始也其說倡于野，繼也其說倡于朝，大抵以立憲為歸，以崇拜西說為主。此無論其有名無實也，即使實力奉行，亦徒為病民之政而已。何則？近日之人心，大抵趨于功利，而功利之說則便于少數之人，固按之各國皆然者也。新政既行之後，受其益者，惟新黨資本家，舍是以外，則多數人民愈趨於貧苦」。㊲他接著從新式學堂、議會制度、新興實業，以法治國和地方保衛等多個方面逐點抨擊新政之流弊，認為所謂新政「不獨易放任為干涉」，且徒加滋擾，「增階級制度於無形。」一言以蔽之，「則所謂新政者，果為利民之具耶？抑為害民之具耶？毋乃所利者在于少數人民，而所害則在于多數人民」。㊳這亦是劉師培在〈劉師培與端方書〉中反對新政的理由。

綜觀〈劉師培與端方書〉全文，可察覺出劉氏之基本意態是：既反孫、黃一黨，亦反康、梁一派。誠如上述的引文所顯示，他在自述轉投滿清的原因時，所針對的是同盟會的領導人，其革命策略和後遺弊端，而在獻議給端方的關於時局的補救之方時，其所針對者全屬康梁一派所倡議之新政。由此可見，劉師培既反同盟會模式的革命，亦反對康梁的維新。在這既反孫黃又反康梁的情況下，申叔所要走的明顯是第三條路。問題是這究竟是怎樣的一條路？

在〈論新政為病民之根〉一文中，劉氏自述了他的選擇。他說：

> 故矯今之弊，有實行無政府。若于政府尚存之日，則維新不如守舊，立憲不如專制。

㊲ 〈論新政為病民之根〉，載《天義》八、九、十卷。

㊳ 〈論新政為病民之根〉，載《天義》八、九、十卷。

故今日欲為人民謀幸福，舍實行無政府之制外，別無改造世界之方。中國亦然。若處政府擅權之國，而欲變法維新，舉國憲政，曾不若專制之為良。蓋維新之害，固較守舊為尤甚也。惜流俗昏迷，鮮明此理。㊴

由此可見，劉師培的抉擇排序，取向上是：無政府革命〉守舊〉維新；而在政體上則是：無政府制度〉專制〉憲政。要強調的是，這是申叔1907年10月時的觀點而不是轉向變節後的設詞，對了解其轉變的原因，其重要性自屬不言而諭。

據上述的分解，無政府革命仍屬劉氏的首選，除此以外，劉師培是寧取守舊而非維新，寧要專制而不是憲政。這是非常值得注意的一點。他的自述充份表明，當他放棄無政府革命時，他的抉擇便會傾向於守舊和專制而不是維新和憲政。這明顯是一全幅的劇變而不是逐步的調息。問題是，究竟什麼因素驅使他放棄原先的革命構想？對這個問題的回答，或能對他在政治上的轉折作一近理的解釋。

劉師培之放棄同盟會式的革命與他在日本期間和革命黨過從的不愉快經歷不無關係。劉師培與同盟會之間的分裂，除了可由上述的革命目標，理論綱領和施行次序的差異解釋外，復可由其個人間之恩怨得到一點啟示。

劉師培在〈與端方書〉中指控孫中山的是「不學之徒，貪淫性成，不知道德為何物」。㊵姑不論其真確性如何（因為目前暫無法証實或否証），有一點可以肯定的是他們之間的怨恨實非常深刻，深刻到劉師培曾一度要收買程家檉謀置孫中山於死地。這是歷來學者都較少談到的一

㊴ 〈論新政為病民之根〉，載《天義》八、九、十卷。

㊵ 洪業，〈清末革命史料之新發現——劉師培與端方書〉，載《洪業論學集》，頁130–38。

個側面，以下將從僅存的史料出發，剖析這事件與劉師培轉投滿清的可能關係。

程家檉，字韻孫，安徽休寧人。1905年與宋教仁等創辦了《二十世紀之支那》，這便是後來《民報》的前身。加入同盟會後，被推選為執行外務部長。後被北京大學聘為農科教授，時「黨內迭起糾紛，因有赴北京實行革命之志，謂不入虎穴焉得虎子」。[41]恰當其時「前清肅親王善耆者，其時于親貴中特負盛名，聞君蒞京，以學界魁杰，當引之以自重。遂多方招致，備道傾慕，言將藉君通款中山，愿效革命先驅，言之殷勤，靡不娓娓動聽。君知其排漢之心，較鐵良為尤甚，非與委蛇，不能以護吾黨，而北方無進行之望，乃偽與相結」。[42]

從此，程家檉受到善耆之信用，並建立密切之關係。恰在此時，外間盛傳程家檉「受清肅王善耆、鐵良等運動，欲以三萬金收買革命黨員若干，使供清廷之用」。[43]劉師培不知就裏，在未悉程家檉的特殊身份和任務前，誤以其已投降清室，便謀策動他去暗殺孫中山。宋教仁在〈程家檉革命大事略〉中明白記載道：

> （劉師培）不知底蘊，以為君已降心虜廷，令日人北輝次郎、清藤幸七郎就商于君，欲以十萬金而鬻孫文之首。君即以白于劉揆一、宋教仁……某君（即劉師培）恨泄其謀，令加藤位夫、吉田三郎誘君于僻隱之所，與北輝、清藤朋毆之，以警察聞聲，未至于死；然腦被擊傷，迄今尚時疼痛，記憶之力較前為之銳減。[44]

[41] 馮自由，〈宋教仁遺著程家檉革命大事略補述〉，載《革命逸史》卷6，頁43–44。

[42] 宋教仁，〈程家檉革命大事略〉，載《宋教仁集》下，頁438。

[43] 馮自由，《中華民國開國前革命史》上，頁203。

[44] 宋教仁，〈程家檉革命大事略〉，載《宋教仁集》下，頁438。案：宋著劉

宋教仁以第一手目擊者的身份寫下這段記載，其真確性自然值得重視。對劉師培而言，在謀害孫中山不果之後，他首要考慮的是如何與同盟會和孫中山及其支持者再相處下去的問題。孫中山會有什麼反應？會不會報復？更重要的是，孫中山會不會報復是一回事，劉師培怕不怕孫中山（或其追隨者）的報復是另一回事。站在劉師培的立場，他能不有此顧慮嗎？有此顧慮，不是很正常的嗎？若真有此顧慮，他是否應該認真地為自己想一下其他的可能出處？投靠另一政治力量，爭取其支持（或保護），不是一合乎實際可行的設想嗎？明乎此，則劉師培最後之背叛革命，投靠滿清的箇中隱情，便不難釋其一二了。㊺

再者，現實政治空間的日漸縮減亦是驅動劉師培轉向的其中一個原因。劉師培在1907年中要求改組同盟會的企圖失敗後，便從革命陣營中分裂出來，自行籌組屬於自己的輿論和組織力量。這具體表現在《天義》之創刊與「社會主義講習會」的成立。但這一報一會之發展在現實上並不大理想。就《天義》而言，在創立不久後，滿清便正式照會日本政府要求把它取締。光緒33年7月（農曆）清外務部給日本駐華公使的照會云：

> 此項雜誌，均系本國亂黨在貴國境內出版發行之件，其中倡導革命措語狂悖者，不勝枚舉。若聽其輾轉流播，煽惑人心，實于本

師培原作某君，據馮自由的補定某君即是劉師培。馮說詳見馮自由，〈宋教仁遺著程家檉革命大事略補述〉，載《革命逸史》卷6，頁43–44。

㊺ 案：宋教仁原文並沒有註明年月，而繫此事於萍鄉起義之後（1907年1月初）。饒懷民先生則把此事置於1908年2月，而未詳其據。細繹此事，若繫之於1907年中後，故能說明劉師培轉投滿清的因由。即依饒說亦可反映在1907年中，劉、孫間的怨毒是如何的深重。否則又怎會用置人於死的方法來解決彼此間的糾紛。這深不可解至死方休的積怨，不正是驅使劉師培轉投滿清一個可能因素嗎？

國治安大有妨害……此項雜志專以革命煽亂為主義，按諸貴國法規，亦同在應行處罰之列。除飭本國各地方官隨時嚴禁送售賣外，擬請貴代理大臣轉達貴國政府，將另單開列之各項染志，嚴禁印刷遞送，并請嗣后遇有類似此雜志之各項書報，一體禁止出版，以維秩序而保治安。相應將該報等題號及印刷所等名國、地址，開單照會貴代理大臣查照辦理。附抄單……

《天義報》編輯兼發行人：震生　　發行所：上海

通信所：日本東京牛達區新小川町二丁目八番地。何寓

印刷所：東京神田區中猿樂町四番地秀光社㊻

滿清對革命報刊的封殺，其範圍並不限於日本，其它重要的對外口岸，如香港，亦在其壓力之下。根據兩廣總督張人駿的電稿所載，香港當局為了配合清政府查禁革命書刊于1907年10月頒行條款云：

禁止報紙文件聳動中國紛擾之事……凡滋擾中國治安，或鼓動人民在中國行惡之報紙、書籍等件，如有人在香港境內刊印，或布告，或售賣，或分派，一經訊確，即定以監禁。㊼

清政府為查禁這些革命報刊，還試圖對郵寄到各外國駐華的郵電進行檢查。當時郵傳部給外務獻議云：

外國郵信局、社，如商令一體揀查，非各埠領事權力所及。計莫若由大部會商外務部，商明駐京公使，飭知商埠所設各國郵信局、社，凡寄來中國書信到指達之埠后，即交由中國郵政局分送。似此辦法，則在彼可省遞送之繁，在我可得揀查之實。㊽

㊻ 〈外務部庶務司擬致日本駐使館公使照會稿〉，轉引自《歷史檔案》1982：2，頁50–51。

㊼ 〈兩廣總督張人駿致外務部電〉，轉引自《歷史檔案》1982：2，頁51。

雖則日本政府並沒有即時查禁《天義》，但《天義》的發行和銷售根本無法大規模地開展。一份報刊的銷量低落不單代表其言論影響力的縮減，並且顯示它的經濟情況日益惡劣。根據〈東京留學界雜誌記聞〉的記載，在1907–08年間，《天義》的發行量約為500份左右。這比之於《民報》的一萬二千份固然大大不如，即較諸《復報》的800份亦甚為遜色。㊾以這樣子的銷售情況，又怎可以稱得上爭取輿論，擴展影響，從社會獲得給養以壯大自身的力量？這明顯只是一種苦苦支撐的局面。《天義》不但未能挑戰《民報》的地位，連繼續生存下來亦極感困難，這可從它的刊印情況得到進一步的印証。《天義》共刊行十九卷，第一至第七卷為分別刊本；第八、九、十卷為三冊會刊本；第十一、十二卷以及第十三、十四卷亦分別為雙冊刊本；到最後一期竟是第十五至十九的四冊合刊本。這種愈來愈嚴重的稿件積壓，脫期，重覆合刊之情況，充份反映出當時《天義》的營運情況委實極為艱苦。

就「社會主義講習會」一端而論，它並不是一個嚴密的組織，既沒有明確的規章，亦沒有嚴格的入會和登記制度。有意參加者只須將姓名，地址寄交該會，到期便會被通知出席，完全沒有提名，保薦，註冊和宣誓等手續。這樣鬆散的一個組織在現實上究竟有多大的動員和活動能力，誠屬一大疑問。至於它的組織規模，由於缺乏清晰的紀錄，暫未可明確的結論，然較之於它其時的主要論敵，即「同盟會」和「政聞社」，仍可得其概略。

「社會主義講習會」活動的參予人數，除涉及個別重大事故外，一般約在百人以下。這較諸同盟會之會員過萬，支部遍世界固然無法比擬。即較之政聞社的會員數百從者過千，復得日本政要支持的境況亦不可同

㊽ 〈郵傳部致外務部諮文〉，轉引自《歷史檔案》1982：2，頁52。

㊾ 轉引自洪德先，〈劉師培與社會主義講習會〉，載《思與言》22卷5期，頁445–470。

日而論。以這樣子的規模，其於現實中所能得到的成效自然有極大的限制。加上「社會主義講習會」的日方支持者如幸德秋水，界利彥，大杉榮和山川均等，都屬社會主義「硬派」中人，他們本身亦備受日本政府的監視和壓制。因此劉師培亦未能從與他們的連繫當中取得現實上的幫助。反之，遭其牽累受到日本政府打擊者卻有跡可尋，有據可考（例如屋上事件）。至於「亞洲和親會」和「農民疾苦調查會」，前者是鬆散又不活躍的團體，後者在當時則連正式活動都未曾開展。對劉師培在現實政治舞台上的擴展，基本上沒有重大的作用。

除了上述劉氏所創辦之報刊和學會之活動未能開展的不利因素事外，1907年同時是革命黨人起事最多，亦屢遭挫敗的一年。據現存資料統計，自1895年廣州之役到1911年武昌起義之間，革命黨人舉事而有跡可考者單是1907年便佔了10次。以單年計算，是起事次數最多的一年。

1907年革命黨人起事表

	事件大要	日期	
		舊曆	新曆
1	裘文高發難於浙東嵊縣	三月中旬	
2	余既成，陳湧波起義於潮州黃岡	四月十一日	5.22
3	鄧子瑜起義於惠州七女湖	四月廿二日	6.2
4	徐錫麟舉義於安慶，殺巡撫恩銘	五月廿六日	7.6
5	秋瑾密謀起事於紹興大通學堂，以徐事敗被執殺	六月四日	7.12
6	王和順起事於廣東欽州之王光山	七月廿四日	9.1

7	余英、楊兆蓉等謀舉義於四川江安瀘州	十月初一	11.6
8	楊繼、黃方等謀舉義於四川成都	十月初九	11.14
9	謝奉琦舉兵於四川敘州	十月廿日	11.2
10	孫中山、黃興等起兵於廣西鎮南關	十月廿八	12.3

表面看來，這是革命運動極度活躍的表徵，但事實上這是接連遭受挫敗，在滿清政府的重壓下無所突破又無何奈何的一種困局。這種散渙的野貓式起事形態正是革命黨人無力大舉的明確訊息。在這革命低谷，一年之內連續十次起事皆遭挫敗之後，重新評估形勢及敵我雙方之力量對比不是很正常的情況嗎？在這評估過程中，重新考慮以至懷疑自己的立論根據和立足基點，亦不是罕見之事。雖然有豪傑之士會百折不撓，愈挫愈勇。但偏恰劉師培的性格是「厥性無恒，悁急近利」㊿，「以詭隨流俗」51這樣子的個性，面臨不斷之挫折，重重之鉅壓和接近無希望之困局時，放棄原先之理想和節操，根本是不難理解的（當然可理解並不表示可原諒）。

就民族主義一端而論，從種族角度來看，對劉師培而言，黃白種之間的矛盾比之滿漢間之衝突要來得深刻和嚴峻。在大小兩重民族主義中間，西方的壓迫和白種的特權驅使劉師培在接受無政府主義後，即不再以滿漢間之種族主義為然。既以強種對弱種的壓迫為當前最急迫的問題，既認定帝國主義乃現今世界之蟊賊，則呼籲弱種相聯以抗強種，以抗帝國主義便是自然的結論。問題是滿清應該視為強種還是弱種呢？依劉氏

㊿ 劉富曾，〈亡姪師培墓誌銘〉，載《遺書》卷1，頁21。

51 尹炎武，〈劉師培外傳〉，載《遺書》卷1，頁2。

之見，答案大概是後者。在大小兩重的民族主義（滿漢和黃白）衝突當中，劉師培的抉擇是傾向於以強弱（及隨之而來的壓迫）作為判分之基點。準此，滿族之應當被抗擊是因為其壓迫者之身份，而不因為它是強族。在面對白種之帝國主義侵略時，滿族不但是弱族，其角色亦隨之而逆轉為受壓迫者的一份子。在這一層次的種族和階級衝突之脈絡下，滿族究竟應被視作抗擊斗爭抑或是拉攏聯合的對象呢？劉氏之答案實在昭然若見。

五、總結

歸結而論，從〈劉師培與端方書〉的剖析可了解劉師培先後反覆的因由。他在日時的立場是既反康梁，亦反孫黃。他既不同意立憲派的維新，認為新政乃病民之根，復反對同盟會的種族革命，認為是以暴易暴，不知其非。他開始時所堅持的便是除此兩者以外的第三道路，為此他亦嘗盡不少努力。《天義》和《衡報》之創刊，「社會主義講習會」，「亞洲和親會」和「農民疾苦調查會」的成立，便是這些努力的一種具體表現，但到底是成效不大。其關鍵的問題是，在當時現實的政治氣候下，無政府主義只可以播種，但卻未能開花。滿清政府的壓迫和日本政府的封殺，擠得世紀之初的社會主義運動根本沒有少發展的餘地。這不單是劉師培的個人遭遇，幸德秋水之被殺，片山潛之出走，日本社會黨的結局，便是當時嚴峻情勢的一種明証。況且，當時「劉師培全家在日，經常鬧窮」[52]，加上滿清官僚的利誘，更助長了他轉變的誘因。

劉師培與同盟會之關係在內部改組訴求失敗後，根本已是無可挽回。及後更愈鬧愈僵（這與他激烈極端的性格實在有很大的關係），最後竟出之以企圖殺中山一途。其事雖從未發生，但勢既至此，劉師培就算想

[52] 南桂馨，〈山西辛亥革命前後的回憶〉，載《辛亥革命回憶錄》，卷5，頁147。

不投靠滿清，現實上亦沒有多少其他的退路。再者，一年之內連續十次的起事皆歸於失敗，使其對革命的信心和滿清的實力重新估量，並把自己的處境再安置於新的評估中，從而得出新的決定，不是可以理解的嗎？

劉師培既不是「書獃子」[53]，亦不是「糊塗蟲」[54]，其轉變更非全然的受太太所擺布或階級成份所主宰。他在政治上的轉折，實在是上述各項因素的融和與張力，再加上劉師培個人對內外環境改變所產生的意識反應之綜合結果。試設想一下，假若不是貧病無以自給，而可於生活無所孜求，劉氏又豈是那麼容易被利誘？若不是思欲有以自見，又為什麼會不斷在九陌紅塵中打滾，不斷地枉道而從勢？若不是性格極端激烈，又怎樣破壞與同道人一切的合作基礎，甚至出於刺殺一途，致令自己再無退路？若不是一年之內連續十次起事失敗和日本政府對社會主義運動的清洗，劉氏的自信心和在日本所努力的事業，又怎會這麼容易被催毀？

錢賓四先生嘗言道：「念彼亦不失為一書生。果使生清代乾嘉盛時，訓詁考據，惟日孜孜，亦當成一以著述自見之學人。今遭亂世，思想錯雜，一多不知抉擇，而又自視過高，心懷不平，遂激而出此。罹此兇災，亦可憫憐。抑同時知識份子迷途失身者何限，浪擲一生，而又遺禍他人，斯誠當前一大悲劇。」[55]錢先生所言雖不是專為劉師培而發，而証諸申叔生平卻無不中的。所謂「今遭亂世」，「思想錯雜」，「自視過高」，「心懷不平」等等，不獨是申叔個人的悲劇，亦是同輩知識份子所要一起面對的悲劇。劉師培所走過的路，他所留下的足印，他生命中的跌宕起伏，事業上的成敗得失，思想上的是非優劣，若較之於當時代的學者，豈不是一清晰的側面反照嗎？

---

[53] 陶菊隱，《六君子傳》，頁245。

[54] 邵鏡，《同光風雲錄》，頁271。

[55] 錢穆，《八十憶雙親・師友雜憶》合刊，頁233。案：錢先生所言，本意是針對聞一多而論。

〈國學季刊發刊宣言〉：一份「新國學」的研究綱領

陳以愛

一、引論

20世紀上半葉開始，中國學術界出現了一場規模宏大、影響深遠的「整理國故」運動❶。這場在新文化高潮過後興起的學術運動，是以北京大學為發源地，不久迅速蔓延至南北各地，許多新成立的學術團體皆以國學研究為標榜❷，希望對中國過去的一切文化歷史，進行重新整理

❶ 「整理國故」運動自20年代興起，到40年代才正式落幕。在此期間，學者撰寫關於國學研究的論文、專著，可謂汗牛充棟。1929年，北平圖書館編目科編輯出版了《國學論文索引》；其後因論文愈出愈多，1931–1936年又陸續出版《二編》、《三編》和《四編》。此外，當時學術及出版機構發行的國學期刊、叢書及專著，數量亦極夥。參考：北京圖書館編，《民國時期總書目(1911–1949)：綜合性圖書》(北京：書目文獻出版社，1995)，頁136–8。可見「整理國故」是20至30年代中國學術文化界十分重要的一項工作。

❷ 這些新成立的學術團體除集中在北京、上海外，也遍佈西北、東北、閩粵乃至香港等地。以大學來說，北京大學、東南大學、清華大學、燕京大學、廈門大學、齊魯大學等，都先後成立了以國學為名的研究所(院)；其他如

與評價的工作。

「整理國故」四字，原是1919年由北京大學《新潮》陣營的傅斯年首先提出；❸隨後胡適撰寫〈新思潮的意義〉一文，進一步把「整理國故」提升為「新思潮運動」的四項綱領之一，❹並立即得到許多北大同事的響應，於是「整理國故」乃成為文學革命之後，北大學者所提倡的一句新學術口號。

當「整理國故」運動在蘊釀形成之際，校長蔡元培正積極計劃在北大建立一個歐美式的現代研究機構，這兩股新動力結合在一起，北大研究所國學門（以下簡稱國學門）遂於1922年初正式成立。❺這是中國現代大學中，第一所具規模的學術研究機構；❻也是踏入20年代之後，為

上海的國學講習會、無錫的國學專修學校、北平的國學書院等類的學術團體，也都以國學研究為標榜。從這些學術團體分佈的地域來看，在20年代下半期以後，「整理國故」已發展成一場全國性的學術運動。桑兵，〈晚清民國時期的國學研究與西學〉，《歷史研究》，1996年第5期(北京：中國社會科學雜誌社，1996：10)，頁36–8。

❸ 見傅斯年為毛子水所撰〈國故和科學的精神〉一文之「附識」。傅斯年在該文中說：「研究國故有兩種手段，一、整理國故；二、追摹國故。由前一說，是我所最佩服的：把我中國已往的學術，政治，社會等做材料，研究出些有系統的事物來，不特有益於中國學問界，或者有補於『世界的』科學。」傅斯年，〈國故和科學的精神〉一文之「附識」，《新潮》，第1卷第5號(臺北：東方文化書局影印，1919：5)，頁744。

❹ 這四項綱領分別是：「研究問題」、「輸入學理」、「整理國故」和「再造文明」。胡適，〈新思潮的意義〉，收入氏著，《胡適文選》（臺北：遠流出版事業股份有限公司，1986)，頁41鄉50。

❺ 梁柱，《蔡元培與北京大學》(北京：北京大學出版社，1996)，頁62。

❻ 蔡元培，〈二十五年來中國研究機構之類別與其成立次第〉，收入：高平叔主編，《蔡元培文集──卷九・科學技術》（臺北：錦繡出版事業股份有限

實踐「整理國故」口號而最早成立的一個學術團體。

在國學門委員會第一次召開會議時，他們通過蔡元培的提議，決定出版一種定期刊物，以「發表國學方面研究所得之各種重要論文」❼。1923年，《國學季刊》正式創刊，它在版面上以橫行排印，來稿一律加上新式標點，這點形式上的小小革命，顯然是想一新人們對國學研究的印象，出版後引起不少人的驚訝❽。

由於《國學季刊》是新出版的一種刊物，所以國學門同人請擔任主任編輯的胡適寫一篇〈發刊宣言〉，把他們研究國故的「原則和方法」，向學術界「作一翻簡要的和廣泛的說明」。❾正如胡適指出，由他執筆的〈發刊宣言〉，是國學門同人「以新的原則和方法來研究國學」的學術宣言；換言之，它是一份「新國學的研究大綱」。❿要了解20年代以後，北大學者「整理國故」的基本精神與研究方針，不能不對這篇學術研究綱領作深入的剖析。

公司，1995)，頁400–1。在國學門成立之前，北大亦曾設研究所，惟因組織散漫，經費不足，故成效不彰，有「研究所」之名而無研究之實。蔡元培，〈十五年來我國大學教育之進步〉、〈北大第二十三年開學日演說詞〉，均收入：高平叔主編，《蔡元培文集── 卷三（下）》，頁369、443。所以蔡元培以1922年成立之北大國學門，為中國現代大學中成立的第一所研究機構。

❼ 〈研究所國學門重要紀事〉，《國學季刊》，第1卷第1號（臺北：學生書局影印，1923：1)，頁197。

❽ 胡適口述，唐德剛譯註，《胡適口述自傳》(上海：華東師範大學出版社，1993)，頁203–4。

❾ 胡適口述，唐德剛譯註，《胡適口述自傳》，頁204。

❿ 胡適口述，唐德剛譯註，《胡適口述自傳》，頁208。

二、〈發刊宣言〉的內容特色

〈發刊宣言〉首先肯定清人治學的成就，稱清代為「古學昌明」時期，並將其成績歸納為三方面：一，整理古書，包括對古書的校勘、訓詁及考訂其真偽；二，發現古書，並加以刊刻；三，發現古物。但〈發刊宣言〉接著指出，這三百年的古學研究卻也有三層缺點：一，研究的範圍太狹窄，主要是在幾部儒家的經書上下功夫，且又立有門戶界限；二，太注重功力而忽略了理解，故只有經師而無思想家，因此在社會上幾乎全不發生影響；三，缺乏參考比較的材料，故始終脫不了一個「陋」字。⓫

針對清代學者治學的缺點，〈發刊宣言〉指出現在和將來研究國學的方針，應該朝下面幾個方向走：第一，要擴大研究的範圍。它說：

> 「國學」在我們的心眼裏，只是「國故學」的縮寫。中國的一切過去的文化歷史，都是我們的「國故」；研究這一切過去的歷史文化的學問，就是「國故學」，省稱為「國學」。「國故」這個名詞，最為妥當；因為他是一個中立的名詞，不含褒貶的意義。⓬

因此，必須用歷史的眼光來整理中國一切的文化歷史，打破各種門戶之見，還古人以本來面目。總之，「過去種種，上自學術之大，下至一個字，一隻山歌之細，都是歷史，都屬於國學研究的範圍」。⓭

第二，要對國故從事系統的整理。系統的整理分三種：(1)「索引式的整理」，把一切大部頭的書或不容易檢查的書，一概編成索引，使人

⓫ 〈發刊宣言〉，頁2–6。

⓬ 〈發刊宣言〉，頁7。

⓭ 〈發刊宣言〉，頁8。

人能用，這是提倡國學的第一步。⑵「結賬式的整理」，因為二千年來的古學均犯沒有條理系統之病，故須從事這方面的工作，使年輕學子能懂，然後才能作進一步的研究。⑶「專史式的整理」，國學的最終目的，是要做成一部「中國文化史」，使大家都能懂得中國過去的文化歷史。要達到這個目的，便須從事專史式的系統研究，希望學者能用分工合作的辦法，先就性之所近做成各種專史。⑭

第三，在研究時應當博採參考比較的材料。西洋學者在制度史、語言文字學方面的研究，對中國學者都很有參考的價值，〈發刊宣言〉呼籲說：

> 第一，方法上，西洋學者研究古學的方法早已影響日本的學術界了，而我們還在冥行索塗〔途〕的時期。我們此時正應該虛心採用他們的科學的方法，補救我們沒有條理系統的習慣。第二，材料上，歐美日本學術界有無數的成績可以供我們的參考了。⑮

故希望學者能打破閉關孤立的態度，存比較研究的虛心來從事國故的研究。⑯

最後，把這三個研究方向歸納起來，〈發刊宣言〉以三句話作結論：

> 第一，用歷史的眼光來擴大國學研究的範圍。
> 第二，用系統的整理來部勒國學研究的材料。
> 第三，用比較的研究來幫助國學的材料的整理與解釋。⑰

⑭〈發刊宣言〉，頁9–12。

⑮〈發刊宣言〉，頁16。

⑯〈發刊宣言〉，頁16。

⑰〈發刊宣言〉，頁16。

三、一份「代表全體」的學術宣言

這篇由胡適執筆的〈發刊宣言〉，因為具體而清晰的說明了整理國故的原則、方法和研究方向，發表之後備受學術界矚目。雖然這篇文字在《國學季刊》刊登的時候，並未署名，行文時亦以「我們」自稱，表示這是一份代表同人意見的學術宣言；然而，自從胡適把這篇文字收入翌年出版的《胡適文存》後，一般學者均把〈發刊宣言〉視為胡適個人學術見解的表達，⓲其後研究者也往往把〈發刊宣言〉作為研究胡適學術思想的重要文獻。

固然，〈發刊宣言〉是由胡適執筆，裏面反映了胡適的一些學術觀點；然而正如逯耀東師曾據《胡適的日記》指出，〈發刊宣言〉其實是一份代表國學門全體同人共同意見的學術宣言。⓳〈發刊宣言〉的撰寫是在1922年11月間，查《胡適的日記》11月9日至15日記：

> 作《國學季刊》序言，約一萬多字，頗費周折；這是代表全體的，不由我自由說話，故筆下頗費商量。我做的文章之中，要算這篇最慢了。⓴

⓲ 例如毛子水在為胡適寫傳時，即謂胡適在〈發刊宣言〉中，「把幾年來精思熟慮的結果告訴大家」。毛子水，〈胡適傳〉，轉引自：胡頌平編，《胡適之先生年譜長編初稿》，1923年1月條下，第2冊（臺北：聯經出版事業公司，民73），頁521。

⓳ 逯耀東，〈傅斯年與歷史語言研究所集刊〉，收入氏著，《胡適與當代史學家》（臺北：東大圖書公司，民87），頁243–4。

⓴ 社科院近史所編，《胡適的日記》，1922年11月9至15日條下，下冊（北京：中華書局，1985），頁516。

11月18日胡適又在日記上寫道：

> 晚上修改《季刊》序。此序給玄同看過，他有信來，指出幾點，故引起我的更動。㉑

這兩段日記非常清楚的說明：〈發刊宣言〉雖由胡適執筆，但胡適在撰寫過程中，因為考慮到這是一份「代表全體」的文字，故並未暢所欲言，以致寫來「頗費周折」。而且在初步寫完〈發刊宣言〉後，胡適為慎重其事，先交錢玄同看過，並根據錢氏的意見作過修改。由此可見，這份宣言的撰寫，的確是建立在北大國學門同人的共識上，包含了其他學者的觀點。

此外，胡適晚年作口述自傳，在敘述過〈發刊宣言〉的要點後總結說：

> 這便是我們新國學的研究大綱；也就是我們北大同人在各方面努力和試驗的目標。㉒

可見胡適自己也承認：〈發刊宣言〉是一份代表國學門同人共同意見的學術宣言。

的確，倘若把注意力從胡適擴大到國學門全體學者身上，就會發現〈發刊宣言〉的內容，實在反映了學者們對於國故整理的共同見解。單就〈發刊宣言〉以「國故」兩字，來概括「中國的一切過去的文化歷史」而言，就顯然與國學門大部份學者的學術師承有密切關係。

「國故」一詞，在20世初的中國學術界本來並不普遍；講到中國過去的文化歷史與典籍，「國粹」本來是一個更為流行的詞彙。㉓但是對國

㉑ 社科院近史所編，《胡適的日記》，1922年11月18日條下，頁517。

㉒ 胡適口述，唐德剛譯註，《胡適口述自傳》，頁208。

㉓ 鄭師渠，《晚清國粹派——文化思想研究》（北京：北京師範大學出版社，

學門那些章太炎的弟子來說，「國故」卻是他們十分熟悉且感覺親切的字眼，因為章太炎正是這一名詞的始創者。胡適便曾指出：

> 自從章太炎著了一本《國故論衡》之後，這「國故」的名詞，於是成立。㉔

不但「國故」一詞為章太炎所創，而且在這個詞彙還未廣為流行之時，它已為章門弟子所習用。當《國故論衡》出版兩年後(1913)，章太炎一批在浙江教育司任職的弟子發起「國學會」，在該會的成立《緣起》中，推崇章太炎的學術成就說：「海內學校之稍稍知重國故，實自先生始之」。㉕當時列名國學會「發起人」者，包括馬裕藻、錢夏（玄同）、朱宗萊、沈兼士、朱希祖等章門弟子。㉖1913年以後，這群學者陸續進入北大任教，佔據了文科及預科的重要教席，遂使「太炎學風」瀰漫北大，㉗章太炎的各種論著在文科中具有「經典」的地位，「國故」這一名詞，也就由太炎弟子中通用的一個詞彙，進而在北大風行起來了。當1919年胡適撰寫〈新思潮的意義〉時，使用「整理國故」一詞作為學術新口號，就是在這樣的背景下提出的。

不但如此，再看國學門成立後，出任《國學季刊》編輯委員會的成

1993)，頁1–6。

㉔ 胡適，〈研究國故的方法〉，收入：蔣大椿主編，《史學探淵——中國近代史學理論文編》（長春：吉林教育出版社，1991），頁683。

㉕ 〈國學會緣起〉，轉引自：湯志鈞編，《章太炎年譜長編》，下冊（北京：中華書局，1979），頁391。

㉖ 〈國學會緣起〉，頁392。

㉗ 北大學生毛子水後來回憶說：「當時北京大學文史科學生讀書的風氣，受章太炎先生學說的影響很大。」毛子水，〈傅孟真先生傳略〉，《自由中國》，第4卷第1期（臺北：自由中國社，1951：1），頁16。

員名單：胡適、沈兼士、錢玄同、周作人、馬裕藻、朱希祖、劉文典、李大釗、單不庵、鄭奠十位。㉘其中除李大釗以圖書館主任列名其中以外，其餘沈、錢、周、馬、朱、劉六位都是章門弟子；鄭奠為北大畢業生，曾受業於他們門下。㉙單不庵雖非太炎門生，但其學術路數與章太炎甚為接近。㉚就是胡適本人，也深受章太炎著作的影響。㉛北大的「整理國故」工作，便是在這樣的情況下出現的。

再者，細察這些章門弟子素來的學術見解，可以發現許多方面都與〈發刊宣言〉所論相合。舉例來說，1920年10月發表在《北大日刊》上的〈國立北京大學研究所整理國學計劃書〉（以下簡稱〈北大整理國學計劃書〉），作者可能是馬裕藻或沈兼士㉜，便清楚表達了他對國故整理的看法，裏面說：

㉘ 編委會名單見《國學季刊》，第1卷第1號，封面。

㉙ 鄭懿德，〈鄭奠傳略〉，收入：晉陽學刊編輯部編，《中國現代社會科學家傳略（第三輯）》（太原：山西人民出版社，1983），頁311。

㉚ 曹聚仁，《我與我的世界（上）》（臺北：龍文出版社有限公司，1990），頁274–5。

㉛ 胡適於《中國哲學史大綱・再版自序》即謂：「對於近人，我最感謝章太炎先生。」胡適，《中國古代哲學史》（臺北：遠流出版事業公司，1994），頁1。關於章太炎對胡適的影響，參考：王汎森，《章太炎的思想(1868–1919)及其對儒學傳統的衝擊》（臺北：時報文化出版事業有限公司，民74），頁213–4。

㉜ 此文刊出時，馬裕藻正擔任北大中文系的主任，而沈兼士則在一年後被任命為研究所國學門主任。據《顧頡剛年譜》1921年3月條下記：「馬裕藻、沈兼士招任研究所國學門事」。可知在研究所國學門成立之前，馬、沈二氏同負籌備之責，因此這篇文章最可能由他們其中一位負責撰寫。參考：顧潮編，《顧頡剛年譜》（北京：中國社會科學出版社，1993），頁62。

> 吾國固有之學術，率有渾沌紊亂之景象，……至清代乾嘉諸老出……，而後古之學術略有條理系統之可得，……當時謂之樸學。其整理之法，頗有近於近世科學之方法。……今日科學昌明之際，使取乾嘉諸老之成法而益以科學之方法，……則吾國固有之學術，必能由闡揚而有所發明。㉝

這篇文章提到樸學「頗有近於近世科學之方法」的觀點，應是受到胡適同年發表的〈清代漢學家的科學方法〉一文之影響；㉞但它對乾嘉諸老治學方法的推祟，以及主張對國故作「系統的整理」這些看法，則都包含在章太炎的學術論著之中。㉟

此外，〈發刊宣言〉論到要對國故作系統的整理時，提出以西方現代的學術類目，來部勒整理中國的材料，這一觀點也是建立在國學門同人的共識之上。如果從胡適的求學背景來看，則他提倡以西方學術眼光來治國學，毋寧是十分自然的事。胡適十三歲便去上海接受新教育，在西式學堂渡過六年光陰，然後再去美國留學，在彼邦有七年之久。㊱雖然胡適留學時期的主要興趣是在中國古代學術思想方面；但長期在美國大學中讀書，使胡氏不只接受了歐美學術分門別類的觀念，而且也依照西

㉝ 〈北大整理國學計劃書〉，《北大日刊》，1920：10.19，第6冊（北京：人民出版社影印，1981），頁2–3。作者並認為今人「整理國故」的工作，應站在乾嘉樸學的基礎上，「既須補乾嘉諸老之所未竟，又須治乾嘉諸老之所未及」。同上，頁3。

㉞ 胡適〈清代漢學家的科學方法〉一文，先發表於1920年的《北京大學月刊》（以下簡稱《北大月刊》）上；後來胡適把題目改為〈清代學者的法學方法〉，收入氏著，《問題與主義》（臺北：遠流，1994），頁155–185。

㉟ 鄭師渠，《晚清國粹派——文化思想研究》，頁192–206。

㊱ 胡適，〈我的信仰〉，收入：曹伯言選編，《胡適自傳》（合肥：黃山書社，1986），頁88–9。

方學術的分類眼光，來治中國古代的典籍。錢穆曾謂：「適之則逕依西學來講國故」[37]，可謂一語道破胡氏治國學的基本精神意態。

雖然「逕依西學來講國故」，是胡適治國學的基本態度，而以西方現代學術分類來部勒國學的材料，也是胡適認為可治國學紛亂之弊的有效良方；但〈發刊宣言〉既是代表國學門全體學者的一份文件，則應從更廣闊的學術背景，來看看上述主張是否代表國學門學者的共同觀點。

事實上，〈北大整理國學計劃書〉即已指出，要整理中國固有之學術，須「將古人學說以科學方法為之分析，使有明白之疆界、純一之系統……。」在從事學術材料的整理時，亦「宜就學術之各方面為分類之整理」。[38]雖然作者對於該如何分類整理並沒有清楚說明；但他顯然認為，由於國學材料紊亂，因此依據一定的系統對材料進行分類，是十分必要的。

在這篇文章發表的前一年，北大史學系主任朱希祖（後擔任國學門委員及《國學季刊》編委會委員），在《北大月刊》上發表了〈整理中國最古書籍之方法論〉，提出：

> 我們中國古書中屬於歷史的、哲學的、文學的，以及各項政治、法律、禮教、風俗，與夫建築、製造等事，皆當由今日以前的古書中抽尋出來，用科學的方法，立於客觀地位整理整理。[39]

朱氏接著列舉儒家的七部經典：《易經》、《詩》、《書》、《禮》、《春秋》、《論語》和《孝經》，指出對這幾部書的研究，應捐除「經學」之名，而「就各項學術分治」。[40]所謂「就各項學術分治」古代典籍，也就是說

---

[37] 錢穆，《現代中國學術論衡》（長沙：岳麓書社，1987），頁2。

[38] 〈北大整理國學計劃書〉，頁2—3。

[39] 朱希祖，〈整理中國最古書籍之方法論〉，轉引自：蔣大椿主編，《史學探淵——中國近代史學理論文編》，頁671。

要從歷史、哲學、文學、政治、法律等角度，來分析經書的內容，這與胡適「逕依西學來講國學」，實際上是同樣的意思。

這些例子，都足以說明〈發刊宣言〉雖由胡適執筆，但其中表達的見解，卻是建立在國學門同人的共識之上。胡適所以能與國學門其他學者合作，是因為他們既共同受到章太炎的影響；並且也都間接或直接的，受到西學的薰陶，而透過西方學術的眼光，來理解及重建國學的系統。

四、歐洲漢學與日本東洋學的衝擊

不但如此，〈發刊宣言〉中非常引人注目的一點，就是提倡借鑒歐美、日本學者的治學成績和研究方法，這也是國學門學者的共同看法。由於國學門中大部份學者都是20世紀初的留日學生，故他們對日本東洋學多少都有一些了解。像周作人在1920年寫給日本學者青木正兒的一封信上便提到：

> 我早已知道，在中國學方面，貴國的學者比中國本土的學者作出更學術性的研究，還發表出版了很多有價值的論文和書籍……。[41]

周作人所以對日本學者治中國學的成績略有認識，並給予這樣高的評價，自然是他在留日期間觀察得來的印象。

此外，〈北大整理國學計劃書〉的作者也說：

> 日本人所著關於吾國學術之書可資擇取者亦甚夥，而向少流行於中土，皆當先訪而後謀致之。[42]

---

[40] 朱希祖，〈整理中國最古書籍之方法論〉，頁678。

[41] 周作人，〈致青木正兒〉，1920：12.15，收入：黃開發編，《知堂書信》（北京：華夏出版社，1995），頁277。

該文又謂：

> 歐美之治學術，若歷史學、社會學、地質學等，往往恃古器物為印證。近時日本亦注意於此，不惜巨資濳購古器物於吾國者，時有所聞，誠有所重也。……則搜求古器物，其有助於整理國故者甚大……。㊸

可見作者不僅對日本學術界治中國學的方法與成績表示推重，有加以效法的意圖；並且也認識到日本學術的發展，是由借鑒歐美學者的治學方法而來。

留學美國的胡適，對日本學術界的情形本來頗為隔膜，在留學日記中，鮮少提及日本學術界的發展動向。但1917年7月，胡適自美歸國，途經東京購得一本《新青年》雜誌，發現裏面刊載了一篇日本學者桑原鷺藏的文章，讀後覺得獲益良多，在日記留下一大段讀後感說：

> 日本人桑原鷺藏博士之〈中國學研究者之任務〉一文，其大旨以為治中國學宜採用科學的方法，其言極是。……末段言中國籍未經「整理」，不適於用。「整理」即英文之Systematize也。其所舉例，如《說文解字》之不便於檢查，如《圖書集成》之不合用。皆極當，吾在美洲曾發愿「整理」《說文》一書，若自己不能為之，當教人為之。又如《圖書集成》一書，吾家亦有一部，他日當為之作一「備檢」。㊹

這是胡適在日記中首次提及日本學者的學術觀點，並給予高度評價。

㊷ 〈北大整理國學計劃書〉，頁3。

㊸ 〈北大整理國學計劃書（續）〉，《北大日刊》，1920：10.20，第6冊，頁2。

㊹ 胡適，《胡適留學日記》，卷8，1917年7月條下（海口：海南出版社，1994），頁393–4。

桑原鷺藏是20世紀上半葉治中國學的著名學者，他這篇文章原載《太陽雜誌》，因其內容與中國的「國學」有密切關係，《新青年》雜誌遂全文轉載。桑原在文章中所強調的重點是：

> 中國書籍……雜亂無章，分類亦極曖昧，記述多欠正確。即其最重要之書，……大都尚在未整理之狀態。欲利用之，必先以科學的方法細密整理之。整理之後，再以科學的方法研究之始可。……所謂科學的方法，併〔並〕不僅可應用於西洋學問，中國及日本之學問，亦非藉此不可。㊺

胡適讀這篇文章時，特別注意到「整理」這一概念，並對桑原提出應「以科學的方法」來「整理」中國書籍這一說法，尤表激賞，故此在日記留下了「其言極是」的評語。

在此須特別指出，桑原此文刊出時，中國學術界不但尚未有人正式喊出「整理國故」的口號，也還未有學者提出要以「科學的方法」來整理中國舊籍。把桑原上述觀點，與兩年後〈發刊宣言〉的內容相對照，兩者觀點之接近，不禁使人疑心其間可能存在的關聯。

不但如此，桑原在這篇文章中還建議說，治中國學要取得好成績，一面須集中力量對「一時期、一部分、乃至一事件」作「專門」的、「微細事體」的研究；㊻同時更應「圖各專門研究結果之綜合概括」，「使公眾得理解之。」㊼至於具體的整理工作，桑原建議應替歷代正史作「本文之校勘」，「註釋之整理」；並為正史及重要參考書編纂「索引」，以利查檢。㊽把上述觀點，與〈發刊宣言〉提出的國故整理的三個方向：「索引

㊺ 桑原鷺藏著，J.H.C.生譯，〈中國學研究者之任務〉，《新青年》，第3卷第3號（北京：新青年雜誌社，1917：7），頁4–5。

㊻ 桑原鷺藏著，J.H.C.生譯，〈中國學研究者之任務〉，頁9–10。

㊼ 桑原鷺藏著，J.H.C.生譯，〈中國學研究者之任務〉，頁10。

式」、「結賬式」、「專史式」稍作比較，可以相當確定的說，胡適在撰寫〈發刊宣言〉時，曾參照過桑原這篇文章，並受到其觀點的影響。㊾

不但如此，由於20年代以來，日本治東洋史的學者陸續到中國求學訪書，並與中國學者進行學術交流，北京是他們經常來往之地，胡適因此得以與不少日本學者接觸，了解到彼邦學術界的動向。讀1917–1922年《胡適的日記》，便有不少胡適與日本學者交往的記載，如1921年10月5日條下記：

> 日本人小柳司氣太送我兩本《東洋學報》（十一，1–2），中有飯島忠夫一篇長文……。此君從曆法上考見《左傳》為劉歆之偽作，甚有研究之價值。㊿

《胡適的日記》1922年2月12日又記：

> 日本學者小柳司氣太邀我吃飯，席上見著京都大學教授羽田亨(Haneda)先生。此君為東洋史專家，通數國語言文字，曾著有《西夏紀年考》等書。他新從歐洲回來，攜有燉煌石室文稿影本四千餘卷，將次第印行之。此極好事，我們都應該感謝。51

此外，1920–1922年間，胡適還與日本京都大學的青木正兒有書信

㊽ 桑原騭藏著，J.H.C.生譯，〈中國學研究者之任務〉，頁10–11。

㊾ 此外，1922年，沈兼士曾在一篇題為〈整理國故的幾個題目〉的文章中，提出「擬仿外國書籍索引的辦法」，編「諸子所用學術專門名詞索引」。沈兼士，〈整理國故的幾個題目〉，《北大日刊》，1922：2.18，第8冊，頁3。不論沈兼士這一想法是否受到桑原騭藏的啟發，他的觀點對〈發刊宣言〉也當有一定程度的影響。

㊿ 社科院近史所編，《胡適的日記》，1921年10月5日條下，上冊，頁235。

51 社科院近史所編，《胡適的日記》，1922年2月12日條下，上冊，頁265。

往來，[52]透過青木的來信，胡適對日本學術界的研究行情增加不少了解。並且由於青木正兒寄來日本期刊《支那學》[53]，胡適才注意到內藤湖南撰寫的〈章實齋年譜〉，[54]並使他開始萌生研究章學誠的念頭。[55]

另一方面，胡適也從留學日本的錢玄同那裏，間接得悉日本學術界的研究成果。胡適在北大時，與錢玄同過從甚密，胡、錢和顧頡剛三人，常討論古史上的各種問題。當時胡適注意到清代的姚際恆和崔述二人，請人在國內代覓他們的著作，書商只找到一本殘缺不全的《東壁遺書》。胡氏讀過其中的《考信錄》後，覺得崔述是「二千年來的一個了不得的疑古大家」，他的著作「有全部翻刻的價值」。[56]當錢玄同告訴胡適說：日本史學會早就翻刻過《東壁遺書》的足本，還為該書加上句讀、引號和索引時，[57]胡適在大為驚訝之餘，馬上請青木正兒在日本代覓崔氏的

---

[52] 〈胡適與青木正兒來往書信二十七通〉，收入：耿雲志主編，《胡適研究叢刊》，第1輯（北京：北京大學出版社，1995），頁303–28。這些新刊佈的信件透露出胡氏在治學上受到日本學者的影響，要比前人所知道的為多。由於胡適與青木二人在此期間對白話文學及戲曲小說研究興趣正濃，因此他們的討論也主要集中在這方面。

[53] 《支那學》雜誌創刊於1920年，由「支那學社」的者學者出版，該學社以京都大學的學者為中堅，青木正兒即該學社成員之一。參考：嚴紹璗，《日本的中國學史》（南昌：江西人民出版社，1993），頁406。

[54] 胡適，〈致青木正兒〉，頁303、311。

[55] 胡適著，姚名達訂補，《章實齋先生年譜・序》（臺北：遠流，1994），頁31。宋家復指出，細心揣摩胡適撰寫《章實齋先生年譜》的動機，頗有與日本學者進行學術競賽的味道。宋家復，〈詮釋的歷史與（歷）史的詮釋——章學誠「六經皆史」說的再理解〉，《九州學刊》，總第25期（香港：香港中華促進中心，1996：1），頁27。

[56] 胡適，〈告得東壁遺書書〉，收入：顧頡剛編，《古史辨》，第1冊（上海：上海古籍出版社，1982），頁27。

著作。[58]

自清代到民國，崔東壁的思想由於不合於當時的學術主流，因此其著作在中國學術界一直都沒有受到重視。而早在胡適注意到崔氏著作的二十年前，日本學術界不但已經注意到這位異國學者，還替他的著述出了全刻本，這不僅使胡適深感詫異，也讓他深深覺得做學問絕不能孤陋寡聞，遂在〈發刊宣言〉上大聲疾呼說：「學術的大敵是孤陋寡聞」，做學問要「打破閉關孤立的態度」，[59]這實在是他有了切身體驗後的由衷之言。[60]

胡適對日本學術界的推崇，尚見於他發表在《國學季刊》第二期的〈科學的古史家崔述〉一文。在這篇文章中，胡適一面為中國學術界長期忽略崔氏而慨歎說：「這樣一個偉大的學者，……竟被時代埋沒了一百年，究竟不能不算是中國學者的奇恥！」[61]一面稱讚日本史學界說：

> 約二十年前(1903–4)日本學者那珂通世把陳履和刻本加上標點排印出來，中國人方才漸漸知道有崔述這個人。崔述的學說，在日本史學界頗發生了不小的影響。近來日本的史學早已超過崔述以

[57] 胡適，〈告得東壁遺書書〉，頁28。

[58] 胡適，〈致青木正兒〉，頁311、318。

[59] 〈發刊宣言〉，頁16。

[60] 當時還有一件令胡適大感驚異的事，是胡適從青木正兒處得知在他從事《水滸傳》考證以前，青木的老師狩野直喜已作過相同的研究，並發表在日本《藝文》雜誌上。當青木應胡適的請求，把狩野直喜〈水滸傳與支那戲曲〉一文寄給胡適後，胡適把這篇文章和他的〈水滸傳考證〉研究相比較，發現兩人不僅所用材料差不多完全一樣，竟連結論也相同。胡適，〈致青木正兒〉，頁311、323。胡適，〈水滸傳後考〉，收入氏著，《水滸傳與紅樓夢》(臺北：遠流，1994)，頁135。

[61] 胡適，〈科學的古史家崔述〉，《國學季刊》，第1卷第2號(1923：4)，頁267。

> 經證史的方法，而進入完全科學的時代了。然而中國的史學家似乎還很少賞識崔述的史學方法的。❻²

在上述文字中，胡適顯然是把中日的史學發展作一比較，並認為日本已遠遠超過中國。

事實上撰寫此文的前一年，胡適已有中國史學不及日本的看法。《胡適的日記》1922年8月26日條下，記載了他與一位日本學者今關壽麿的談話。在這次談話中，胡適不但以激烈的語氣表示：「中國今日無一個史學家」❻³，且謂：「日本史學的成績最佳。從前中國學生到日本去拿文憑，將來定有中國學生到日本去求學問」❻⁴。胡適與今關的這次談話，正好在他撰寫〈發刊宣言〉之前三個月，從這段話來看，〈發刊宣言〉謂中國學者在方法和材料上，應當參考日本學術界的研究成績，顯然不只是國學門中留日學者的見解，胡適對此實在也是極有同感的。

不過，胡適認為日本史學在現代之突飛猛進，乃致進入「完全科學的時代」，主要還是因為受了西洋學術的影響，《胡適的日記》1922年8月26日記載：

> 〔今關壽麿〕說，二十年前，日本人受崔述的影響最大；近十年來，受汪中的影響最大：崔述的影響是以經治史，汪中的影響是以史治經。其實日本人史學上的大進步大部份都是西洋學術的影響，他未免過推汪中了。❻⁵

在這一點上，〈北大整理國學計劃書〉作者也同樣認為日本學術是受了

---

[62] 胡適，〈科學的古史家崔述〉，頁266。

[63] 社科院近史所編，《胡適的日記》，1922年8月26日條下，下冊，頁438。

[64] 社科院近史所編，《胡適的日記》，1922年8月26日條下，下冊，頁438。

[65] 社科院近史所編，《胡適的日記》，1922年8月26日條下，下冊，頁437。

西洋學者的影響，這些觀點反映到〈發刊宣言〉中去，遂有國學界要虛心採納歐美日本學術界治學成績的號召。[66]

在提到治學要「博採參考比較的資料」時，〈發刊宣言〉一面呼籲宜借鑒歐美學者治中國學的方法與材料；同時指出應把中國與外國的對應性現象，如：制度、文法、語言、哲學思想、文學、宗教、民俗等方面，加以比較研究。[67]談到語言學上的比較研究時，〈發刊宣言〉特別指出在朝鮮語和安南語中，保存許多中國古音，可以作為研究中國古音的材料[68]，不禁使人想起沈兼士的類似觀點。沈兼士在1922年曾發表〈整理國故的幾個題目〉一文，提出五項研究國故的項目，其中三項即提議對中國境內與域外民族的語言（或方言）進行調查研究。[69]

在歐美治音韻學的學者中，〈發刊宣言〉特別推崇高本漢、鋼和泰兩人的成就說：

> 近時西洋學者如Karlgren，如Baron von Stael-Holstein，用梵文原本來對照漢文譯音的文字，很可以幫助我們解決古音上的許多困難問題。[70]

Karlgren即高本漢，Baron von Stael-Holstein漢譯名為鋼和泰，都是當時研究漢學的歐洲學者。高本漢是瑞典人，從事中國音韻學研究。[71]1922

[66] 〈發刊宣言〉，頁16。

[67] 宋家復，〈詮釋的歷史與（歷）史的詮釋——章學誠「六經皆史」說的再理解〉，頁35。宋家復指出，胡適在〈發刊宣言〉中，誤把這兩個不同層次的比較研究混為一談。

[68] 〈發刊宣言〉，頁15。

[69] 沈兼士，〈整理國故的幾個題目〉，頁3–4。

[70] 〈發刊宣言〉，頁15。

[71] 關於高本漢的生平及學術成就，參考：張靜河，《瑞典漢學史》（合肥：安

年11月，高本漢因林語堂的介紹首次寫信給胡適，並寄上他討論中國古代語法的近作，胡適讀後許之為「歐洲今日中國學的大師」(72)。鋼和泰則是俄國人，專治印度史和佛教史。1921至1922年間，胡適與旅居北京的鋼和泰來往頗多，對他使用梵文、藏文校勘中文佛教經典的工作甚表佩服，稱他為「俄國第一流學者」。(73)故在〈發刊宣言〉中對他們推許備至。

雖然胡適在〈發刊宣言〉中盛稱這些「西洋學者」研究中國學的方法，但他其實並非自始即對歐美漢學家給予高度評價；事實上，胡適在留美時對歐洲漢學的發展不太注意，對漢學家治學的成績也給予不高的評價。像1914年，胡適偶然讀到《英國皇家亞洲學會報》(*The Journal of the Royal Asiatic Society*)上刊載英國學者解兒司(Lionel Giles)〈敦煌錄譯釋〉一文，隨即在日記中批評道：

> 不意此君〔解兒司〕所釋譯，乃訛謬無數。……彼邦號稱漢學名宿者尚爾爾，真可浩嘆！(74)

如果說上述評語只是針對英國漢學家而發，那麼胡適在1916年4月5日的日記中所記，則為對西洋漢學家之全面評價，他說：

> 西人之治漢學者，……其用功甚苦，而成功殊微。然其人多不為吾國古代成見陋說所拘束，故其所著書往往有啟發吾人思想之處，不可一筆抹煞也。(75)

徽文藝出版社，1995)，頁94–143。他的代表作為《中國音韻學研究》，該書出版後深受中國語言學者重視。參考：高本漢(Bernhard Karlgren)著，趙元任等譯，《中國音韻學研究》(北京：商務印書館影印，1995)，頁1。

(72) 社科院近史所編，《胡適的日記》，1922年11月8日條下，下冊，頁514。

(73) 社科院近史所編，《胡適的日記》，1921年5月27日條下，上冊，頁66。

(74) 胡適，《胡適留學日記》，卷5，1914年8月2日條下，頁191。

可見胡適當時雖承認西洋漢學家的著作具有啟發性，但卻以為其研究基本上是「成功殊微」的。

當胡適在日記中對西洋漢學家留下這樣的評語時，他正在哥倫比亞大學隨杜威主修哲學，並於該校「丁龍講座教授」(Dean Lung Professor)夏德(Friederich Hirth)邀請下，以「漢學」為副修科目。夏德是漢學家，著有《中國與東羅馬交通史》等書，受到歐美學術界的重視。可是據胡適透露：夏德「當時在哥大卻簡直沒有學生——主修、副修都沒有」，[76]可見1910年代漢學在哥大無人問津的情形。再者，胡適雖然選修夏德的課，但胡氏日後也沒有提起夏德的課帶給他甚麼影響；倒是在此期間，胡適於日記中留下漢學家「其用功甚苦，而成功殊微」的評語，很可能把夏德也包括在內。

在胡適的留學日記中，談到西洋漢學家的大致上就只有上面所引的幾則，這與胡氏在日記裏屢屢提及西方校勘學及杜威思想，顯然有很大的差異。事實上，就西洋漢學的發展來說，當時漢學的中心在歐洲而不在美國，因此在哥大讀書的胡適似乎不大了解歐洲漢學家的研究成績。

胡適在日記中第一次對西洋漢學家給予較高評價，倒是在閱讀了桑原騭藏的文章之後。桑原在〈中國學研究者之任務〉中，列舉歐美學者研究中國學之成就與貢獻，胡適讀後在日記中寫道：

> 〔桑原〕所舉歐、美治中國學者所用方法之二例，一為定中國漢代「一里」為四百米突(十里約為二英里半)，一為定中國「一世」為三十一年。後例無甚重要，前例則歷史學之一大發明也。[77]

---

[75] 胡適，《胡適留學日記》，卷12，1916年4月5日條下，頁208。

[76] 胡適口述，唐德剛譯註，《胡適口述自傳》，頁89。

[77] 胡適，《胡適留學日記》，卷17，1917年6月條下，頁393。

這是胡適首次對歐美漢學家的研究成績給予如此高的評價。有趣的是，胡適留學美國七年，卻是在回國途中，才因一位日本學者的文章，而對西洋漢學家開始有較高的評價。

回到中國之後，胡適透過與旅居北京的歐洲漢學家接觸，逐漸對西洋漢學界乃至東方學界有更多的認識。例如胡適在1922年為鋼和泰翻譯〈陀羅尼與中國古音〉一文，讀後覺得他引法天的梵咒譯音來考證中國當時的音讀，有「很多可驚發現」(78)。並且由於鋼和泰的介紹，使胡適注意到其他漢學家的著作，覺得他們的研究有他所不能及之處。(79)經過1917–1922年在北京與漢學家及其著作的接觸，胡適終於改變了他對漢學家的看法，從返國前一年批評他們的研究「成功殊微」，到認為其研究方法值得中國學者參考，胡適的確有了相當大的轉變。

五、胡適與國學門人學術觀點之分歧

雖然胡適與他的國學門同事，在許多問題上都觀點一致，且互相影響；但他們在某些方面，也並非沒有意見上的分歧，這從胡適撰寫〈發刊宣言〉時，在日記中自謂「這是代表全體的，不由我自由說話，故筆下頗費商量」數語可以看出。胡適下筆時的躊躕，反映出他與其他人在整理國故的具體看法上，存有一些分歧。那麼究竟胡適與其他國學門學者，在哪些方面存在著不同的看法呢？如果把胡氏在1922年前後發表的關於國故整理的文章，與〈發刊宣言〉對照來看，便可發現一些蛛絲馬跡。

胡適第一次比較全面的提出他個人對整理國故的意見，是1921年7月31日在東南大學暑期班的一次演講中。(80)這次演講的主題是〈研究國

(78) 社科院近史所編，《胡適的日記》，1922年4月4日條下，下冊，頁305。

(79) 社科院近史所編，《胡適的日記》，1922年5月9日條下，下冊，頁351–2。

故的方法〉，胡氏在演講中提出「研究國故」有四個方法：第一，必須具備「歷史的觀念」，把一切舊書當作歷史看待。第二，看書要持一種「疑古的態度」，「寧可疑而錯，不可信而錯。」第三，要從事「系統的研究」。第四，必須做「整理」的工夫，「要使從前少數人懂得的，現在變為人人能解的」。[81]

在這一小時十五分鐘的演講中，胡適最強調的，是要用「疑古的態度」來整理國故；從演講記錄來看，他至少用了三分之一的時間來說明這一點。胡適指出：

> ……疑古的態度，有二方面好講：（一）疑古書的真偽；（二）疑真書被那山東老學究弄偽的地方。我們疑古的目的，是在得其「真」，就是疑錯了，亦沒有甚麼要緊。……在東周以前的歷史，是沒有一字可以信的。以後呢？大部份也是不可靠的。……四部書裏邊的經、史、子三種，大多是不可靠的，我們總要有疑古的態度才好。[82]

對於這次演講，胡適後來提到許多人聽完的感想是：

> 偏於破壞方面，提倡壞古；於建設方面，多未談及。[83]

可見1921年夏天，胡適對於整理國故的看法，主要側重在疑古、辨偽這方面。

---

[80] 社科院近史所編，《胡適的日記》，1921年7月31日條下，上冊，頁166。胡適，〈研究國故的方法〉，頁682。

[81] 胡適，〈研究國故的方法〉，頁683–5。

[82] 胡適，〈研究國故的方法〉，頁684。

[83] 胡適，〈再談談整理國故〉，收入：許嘯天編，《國故學討論集》，上冊(上海：上海書店影印，1991)，頁21。

早在留學美國初期，胡適就已有重視懷疑的思想傾向，這一傾向在接觸到杜威和赫胥黎的學說後，進一步的強化及系統化。[84]在《中國哲學史大綱》裏面，胡適提及運用古代史料時，便特別強調中國古書之不可靠，認為「我們對於東周以前的中國古史，只可存一個懷疑的態度」。[85]1920——1921年間，胡適與錢玄同、顧頡剛討論古書和古史的整理時，也是把焦點集中在辨偽問題上，屢向顧頡剛重申「寧可疑而過，不可信而過」之旨。[86]由此可見，從留美到回國任教，疑古、辨偽一直都是胡適從事研究的核心部份，也是截至1921年為止，胡氏提倡「整理國故」的一個中心見解。

但在〈發刊宣言〉中，胡適僅於評述清代樸學的成績時，略謂只有清初和清末的學者還注意到考訂古書的真偽，因此這方面的成績為「整理古書」一項中最小者。[87]如此輕輕帶過，和他一年前在東南大學極力強調疑古的重要性完全不同。顯然胡適在這一點上，與其他國學門同人的看法不儘相同，故在這篇「代表全體」的〈發刊宣言〉中，便對此略去不談。

事實上，就當時國學門的章門弟子來說，大多受到古文學派的影響。在他們中間，除錢玄同因接受康有為和崔適的觀點，而明顯背其師說外[88]，大部份仍受古文學派的影響，與今文學家所倡導的「疑古」觀頗

[84] 余英時，《中國近代思想史上的胡適》（臺北：聯經出版事業公司，民73），頁43–5。

[85] 胡適，《中國古代哲學史》，頁20。

[86] 胡適，〈適之先生評〉、〈告擬作《偽書考》長序書〉、〈自述古史觀書〉，均收入：顧頡剛編，《古史辨》，第1冊，頁12、15、23。

[87] 〈發刊宣言〉，頁2。

[88] 黎錦熙曾謂，馬裕藻是與錢玄同談今文經學的朋友之一，似乎馬氏也是太炎門生中態度傾向今文經學者。黎錦熙，〈錢玄同先生傳〉，收入：劉紹唐

有隔閡[89]。胡適在寫〈發刊宣言〉時，似不能不顧及到國學門學者的不同意見，故特意避開這一點，以免引起爭議。

為了提倡「疑古的態度」，胡適乃另外撰寫一篇〈科學的古史家崔述〉，刊登在《國學季刊》第二期上。這篇文章雖然只完成了一半，卻是胡適提倡疑古史觀最有系統的論著。而《國學季刊》上與胡適的觀點相近的論文，就只有顧頡剛的〈鄭樵著述考〉和〈鄭樵傳〉兩篇。[90]

〈科學的古史家崔述〉在《國學季刊》刊出後一個月，顧頡剛的〈與錢玄同先生論古史書〉在《讀書雜誌》上登出，掀起了一場古史辨運動。在這場延續十年以上的古史論戰中，國學門的成名學者除胡適、錢玄同外，無人加入疑古派的陣營。當40年代初，疑古思潮在史學界仍有相當影響力時，沈兼士更曾在一次公開演講中表示：「一味疑古，終嫌鑿空，亦為缺陷。」而提出倒不如用新材料和方法，「重新證實我們民族光輝燦爛之信史」。[91]

再者，觀察20年代，也就是疑古史觀極為盛行的之際，北大國學門的主要研究趨向，也不是走疑古辨偽的路，而是偏重於民俗研究與考古發掘的提倡。[92]這樣看來，〈發刊宣言〉中不提倡「疑古的態度」，倒是

主編，《錢玄同先生傳與手扎合刊》（臺北：傳記文學雜誌社，民61），頁49。

[89] 朱希祖在〈整理中國最古書籍之方法論〉一文中，即對今文家的觀點多所批評。頁671–682。

[90] 顧頡剛，〈鄭樵著述考〉，《國學季刊》，第1卷第1號，頁96–138；〈鄭樵著述考（續第一期）〉，第1卷第2號，頁353–385。〈鄭樵傳〉，《國學季刊》，第1卷第2號，頁309–332。

[91] 沈兼士，〈近三十年來中國史學之趨勢〉，收入氏著，《沈兼士學術論文集》（北京：中華書局，1986），頁374。

[92] 過去學者多以「疑古」作為北大的代表學風，事實上，在20年代初期，許

反映了大部份國學門學者的觀點，而與當時國學門之整體研究趨向相符。

六、學術界對〈發刊宣言〉的評價

〈發刊宣言〉在《國學季刊》創刊號上發表後，由於這是北大同人首次對國學問題提出全面而系統的看法，北大的機關刊物《北大日刊》乃連續三天予以全文轉載；其後胡適又把它收入翌年出版的《胡適文存》中，遂使這篇文章流傳日廣，國學門學者對整理國故的意見，也在全國產生了廣泛的影響。[93]

同時，作為一顆在新文化運動中升起的學術新星，胡適在20年代初，本已於南北各地，積極提倡國故的研究和整理。[94]當〈發刊宣言〉發表

多北大國學門學者並未加入「疑古」的行列。當時國學門已經設有「考古學會」，大力提倡考古發掘，馬衡、李宗侗、徐炳昶、容庚等皆為學會的中堅分子。詳參：拙著，〈北京大學研究所國學門早期的發展(1922–1927)——兼論中國現代學術研究機構的興起〉（臺北：政大歷史研究所，碩士論文，未刊稿，1997），頁89–90、164–7。對於當時北大的學風，陶希聖也曾回憶說：「北大的考據學，到了顧頡剛的《古史辨》出來，一辨就把古史搞垮了。……但是北大同時還有考古學一派……。」杜正勝等訪談，王健文整理，〈風氣新開百代師：陶希聖先生與中國社會史研究〉，《歷史月刊》，第7期（臺北：歷史月刊雜誌社，1988：8），頁18。

[93] 胡適的著作在20年代風行一時，年輕學子紛紛搶購，自然也擴大了〈發刊宣言〉的影響範圍。關於胡適著作廣受歡迎的情形，見〈批判胡適主觀唯心論的歷史觀與主法論——北京大學歷史系教師座談會發言摘要〉，收入：三聯書店編輯，《胡適思想批判（論文彙編）》，第2輯（北京：三聯書店，1955），頁170。

[94] 1921年7月底，胡適趁南下之便，應東南大學及南京高等師範暑假學校之邀，以「研究國故的方法」為題，作了一次專題演講。翌年10月，胡適又

後一年，胡適第二次到東南大學，便趁機把〈發刊宣言〉的主要觀點，作了簡明扼要的闡述。[95]這次演講的記錄刊載於《晨報副鐫》上，後來又往往和〈發刊宣言〉一同，被時人收入一些國學討論文集中。[96]

這樣，透過胡適在南北各院校的演講，以及各地報紙副刊、學術期刊、乃至論文集的轉載，國學門同人「整理國故」的口號和主張，越來越為學術界所熟知。綜觀20年代以來，中國各地出現許多討論「整理國故」的文章，可以明顯的看出，不少在整體或個別觀點上均受到〈發刊宣言〉的影響。[97]

以許嘯天1927年編輯出版的三冊《國故學討論集》所收文章為例，其中如吳文祺〈重新估定國故學的價值〉一文，在談到《國學季刊》的〈發刊宣言〉時，便稱其為「一篇國故學上的空前的偉論」[98]。雖然吳

應北京高等師範學校之邀，把同樣的題目再講一遍。這兩次演講的記錄，先後刊載於1921-1922年的《時事新報‧覺悟副刊》、《東方雜誌》、《國文學會叢刊》。參考：季維龍編，《胡適著述繫年目錄》（合肥：安徽教育出版社，1995），頁47。在這些演講中，胡適皆宣稱：「研究國故，在現時確有這種需要。……我很望諸君對於國故，有些研究的興趣，來下一番真實的工夫。」胡適，〈研究國故的方法〉，頁11。由於胡適當時在學術文化界享盛名，因此他這些言論的影響不小。

[95] 胡適，〈再談談整理國故〉，頁21-9。

[96] 例如許嘯天所編的《國故學討論集》，便同時收入這兩篇文章。許嘯天編，《國故學討論集》，上冊，頁21-29，102-131。

[97] 舉例來說，1923年2月份，《小說月報》曾特闢一專題，討論「整理國故與新文學運動」的關係，其中鄭振鐸、顧頡剛、王伯祥的文章，立論皆與〈發刊宣言〉相呼應。鄭振鐸，〈新文學之建設與國故之新研究〉；顧頡剛，〈我們對於國故應取的態度〉；王伯祥，〈國故的地位〉；三文均載《小說月報》，第14卷第1號（上海：商務印書館，1923：2），頁1-6。

[98] 吳文祺，〈重新估定國故學的價值〉，收入：許嘯天，《國故學討論集》，上

氏對〈發刊宣言〉的部份觀點有所商榷，但通篇論點受〈發刊宣言〉影響處卻比比皆是。吳氏的文章，在20年代以後湧現的討論國故整理的文章中，是相當具有代表性的。

另一位活躍於上海學術界的曹聚仁，是南方響應「整理國故」運動的主要人物，[99]在晚年回憶五四運動後的新學風時，曹氏承認曾深受〈發刊宣言〉的影響，故在回憶錄中大段引述〈發刊宣言〉的觀點，[100]最後總結說：

> 這一來，我便覺得我們所研究，才是真正的「國學」，整理國故，成為當時南北學人努力的共同目標。[101]

作為「整理國故」運動的中堅分子，曹聚仁的話充份說明了〈發刊宣言〉在這場學術運動中所起的作用，乃是促使「整理國故」運動在全國形成。

不僅如此，〈發刊宣言〉列舉的研究方針，也指引了日後學者研究的方向。最明顯的是20年代以後，中國出現了大量「文化史」及各種「專史」的著作，這些研究新風潮的興起，與〈發刊宣言〉的提倡實有相當關係。[102]事實上，在〈發刊宣言〉發表的同一年年底，林語堂於讀過宣

冊，頁33。

[99] 許嘯天編《國故學討論集》便收錄有他的兩篇文章，分別是〈國故學之意義與價值〉及〈春雷初動中之國故學〉。在這些文章中，曹聚仁許多觀點均與〈發刊宣言〉所論彼此呼應，顯然曹氏受後者啟發處甚多。許嘯天編，《國故學討論集》，上冊，頁50–102。

[100] 曹聚仁，《我與我的世界（下）》（臺北：龍文出版社股份有限公司，民79），頁275–6。

[101] 曹聚仁，《我與我的世界（下）》，頁276。

[102] 其中，王雲五主持下的商務印書館，在30年代出版一套「中國文化史叢書」，影響最大。這套叢書原定出八十種，但出到四十種後，因抗戰爆發

言中列舉之各種專史項目後，便已作了如下評價：

> 這些系統，這些條理，都是前人所夢想不到的，而由研究西洋政治思想宗教文藝的人看他，都是急待考查的。我們有這些新的研究目標，新的考查問題，於是乎岌岌不可終日僵無生氣的國學得了一大新運命新魄力，猶如久旱將乾的溪壑忽得秋霖大雨，沛然而下莫之能禦……。[103]

所以毛子水在數十年後，檢討〈發刊宣言〉對學術界的影響時指出：「民國十二年以後國內的『國學』所以能有一點成績，這篇文章的力量不少。」[104]這樣的評論是堪稱公允的。

50年代初，勞榦在回顧近代史學的發展時也說：

> 自清末以來，前輩的人對於歷史學研究的意見，和示範的工作，……都比較零碎，而影響比較上也不算最大。只有胡適之先生的北京大學〈國學季刊發刊宣言〉，和傅孟真先生〈歷史語言研究所工作的旨趣〉，兩篇文章可以說〔是〕近年來中國歷史研究經過上的重要文獻，而奠定了中國現代歷史學的基礎。[105]

勞榦是史學家，因此他從史學史的角度，指出〈發刊宣言〉對中國

而停頓。王雲五，〈編纂中國文化史之研究〉，收入氏著，《新目錄學的一角落》(臺北：臺灣商務印書館，民62)，頁225–8。王雲五，《商務印書館與新教育年譜》(臺北：臺灣商務印書館，民62)，頁1098。

[103] 林玉堂（語堂），〈科學與經書〉，《晨報五週年紀念增刊》(1923：12.1)，收入：《晨報副鐫》，第5冊（北京：人民出版社影印，1981），頁23。

[104] 毛子水，〈胡適傳〉，頁736–7。

[105] 勞榦，〈傅孟真先生與近二十年來中國歷史學的發展〉，《大陸雜誌》，第2卷第1期（臺北：大陸雜誌社，1951：1），頁7。

現代史學發展具有重大的影響；並把〈發刊宣言〉和〈史語所工作之旨趣〉相提並論，認為二者在提出系統的見解，以及影響的廣泛上，都為中國現代歷史學奠定了基礎。不過，由於〈發刊宣言〉所討論的範圍，實際上是對國學研究的目的、方法和目標，作全面的說明，故其影響實超出史學的範疇，而觸及國學領域中的各個層面。

七、學術平等觀念對國學界的衝擊

〈發刊宣言〉對20年代以後國學界的影響，不僅在於提出了具體的研究方針；更重要的是，它顯示出一種學術平等的觀念，宣告應該擴大國學研究的範圍，不再以經學為中心；指出一切學術都有獨立及平等的研究價值，都具有同樣重要的地位。這一學術觀念上的革命性轉變，是中國學術由傳統轉入現代的重要標誌，由此開出日後無數學術研究的新天地。[106]

---

[106] 王汎森，〈甚麼可以成為歷史證據——近代中國新舊史料觀念的衝突〉，《新史學》，第8卷第2期（臺北：新史學雜誌社，1997：6），頁97–8。余英時，《中國近代思想史上的胡適》，頁82–90。在此之前，個別學者如王國維在西學影響下，已具有學術平等的觀念，否認經學具有至高無上的地位；並在這種新觀念指引下，開拓出學術研究的新領域，因而被當代學者視為「現代學術」的奠基者之一。參考：井波陵一著，盛勤譯，〈試論王國維的學風——經史子集分類法的革命性轉變〉，收入：王永興編，《紀念陳寅恪先生百年誕辰學術論文集》（南昌：江西教育出版社，1994），頁308–342。劉夢溪，〈王國維與中國現代學術的奠立〉，收入氏著，《傳統的誤讀》（石家庄：河北教育出版社，1996），頁105–130。不過，王國維畢竟是個別的例子，而〈發刊宣言〉所反映的觀念，卻是佔據20年代中國學術中心的北大學者之共同看法，它是一個群體的學術宣言，因此在當時對國學界的影

對於中國的傳統學術，朱光潛曾概括其特色如下：

> 吾國學術，自昔分經史子集四部，清儒所分之義理，考據，辭章，蓋就研究四部所側重之方面而言。四部之中，經史素占主要地位，子次之，集又次之。就四部研究之三方面而言，姚姬傳力雖力言其不可偏廢，實則辭章所以達義理，考據所以明辭章，而其終極應歸於窮義理。……數千年來，吾國學者所孳孳不輟者，首在窮經明義理，次則及於歷史與周秦諸子，行有餘力，乃旁及集部，習辭章以為言學應世之具。[107]

朱氏此處說得較為籠統，但卻已明白的指出，中國傳統學術自分經史子集之後，經史之學顯然地位最高，而尤以經學居於最高地位；倘以清儒慣言的義理、辭章、考據來說，則「明義理」顯然為學者治學之終極目的。

對於這種傳統的治學觀念，〈發刊宣言〉一開始即予以猛烈抨擊。作者指出，清儒因為囿於「儒書一尊」的觀念，故「用全力治經學，而只用餘力去治他書」，學術研究的範圍十分狹小；[108]從正面來講，作者宣稱今人應當破除過去種種陳舊的觀念，就文學領域而言：

> 今日民間小兒女唱的歌謠，和《詩》三百篇有同等的位置；民間流傳的小說，和高文典冊有同等的位置。[109]

這幾句話，就是以「重新估定一切價值」的態度[110]，否定經學具有至高

響也更為廣泛。

[107] 朱光潛，〈文學院〉，收入氏著，《朱光潛全集》，第9卷（合肥：安徽教育出版社，1993），頁79。

[108] 〈發刊宣言〉，頁4。

[109] 〈發刊宣言〉，頁8。

無上的地位，而以一種平等的眼光，把經學和歌謠小說同等看待。

這種學術平等的觀念，顯然也是20年代前後北大學者所共同具備的。胡適寫《中國哲學史大綱》，於研究古代哲學時，以「平等的眼光」，把孔子與先秦諸子並列，自蔡元培以後，當代學者多能熟道。[111]然而，在胡適之外的其他國學門同人，也已擺脫了「儒書一尊」的觀念，而具有一種學術平等的眼光。

在這方面，朱希祖〈整理中國最古書籍之方法論〉一文，就非常鮮明的流露了這種學術新觀念。在這篇文章中，朱希祖討論到整理包括經書在內的古代典籍的態度和方法，以斬釘截鐵的語氣表示：

> 經學之名，亦須捐除。[112]

朱希祖解釋說：

> 因為經之本義，是為絲編，本無出奇的意義。但後人稱經，是有天經地義，不可移易的意義，是不許人違背的一種名詞。……所以經是永遠使人不許獨立進步的。我們治古書，卻不當作教主的經典看待。[113]

在否定了經學具有至高無上的地位後，朱希祖進而提出：

> 總之，一概須平等看待。高文典冊，與夫歌謠小說，一樣的重要。[114]

[110] 胡適，〈新思潮的意義〉，頁42。

[111] 蔡元培，〈中國哲學史大綱序〉，收入：胡適，《中國古代哲學史》，頁3。余英時，《中國近代思想史上的胡適》，頁19–21、77–91。

[112] 朱希祖，〈整理中國最古書籍之方法論〉，頁678。

[113] 朱希祖，〈整理中國最古書籍之方法論〉，頁679–680。

[114] 朱希祖，〈整理中國最古書籍之方法論〉，頁681。

這不就是學術平等觀念的表現嗎？甚至可以說，這幾句話正是上面所引〈發刊宣言〉那段話的雛形。細察當時北大教授們的言論和學術活動，可以發現把小說、歌謠的研究價值，與儒家經典同等看待，乃是許多學者所具有的共識。

就小說而論，在〈發刊宣言〉發表之前，從「小說」、「小說史」先後登上了北大講堂，到學者共同為小說寫序，及對小說作細密的考證，都說明北大學者已經把小說視為一種嚴肅的學問，而與經學具有同等的研究價值。[115]

小說這種文學體裁，在清末雖已有學者從觀風俗知得失的角度來加以考證，然尚非全力為之。[116]要到新文化運動期間，小說才真正被視為一項學術課題，正式登上了全國最高學府，成為職業學者教授與研究的對象。[117]1918年國文門研究所開出的課目就包括了「小說」一項，由周

---

[115] 胡適在〈水滸傳考證〉中的一段聲明，便清楚反映出當時學術界對於小說的價值有了新的看法。他寫道：「我想《水滸傳》是一部奇書，在中國文學史占的地位比《左傳》《史記》還要重大的多；這部書很當得起一個閻若璩來替他做一番考證的工夫，很當得起一個王念孫來替他做一番訓詁的工夫。我雖然夠不上做這種大事業—只好讓將來的學者去做——但我也想努一努力，替將來的『水滸專家們』開闢一個新方向，打開一條新道路。」胡適，〈水滸傳考證〉，收入氏著，《水滸傳與紅樓夢》，頁67。

[116] 俞樾在清末整理過《三俠五義》，易名《七俠五義》，且為之作序印行，可說開民國學者整理舊小說之先河；然此尚是俞氏於治群經諸子詩文外，以其餘力為之而已。陳炳堃（子展），《最近三十年中國文學史》（上海：上海書店影印，1989），頁163。至於晚清湧現的一批職業小說家，大多數皆非科舉正途出身的文人。陳平原，《二十世紀中國小說史卷(1897–1916)》（北京：北京大學出版社，1997），頁90–102。

[117] 陳平原，〈作為文學史家的魯迅〉，收入：王瑤主編，《中國文學研究現代

作人、胡適、劉半農三位共同負責教授。[118]及至1920年，國文系主任馬裕藻請周樹人(魯迅) 到北大講「中國小說史」；[119]由於講這門課而產生了《中國小說史略》，既是中國小說史的開山之作[120]，也確立了小說在中國文學領域中的地位。[121]

除此之外，1920–1921年間，陳獨秀、胡適、錢玄同都為亞東圖書館新標點的《水滸傳》、《儒林外史》《紅樓夢》這些小說寫序，大大提高了小說的地位；[122]其中胡適對這幾部小說所作的嚴密考證，影響尤大。[123]胡適多年後所指出，他們為小說寫序的目的：

> 是給予這些小說名著現代學術榮譽的方式，認為它們也是一項學術研究的主題，與傳統的經學、史學平起平坐。[124]

化進程》(北京：北京大學出版社，1996)，頁92。

[118] 〈各研究所研究科目及擔任教員一覽表〉，《國立北京大學廿周年紀念冊》(臺北：傳記文學出版社影印，民60)，頁220。

[119] 魯迅，《日記》，收入氏著，《魯迅全集》，第14卷 (北京：人民文學出版社，1995)，頁393–402。

[120] 魯迅在《中國小說史略》的「序言」中即稱：「中國之小說自來無史」。魯迅，《中國小說史略》，收入氏著，《魯迅全集》，第9卷，頁4。

[121] 除了《中國小說史略》之外，周樹人尚撰有《古小說鉤沉》。正如陳平原指出，從乾嘉樸學全盛時期余蕭客撰《古經解鉤沉》，到嘉道以後黃奭著《子史鉤沉》，再到民初周樹人寫《古小說鉤沉》，可以明顯見到「輯佚考證的對像隨學術思潮與價值觀念的轉變而轉變」。陳平原，〈作為文學史家的魯迅〉，頁91–2。

[122] 白吉庵，《胡適傳》(北京：人民出版社，1993)，頁161–6。

[123] 從1920–1933年，胡適還以序、導論等方式，為十餘種古典小說寫了約三十萬字的考證文章。同前書，頁166–7。

[124] 胡適口述，唐德剛譯註，《胡適口述自傳》，頁230。

至於歌謠，本來也是「一向為文人學士所不屑道的東西」[125]，現在也被北大學者鄭重其事的加以搜集研究。1918年2月，在劉半農、沈尹默發起下，北大成立了歌謠徵集處，沈兼士、錢玄同和周作人均參與其事。兩年後，歌謠徵集處改組成歌謠研究會，成為一正規化的學術團體。1922年研究所國學門成立，歌謠研究會遂隸屬於國學門下，同年並開始發行一種《歌謠週刊》，大部份國學門同人也都參與歌謠的搜集與研究工作。[126]由此可見，歌謠這種東西，在北大是被學者視為一項重要的學術事業來加以整理研究的。

對於歌謠的搜集和整理，中國雖是「古已有之」，尤其明清兩代，文人學者對歌謠從事輯錄者更多；[127]然而從整體來看，前人對歌謠的整理工作，大都是偶然的、業餘的，絕大部份人並沒有把歌謠看為一種嚴肅的學術事業；而他們對歌謠的見解與評論，也大都是片斷的，缺乏系統。[128]因此，當代民俗學者，同時也是中國第一代民俗學家的鍾敬文認為，清代以前的這些整理工作，「從科學史的角度看，它到底是屬於『前史』或『原史』的東西」。[129]與此相對，鍾敬文認為北大歌謠徵集處的出現，才是「歌謠學」成立的標誌，他寫道：

> 作為一個新興的學術部門的中國歌謠學，產生於五四運動前夜。[130]

---

[125] 顧頡剛搜錄，《吳歌甲集》（臺北：東方文化供應社影印，民59），頁2。

[126] 王文寶，《中國民俗學史》（成都：巴蜀書社，1995），頁183–196。

[127] 鍾敬文，〈「五四」前後的歌謠學運動〉，收入氏著，《鍾敬文民間文學論集》，上冊（上海：上海文藝出版社，1982），頁365。

[128] 鍾敬文，〈「五四」前後的歌謠學運動〉，頁365。

[129] 鍾敬文，〈「五四」前後的歌謠學運動〉，頁365。

[130] 鍾敬文，〈「五四」前後的歌謠學運動〉，頁368。

的確，由於北大學者從一開始便把對歌謠的搜集與研究，當作一種嚴肅的學術事業來進行，遂使歌謠迅速在學問界中闢出一個新天地來。[131]及至1925年，顧頡剛編的《吳歌甲集》以「北京大學歌謠叢書」的名義出版，胡適、沈兼士、錢玄同、劉半農、俞平伯同時為該書寫序，表示他們對歌謠研究這門新興學科的支持和重視。[132]在該書〈自序〉中，顧頡剛甚至提出「歌謠學家」一詞。[133]歌謠研究被稱為「學」，可以視為北大學者對其學術獨立地位的正式確認。

不但如此，顧頡剛在1920年曾寫過一篇《吳歈集錄序》(即後來的《吳歌甲集》)，提出像吳歌這種民間歌謠，由於裏面有許多難解的文句，因此：

> 必得切切實實做一番文字學的工夫，……這件事情不是幾年裏所能做到的，所以我已經拿了這部《吳歈集錄》算做我的終身之業了。[134]

以顧頡剛這樣一個受過高深教育的學者，竟宣稱願以歌謠研究作為自己的「終身之業」，從傳統學者的眼光來看實在是不可思議的，它說明顧氏對於歌謠的價值，已經有了一種與前人完全不同的評估。

總括來說，北大學者對於小說、歌謠的研究，顯示出他們已經擺脫「儒書一尊」的觀念，所以才在這些領域中投注這麼多的心力。在此更可以透過國學門同人在民俗學領域所作的開拓性工作，來說明乃是在學

---

[131] 顧頡剛搜錄，《吳歌甲集》，頁2。

[132] 胡適、沈兼士、錢玄同、劉半農和俞平伯的序言，收入：顧頡剛搜錄，《吳歌甲集》書前。

[133] 顧頡剛搜錄，《吳歌甲集》，頁8。

[134] 顧頡剛搜錄，《吳歌甲集》，頁4。

術平等觀念的指引下，這些向來為學者所忽略的事物，才會在北大以新興學術的面貌出現。

1925年，國學門同人舉辦妙峰山進香調查，這是民俗研究在中國剛萌芽不久的一次重要活動。參與其事的顧頡剛說他們當時所以進行這項活動，一面是要響應社會上「到民間去」的呼聲[135]，同時也因為他們認為學術研究應當是平等的。他說：

> 學問的材料，……絕對沒有雅俗，貴賤，賢愚，美醜，淨染等等的界限。……
>
> 在現在的時候，稍微知道一點學問的人都覺得學問上的一尊的見解應該打破……。[136]

這種態度，正是以「歷史的眼光」，擺脫了古人研究學問的「一尊的見解」；秉持此新眼光來研究任何事物，都可成學問。因此顧頡剛興奮的說：

> 從前學問的領土何等窄狹，牠的對象只限於書本，書本又只以經書為主體……。現在可不然了，學問的對象變為全世界的事物了！……學問的領土是怎樣的廣漠。[137]

不但如此，顧頡剛為《北大研究所國學門週刊》(以下簡稱《國學門

---

[135] 關於「到民間去」思想與顧頡剛的關係，參考：施耐德(L.A.Schneider)著，劉寅生譯，《顧頡剛與中國新史學》（臺北：華世出版社，民73），頁135–167。洪長泰著，董曉萍譯，《到民間去—1918–1937年的中國知識分子與民間文學運動》（上海：上海文藝出版社，1993），頁19–22。

[136] 顧頡剛，〈妙峰山進香專號引言〉，收入：顧頡剛編，《妙峰山》（上海：上海文藝出版社影印，1988），頁7–8。

[137] 顧頡剛，〈妙峰山進香專號引言〉，頁6–7。

週刊》）撰寫〈1926年始刊詞〉時，更代表國學門的年輕一代，說明他們研究學問的基本態度，都是抱持一種「學術平等的觀念」。[138]他寫道：「對於考古方面，史料方面，風俗歌謠方面，我們的眼光是一律平等的」。[139]他又說：

> 國學方面的材料是極豐富的，……從前人的研究的範圍又極窄隘，留下許多未發的富源，現在用了新的眼光去看，真不知道可以開闢出多少新天地來，真不知道我們有多少新的工作可做。[140]

這些話皆與〈發刊宣言〉所宣示的精神相呼應。再以之與北大學者對小說、歌謠以及民俗的態度一併觀之，可以發現，一種嶄新的學術觀念已在北大學者中間形成。必須指出，這種新觀念的萌芽，是緊隨著經學地位的動搖而出現的。[141]因為在清代經學地位非常穩固時，學術界的主流觀點，是認定經學為一切學問的中心，所有學問皆以經學為出發點，[142]都處於經學附庸的地位，其本身並無獨立的研究價值。

[138] 顧頡剛，〈1926年始刊詞〉，《國學門週刊》，第2卷第13期（北京：北京大學研究所國學門，1926：1.6），頁1。顧頡剛在這篇文章中極力強調，研究學問，不應受時代的古今、階級的尊卑、價格的貴賤、應用的好壞所支配。同上文，頁1。

[139] 顧頡剛，〈1926年始刊詞〉，頁1。

[140] 顧頡剛，〈1926年始刊詞〉，頁10。

[141] 當然，西方學術思想的傳入，也有助新觀念的形成。參考：陳平原，〈胡適的文學史研究〉，收入：王瑤主編，《中國文學研究現代化進程》，頁228。劉錫誠，〈中國民俗學的濫觴與外來文化的影響〉，收入：吳同瑞等編，《中國俗文學七十年——北京大學《歌謠》周刊創刊七十周年暨俗文學學術研討會》（北京：北京大學出版社，1994），頁228。

[142] 梁啟超，《清代學術概論》，收入：朱維錚校注，《梁啟超論清學史二種》（上海：復旦大學出版社，1985），頁39。梁啟超，《中國近三百年學術

40年代初，沈兼士在探究民國史學的革新與蓬勃發展之原因時，指出清代乾嘉學者於金石地理曆象數學博物工藝等學，雖然都有可觀的成就，但卻無法把這些研究擴大為獨立的學問，其根本原因，就在於清人「考曆象地理是為讀〈堯典〉、〈禹貢〉，考音韻博物是為讀《三百篇》、《爾雅》，考宮室衣服是為讀《三禮》，一切皆歸於經……」。[143]沈氏認為：

> 其實拿經來統制一切學問，……這就是一切學問不能獨立自由發展的一個重要原因。[144]

沈氏因此認為，經學在近代的式微，是史學乃至一切學問得以獨立發展的決定性因素。

關於經學在近代的式微，其原因十分複雜，非本文討論的重點。扼要的說，從思想的層面看，諸子思想的再發現[145]，清末的今古文之爭[146]，

史》，收入同上書，頁327、329、493。雖然清中葉以後，史學、諸子學之地位已有上升之勢，但直至晚清之前，經學的主流地位仍是無可置疑的。羅志田，〈清季民初經學的邊緣化與史學的走向中心〉，《漢學研究》，第15卷第2期（臺北：漢學研究中心，1997：12），頁6–7。余英時，《中國近代思想史上的胡適》，頁84–5。

[143] 沈兼士，〈近三十年來中國史學之趨勢〉，頁372。

[144] 沈兼士，〈近三十年來中國史學之趨勢〉，頁372。

[145] 梁啟超，《清代學術概論》，頁49–50。余英時，《中國近代思想史上的胡適》，頁77–91。鄭師渠，《晚清國粹派──文化思想研究》，頁192–195。

[146] 關於今文家對古文經書神聖地位的破壞，參考：梁啟超，《清代學術概論》，頁64–5。王汎森，《古史辨運動的興起──一個思想史的分析》（臺北：允晨，民76）。對於古文家「夷六藝於古史」，導致經書歷史文獻化，參考：王汎森，《章太炎的思想(1868–1919)及其對儒學傳統的衝擊》，頁189–199。鄭師渠，《晚清國粹派──文化思想研究》，頁270–280。

西學的傳入[147]，以及經學面對世變的束手無策[148]，都造成經學地位的動搖。從制度上看，科舉制度的廢除，使經學頓失其社會基礎。[149]清政權的結束，更切斷了長期以來經學與政治的緊密聯繫。[150]1912年，蔡元培任民國首任教育總長時，宣佈廢止大學堂(後改稱北京大學）的經科，有關經學的研究項目併入文科各學門，更加速了經學沒落的腳步。[151]

當經學在清末走向沒落時，原本在經學籠罩下的各種學術，遂獲得獨立發展的機會。[152]就如朱自清在40年代初指出：

---

[147] 西學對國人的影響，隨新式學堂的普遍設立而迅速擴大，牟潤孫觀察經學與史學的關係時認為:「經學從史學退出，應當從我國興辦洋式學校說起。」牟潤孫主講，關彩華記錄，〈從中國的經學看史學〉，《新亞書院歷史學系系刊》，第2期（香港：新亞書院歷史學系，1972：9)，頁372。

[148] 羅志田，〈清季民初經學的邊緣化與史學的走向中心〉，頁20。

[149] 沈兼士便認為科舉廢除與經學式微有密切關係。沈兼士，〈近三十年來中國史學之趨勢〉，頁372。

[150] 林語堂在20年代初指出，清代學者中，雖也有「離經說子別成一家」者，然因帝制時代對思想空氣的束縛，故其「獨立的動作還是有限的，敢暗謀而不敢明叛」。林玉堂，〈科學與經書〉，頁23。然而，隨著「儒家帝國之崩潰」，學術逐漸擺脫了政治的干擾，而出現一股「學術獨立之潮流」。汪榮祖，〈五四與民國史學之發展〉，收入：汪榮祖編，《五四研究論文集》（臺北：聯經出版事業公司，民74)，頁221–3。

[151] 周作人便曾指出，北京大學廢止經科，與教育部同時頒佈的停止祭孔的命令，「這兩件事在中國的影響極大，是絕不可估計得太低的」。周作人,《知堂回想錄》(香港：三育圖書有限公司，1980)，頁331。

[152] 逯耀東師在觀察魏晉時期史學發展的歷程時，便是從經學與史學的關係著眼，認為東漢晚期儒家思想權威地位的動搖，是導致史學脫離經學，在學術分類上邁向獨立的主要原因。逯耀東，〈經史分途與史學評論的萌芽〉，《大陸雜誌》，第71卷第6期（臺北：大陸雜誌社，1985：12)，頁1–7。不

> 按從前的情形，本來就只有經學，史子集都是附庸；後來史子由附庸蔚為大國，但集部還只有箋注之學，一直在附庸的地位。民國以來，……經學已然不成其為學……，從前有附庸和大國之分，現在一律平等……。(153)

朱自清的話，點出了民國以後，各門學術所以能「一律平等」的原因，乃是以「經學已然不成其為學」為前提的。在「經學已然不成其為學」的情況下，不但集部地位大大提升；而且學者在研究時，心中已無「附庸和大國之分」。

北大學者對小說、歌謠的重視，便顯示出他們已經徹底擺脫了經學的束縛，而具備一種學術平等的眼光。不但如此，國學門同人在民俗學領域中的開創性研究，更說明出這種治學觀念的革新，最終勢必導致國學研究發生翻天覆地的變化。劉半農在1925年就指出：

> 我們只須看一看北京大學研究所國學門中所做的工，就可以斷定此後的中國國學界，必定能另闢一新天地；即使一時不能希望得到多大的成績，至少總能開出許許多多古人所夢想不到的好法門。(154)

劉半農並認為，秉持這種新精神而從事的國學研究，乃是一種「新國

過魏晉以後，史學與經學仍一直維持著千絲萬縷的關係，要到清末民初經學權威地位全面動搖後，包括史學在內的中國學術，才徹底擺脫了經學的桎梏，而獲得充分獨立與平等發展的機會，現代學術於焉成立。

(153) 朱自清，〈部頒大學中國文學系科目表商榷〉，收入：朱喬森編，《朱自清全集》，第2卷（江蘇省：江蘇教育出版社，1993），頁10。

(154) 劉復（半農），〈燉煌掇瑣序目〉，收入氏著，《半農雜文》，第1冊（上海：上海書店影印，1983），頁225。

學」。[155]「新國學」的研究，在治學態度上和過去學者從事的國學研究截然不同，故雖然皆以「國學」為名，但北大學者的工作，正如劉半農所說，事實上是一種「舊瓶改裝新酒」的學術新事業。[156]

並且這一新觀念，透過國學門出版的各種刊物，迅速傳播到全國各地；甚至日本學術界，亦感受到一種「新國學」已在中國出現。20年代在日本留學的何畏(思敬)，曾生動描述了日本學界對北大「新國學」的重視，以及這一治學新精神對他造成的衝擊。他寫道：

> 我本來不知故國學術界的情形，幸虧一個日本友人〔原文註：日友石田幹之助，為東洋文庫主任。……〕告訴我說中國有新國學之發生。我聽了，……遂到他所管的東洋文庫……去借了七八本北大《國學門週刊》到寓中翻讀了一遍，從中發現了頡剛先生的1926年的始刊詞及另外數篇，後來又見到他的孟姜女研究前篇，忍〔忽〕然我的心境好像來了一陣暴風，覺得中國學術界起了革命，使一個向來不問國學的門外漢忽然感到從沒有預期的不可名狀的驚異。於是，從幾本北大《週刊》的知識寫了一介紹載於一個……雜誌《民族》上告訴日本的民俗學、民族學界，說我們中國也有和他們同樣的新學術運動發生。[157]

何畏文中提到的「新學術運動」，具體的說，指的是北大國學門同人開創的民俗學研究。然而何畏之所以感受到如此強烈的衝擊，乃是因為透過北大《國學門週刊》中的文字，他清楚意識到這一學術新領域的出現，背後實蘊含著一種學術平等的觀念；而這種學術平等觀念的出現，表明經學統制一切學問的時代已經結束，「中國學術界起了革命」。就這

[155] 劉復，〈燉煌掇瑣序目〉，頁225。

[156] 劉復，〈燉煌掇瑣序目〉，頁225。

[157] 何思敬，〈讀妙峰山進香專號〉，收入：顧頡剛編，《妙峰山》，頁248。

一觀念對日後國學界的衝擊來衡量的話，何畏用「暴風」形容之，實在是非常貼切的。

當學術平等觀念被學者普遍接受以後，中國學術研究朝多元化發展；同時，伴隨著學術獨立潮流而來的，是學術研究的日趨專業化。單以史學一項而論，20年代以後，各種研究方法的輸入與提倡，令人目不暇給，呈百家爭鳴盛況；然而這些學術蓬勃發展的基礎，卻都是建立在〈發刊宣言〉所揭示的學術平等精神之上。

八、學術體系的轉化與目錄學革命

另一方面，〈發刊宣言〉在中國現代學術史上的重要性，也在於它預示並促進了中國傳統學術體系向現代轉化。這是因為〈發刊宣言〉的後半部，提出要把國學的所有材料，統屬於一個新的系統之下。胡適寫道：

> 國學的使命是要使大家懂得中國的過去的文化史；國學的方法是要用歷史的眼光來整理一切過去文化的歷史；國學的目的是要做成中國文化史。……
>
> 我們理想中的國學研究至少有這樣的一個系統：
>
> 中國文化史：
>
> 1. 民族史
> 2. 語言文字史
> 3. 經濟史
> 4. 政治史
> 5. 國際交通史
> 6. 思想學術史
> 7. 宗教史

8. 文藝史

9. 風俗史

10. 制度史[158]

在此必須注意的是，以上這些「專史」項目，全是依照西方現代學術類目開列的。〈發刊宣言〉在此不但摒棄傳統的經史子集四部分類法，代之以涵意廣闊的「國學」一詞；並且更進一步以「中國文化史」的名目，及統屬於「中國文化史」之下的各種「專史」，作為「國學研究」的「系統」。

〈發刊宣言〉所以提出這樣一個「國學研究」的「系統」，是因為「國故的材料太紛繁了，若不先做一番歷史的整理工夫，初學的人實在無從下手，無從入門。後來的材料也無所統屬；材料無所統屬，是國學紛亂煩碎的重要原因。」[159]同時它提出，應以「中國文化史」作為國學研究的最終目的：

> 國學的系統的研究，要以此為歸宿。一切國學的研究，無論時代古今，無論問題大小，都要朝著這一個大方向走。只有這個目的可以整統一切材料……。[160]

「中國文化史」這個概念，應該是胡適在梁啟超《中國歷史研究法》影響下提出的。[161]而胡適提出以「中國文化史」的寫成，作為「國學研究」

[158] 〈發刊宣言〉，頁12—3。

[159] 〈發刊宣言〉，頁13。

[160] 〈發刊宣言〉，頁13。

[161] 1921年秋季，梁啟超在南開大學以「中國文化史」為題作課外講演。翌年1月，梁氏將演講稿加以整理，易名《中國歷史研究法》出版。丁文江、趙豐田編，《梁啟超年譜長編》（上海：上海人民出版社，1983），頁946。梁氏在這部書裏，以史學家的立場，希望用一套新方法重新整理中國過去

的目的；以「中國文化史」及其下各種「專史」項目，作為「國學研究」的「系統」，藉以「整統」國學的材料；這一構想，實在說來，就是用「移花接木」的方法，最終以西方現代學術體系，取代中國傳統的學術分類。

其實在20世紀初，部份與西學接觸較多的中國學者，如上海國學保存會的主事者，已經開始在形式上放棄舊有的四部分類，而採用西方的學術分類。[162]然而，他們沒有像〈發刊宣言〉這樣，明確提出要以新的學術分類來「整統」、「部勒」國學的材料。而在〈發刊宣言〉最末了，胡適總結全文時提出國學研究的三個方向，其中之一為「用系統的整理來部勒國學研究的材料」，把這句話連繫到上面所說，則胡適的意思實際上是說：要把國學的材料納入西方現代學術體系之內，以西方的學術分類來部勒國學的材料；[163]簡而言之，即「以西學部勒中學」。

的材料，為中國造一「新史」，亦稱「文化史」。而「文化史」的成立，又須以「專門史」為基礎。梁啟超，《中國歷史研究法》，收入氏著，《飲冰室專集之七十三》，《飲冰室合集》，第10冊，頁2、35。把梁啟超論「文化史」和「專門史」的文字，與胡適在〈發刊宣言〉中提倡「文化史」和「專門史」研究相比較，兩者觀點一致。事實上，《中國歷史研究法》出版後，胡適即仔細讀過，且非常欣賞書中的觀點。社科院近史所編，《胡適的日記》，1922年2月4日條下，上冊，頁255。許冠三亦注意到胡適「文化史」和「專門史」之說，與梁啟超所論相近；然而許氏並未明言胡適此說是受梁啟超影響。許冠三，《新史學九十年(1900——)》(香港：中文大學出版社，1986)，頁162。

[162] 桑兵，〈晚清民國時期的國學研究與西學〉，頁36。另參：鄭師渠，《晚清國粹派——文化思想研究》，頁332–3。

[163] 劉夢溪最近也指出，胡適提出「整理國故」的口號，「就是試圖用現代學科分類的方法整理固有的學術資源。」劉夢溪，〈總序〉，收入：李光謨編校，《中國現代學術經典・李濟卷》(石家庄：河北教育出版社，1996)，頁

在此須指出，這種「以西學部勒中學」的構想，是中國知識分子繼清末「中學為體，西學為用」的觀念之後，對中學與西學的關係所提出的一個新看法。這一觀點，在20年代以後普遍為學者所接受，導致中國學術發展出現了巨大的轉折。當然，這一想法的提出，是在西學傳入的大潮流下出現；但〈發刊宣言〉的廣泛流佈，無疑也促進了這一觀念在國學界的傳播，並在一定程度上指引了20年代以後興起的「整理國故」運動之方向。所以逯耀東師認為，〈發刊宣言〉是引導中國學術從傳統邁向現代的一面旗幟。[164]

雖然〈發刊宣言〉的這項觀點，後來對推動傳統學術向現代轉化起了相當大的影響，但當胡適在條列這些西方學術研究的類目時，他似乎只是單純的希望藉這種系統的分類研究，使國學浩瀚的材料能有所歸屬。胡氏多年後回顧〈發刊宣言〉提倡專史研究的意義時，也只是說，「這種專史式的研究，中國傳統學者幾乎全未做過。所以……可用來補救傳統學術裏缺乏有系統的研究之不足」。[165]似乎胡適直到晚年都未意識到〈發刊宣言〉以西方學術類目取代四部分類，在中國學術史上的重大意義。這是因為胡適從小就接受西式教育，以致錢穆終生反覆思考的一個問題：在西方學術傳入中國、學術分門別類的情況日趨嚴重下，中國傳統學術的前途為何？[166]這一問題並不曾對胡適帶來太大的困擾。其原因就在於錢穆乃是從傳統學術中走過來的學者，而胡適則主要是在西方教育體制下成長的。

至於留日的章門弟子，由於受到明治維新以後，日本學校紛紛採納歐美學科分類的影響，故也以西方現代學術眼光治學。事實上，章太炎

47。

[164] 逯耀東，〈郭沫若吻了胡適之後〉，收入氏著，《胡適與當代史學家》，頁148。

[165] 胡適口述，唐德剛譯註，《胡適口述自傳》，頁207。

[166] 錢穆，《現代中國學術論衡・序》，頁4–5。

在清末治國學時，已不固守四部的分類，而是在四部之下新增了更細密的類目。[167]章太炎的弟子則比他更進一步，提出要依據西方學術類目來整理中國古書。[168]〈發刊宣言〉便把他們的這一共同觀點，向學術界作了明白的宣示。

在此之後，響應北大國學門而起的「整理國故」運動，雖然由於牽涉面極廣，參與的學者所抱之宗旨與研究方法也不盡相同；[169]但就整體而言，這場學術運動呈現出一種趨勢：就是越來越多學者，以西方學術眼光來研究中國舊有的典籍和歷史文化，並以西方現代學術分類來部勒舊學，[170]使原本已呈分崩離析之勢的傳統四部之學，加快了向西方現代學術體系轉化的腳步。

所謂傳統學術體系的轉化，包含了兩個步驟：第一，是傳統四部之學的分崩離析；第二，是中國學者在西學的影響下，轉用西方的學術分類，來統整傳統學術的一切材料。學術體系的轉化，自是學術史上極重

[167] 汪榮祖認為，章太炎對傳統學術所作的新的、更細密的分類，乃是突破傳統四部之學樊籬的第一步。汪榮祖，〈章太炎的中國語言文字之學〉，收入氏著，《章太炎研究》（臺北：李敖出版社，1991），頁203。然而，章太炎雖在四部之下新增了一些類目，他終究沒有對四部分類進行全面革新的意圖；倒是他的學生因為在日本求學時受到西方學科分類的影響，才逐漸放棄傳統四部之學的治學觀點。

[168] 當然，章太炎的弟子中也有人對此採不同看法，如黃侃便致力於保存舊有的學術體系。周勛初，〈新材料的引用和舊學風的揚棄〉，收入氏著，《當代學術研究思辨》（南京：南京大學出版社，1993），頁206。

[169] 耿雲志，〈胡適整理國故平議〉，收入：耿雲志、聞黎明編，《現代學術史上的胡適》（北京：三聯書店，1993），頁121。

[170] 桑兵在考察20年代成立的著名國學研究機構後指出，這些機構均已突破了傳統的學術分類，而依照西學的分類設科。桑兵，〈晚清民國時期的國學研究與西學〉，頁38。

要的課題，而中國學術體系在近代的轉化，乃是從19後期開始，至20世紀中葉才告一段落，其轉變的過程是有跡可尋的。

最清楚表現出四部之學之崩解過程的，是中國目錄學在近代出現了革命性的轉變。目錄的出現，乃是在書籍群出之後，學者把群書分類，遂有目錄產生。目錄分類的增革損益，可以反映出學術發展的輪廓與脈略。自漢代劉歆作《七略》始至清代修《四庫全書總目》，中國目錄學最大的轉變是在魏晉時期，由六分法轉為四分法；[171]此後，經、史、子、集四部分類一直沿用到清代。期間由於學者文人著述日繁，四部分類法的內部亦有作出相應的調整，[172]甚至也有私人不遵四部守規而另立類目的。[173]然而自隋朝到清代，國家書目卻一直維持著四部分類，因此四部分類法在中國古代目錄分類中，可以說一直佔據著主流的地位。[174]

及至清末，受到西方學術大量傳入中國的衝擊，四部分類法開始動搖。姚名達指出，近代分類法的轉變，始自道光咸豐以來中外學術交流

[171] 余嘉錫，《目錄學發微》（臺北：藝文印書館，民76），頁136–162。

[172] 程千帆、徐有富，《校讎廣義——目錄編》（濟南：齊魯書社，1988），頁149–166。

[173] 程千帆、徐有富，《校讎廣義——目錄編》，頁169–186。

[174] 程千帆、徐有富，《校讎廣義——目錄編》，頁186。四部分類能沿用這麼長的時期，因為它具備了相當的優點，《校讎廣義——目錄編》一書指出：「在經史子集四部中，經部歷代因襲，少有變化，史部專科性強，集部收詩文集也比較明確，其餘統歸子部，再輔以二級類目、三級類目，以免分類上的粗疏，也自有它的優越性。」頁151。除此之外，另一個主要原因是由於中國自魏晉以後，沒有受到外來文化的鉅大衝擊，故此書籍在唐宋以後雖然出版日多，還是可以收納在包容性強的四部之內，所以像魏晉南北朝史部成立之際可見的「學術上的革命性轉變」，並沒有在這段時期出現。井波陵一著，盛勤譯，〈試論王國維的學風——經史子集分類法的革命性轉變〉，頁313。

大增：

> 於是東、西洋譯籍逐年增多。學術翻新，迥出舊學之外。目錄學界之思想自不免為之震動。故五六十年前，已有江人度上書張之洞論之曰：……東西洋諸學子所著，愈出愈新，莫可究詰，尤非四部所能範圍，恐《四庫》之藩籬終將衝決也。[175]

江人度在1880年左右已看出在東、西洋(東洋指日本，時人稱日本學術為「東學」) 譯籍的逐年增多，而其性質又迥異於中學，最終勢必衝決四部之藩籬，也就是導致傳統學術體系的崩解，其眼光可謂十分敏銳。觀察近代目錄學的轉變，其步調實與政治上之變革一致，是一種逐漸改變的情形。

當關於西方與日本的譯籍數量開始增多時，康有為在甲午戰後編《日本書目志》， 把書籍分為十五個門類。[176]梁啟超隨後撰《西學書目表》，立「學」、「政」、「教」三目，著錄各種西學書籍。[177]從1895–1905年間，則有進一步把西學與東學的書目一併著錄刊行的，如徐維則的《東西學書錄》[178]。這些新譯的東西學書目，都是在舊目錄之外獨立刊行的；而且由於明治維新之後，所謂東學實際上都是依據西學的分類而來，故實可以西學概括之。

西學與東學輸入對中國學術的衝擊，也表現在藏書樓書目分類的革新上。清末新興的圖書館就有把新書目錄收於舊書目錄之後的做法，出現新書與舊書目錄並存而分立的情形。[179]雖然到了1902年，《杭州藏書

---

[175] 姚名達，《中國目錄學史》(上海：上海書店影印，1984)，頁140–1。

[176] 姚名達，《中國目錄學史》，頁142–3。

[177] 梁啟超，〈西學書目表序例〉，收入氏著，《飲冰室文集之一》，《飲冰室合集》，第1冊，頁122–6。

[178] 呂紹虞，《中國目錄學史稿》(合肥：安徽教育出版社，1984)，頁197–9。

樓書目》開始有「混合新舊、統一部類」的嘗試；(180)到民國初年，各地林立的圖書館在編製藏書目錄時，或強新書入舊類，或別置新書而另創部類，或以新書與四部並列，或混合新舊，眾說紛紜，莫衷一是。(181)這些都屬西學傳入中國後，新、舊學從衝突到逐漸融和所表現出來的一種過渡性情形。然而自20年代以後，學者漸多放棄四部分類，而以美國杜威十進法為基礎，略作改動，使之能容納所有中國舊藉，(182)成為目錄分類的主流。(183)

從1896年《西學書目表》刊行以來，才不過數十年間，目錄學已發生這麼大的變動，傳統的四部分類迅速崩解，代之而起的，是以西方現代學術類目為主幹的學術新體系，按其變動之激烈，可稱之為中國學術史上的「目錄學革命」。這一革命性轉變之發生，一方面固然與19世紀下半葉開始，西式學堂的普遍設立、譯書事業的發達、與留學生數目的快速增長密切相關；但不可忽略的是，學者在「整理國故」運動中，有意識的依照西方學術類目來部勒國學，也是導致四部之學迅速崩解的重

(179) 姚名達，《中國目錄學史》，頁144–6。

(180) 姚名達，《中國目錄學史》，頁146–7。在此目錄學上的過渡時期，在中國學術思想史中，正發生「中學」與「西學」（或稱「舊學」與「新學」）之爭。

(181) 姚名達，《中國目錄學史》，頁148。

(182) 其中尤以劉國鈞編訂的《中國圖書分類法》（1929年印行）影響最大。劉國鈞在該書的「導言」中，不僅闡述了各項類目訂立之原則，更特別說明「四庫部類在本表中之位置」，為欲了解近代目錄學革命及傳統學術體系向現代轉化者所不能忽視。金陵大學圖書館編，《增補索引中國圖書分類法》（臺南：高長印書局，民47），頁3–7。

(183) 蔣元卿，《中國圖書分類之沿革》（臺北：臺灣中華書局，民72），頁203–4、207–8。

要原因。

當「整理國故」運動在20年代中旬正方興未艾時，曹聚仁已看出，這場運動最終將對傳統學術體系帶來鉅大衝擊。他說：

> 國故一經整理，則分家之勢即成。他日由整理國故而組成之哲學、教育學、人生哲學、政治學、文學、經濟學、史學、自然科學……，必自成一系統而與所謂「國故」者完全脫離。[184]

從「分家」到「自成一系統」，也就是傳統學術(「國故」)的崩解，到一個學術新體系形成的過程；新建立起來的學術體系，則包括了「哲學、教育學、人生哲學、政治學、文學、經濟學、史學、自然科學」這些西方現代學術類目。而「整理國故」運動，也就是在這新舊學術體系的崩解與建立之間,所出現的一場引導傳統學術體系向現代轉化的學術工作。

尤其當年輕一代學者興起時，他們幾乎都在中國的新式學校中受教育，這些學校於劃分科系時，幾乎全依西方學院之模式，以致這些學者在研究中國古籍時，也都普遍根據西方的學術眼光來治學。[185]從30年代一場關於「讀經問題」的討論，便可看出以西方學術體系取代傳統的學術類目，已成為當時學術界的主流觀點。因為在這次討論中，學者不論贊成中小學生讀經與否，大部份皆認為：經書是中國古代文化歷史的記錄，學者應從文學、哲學、史學、社會學、人類學、古物學等角度進行研究，[186]可見依據西方現代學術眼光來分析中國古籍，已漸成學術界的

[184] 曹聚仁，〈國故學之意義與價值〉，頁74。

[185] 因此劉夢溪認為，新式學堂及現代大學的出現，是中國學術思想轉變的一個契機，是推動學術思想走向現代的非常重要的一步。劉夢溪，〈總序〉，頁49–50。

[186] 〈全國專家對於讀經問題的意見〉，《教育雜誌》，第25卷第5號（上海：商務印書館，1935：5），頁1–136。

共識。

於是，不但四部之學漸成絕響，甚至「國學」這一過渡性名詞，亦漸漸不再流行。[187]在這種情況下，一向堅持「欲了解中國舊學，亦當從中國舊學所具有之精神宗旨道途格局尋求瞭解，否則將貌似神非，並亦一無所知」之旨的錢穆，[188]在《中國學術通義》一書中，雖仍「就經史子集四部，求其會通和合」[189]；但到撰《現代中國學術論衡》時，也不得不牽就現代學術發展的大勢，「一遵當前各門新學術」，按宗教、哲學、科學、心理學、史學、考古學、教育學、政治學、社會學、文學、藝術、音樂之類目，「分門別類」的加以探討。[190]

由此可見，經過大半個世紀之後，中國學術已完成了從四部之學到西方現代學術體系的轉化。「整理國故」運動固為此過渡時期中，引導學術體系轉化的一場重要學術運動，而《國學季刊》的〈發刊宣言〉，則為加速此一轉化的學術研究綱領。

---

[187] 40年代初，朱自清即謂：「有一個時期通行『國學』一詞，這只是個過渡的名詞，現在已經不大有人用了。」朱自清，〈部頒大學中國文學系科目表商榷〉，頁10。然而，90年代中國大陸竟出現一股來勢洶湧的「國學熱」，並且這一熱潮至今猶方興未艾。這是因為學者們自70年代末掙脫「政治經學」的束縛後，經過長時間的探索，為了建立起新的學術規範，遂喊出「回到近現代」的口號；希望透過整理與重新評價晚清至民初時期學者的研究成果，能與他們在學術上「建立一種相續相接的因緣關係」。逯耀東，《史學危機的呼聲・自序》（臺北：聯經，民76），頁3。錢宏，〈國學大師叢書・重寫近代諸子春秋〉，收入：劉炎生，《林語堂評傳》（南昌：百花洲文藝出版社，1994），頁9。劉夢溪，〈總序〉，頁63–4。

[188] 錢穆，《中國學術通義》（臺北：臺灣學生書局，民77），頁4。

[189] 錢穆，《現代中國學術論衡》，頁5。

[190] 錢穆，《現代中國學術論衡》，頁5。

九、結論

總括上面的論述，可見《國學季刊》的〈發刊宣言〉，的確是中國現代學術史上一份重要的研究綱領。在這份「代表全體」的學術宣言中，北大國學門同人提出「新國學」的研究方針，為學者指出日後國學研究的新路徑，對20年代以後全國性的「整理國故」運動產生深遠影響。不但如此，〈發刊宣言〉所揭示的學術平等觀念，更開啟了學者研究的廣闊天地，是中國學術從傳統轉入現代的重要標誌。而〈發刊宣言〉提出以西方學術體系來部勒國學的材料，更在經學地位動搖之後，加速了四部之學的崩解，使一個依據西方現代學術分類而建構的學術新體系，迅速在中國出現。這樣看來，〈發刊宣言〉在中國學術史上的影響，實超出「整理國故」運動之外，而對引導傳統學術向現代轉化，扮演了重要的角色。

不古不今的時代：西方史學「中古史」的概念對近代中國史學的影響

周樑楷

一、時與史的關係

一九三〇年代，蔣廷黻在他的《中國近代史大綱》裡說：

> 鴉片戰爭失敗的根本原因，是我們的落伍。我們的軍器和軍隊是中古的軍隊，我們的政府是中古的政府，我們的人民，連士大夫階級在內，是中古的人民。我們雖拼命抵抗，終歸失敗，那是自然的，逃不脫的。❶

這段論述流露出這位留美歷史學者沉痛的心聲：一場戰爭的失敗象徵著整個中國遠遠落在世界文明國家之後。蔣廷黻的歷史解釋曾經遭到後人嚴厲苛責，說他「顛倒是非，明目張膽替侵略者開脫罪責，甚至製造『侵略有理』論」。❷蔣廷黻的著作中，的確含有主觀和現實意識，史實的論證也過分簡略。不過，當二十世紀末整個中國在一片「改革開放」的聲

❶ 蔣廷黻，《中國近代史大綱》（臺北：，1968），頁27。本書第一版於1938年發行，距今六十一年。

❷ 陳其泰，〈范文瀾的史學〉，錄於《新史學五大家》，史學史研究室編（北京：社會科學文獻出版社出版，1996），頁200。

浪中，反觀蔣廷黻當年的時代「落伍」感，可能不是一句「替侵略者開脫罪責」所能道盡的。相反地，從三〇年代至今，前後五、六十年之間的轉變，呈現了不少時代的反諷，值得令人深思。蔣廷黻的著作有多少正確性？當今如何重評？這些都不屬於本文討論的問題。本文引用他的論述，只為了說明他和許多知識分子一樣渴望中國的現代化 (modernization)，而且他們衷心的期盼中隱藏著新的時間觀念 (new concept of time) 和新的歷史觀念 (new concept of history)。蔣廷黻這段論述其實涉及史學上的一項核心問題，那就是「時與史的關係」，同時，也反映了二十世紀初期某些知識分子的史觀。

時間，一方面指四時相續，是自然客觀存在的。如《易・繫辭》所謂：「寒往則暑來，暑往則寒來；寒暑相推，而變成焉。」❸然而，時間又可以用來指人們面對宇宙生命消長，歷史人事變遷的主觀認知及感觸。如《論語》中記載：「子在川上曰：「逝者如斯夫，不舍晝夜」。」❹時間意識(the sense of time)是歷史意識(the sense of history)的源本；缺乏時間意識或捨棄時間思維，其實等於沒有歷史意識。德國哲學家海德格(Martin Heidegger, 1889–1976) 於一九二〇年代曾對人的生命本體，或者所謂的「人存在」(Dasin)，與時間的關係，發表深邃的意見。他認為，時間並非外在事件的一環，而是「人存在」對未來和過去的總和。❺換句話說，生命本體、「人存在」主要是歷史性的。

然而，「時與史的關係」非常複雜，牽連的層面不容一一列舉，從時間的計量（如曆法、鐘錶等），時間的敘述（如紀年、歷史分期等），以至於生命主體的形上學時間觀念（如循環史觀、線性史觀等），都與歷

❸ 《易・繫辭》，下。

❹ 《論語・子罕》。

❺ Martin Heidgger,*History of the Concept of Time,* trans. by Theodore Kisiel (Indianapolis: Indiana University Press, 1992), pp. 319–320.

史的認知和傳達密切相關。尤其不同的文化和社會背景更容易導致形形色色的時間意識和歷史意識。❻人們感知時間、利用時間；反之，時間也支配人們的作息和思維。它們之間，其實呈辯證的關係。當蔣廷黻肯定中國的政府、軍隊和人民樣樣都屬於「中古時代」時，他不僅接納了西方歷史分期(periodization of history)的典範(paradigm)，而且主觀上也相信，在歷史文明的時序裡中國是「落伍」的。他的時間「落伍」感，影響他對一百多年前歷史的批判，也支配他對未來的期望，那就是迎頭趕上現代化的國家。其實蔣廷黻並非最早接納西方歷史分期的學者，在他之前梁啟超已有意以西方歷史分期重構中國的歷史。大約從一八九〇至一九三〇年期間，西方歷史思維急速影響中國學者，這也是中國史學遽烈轉化的一段過程，因此本文有意在「時與史的關係」這個範圍內，探討在這段期間內西方歷史分期如何影響中國史學。

從十九世紀末葉起，西方和日本史學對中國有其大的影響。中國知識分子也許模仿西方和日本的史學思想或方法，重新打量自己的國史(national history)，但也可能依照他人對中國的印象 (image) 描繪本國歷史的輪廓。大致而言，在十八世紀中葉以前，西方人多半以正面肯定的眼光看待中國，而後他們由褒而貶，由恭轉倨，逐漸輕視中國。❼於是，有些學者以西方歷史分期法當作世界史架構，企圖把中國史及非西方世界放在整個體系之內。他們之中，有些甚至以西方史學「中古史」或「中古時代」(the Middle Ages；medium aevum) 的概念，看待中國的歷史，

❻ 參考Louis Gardet等著，《文化與時間》，鄭樂平、胡建平譯（臺北：淑馨出版社，1992）、Robert Levine著，《時間地圖》，馮克其等譯（臺北：臺灣商務印書館，1997）及E. P. Thompson, “Time, Work–Discipline and Industrial Capitalism” *Past and Present*, 38 (Dec. 1967), pp. 56–97.

❼ Jonathan Spence（史景遷），《文化類同與文化利用：世界文化總體對話中的中國形象》，廖世奇、彭小樵譯（北京：北京大學出版社，1990），頁45–46。

認為中國還未邁進近代的門檻。至於中國史家，如蔣廷黻等人，接受這種他人眼中的「我」時，是軟弱屈服，投降主義？還是認清自己，知恥近乎勇之後的愛國思想？這些問題值得仔細分析，以個案處理，但並非本文的重點。本文擬先簡述西方歷史三段分期法的發展，「中古史」這個概念的含意，以及西方學者如何在歷史時序，前進與落後的觀念中，塑造中國的印象。而後介紹日本漢學家如何模仿西方歷史分期法討論中國史，尤其留意他們對上古與中古分界點的看法。緊接著，本文將列舉一八九〇至一九三〇年期間，中國史家輾轉經過日本學界學習西分歷史分期法，或者直接參考西方史學。為了突顯中國史家的主體性，本文將更進一步比較中日史家雙雙模仿西方歷史分期法時有何明顯差異？中國史家是否以他們的現實意識滲透新國史的論述裡？由於「近代史的起點」牽涉十分廣泛，而且與「上古——中古史的分界點」這個問題不盡然雷同，所以本文也無意深入前者的問題，而是以後者為討論焦點。此外，一八九〇至一九三〇年期間，中國馬克斯史家已經興起，他們自成一格採用另種歷史分期的「典範」，並且在三〇年代展開社會史論戰，辯論中國歷史分期，如何妥善配合馬克斯主義的五段時期說之內。由於美國史家德瑞克 (Arif Dirik) 曾以專書討論這場論戰的詳情，本文無庸贅言。❽但希望日後有機會觀察中國非馬克斯史家與馬克斯史家因國史分期法而產生的齟齬。陳寅恪曾自謂「平生為不古不今之學」。❾這句話可能有雙重含義。❿本文僅取其一，不古不今的時代就是中古時代，並且

❽ Arif Dirlik, *Revolution and History: The Origins of Marxist Historiography in China, 1919–1937* (Berkeley: University of California Press, 1978), Ch. 6. "The Periodization of Chinese History".

❾ 陳寅恪，〈中國哲學史審查報告三〉，錄於《陳寅恪先生論文集》，下冊(臺北：九思出版社，1977)，頁1365。

❿ 逯耀東，〈陳寅恪的「不古不今」之學〉，錄於《胡適與當代史學家》，逯耀

以此為題，討論西方史學「中古史」的概念對中國史學的影響。

二、西方「中古史」概念的東傳

中西傳統文化裡，原來都有各自的歷史三段分期法。例如，《商君書》說：「且古有堯舜，當時而見稱；中世有湯武，在位而民服。」《韓非子》說：「上古競於道德，中世逐於智謀，當今爭於氣力。」而後，又如顏師古注《漢書・藝文志》時，也引三國魏孟康的話：「伏羲為上古，文王為中古，孔子為下古。」可見，傳統中國裡，三段分期法並不稀奇，只是彼此所指時期不一，互有出入。⓫然而，有關三世之說，最能自圓其說，構成體系，且影響深遠的，非《公羊傳》莫屬了。不過，如果僅就傳統史書的敘述而言，以朝代更替為歷史分期的可能遠超過公羊三世之說。

西方史學的三段分期法，近者因文藝復興時代人文學者 (humanist) 而起，遠者可以溯源自早期基督教徒，甚至希伯來人。大致而言，古代希臘、羅馬人的時間和歷史觀念為循環式的 (cyclical interpretation of history)，世事如同日月時序一樣，週而復始。即使為了分期，也只在大循環的軌跡中分割片段。例如，希臘史家波力比阿斯 (Polybius, ca. 200–118BC) 於西元前二世紀遊走希臘羅馬上層社會，閱歷寬廣；他曾以政府的形式訂出一套循環轉變的規律。⓬而希伯來人篤信經典中〈創世紀〉的敘述，神創造了宇宙萬物，包括日月星球以及時間在內。所以，

東著（臺北：東大圖書公司，1998），頁201–202。

⓫ 參見〈中世〉和〈中古〉兩詞，《漢語大辭典》，羅竹鳳主編（上海：上海辭書出版社，1986）頁585。

⓬ Ernst Breisach, *Historiography: Ancient, Medieval & Modern* (Chicago: The University of Chicago Press, 1983), p.43。

對他們來說，時間不僅有起點，而且有方向目的 (teleology) 和終點 (eschatology)。整個過程呈線性的(linear interpretation of history)。早期基督徒繼承這種有始有終的時間和歷史觀念，並且補充了耶穌基督降臨世間 (Incarnation) 的歷史意義。早期教父 (church father) 撰寫編年史 (chronicle) 時，一律遵守這三個重點時間，頂多以此為基準在細分一些次要的時段。例如，享有基督教史學之父的攸西比阿斯 (Eusebius, ca.263–339)，在他的《編年史》(*Chronicle*)裡為歷史分期，從創世紀一直到當代西元三一三年；他所創的體例影響日後的史書長達一千年之久。⑬

西元五世紀時，聖奧古斯丁 (St. Augustine, 354–430) 在《天主之城》(*The City of God*)裡，正式把歷史分為三時段：律法之前(prior to the law)，律法的時代(under the law)，和歸於天主榮耀的時代(under God's glory)。不過，依他的說法，律法之前指亞當、夏娃在伊甸園的時期，天主榮耀的時代指天主之城降臨、世界終點完成之後，這兩個時期嚴格說都不是我們所指的歷史的時期。聖奧古斯丁把律法的時代，也就是歷史的時期，在細分為六個階段。⑭他的整個時間觀念影響日後西方神學家，直到十二、十三世紀仍有不少學者以三段分期法為架構，思考神與宇宙世人的關係。

文藝復興時代人文學者雖然沒有否認神的存在，但他們的視野限於俗世，偏愛古代希臘、羅馬文化，輕視基督教盛行以來的社會。佩脫拉克(Petrarch, 1304–1374)以君士坦丁大帝(Constantine the Great)為界，分別以前是有文化的，以後是沒有文化的時代。畢恩多 (Flavio Biondo, 1388–1463)則更明確指出，西元四一二至一四一二年為沒有文化的一千

⑬ "Eusebius", in *The Blackwell Dictionary of Historious*, eds. By John Cannon (New York: Basil Blackwell, 1988), pp.124–126。

⑭ Brersach, *Historiography*, p.87。

年。從此，有段千年黑暗、野蠻的「中古時代」日漸在西方人心中浮現出來。直到十九世紀上半葉，「中古時代」一詞廣泛為人們所使用，並且與「近代」(modern)相互對立。⓯

歷史的分期往往不只為了方便，把綿亙流長的時間加以切割而已；分期其實也含有主觀和現實意識。從文藝復興時代以來，西方學者將基督教史學中的宗教色彩過濾清除，保留原有的線型史觀，並且模仿聖奧古斯丁的三段分期法，重新以「上古」、「中古」和「近代」觀看世俗的世界史(universial history)。但更值得注意的是，他們的時間和歷史過程是有方向和前後之別的，世上各地文化的腳印並非同時齊步，踏在一條上，有些難免被視為「落伍」的，甚至連起跑點都還沒跨出。依照美國史家史景遷(Jonathan Spence,1936–)的見解，大約十六世紀之際世界各地的交通網絡逐漸形成，人們來往日益密切，西方人得以有更多機會直接或間接認識中國的社會和文化。⓰大致都從十六世紀至十八世紀這兩百年期間，西方人對中國文化的印象是正面肯定的，例如，日耳曼哲學家萊布尼茲(G. W. Leibniz,1646–1716)對《易經》及中國文化深表佩服贊賞。然而，十八世紀也是個轉捩點，當時人們逐漸貶抑中國文化，以輕蔑的口氣，“Chinoiserie”這個字眼稱呼各種含中國色彩的文化。⓱例如，孟德斯鳩(Montesqueiu,)在《論法的精神》(*The Spirit of Laws*)裡，以批評的口氣分析：

中國人的生活完全以禮為指南，但他們都是地球上最會騙人的民

⓯ Diertich Gerhard, “Periosization in History” in *Dictionary of the history of Ideas*, eds. by Philip P Wiener(New York: Charles Scribner’s sons, 1973), vol.III, pp.477–478。

⓰ Spence,《文化類同與文化利用》，頁15。

⓱ 同上，頁46。

> 族……中國的立法者有兩個目的。他們要老百姓服從安靜，又要老百姓勤勞刻苦。因為氣候和土壤的性質的關係，老百姓的生活是不穩定的；除了刻苦和勤勞之外，是不能保證生活的。⓲

又如，服爾泰(Voltaire,1694–1778)在《路易十四時代》(*The Age of Louis XIV*)裡，認為世界史上只有四個時代值得重視。第一個是希臘時代，從西元前五世紀至四世紀之間；第二個是羅馬時代，從凱撒 (Caesar) 到奧古斯都(Augustus)時期；第三個是一四五三年之後麥地奇(Medici)家族統治義大利佛羅倫斯 (Florence) 的時期；第四個是法國國王路易十四的時代。其中以後者「可能是這四個時代中最接近盡善盡美的時代。」⓳

大約在一七九〇年以後，西方人逐漸形成共識，認為中國是個古老落伍的國家。⓴例如，黑格爾(Hegel,1770–1831)直截了當表示「中國沒有歷史」(Insofern hat China eigentlich keine Geschichte)。㉑這個觀念深深影響西方人對中國的印象。著名史家蘭克 (Leopold von Ranke, 1795–1886)雖然史學思想和黑格爾不同取向，但他們兩人都把東亞當作世界的邊陲地區，沒資格進入文明的殿堂核心。蘭克認為，西方人不僅擊敗中國，而且一八五八年英法聯軍促成中國開放。中國這個巨大的帝國最好能向歐洲國家投降，或者說，「臣服於歐洲精神之下」(Unterwerfung unter den europäischen Geist)，如此以便參與世界歷史的行列。㉒類似黑格爾和蘭克的世界史觀，代表著西方「正統」史學，長

⓲ 孟德斯鳩，《論法的精神》，張雁深譯（臺北：臺灣商務印館，1998)，頁314。

⓳ 服爾泰，《路易十四時代》，吳模信等譯（北京：商務印書館，1991)，頁5–7。

⓴ Spence，《文化類同與文化利用》，頁58。

㉑ Otto Franke, *Geschichte des Chinesischen Reiches*, I.Band(Berlin: Verlag von Walten De Druyten Co, 1930), viii.

期以來以「歐洲中心論」(Eurocentricism)評論各地的文化和歷史。中國很自然的就被安置在西方文明的時代之後。

十九世紀下半葉以來歐洲漢學家由於直接研究中國社會和文化，往往對中國有另種不同見解。以德國佛郎克(Otto Franke,1863–1946)為例，一八八八年，他被任命為德國駐北京大使館的翻譯官。而後，他在中國總共達十三年，並且利用機會研究中國史，成為德國早期漢學家之一。一九三〇年，他出版《中華帝國通史》(*Geschichte des Chinesischen Reiches*)的第一冊，內容強調中國的文化和社會也是有變遷發展的，中國人民並非永遠停滯不前(Völker des ewigen Stillstandes)。㉓在批評黑格爾和蘭克等人之餘，佛朗克將中國史分成三個階段：孔教以前的時期，孔教時期和孔教以後的時期。㉔姚從吾分析說：

> 佛郎克分孔子個人與「孔教」為二，所以孔教以前的時期（上古期）自上古、周代、中經秦始皇建立大帝國，至漢末孔教初行為一期。自三國以後至十九世紀末年為孔教時代(中世）為一期。自十九世紀末年到現在（近世）為一期。㉕

以上，姚從吾的解釋是正確的。佛郎克記述中國史時，把孔子本人和「孔教」分開。然而，在此我們不妨補充說明，佛郎克的史觀源起西方史學。首先，當他以「孔教」為核心思考中國史的時候，「孔教」並非單只思想史，而且包括政治權力的層面。這種重視政治權力的歷史解釋，正是十九世紀下半葉德國史學普魯士學派(Prussian School)的特

㉒ Ibid, xi.

㉓ Ibid, xiii.

㉔ 姚從吾（姚士鰲)，〈德國佛朗克教授對於中國歷史研究的貢獻〉，《新中華雜誌》，第四卷，第一期(1935)，頁99。《傅斯年檔案》，II, 904。

㉕ 同上。

色。[26]佛郎克生長在這個學風裡，不免受其影響。其次，佛郎克顯然採用了西方史學的歷史三段分期法，而且十分巧妙地加以轉化。西方史家通常所謂的「上古史」或「古典時期」，是從遠古到西元第五世紀羅馬帝國滅亡，其中包括耶穌的出生和基督教興起的史實，而所謂「中古史」是段基督教會支配西方社會的時期。佛郎克所指孔教以前的中國史包括孔子在世的年代，而且也含蓋了漢代儒術興起的時期。而中古的孔教時代是個沒有孔子、儒家思想普及社會、當政者往往又掌控學術思想的時代。最後值得留意的是，佛郎克雖然指責黑格爾和蘭克等人藐視中國文化之不是，但佛朗克仍相信中國有段一千七百多年的「中古史」，言下之意，「近代」以來的中國雖然屢有改革和革命，孔教的地位大不如前，然而還剛起身學步，遠在西方之後。

傳統中國史學淵源流長，特具優點，然而自從十九世紀中葉以來，隨著傳統社會和文化鬆動和改變，近代中國史家也日漸模仿西方史學的方法和觀念。不過，值得留意的是，早期的史家多半經由日本的管道，轉手引入西方的史學。大致而言，在十七、十八世紀以前，日本人不僅對中國有較正面的印象，而且文化上也深受中國影響。到了十九世紀，日本人逐漸轉移目標，肯定西式的學校與學科知識。一八八六年東京帝國大學成立；隔年，邀請德國史家萊斯 (Ludwig Riess,1861–1926) 到校任教。萊斯年輕，剛出道不久，然而師承蘭克，即使未能全盤引進歷史主義 (Historicism) 的菁華，卻帶來歷史語言考證的方法。[27]除此之外，日本史學界也盡力學習英、法等國的史學，所以服爾泰、巴克爾(Thomas

---

[26] Georg Iggers, *The German Conception of History* (Middletown, Conn: Wesleyan University Press,1683) p.120。

[27] Firo Numata, "Shigeno Yasutsugu and the modern Tokyo Tradition of Historical Writing", in *Historians of China and Japen*, ed. by W.G. Beasley & E.G. Pulleyblank。

Buckle，1821–1862)、基佐(Francois Guizot，1787–1874)等人都成為學界的大師，他們的作品也被譯為日文。㉘從學習西方史學之中，日本學者不僅重構他們自己的國史，而且也開創新的中國史研究。而其中較著名的漢學家有白鳥庫吉(1865–1942)、內藤湖南(1866–1934)和桑原隲藏(1871–1931)等人。

十九世紀末、二十世紀初，不少中國史家由日本學習西方史學。例如，「歷史」(history)、「文化」(culture)、「文明」(civilization)這幾個名詞，都是由日本學者以漢字對應翻譯西方的術語而來。筆者個人曾經指出，以「文化」譯“culture”、以文明譯“civilization”，不僅與原意不符，而且兩個名詞的含意正好顛倒了。按理「文化」應是“civilization”、「文明」應是“culture”。㉙日本學者的失誤，結果以訛傳訛，而後中國學術界所謂的「文明史」與「文化史」也就普遍流傳下來，大家都習焉不察。除了一些史學上的名詞術語之外，日本學者所撰寫的中國史和西洋史著作也陸陸續續譯成中文，其中如桑原隲藏的《東洋史要》（後改名《支那史要》）就是。於是，西方史學歷史三段法也隨著這股潮流輾轉引入中國。

三、中國史三段分期法的建立

兩種文化的接觸和交往，往往需要經過一段複雜的過程，尤其當強弱之間形勢分明的時候，弱勢文化以類同認知方式，利用和吸納強勢文化，以便達到本身的目地。當西方的時間和歷史觀念逐步為中國知識份

㉘ 小澤榮一，〈明治時代的歷史思想〉，蘇振申譯，錄於《日本歷史思想之發展》，蘇振申、劉崇譯（臺北：蔡聲公司，1947），頁222–229。

㉙ 周樑楷，〈麥克尼爾世界史新架構的局限：兼論「文明」的自主性〉，《當代》，第67期（1991年11月），頁135–136。

子所接觸時，他們內心裡無不緊繫著以上的問題。以康有為為例，他一方面介紹日本和西方的史書和教科書，另方面企圖融合達爾文 (Charles Darwin) 的進步史觀和《公羊傳》的三世之說。㉚或許康有為本人能滿足自己苦心經營的成果；然而任何文化遺傳工程是否能成功，還得配合時代的情勢，公羊三世之說也有進步史觀的意味，但是西方進步史觀背後所屬的哲學和公羊學說分別屬於兩個「典範」，並不可共量，康有為的思想不能合乎時勢難免被人拋棄。

梁啟超早年跟隨康有為，參與變法改革；不過，他沒有明顯師承公羊思想，反而進一步突顯西方的進步史觀。一九〇一年，梁啟超在〈中國史敘論〉一文中，以進步史觀為「歷史」下定義，並且主張放棄中國的歷史分期法，改採西式的。他說：

> 史也者，記述人間過去之事實者也…近世史家必探察人間全體之運動進步，即國民全部之經歷及其相互之關係。㉛

又說：

> 敘述數千年之陳跡，汗漫邈散，而無一綱領以貫之，此著者讀者之所苦也，故時代之區分起焉。中國二十四史以一朝為一史，即如《通鑑》號稱通史，然其區分時代，以周紀、秦紀、漢紀等名，是由中國前輩之胸識只見有君王不見有國民也。西人之著世界史常分為上世史、中世史、近世史等名。雖然時代與時代相續者也，歷史者無間斷者也，人間社會之事變必有終始因果之關係，故於

㉚ 俞旦初，《愛國主義與近代中國史學》（北京：中國社會科學出版社，1996），頁20，25。

㉛ 梁啟超，〈中國史敘論〉，錄於《飲冰室文集》，梁啟超著（臺北：文光圖書公司，1961）第二十九冊，頁1。

> 其間若劃然分一界線，如兩國之定界約焉，此實理勢所不許也。故史家惟以權宜之法，就其事變之著大而有影響於社會者，各以己意，約舉而分之以便讀者，雖由武斷，亦不得已也。㉜

所以，他在這篇文章分中國史有三段：第一、上世史，自黃帝以迄秦之統一，是為「中國之中國」；第二、中世史，自秦之統一至清代乾隆之末年，是為「亞洲之中國」；第三、近世史，自乾隆末年以至於今日，是為「世界之中國」。㉝不僅如此，他還明確地表示：「今世之著世界史，必以泰西各國為中心矣。」㉞梁啟超心悅誠服接受歐洲中心論，由此可得一明證。隔一年，他又發表〈新史學〉一文，其中不論為「歷史」下定義，或為時代分界限，大致與上一篇文章類似。㉟到了一九二二年，梁啟超曾以〈地理與年代〉為名發表演講，內容許多重覆十年前對時代紀年的見解，其中略有差異的是，在歷史三分法：「遠古」、「近古」和「今代」之中，名稱略有稍微調整，還有，他把「中世史」結束的時間從乾隆年間延後到一九一一年。㊱很明顯地，他如此修訂的理由，應是這十年之間發生了革命，長期帝王專制被推翻了。

傅斯年這位五四運動的學生領袖，以及中央研究院歷史語言研究所的創立者，對近代中國史學的影響一向受人肯定。一九一八年當他還是位青年學子時，發表〈中國史分期之研究〉，內容中提起桑原騭藏中國史的分期法。這位日本學者將三段分期法變奏，改為四段，分中國史為上古、中古、近古、近世。傅斯年也一樣，分中國史為上世、中世、近

㉜ 同上，頁9。

㉝ 同上，頁10。

㉞ 同上，頁1。

㉟ 梁啟超，〈新史學〉，錄於同上書，頁16–18。

㊱ 同上。

世和現世四個階段，而後又各綱分小階段。傅斯年所指的「上世」，從唐虞起直到西元五八九年隋統一中國，這是「第一個中國」，也是「純粹漢族的中國」。而「中世」從隋統一起直到一二七九年元軍攻陷崖山、宋朝正式滅亡為止，這是漢族承受胡人壓力，也是「第二中國」。至於「近世」，指從西元一二七九年至一九一一年；「現世」指從民國建元以來。㊲傅斯年在這篇文章之後，似乎不再撰寫任何論文思量中國史的分期問題。不過，從一九二五年他自柏林回國以後所發表的文章觀察，傅斯年幾乎把治史的焦點放在西元前二二一年秦統一中國以前，這或許他已經修訂上古和中古的分界限，從隋的統一往前移動了八百多年。

二十世紀初期，除了梁啟超和傅斯年以外，其實還有不少史家撰寫中國史，並且採納西方史學的三段分期法。夏曾佑曾經計劃撰寫一套中國通史，可惜只能完成第一冊。書名改稱《中國古代史》。從這本書的目錄和導論中，讀者不難發現，夏曾佑與梁啟超、傅斯年一樣，也將中國史分成三個時期。上古史從遠古到西元前二二一年，中古史接著上古直到清朝結束，近代史從民國元年起。依照夏曾佑的解釋，上古時代的孔子、中古時代的秦始皇和漢武帝是中國史上最重要的人物，因孔子對思想與文化的貢獻無與倫比，秦始皇統一了中國，而漢武帝鞏固了漢人的疆界。至於以後連續二千年的中國中古史便無特殊的意義。㊳

章嶔於西元一九一四年脫稿的《中華通史》是本早期的中國通史名著。書名稱「中華」與民國建立有關。他說：「《中華通史》者，乃中華民國之產兒。」㊴在長達一四八頁的導言裡，有一節〈釋時〉，他說明為何歷史應該分期，他以本人那種角度為中國史分期：

㊲ 傅斯年，〈中國歷史分期之研究〉，錄於《傅斯年全集》，第四冊（臺北：聯經出版社，1980），頁177–185。

㊳ 參考夏曾佑，《中國古代史》（臺北：臺灣商務印書館，1969）。

㊴ 章嶔，《中華通史》（臺北：臺灣中華書局，1955），頁2。

> 治史者憂夫史實之多，而所積時間之未易簡單包舉也，因是區分歷史時代而有量析數部之法。顧其量時析部，亦各有主張，而諸史家皆旨趣之歧，因觀察歷史方面之不同，篇第即隨之而異：有衷諸學術之勝衰而分之者，有衷諸種族之更替而分之者，有衷諸輿圖之廣狹而分之者。凡諸量時析部之法，或宜於學術，或宜於地理沿革史，而與本篇新史之留第，多有未餘。蓋本篇之所衷者，在政治與文化兩方之起落，而劃為時代，於是乎有上古、中古、近古、近世之別。而此之所謂上古、中古、近古、近代云者，又實吾人不得已之稱名。㊵

在此值得一提的是，西元前二二一年也被稱作上古和中古的分界點，而中古史包括的時期從秦朝的建立一直到唐朝、五代結束。

從上所述，可見從一八九〇年至一九三〇年代期間，短短的三、四十年，中國史家從康有為勉強結合公羊三世說與西方進步史觀，到梁啟超等人之接受西方史學歷史三段分期法（或變奏為四期）和進步史觀。學術變遷快速令人咋舌，但這些成果與其說是梁啟超等人的貢獻，不如歸因於時代趨勢潮流，大量西化思想排山倒海不斷湧進。新式學校紛紛成立，新的歷史教科書也如雨後春筍，應映時代要求，不斷出版問世。例如，金兆豐於一九三七出版的《中國通史》，只能算是其中之一而已。而這本書裡，也明確採用了歷史三段分期法。㊶

如果就教科書通史的體例來說，一九三〇年代以前，多半以歷史三段分期法（或變奏為四期）編寫中國史。這種成效，從某方面而言的確是新式分期法的建立，取代了中國傳統分期法。然而，從另方面而言，

㊵ 同上，頁92。

㊶ 參見金兆豐，《中國通史》（臺北：臺灣中華書局，1967）。本書初版為1937年。

這是撰寫數千年的通史時，分期「雖由武斷，亦不得已也」。反觀，二十世紀初期以來，專門研究某個長時段的史家，雖然言論之間也有上古、中古和近代之分，但是他們在對三段分期的時間臨點就不必要武斷，有不得已的苦衷。例如，陳寅恪自從一九二〇年代返回中國以後，所撰寫的專書及論文幾乎集中在西元二〇〇年到八〇〇年之間，換句話說，是從漢末、魏晉一直到唐中期安史之亂之間。他偶而也使用「中古」，以簡要的修辭表示一段含蓋好幾個朝代的長時段。然而，他似乎從未以肯定的年代表明上古、中古和近代的時間臨界點。陳寅恪的處理方式，因他個人的學術成就，影響日後許多史家研究這段中國「中古史」的模式。「中古史」一詞似乎只為了「方便」之門。

四、中國史學「中古史」概念的特色

就西方史學而言，「中古史」先是歷史分期中的概念，同時也是歷史研究中的領域。近五百年來，史家在這兩方面不斷爭議討論，促使「中古史」蔚然為專業的學問，直到今天，其研究方法和觀點仍然推陳出新，屢有創見。㊷中國史家除了少數研究西洋中古史的專家之外，似乎少有人特意追蹤這門學問的發展。不過，當「中古史」的概念初期東傳輸入東方，被借用來研究中國史的時候，勢必有些西方史學觀念也隨著輸入東方，至於使用者是有意或無意？使用是否得當？值得探討。

西方人以「中古史」當作西洋史或世界史(universal history)的時段，原本有輕視的意思。十九世紀黑格爾和蘭克等人把中國文明當作世界的邊陲，遠遠落後在時代的洪流裡，甚至一直停滯不前。漢學家佛朗克雖

㊷ 例如，近代美國史家以後現代主義 (postmodernism) 重新研究中古史的問題。參考"Paul Freedman & Gabrielle M. Alterity in North American Studies", *American Historical Review*, vol.103, No.3(June 1998)，pp.677-704。

然無意將中國史放在歐洲中心論的世界史框架裡，但長期「中世」孔教的時代，仍然讓人想起西方「中古時代」是個沒有耶穌的基督教社會。按照佛朗克的意思，十九世紀末以來中國進步了，且邁入「現代」（或近世），但時間非常短暫，一切都還在起步中。由於佛朗克的作品於一九三〇年代發行，又是德文，他的思想不易影響中國學者。不過，當歷史三段分期法在中國通行時，許多人深信不疑中國有段長時期的「中古史」和一段剛開始不久的「近代史」。二十世紀初的梁啟超、三〇年代的蔣廷黻，以及日後數不盡的例子，都持有這種新的時間觀和歷史觀。二十世紀末，人們使用西式的歷史分期法，也許沖淡了昔日史家時代「落伍」的感觸。然而，近二十年來，當西方人高唱「後現代」時期已經來臨時，許多中國知識分子可能覺得自己又落後他人，不得不急起直追。由此可見，二十世紀初期和末期，中國知識分子的時間思維頗為類似。本文在此無意批評討論這種思維的是非對錯，但願指出大約一百年前，中國知識分子已逐漸從傳統的「典範」，換到另個「典範」裡，西方的時間觀和歷史觀已經影響人們對過去、現在和未來的看法。梁啟超當年只不過是變換「典範」跑道時的代言人而已。

近代中、日史家有意引進三段分期法研究中國史，勢必思考每段時期的臨界點以及每段的特色，否則便失去分期的意義。日本學者對中國史時代區分有多種說法，其中以兩種最具影響力。這兩種之中，又以內藤湖南的見解最受人重視。[43]按照他的分期，中國上古時代，從遠古到後漢中葉，接著，從後漢中葉至兩晉為過渡期；中古時代從五胡十六國到唐中葉，接著，唐中葉到五代為過渡期；近世前期為宋元時代；近世後期為明清時代。[44]他的分期法與桑原騭藏至少有一項類似之處，那就

[43] 谷川道雄，〈中國史時代區分問題：由現在的情況來省察〉，高明士譯，《大陸雜誌》，第七十三卷，第五期，頁14–15。

[44] 宇都宮清吉，〈東洋中世史的領域〉，錄於《日本學者研究中國論著選譯》，

是以後漢中期（大約西元二〇〇年左右）為「上古」和「中古」的臨界點。這種說法的理由可能遭致批評。㊺本文在此無意判定這些史家的高下，但願特別指出日本史學界多半以西元二〇〇年為「上古」和「中古」的臨界點時，中國史學界則偏愛以西元前二二一年為界限，分別「上古」和「中古」。或者說，中國史家即使不以西元前二二一年為「中古史」的起點，也多半以這一年為「上古史」的終點。中、日史家之間的差別所反映的現象，值得深入研究；但其中值得留意的是，西元前二二一年秦始皇統一中國，這事件被突顯出來，應與中國史家的現實意識有關。民國以來混亂的政治局面，讓人以國家主義的立場，肯定兩千年前一段分裂歷史的結束。日本史家按理不會否定西元前二二一年的時代意義，然而中國史對他們而言畢竟屬於外國史，他們寧可偏重從政治、經濟和社會結構層面，分析中國史的變遷。本文站在史學史的立場，從比較中提出中、日史家歷史分期法的這項差異，一則彰顯中國史學在模仿中仍有自己的特色，一則強調時間意識和歷史意識都免不了與現實意識相互影響。這也是「時與史」的另一層關係。

第一卷（北京：中華書局，1992），頁126。

㊺ 同上，頁127–132。

滄海叢刊書目（一）

國學類

中國學術思想史論叢（一）～（八）	錢　　穆　著
現代中國學術論衡	錢　　穆　著
兩漢經學今古文平議	錢　　穆　著
宋代理學三書隨劄	錢　　穆　著
論戴震與章學誠——清代中期學術思想史研究	余英時　著
論語體認	姚式川　著
論語新注	陳冠學　著
西漢經學源流	王葆玹　著
文字聲韻論叢	陳新雄　著
入聲字箋論	陳慧劍　著
楚辭綜論	徐志嘯　著

哲學類

國父道德言論類輯	陳立夫　著
文化哲學講錄（一）～（六）	鄔昆如　著
哲學：理性與信仰	金春峰　著
哲學與思想	王曉波　著
內心悅樂之源泉	吳經熊　著
知識・理性與生命	孫寶琛　著
語言哲學	劉福增　著
哲學演講錄	吳　　怡　著
日本近代哲學思想史	江日新　譯
比較哲學與文化（一）、（二）	吳　　森　著
從西方哲學到禪佛教——哲學與宗教一集	傅偉勳　著
批判的繼承與創造的發展——哲學與宗教二集	傅偉勳　著
「文化中國」與中國文化——哲學與宗教三集	傅偉勳　著

從創造的詮釋學到大乘佛學 傅偉勳 著
——哲學與宗教四集
佛教思想的現代探索 傅偉勳 著
——哲學與宗教五集
中國哲學與懷德海 東海大學哲學研究所主編
人生十論 錢穆 著
湖上閒思錄 錢穆 著
晚學盲言（上）、（下） 錢穆 著
愛的哲學 蘇昌美 著
邁向未來的哲學思考 項退結 著
逍遙的莊子 吳怡 著
莊子新注（內篇） 陳冠學 著
莊子的生命哲學 葉海煙 著
墨家的哲學方法 鍾友聯 著
韓非子析論 謝雲飛 著
韓非子的哲學 王邦雄 著
法家哲學 姚蒸民 著
中國法家哲學 王讚源 著
二程學管見 張永儁 著
王陽明 張君勱著、江日新 譯
——中國十六世紀的唯心主義哲學家
王船山人性史哲學之研究 林安梧 著
西洋百位哲學家 鄔昆如 著
西洋哲學十二講 鄔昆如 著
希臘哲學趣談 鄔昆如 著
中世哲學趣談 鄔昆如 著
近代哲學趣談 鄔昆如 著
現代哲學趣談 鄔昆如 著
思辯錄 勞思光 著
——思光近作集
中國十九世紀思想史（上）、（下） 韋政通 著
存有・意識與實踐 林安梧 著
——熊十力體用哲學之詮釋與重建
先秦諸子論叢 唐端正 著
先秦諸子論叢（續編） 唐端正 著
周易與儒道墨 張立文 著

孔學漫談　余家菊 著
中國近代新學的展開　張立文 著
哲學與思想——胡秋原選集第二卷　胡秋原 著
從哲學的觀點看　關子尹 著
中國死亡智慧　鄭曉江 著
後設倫理學之基本問題　黃慧英 著
道德之關懷　黃慧英 著
異時空裡的知識追逐——科學史與科學哲學論文集　傅大為 著

宗教類

天人之際　李杏邨 著
佛學研究　周中一 著
佛學思想新論　楊惠南 著
現代佛學原理　鄭金德 著
絕對與圓融——佛教思想論集　霍韜晦 著
佛學研究指南　關世謙 譯
當代學人談佛教　楊惠南編著
從傳統到現代——佛教倫理與現代社會　傅偉勳主編
簡明佛學概論　于凌波 著
修多羅頌歌　陳慧劍譯註
禪　話　周中一 著
佛家哲理通析　陳沛然 著
唯識三論今詮　于凌波 著

應用科學類

壽而康講座　胡佩鏘 著

社會科學類

中國古代游藝史——樂舞百戲與社會生活之研究　李建民 著
憲法論叢　鄭彥棻 著
憲法論集　林紀東 著

國家論 薩孟武 譯
中國歷代政治得失 錢穆 著
先秦政治思想史 梁啟超原著、賈馥茗標點
當代中國與民主 周陽山 著
我見我思 洪文湘 著
釣魚政治學 鄭赤琰 著
政治與文化 吳俊才 著
中華國協與俠客清流 陶百川 著
世界局勢與中國文化 錢穆 著
海峽兩岸社會之比較 蔡文輝 著
印度文化十八篇 糜文開 著
美國社會與美國華僑 蔡文輝 著
日本社會的結構 福武直原著、王世雄 譯
文化與教育 錢穆 著
開放社會的教育 葉學志 著
大眾傳播的挑戰 石永貴 著
傳播研究補白 彭家發 著
「時代」的經驗 汪琪、彭家發 著
新聞與我 楚崧秋 著
書法心理學 高尚仁 著
書法與認知 高尚仁、管慶慧 著
清代科舉 劉兆璸 著
排外與中國政治 廖光生 著
中國文化路向問題的新檢討 勞思光 著
立足臺灣，關懷大陸 韋政通 著
開放的多元社會 楊國樞 著
現代與多元——跨學科的思考 周英雄 主編
臺灣人口與社會發展 李文朗 著
財經文存 王作榮 著
財經時論 楊道淮 著
經營力的時代 青龍豐作著、白龍芽 譯
宗教與社會 宋光宇 著
唐宋時期的公園文化 侯迺慧 著

史地類

古史地理論叢	錢　穆 著
歷史與文化論叢	錢　穆 著
中國史學發微	錢　穆 著
中國歷史研究法	錢　穆 著
中國歷史精神	錢　穆 著
中華郵政史	張　翊 著
憂患與史學	杜維運 著
與西方史家論中國史學	杜維運 著
清代史學與史家	杜維運 著
中西古代史學比較	杜維運 著
歷史與人物	吳相湘 著
歷史人物與文化危機	余英時 著
共產國際與中國革命	郭恒鈺 著
共產世界的變遷 ——四個共黨政權的比較	吳玉山 著
俄共中國革命祕檔（一九二〇～一九二五）	郭恒鈺 著
俄共中國革命祕檔（一九二六）	郭恒鈺 著
聯共、共產國際與中國（1920～1925）　第一卷	李玉貞 譯
民族主義與近代中國思想	羅志田 著
抗日戰史論集	劉鳳翰 著
盧溝橋事變	李雲漢 著
歷史講演集	張玉法 著
老臺灣	陳冠學 著
臺灣史與臺灣人	王曉波 著
清史論集	陳捷先 著
黃　帝	錢　穆 著
孔子傳	錢　穆 著
宋儒風範	董金裕 著
弘一大師新譜	林子青 著
精忠岳飛傳	李　安 著
鄭彥棻傳	馮成榮 著
張公難先之生平	李飛鵬 著
唐玄奘三藏傳史彙編	釋光中 編
一顆永不隕落的巨星	釋光中 著

新亞遺鐸 錢穆 著
困勉強狷八十年 陶百川 著
困強回憶又十年 陶百川 著
我的創造・倡建與服務 陳立夫 著
我生之旅 方治 著
逝者如斯 李孝定 著

語文類

文學與音律 謝雲飛 著
中國文字學 潘重規 著
中國聲韻學 潘重規、陳紹棠 著
魏晉南北朝韻部之演變 周祖謨 著
詩經研讀指導 裴普賢 著
莊子及其文學 黃錦鋐 著
管子述評 湯孝純 著
離騷九歌九章淺釋 繆天華 著
北朝民歌 譚潤生 著
陶淵明評論 李辰冬 著
鍾嶸詩歌美學 羅立乾 著
杜甫作品繫年 李辰冬 著
唐宋詩詞選——詩選之部 巴壺天 編
唐宋詩詞選——詞選之部 巴壺天 編
清真詞研究 王支洪 著
苕華詞與人間詞話述評 王宗樂 著
優游詞曲天地 王熙元 著
月華清 樸月 著
梅花引 樸月 著
元曲六大家 應裕康、王忠林 著
四說論叢 羅盤 著
紅樓夢的文學價值 羅德湛 著
紅樓夢與中華文化 周汝昌 著
紅樓夢研究 王關仕 著
紅樓血淚史 潘重規 著
微觀紅樓夢 王關仕 著

中國文學論叢	錢　穆 著
牛李黨爭與唐代文學	傅 錫 壬 著
迦陵談詩二集	葉 嘉 瑩 著
西洋兒童文學史	葉 詠 琍 著
一九八四	George Orwell原著、劉紹銘 譯
文學原理	趙 滋 蕃 著
文學新論	李 辰 冬 著
文學圖繪	周 慶 華 著
分析文學	陳 啟 佑 著
學林尋幽 ——見南山居論學集	黃 慶 萱 著
中西文學關係研究	王 潤 華 著
魯迅小說新論	王 潤 華 著
比較文學的墾拓在臺灣	古添洪、陳慧樺編著
從比較神話到文學	古添洪、陳慧樺主編
現代文學評論	亞　菁 著
現代散文新風貌	楊 昌 年 著
現代散文欣賞	鄭 明 娳 著
葫蘆・再見	鄭 明 娳 著
實用文纂	姜 超 嶽 著
增訂江皋集	吳 俊 升 著
孟武自選文集	薩 孟 武 著
藍天白雲集	梁 容 若 著
野草詞	韋 瀚 章 著
野草詞總集	韋 瀚 章 著
李韶歌詞集	李　韶 著
石頭的研究	戴　天 著
寫作是藝術	張 秀 亞 著
讀書與生活	琦　君 著
文開隨筆	糜 文 開 著
文開隨筆續編	糜 文 開 著
印度文學歷代名著選（上)、(下)	糜 文 開編譯
城市筆記	也　斯 著
留不住的航渡	葉 維 廉 著
三十年詩	葉 維 廉 著
歐羅巴的蘆笛	葉 維 廉 著

移向成熟的年齡 ——1987～1992 詩	葉維廉 著
一個中國的海	葉維廉 著
尋索：藝術與人生	葉維廉 著
從現象到表現 ——葉維廉早期文集	葉維廉 著
解讀現代・後現代 ——文化空間與生活空間的思索	葉維廉 著
紅葉的追尋	葉維廉 著
山外有山	李英豪 著
知識之劍	陳鼎環 著
還鄉夢的幻滅	賴景瑚 著
大地之歌	大地詩社 編
往日旋律	幼柏 著
鼓瑟集	幼柏 著
耕心散文集	耕心 著
女兵自傳	謝冰瑩 著
詩與禪	孫昌武 著
禪境與詩情	李杏邨 著
文學與史地	任遵時 著
抗戰日記	謝冰瑩 著
給青年朋友的信（上）、（下）	謝冰瑩 著
冰瑩書柬	謝冰瑩 著
我在日本	謝冰瑩 著
大漢心聲	張起鈞 著
人生小語（一）～（八）	何秀煌 著
人生小語（一）（彩色版）	何秀煌 著
記憶裡有一個小窗	何秀煌 著
回首叫雲飛起	羊令野 著
康莊有待	向陽 著
湍流偶拾	繆天華 著
文學之旅	蕭傳文 著
文學邊緣	周玉山 著
文學徘徊	周玉山 著
無聲的臺灣	周玉山 著
種子落地	葉海煙 著

向未來交卷	葉 海 煙 著
不拿耳朵當眼睛	王 讚 源 著
古厝懷思	張 文 貫 著
材與不材之間	王 邦 雄 著
劫餘低吟	法 天 著
忘機隨筆 ——卷一・卷二・卷三・卷四	王 覺 源 著
過　客	莊 因 著
詩情畫意 ——明代題畫詩的詩畫對應內涵	鄭 文 惠 著
文學與政治之間 ——魯迅・新月・文學史	王 宏 志 著
洛夫與中國現代詩	費 勇 著
老舍小說新論	王 潤 華 著
交織的邊緣 ——政治和性別	康 正 果 著
還原民間 ——文學的省思	陳 思 和 著

美術類

音樂人生	黃 友 棣 著
樂圃長春	黃 友 棣 著
樂苑春回	黃 友 棣 著
樂風泱泱	黃 友 棣 著
樂境花開	黃 友 棣 著
樂浦珠還	黃 友 棣 著
音樂伴我遊	趙 琴 著
談音論樂	林 聲 翕 著
戲劇編寫法	方 寸 著
與當代藝術家的對話	葉 維 廉 著
藝術的興味	吳 道 文 著
根源之美	莊 申編著
扇子與中國文化	莊 申 著
從白紙到白銀（上）、（下）	莊 申 著
畫壇師友錄	黃 苗 子 著
水彩技巧與創作	劉 其 偉 著

繪畫隨筆	陳景容 著
素描的技法	陳景容 著
建築鋼屋架結構設計	王萬雄 著
建築基本畫	陳榮美、楊麗黛 著
中國的建築藝術	張紹載 著
室內環境設計	李琬琬 著
雕塑技法	何恆雄 著
生命的倒影	侯淑姿 著
文物之美——與專業攝影技術	林傑人 著
清代玉器之美	宋小君 著

～涵泳浩瀚書海　激起智慧波濤～